▶ 유튜브와 쇼츠, 홍보 영상 · 디자인 실무

영상 제작을 위한
환상의 콤비
프리미어 프로 +
포토샵 & AI

2025 Ver.

김경수, 김다인 지음

YoungJin.com Y.
영진닷컴

▶ 유튜브와 쇼츠, 홍보 영상·디자인 실무

영상 제작을 위한 환상의 콤비
프리미어 프로 + 포토샵 & AI
2025 Ver.

Copyright © 2025 by Youngjin.com Inc.

B-10F, Gab-eul Great Valley, 32, Digital-ro 9-gil, Geumcheon-gu, Seoul, Republic of Korea, 08512.

All rights reserved. First published by Youngjin.com. in 2025. Printed in Korea

저작권법에 의하여 한국 내에서 보호를 받는 저작물이므로 무단 전재와 무단 복제를 금합니다.

이 책에 언급된 모든 상표는 각 회사의 등록 상표입니다.

또한 인용된 사이트의 저작권은 해당 사이트에 있음을 밝힙니다.

ISBN : 978-89-314-8055-9

독자님의 의견을 받습니다.

이 책을 구입한 독자님은 영진닷컴의 가장 중요한 비평가이자 조언가입니다. 저희 책의 장점과 문제점이 무엇인지, 어떤 책이 출판되기를 바라는지, 책을 더욱 알차게 꾸밀 수 있는 아이디어가 있으면 이메일, 또는 우편으로 연락주시기 바랍니다. 의견을 주실 때에는 책 제목 및 독자님의 성함과 연락처(전화번호나 이메일)를 꼭 남겨 주시기 바랍니다. 독자님의 의견에 대해 바로 답변을 드리고, 또 독자님의 의견을 다음 책에 충분히 반영하도록 늘 노력하겠습니다.

파본이나 잘못된 도서는 구입처에서 교환 및 환불해 드립니다.

이메일 : support@youngjin.com

주   소 : (우)08512 서울특별시 금천구 디지털로9길 32 갑을그레이트밸리 B동 10층

등   록 : 2007. 4. 27. 제16-4189호

STAFF

저자 김경수, 김다인 | **책임** 김태경 | **진행** 성민 | **디자인·편집** 곽은슬 | **영업** 박준용, 임용수, 김도현, 이윤철 **마케팅** 이승희, 김근주, 조민영, 김민지, 김진희, 이현아 | **제작** 황장협 | **인쇄** 제이엠 프린팅

▶ 머리말

프리미어 프로는 영상 편집의 표준이라 불리는 대표적인 프로그램입니다. 포토샵은 이미지 합성과 제작을 위한 최고의 프로그램입니다. 전 세계에서 수많은 영상 콘텐츠가 이 프로그램을 기반으로 제작되고 있으며, 직관적인 UI와 높은 호환성, 안정적인 작업 환경 덕분에 실무에서도 널리 사용되고 있는 환상의 콤비입니다.

이 책의 첫 번째 특징은 '**프리미어 프로 & 포토샵 이미지의 창의성 활용**'입니다. 기존 책에서는 주로 '프리미어 프로'와 '애프터 이펙트'를 다루었습니다. 그런데 실무를 통해서 "애프터 이펙트보다 '포토샵'의 활용도가 더 높다"라는 결론을 내렸습니다. 이 책의 예제가 일반 책과 다른 점은 '아이디어 기획'의 중요성과 '빨리빨리 해결해야 할 상황'에 적합한 예제라는 것입니다. 이것은 단순히 프로그램의 기능보다 '포토샵의 이미지'가 매우 중요한 역할을 한다는 사실에 주목해야 합니다. 즉, 영상에서도 '이미지의 창의성'이 매우 중요합니다.

이 책의 두 번째 특징은 '**현장 실무 중심 예제 사용**'입니다. 20여 년 동안 필자가 연구실 제자들과 함께 각종 콘텐츠 공모전과 선거, 프레젠테이션, 그리고 유튜브 10만에 이르기까지 다양한 실무 노하우를 담았습니다. 특히 유튜브 '김경수 교수의 창의미디어'는 "유튜브는 단일 주제여야 한다"라는 일반적 통념을 깨고, 유명 가수와 음악, 댄서, 영화, 애니메이션, 미디어아트 등 다운로드를 활용하고 융합한 영상 편집과 기획, 그리고 강연과 라디오, TV 방송 편집에 이르기까지 다양한 실무를 이 책에 담았습니다.

이 책의 세 번째 특징은 '**유튜브 쇼츠의 활용 방안**'입니다. 일반 책 예시는 기능 위주이지만, 이 책에서는 '쇼츠의 중요성'을 강조하였습니다. 쇼츠는 틱톡, 릴스와 함께 여론을 형성하는 중요한 도구로 사용되고 있기 때문입니다. 특히 단기간에 유권자를 설득해야 하는 선거 홍보영상과 제한된 시간 내에 단 한 번의 기회를 살려서 대중을 설득해야 하는 프레젠테이션 실무에서 가로, 세로의 변형이 매우 중요합니다. 이러한 실무 예시를 통해 유튜브의 특징과 흐름을 이해할 수 있습니다.

이 책의 네 번째 특징은 '**AI의 다각적인 활용 제안**'입니다. 프리미어 프로와 포토샵에서 AI 기능은 특별한 기능이 아니라 대부분 힘든 작업을 편하게 하거나 '작업시간을 절약'하는 데 도움을 줍니다. 어떠한 경우에는 '이 기능이 AI가 맞나?'라는 의구심이 들 때도 있습니다. 그러나 사용을 해보면 AI를 사용하는 것과 사용하지 않는 것에서 큰 차이를 느낄 수 있습니다.

또한 이 책의 부록에 '2025 최신 비디오 생성형 AI와 협업하기' 예시를 통해 다양한 영상 생성형 AI 활용법을 제안하였습니다. 아직까지 AI가 물리적 법칙을 표현하지 못하거나, 한글을 이해하지 못하거나, 작업자가 원하는 방향과 다르게 나오기도 합니다. 그러나 영상 생성형 AI가 계속 발전하고 있으니, 앞으로 AI를 활용하는 영상 편집자들이 더 앞서나갈 것은 분명합니다.

이 책은 유튜브를 시작하는 분, 쇼츠를 알고 싶은 분, 영상 콘텐츠 실무에 대해 알고 싶은 분들에게 길잡이가 되어줄 것입니다. 이 책을 통해 영상 편집과 이미지 편집이라는 큰 흐름을 이해하고, 변화하는 환경 속에서 생성형 AI 도구들을 영상 콘텐츠 실무에 유연하게 활용하고 연결할 수 있기를 희망합니다.

저자 **김경수 · 김다인**

▶ 미리 보기

이 책은 영상 편집에 사용되는 프로그램인 프리미어 프로와 다방면으로 쓰임새가 있는 포토샵을 각각의 PART로 나누어 설명하고 있습니다. 각 PART의 시작 부분에는 Intro 코너를 마련하여 PART에서 다루는 전반적인 내용을 한눈에 파악할 수 있도록 하였고, 따라하기 단계에서 필요한 부연 설명이나 주의해야 할 사항은 'Tip'으로 자세히 소개하고 있습니다.

핵심 내용
섹션의 시작 부분에 배치하여 섹션 안에서 어떤 내용을 다루는지 한눈에 파악할 수 있도록 구성합니다.

핵심 내용 및 기능
섹션에서 학습할 내용이나 핵심 기능을 미리 알려줍니다.

준비/완성 파일
따라하기 과정에 필요한 준비 파일 및 완성 파일의 경로를 소개합니다.

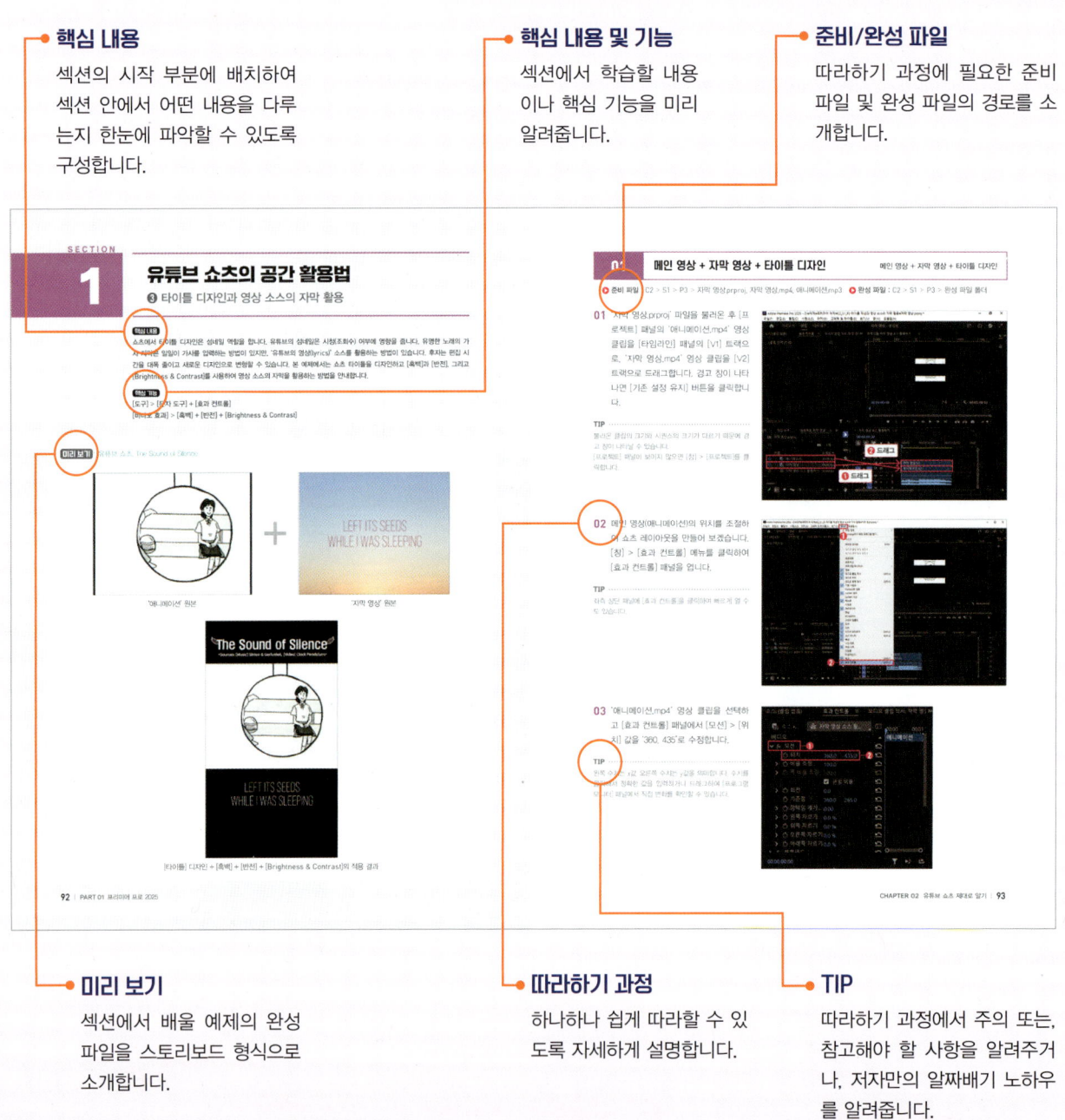

미리 보기
섹션에서 배울 예제의 완성 파일을 스토리보드 형식으로 소개합니다.

따라하기 과정
하나하나 쉽게 따라할 수 있도록 자세하게 설명합니다.

TIP
따라하기 과정에서 주의 또는, 참고해야 할 사항을 알려주거나, 저자만의 알짜배기 노하우를 알려줍니다.

▶ 부록 파일 소개

이 책의 부록 파일에는 본문에서 사용하는 준비 파일과 완성 파일이 수록되어 있습니다. 부록 파일을 다운로드한 후 압축을 해제하여 사용하면 됩니다.

● 홈페이지에서 부록 파일 다운로드받는 법

이 책의 부록 파일은 영진닷컴 홈페이지 (www.youngjin.com)의 [고객센터]-[부록 CD 다운로드] 게시판에서 검색 창에 도서명이나 키워드를 입력한 후 다운로드 받아 사용할 수 있습니다.

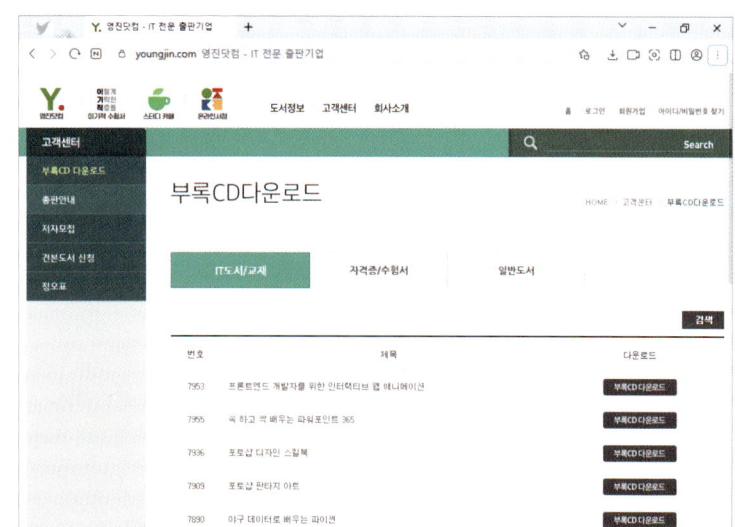

● 부록 파일 사용 방법

PART 01 프리미어 프로

프리미어 프로 PART에서 학습에 필요한 준비 파일 및 완성 파일이 Chapter별로 정리되어 있습니다.

PART 02 포토샵

포토샵 PART에서 학습에 필요한 준비 파일 및 완성 파일이 Chapter별로 정리되어 있습니다.

INDEX

PREMIERE PRO

숫자

1인 다역	291
3D 자막	263
4지점 다각형 마스크 만들기	168

영문

A
Adobe Firefly	43
Adobe Stock 오디오 찾아보기	38

B
BGM	68
Brightness & Contrast	105

C
Cinespace 25	303
Clear Selection	40
Clear	39
Close	39
Copy	39
Cut	39

D
Duplicate	39

E
Enable	40

F
Find	39

H
Hand Tool	41
HSL 보조	130

I
Import File	39

L
Link	40
Look	140
Lumetri 색상 패널	38
Lumetri 색상	127
Lumetri 필터	139

M
Media	39

N
New Project	39

O
Open Project	39

P
Paste	39
Pen Tool	41

R
Rate Stretch Tool	41
Razor Tool	41
Ripple Delete	40
Ripple Edit Tool	41
Rolling Edit Tool	41

S
Save	39
Selection Tool	41
Show Next Screen	40
Show Previous Screen	40
SL GOLD ORANGE	140
Slide Tool	41
Slip Tool	41
Speed/Duration	40

T
Track Select Backward Tool	41
Track Select Forward Tool	41

V
VR 조명 광선	151

Z
Zoom In	40
Zoom Out	40
Zoom Tool	41

한글

ㄱ
가로 영상	71
가로로 가운데 맞춤	221
가로로 뒤집기	67
[가져오기] 대화상자	52
가져오기 모드 건너뛰기	49
가져오기 모드 건너뛰기	59
검정으로 물들이기	117
고급 효과 컨트롤 열기	38
고정 대상	223
교차 디졸브	145
교차 디졸브	54
그래픽 템플릿 찾아보기	38
그룹 해제	40
그룹화	40
그린 스크린	298
기본 교정	135
기본 교정	38
기본 사운드	184
깔때기 아이콘	210

ㄴ
내보내기	56
노래방 자막	258
노이즈 제거	184
눈 특수 효과	197
눈금자 표시	267

ㄷ
다각형 도구	287
다른 이름으로 저장	39
다분할	177
다시 실행	39
단계별 속도 조절	272
단축키	39
[대본 보기 옵션] 대화상자	210
더 많은 오디오 컨트롤 열기	38
더빙	236
동작 추적	92

ㄹ
레드존	85
레벨	187
롤링 편집 도구	33
루메트리 프리셋	302
리믹스 도구	33
리프레임 비율	92

ㅁ
마스크 자막	251
마스크 패스	255
마스크 페더	168
마커 추가	36
말 멈춤	210
매트 생성	299
모두 선택	39
모션 테크닉	177
모퉁이 고정	264
몰입형 비디오	151
밀기 도구	33
밀어넣기 도구	33

ㅂ
반응형 디자인	222
반응형 자막 박스	217
배경음악	68
볼륨 일괄 조정	189
불투명도	293
비 특수 효과	201
비디오 전환 적용	40
비디오 전환	145
비디오 전환	151
비디오 프레임에 정렬	221
비율 변경	72

ㅅ
사운드 편집	183
삽입 붙여넣기	39
[새 텍스트 스타일] 대화상자	216
새 프로젝트	49
색상 조정	38
색상 키	197
색조 채도 곡선	136
선 폭	258
선택 도구	64
세로로 가운데 맞춤	221
세이프존	85
셔터 각도	159

소스 텍스트	246
속도 조정 도구	33
속성 패널	37
쇼츠	71
스톱모션	278
스튜디오 반향	194
스틸 이미지 기본 지속 시간	51
슬로우모션	119
시간 보간	308
시작에서 종료까지 효과 렌더링	40
시퀀스 설정	72
시퀀스	49
실행 취소	39

ㅇ

안내선 표시	165
애니메이션 켜기	157
어두운 영역	299
에코 효과	192
옐로우존	85
역방향 속도	285
역재생	284
연속 베지어	158
연속 베지어	308
영상 소스	62
영화 같은 효과	303
[오디오 게인] 대화상자	190
오디오 트랙	295
울트라 키	201
워터마크	56
원 비디오 중앙 배치 디자인	86
원본 편집	39
원형 분할	171
유튜브	82
음성 강화	185
입체 자막	262

ㅈ

자동 리프레임	92
자동 일치	191
자동 자막	208
자막 박스	208
자막 이동	233
자막 확대	237
잔물결 삭제	111

정렬 및 변형	248
조명	135
조정 레이어	155
좌우 반전	66
줌아웃	160
줌아웃	304
줌인	157
줌인	304
중첩	233
중첩	280
[중첩된 시퀀스 이름] 대화상자	233
지속 가감속	196

ㅊ

채도	135
칠	229

ㅋ

[캡션 만들기] 대화상자	213
컬러/회색	131
크로마키 합성	297
크로스 페이드	196
키보드 단축키	41
키잉	197
키잉	298
키프레임	195

ㅌ

타원 도구	173
타이틀	122
타임라인에서 스냅	40
타임랩스	112
투 비디오 내레이션 추가 디자인	86
투 비디오 상하 배치 디자인	86
트랙 매트 키	174
트랙 스타일	216

ㅍ

페데스탈	299
페이드아웃	186
페이드인	186
펜 도구	293
폴더 가져오기	279
프레임 내보내기	36

ㅎ

하이퍼랩스	113
화면 분할	162
화면 상하 분할	166
화면 이동	305
화면 좌우 분할	162
화질 개선	126
활성 텍스트 편집	212
효과 및 전환 찾아보기	38
효과음	77
휩 효과	152
흑백 효과	146

PHOTOSHOP + AI

영문

A

All Layers	318
Auto Color	318
Auto Contrast	318
Auto Tone	318

C

Canvas Size	318
Close All	317
Close	317
Color Balance	318
Curves	318

D

Desaturate	318

E

Exit	317

G

Generative Expand	365
Generative Fill	336
GIF 애니메이션	510
Group Layers	318

H

Hue/Saturation	318

I

Image Size	318
Inverse	318

J

[JPEG 옵션] 대화상자	449

L

Layer Via Copy	318
Layer Via Cut	318
Levels	318
Lock Layers	318

M

Merge Layers	318
Merge Visible	318

INDEX

N
New Layer	318

O
Open	317

P
PNG로 빠른 내보내기	401
Print	317

R
Release Clipping Mask	318
Remove Tool	371

S
Save As	317

U
Ungroup Layers	318

한글

ㄱ
가시성 아이콘	379
가우시안 흐림 효과	498
격자	319
곡선 문자	491
곱하기	488
구름 효과 1	505
그레이디언트 도구	389
그레이디언트 편집기	421
글꼴 크기	395
글꼴	395
기록 시작 아이콘	448
기울기-이동	458

ㄴ
내보내기 형식	349
노이즈 추가	475
눈금자	319

ㄷ
다각형 올가미 도구	347
다각형 올가미 도구	351
다시 실행	317
닷지 도구	459
도구 패널	315
돌 재질	506
[동작 흐림 효과] 대화상자	466
드롭 섀도	391

ㄹ
레이어 레스터화	411
레이어 마스크 아이콘	387
레이어 병합	356
레이어 복제	506
레이어 분리	340
레이어 스타일 붙여넣기	440
레이어 패널	362
렌더	505
렌즈 교정	319

ㅁ
마스크마스크 페더 및 밀도 수정	313
마스크에 추가	313
마스크에서 빼기	313
마지막 상태 전환	317
마지막 필터	319
모프	514

ㅂ
바람	497
방사형 흐림 효과	503
배경색	387
배경으로 이미지 병합	339
번 도구	460
분필 효과	476
불꽃 효과	496
불투명도	391
브러시 사전 설정 피커	459
브러시 사전 피커	501
브러시 크기	465
비디오 타임라인 만들기	521

ㅅ
사각형 선택 윤곽 도구	338
상황별 작업 표시줄	313
새 그룹 만들기 아이콘	417
[새 레이어] 대화상자	356
새 액션 만들기 아이콘	447
새 파일	366
색상 균형	368
색상 닷지	481
색상 오버레이	402
색상 정지점	422
색상 피커	401
색조/채도	341
생성형 채우기	321
생성형 확장	362
생성형 확장하기	323
선택 도구 모드	491
선택 영역 반전	347
[선택 영역 페더] 대화상자	433
속성 패널	339
수평 문자 도구	395
스냅	319
스마트 오브젝트로 열기	410
스크린	477
스타일화	497
스프레드	391
시계 방향으로 90° 회전	498
실행 취소	317

ㅇ
안내선 잠그기	319
안내선	319
액션 패널	447
연필 스케치	482
오린 레이어	341
오버레이	427
외부 광선	412
원형 선택 윤곽 도구	431
원형 아웃포커스	455
웹용으로 저장	513
웹용으로 저장	520
웹용으로 저장하기	401
이동 도구	366
이미지 합성	369
일러스트 이미지	437

ㅈ
자동 선택 도구	399
자르기 도구	337
자유 변형	317
작업 영역 끝	526
잔상 흐림 효과	463
전경색	387
제 자리에 붙여넣기	317
제거 도구	324
조리개 흐림 효과	455
조정	341

ㅊ
채도 감소	486
칠	389
칠판 배경	474
캘리그래피	405

ㅋ
클래식 그레이디언트	463
클리핑 마스크 만들기	507
키프레임 애니메이션	538

ㅌ
타이틀 마스크	535
타임라인 패널	517

ㅍ
패치 도구	379
페더 반경	433
페더	433
프레임 복제 아이콘	517
프레임 애니메이션	515
프레임 지연 시간	517
프롬프트 창	342
피사체 선택	313
피사체 선택	340
피사체 선택	424
픽셀 유동화	319
핀 라이트	507

ㅎ
혼합 모드	391
화면 크기에 맞게 조정	319
흐림 효과 갤러리	455
흑백 변환	426

목차

PART 01 프리미어 프로 2025

1. 프리미어 프로 2025의 기본 화면 ····· 030
2. 프리미어 프로 2025의 단축키 ····· 039
3. 프리미어 프로 2025의 생성형 AI 기능 ····· 042
4. 어도비가 소개하는 프리미어 프로 AI의 전망 ····· 043

Chapter 01 | 프리미어 프로의 영상 편집 기초 — 047

Section 01 이미지(사진) 소스를 활용한 영상 편집

전남대학교 줌 화상회의 배경 영상

1. 새 프로젝트 설정하기 ····· 049
2. 1920x1080 새 시퀀스 만들기 ····· 050
3. 사진 재생 길이 설정하기 ····· 051
4. 기초 화면전환 효과 적용하기 ····· 054
5. 워터마크 넣기와 영상 출력하기 ····· 056

Section 02 비디오(영상) 소스를 활용한 영상 편집

○○대학교 총장선거 프레젠테이션 영상

1. 1920×1080 새 프로젝트와 시퀀스 만들기 ····· 059
2. 영상 소스 불러오기와 자르기 ····· 062
3. 영상 클립 좌우 반전하기 ····· 066
4. 배경음악(BGM) 삽입하기 ····· 068
5. 1920×1080(1280×720) 출력하기(유튜브 해상도와 사이즈) ····· 069

Section 03   가로 영상을 쇼츠(세로)로 바꾸는 영상 편집

❶ 비율 변경 : 동영상(1920×1080) → 쇼츠(720×1280) ·· 072
❷ 클립 삭제 : 쇼츠(1분 이내)로 수정하기 ··· 075
❸ 효과음 추가하기 ·· 077
❹ 쇼츠(720×1280) 출력하기 ·· 078

Chapter 02 | 유튜브 쇼츠 제대로 알기   080

1 유튜브 영상과 쇼츠의 차이점

Section 01   유튜브 쇼츠의 공간 활용법

1) 주인공을 화면 중심에 정렬하기 + AI 활용법

❶ AI 기능으로 화면 중심에 자동 정렬하기 ·· 091
❷ 수작업으로 화면 중심에 정렬하기 ·· 093

2) 투샷, 한 화면에 담기

❶ 두 개의 피사체를 화면 가운데로 모으기 ·· 097
❷ 클립 비활성화하고 위치 이동하기 ·· 099

3) 타이틀 디자인과 영상 소스의 자막 활용

유튜브 쇼츠, The Sound of Silence

❶ 메인 영상 + 자막 영상 + 타이틀 디자인 ··· 101
❷ 메인 영상과 어울리는 영상 자막 디자인 ··· 104

Section 02 유튜브 쇼츠의 시간 활용법

1) 일반 영상을 '쇼츠'로 바꾸는 영상 편집

김경수 교수의 창의 미디어, kbc 강의

❶ 1차 공간 편집 : 가로 영상을 세로 쇼츠로 바꾸기 ································ 108
❷ 2차 시간 편집 : 1분 미만으로 줄이기 ··· 110
❸ 3차 미세조정 : 클립과 클립 사이의 '튀는 1프레임' 바로잡기 ················ 111

2) '타임랩스' 속도의 기승전결 활용법

유튜브 쇼츠, Seoul Night View

기	→	승	→	전	→	결
200%		400%		2000%		650%

❶ 하이퍼랩스 : 기승전(결) 나누기 ··· 113
❷ 타임랩스 : 일출을 일몰로 바꾸고 기승전결 마무리하기 ······················· 115

3) '슬로우모션' 극적 장면 활용법

유튜브 쇼츠, Diving Giraffe

❶ 슬로우모션 : 특정 장면 선택하기 ··· 119
❷ BGM/타이틀 넣고 마무리하기 ··· 122

Chapter 03 | 영상 편집 기본 테크닉   124

Section 01   화질 개선 및 보정

1) 흐릿한 인물을 선명하게 보정하기

> 유튜브 강연, 나주 동신대 상상포럼 강연

❶ 흐릿한 인물을 선명하게 수정 ·· 127
❷ 얼굴 색 보정 ·· 129

2) 피사체 칼라 및 회색 배경 교체

> 유튜브 광고, ○○ 슈퍼카 광고 CM

❶ 어두운 영상 밝게 보정하기 ·· 134
❷ 피사체 채도 높이고 배경 채도 낮추기 ··· 136
❸ 피사체 색상 교체하기 ·· 137

3) 어두운 야경을 밝게 보정하기

> 유튜브 칼럼, 여행 브이로그 영상

❶ Lumetri 필터 적용하기 ·· 139
❷ 야경 선명하게 보정하기 ·· 141

Section 02   화면 전환(트렌지션) 효과

1) 디졸브 하나로 영상 작품 만들기

> DDL 포럼 프레젠테이션 작품 중 일부분

❶ 다양한 디졸브 화면 전환 ··· 143
❷ 흑백 효과 ··· 146

2) 자주 사용하는 화면전환 효과와 효과음

❶ 세련된 화면전환 효과 · 150
❷ 휙 사라지는 휩 효과 · 152

3) 자주 사용하는 줌인/줌아웃 효과

❶ 조정 레이어 클립 만들기 · 155
❷ 줌인 효과 만들기 · 157
❸ 줌아웃 효과 만들기 · 160

Section 03 화면 분할

1) 화면 좌우 분할

❶ 우측 영상 레이아웃 · 163
❷ 좌측 영상 레이아웃 · 165

2) 화면 상하 분할

❶ 직선을 사선으로 바꾸기 · 167
❷ 분할 띠 만들기 · 169

3) 내레이션 원형 분할

❶ 타원 도구 사용하기 · 172
❷ 내레이션 원형 화면 만들기 · 174

4) 다분할과 모션 테크닉

- ❶ 화면 2분할 ·· 178
- ❷ 화면 이동 모션 ·· 180

Section 04 사운드 편집의 핵심

1) AI로 현장음 노이즈 제거 및 볼륨 조절

- ❶ AI로 현장음 노이즈 제거하기 ··· 184
- ❷ BGM의 페이드인/페이드아웃 볼륨 조절하기 ··· 186

2) 오디오 볼륨 일괄 조정

- ❶ 여러 클립의 볼륨 일괄 조정 1 ·· 190
- ❷ 여러 클립의 볼륨 일괄 조정 2 ·· 191

3) 에코 효과 적용하기

- ❶ 에코 효과 만들기 ·· 193
- ❷ 키프레임으로 에코 효과 조절하기 ··· 195

Section 05 영상 다운로드를 활용한 특수 효과

1) 눈 특수 효과

- ❶ 색상 키를 활용한 눈 특수 효과 ·· 198
- ❷ 눈 특수 효과 개선하기 ·· 200

2) 비 특수 효과

유튜브 쇼츠, I Will Survive 파소 도블

❶ 울트라 키를 활용한 비 특수 효과 ··· 202
❷ 비 효과음 음량 조절하기 ··· 204

Chapter 04 | 타이틀 자막 편집 실무　　　　　　　　　　　　　206

Section 01　자동 자막과 자막 박스 기초

1) AI 자막 자동 컷 편집

유튜브, 창진탐 미국 애플 직원 인터뷰

❶ AI로 빠르게 컷편집 끝내기 ··· 209
❷ 자막 디자인하고 일괄 적용하기 ··· 215

2) 반응형 자막 박스 만들기

유튜브, 창진탐 외식업 황솔촌 대표편

❶ 자막 박스 디자인 ·· 218
❷ 자동으로 늘어나는 자막 박스 설정 ·· 221

Section 02　자막 디자인과 초급 애니메이션

1) 자막(타이틀) 디자인과 디졸브 응용

○○대학교 총장선거 프레젠테이션 영상 중 일부분

❶ 여백에 자막(타이틀) 디자인하기 ··· 225
❷ 디졸브 응용하기 ··· 227

2) 자막 이동 애니메이션

○○대학교 총장선거 프레젠테이션 영상 중 일부분

❶ 자막 이동 애니메이션 ··· 233
❷ 교차 디졸브 응용하기 ··· 235
❸ 어울리는 배경음악(BGM)과 더빙 삽입하기 ······································ 236

3) 자막 확대 애니메이션

○○대학교 총장선거 프레젠테이션 영상 중 일부분

❶ 확대 자막 디자인하기 ··· 238
❷ 자막 확대 애니메이션 적용하기 ·· 241

4) BGM 비트 중심의 자막 애니메이션

유튜브, 영화 속 AI 5종

❶ BGM 하이라이트 설정 ··· 244
❷ BGM 비트에 맞춘 텍스트 애니메이션 ·· 245

Section 03 마스크 자막 중급 애니메이션

1) 슬라이드 자막 애니메이션

○○대학교 총장선거 프레젠테이션 영상 중 일부분

❶ 3줄 자막 디자인하기 ·· 252
❷ 자막 마스크 애니메이션 ··· 253

2) 노래를 따라가는 자막 애니메이션

전국 찬소 CF 공모전 '대상' 수상 작품 중 일부분

❶ 노래방 자막 입력하기 ··· 258
❷ 노래방 자막 애니메이션 ··· 260

Section 04 입체 자막 고급 애니메이션

1) 3D 자막과 BGM 비트 일치 애니메이션

제25회 정보문화의달 창작 UCC 공모전 '행정안전부장관상' 수상 작품 중 일부분

❶ 3D 자막 디자인 ··· 263
❷ 자막 생성 애니메이션 ··· 266

2) 피사체를 따라다니는 트래킹 자막 만들기

제2회 대한민국 맑은 공기 UCC 공모전 '우수상' 수상 작품 중 일부분

❶ 단계별 속도 조절하기 ··· 272
❷ 피사체를 따라다니는 자막 애니메이션 ·· 274

Chapter 05 | 창의적인 결과물이 절실할 때 유용한 테크닉   276

Section 01 스톱모션 사진 편집 테크닉

제3회 대한민국청소년 UCC캠프대전 '여성가족부장관상' 수상 작품

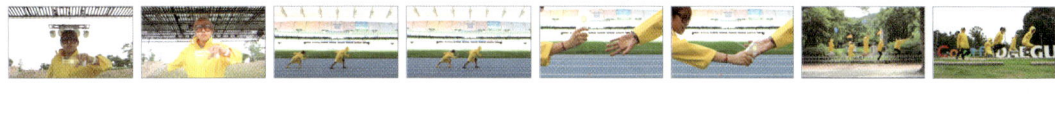

❶ 이미지 소스 불러오기 ··· 279
❷ 이미지 클립 하나로 묶기 ·· 280
❸ 자막 삽입하기 ·· 281
❹ 자막 애니메이션 적용, 타이틀과 엔딩 편집 ··· 282

Section 02 역재생과 배속 테크닉

제10회 대한민국 인터넷윤리콘텐츠공모전 '동상' 수상 작품 일부분

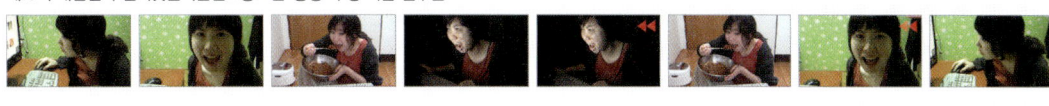

❶ 영상 역재생 + 배속 ··· 285
❷ 역재생 마크 만들기 ·· 287

Section 03   1인 다역 편집 테크닉

신세계백화점 홍보영상 공모전 '베스트 추천상' 수상 작품 중 일부분

❶ 1인 다역 영상 만들기 ··· 292
❷ 오디오 트랙 추가하고 더빙 적용하기 ·· 295

Section 04   배경이 중심이 되는 크로마키 합성 테크닉

제1회 LIG 된다댄스 UCC 콘테스트 '최우수상' 수상 작품 중 일부분

❶ 그린 스크린 영상에 배경 합성하기 ··· 298
❷ 루메트리 프리셋 필터로 색 보정하기 ··· 302

Section 05   AI 이미지와 줌인·줌아웃을 활용한 테크닉

모나리자 + 이삭 줍는 여인들

❶ 화면 이동 애니메이션 만들기 ··· 305
❷ 더 부드러운 애니메이션 테크닉 ·· 308

PART 02 포토샵 2025 + AI

1. 포토샵 2025의 AI 도구 및 단축키 ········· 312
2. 포토샵의 AI 3가지 핵심 기능 ········· 321
3. 세계 유명 유튜버가 소개하는 포토샵 AI 테크닉 ········· 325

Chapter 01 | 포토샵 AI의 핵심 기능 3가지　　334

Section 01　AI 생성형 채우기(Generative Fill)

1) 포토샵 AI 기본 다지기

달리3 가상 인물사진

❶ 잘린 부분 생성 및 확장하기 ········· 337
❷ 인물과 배경 레이어 분리하기 ········· 340
❸ AI 헤어 디자인 생성하기 ········· 342
❹ AI 모자 디자인 생성하기 ········· 343
❺ AI 선글라스/목걸이 디자인 생성하기 ········· 344
❻ AI 의상 디자인 생성하기 ········· 345

2) AI 무대 배경 디자인

엘비스 프레슬리의 스튜디오 콘서트

❶ AI 무대 배경 선택하기 ········· 347
❷ AI 무대 배경 생성하기 ········· 348

3) AI 실내 인테리어 디자인

실내 인테리어 디자인

❶ AI 가구 디자인 생성하기 ·· 351
❷ AI 식탁과 조명 디자인 생성하기 ··· 352

4) AI 조경 및 풍경 디자인

전원주택의 계절별 풍경

❶ 가로 이미지 16:9 비율로 늘리기 ·· 355
❷ AI 계절별 이미지 생성하기 ·· 357

Section 02 AI 생성형 확장하기(Generative Expand)

1) 4대3 영상을 16대9 영상으로 바꾸는 AI 디자인

엘비스 프레슬리의 인터뷰 SD 화면

❶ 가로 화면 비율 늘리기 ·· 361
❷ 생성 후 투명 PNG 저장하기 ·· 362
❸ 프리미어 프로 16:9 비율 영상 만들기 ·· 364

2) 명화와 명화의 AI 합성 및 확장

명화 1(모나리자) + 명화 2(이삭줍는 여인들)

❶ 그림과 그림 배치 후 명도/색상 일치시키기 ··· 366
❷ 이미지 합성 및 확장하기 ··· 369

Section 03　AI 이미지 지우기(Remove Tool)

1) AI 이미지 제거 및 생성

대한민국청소년 UCC캠프대전 '여성가족부장관상' 수상 작품

❶ 불필요한 배경 지우기 ··· 372
❷ 불필요한 사람 지우고 잘린 부분 생성하기 ··· 375

2) AI 이미지 제거 및 복사 응용

제3회 대한민국청소년 UCC캠프대전 '여성가족부장관상' 수상 작품

❶ AI 이미지 제거하기 ··· 379
❷ 레이어 복사 및 응용하기 ··· 380

Chapter 02 ｜ 포토샵의 영상 디자인 기초　　　　　　　　　　　　　　　　　382

Section 01　섬네일 타이틀 기초 디자인

1) 섬네일 타이틀의 이미지 합성

유튜브 섬네일 디자인(생성형 AI와 CEO들)

❶ 3등분하기 ·· 385
❷ 타이틀에 강조점 추가하기 ··· 390

2) 쇼츠 타이틀 디자인

유튜브 쇼츠 타이틀 디자인(Iron Baby)

❶ 쇼츠 레이아웃 설정하기 ··· 394
❷ 색상이 다른 텍스트 타이틀과 장식을 하나로 합치기 ·· 396

Section 02 가장 많이 사용하는 PNG 활용법

1) 로고 PNG와 배경 이미지 합성

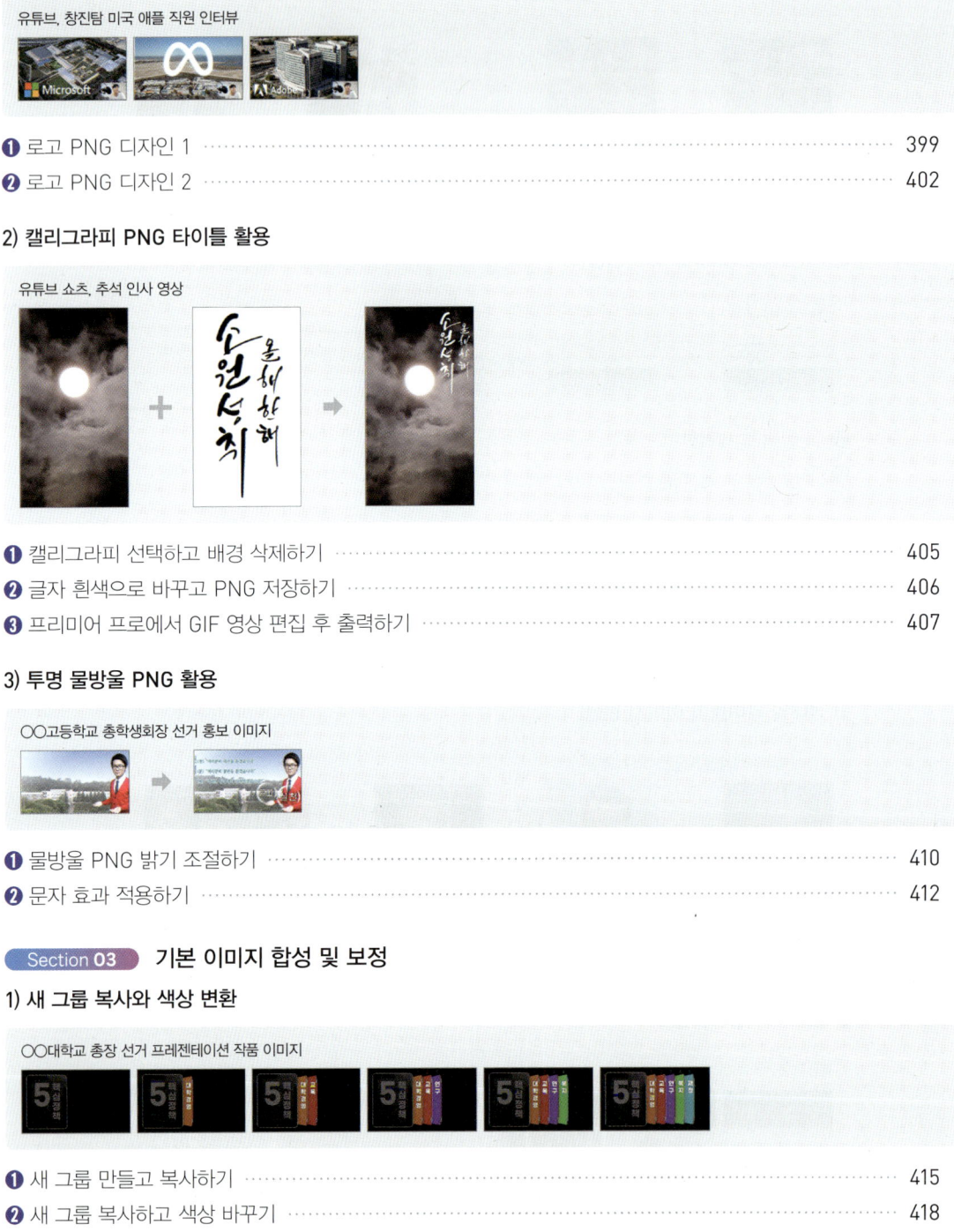

- ❶ 로고 PNG 디자인 1 ··· 399
- ❷ 로고 PNG 디자인 2 ··· 402

2) 캘리그라피 PNG 타이틀 활용

- ❶ 캘리그라피 선택하고 배경 삭제하기 ··· 405
- ❷ 글자 흰색으로 바꾸고 PNG 저장하기 ··· 406
- ❸ 프리미어 프로에서 GIF 영상 편집 후 출력하기 ··· 407

3) 투명 물방울 PNG 활용

- ❶ 물방울 PNG 밝기 조절하기 ··· 410
- ❷ 문자 효과 적용하기 ··· 412

Section 03 기본 이미지 합성 및 보정

1) 새 그룹 복사와 색상 변환

- ❶ 새 그룹 만들고 복사하기 ··· 415
- ❷ 새 그룹 복사하고 색상 바꾸기 ··· 418

2) 이미지 + 재질 + 배경 합성

대한민국 절주 UCC 공모전 '우수상' 수상 작품

❶ 회색 그레이디언트 배경 만들기 ·· 421
❷ 이미지 선택과 합성하기 ··· 423
❸ 흑백 변환과 재질 합성하기 ·· 426

3) 원 심볼과 원 이미지의 은유적 합성

세계박람회 영상 애니메이션 공모전 '금상' 수상 작품

❶ 교차 이미지 뽑아내기 ·· 430
❷ 교차 이미지 색상 교체 후 합성하기 ·· 434

4) 그래픽 이미지와 테두리 효과

Dream CNU 영상 콘텐츠 공모전 '우수상' 수상 작품

❶ 일러스트 이미지에 테두리 효과 적용하기 ··· 437
❷ 타이틀에 그림자 효과 적용하기 ·· 443

5) 여러 장의 어두운 사진을 한꺼번에 밝게 보정하는 방법

DDL 극장 소개 영상

❶ 포토샵 작업 기록하기 ·· 447
❷ 여러 장의 사진 한꺼번에 보정하기 ·· 450

Chapter 03 | 자주 사용하는 효과 테크닉 　452

Section 01　가장 많이 사용하는 흐림 효과

1) 아웃포커스 흐림 효과

정보문화의 달 Clean IT 공모전 '행정안전부장관상' 수상 작품

❶ 원형 아웃포커스 ·· 455
❷ 선형 아웃포커스 ·· 458

2) 잔상 흐림 효과

전국도서해양문화콘텐츠공모전 '대상' 수상 작품

❶ 측면의 잔상 흐림 효과 ·· 463
❷ 정면의 잔상 흐림 효과 ·· 470

Section 02　재질과 기법의 필터 효과

1) 칠판과 분필 효과

대한민국 국회 UCC 공모전 '국회사무총장상' 수상 작품

❶ 칠판 배경 만들기 ·· 473
❷ 분필 효과 적용하기 ·· 476

2) 연필 스케치 효과

대한민국 관광 애니메이션 공모전 '우수상' 수상 작품

❶ 흑백 효과 ·· 480
❷ 연필 스케치 효과 적용하기 ··· 482

3) 빛바랜 한지 효과

전국 디지털 영상 애니메이션 공모전 '대상' 수상 작품

❶ 사진을 그림처럼 바꾸기 ·· 486
❷ 빛바랜 한지 재질 적용하기 ·· 488

Section 03 포토샵 디자인으로 가능한 특수효과

1) 빛 이동 효과 타이틀

LIG 된다댄스 UCC 콘테스트 '최우수상' 수상 작품

❶ 곡선 문자 입력하기 ··· 491
❷ 빛 효과로 타이틀 강조하기 ·· 493

2) 타오르는 불꽃 효과 타이틀

DDL 극장 배경 인트로 애니메이션

❶ 불꽃 효과 타이틀 디자인하기 ··· 496
❷ 불꽃 형태 바꾸기 ·· 501

3) 중심으로 빨려들어가는 타이틀

대한민국청소년 UCC 캠프대전 '금상' 수상 작품

❶ 빨려 들어가는 배경 만들기 ·· 503
❷ 돌 재질 타이틀 합성하기 ··· 506

Chapter 04 | 차별화되는 GIF 애니메이션   508

Section 01 이미지 GIF 애니메이션 만들기

1) 캐릭터 달리기 GIF 애니메이션

❶ 캐릭터와 배경 이미지 배열하기 ·· 511
❷ 2컷 GIF 애니메이션 만들기 ·· 512

2) 얼굴 모프 GIF 애니메이션

❶ 안내선으로 얼굴 사진 정렬하기 ·· 514
❷ 얼굴 모프 효과 주기 ·· 517

3) 꽃 축하 이미지 디졸브 애니메이션

❶ 생일 축하 카드 디자인 ·· 522
❷ 디졸브 효과 GIF 애니메이션 ·· 526

Section 02 텍스트 GIF 애니메이션 만들기

1) 텍스트 GIF 애니메이션

❶ 텍스트 레이어 복사하기 ·· 529
❷ 프레임과 타임 설정하기 ·· 531

2) 문자 마스크 GIF 애니메이션

설 인사 카드

- ❶ 타이틀 마스크 만들기 ·· 535
- ❷ 마스크 GIF 애니메이션 ··· 538

SPECIAL 2025 최신 비디오 생성형 AI와 협업하기

1 Sora의 4가지 주요 기능 ··· 544
- ❶ Storyboard(스토리보드) 기능 ·· 544
- ❷ Recut(리컷) 기능 ·· 546
- ❸ Blend(블렌드) 기능 ·· 547
- ❹ Loop(루프) 기능 ··· 548

2 VEO 3로 숏폼 ASMR 콘텐츠 만들기 ··· 549
- ❶ 구글 Flow를 통해 VEO 3 사용하기 ·· 549
- ❷ 시네마틱 ASMR 콘텐츠 생성하기 ·· 550

3 Hailuo 2로 무료 AI 비디오 생성하기 ··· 552
- ❶ 3일간 500 크레딧으로 Hailuo 2 사용하기 ··· 552
- ❷ 프롬프트를 작성하고 무료로 비디오 생성하기 ·· 553

4 Kling 2.1로 이미지를 움직이는 영상으로 만들기 ··· 555
- ❶ 비디오 생성에 활용할 이미지 생성하기 ··· 555
- ❷ 생성된 이미지를 통해 비디오 만들기 ··· 557
- ❸ [Extend] 기능을 활용하여 비디오 길이 확장하기 ······································ 558

PART

01

프리미어 프로 2025

프리미어 프로 2025는 초보자와 일반 사용자의 편리성을 추구한 동시에 전문성을 확보하는 인터페이스로 구성되어 있습니다. 프로젝트 단계별로 최적의 작업 공간을 구성할 수 있으며, 작업 공간 선택은 각 윈도우와 화면상의 패널 등으로 나누어져 있습니다. 이때 편리한 작업 공간을 만들기 위해서 각 윈도우의 기능별 배열과 패널을 자유롭게 구성할 수 있고, 수많은 종류의 데이터를 불러와서 창의적인 편집을 할 수 있다는 장점이 있습니다.

2025 버전에서 눈에 띄는 변화는 영상 편집 과정에서 가장 많이 사용하는 [효과 컨트롤], [fx 모션], [자르기], 그리고 [속도/지속 시간]과 [Lumetri 색상] 등의 기능이 초기 화면의 우측 상단에 [속성] 패널이라는 이름으로 추가된 것입니다. 이것은 사용자의 편의성을 증대한 인터페이스의 변화입니다. 2025 버전의 새로운 기능은 '생성형 확장', '색상 관리(Beta)', '속성 패널', '성능 및 속도', '새로워진 디자인' 등이 있습니다. 프리미어 프로의 AI 기능은 곳곳에 숨어 있어서 어떤 것이 AI 기능인지 판단하기 어렵습니다. 일반적인 AI 기능은 '텍스트 기반 편집으로 러프컷 제작', '음성 인식 자막 기능', '음성 강화', '장면 편집 탐지', '자동 색상', '형태 잘라내기', '색상 일치', '제너럴 스텐드', '생성형 확장' 등에 포함되어 있습니다.

1 프리미어 프로 2025의 기본 화면

프리미어 프로의 기본 화면은 풀다운 메뉴와 [효과 컨트롤], [프로그램 모니터], [프로젝트], [도구], [타임라인] 패널로 구성되어 있습니다.

01 프리미어 프로의 새 프로젝트 [홈]

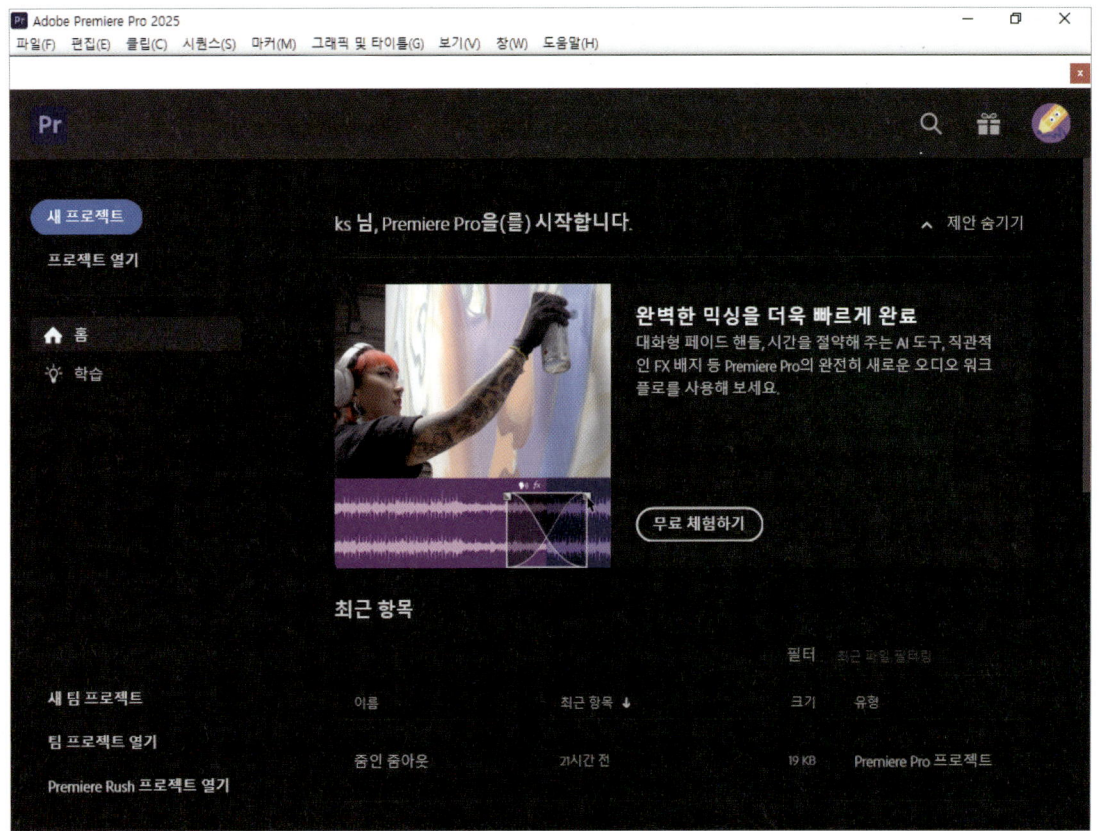

프리미어 프로 2025를 실행하면 위와 같은 [홈] 시작 화면 인터페이스를 볼 수 있습니다. [홈] 패널에서는 파일 관리에서 가장 중요한 메뉴인 [새 프로젝트]([Ctrl]+[Alt]+[N])와 [프로젝트 열기]([Ctrl]+[O]) 메뉴 및 팀 프로젝트 메뉴를 왼쪽에 표시하고, 아래쪽에는 최근 작업했던 파일의 이름, 작업 시기를 보여주며, 새 작업과 기존 작업을 쉽게 시작할 수 있도록 구성되어 있습니다.

기존 버전에서는 [새 프로젝트]를 클릭했을 때 새 창이 뜨면서 여러 예시 클립과 불필요한 항목들이 보였는데, 2025 버전에서는 보다 심플하게 프로젝트 이름과 위치만 정할 수 있도록 개선되었습니다.

[홈] 패널 대신 위쪽에 있는 풀다운 메뉴를 통해서도 새 파일 만들기와 같은 작업을 진행할 수도 있습니다. [최근 항목]을 이용한 작업 파일 열기는 작업하던 파일 목록을 통해 한 번에 쉽게 기존 작업을 이어갈 수 있으므로 사용자의 작업 시간을 단축하고, 파일 관리의 편리함을 더 할 수 있습니다.

02 프리미어 프로의 시작 화면

프리미어 프로의 시작 화면에서 새 프로젝트를 만들고, 새 시퀀스를 시작하면 아래와 같은 작업 화면이 나옵니다. 크게 보면 6개의 패널로 2024 버전과 유사합니다. 다만, 화면 우측 상단에 [속성] 패널을 새롭게 추가하여 사용자의 편의성을 강화하였습니다.

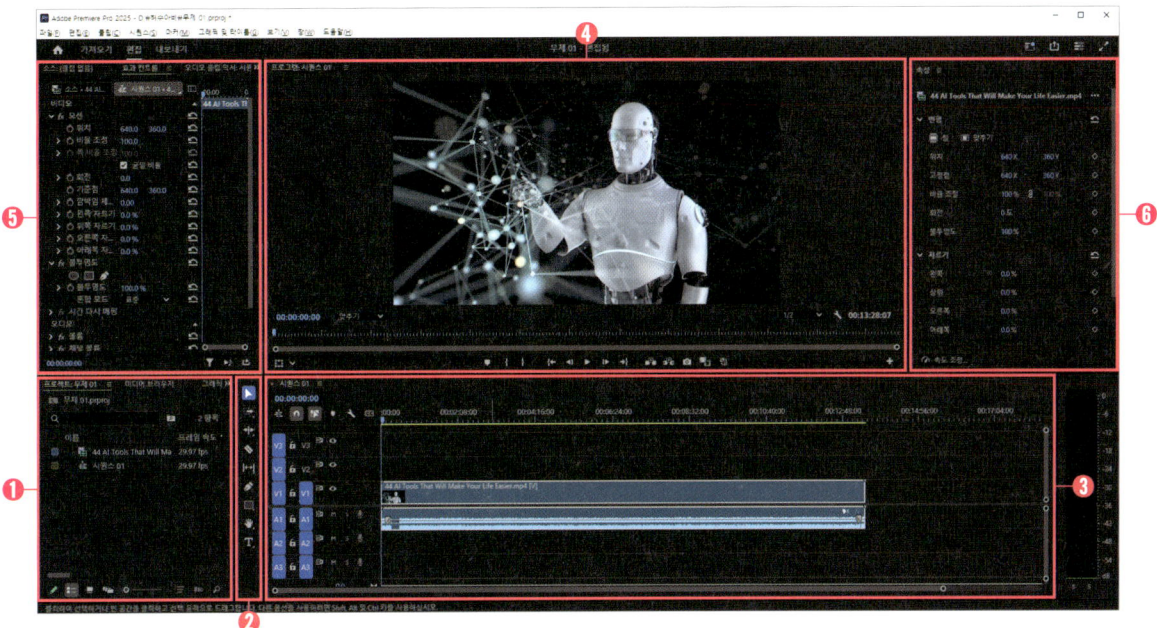

❶ **[프로젝트] 패널** : '미리 보기' 패널입니다. 영상 편집에 사용할 모든 클립을 불러와 관리합니다.

❷ **[도구] 패널** : 클립의 선택과 이동, 자르기, 확대/축소 등의 도구가 있습니다.

❸ **[타임라인] 패널** : 실질적인 '영상 편집'을 하는 패널입니다. 시간대별로 영상 편집을 하는 작업 공간입니다.

❹ **[프로그램 모니터] 패널** : 인디케이터가 위치한 시간대의 장면을 표시하고, 영상 편집 과정과 결과를 시각적으로 확인할 수 있습니다.

❺ **[소스 모니터] / [효과 컨트롤] 패널** : 클립을 확인하고, 각종 효과를 조절합니다.

  ※ **[효과 컨트롤] 패널** : 클립의 비디오 효과(모션, 불투명도, 효과), 오디오 효과(볼륨, 효과)를 제어하고, 키프레임을 생성하여 애니메이션을 만듭니다.

❻ **[속성] 패널** : 영상 편집 과정에서 가장 많이 사용하는 기능. 즉 기존의 [효과 컨트롤] 패널의 [fx 모션], [fx 불투명도], [자르기], 그리고 [속도/지속 시간]과 [Lumetri 색상], 또는 자막 [그래픽] 등을 바로 편집할 수 있는 새 패널입니다.

TIP
- 기본 화면 구성은 [작업 영역] 테마에 따라 다르게 나타납니다. 테마는 [학습], [어셈블리], [편집], [색상], [효과], [오디오], [캡션 및 그래픽], [라이브러리], [메타로그] 등이 있으며, 위에서 보이는 화면 구성은 [편집] 테마입니다.
- 같은 테마에서도 패널의 크기와 위치는 다르게 설정할 수 있는데, 이를 원래대로 되돌리기 위해서는 [창] > [작업 영역] > [저장된 레이아웃으로 재설정] (Alt + Shift + 0) 메뉴를 이용합니다.

03 [프로젝트] 패널

[프로젝트] 패널은 영상 편집에 사용될 다양한 종류의 클립을 불러오거나 만들 수 있고, 미리 보기 또는 미리 듣기, 기본 정보(해상도, 재생 시간) 보기 등의 기능을 제공합니다.

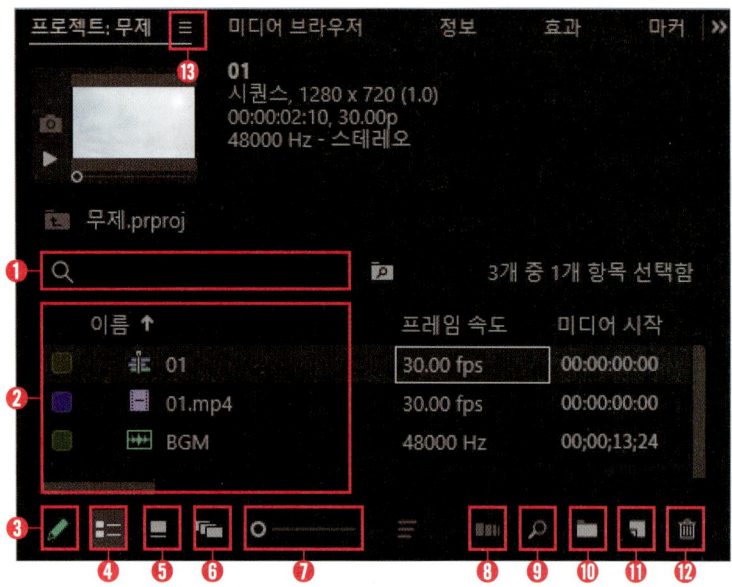

① **저장소 콘텐츠 필터링** : 많은 소스가 있을 때, 필요한 소스를 찾기 위해서 검색합니다.

② **메타데이터 디스플레이** : 클립의 이름, 라벨 색상을 표시하고, 순서를 각 항목에 따라 정렬할 수 있습니다.

③ **잠금** : [프로젝트] 패널의 시퀀스 파일과 클립을 잠가 수정이 되지 않도록 합니다.

④ **목록 보기** : 폴더와 클립을 목록 형태로 표시합니다.

⑤ **아이콘 보기** : 폴더와 클립을 아이콘 형태로 표시합니다.

⑥ **자유형 보기** : 클립을 사용자 지정 형태로 표시합니다.

⑦ **줌 슬라이더** : 클립의 목록 또는, 아이콘 크기를 축소합니다.

⑧ **시퀀스 자동화** : 선택된 클립을 시퀀스에 원하는 옵션 설정에 따라 추가합니다.

⑨ **찾기** : 원하는 클립을 검색하여 찾습니다.

⑩ **새 저장소** : 클립을 폴더별로 관리할 수 있는 새로운 폴더를 만듭니다.

⑪ **새 항목** : 새로운 아이템을 만듭니다.

⑫ **지우기** : 폴더 또는, 클립을 삭제합니다.

⑬ **프로젝트 패널 메뉴** : [프로젝트] 패널의 화면 표시 메뉴를 제공합니다.

04 [도구] 패널

[도구] 패널에 클립을 선택하거나 자르고, 재생 시간과 속도 등을 조절하는 영상 편집 도구와 [타임라인] 패널의 화면 크기를 조절하고, 이동하는 도구가 있습니다.

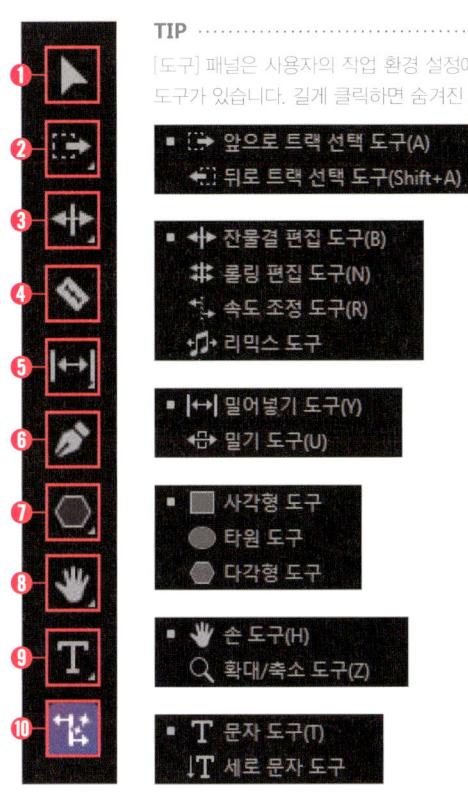

TIP
[도구] 패널은 사용자의 작업 환경 설정에 따라 길게 또는 두 줄, 박스와 같은 형태로 다양하게 표시될 수 있습니다. 또한 도구마다 숨겨진 도구가 있습니다. 길게 클릭하면 숨겨진 도구를 선택할 수 있습니다.

❶ **선택 도구** : 가장 기본적인 선택 도구로써 [타임라인] 패널의 클립을 선택합니다. `Ctrl`, `Alt`, `Shift`와 조합하여 다양한 선택 방법을 제공합니다.

❷ ▶ **앞으로 트랙 선택 도구** : 선택한 클립의 오른쪽에 있는 모든 클립을 선택합니다. `Shift`를 누른 채 클릭하면 트랙별로 클립들을 선택할 수 있습니다.
　▶ **뒤로 트랙 선택 도구** : 선택한 클립의 왼쪽에 있는 모든 클립을 선택합니다. `Shift`를 이용해 트랙별로 클립들을 선택할 수 있습니다.

❸ ▶ **잔물결 편집 도구** : 클립의 재생 길이를 조절합니다. 이때 클립 사이에 빈 곳이 생기지 않도록 인접한 클립의 재생 길이가 자동으로 조절됩니다.
　▶ **롤링 편집 도구** : 이어진 클립의 길이를 조절합니다. 이때 재생 시간은 변하지 않습니다.
　▶ **속도 조정 도구** : 클립의 재생 길이를 조절하여 재생 속도를 바꿉니다.
　▶ **리믹스 도구** : 음악의 루프를 찾아내어 편곡하거나 지속 시간을 바꿉니다.

❹ **자르기 도구** : 클립을 자릅니다. `Shift`를 이용해 모든 트랙의 클립을 한꺼번에 자를 수 있습니다.

❺ ▶ **밀어넣기 도구** : 클립의 [In 점]과 [Out 점]을 조절합니다. 이때 클립의 길이는 변하지 않습니다.
　▶ **밀기 도구** : 선택한 클립의 [In 점]과 [Out 점]을 고정한 채로 인접한 클립의 위치를 조절합니다.

❻ **펜 도구** : 화면에 도형을 그리거나 수정할 수 있습니다. 또한 애니메이션 기능과 관련하여 키프레임을 추가하거나 선택하여 수정할 수 있습니다.

❼ ▶ **사각형 도구** : 화면에 박스 도형을 그릴 수 있습니다.
　▶ **타원 도구** : 화면에 원을 그릴 수 있습니다.
　▶ **다각형 도구** : 화면에 다각형을 그릴 수 있습니다.
❽ ▶ **손 도구** : [타임라인] 패널의 화면을 좌우로 옮길 수 있습니다.
　▶ **확대/축소 도구** : 시간 간격을 조절하여 트랙의 길이를 확대하거나 축소합니다.
❾ ▶ **문자 도구** : 글자 입력을 할 수 있는 도구로써 타이틀, 자막 등을 입력하고 수정할 수 있습니다.
　▶ **세로 문자 도구** : 글자를 세로로 입력할 수 있는 도구입니다.
❿ **AI 생성형 확장** : 비디오는 2초, 오디오는 10초, 모두 있는 경우 2초의 연장본이 생성됩니다.

05 [타임라인] 패널

[타임라인] 패널은 다양한 종류의 클립을 이용하여 영상 편집 작업을 하는 공간입니다. [타임라인] 패널의 요소별 기능을 살펴보면 다음과 같습니다.

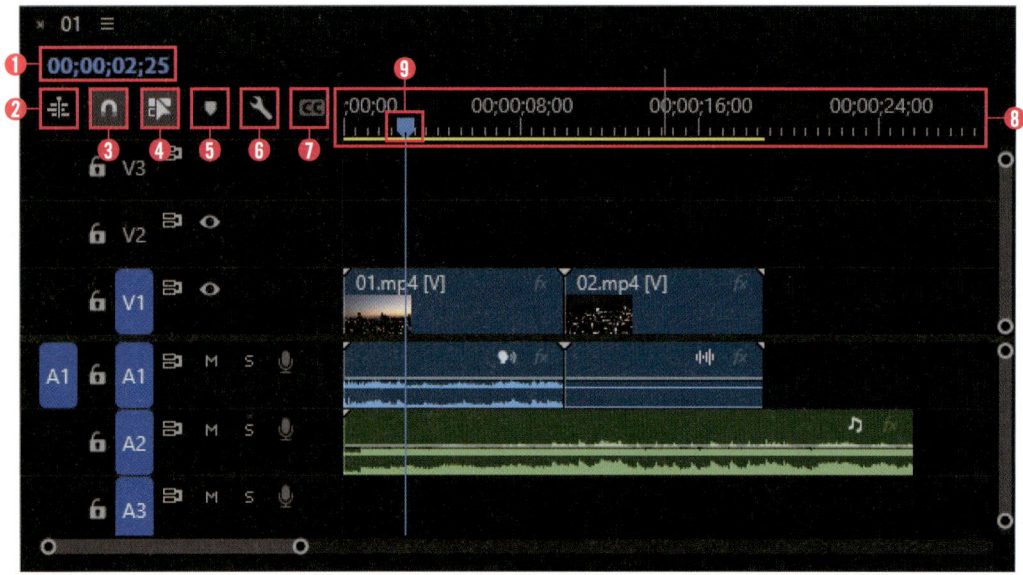

❶ **재생 헤드 위치** : 인디케이터(Current Time Indicator)가 위치한 곳의 시간을 00:00:00:00(시:분:초:프레임)의 단위로 표시합니다. 영상 편집의 기준점이 되며, 수치를 입력하여 원하는 시간 지점대로 이동할 수 있습니다.

❷ **시퀀스를 중첩 또는 개별 클립으로 삽입 또는 덮어쓰기** : 시퀀스를 트랙에 불러올 때 시퀀스 단위로 [타임라인] 패널에 불러올지 또는 시퀀스 내의 소스를 모두 표시할지 설정합니다.

❸ **스냅** : 클립을 옮길 때 클립의 경계 지점인 [In 점], [Out 점] 또는 인디케이터에 자동으로 붙는 기능을 설정합니다.

❹ **연결된 선택** : 링크된 클립 간에 이동을 같이하거나, 개별적으로 움직일지 설정합니다.

❺ **마커 추가** : 인디케이터가 위치한 곳에 마커를 추가하고, 메모하거나 정보를 입력할 수 있습니다.

❻ **타임라인 표시 설정** : 패널에 표시할 내용을 설정합니다.

❼ **캡션 트랙 옵션** : 자막 트랙을 숨기거나 보이게 합니다.

❽ **시간 눈금자 바** : 설정한 표시 형식에 따라 시간과 프레임을 표시합니다.

❾ **현재 시간 표시기** : 인디케이터라고도 불리며 타임라인에서 영상 편집의 기준선이 되는 슬라이더로써 현재 작업 중인 시간과 프레임을 표시하고, 영상을 탐색하거나 확인할 수 있습니다.

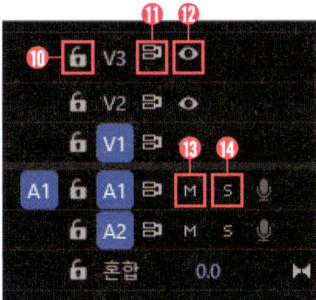

❿ **트랙 잠금 켜기/끄기** : 해당 트랙에서 편집할 수 없도록 설정합니다.

⓫ **동기화 잠금 전환** : 해당 트랙이 다른 트랙의 영향을 받지 않도록 설정합니다.

⓬ **트랙 출력 켜기/끄기** : 해당 트랙을 보이지 않게 합니다.

⓭ **트랙 음소거** : 해당 트랙의 소리를 꺼서 들리지 않게 합니다.

⓮ **솔로 트랙** : 해당 트랙의 소리만 들리게 합니다.

06 [프로그램 모니터] 패널

[프로그램 모니터] 패널로 시퀀스를 재생하여 클립을 볼 수 있습니다. [타임라인] 패널의 재생 헤드와 동기화되어 소스를 실시간으로 보여줍니다.

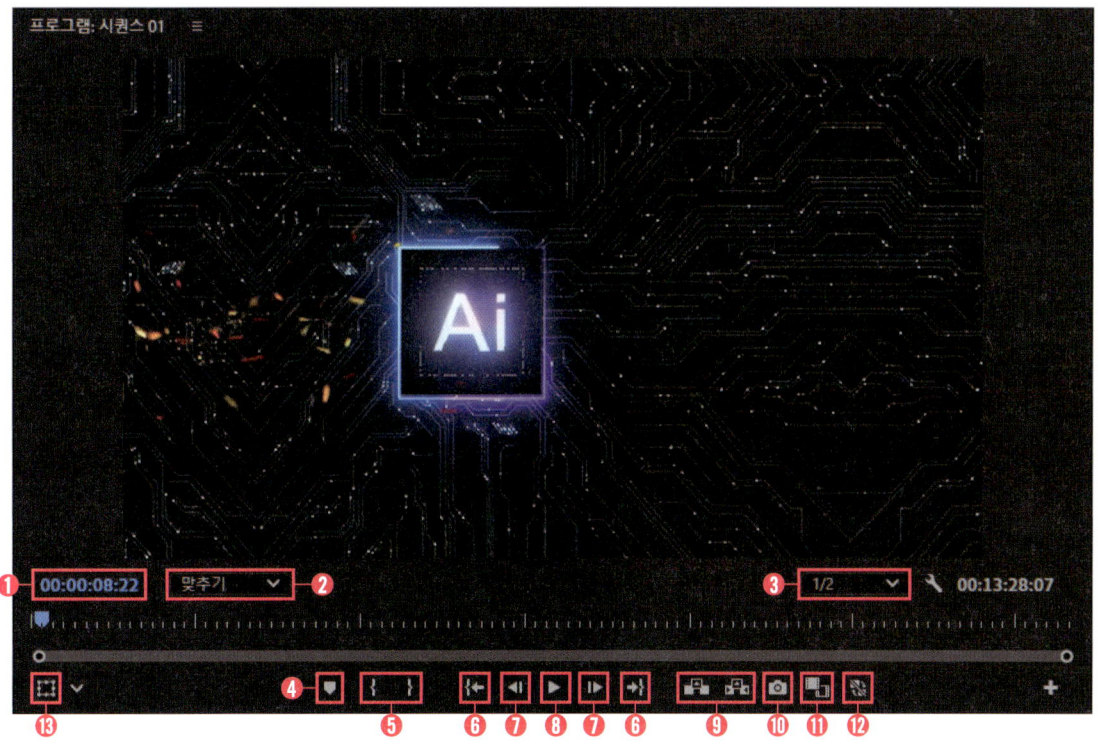

❶ **재생 헤드 위치** : [타임라인] 패널과 마찬가지로, 인디케이터가 위치한 곳의 시간을 00:00:00:00(시:분:초:프레임)의 단위로 표시합니다. 영상 편집의 기준점이 되며, 수치를 입력하여 원하는 시간 지점대로 이동할 수 있습니다.

❷ **확대/축소 레벨 선택** : 화면에 보이는 영상을 확대하거나 축소할 수 있습니다.

❸ **재생 해상도 선택** : 영상을 재생할 때 화면에 보이는 해상도를 설정합니다. 클립의 해상도가 높아 영상이 버벅일 때 임의로 해상도를 낮출 수 있습니다.

❹ **마커 추가** : 인디케이터가 위치한 곳에 마커를 추가하고, 메모하거나 정보를 입력할 수 있습니다.

❺ **시작 표시/종료 표시** : 클립의 구간을 선택하고 삭제하거나 추출할 수 있습니다. 선택한 구간만 영상으로 출력할 수도 있습니다.

❻ **시작 지점으로 이동, 종료 지점으로 이동** : 시퀀스의 처음 부분과 마지막 부분으로 인디케이터를 이동시킵니다.

❼ **1 프레임 이전 단계, 1프레임 다음 단계** : 1프레임씩 인디케이터를 이동합니다.

❽ **재생-정지 켜기/끄기** : 영상을 재생하거나 정지합니다.

❾ **제거/추출** : [제거]로 클립을 삭제합니다. [추출]로 클립을 삭제하고 [잔물결 편집]까지 동시에 진행합니다.

❿ **프레임 내보내기** : 현재 [프로그램 모니터] 패널에서 보이는 장면을 이미지로 출력합니다.

⓫ **비교 보기** : 같은 클립 영상 2개를 동시에 띄워 효과 적용 전, 후를 쉽게 비교할 수 있습니다.

⓬ **프록시 켜기/끄기** : 고화질 영상을 편집할 때 프록시를 통해 저화질 영상으로 따로 저장하여 쾌적하게 편집할 수 있습니다. 프록시를 끄면 고화질 영상으로 보여집니다.

⓭ **직접 조작 켜기/끄기** : 2025 버전의 신기능으로 클립을 선택하면 해당 클립의 크기 조절점이 바로 나타나서 선택이 편리합니다.

07 [소스 모니터] / [효과 컨트롤] 패널

[효과 컨트롤] 패널을 통해 소스와 효과의 세부 설정을 조정할 수 있습니다. 수치에 마우스를 드래그하여 값을 조절할 수 있습니다.

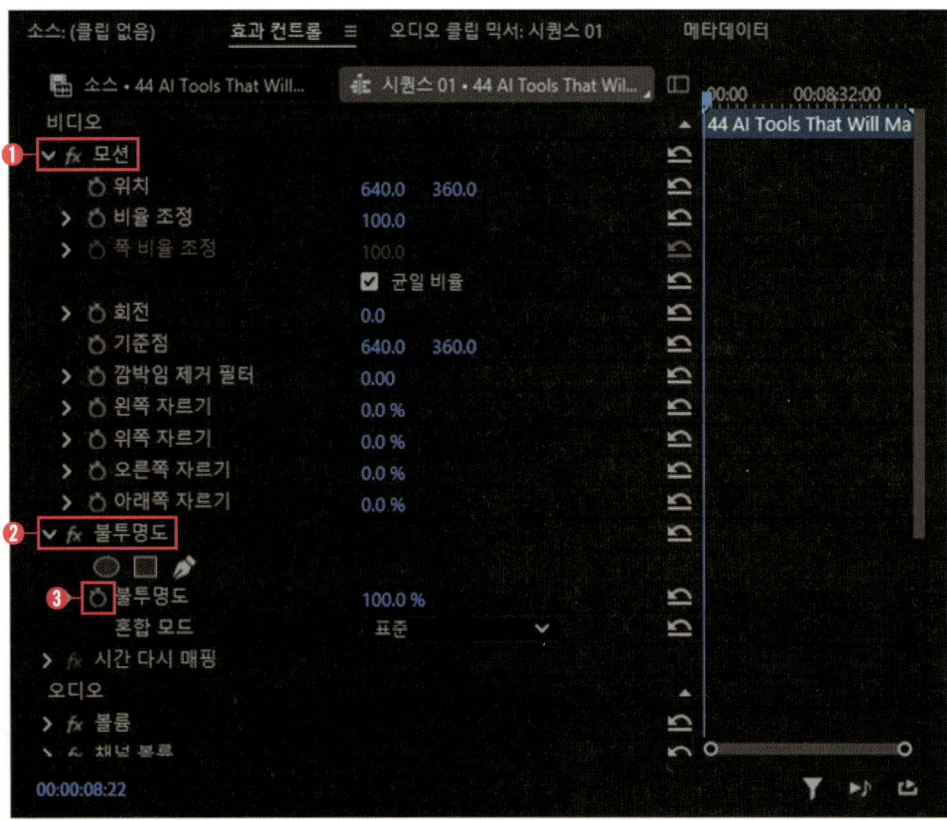

❶ **모션** : [위치] 값을 변경하여 오브젝트의 위치를 바꿉니다. [비율 조정] 값을 변경하여 오브젝트의 크기를 조절합니다. [회전] 값을 변경하여 오브젝트의 각도를 조절합니다. [기준점] 값을 변경하여 오브젝트의 기준점 위치를 바꿉니다.

❷ **불투명도** : [불투명도] 값을 0%로 내릴수록 오브젝트가 투명해집니다.

❸ **애니메이션 켜기/끄기** : 아이콘을 눌러 애니메이션 기능을 활성화합니다. 키프레임을 통해 설정한 시간에 맞춰 효과를 조절할 수 있습니다.

08 [속성] 패널

프리미어 프로 2025에서 새롭게 추가된 [속성] 패널은 영상 편집 과정에서 가장 많이 사용하는 기능, 즉 기존의 [효과 컨트롤] 패널의 [fx 모션], [fx 불투명도], [자르기], 그리고 [속도/지속 시간]과 [Lumetri 색상], 또는 자막 [그래픽] 등을 바로 편집할 수 있습니다.

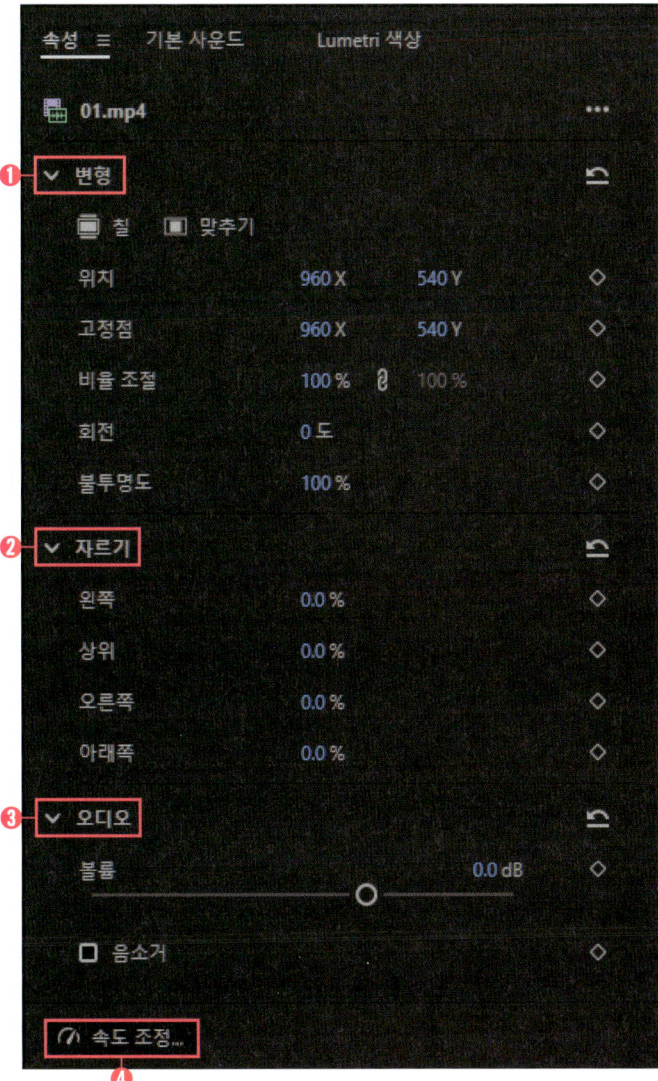

❶ **변형** : [칠]을 클릭하여 한 번에 프레임 채우기가 되며, [맞추기]를 클릭하여 프레임에 맞추기가 가능합니다. 그리고 기존의 [fx 모션]과 유사하게 [위치], [고정점], [비율조절], [회전], [불투명도] 등을 편집할 수 있습니다.

❷ **자르기** : 오브젝트의 [왼쪽], [상위], [오른쪽], [아래쪽]을 자를 수 있습니다. 값이 커질수록 잘라지는 부분도 커집니다.

❸ **오디오** : 볼륨의 높낮이 db을 조절할 수 있고, [음소거]를 할 수도 있습니다.

❹ **속도 조정** : 클립의 속도를 자유롭게 변형할 수 있는 기능으로, '빨리 감기 효과', '슬로우 모션 효과'를 줄 수 있습니다.

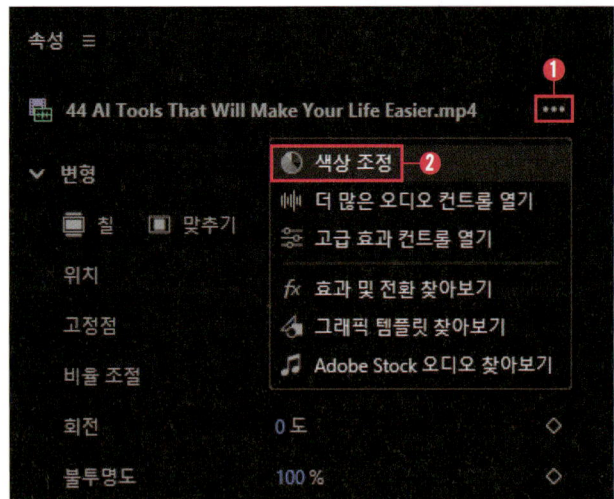

[속성] 패널 우측 상단의 점 세 개 아이콘을 클릭하고 [색상 조정]을 선택하면 [Lumetri 색상] 패널이 펼쳐집니다. 이것은 클립의 명도, 색상, 채도 조절을 할 수 있기에 가장 많이 사용하는 패널 중 하나입니다.

TIP
그 아래에 [더 많은 오디오 컨트롤 열기], [고급 효과 컨트롤 열기], [효과 및 전환 찾아보기], [그래픽 템플릿 찾아보기], [Adobe Stock 오디오 찾아보기] 옵션을 선택할 수 있습니다.

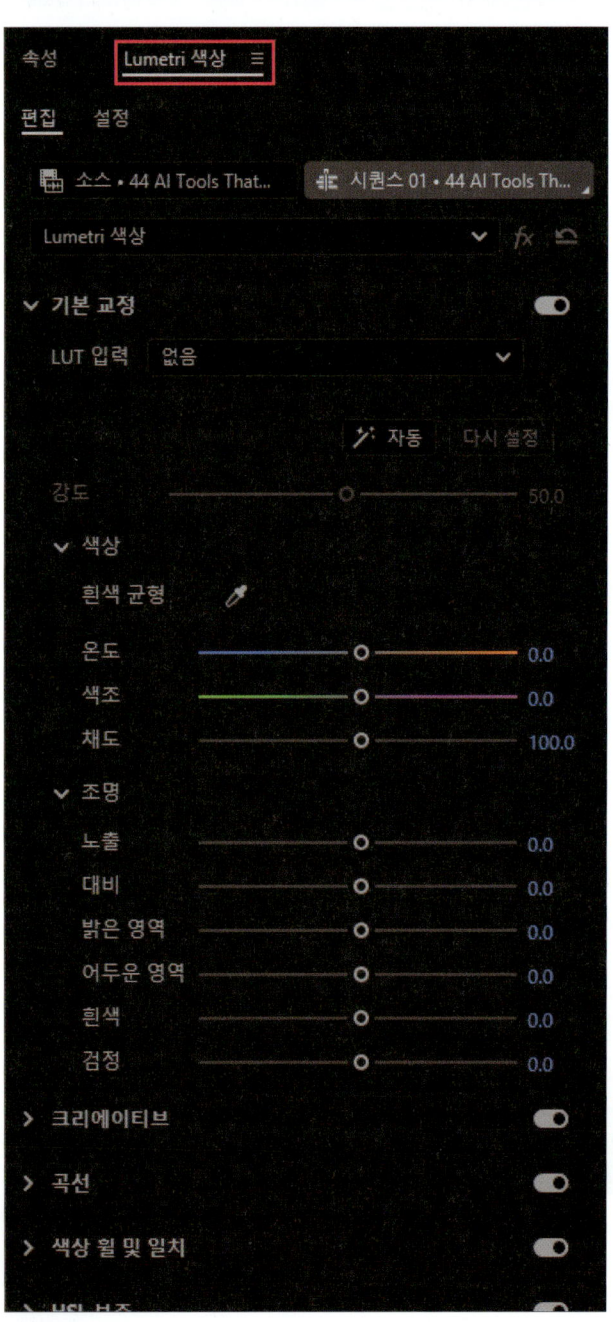

[Lumetri 색상] 패널 안에는 [기본 교정], [크리에이티브], [곡선] 등의 다양한 클립의 명도, 채도, 색상 수정 기능이 있습니다. 여기에서 가장 많이 사용되는 기능은 [기본 교정]의 [색상], [조명]입니다.

TIP
[조명]의 [노출]과 [대비]는 클립의 기본적인 명도를 수정하는 기능입니다. 이것은 포토샵의 [레벨]과 유사한 기능으로 거의 대부분의 클립에 적용할 정도로 사용합니다. 또한 상황에 따라서 [색상] > [온도], [색조], 그리고 [채도]도 자주 사용합니다.

2 프리미어 프로 2025의 단축키

프리미어 프로의 단축키는 이전 버전과 거의 유사합니다. 단축키 사용은 영상 편집자에 따라 다르기에 자신이 자주 사용하는 단축키 위주로 사용할 것을 추천합니다.

01 [파일] 메뉴 단축키

기능	단축키
새 프로젝트(New Project)	Ctrl + Alt + N
프로젝트 열기(Open Project)	Ctrl + O
닫기(Close)	Ctrl + W
저장(Save)	Ctrl + S
다른 이름으로 저장(Save As)	Ctrl + Shift + S
가져오기(Import File)	Ctrl + I
내보내기 > 미디어(Export > Media)	Ctrl + M

02 [편집] 메뉴 단축키

기능	단축키
실행 취소(Undo)	Ctrl + Z
다시 실행(Redo)	Ctrl + Shift + Z
잘라내기(Cut)	Ctrl + X
복사(Copy)	Ctrl + C
붙여넣기(Paste)	Ctrl + V
삽입 붙여넣기(Paste Insert)	Ctrl + Shift + V
지우기(Clear)	Back Space
복제(Duplicate)	Ctrl + Shift + /
모두 선택(Select All)	Ctrl + A
찾기(Find)	Ctrl + F
원본 편집(Edit Original)	Ctrl + E

03 [클립] 메뉴 단축키

속도/지속 시간(Speed/Duration)	Ctrl + R
사용(Enable)	Shift + E
연결(Link)	Ctrl + L
그룹화(Group)	Ctrl + G
그룹 해제(Ungroup)	Ctrl + Shift + G

04 [시퀀스] 메뉴 단축키

시작에서 종료까지 효과 렌더링(Render Effects In to Out)	Enter
비디오 전환 적용(Apply Video Transition)	Ctrl + D
확대(Zoom In)	+
축소(Zoom Out)	-
타임라인에서 스냅(Snap)	S

05 [타임라인] 패널 단축키

선택 지우기(Clear Selection)	Back Space
잔물결 삭제(Ripple Delete)	Alt + Back Space
다음 화면 보이기(Show Next Screen)	Page Down
이전 화면 보이기(Show Previous Screen)	Page Up

06 [타임라인] 패널 단축키

선택 도구(Selection Tool)	V
뒤로 트랙 선택 도구(Track Select Backward Tool)	Shift + A
앞으로 트랙 선택 도구(Track Select Forward Tool)	A
잔물결 편집 도구(Ripple Edit Tool)	B
롤링 편집 도구(Rolling Edit Tool)	N
속도 조정 도구(Rate Stretch Tool)	R
자르기 도구(Razor Tool)	C
밀어넣기 도구(Slip Tool)	Y
밀기 도구(Slide Tool)	U
펜 도구(Pen Tool)	P
손 도구(Hand Tool)	H
확대/축소 도구(Zoom Tool)	Z

그 밖의 단축키는 [편집] > [키보드 단축키](Ctrl + Alt + K) 메뉴에 있습니다.

3 프리미어 프로 2025의 생성형 AI 기능

프리미어 프로 2025(Beta) 버전에서 AI의 핵심 기능은 '생성형 확장(Generative Extend)'입니다. 이것은 클립을 확장하고 영상 간 간격을 메우며 원활한 화면전환이나 샷을 '최대 2초' 더 늘릴 수 있는 기능입니다. 그러나 연속성 유지나 물리학적 규칙을 표현하지 못하고 렌더링 시간이 많이 소요된다는 한계점이 있습니다.

01 프리미어 프로 2025(Beta) 버전의 생성형 AI 기능 : [Generative Extend]

01 [도구] 패널에서 [AI 생성형 확장]

02 [타임라인] 패널에서 늘리려는 클립의 [Out 점]을 우측으로 늘려 AI 영상을 최대 2초 생성

03 기존 클립 뒤에 'AI-generated' 마크가 새겨진 AI 영상을 확인

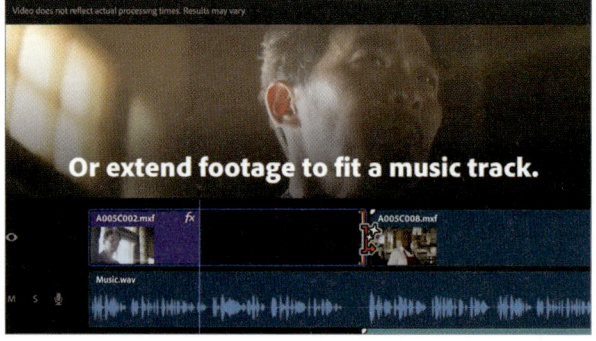

04 클립의 길이가 부족할 때, 혹은 배경음악에 맞추기 위해 클립의 길이를 연장해야 할 때 유용

TIP
생성형 확장은 파이어플라이 구동 '생성형 비디오(Generative Video)' 모듈의 베타 출시를 통해 빈 공간을 채우는 B-roll 영상을 생성하거나 샷에 새로운 요소를 추가할 수 있도록 지원합니다. 또한 오디오 클립을 확장할 경우에도 배경음을 생성하고 자연스러운 오디오 편집이 가능합니다.

어도비가 소개하는 프리미어 프로 AI의 전망

어도비가 프리미어 프로의 파이어플라이(Firefly) 또는, 소라(Sora)의 구동 영상 편집 워크플로 세트와 함께 향상된 앱 성능 및 사용자 경험 티저 영상을 발표했습니다. 어도비의 애슐리 스틸(Ashley Still) 디지털 미디어 부문 수석 부사장은 '이 비디오 모델은 영상 전문가가 선호하는 방식으로 영상 편집을 혁신할 것'이라고 전망했습니다.

※ 이곳에서 소개하는 내용은 아직 정상적인 활용이 되지 않습니다.

01 필요한 객체 추가 생성

▶ **핵심 기능** : [Adobe Firefly] > [Add Object]

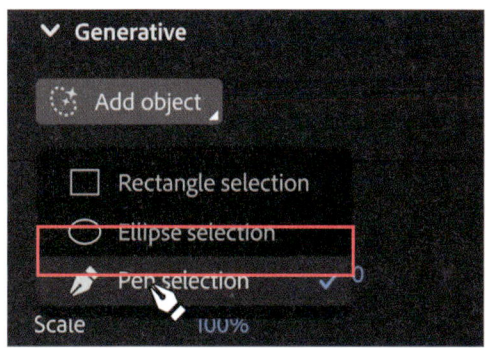

01 [Adobe Firefly] 비디오 모델에서 객체 추가를 하기 위해 [Add object] > [Pen selection] 선택

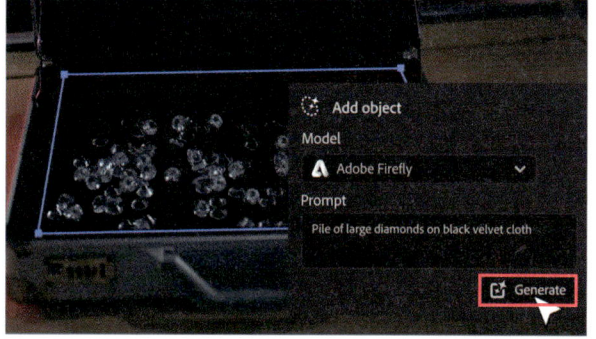

02 상자를 선택 영역으로 지정하고 [프롬프트] 창에 'Pile of large diamonds on black velvet cloth(벨벳 천에 올려진 다이아몬드 덩어리)'를 입력 후 [Generate] 클릭

03 객체(다이아몬드) 추가 생성

02 산만한 객체 제거

▶ **핵심 기능** : [Adobe Firefly] > [Remove Object]

01 영상 원본(벽면에 산만한 객체 있음)

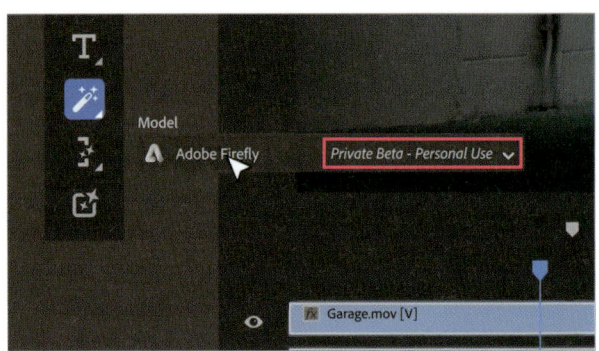

02 객체 제거를 위해 [Adobe Firefly] 비디오 모델에서 [Private Beta – Personal Use] 선택

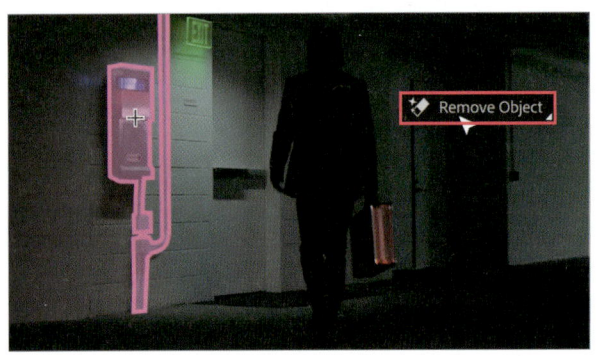

03 삭제하려는 부분에 마우스 커서를 대고 선택한 후, [Remove Object] 클릭

04 산만한 객체 제거

03　타사 AI 비디오 모델을 활용한 생성 확장

▶ 핵심 기능 : [Open AI] > [Prompt]

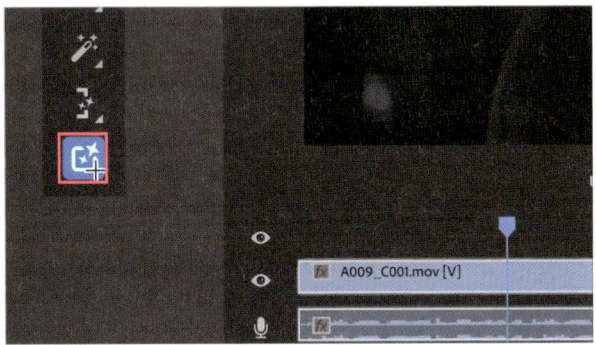

01 [AI 영상 생성 도구] 선택

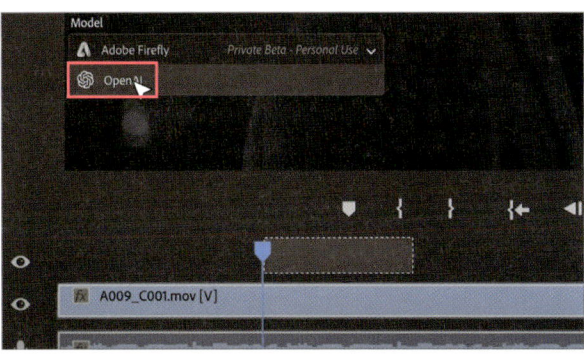

02 비디오 클립의 영역을 선택한 후, [Open AI] 비디오 모델을 선택

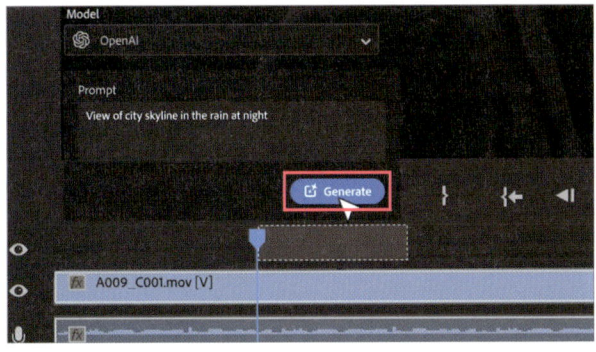

03 [타임라인] 패널에 생성될 영상 클립의 길이를 설정하고 [Prompt] 창에 'View of city skyline in the rain at night(비오는 저녁의 도시 야경)'을 입력한 뒤 [Generate] 클릭

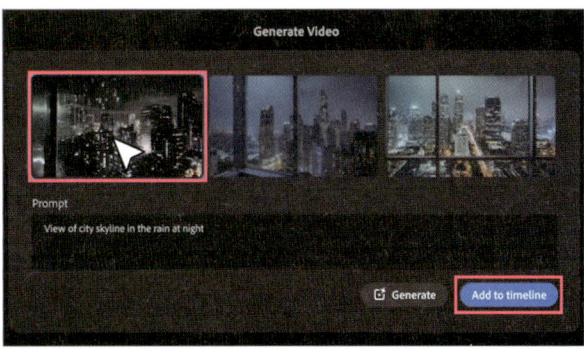

04 [Generate Videos]의 3개 결과물 중에 가장 마음에 드는 비디오를 선택 후 [Add to Timeline]을 클릭

05 완성된 비디오 결과 확인

CHAPTER

01

프리미어 프로의
영상 편집 기초

어떤 소스로 시작할 것인가? 어떤 소스로 만들 것인가?

어떤 사이즈로 편집할 것인가?

이 기획이 영상 편집의 기초이자 기본입니다.

소스별 편집은 크게 '이미지 소스'와 '비디오 소스'로 구분할 수 있습니다.

사이즈별 편집은 크게 일반 '동영상 기획'과 세로가 긴 '쇼츠 기획'으로 나눌 수 있습니다.

SECTION 01 이미지(사진) 소스를 활용한 영상 편집

프리미어 프로에서 이미지 소스는 사진, 그림, 그리고 컴퓨터로 만든 그래픽 등의 낱장 이미지입니다. 이 다양한 이미지 소스들을 활용하여 영상을 편집할 수 있습니다.

SECTION 02 비디오(영상) 소스를 활용한 영상 편집

프리미어 프로에서 비디오 소스는 촬영한 비디오, 또는 다운로드한 비디오 등의 비디오 소스를 활용하여 영상을 편집할 수 있습니다. 물론 이미지 소스와 비디오 소스를 혼합하는 편집이 더 많습니다.

SECTION 03 가로 영상을 쇼츠(세로)로 바꾸는 영상 편집

과거에는 가로 세상이었습니다. TV, 극장, PC 등 가로가 긴 영상이 주를 이루었습니다. 그런데 최근 유튜브 쇼츠나 틱톡이 크게 성장하면서 세로가 긴 영상(9:16) 영상물이 급증하고 있습니다. 이에 기존의 가로 영상을 쇼츠(세로)로 변형하는 일도 크게 증가했습니다.

SECTION 1

이미지(사진) 소스를 활용한 영상 편집 기초

핵심 내용

영상 편집에서도 '기본 편집'이 중요합니다. 기본 편집이란 '사진'이나 '컴퓨터 그래픽' 등 이미지 한 장을 다룰 수 있는 기술입니다. 즉, 포토샵의 이미지 수정과 보정 작업을 통해 프리미어 프로에서 영상 클립으로 활용하여 영상 편집을 하는 것입니다. 포토샵의 이미지 수정 사례는 본 도서의 Part II. 포토샵 AI의 다양한 예제들을 참고하기를 바랍니다. 본 섹션에서는 아래의 6장 '사진 소스'를 활용하고 기초 영상 편집만을 통해 '줌(Zoom) 화상회의 배경 영상'을 만들어 보겠습니다.

핵심 기능

[파일] > [가져오기]
[환경 설정] > [타임라인] > [스틸 이미지 지속 시간]
[효과] > [교차 디졸브]

미리 보기 전남대학교 줌 화상회의 배경 영상

[스틸 이미지 지속 시간] + [교차 디졸브]

01 새 프로젝트 설정하기

[새 프로젝트]

▶ 준비 파일 : C1 > S1 > P1 > 01~12.jpg, ID.png   ▶ 완성 파일 : C1 > S1 > P1 > 완성 파일 폴더

01 영상 편집을 시작하기 위해서 [Adobe Premiere Pro 2025]를 찾아 프로그램을 실행합니다. 프리미어 프로를 실행한 후, [홈] 창이 열리면 왼쪽에 있는 [새 프로젝트] 버튼을 클릭하여 새 프로젝트를 시작합니다.

TIP
- 프리미어에서 영상 편집을 시작하기 위해서는 새 프로젝트를 만들어야 합니다. 기존에 작업 중인 프로젝트가 있다면 [프로젝트 열기] 버튼을 클릭하거나, [최근 항목 열기]의 프로젝트 리스트를 통해 불러올 수 있습니다.
- [홈] 창이 보이지 않을 경우, 상단의 [파일] > [새로 만들기] > [프로젝트] 메뉴를 클릭하여 새 프로젝트를 시작할 수 있습니다.

02 [새 프로젝트] 대화상자가 열리면 [프로젝트 이름]을 입력하고 [위치]를 프로젝트 파일이 저장될 폴더로 설정합니다. [가져오기 모드 건너뛰기]를 체크하고 [만들기] 버튼을 클릭합니다.

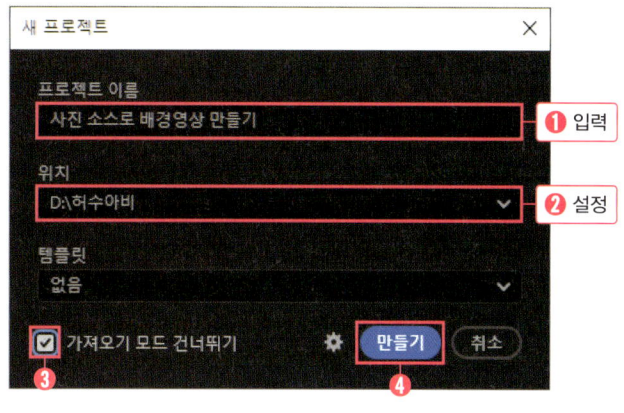

TIP
- [프로젝트 이름]에 반드시 프로젝트 이름을 알기 쉽게 입력하여 파일 관리 및 수정이 필요할 때 빠르게 찾을 수 있도록 합니다.
- [위치 선택] 설정을 통해 하나의 폴더에 프리미어 파일과 사진, 동영상, 음악 등의 소스를 복사하여 관리하므로 반드시 작업 폴더를 지정하여 새 프로젝트를 시작하는 것이 좋습니다.
- 새 폴더를 만들 때 C 드라이브보다는 D 드라이브처럼 데이터 전용으로 사용하는 저장 장소에 저장하는 것이 컴퓨터의 속도 관리 등 원활한 유지 보수에 유리합니다.

03 프리미어 프로의 기본 작업 화면이 열렸습니다. 하지만 아직은 완벽하게 작업 환경이 설정된 것은 아닙니다. 영상 편집을 시작하기 위해서는 새 시퀀스(Sequence)를 만들어야 합니다. 아직 시퀀스가 없으므로 오른쪽 아래 [타임라인] 패널이 비활성화되어 있습니다.

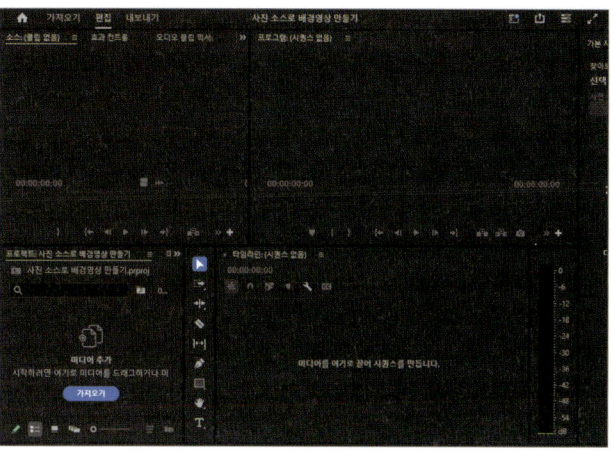

TIP
- 시퀀스(Sequence)는 장면이 여러 개 모여 의미 있는 이야기를 이룬 것을 지칭합니다. 프리미어 프로에서는 기본 시퀀스 단위로 편집하게 됩니다.

CHAPTER 01 프리미어 프로의 영상 편집 기초 | 49

02 1920x1080 새 시퀀스 만들기

[새로 만들기] > [시퀀스]

01 기본 작업 화면이 열리면 새 시퀀스를 만들기 위해서 [파일] > [새로 만들기] > [시퀀스](Ctrl+N) 메뉴를 클릭합니다.

TIP
- 단축키 Ctrl+N을 활용하는 것이 좋습니다.
- 새 시퀀스를 만드는 방법은 이외에도 몇 가지가 있지만 가장 기본은 위의 방법을 통해 만드는 것입니다. 먼저 가장 기본 방법을 익힌 후, 쉽고 빠른 방법을 통해 새 시퀀스를 만들어 영상 편집을 시작할 수 있습니다.

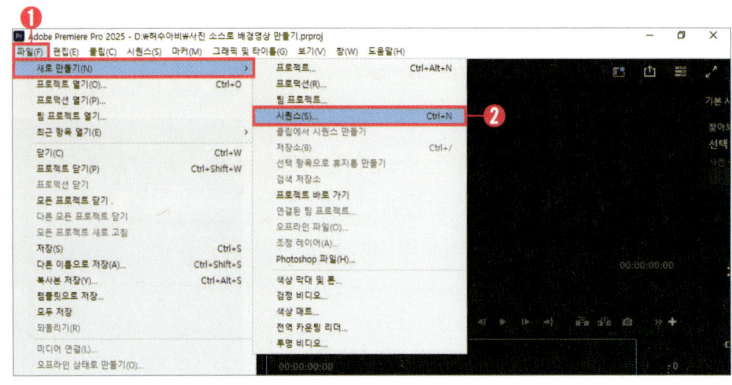

02 [새 시퀀스] 대화상자가 열리면 다음과 같이 설정한 후 [확인] 버튼을 클릭합니다.

- [편집 모드] : 사용자 정의
- [시간 기준] : 30.00 프레임/초
- [프레임 크기] : 가로 1920, 세로 1080
- [픽셀 종횡비] : 정사각형 픽셀(1.0)

TIP
- 1920x1080 사이즈는 FHD 영상 사이즈로 디지털 TV에서 가장 많이 사용되는 화면 크기 중의 하나입니다.
- 규모가 큰 영상 편집 작업을 할 경우, 시퀀스가 많아질 것을 대비하여 [시퀀스 이름]에 알기 쉬운 이름을 입력하여 다른 시퀀스와 구분될 수 있도록 하는 것이 좋습니다.

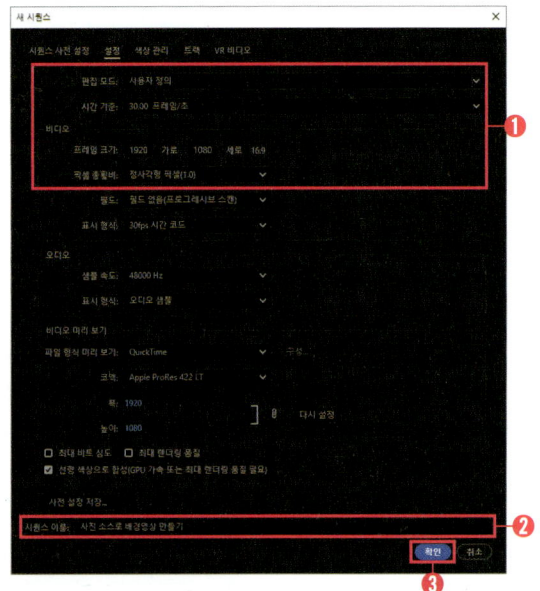

03 [프로젝트] 패널에 새로 만든 시퀀스가 만들어졌음을 확인합니다. 또한 [타임라인] 패널에도 새로운 시퀀스 이름으로 트랙이 활성화되었습니다.

TIP
- 프리미어 프로의 작업 화면 모양이 그림의 구성과 다르게 보일 경우, [창] > [작업 영역] > [편집] 메뉴를 클릭하여 편집에 특화된 화면 구성으로 설정하고, [편집] 기본 화면 구성과 크기로 되돌리기 위해서 [창] > [작업 영역] > [저장된 레이아웃으로 재설정] 메뉴를 클릭합니다.
- 새 시퀀스를 만들고 난 후, 설정을 바꾸어야 할 때는 [시퀀스] > [시퀀스 설정] 메뉴를 클릭합니다.

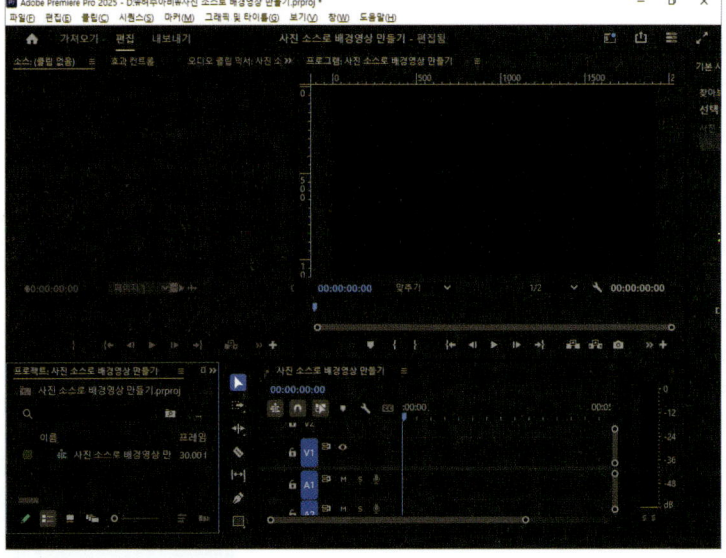

03 사진 재생 길이 설정하기

[환경 설정] > [스틸 이미지 기본 지속 시간]

01 사진을 가져와 편집하기 전에 미리 사진 소스에 대한 기본 재생 길이를 재설정해 놓으면 편리합니다. [편집] > [환경 설정] > [타임라인] 메뉴를 클릭합니다.

TIP
- 사진 소스는 사용자 임의대로 재생 길이를 설정할 수 있습니다. 하지만 미리 기본 재생 길이를 설정해 놓을 경우, 편집을 빠르게 진행할 수 있는 장점이 있습니다.
- [환경 설정]에서는 프리미어 프로에 관한 모든 사용자 설정을 수정하여 편리한 작업 환경을 만들 수 있습니다.

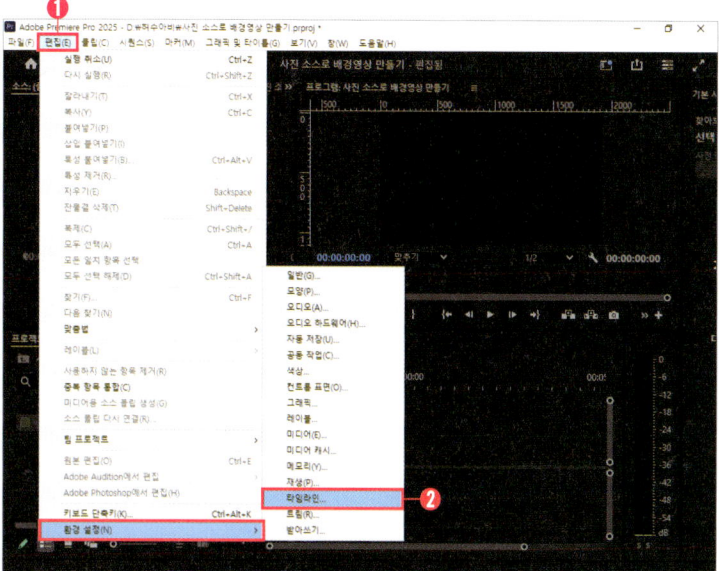

02 [환경 설정] 대화상자가 열리면 [스틸 이미지 기본 지속 시간]을 '150 프레임'으로 설정하고, [확인] 버튼을 클릭합니다.

TIP
- [스틸 이미지 기본 지속 시간] 옵션이 있는 위치는 프로그램의 버전에 따라 다를 수 있습니다.
- 현재 새로 만든 시퀀스 설정이 1초당 30 프레임이므로 이미지 클립의 재생 길이를 150 프레임으로 설정하면 사진 1장으로 5초의 영상을 만들 수 있는 재생 길이로 설정한다는 뜻입니다.

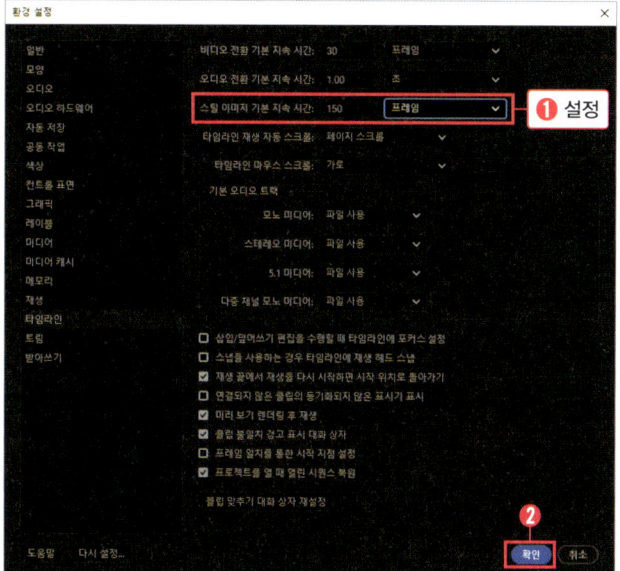

03 이제 모든 작업 환경 설정이 마무리되었습니다. 사진 소스로 영상 만들기를 시작해 보겠습니다. 제공된 사진을 불러오기 위해서 [파일] > [가져오기]([Ctrl]+[I]) 메뉴를 클릭합니다.

TIP ··
프리미어 프로에서 풀다운 메뉴를 이용하는 대신 [프로젝트] 패널의 공간을 더블클릭하거나 단축키 [Ctrl]+[I]를 눌러 더욱 쉽게 소스를 불러올 수 있습니다.

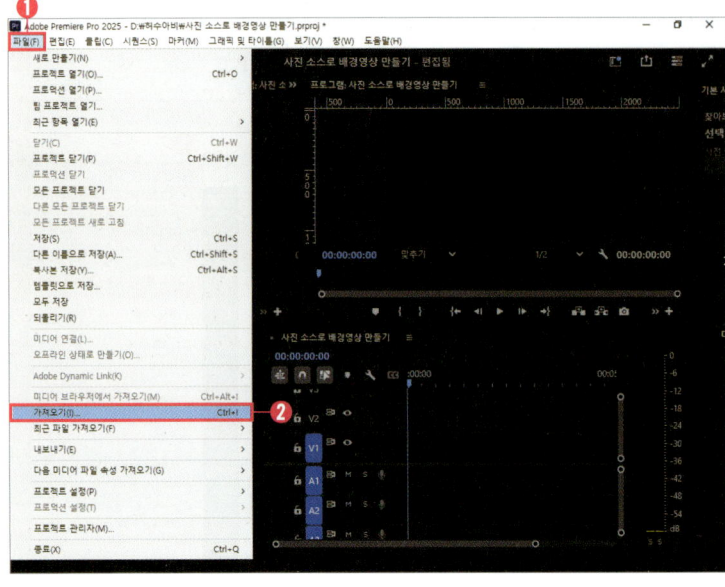

04 [가져오기] 대화상자가 열리면 제공된 사진 파일 '01~12', 'ID'를 모두 선택하고, [열기] 버튼을 클릭합니다.

TIP ··
여러 개의 파일을 선택하려면 드래그하거나, [Ctrl]을 누른 채 불러오려는 파일을 하나씩 클릭합니다.

05 [프로젝트] 패널에 불러온 이미지 클립을 확인합니다.

TIP ··
• 클립(Clip) : 영상 편집을 위해 프리미어 프로의 [프로젝트] 패널에 불러온 이미지, 영상, 오디오 파일 등을 지칭합니다.
• [프로젝트] 패널에서 클립 보기 방식은 '목록(List)'과 '아이콘(Icon)' 두 가지입니다. 현재는 리스트 방식이며 만일 아이콘 방식으로 보고 싶다면, [프로젝트] 패널의 왼쪽 아래 끝 [아이콘 보기]를 클릭하면 됩니다.

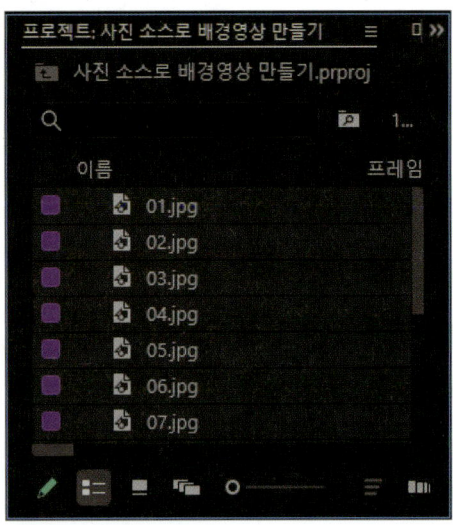

06 [프로젝트] 패널의 '01.jpg' 이미지 클립을 [타임라인] 패널 [V1] 트랙의 시작점으로 드래그합니다. [V1] 트랙의 시작점에 다음과 같이 클립이 5초의 길이로 들어왔음을 확인하고, Space Bar 를 눌러 영상을 확인합니다.

TIP
- [V1] 트랙은 'Video 1'번 트랙의 약자입니다.
- [타임라인] 패널이 선택된 상태에서 Space Bar 를 누르면 인디케이터 위치를 기준으로 영상이 재생됩니다.

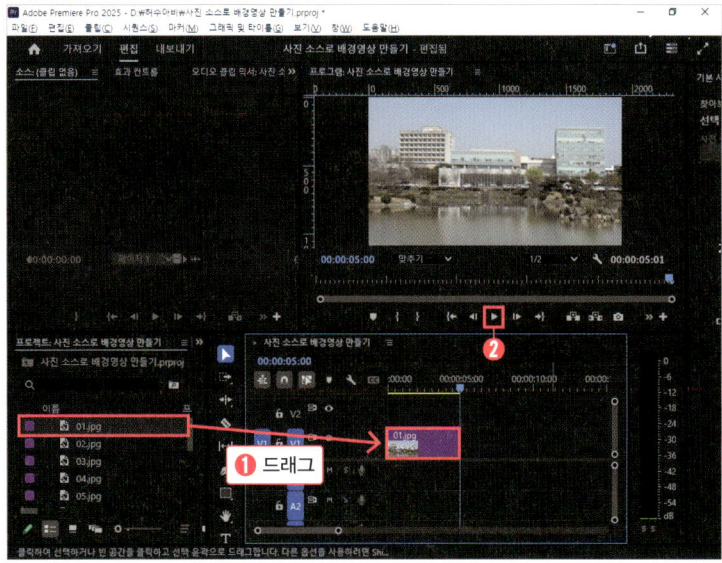

07 이제 다음 이미지 클립을 배치하여 편집해 보겠습니다. [프로젝트] 패널의 '02.jpg' 이미지 클립을 [타임라인] 패널 [V1] 트랙의 '01.jpg' 이미지 클립 뒤로 드래그합니다.

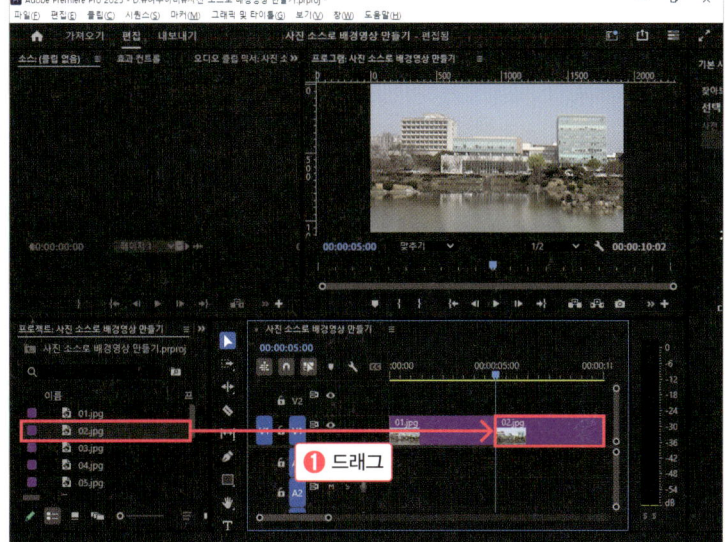

04 기초 화면전환 효과 적용하기

[효과] > [교차 디졸브]

01 [타임라인] 패널의 클립 사이에 화면전환(트랜지션) 효과를 적용하기 위해서 [창] > [효과] 메뉴를 클릭하여 [효과] 패널을 연 후, [비디오 전환] > [디졸브] > [교차 디졸브]를 찾습니다.

TIP 교차 디졸브는 두 화면이 교차하여 부드러운 장면전환이 이루어지는 효과로써 프리미어 프로 실무에서 가장 많이 사용하는 디졸브 효과입니다. 불투명도 편집과 비슷한 결과가 나오지만, 수정이 쉽고, 작업 속도가 빠르다는 장점이 있습니다.

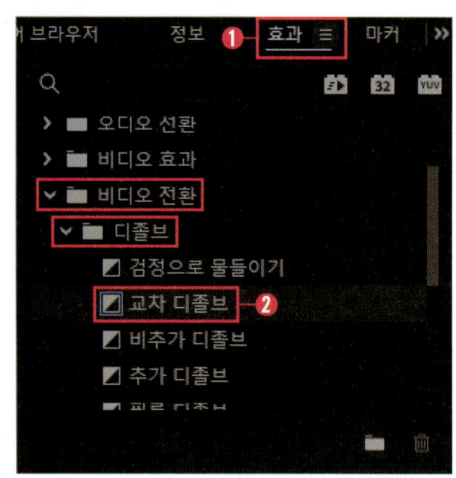

02 [타임라인] 패널을 선택하고 ⊞를 눌러 화면의 필요한 구간을 확대한 후, '01.jpg'와 '02.jpg' 이미지 클립 사이에 [효과] 패널의 [교차 디졸브]를 드래그합니다. 2개의 이미지 클립 사이에 효과가 삽입된 것을 확인한 후 Space Bar 를 눌러 화면전환 효과를 확인합니다.

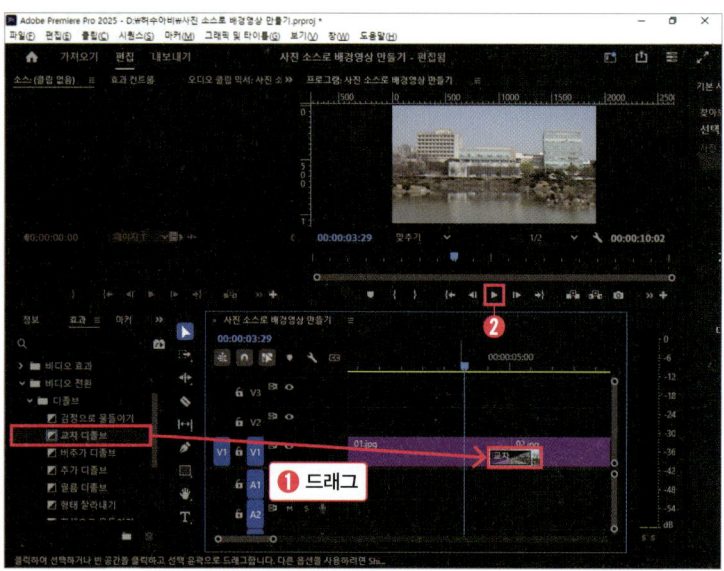

03 같은 방법으로 다음 클립도 편집해 보겠습니다. [프로젝트] 패널의 '03.jpg' 이미지 클립을 [타임라인] 패널 [V1] 트랙의 '02.jpg' 이미지 클립 뒤로 드래그합니다. 마찬가지로 '02.jpg'와 '03.jpg' 이미지 클립 사이에 [교차 디졸브]를 드래그합니다.

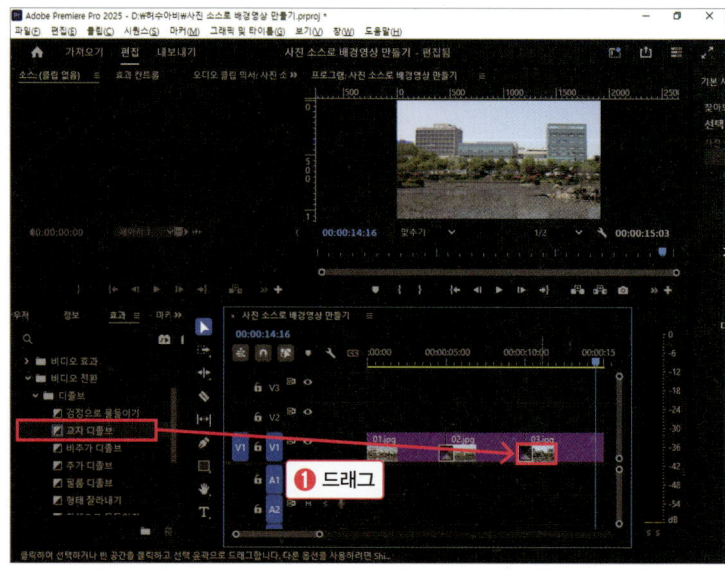

04 같은 편집 방법을 이용하여 나머지 클립도 편집하겠습니다. [프로젝트] 패널에서 Shift를 누른 채 '04~12.jpg' 이미지 클립을 모두 선택합니다. 9개의 이미지 클립을 [V1] 트랙의 마지막 클립 뒤쪽에 다음과 같이 붙여넣은 후, 클립의 번호 순서대로 붙여졌는지 확인합니다.

TIP
- 클립을 여러 개 선택하기 위해서는 파일을 선택하는 것과 마찬가지로 [프로젝트] 패널에서 클립을 선택할 때도 Shift이나 Ctrl를 이용하면 여러 개의 클립을 동시에 선택하고, 한꺼번에 불러올 수 있습니다.
- [프로젝트] 패널에서 클립을 선택하는 순서에 따라서 [타임라인] 패널에 붙여지는 순서가 달라질 수 있으니 반드시 원하는 순서대로 붙여졌는지 확인해야 합니다.

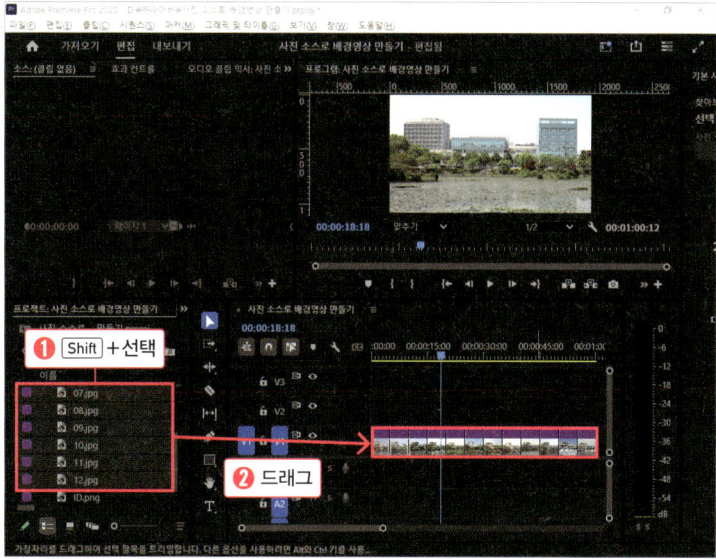

05 편집된 모든 클립 사이에 [교차 디졸브]를 드래그하여 적용합니다.

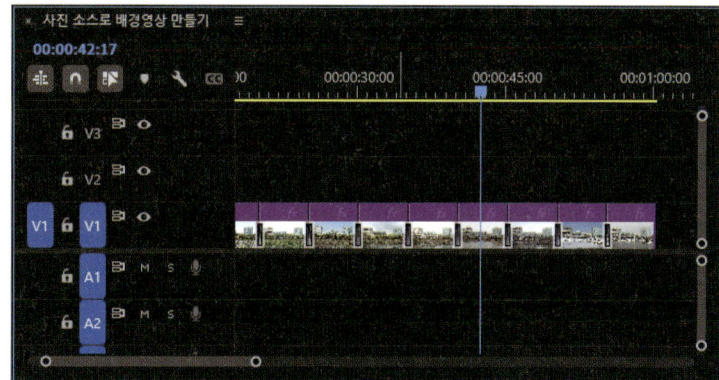

05 워터마크 넣기와 영상 출력하기 [내보내기]

01 이제 상단에 워터마크를 넣어 마무리하겠습니다. [프로젝트] 패널의 'ID.png' 이미지 클립을 [타임라인] 패널 [V2] 트랙의 시작점에 붙여넣은 후 Space Bar 를 눌러 확인합니다.

TIP
png 포맷은 배경이 투명한 이미지 포맷으로써 주로 합성 작업에 많이 사용됩니다.

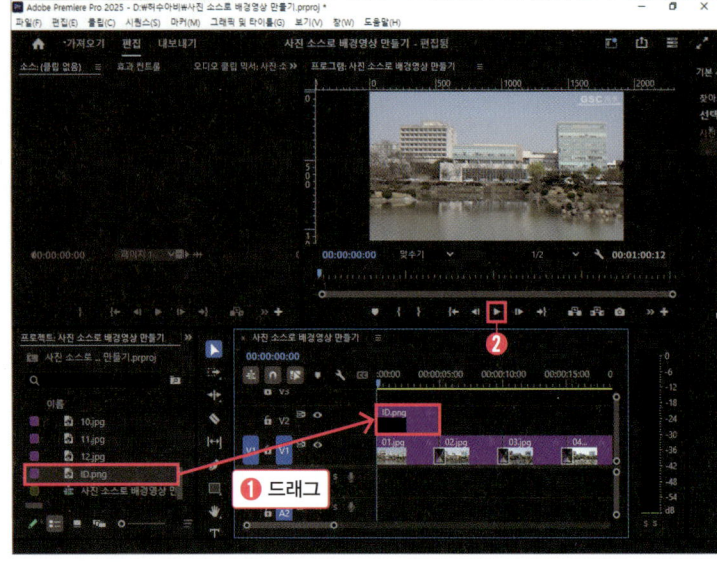

02 클립의 재생 길이를 늘이기 위해서 'ID.png' 이미지 클립의 [Out 점]을 오른쪽으로 드래그하여 [V1] 트랙의 편집된 이미지의 끝나는 지점에 맞춥니다.

TIP
[Out 점]은 트랙에 배치된 클립의 끝나는 지점을 말하며, [In 점]은 시작되는 지점을 의미합니다. 이미지 클립의 경우, [In 점]과 [Out 점]을 무한대로 늘릴 수 있습니다.

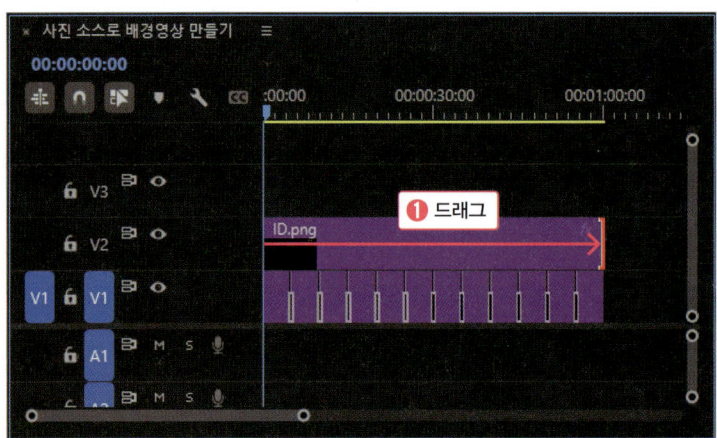

03 이제 이미지 소스로 만들어진 영상을 mp4 파일로 출력해 보겠습니다. 화면 왼쪽 상단에 [내보내기]를 클릭합니다.

TIP
- [파일] > [내보내기] > [미디어](Ctrl + M) 메뉴를 클릭해서 영상을 출력할 수도 있습니다.
- 단축키를 적극적으로 활용하는 것이 원활한 편집 진행과 시간 단축에 도움이 됩니다.

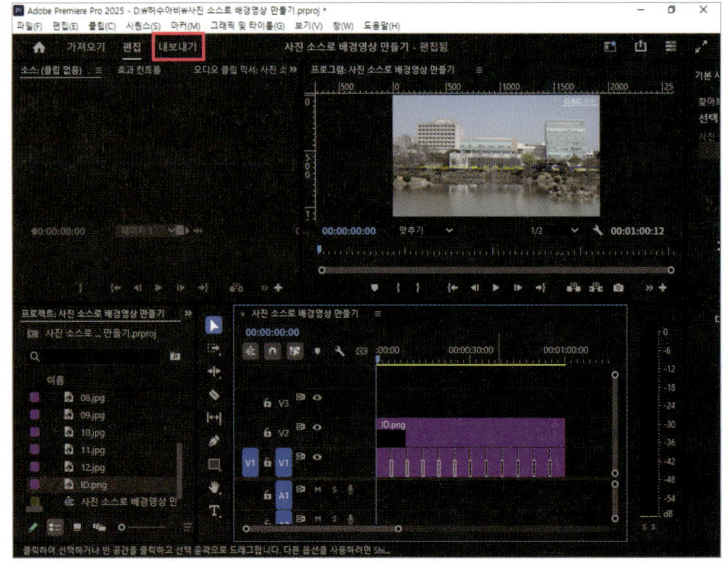

04 [내보내기] 탭에서 다음과 같이 설정한 후 [내보내기] 버튼을 누릅니다.

- [포멧] : H.264
- [사전 설정] : Match Source - Adaptive High Bitrate
- [파일 이름] : 임의의 이름

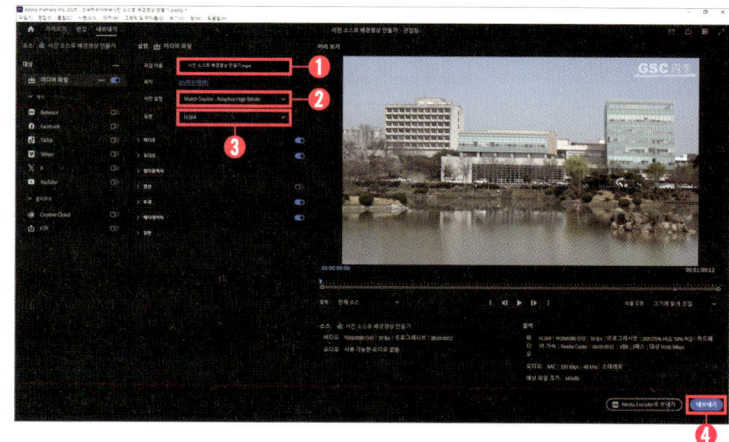

TIP
[파일 이름]과 [위치]를 클릭하여 출력될 파일의 이름과 저장될 위치를 반드시 설정한 후 다음 작업을 진행합니다.

05 출력(Encoding)되는 과정을 확인합니다.

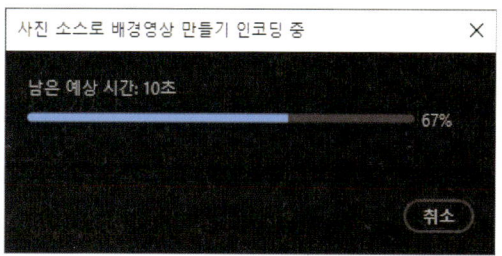

TIP
출력되는 속도는 컴퓨터의 성능, 파일 편집, 포멧 선택 등 여러 요소에 따라 인코딩 속도의 차이가 벌어질 수 있으니 유의하시기 바랍니다.

06 출력이 끝나면 [윈도우 탐색기]를 이용하여 출력된 영상이 저장된 폴더를 찾은 후, mp4 파일을 더블클릭하여 이미지 소스로 만든 영상을 확인합니다.

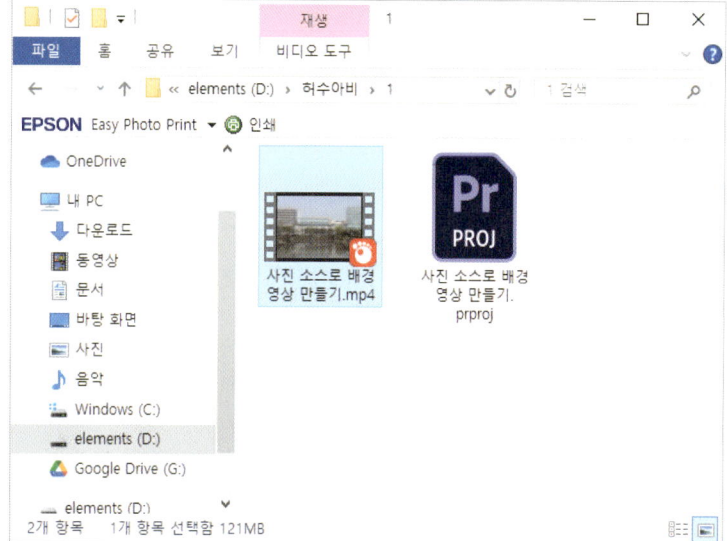

TIP
윈도우 탐색기는 단축키 ⊞+E 를 눌러 쉽게 불러낼 수 있습니다.

SECTION 2

비디오(영상) 소스를 활용한 영상 편집 기초

핵심 내용

이번 예제는 '영상 소스'로만 편집하여 완성한 예제입니다. 프리미어 프로의 기초 기능인 잘라서 컷 편집하는 기능을 중심으로 실무에서 가장 많이 사용하는 편집의 핵심 테크닉을 제공했습니다. 특히, 이번 예제에서는 몇 가지 핵심 기능만으로도 선거에서 사용할 수 있는 프레젠테이션 영상을 만들어 보겠습니다. 이는 단순한 몇 가지 기능만으로도 충분히 경쟁력 있는 홍보 영상을 만들 수 있다는 것입니다.

핵심 기능

[타임라인] > [In 점] + [Out 점]
[도구] > [자르기 도구]

미리 보기 ○○대학교 총장선거 프레젠테이션 영상

기 : 기러기 비상 발단

승 : 기러기 비상 전개

전 : 기러기 비상 절정 (시련)

결 : 기러기 비상 결말

01 1920x1080 새 프로젝트와 시퀀스 만들기

[새 프로젝트]

▶ 준비 파일 : C1 > S2 > P1 > 01~15.mp4, BGM_Ending.mp3   ▶ 완성 파일 : C1 > S2 > P1 > 완성 파일 폴더

01 영상 편집을 시작하기 위해서 [Adobe Premiere Pro 2025]를 찾아 프로그램을 실행합니다. 프리미어 프로를 실행한 후 왼쪽에 있는 [새 프로젝트] 버튼을 클릭하여 새 프로젝트를 시작합니다.

TIP
- 프리미어 프로에서 영상 편집을 시작하기 위해서는 새 프로젝트를 만들어야 합니다. 기존에 작업 중인 프로젝트가 있다면 [프로젝트 열기] 버튼을 클릭하거나, [최근 항목] 리스트를 통해 불러올 수 있습니다.
- [홈] 화면이 보이지 않을 경우, 상단의 [파일] > [새로 만들기] > [프로젝트] 메뉴를 클릭하여 새 프로젝트를 시작할 수 있습니다.

02 [새 프로젝트] 대화상자가 열리면 [프로젝트 이름]에 적절한 이름을 입력하고, [위치]를 프로젝트 파일이 저장될 폴더를 설정합니다. [가져오기 모드 건너뛰기]를 체크하고 [만들기] 버튼을 클릭합니다.

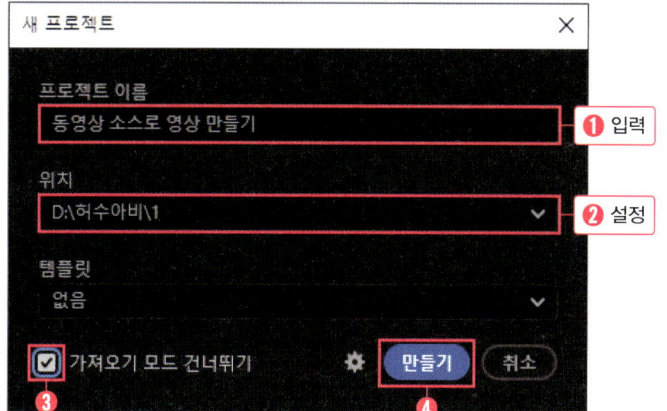

TIP
- [프로젝트 이름]에 반드시 프로젝트 이름을 알기 쉽게 입력하여 파일 관리 및 수정이 필요할 때 빠르게 찾을 수 있도록 합니다.
- [위치] 설정을 통해 하나의 폴더에 프리미어 프로 파일과 사진, 동영상, 음악 등의 소스를 복사하여 관리하므로 반드시 작업 폴더를 지정하여 새 프로젝트를 시작하는 것이 좋습니다.

03 이제 영상 편집을 시작하기 위해서 새 시퀀스(Sequence)를 만들어야 합니다. 새 시퀀스를 복잡한 설정 없이 영상 소스를 이용하여 간단하게 만들어 보겠습니다. 제공된 영상 소스를 불러오기 위해서 [파일] > [가져오기]([Ctrl]+[I]) 메뉴를 클릭합니다.

TIP
- 프리미어 프로에서 풀다운 메뉴를 이용하는 대신 화면의 왼쪽 하단에 위치한 [프로젝트] 패널의 빈 곳을 '더블 클릭'을 하거나 [새 프로젝트]를 생성할 때 [가져오기 모드 건너뛰기]를 체크 해제하여 바로 불러올 수 있습니다.

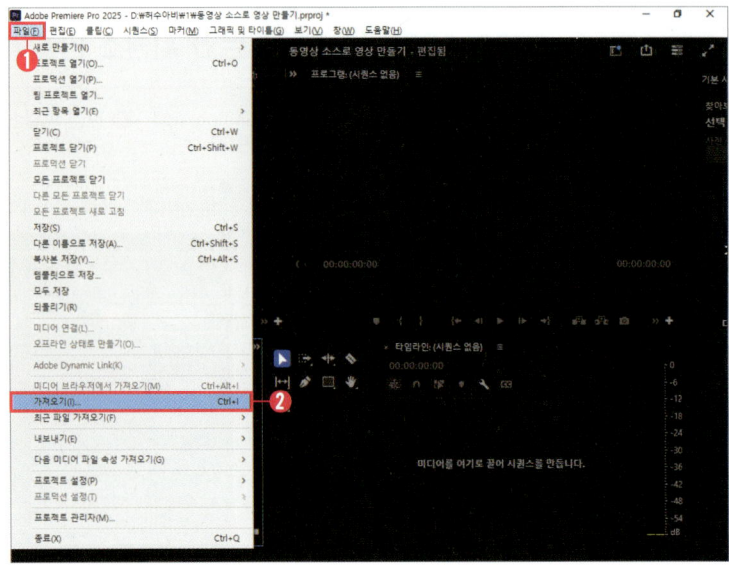

04 [가져오기] 대화상자가 열리면 제공된 '01.mp4' 파일을 선택하고 [열기] 버튼을 클릭합니다. 제공된 영상 소스는 ○○대학교 선거에 사용된 프레젠테이션 영상 소스입니다. 제공된 영상 소스를 이용하여 선거 프레젠테이션 영상을 제작해 보겠습니다.

05 [프로젝트] 패널에 '01.mp4' 영상 클립이 들어온 것을 확인합니다.

TIP
- 클립(Clip) : 영상 편집을 위해 [프로젝트] 패널에 불러온 이미지, 영상, 오디오 파일 등을 지칭합니다.
- [프로젝트] 패널에서 클립 보기 방식은 '목록(List)'과 '아이콘(Icon)' 두 가지입니다. 현재는 리스트 방식이며 만일 아이콘 방식으로 보고 싶다면, [프로젝트] 패널의 좌측 하단 [아이콘 보기]를 클릭하면 됩니다.

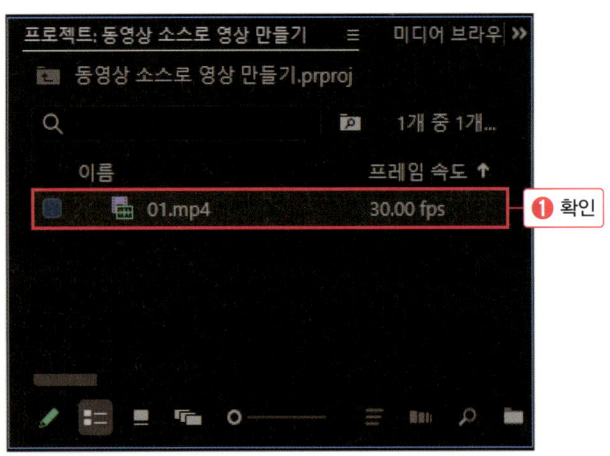

06 영상 소스를 불러왔지만 새 시퀀스를 만들지 않았기 때문에 [타임라인] 패널이 비활성화되어 있습니다. 이제 새 시퀀스를 간단하게 만들어 보겠습니다. [프로젝트] 패널의 '01.mp4' 영상 클립을 드래그해 [타임라인] 패널로 옮겨줍니다.

TIP
- 제공된 영상 소스가 1920x1080 사이즈이기 때문에 이 소스로 새 시퀀스를 만들면 1920x1080 시퀀스가 만들어집니다.
- '01.mp4' 파일을 마우스 오른쪽 버튼으로 클릭하고 [클립에서 새 시퀀스 만들기]를 선택해도 됩니다.

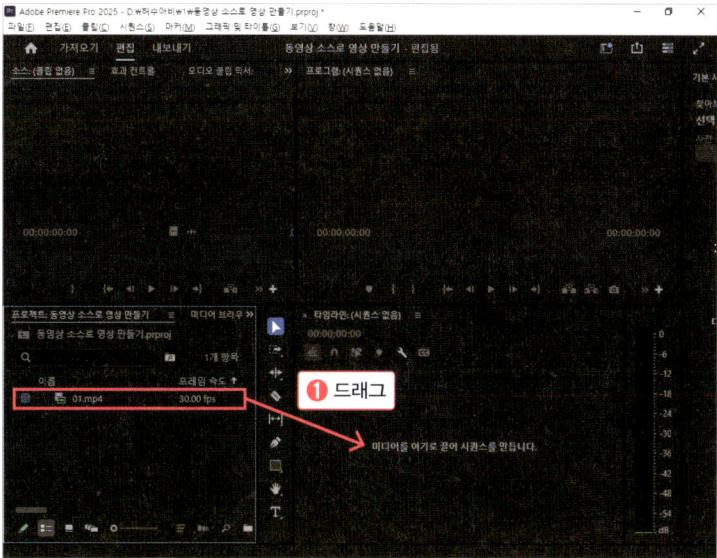

07 1920x1080 사이즈의 새 시퀀스가 자동으로 만들어지고, [V1], [A1] 트랙에 영상 클립이 들어갑니다. Space Bar 를 눌러 영상을 확인합니다.

TIP
- [V1]은 'Video Track 1번'을 의미합니다. 포토샵의 레이어와 비슷하며, 높은 번호의 비디오 트랙이 먼저 보이게 됩니다.
- [A1]은 'Audio Track 1번'을 의미합니다. 오디오는 비디오 트랙과 달리 트랙의 번호와 상관없이 모든 트랙의 소리가 겹쳐서 편집됩니다.

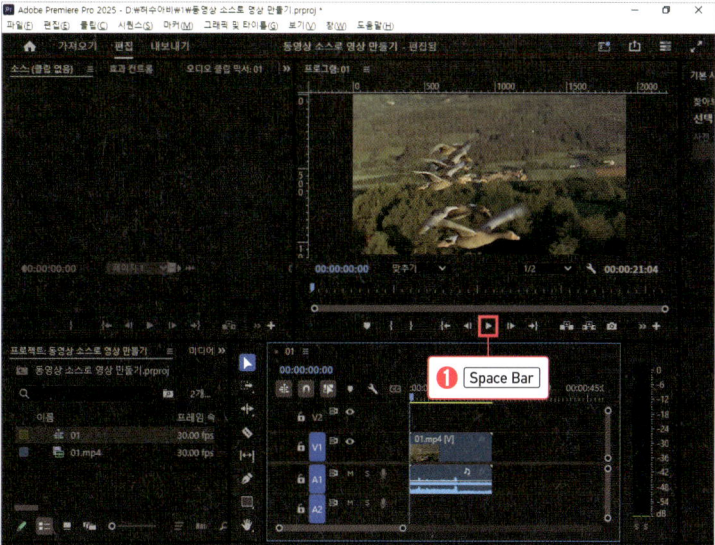

CHAPTER 01 프리미어 프로의 영상 편집 기초 | **61**

02 영상 소스 불러오기와 자르기

[타임라인] > [In 점] + [Out 점]

01 영상 클립에서 앞부분 6초까지만 필요하고, 나머지 부분은 필요하지 않습니다. 클립에서 필요하지 않은 부분을 잘라내기 위해서 [인디케이터]를 00:00:06:00으로 옮깁니다.

TIP
- 인디케이터 : 시간을 입력하여 인디케이터를 정확한 위치로 옮길 수 있습니다.
- 정교한 작업을 위해 [타임라인] 패널이 선택된 상태에서 키보드 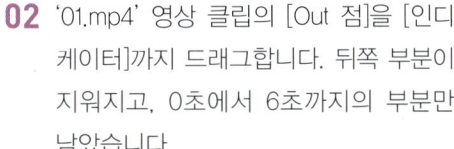 를 눌러 확대 및 축소를 할 수 있습니다. (단, 숫자패드의 +, -는 적용되지 않습니다.) 확대와 축소는 [인디케이터]를 기준으로 적용됩니다.

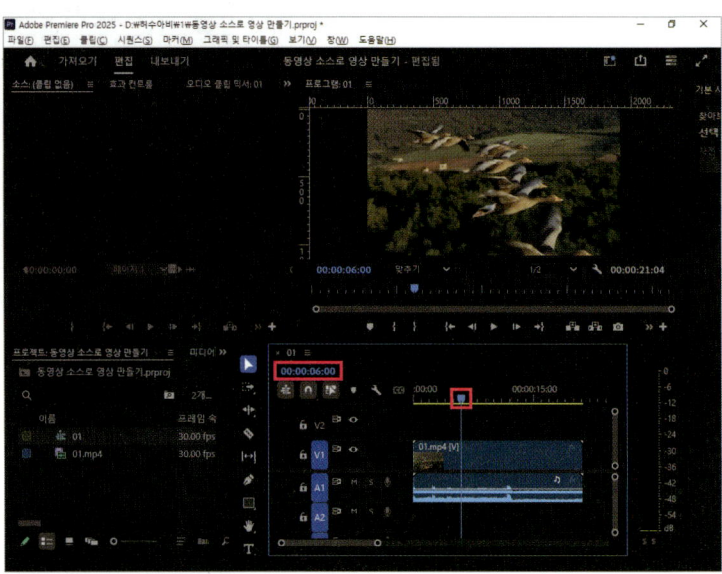

02 '01.mp4' 영상 클립의 [Out 점]을 [인디케이터]까지 드래그합니다. 뒤쪽 부분이 지워지고, 0초에서 6초까지의 부분만 남았습니다.

TIP
[In 점], [Out 점] : 클립이 시작되는 왼쪽 시작 지점을 [In 점], 끝나는 오른쪽 끝 지점을 [Out 점]이라고 합니다.

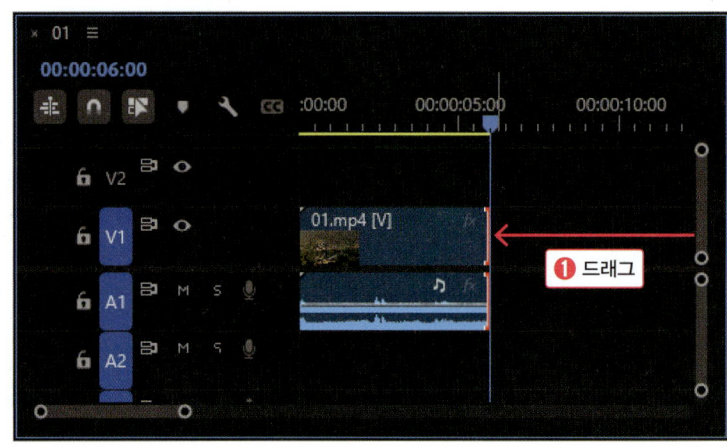

03 이제 나머지 영상 소스를 불러와 편집해 보겠습니다. 제공된 나머지 영상 소스를 불러오기 위해서 [프로젝트] 패널의 빈 곳을 더블클릭합니다. [가져오기] 대화상자가 열리면 제공된 '02~15.mp4' 파일을 모두 선택하고 [열기] 버튼을 클릭합니다.

TIP
여러 개의 파일을 선택하려면 드래그하거나, Ctrl 을 누른 채 불러오려는 파일을 하나씩 클릭합니다.

04 [프로젝트] 패널에 그림과 같이 '02.mp4 ~ 15.mp4' 영상 클립이 들어왔음을 확인합니다.

TIP ································
[프로젝트] 패널에서 클립 보기 방식은 '목록(List)'과 '아이콘(Icon)' 두 가지입니다. 현재는 리스트 방식이며 만일 아이콘 방식으로 보고 싶다면, [프로젝트] 패널의 좌측 하단 [아이콘 보기]를 클릭하면 됩니다.

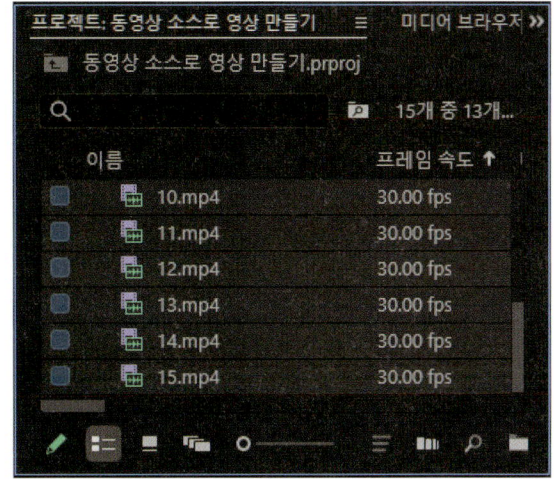

05 [프로젝트] 패널의 '02.mp4' 영상 클립을 '01.mp4' 영상 클립 뒤에 드래그하여 붙여넣습니다. Space Bar 를 눌러 확인합니다.

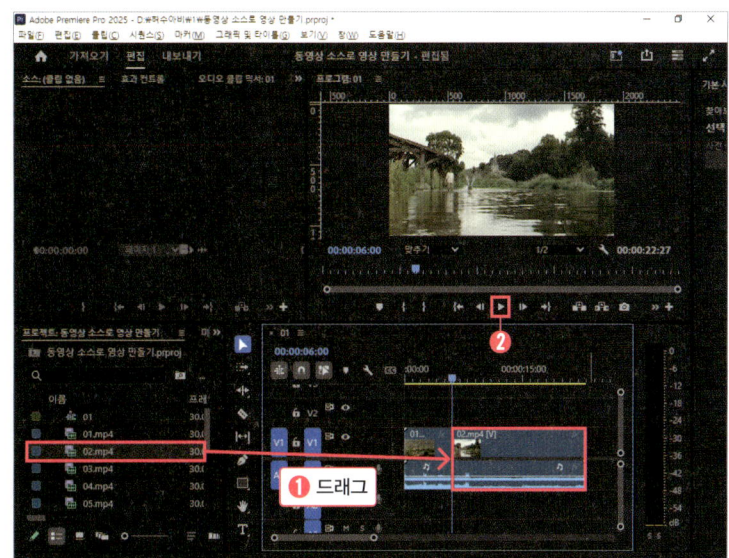

06 '02.mp4' 영상 클립은 중간 부분만 사용하고 나머지 부분은 삭제하여 편집해 보겠습니다. '02.mp4' 영상 클립의 가운데 부분을 자르기 위해서 [인디케이터]를 00:00:09:00 위치로 옮긴 후 [도구] 패널의 [자르기 도구]를 클릭하고, [인디케이터]가 위치한 곳을 클릭합니다.

TIP ································
[자르기 도구]는 모든 클립을 자를 수 있는 기능입니다. 기본 방식인 컷 편집에서 가장 중요한 역할을 하는 도구입니다.

CHAPTER 01 프리미어 프로의 영상 편집 기초 | **63**

07 잘린 영상 클립에서 앞부분을 삭제하기 위해 [도구] 패널에서 [선택 도구]를 클릭한 후 '02.mp4' 영상 클립의 앞부분을 선택한 후 Delete 를 눌러 삭제합니다.

TIP ....
[In 점], [Out 점] 드래그 VS [자르기 도구]의 사용 구분법
: 클립의 양쪽 끝부분을 잘라낼 때는 [In 점], [Out 점]을 드래그하는 것이 편리하고, 가운데 부분 등을 오려낼 때는 [자르기 도구]를 사용하는 것이 좋습니다.

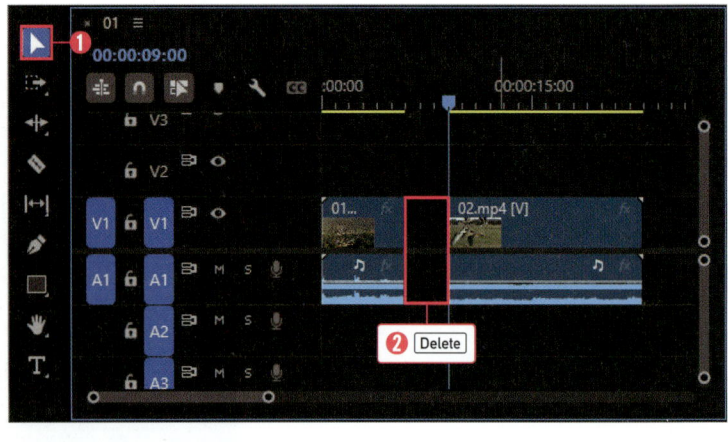

08 영상 클립이 삭제되고 남은 공간을 마우스 오른쪽 버튼으로 클릭한 후 [잔물결 삭제]를 선택합니다.

TIP ....
[잔물결 삭제]는 트랙에서 비어 있는 부분을 삭제하고 앞과 뒤의 클립을 이어주는 기능입니다. 하지만 다른 트랙에 영상, 오디오 클립이 있다면 자동으로 이어 붙여주는 기능은 동작하지 않을 수도 있습니다.

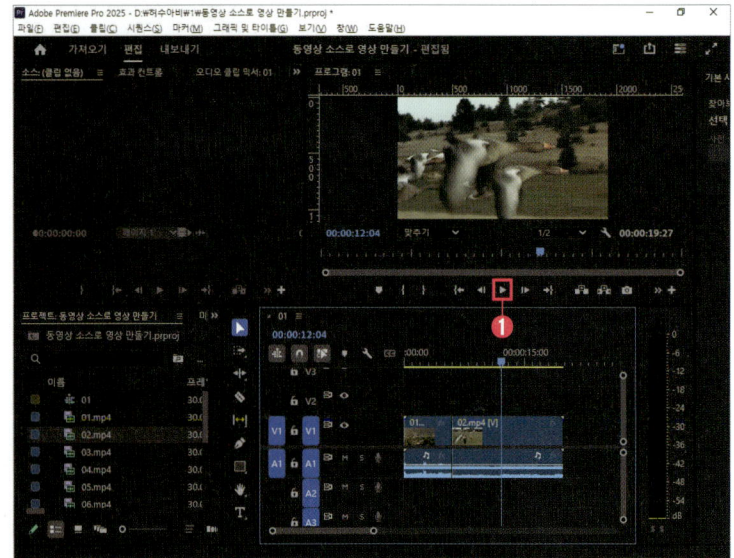

09 비어 있는 곳이 사라지고, 클립이 자동으로 연결되면 Space Bar 를 눌러 확인합니다.

10 다음으로 '02.mp4' 영상 클립의 뒷부분을 잘라서 편집해 보겠습니다. [인디케이터]를 00:00:13:20 위치로 옮긴 후 [자르기 도구]를 이용하여 잘라줍니다.

TIP
위에서 지시한 시간대를 지키지 않아도 됩니다. 각자 영상 소스를 확인하고 원하는 구간만 남기고 편집해도 됩니다.

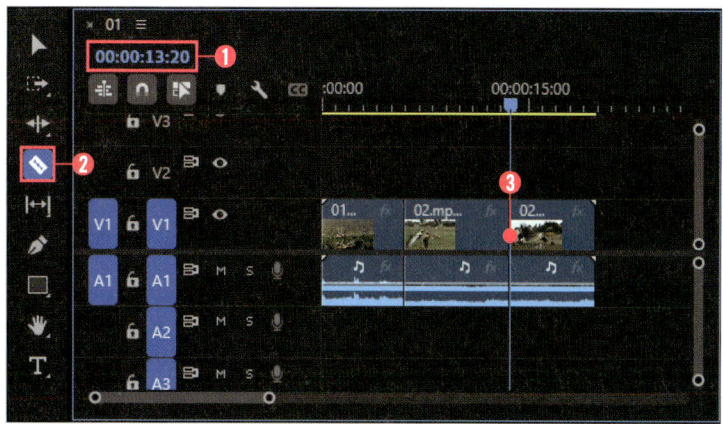

11 잘린 클립에서 뒷부분을 삭제하기 위해서 [도구] 패널의 [선택 도구]를 클릭한 후, '02.mp4' 영상 클립의 뒷부분을 선택하고, Delete 를 눌러 삭제합니다.

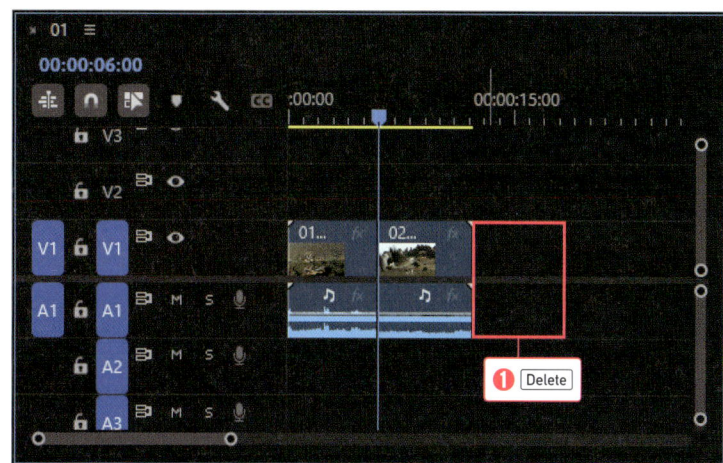

03 영상 클립 좌우 반전하기

영상 클립 좌우 반전하기

01 다음 클립을 트랙에 편집해 보겠습니다. [프로젝트] 패널의 '03.mp4' 영상 클립을 '02.mp4' 영상 클립 뒤에 드래그하여 붙여넣습니다. Space Bar 를 눌러 재생하여 확인한 후, 영상 클립의 중간 부분만 남기기 위해서 [자르기 도구]로 00:00:23:20과 00:00:28:08 지점을 클릭하여 자릅니다.

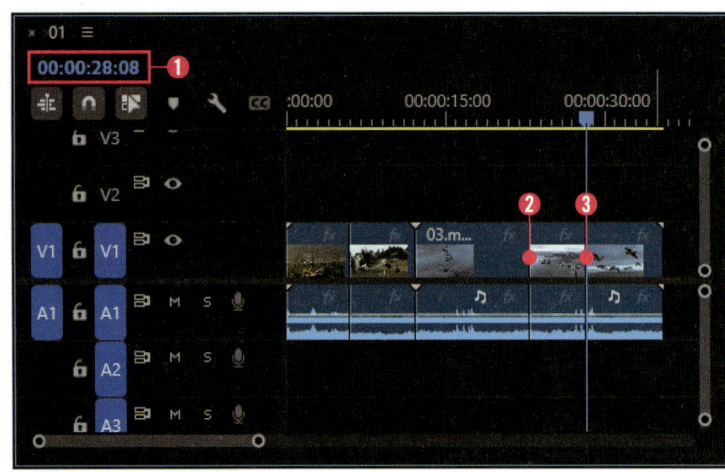

02 잘린 클립에서 앞과 뒷부분을 삭제하기 위해서 [선택 도구]를 클릭한 후 잘려진 '03.mp4' 영상 클립의 앞과 뒷부분을 선택하고, Shift 를 누른 채 Delete 를 눌러 삭제합니다. 삭제된 빈 곳을 마우스 오른쪽 버튼으로 클릭한 후 [잔물결 삭제]를 선택하고, Space Bar 를 눌러 편집된 영상을 확인합니다.

TIP ·····························
여러 개의 클립을 선택하기 위해서는 Shift 를 누른 채 선택하려는 클립들을 선택합니다.

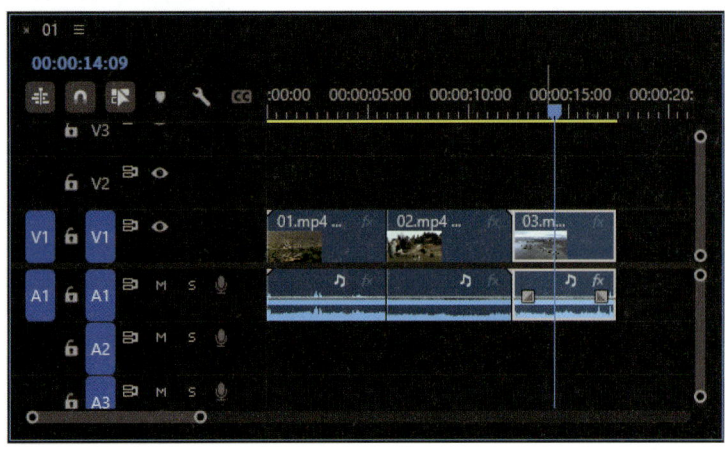

03 '03.mp4' 영상 클립의 영상 속 기러기의 왼쪽 비행 방향을 01번, 02번의 기러기들처럼 오른쪽 방향으로 비행하도록 영상을 반전시켜야 합니다. 반전 효과를 적용하기 위해서 [창] > [효과] 메뉴를 클릭하여 [효과] 패널을 엽니다.

TIP ·····························
[효과] 패널에는 영상이나 오디오 특수 효과 등을 비롯하여 각종 화면전환 효과를 적용할 수 있습니다.

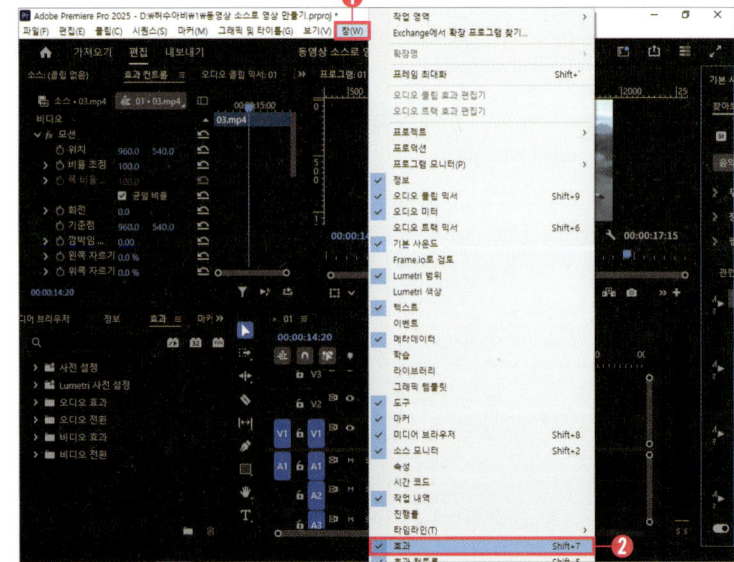

04 [효과] 패널이 열리면 [비디오 효과] > [변형] > [가로로 뒤집기]를 찾습니다.

TIP
[가로로 뒤집기]는 클립의 화면을 좌우 반대로 반전하여 표시합니다. 화면을 상하 반전하려면 [세로로 뒤집기]를 이용합니다.

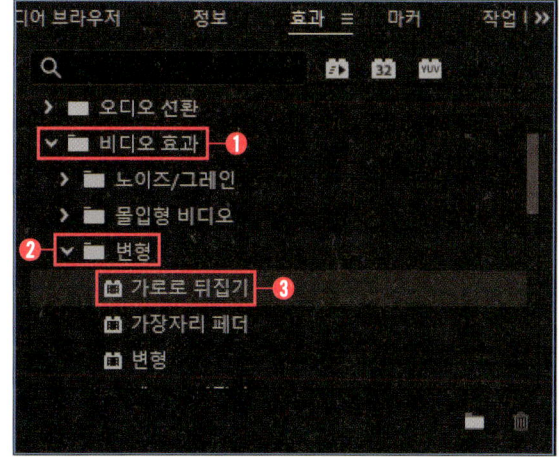

05 효과를 영상 클립에 적용하기 위해서 [효과] 패널에서 [가로로 뒤집기]를 '03.mp4' 영상 클립에 드래그합니다. 다음과 같이 화면의 좌우가 반대로 반전되어 표시됩니다.

TIP
- 적용된 효과를 삭제하고 싶을 때는 해당 클립을 선택하고, 좌측 상단에 [효과 컨트롤] 패널에서 적용된 효과를 찾은 후, 삭제하면 됩니다.
- [실행 취소](Ctrl + Z)를 사용하여 효과를 적용하기 이전의 상태로 되돌릴 수 있습니다.

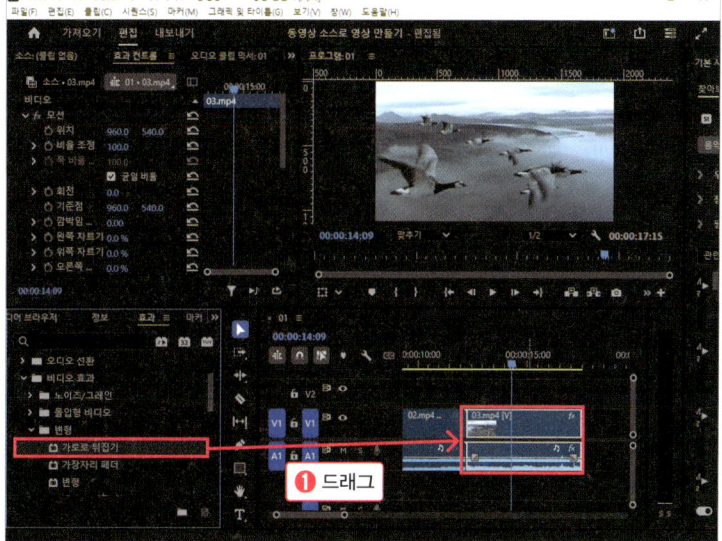

CHAPTER 01 프리미어 프로의 영상 편집 기초 | **67**

04 배경음악(BGM) 삽입하기

[프로젝트] > [가져오기]

01 앞선 편집 방법을 이용하여 나머지 영상 소스를 활용하여 자유롭게 편집해 보세요.

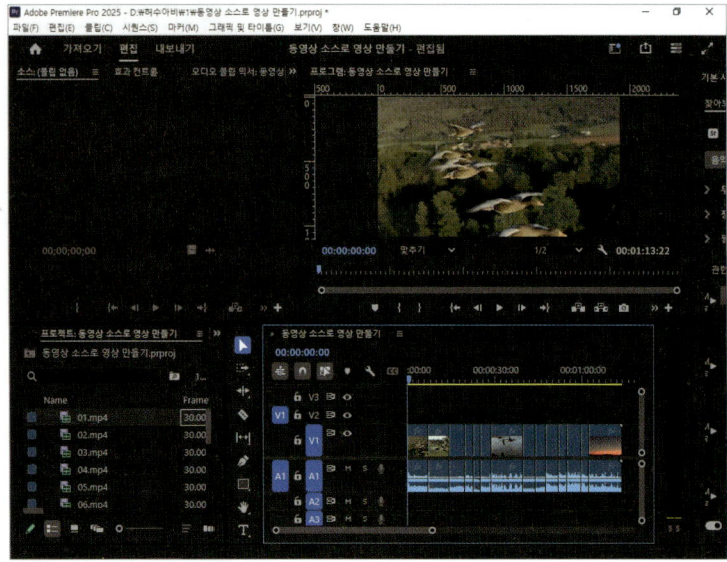

02 배경음악(BGM)을 넣어 보겠습니다. [프로젝트] 패널의 빈 곳을 더블클릭하고, [가져오기] 대화상자가 열리면 'BGM_Ending.mp3' 파일을 선택하고 [열기] 버튼을 클릭합니다. 'BGM_Ending.mp3' 오디오 클립을 [타임라인] 패널 [A2] 트랙의 시작점으로 드래그하여 배경음악을 넣은 후, Space Bar 를 눌러 삽입된 배경음악을 확인합니다.

TIP
BGM(Background Music)
BGM은 영상의 목적과 상황에 따라서 순서가 달라집니다. 음악이 중심이 될 경우에는 BGM을 먼저 넣고 영상 편집을 할 것을 추천합니다.

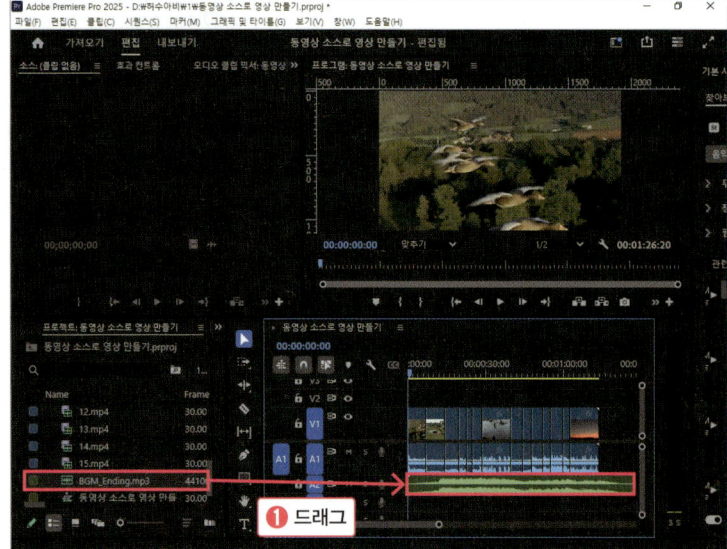

03 영상 소스의 원본에 있는 소리는 필요하지 않으므로 [A1] 트랙의 [M] 아이콘을 클릭하여 소리를 끕니다.

TIP
[M] 버튼은 'Mute'의 약자로 해당 트랙의 소리를 무음으로 만듭니다.

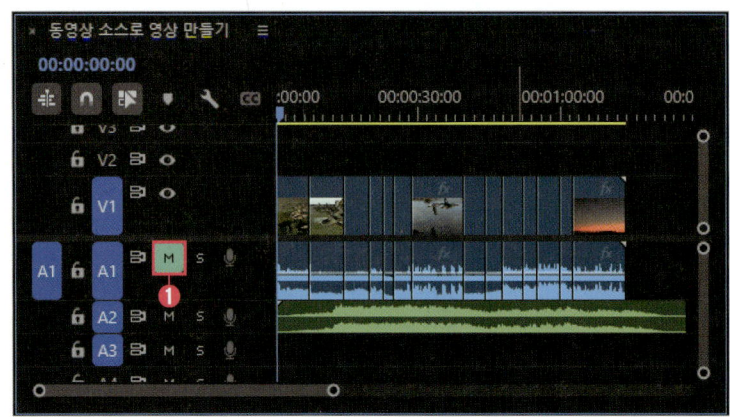

05 1920x1080(1280x720) 출력하기(유튜브 해상도와 사이즈)   [내보내기]

01 이제 완성된 영상을 mp4 파일로 출력해 보겠습니다. 화면 좌측 상단에 [내보내기]를 클릭합니다.

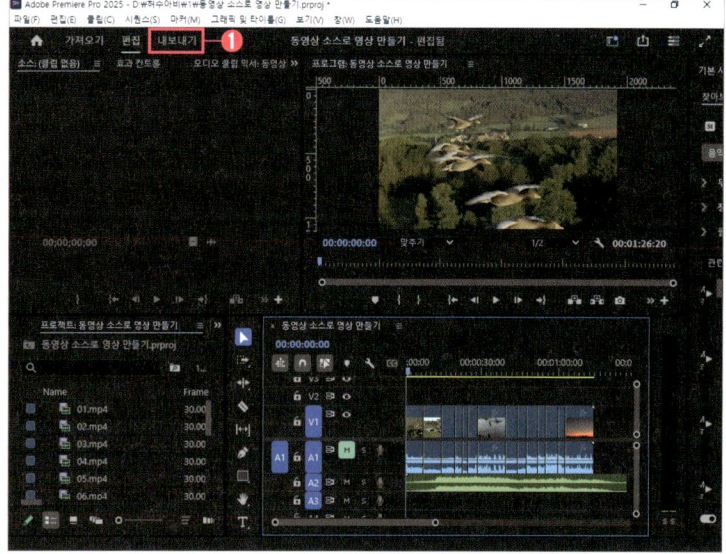

02 [내보내기] 탭에서 다음과 같이 설정한 후 [내보내기] 버튼을 클릭합니다. 출력(Encoding)되는 과정을 확인한 후, 끝나면 출력된 mp4 파일을 찾아 더블클릭하여 1920x1080 사이즈의 영상을 확인합니다.

- [포멧] : H.264
- [사전 설정] : Match Source – Adaptive High Bitrate

TIP
[파일 이름]과 [위치]를 클릭하여 출력될 파일의 이름과 저장될 위치를 반드시 설정한 후 다음 작업을 진행합니다.

03 만약 영상 파일의 용량을 줄여야 하거나 HD 화질이 필요할 경우, [사전 설정]에서 화질을 선택할 수 있습니다. '고화질 720p HD'를 선택하고 [비디오]의 세부 옵션을 펼친 뒤 [프레임 크기]를 'HD(1280×720)'으로 설정하고 [내보내기] 버튼을 클릭합니다. 출력이 마무리되면, 1280x720 사이즈의 영상을 확인합니다.

- [사전 설정] : 고화질 720p HD
- [프레임 크기] : HD(1280x720)

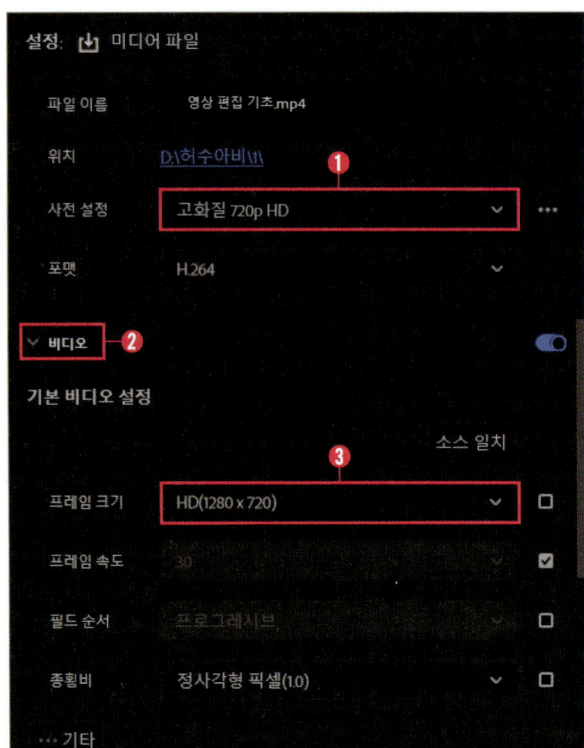

TIP
과거의 아날로그 방송 TV 출력은 주로 4:3 비율(640*480) SD급의 해상도를 사용했지만, 현재 디지털 방송에서 TV 출력 비율은 16:9를 사용합니다. 이 비율은 유튜브에서도 동일하게 사용하며, 해상도별 사이즈는 다음과 같습니다.

▷ SD : 720*480
▷ qHD : 960*540
▶ HD : 1280*720
▷ HD+ : 1600*900
▶ FHD (Full HD) : 1920*1080
▷ QHD : 2560*1440
▷ UHD (4K) : 3840*2160
▷ DCI (4K) : 4096*2160

이중에서 유튜브에서 가장 많이 사용하는 해상도(사이즈)는 HD(1280*720)와 FHD(1920*1080)입니다. 그리고 최소의 실무형 사이즈는 qHD(960*540)입니다.
디지털 방송 TV에서는 주로 FHD(1920*1080)와 QHD(2560*1440)를 사용합니다.

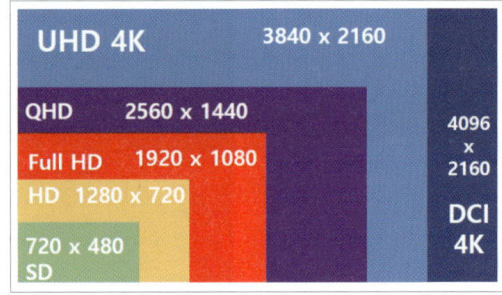

SECTION
3 가로 영상을 쇼츠(세로)로 바꾸는 영상 편집

핵심 내용
이번 예제는 기존의 1분이 넘는 16:9 비율의 영상을 소셜 미디어 형식인 9:16으로 바꾸고 1분 이내로 압축하는 방법과 유튜브 쇼츠를 올리는 방법에 대해 알아보겠습니다.

핵심 기능
[비디오] 시퀀스의 비율 변경(동영상 1920×1080 → 쇼츠 720×1280), 클립 삭제,
[오디오] 자연스러운 BGM 실무 + 효과음 추가

미리 보기 유튜브 쇼츠, The Power of Love

동영상 16:9 비율
(1920 × 1080)

쇼츠 9:16 비율
(720 × 1280)

CHAPTER 01 프리미어 프로의 영상 편집 기초

01 비율 변경 : 동영상(1920x1080) > 쇼츠(720x1280) [시퀀스 설정]

▶ 준비 파일 : C1 > S3 > P1 > 가로 영상 쇼츠로 바꾸기.prproj, 01~15.mp4, 기러기 효과음.mp3, 배경 효과음.mp3, 쇼츠 BGM.mp3
▶ 완성 파일 : C1 > S3 > P1 > 완성 파일 폴더

01 편집을 시작하기에 앞서, 미리 준비된 예제 파일을 불러오겠습니다. 왼쪽에 있는 [프로젝트 열기] 버튼을 클릭합니다.

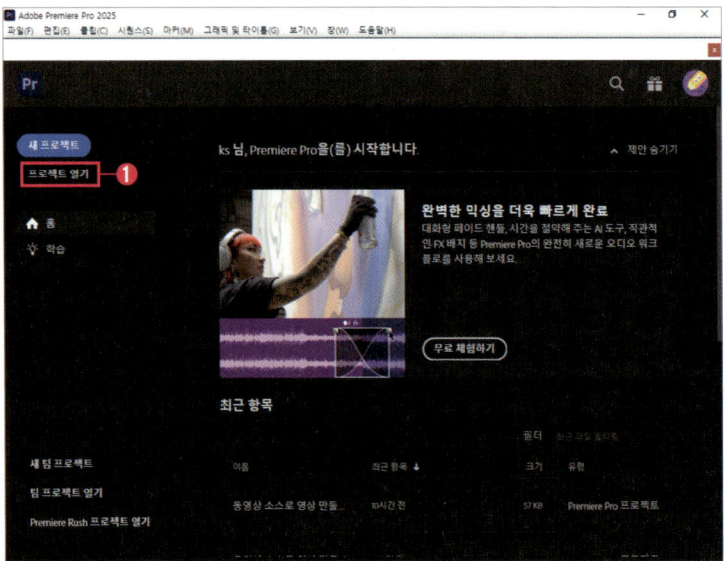

02 [프로젝트 열기] 대화상자가 열리면 제공된 예제 파일에 있는 '가로 영상 쇼츠로 바꾸기.prproj' 파일을 선택하고 [열기] 버튼을 클릭합니다.

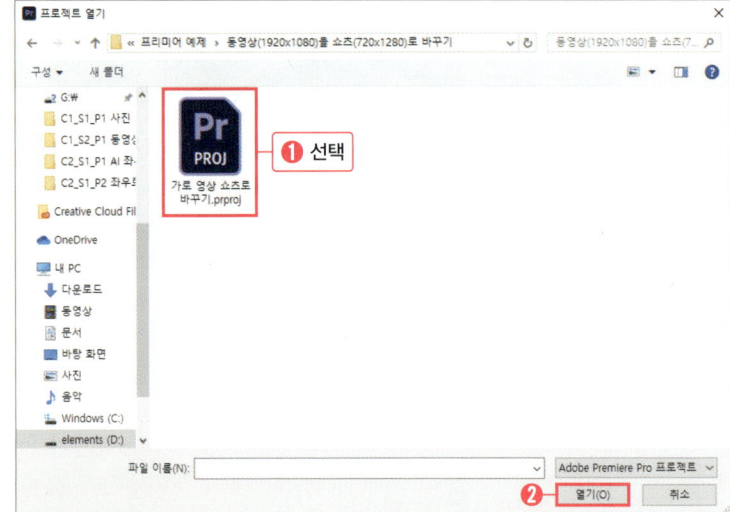

03 예제 파일에는 앞서 만들었던 16:9 비율의 기러기 영상이 있습니다. 이 영상을 쇼츠로 바꿔보겠습니다. 먼저 16:9의 비율을 쇼츠의 9:16 비율로 바꾸기 위해서 [시퀀스] > [시퀀스 설정] 메뉴를 클릭합니다.

04 [시퀀스 설정] 대화상자가 열리면 다음과 같이 설정한 후 [확인] 버튼을 클릭합니다. 만약 경고 창이 나타나면 [확인] 버튼을 클릭합니다.

- [프레임 크기] : 가로 720, 세로 1280

TIP ··
유튜브 쇼츠는 대부분 스마트폰으로 소비되기 때문에 (1920x1280)보다는 HD(1280x720) 해상도를 사용하는 것이 좋습니다.

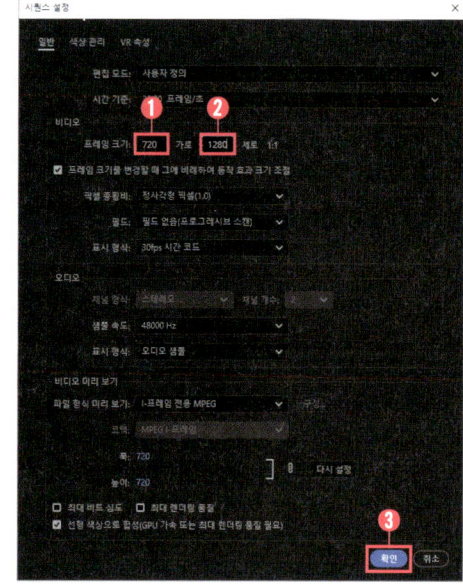

05 영상의 비율이 바뀌었음을 확인합니다. 이제 기러기들이 최대한 잘리지 않도록 영상 위치를 조정해야 합니다.

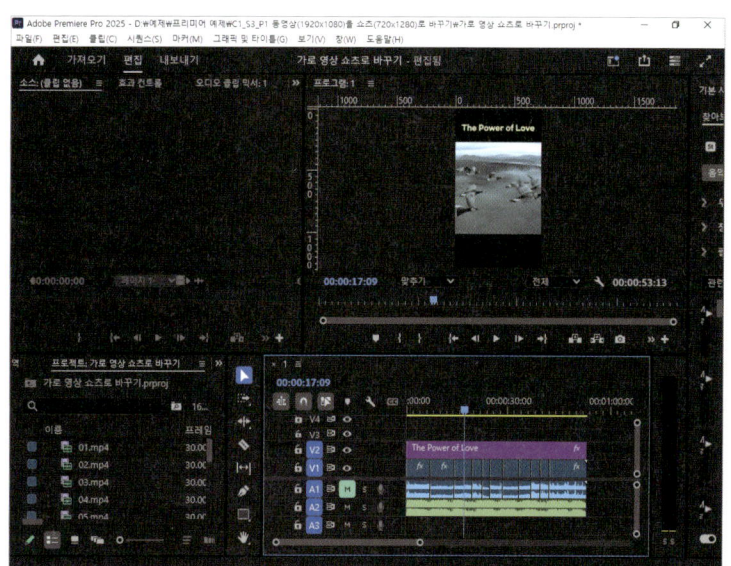

06 '01.mp4' 영상 클립을 [효과 컨트롤] 패널에서 [위치]와 [비율 조정]을 다음과 같이 설정합니다.

- [위치] : 281, 607
- [비율 조정] : 69

TIP ··
[미리 보기]의 영상을 더블클릭하거나 [효과 컨트롤] 패널 내 파란색 숫자들에 마우스 커서를 위치시키고 드래그하면 더 직관적으로 레이아웃을 수정할 수 있습니다.

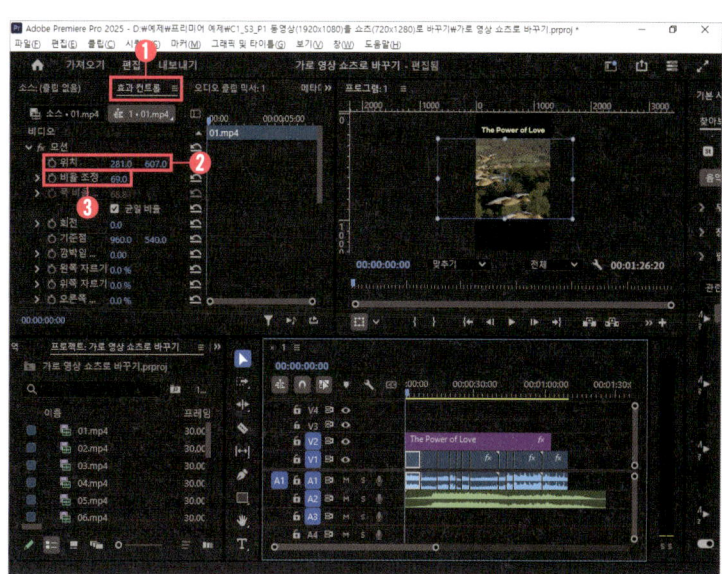

07 나머지 클립들에 같은 [위치]와 [비율 조정]을 적용하기 위해 [모션]을 선택하고 Ctrl+C를 눌러서 효과를 복사합니다.

TIP ········
[모션] 효과를 복사할 경우 [모션]의 하위 항목인 [위치]~[깜박임 제거 필터]에 적용된 모든 수치가 복사됩니다.

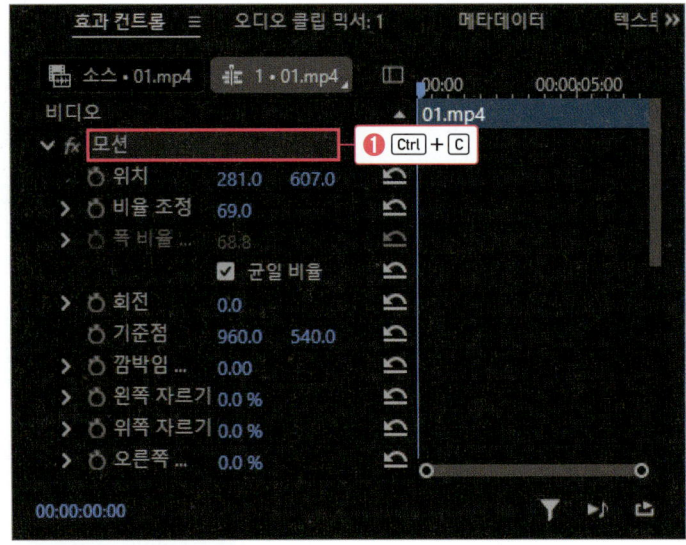

08 [타임라인] 패널에 '02~15.mp4' 영상 클립을 모두 선택하고 Ctrl+V를 눌러서 [모션] 효과를 한꺼번에 붙여넣습니다.

TIP ········
Shift를 누른 상태로 영상 클립을 선택하거나 마우스로 드래그하여 클립을 여러 개 선택할 수 있습니다.

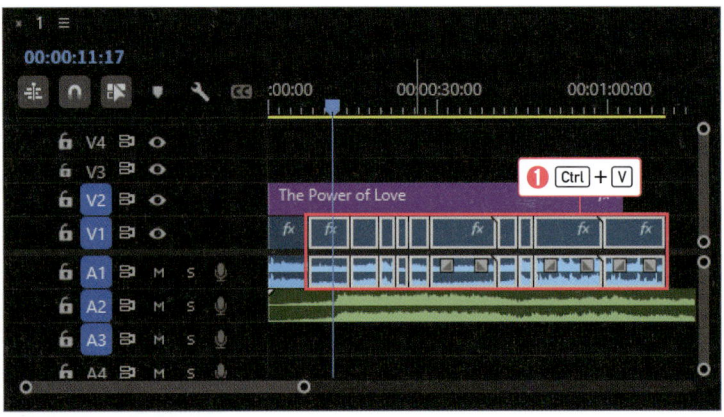

02 클립 삭제 : 쇼츠(1분 이내)로 수정하기 [잔물결 삭제]

01 기존의 배경음악을 변경해 보겠습니다. [파일] > [가져오기]([Ctrl]+[I]) 메뉴를 클릭합니다. [가져오기] 대화상자가 열리면 '쇼츠 BGM.mp3' 파일을 선택하고 [열기] 버튼을 클릭합니다.

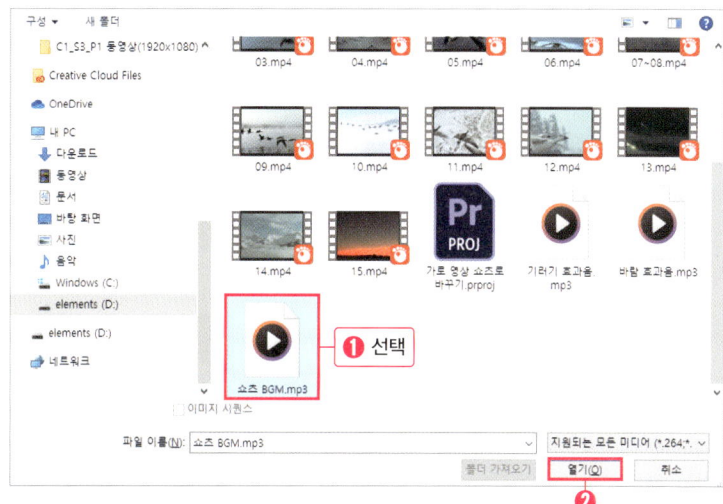

02 쇼츠에 어울리는 배경음악으로 교체해 보겠습니다. 기존의 배경음악을 선택한 뒤 [Delete]를 눌러 삭제하고 [프로젝트] 패널의 '쇼츠 BGM.mp3' 오디오 클립을 [A2] 트랙으로 드래그해 넣어줍니다.

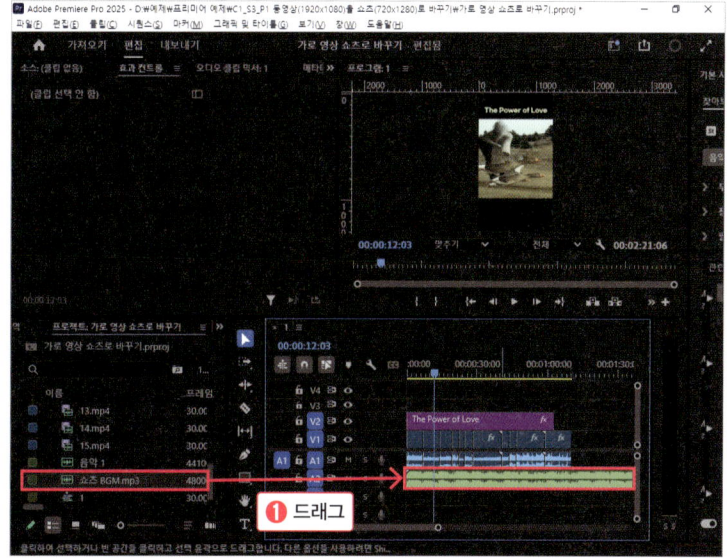

03 [인디케이터]를 00:00:33:04로 옮기고 [자르기 도구]로 영상 클립을 잘라줍니다. 클립의 뒷부분을 삭제하고 [잔물결 삭제]를 이용하여 이어줍니다.

TIP
유튜브 쇼츠는 1분 내로 영상을 제작해야 하기 때문에 불필요한 부분을 지워 시간을 맞춰줘야 합니다.

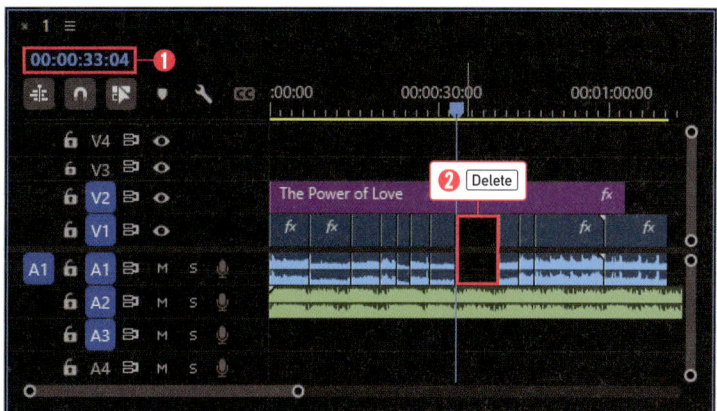

04 같은 방식으로 00:00:42:06 부분도 [자르기 도구]로 자른 뒤 뒷부분을 삭제하고 [잔물결 삭제]로 이어줍니다.

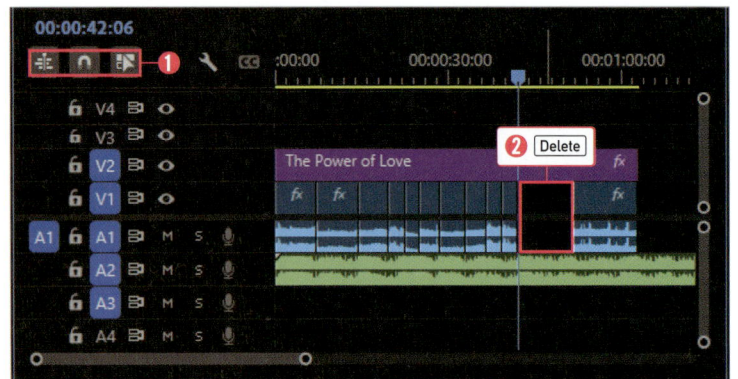

05 [V1], [A1], [V2] 트랙에 있는 클립을 모두 '쇼츠 BGM.mp3' 오디오 클립이 끝나는 지점에 맞춰서 배치합니다.

TIP ....
쇼츠 영상이 끝날 때 배경음악도 자연스럽게 끝나도록 합니다.

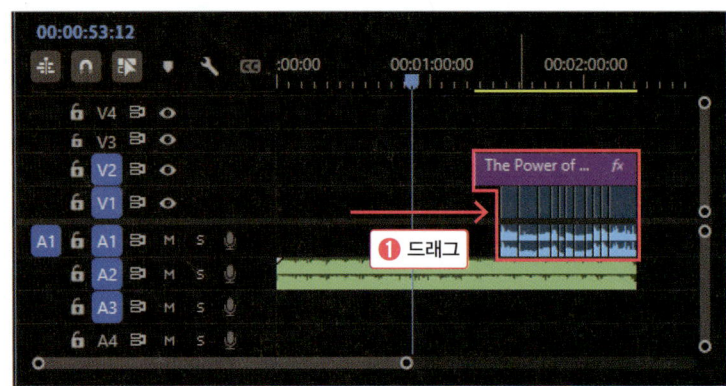

06 [V2] 자막 클립과 [A2] 음악 클립의 [In 점]을 드래그해서 비디오 클립과 길이가 같도록 맞춥니다. 빈 곳을 [잔물결 삭제]로 삭제합니다. 그리고 Space Bar 를 눌러 영상을 확인합니다.

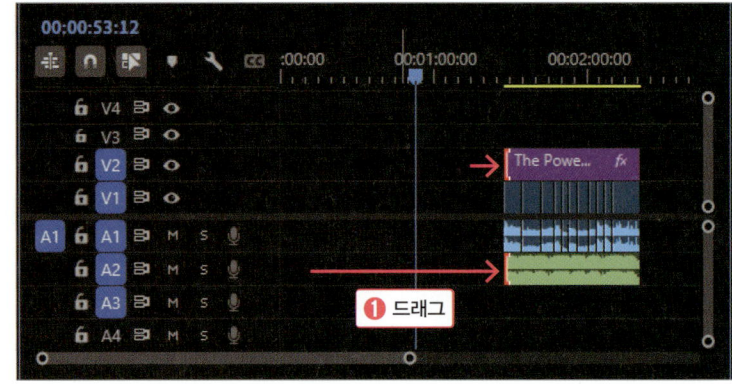

07 [A1] 트랙 오른쪽에 [M] 아이콘을 눌러 [A1] 트랙에 불필요한 소리를 음소거합니다. Space Bar 를 눌러 영상을 확인합니다.

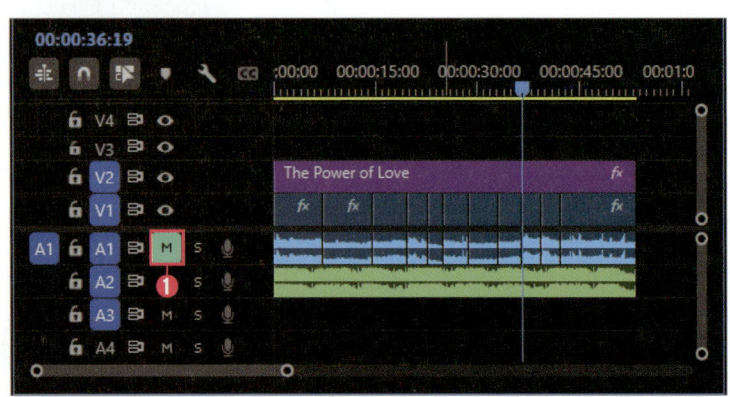

03 효과음 추가하기 [가져오기]

01 효과음을 적용해 보겠습니다. [프로젝트] 패널에 빈 곳을 더블클릭해서 '기러기 효과음.mp3', '바람 효과음.mp3' 파일을 선택하고 [열기] 버튼을 클릭합니다.

TIP
효과음(SE, SFX, Sound Effect)은 현장의 상황에 생동감을 더하거나 찰지게 해주는 소리입니다. 그러나 효과음이 너무 많거나 강하면 오히려 산만해질 수 있습니다.

02 '12.mp4' 영상 클립이 시작되는 위치인 00:00:36:19로 [인디케이터]를 옮기고 [프로젝트] 패널에 있는 '바람 효과음.mp3' 오디오 클립을 드래그해서 [A3] 트랙으로 옮겨줍니다.

03 효과음이 너무 길기 때문에 [Out 점]을 조절하여 '12~14.mp4' 오디오 클립의 길이와 같도록 조절해 줍니다. Space Bar 를 눌러 적용된 효과음을 확인합니다.

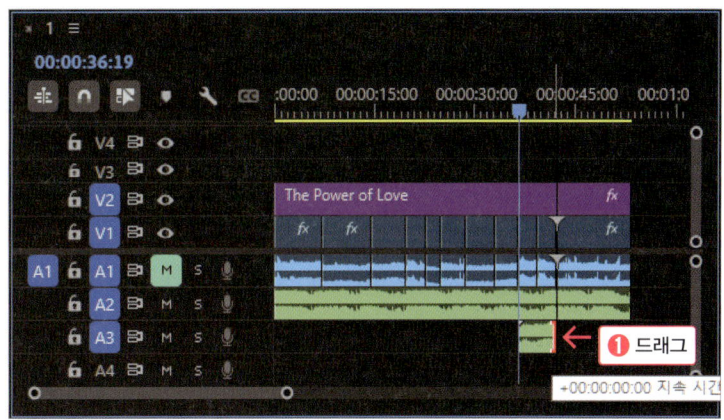

04 같은 방법으로 기러기 효과음을 '01.mp4' 영상 클립의 시작 부분에 배치합니다. Space Bar 를 눌러 결과물을 확인합니다.

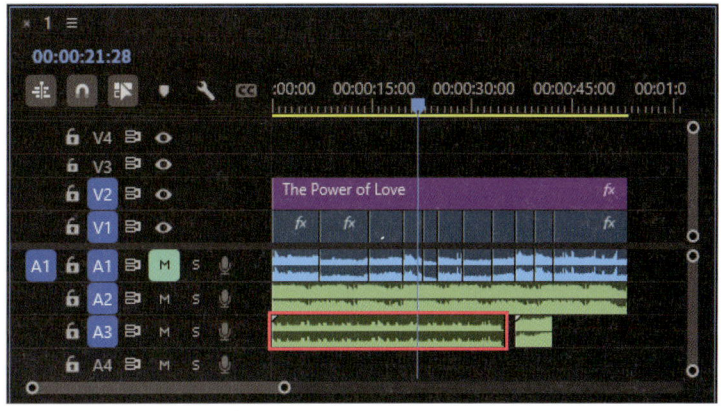

04 쇼츠(720x1280) 출력하기   [내보내기]

01 이제 완성된 영상을 mp4 파일로 출력하겠습니다. 화면 좌측 상단에 있는 [내보내기]를 클릭합니다.

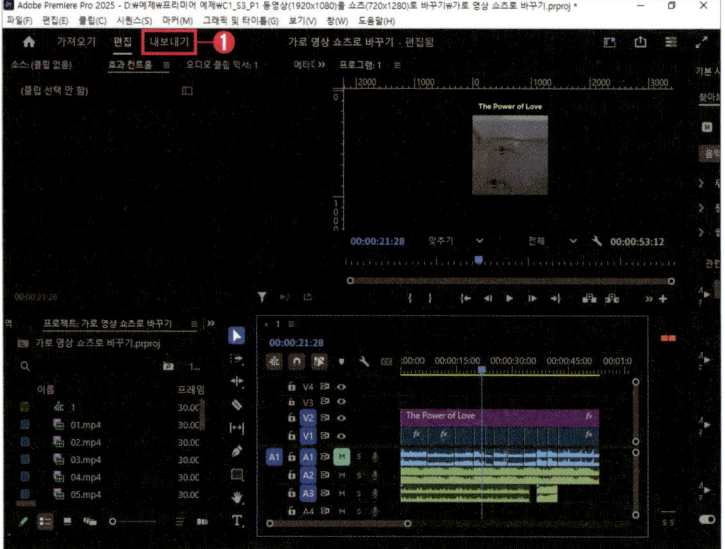

02 [내보내기] 탭에서 다음과 같이 설정한 후 [내보내기] 버튼을 클릭합니다. 출력한 뒤에 파일을 찾아 영상을 확인합니다.

- [포멧] : H.264
- [사전 설정] : Match Source – Adaptive High Bitrate
- [파일 이름] : 임의의 이름

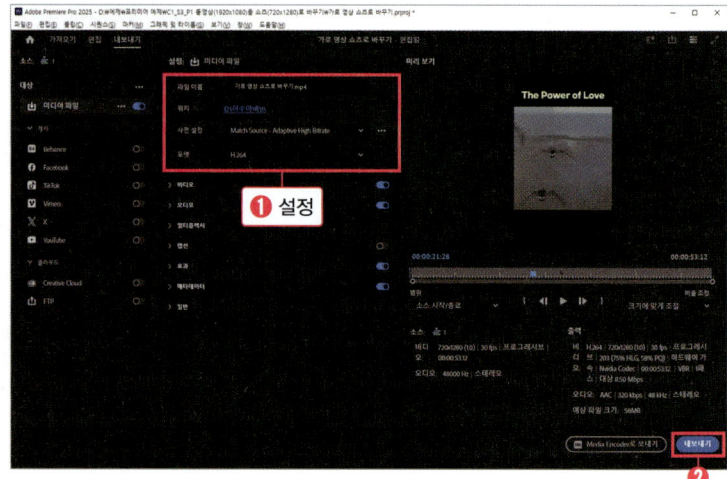

MEMO

CHAPTER 02

유튜브 쇼츠 제대로 알기

유튜브 실무에서는 쇼츠의 영향력이 날로 증가하고 있습니다.
쇼츠는 일반 영상보다 '조회수, 좋아요, 구독자' 등의 증가 확률이 높기 때문입니다.
다만, 쇼츠는 가로와 세로의 비율이 일반 영상과 다르고, 시간이 짧다는 특성이 있습니다.
특히, 최근에는 최대 1분 미만이라는 제한성이 3분 미만으로 대폭 확장되었습니다.

이와 같이 유튜브 영상과 쇼츠의 특성과 차이점을 파악하고,
쇼츠의 공간적, 시간적 장·단점을 분석하며,
쇼츠의 특정에 맞는 섬네일 선택 방법을 안다면
더욱 효과적인 쇼츠를 만들 수 있을 것입니다.

| SECTION 01 | 유튜브 쇼츠의 공간 활용법 |

❶ 주인공을 화면 중심에 정렬하기 + AI 활용법
❷ 투샷, 한 화면에 담기
❸ 타이틀 디자인과 영상 소스의 자막 활용

| SECTION 02 | 유튜브 쇼츠의 시간 활용법 |

❶ 일반 영상을 '쇼츠'로 바꾸는 영상 편집
❷ '타임랩스' 속도의 기승전결 활용법
❸ '슬로우모션' 극적 장면 활용법

1 유튜브 영상과 쇼츠의 차이점

유튜브 영상과 쇼츠의 차이점은 다음과 같이 '시간'과 '공간'으로 나누어집니다.

유튜브		영상	쇼츠
시간		3분 이상	3분 미만
			1분 (59초 22프레임) 미만
공간	비율	16 : 9	9 : 16 또는 1 : 1
	사이즈	1280*720	720*1280 또는 1080*1080

유튜브 쇼츠는 '시간'과 '공간'의 두 가지 제약 조건을 갖추어야만 쇼츠로 편입됩니다.

쇼츠는 시간적으로 3분 미만이어야만 합니다. 쇼츠의 최대 길이가 1분에서 3분으로 증가한 이유는 유튜브 쇼츠가 틱톡(60분), 릴스(10분)와의 경쟁에서 이기기 위함입니다. 유튜브에서 저작권의 논란을 피할 수 있는 1분(정확하게는 59초 22프레임) 미만의 쇼츠 영상이 있습니다. 그러나 1분 이상의 영상이면 'Content ID 모니터링'에 걸려 영상이 차단되는 경우가 훨씬 증가하게 됩니다. 이 중 일부 국가(지역)에서 시청할 수 없는 '부분적인 차단'은 영상 게시물이 유튜브 채널에 남아 있습니다. 그러나 전 세계에서 시청할 수 없는 '차단' 영상은 유튜브에서 강제 차단 조치됩니다. 나아가 '경고' 또는 '채널 차단' 등의 불이익이 발생할 수 있습니다. 이때 구글 지메일에서 안내문이 발송됩니다.

공간적으로 세로가 긴 비율이어야 쇼츠로 편입됩니다. 가로가 긴 비율이면 일반 '영상'으로 편입됩니다. 쇼츠의 일반적인 비율(사이즈)는 9:16(가로 720 pixel×세로 1280 pixel)입니다. 또한 1 : 1 비율(1080×1080)도 쇼츠로 가능합니다.

01 유튜브 영상과 쇼츠의 해상도 차이

유튜브 영상과 쇼츠의 비율은 16:9로 동일하며 해상도는 상황에 따라 다를 수 있습니다.

해상도(비율)	영상(16 : 9)	쇼츠(9 : 16)
FHD(Full HD)	1920*1080	-
HD	1280*720	720*1280
qHD	960*540	540*960

유튜브에서 가장 많이 사용하는 해상도는 HD(High Definition, 720p)로 디지털 방송에 사용하는 영상 기술 중 하나입니다. 디스플레이의 해상도가 상향 평준화되어서 720p는 더이상 '고화질'이 아닙니다. HD 해상도 중 더 높은 해상도를 FHD(Full HD, 1080p)라고 합니다.

02 쇼츠의 주체별 장점

제작할 영상이 3분 근처일 때, 또는 일반 영상을 하이라이트 영상으로 압축할 때 '쇼츠' 제작을 추천합니다. 그 이유는 아래와 같습니다.

주체	장점 요약	장점 요약
생산자(유튜버)	조회수 ↑, 좋아요 ↑ 댓글 ↑, 구독자 ↑	유튜브 쇼츠의 노출 알고리즘 강화로 시청자의 쇼츠 선호도 증가. 일반 영상에 비해 '조회수, 좋아요, 구독자' 등의 증가 확률 높아짐
	제작 부담 감소	비교적 하나의 콘텐츠를 빠른 시간 안에 완성. 즉 콘텐츠 제작에 대한 부담이 상대적으로 적음
	도돌이표 반복	일반 영상은 재생이 끝나면 광고나 다른 영상으로 넘어가는 반면, 쇼츠는 도돌이표처럼 계속 반복됨 ★ 짧은 영상을 계속 반복적으로 보고 듣도록 유도할 수 있다는 점에서 일반 영상과 가장 차별화되는 기능임
소비자(시청자)	풀 화면 시청	쇼츠의 9:16 비율은 일반적인 스마트폰 비율과 유사하여 모바일 화면에 꽉 차게 보임 ★ 모바일 첫 화면에서 쇼츠의 크기는 일반 영상에 비해 약 3분의 2 사이즈가 크게 보인다는 장점이 있음
	시청 부담 ↓	3분 미만의 핵심 콘텐츠로 영상 한 편에 대한 시청 부담이 줄어듦
	다양한 콘텐츠 시청	일반 영상에 비해 짧은 시간에 다양한 영상 콘텐츠 시청 가능해짐
플랫폼 (유튜브)	서버 부담 ↓	상대적으로 타임이 짧고, 용량이 작아서 서버에 대한 부담이 적음
	노출 강화 ↑	틱톡과의 경쟁으로 인한 유튜브 쇼츠의 노출 강화 정책 및 알고리즘 반영

위와 같이 쇼츠는 일반 영상에 비해 많은 장점을 가지고 있습니다. 가장 대표적인 장점은 조회수, 좋아요 수 등의 증가에 유리하다는 점, 1분 미만으로 영상이 짧아서 부담이 감소된다는 점, 그리고 되돌이표처럼 영상 시청의 반복을 유발할 수 있다는 점입니다.

03 쇼츠의 공간과 시간 활용법

쇼츠의 장점을 활용하기 위해서는 쇼츠의 공간과 시간적 특성을 활용할 수 있어야 합니다. 그 특성과 활용법은 다음과 같습니다.

쇼츠	공간		시간	
	가로	세로		
특성	좁다 (720px)	길다 (1280px)	짧다	3분 이내
				1분 이내 (저작권 영향 적음)
특성	가로형 텍스트 압축 및 생략 (ex : 타이틀 짧게)	세로가 긴 공간의 특성 활용 (ex : 2분할 또는 3분할)	(3분 이상일 경우)생략 또는, 압축 (3분 미만일 경우)그대로 만들거나 추가하거나 슬로우 기법을 통한 풍성한 콘텐츠 만들기	
활용법 요약	세로 공간을 최대한 넓게 활용 → 세로(공간) 활용 능력 키우기		3분을 최대한 길게 활용 → 3분(시간) 조절 능력 키우기	

'영상이 길면 안 본다', '짧은 게 좋다'라는 말이 있습니다. 그러나 1시간 반 영화도 재미있으면 보는 게 영상입니다. 3분이라는 시간 안에 다채로운 것을 넣을 수도 있고, 세로 공간에 더 차별화된 것을 넣어서 지루하지 않게 구성할 수 있다는 뜻입니다. 상황에 따라서 짧은 부분을 반복적으로 보여줄 때도 있습니다.

이를 정리하면, 쇼츠 영상 콘텐츠를 잘 만드는 방법은 첫째, 세로 공간을 최대한 넓게 활용하고, 둘째, 3분이란 시간을 최대한 길게 활용하는 것입니다. 공간을 최대한 넓게 활용한다는 것은 긴 화면의 특성을 살린다는 뜻이고, 시간을 최대한 길게 활용한다는 것은 3분 안에 좋은 콘텐츠를 가득 채운다는 의미입니다.

* 주의할 점 : 유튜브 쇼츠에서는 저작권이 있는 이미지, 영상. 음악 사용에 주의해야 합니다. 저작권의 논란을 피할 수 있는 1분 미만의 쇼츠 영상이나 음원도 영상도 일부 있습니다. 이 중 일부 국가(지역)에서 시청할 수 없는 '부분적인 차단'은 영상 게시물이 유튜브 채널에 남아 있습니다. 그러나 전 세계에서 시청할 수 없는 '차단' 영상은 유튜브에 강제 차단 조치됩니다. 나아가서 '채널 차단' 등의 불이익이 발생할 수 있으니 각별하게 주의 바랍니다.

■ 쇼츠 공간의 특성 파악하기

쇼츠의 공간을 활용하는 방법은 먼저 쇼츠의 공간을 파악하는 것입니다. 영상의 타이틀이나 자막 등의 중요 부분이 인터페이스의 타이틀, 좋아요 등 요소들과 겹치지 않기 위함입니다. 예컨대 자막이 레드존에 위치하면 텍스트가 겹치게 됩니다. 물론 스마트폰의 기종이나 PC의 환경에 따라 다르게 보이므로 이 요소들을 용도별로 사전에 체크해야 합니다. 아래는 현재 일반적인 스마트폰 화면의 공간입니다.

세이프존 / 엘로우존 / 레드존

- 세이프존(Safe Zone)

유튜브 쇼츠의 세이프존에는 아무 요소들이 없는 깨끗한 안전지대로 화면의 중심 부분에 위치합니다. 텍스트나 영상의 중요한 부분은 세이프존에 들어오도록 편집하는 것이 안전합니다.

- 엘로우존(Yellow Zone)

쇼츠의 엘로우존은 주로 화면의 상단과 우측에 위치합니다. 상단에는 Shorts 텍스트와 돋보기, 설정 등의 아이콘이 있고, 우측에는 유튜브의 '좋아요, 싫어요, 댓글, 공유, 리믹스' 등의 아이콘이 있습니다.

- 레드존(Red Zone)

쇼츠의 레드존은 주로 하단에 위치합니다. 여기에는 유튜브 주소, 핸들, 타이틀, 출처 등 텍스트가 많습니다. 이곳에 자막을 넣으면 텍스트가 겹쳐 보일 수밖에 없습니다. 따라서 레드존에 텍스트나 중요한 부분이 나오지 않도록 편집하길 바랍니다.

■ 쇼츠의 화면 분할 디자인

쇼츠의 화면 분할 디자인은 크게 3가지로 나눌 수 있습니다. 그것은 '원 비디오 중앙 배치 디자인', '투 비디오 상하 배치 디자인', 그리고 '투 비디오 내레이션 추가 디자인'입니다. 그 예시는 아래와 같습니다.

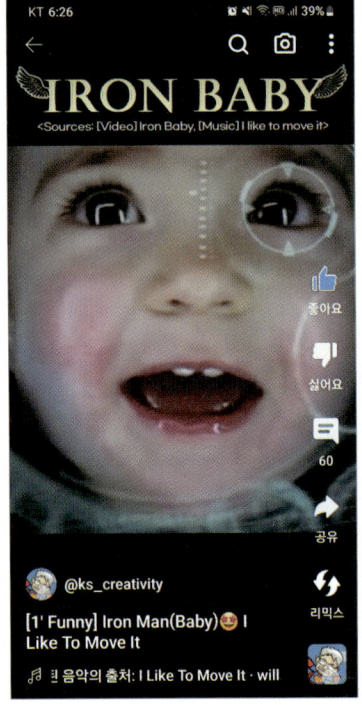  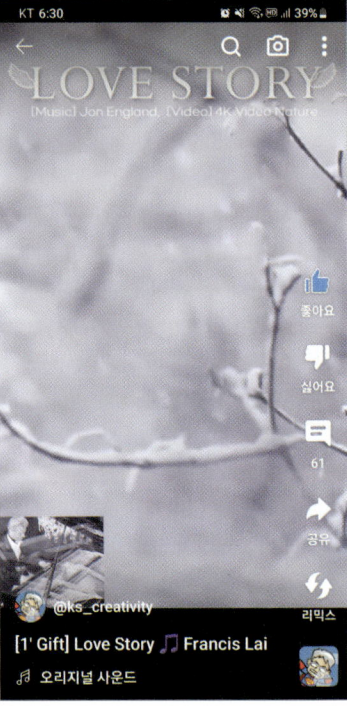

　　원 비디오 중앙 배치 디자인　　　　투 비디오 상하 배치 디자인　　　투 비디오 내레이션 추가 디자인

• 원 비디오 중앙 배치 디자인

원 비디오 중앙 배치 디자인은 쇼츠의 일반적인 기본 배치 디자인으로 상단에 타이틀, 하단에 자막, 그리고 중심의 세이프존에 비디오 1개를 넣은 타입입니다.

• 투 비디오 상하 배치 디자인

투 비디오 상하 배치 디자인은 비디오 2개를 상하로 배치하는 디자인입니다. 세로가 길다는 쇼츠의 특성을 반영한 디자인입니다.

• 투 비디오 내레이션 추가 디자인

투 비디오 내레이션 추가 디자인은 메인 비디오를 크게 넣고 서브 비디오를 왼쪽 하단에 작게 추가한 디자인입니다. 우측 하단과 상단은 엘로우존이기 때문에 이 공간은 될 수 있는 대로 피하는 것이 좋습니다.

■ 쇼츠의 타이틀과 자막 타입

쇼츠의 타이틀과 자막 타입은 크게 3가지로 나눌 수 있습니다. 그것은 '타이틀+자막 타입', 'Only 타이틀 타입', 그리고 'NO 타이틀 NO 자막 타입'입니다. 그 예시는 아래와 같습니다.

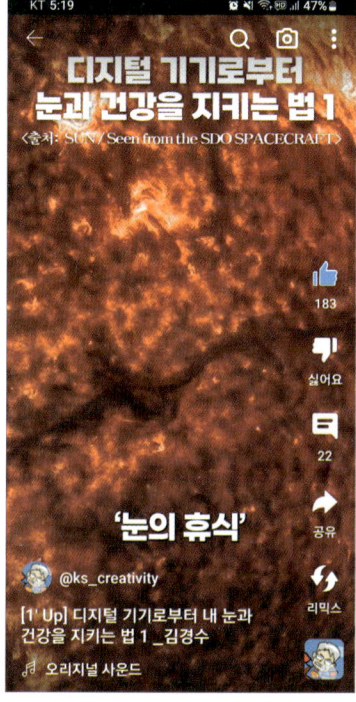
타이틀+자막 타입

Only 타이틀 타입

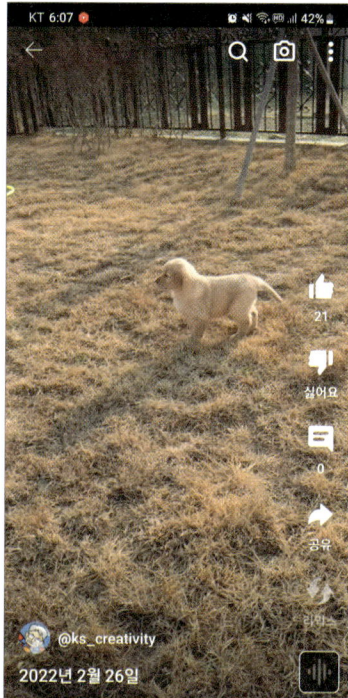
NO 타이틀, NO 자막 타입

• 타이틀+자막 타입

타이틀과 자막 타입은 타이틀과 자막을 모두 넣은 타입입니다. 이것은 기본형으로 위쪽에 큰 타이틀을 넣고, 아래쪽에 작은 자막을 넣는 디자인입니다.

• Only 타이틀 타입

Only 타이틀 타입은 타이틀만 넣은 타입입니다. 쇼츠에서는 자막이 없는 경우가 많습니다.

• NO 타이틀 NO 자막 타입

NO 타이틀 NO 자막 타입은 이미지 타이틀이 없고 비디오만 가득 채운 타입입니다. 이것은 일반적이지 않지만, 개인 수집용이나 보관용으로 적합합니다.

■ 쇼츠의 메인 페이지는 홈페이지와 같다

쇼츠의 일반적인 메인 페이지 인터페이스는 섬네일이 가로 3개 × 3개 화면입니다. 아래쪽으로 드래그하면 더 많은 섬네일을 볼 수 있습니다. 그리고 이 순서는 '최신순', '인기순', '날짜순'으로 볼 수 있습니다.

Step 01
업로드할 쇼츠 영상을 선택합니다.

Step 02
우측 하단의 [다음]을 누릅니다.

Step 03
우측 하단의 [다음]을 누릅니다.

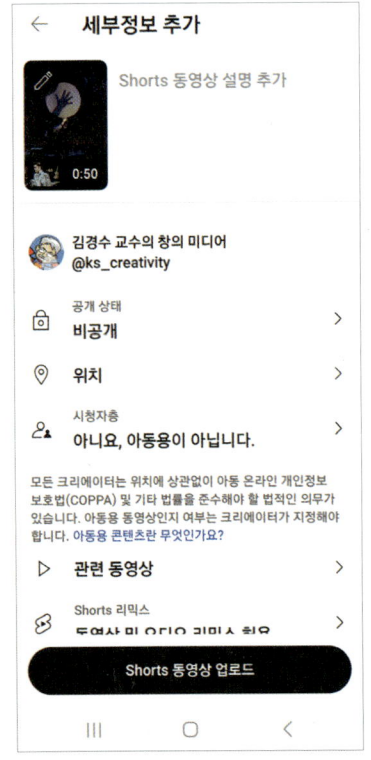

Step 04
좌측 상단의 [네모 박스]에서 [펜 모양]의 아이콘을 누릅니다.

Step 05
하단의 슬라이드에서 마음에 드는 섬네일 이미지를 선택하고, [확인]을 누릅니다.

Step 06
섬네일을 확인하고 세부 정보를 추가한 후, 하단의 [Shorts 동영상 업로드]를 누릅니다.

★ 섬네일 Tip : 영상의 시작점(00:00:00:00) 또는 끝점, 즉 마지막 프레임에 내가 원하는 1프레임의 이미지를 미리 넣어서 영상을 출력한 후, 간편하게 섬네일 이미지를 선택할 수 있습니다.
또 섬네일이 마음에 들지 않으면 언제든지 이곳으로 들어와서 섬네일 이미지를 교체할 수도 있습니다.

조회수 섬네일 레이아웃

쇼츠 메인 페이지의 개당 비율도 영상 비율과 유사(약 9:16)합니다. 여기에서 텍스트는 유일하게 개별 '조회수'만 있습니다. 거꾸로 쇼츠의 '제목은 보이지 않는다'라는 특징이 있습니다.

따라서 쇼츠의 원활한 홍보를 위해서는 영상 편집에서 별도의 '타이틀이 잘 보이도록 디자인하기'를 추천합니다.

SECTION 1

유튜브 쇼츠의 공간 활용법
❶ 주인공을 화면 중심에 정렬하기 + AI 활용법

핵심 내용
쇼츠는 일반 영상보다 가로 공간이 좁기에 얼굴을 클로즈업하면 아래와 같이 얼굴이 화면을 벗어나기 일쑤입니다. 이를 해결하기 위해서 영상 편집에서 수많은 키프레임의 위치를 화면 중심으로 이동해야 합니다. 본 예제에서는 자동 리프레임 AI 기능을 활용하는 방법과 수작업으로 일일이 키프레임을 화면 중심으로 이동하는 방법을 소개합니다.

핵심 기능
[효과] > [자동 리프레임]
[모션] > [위치] > [키프레임]

미리 보기 김경수 교수의 유튜브 쇼츠, 엘비스 프레슬리의 Return to Sender

원본(Before)　　　　　　　　중앙 정렬(After)

01 AI 기능으로 화면 중심에 자동 정렬하기

[효과] > [자동 리프레임]

▶ 준비 파일 : C2 > S1 > P1 > 얼굴 중앙 정렬.prproj, 엘비스 노래.mp3　▶ 완성 파일 : C2 > S1 > P1 > 완성 파일 폴더

01 '얼굴 중앙 정렬.prproj' 파일을 불러온 후 Space Bar 를 눌러 영상을 확인합니다. 영상 속 주인공이 좌우로 움직이며 화면을 벗어나고 있습니다. AI 기능을 활용하여 주인공을 화면 중심에 정렬해 보겠습니다.

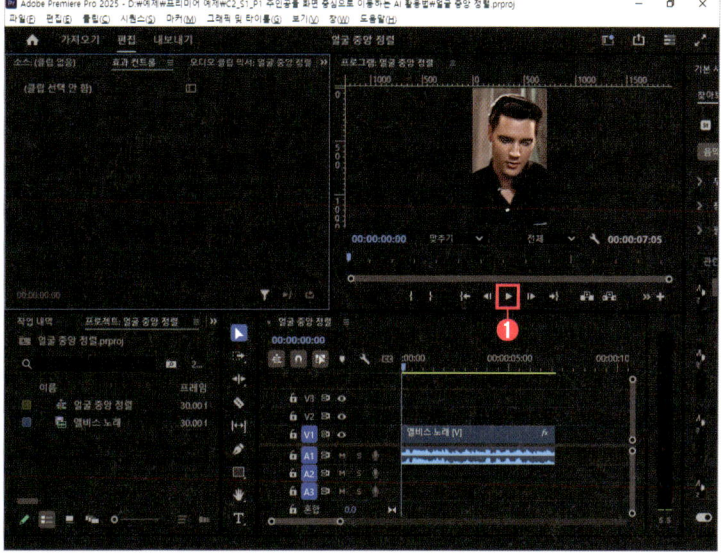

02 [창] > [효과] 메뉴를 클릭하여 왼쪽 하단에 [효과] 패널을 불러옵니다.

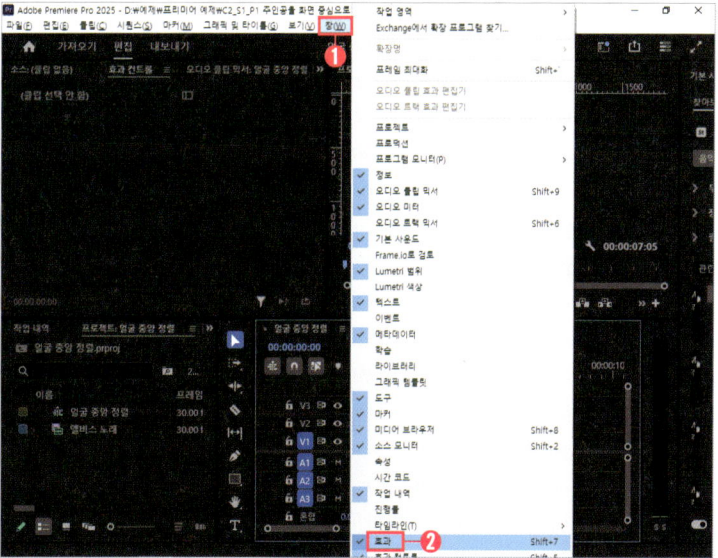

03 [효과] 패널이 열리면 [비디오 효과] > [변형] > [자동 리프레임]을 선택합니다. [타임라인] 패널의 '엘비스 노래' 영상 클립으로 드래그하여 [자동 리프레임] 효과를 적용합니다. [효과 컨트롤] 패널에 효과가 적용된 것을 볼 수 있습니다.

TIP
돋보기 모양이 있는 검색 창에 원하는 효과의 이름을 입력하여 빠르게 효과를 찾을 수도 있습니다.

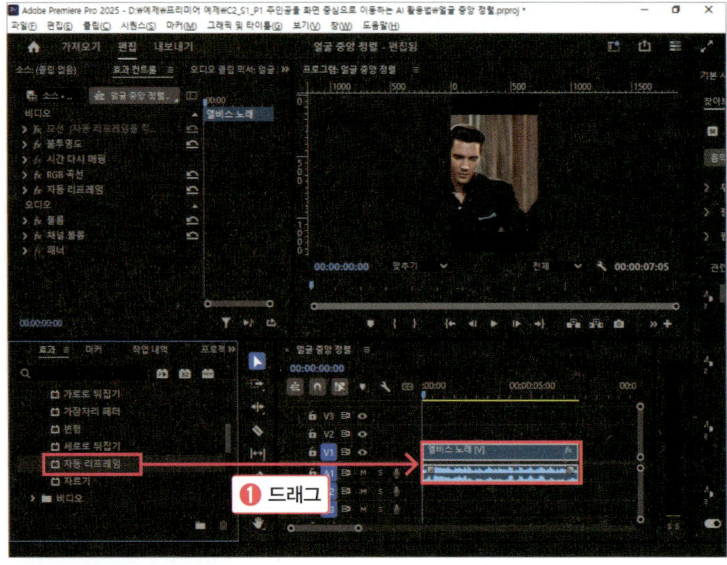

04 [효과 컨트롤] 패널에 [동작 추적]을 '패스트 모션'으로 바꿉니다.

TIP
피사체의 움직임이 빠르면 [동작 추적] 옵션에서 '패스트 모션'을 선택합니다. 빠른 움직임을 추적하는 데 좋은 옵션입니다.

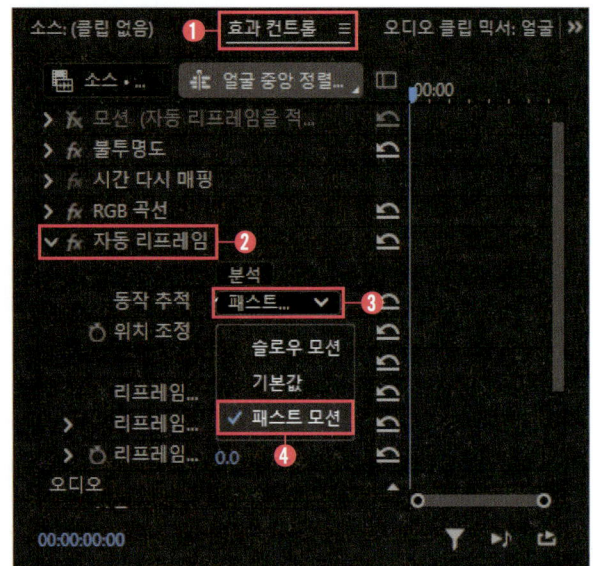

05 영상 크기를 화면에 맞추기 위해서 [효과 컨트롤] 패널에서 [자동 리프레임] > [리프레임 비율]을 '138'로 설정합니다. 영상을 재생하여 적용한 효과를 확인합니다.

TIP
[리프레임 비율]의 수치를 드래그하여 [프로그램 모니터] 패널을 보며 적절하게 편집할 수 있습니다. 자동 리프레임의 정확도는 영상 소스마다 차이가 날 수 있습니다.
다만, 이 AI 기능이 완벽하지 않다는 것을 느낄 수 있습니다. 이러한 경우에는 다음의 키프레임 수작업을 통해 보완할 수 있습니다.

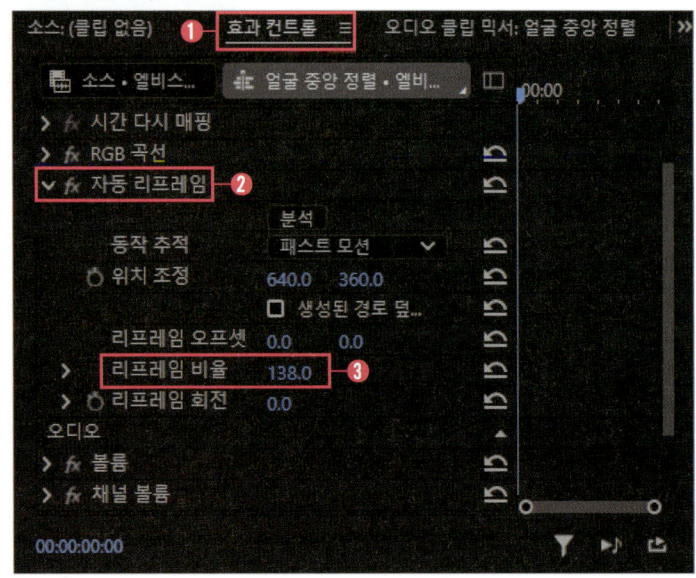

02 수작업으로 화면 중심에 정렬하기   [위치] > [키프레임]

01 이번에는 다른 방식으로 정렬해 보겠습니다. 이전 예제는 저장 없이 종료하고 다시 한번 '얼굴 중앙 정렬.prproj' 파일을 불러옵니다. 이번에는 수작업으로 화면 중앙에 정렬해 보겠습니다.

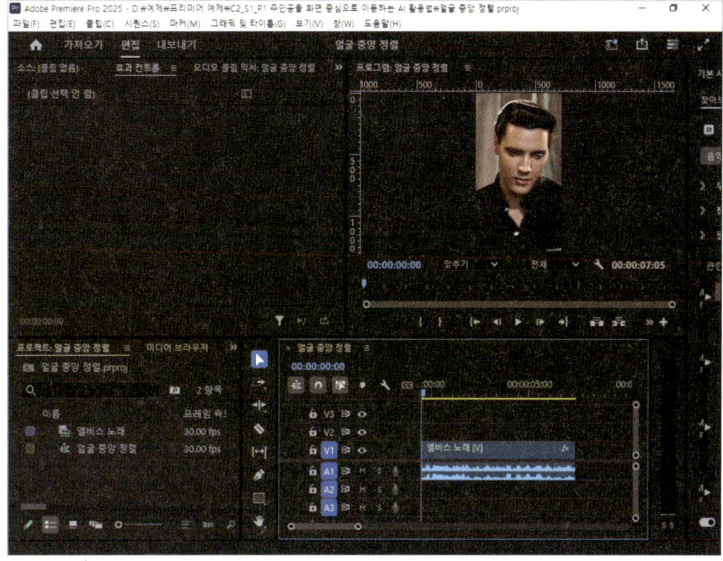

02 키프레임 작업을 하기 위해 [창] 메뉴를 클릭하고 [효과 컨트롤] 패널을 엽니다.

TIP
좌측 상단 패널에 [효과 컨트롤]을 클릭하여 빠르게 열 수도 있습니다.

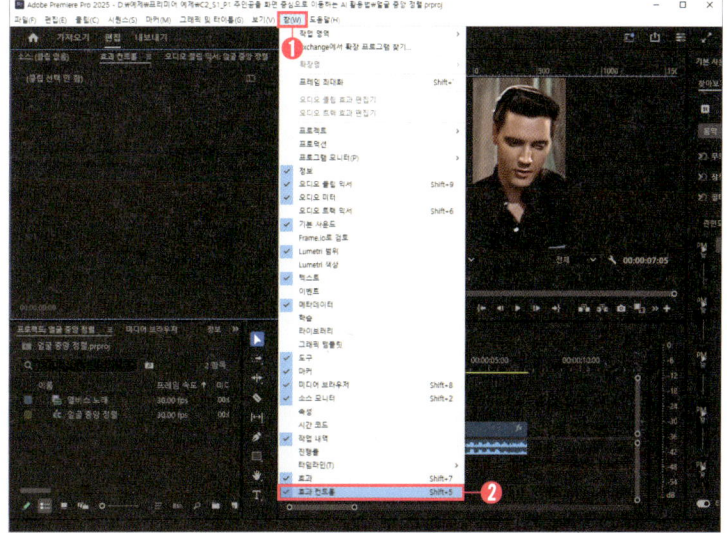

03 [타임라인] 패널에서 '엘비스 노래' 영상 클립을 선택하고 [효과 컨트롤] 패널에서 [모션] > [위치] > [애니메이션 켜기]를 클릭하여 첫 키프레임을 생성합니다.

TIP
키프레임으로 다양한 애니메이션 효과를 적용할 수 있습니다.

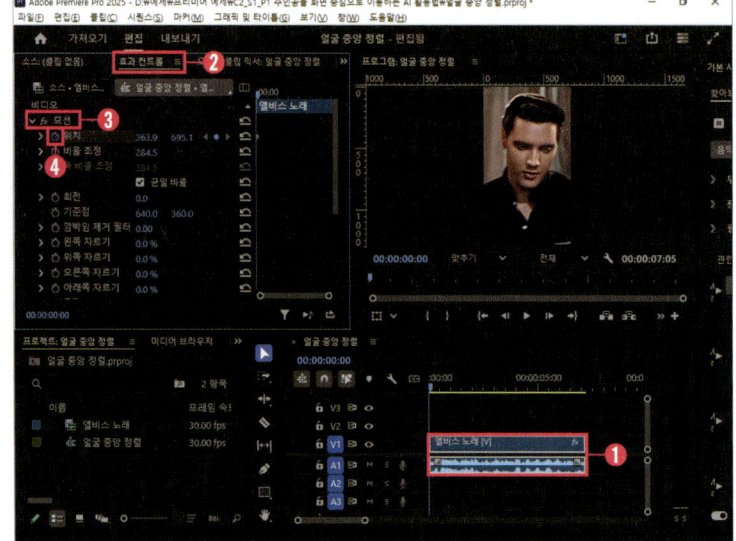

04 [타임라인] 패널이 선택된 상태에서 우측 방향키(→)를 5번 눌러 [인디케이터]를 5프레임 뒤로 옮겨줍니다. [프로그램 모니터] 패널을 보면 인물의 얼굴이 중앙에서 벗어난 것을 확인할 수 있습니다.

05 [효과 컨트롤] 패널에 [위치]를 보면 두 가지의 수치를 볼 수 있습니다. 왼쪽 수치를 클릭하고 좌우로 드래그해서 주인공을 화면 중심에 정렬할 수 있습니다. 또는 [프로그램 모니터] 패널에서 직접 주인공을 화면 중심으로 드래그해서 정렬할 수도 있습니다.

TIP
[위치]의 [애니메이션 켜기]가 활성화된 상태에서 [위치]의 값에 변화를 주면 자동으로 키프레임이 추가됩니다.

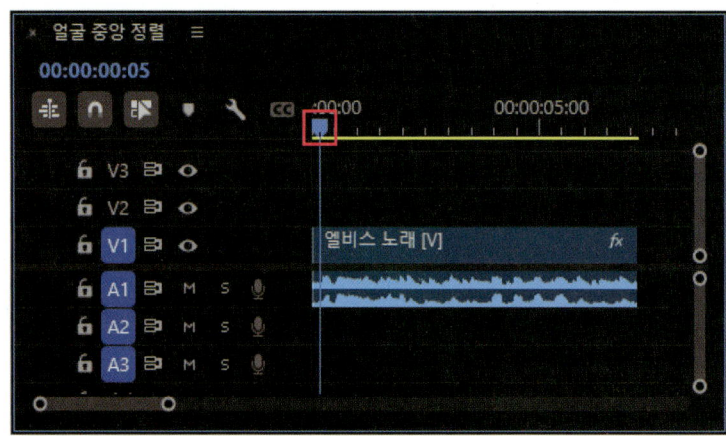

06 계속해서 우측 방향키(→)를 5번 눌러 5 프레임만큼 뒤로 옮겨주고, [효과 컨트롤] 패널의 [위치] 값을 조절하여 인물을 화면 중앙으로 옮깁니다.

TIP ··
키프레임이 촘촘할수록 오차가 줄어들고 정밀하게 주인공을 화면 중심으로 정렬할 수 있습니다.

07 앞선 작업을 반복하여 주인공을 화면 중심에 정렬합니다. Space Bar 를 눌러서 결과물을 확인합니다.

TIP ··
AI 자동 리프레임과 수동 키프레임 작업은 아래와 같은 장점과 단점이 있습니다. 두 가지 방식 중 자신에게 맞는 방법을 사용할 수 있고, 혼용하여 사용할 수 있습니다.

	AI 자동 리프레임	[모션] > [위치] > [키프레임]
장점	약간의 오차가 있음	중앙 정렬이 정밀함
단점	작업 속도 빠름	작업 속도 느림

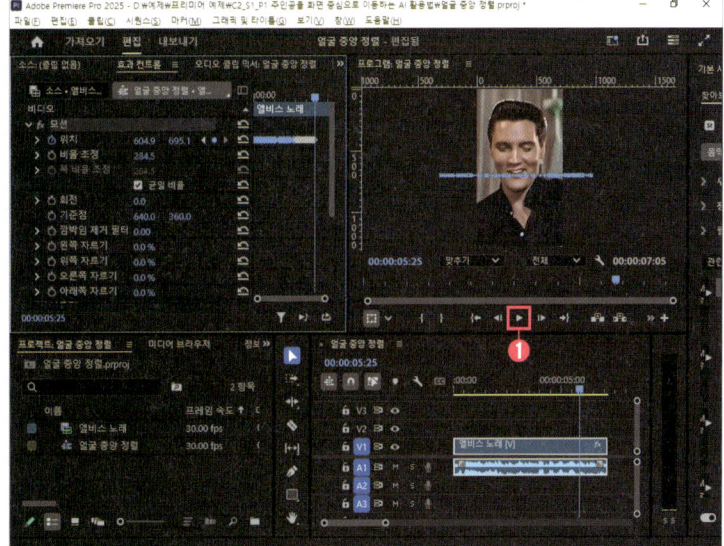

SECTION 1

유튜브 쇼츠의 공간 활용법
❷ 투샷, 한 화면에 담기

핵심 내용
유튜브 쇼츠는 일반 영상보다 가로 공간이 좁기 때문에 투샷(두 명의 주인공, 혹은 두 개의 피사체)을 한 화면에 담기가 어렵습니다. 본 예제에서는 좌우로 벌어진 두 개의 피사체를 화면 가운데로 모으기 위해 영상 클립을 복붙하고, 자른 다음, 위치 이동을 통해 쇼츠의 투샷을 자연스럽게 한 화면에 담는 방법을 알아봅니다.

핵심 기능
[복사] → 트랙 이동 → [붙여넣기]
[효과] > [자르기] → 위치 이동
[타임라인] > [트랙 잠금 켜기/끄기] → 위치 이동

미리 보기 유튜브 쇼츠, Polar Bears & Cute Cubs

원본   투샷을 화면 중심으로 모으기

01 두 개의 피사체를 화면 가운데로 모으기

[효과] > [자르기]

- 준비 파일 : C2 > S1 > P2 > 한 화면에 담기.prproj, Jailhouse Rock.mp3, 북극곰과 물개.mp4, 프레임.png
- 완성 파일 : C2 > S1 > P2 > 완성 파일 폴더

01 '한 화면에 담기.prproj' 파일을 불러온 후 Space Bar 를 눌러 영상을 확인합니다.

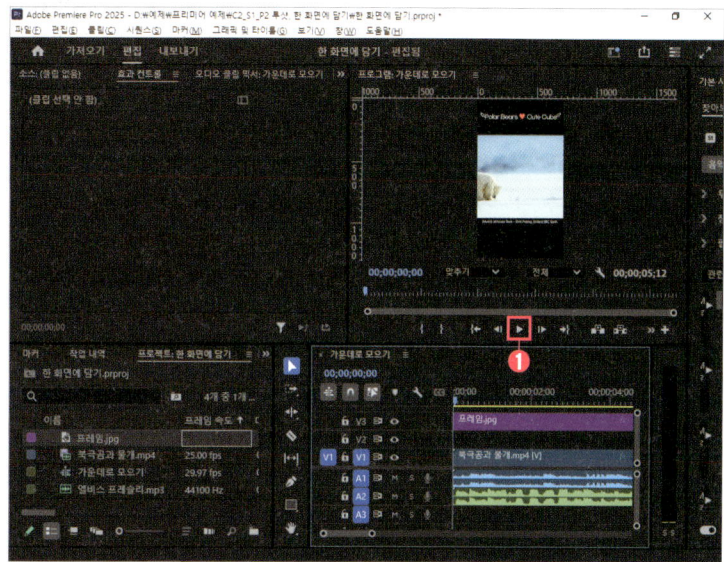

02 영상 클립만 복사하기 위해서 [타임라인] 패널에서 '북극곰과 물개.mp4' 영상 클립을 마우스 오른쪽 버튼으로 클릭한 후 [연결 해제]를 선택합니다. 다시 '북극곰과 물개.mp4' 영상 클립을 마우스 오른쪽 버튼으로 클릭한 후 [복사]를 선택하여 복사합니다.

TIP
[연결 해제]를 먼저 선택한 이유는 영상 클립만 복사하기 위해서입니다. 만약 이 작업을 하지 않으면, 오디오 클립까지 복사됩니다.

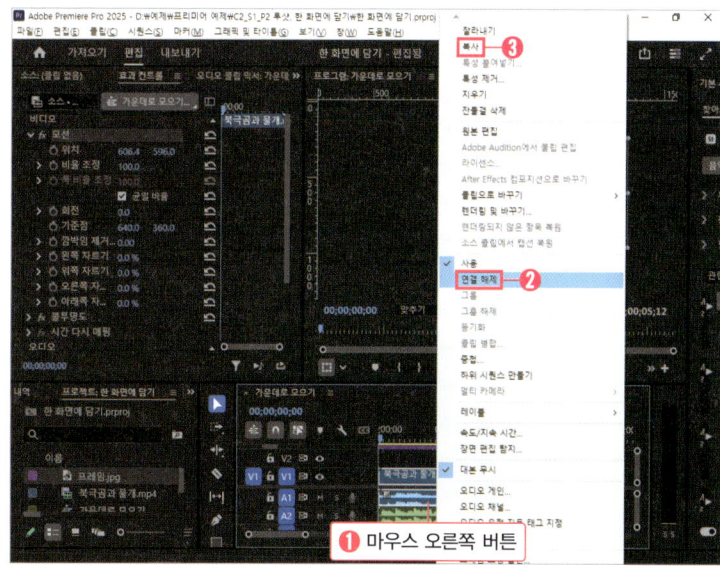

03 복사한 '북극곰과 물개.mp4' 영상 클립을 붙여넣기 위해서 기존의 클립을 [V2] 트랙으로 이동하고, [인디케이터]를 맨 왼쪽 00;00;00;00으로 이동한 뒤, 붙여넣습니다. 다음과 같이 동일한 영상 클립이 복사되었습니다.

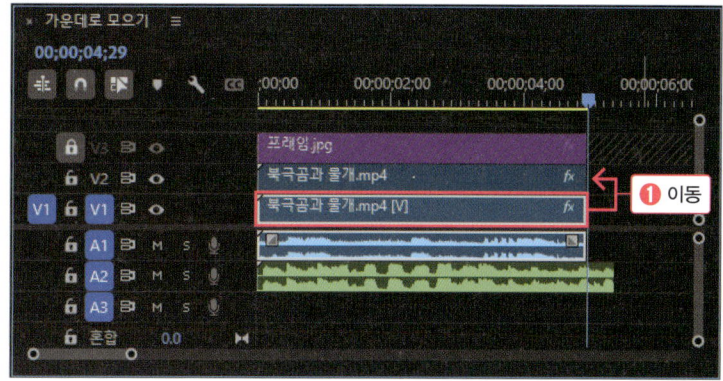

04 [V2] 트랙의 영상 클립을 선택한 상태에서, [프로그램 모니터] 패널에서 영상 화면을 더블클릭하고 다음과 같이 '북극곰'이 화면 안에 보이도록 드래그합니다.

TIP
[효과 컨트롤] 패널의 [모션] > [위치] 값을 조절하여 옮길 수도 있습니다.

05 [창] > [효과] 메뉴를 클릭하여 [효과] 패널이 열리면 검색 창에 '자르기'를 입력하고, [자르기] 효과를 [V2] 트랙의 영상 클립에 적용합니다.

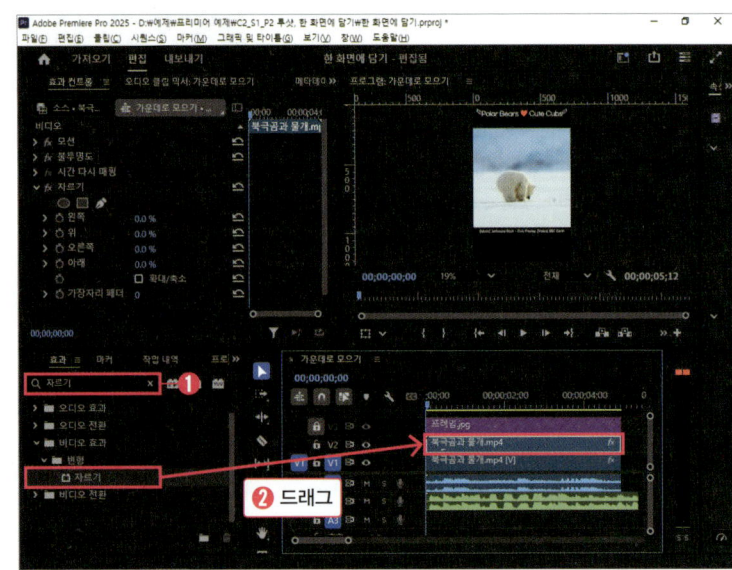

06 [효과 컨트롤] 패널에서 [자르기] 효과의 세부 옵션을 펼치고 [오른쪽] 값을 '61%'로 설정하고, [가장자리 페더]는 '50'으로 설정합니다.

TIP
북극곰이 잘리지 않도록 [인디케이터]를 움직여보며 여유 있게 잘라줍니다.

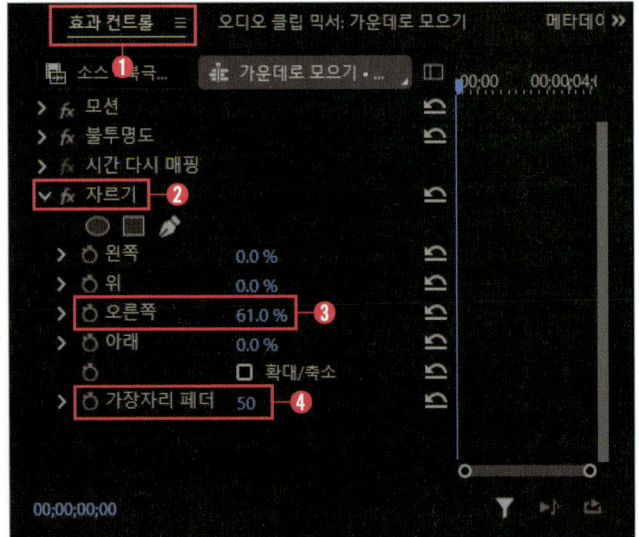

02 클립 비활성화하고 위치 이동하기

[타임라인] > [트랙 잠금 켜기/끄기]

01 불필요한 영상 클립을 비활성화하기 위해 [타임라인] 패널에서 [V2] 트랙의 [트랙 잠금 켜기/끄기] 아이콘을 클릭해 [V2] 트랙에 있는 모든 클립을 잠급니다.

TIP
[트랙 잠금]은 편집할 트랙과 편집하지 않을 트랙을 구분하는 기능으로 영상 편집에서 매우 편리한 기능입니다. 특히 클립이나 트랙이 많을 때 유용합니다.

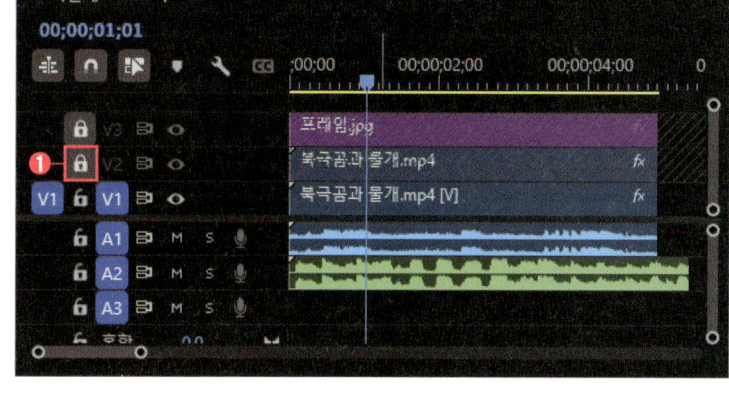

02 [V1] 트랙에 있는 영상 클립을 선택한 상태에서 [인디케이터]를 00;00;01;20 위치로 옮깁니다. 다음으로 [프로그램 모니터] 패널에서 영상 화면을 더블클릭하고 크기 조절점을 띄운 뒤, 방향키(←→)를 사용하여 '물개'의 위치를 다음과 같이 적절하게 이동시킵니다.

TIP
[V2] 트랙에 '북극곰과 물개' 영상 클립은 잠겨있기 때문에 선택되지 않습니다.

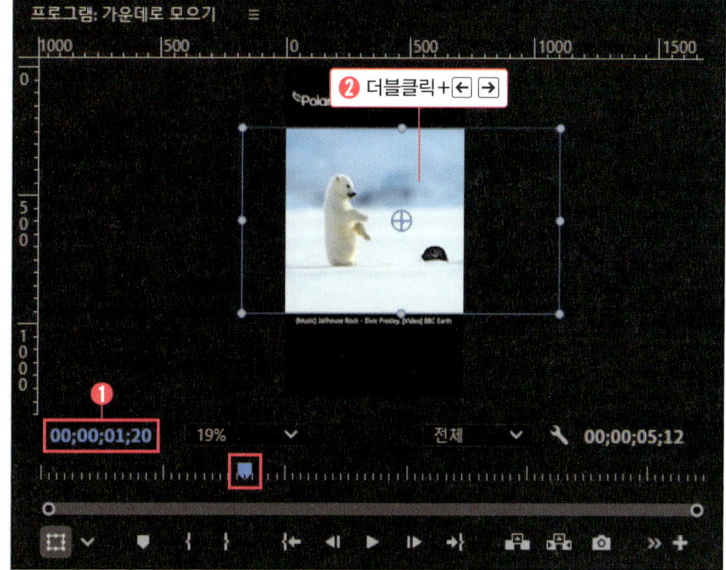

03 영상을 재생하여 좌우 투샷의 결과를 확인하고 출력합니다.

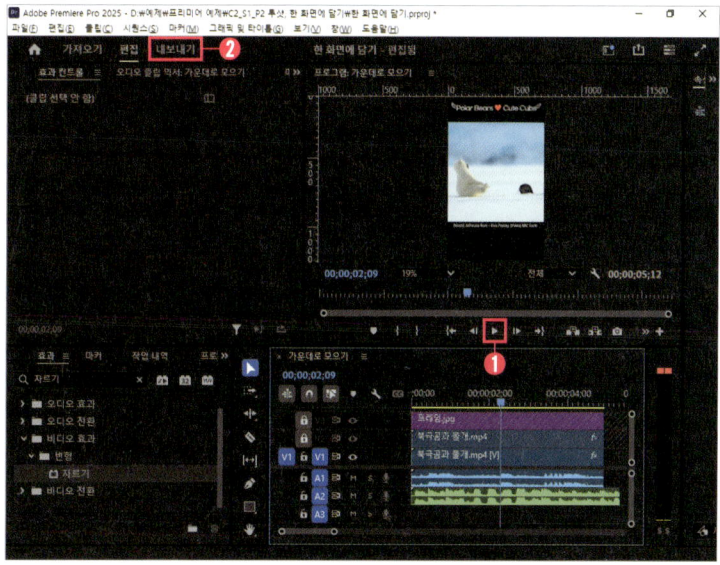

SECTION 1

유튜브 쇼츠의 공간 활용법

❸ 타이틀 디자인과 영상 소스의 자막 활용

핵심 내용

쇼츠에서 타이틀 디자인은 섬네일 역할을 합니다. 유튜브의 섬네일은 시청(조회수) 여부에 영향을 줍니다. 유명한 노래의 가사 자막은 일일이 가사를 입력하는 방법이 있지만, '유튜브의 영상(lyrics)' 소스를 활용하는 방법이 있습니다. 후자는 편집 시간을 대폭 줄이고 새로운 디자인으로 변형할 수 있습니다. 본 예제에서는 쇼츠 타이틀을 디자인하고 [흑백]과 [반전], 그리고 [Brightness & Contrast]를 사용하여 영상 소스의 자막을 활용하는 방법을 안내합니다.

핵심 기능

[도구] > [문자 도구] + [효과 컨트롤]
[비디오 효과] > [흑백] + [반전] + [Brightness & Contrast]

미리 보기 유튜브 쇼츠, The Sound of Silence

'애니메이션' 원본   '자막 영상' 원본

[타이틀] 디자인 + [흑백] + [반전] + [Brightness & Contrast]의 적용 결과

100 | PART 01 프리미어 프로 2025

01 메인 영상 + 자막 영상 + 타이틀 디자인

[문자 도구] + [효과 컨트롤]

▶ 준비 파일 : C2 > S1 > P3 > 자막 영상.prproj, 자막 영상.mp4, 애니메이션.mp3 ▶ 완성 파일 : C2 > S1 > P3 > 완성 파일 폴더

01 '자막 영상.prproj' 파일을 불러온 후 [프로젝트] 패널의 '애니메이션.mp4' 영상 클립을 [타임라인] 패널의 [V1] 트랙으로, '자막 영상.mp4' 영상 클립을 [V2] 트랙으로 드래그합니다. 경고 창이 나타나면 [기존 설정 유지] 버튼을 클릭합니다.

TIP
불러온 클립의 크기와 시퀀스의 크기가 다르기 때문에 경고 창이 나타날 수 있습니다.
[프로젝트] 패널이 보이지 않으면 [창] > [프로젝트]를 클릭합니다.

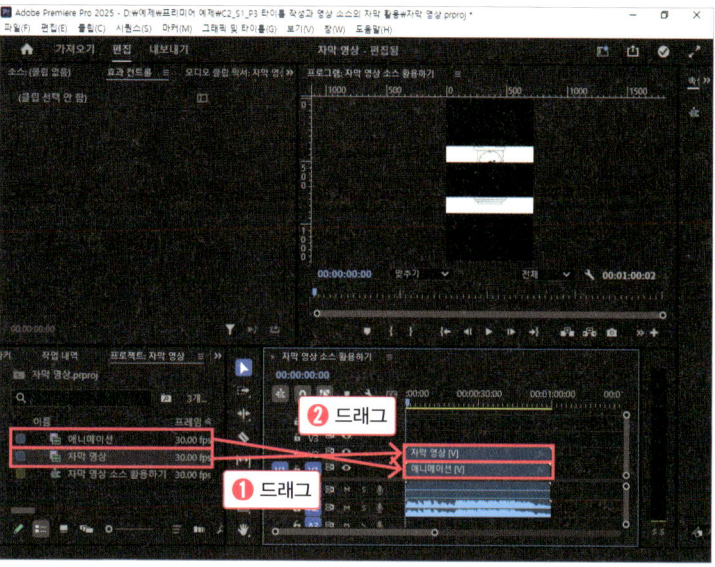

02 메인 영상(애니메이션)의 위치를 조절하여 쇼츠 레이아웃을 만들어 보겠습니다. [창] > [효과 컨트롤] 메뉴를 클릭하여 [효과 컨트롤] 패널을 엽니다.

TIP
좌측 상단 패널에 [효과 컨트롤]을 클릭하여 빠르게 열 수도 있습니다.

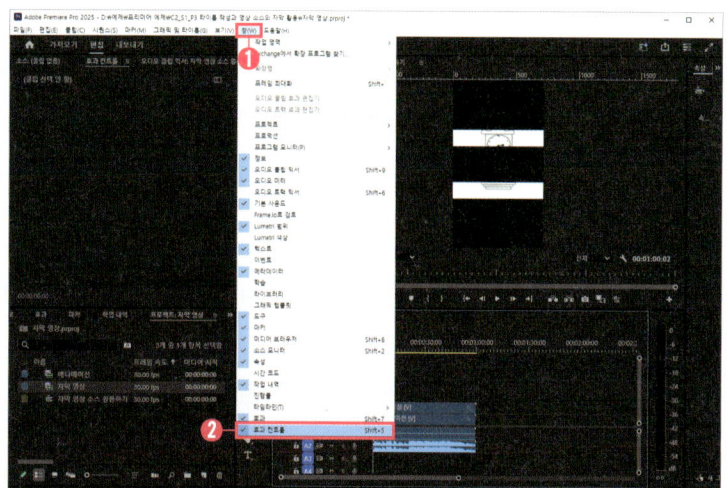

03 '애니메이션.mp4' 영상 클립을 선택하고 [효과 컨트롤] 패널에서 [모션] > [위치] 값을 '360, 435'로 수정합니다.

TIP
왼쪽 수치는 x값, 오른쪽 수치는 y값을 의미합니다. 수치를 클릭해서 정확한 값을 입력하거나 드래그하여 [프로그램 모니터] 패널에서 직접 변화를 확인할 수 있습니다.

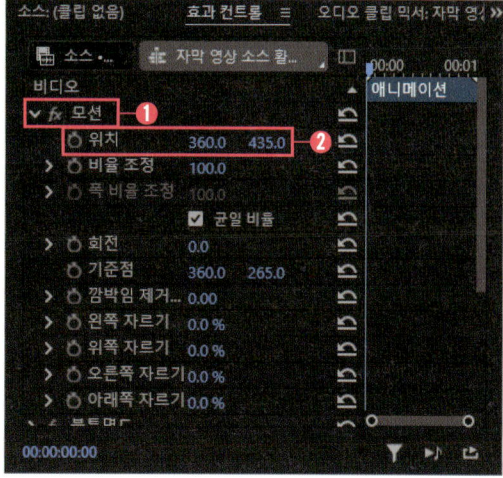

CHAPTER 02 유튜브 쇼츠 제대로 알기 | 101

04 마찬가지로 이번에는 '자막 영상.mp4' 영상 클립을 선택하고 [효과 컨트롤] 패널에서 [위치] 값을 '360, 840'으로 설정합니다.

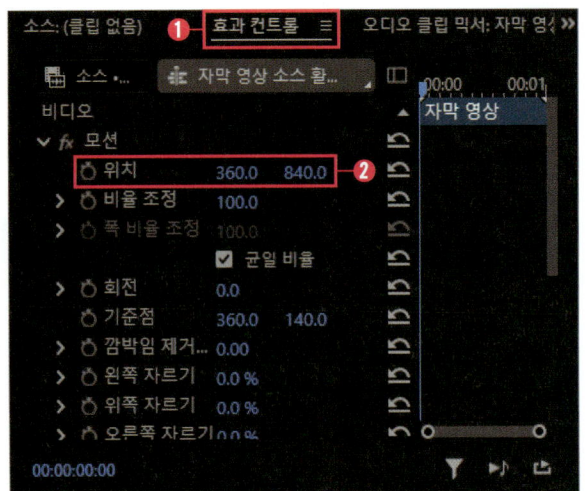

05 마지막으로 '타이틀'이 들어갈 공간에 타이틀을 입력하기 위해서 [도구] 패널에서 [문자 도구]를 클릭합니다.

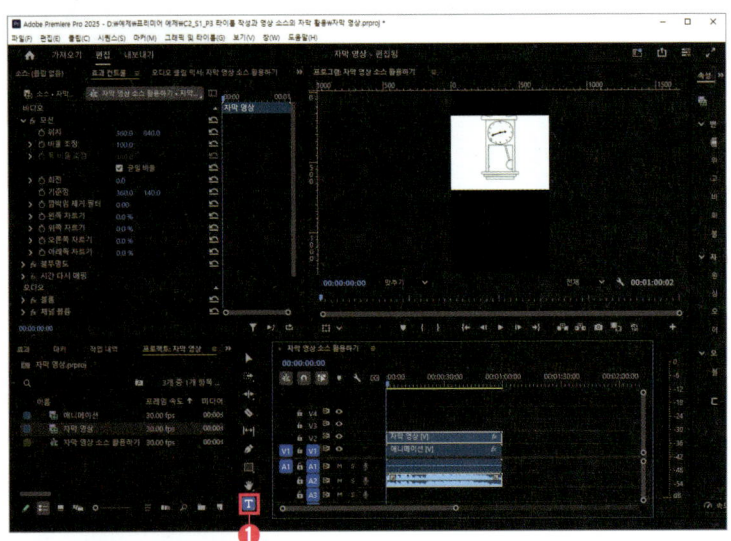

06 [인디케이터]를 00:00:00:00 위치로 옮깁니다. [프로그램 모니터] 패널의 화면을 클릭하고 'The Sound of Silence' 타이틀을 작성합니다. [타임라인] 패널에 새로운 클립이 생긴 것을 확인할 수 있습니다.

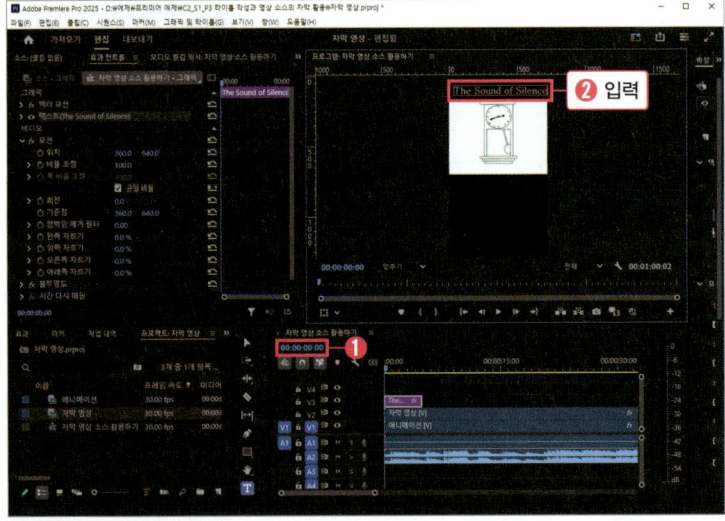

07 새로 생긴 [V3] 트랙의 클립을 선택하고 [효과 컨트롤] 패널에서 [텍스트(The Sound of Silence)]의 세부 옵션을 열고 다음과 같이 설정합니다.

- [글꼴] : Tmon 몬소리
- [글꼴 크기] : 60
- [자간] : –15
- 텍스트 가운데 맞춤
- [위치] : 360.7, 91.8

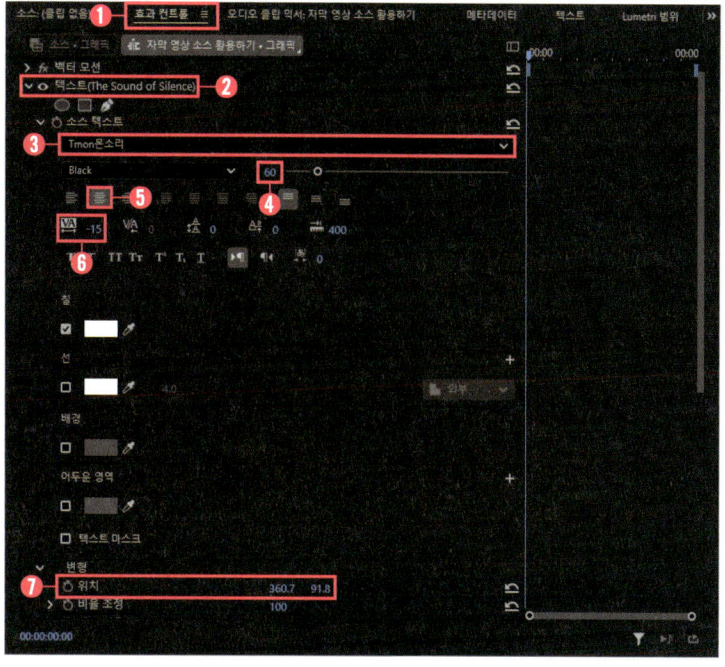

08 [문자 도구]를 이용해서 제작한 타이틀 아래 출처도 함께 작성하고 [효과 컨트롤] 패널에서 같은 방식으로 설정합니다.

- 텍스트 : <Source: [Music]..., [Video]...>
- [글꼴] : 지마켓 산스, Medium
- [글꼴 크기] : 20
- [자간] : –15

TIP
Ctrl을 누른 채 [선택 도구]로 텍스트를 직접 움직여 화면 중앙에 정확히 정렬할 수도 있습니다.

09 [타임라인] 패널에서 만들어진 자막 클립의 오른쪽 끝인 [Out 점]을 드래그하여 '자막 영상.mp4' 영상 클립과 길이가 같아지도록 늘립니다.

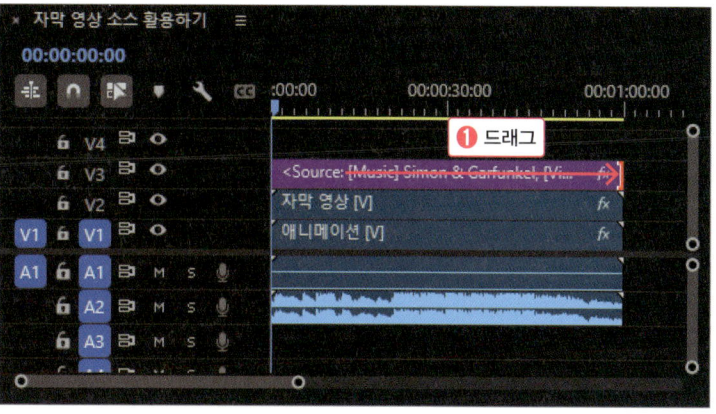

02 메인 영상과 어울리는 영상 자막 디자인 [흑백] + [반전] + [Brightness & Contrast]

01 가져온 '자막 영상.mp4' 영상 클립의 가독성을 높이기 위한 작업을 시작하겠습니다. 먼저 색상을 검은색과 흰색으로 통일시키기 위해 [효과] 패널을 열고 [비디오 효과] > [이미지 제어] > [흑백]을 찾습니다.

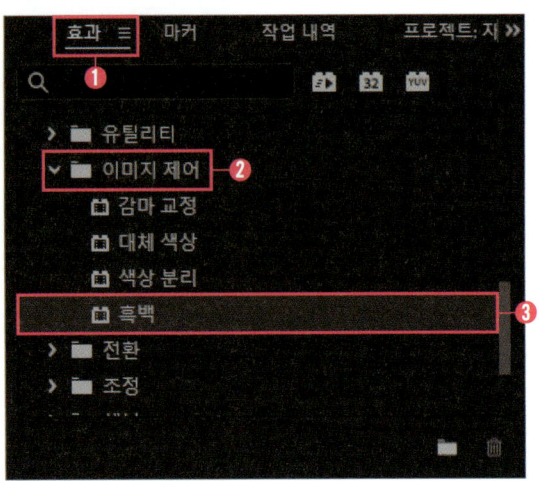

02 [효과] 패널에서 [흑백]을 드래그하여 '자막 영상.mp4' 영상 클립에 적용합니다. 영상을 재생하여 자막 영상이 흑백으로 변한 것을 확인합니다.

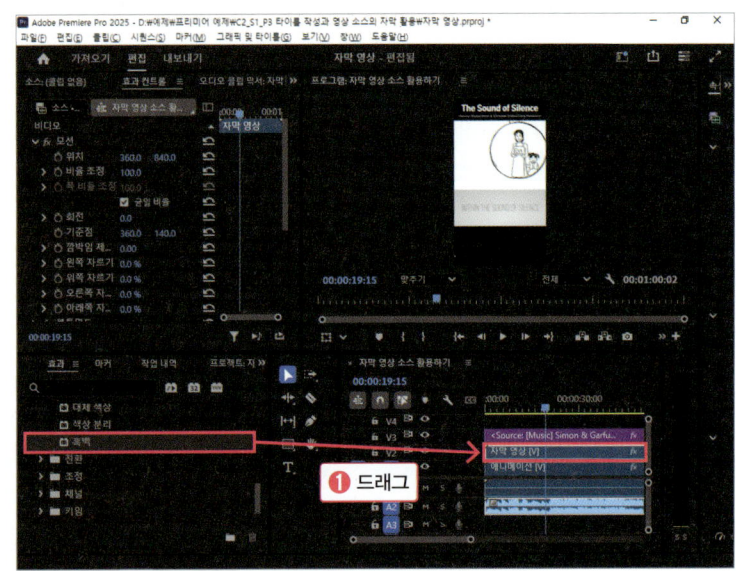

03 계속해서 효과를 추가하겠습니다. [효과] 패널에 있는 검색 창에 '반전'을 입력하고, [비디오 효과] > [채널] > [반전]을 찾습니다.

TIP ....
[오디오 효과]의 [반전]과 혼동하지 않도록 유의합니다.

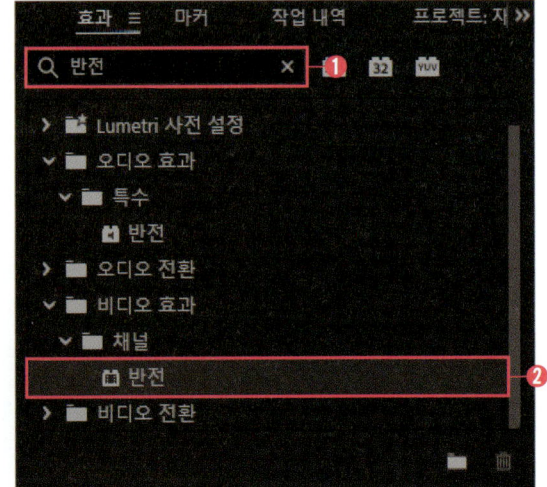

04 [반전]을 드래그하여 '자막 영상.mp4' 영상 클립으로 가져다 놓습니다. 자막 영상의 색이 반전된 것을 확인합니다.

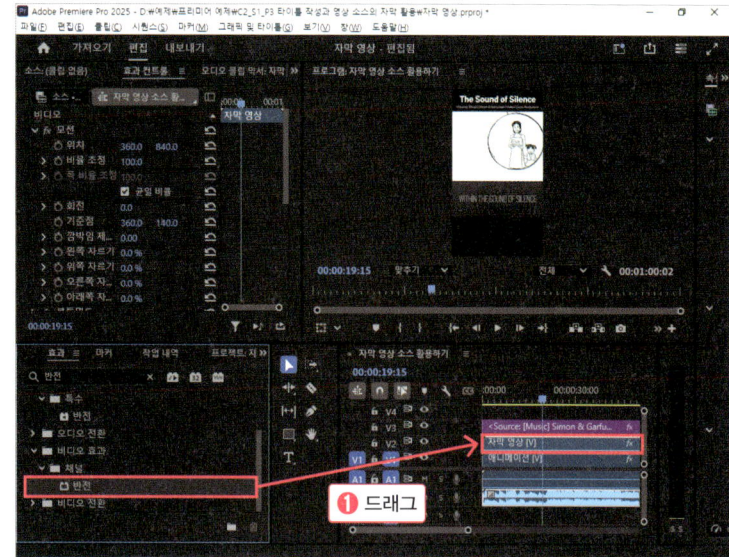

05 마지막으로 자막을 선명하게 하기 위해 [효과] 패널에서 [비디오 효과] > [색상 교정] > [Brightness & Contrast]를 찾습니다.

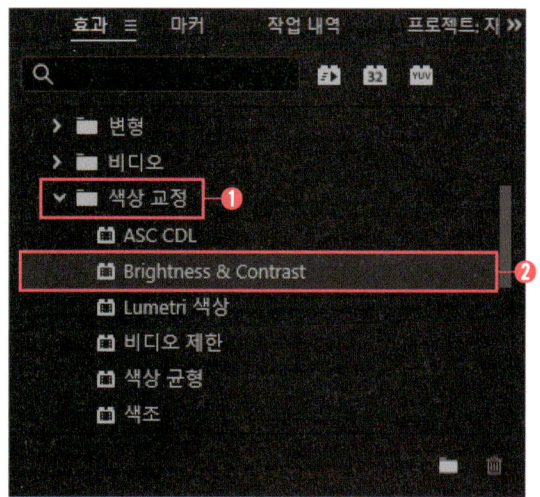

06 [Brightness & Contrast]를 드래그 또는 더블클릭해서 [타임라인] 패널의 '자막 영상.mp4' 영상 클립에 적용합니다.

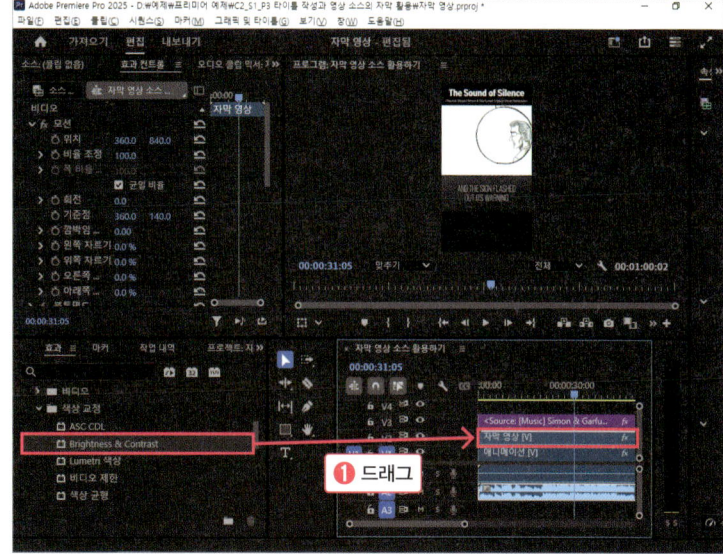

07 '자막 영상.mp4' 영상 클립이 선택된 상태로 [효과 컨트롤] 패널을 열고 [Brightness & Contrast]를 아래와 같이 설정합니다.

- [명도] : 0.0
- [대비] : 100

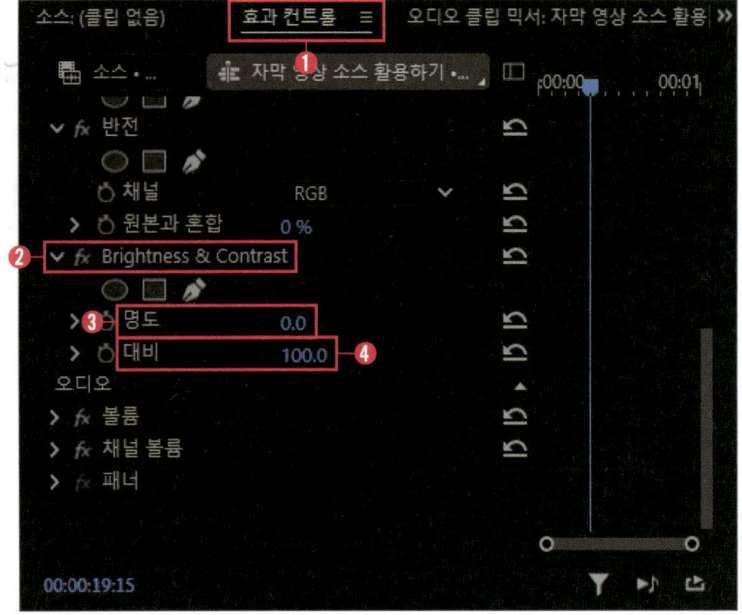

08 자막 영상 편집이 모두 끝났습니다. 영상을 재생하여 확인하고 [내보내기]를 이용하여 mp4 파일로 출력합니다.

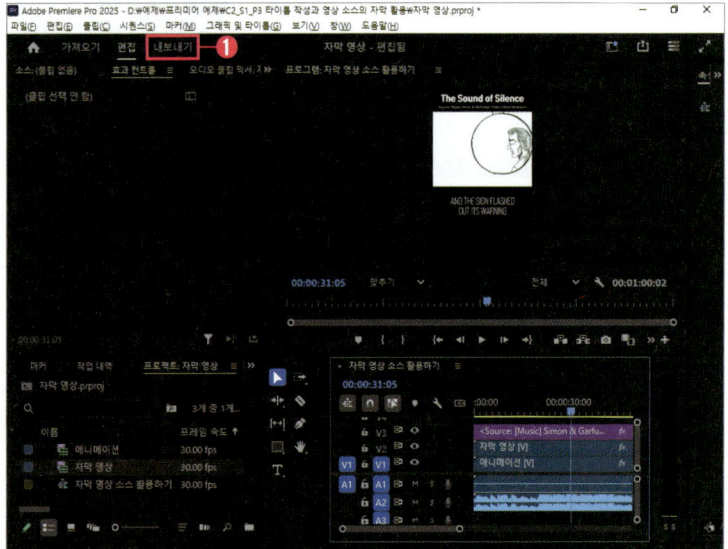

SECTION 2

유튜브 쇼츠의 시간 활용법
❶ 일반 영상을 '쇼츠'로 바꾸는 영상 편집

핵심 내용

유튜브 쇼츠가 되기 위해서는 두 가지 전제 조건, 즉 공간적으로 '세로'가 더 길어야 하고, 시간상으로 1분 미만(59초 22프레임)이어야 합니다. 만약 '가로'가 더 길거나, 59초 23프레임 이상인 영상을 업로드하면 쇼츠가 아닌, '영상'으로 자동 편입됩니다. 따라서 영상 소스가 일반 영상일 경우, 가로 영상을 세로로 바꾸고, 1분 미만으로 줄이는 영상 편집을 안내합니다.

핵심 기능

<1차 공간 편집> [시퀀스 설정] 16:9를 '9:16' 쇼츠 형태로 바꾸기
<2차 시간 편집> [속도/지속 시간] 속도 조절을 통해 '1분 미만' 쇼츠 타임으로 편집하기
<3차 미세조정> 클립과 클립 사이의 '튀는 1프레임' 바로잡기

미리 보기 김경수 교수의 창의 미디어, kbc 강연

영상 원본   1차 [공간] 편집   세로형 쇼츠 편집

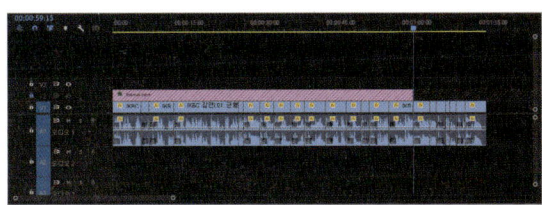  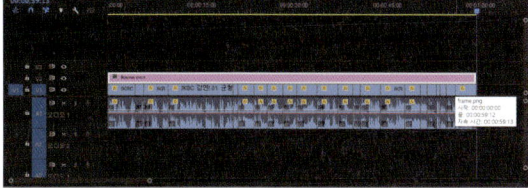

대략 1분 이상   2차 [시간] 편집   1분 이내 쇼츠 편집

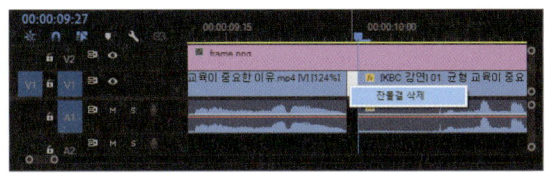 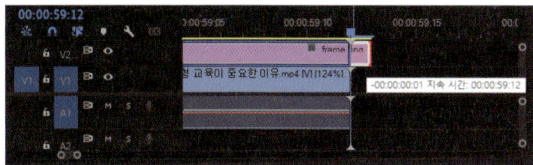

튀는 1프레임 삭제   3차 미세조정   끝점 1프레임 삭제

01 1차 공간 편집 : 가로 영상을 세로 쇼츠로 바꾸기 [시퀀스 설정]

▶ **준비 파일** : C2 > S2 > P1 > 강연.prproj, KBC 강연.mp4, frame.png ▶ **완성 파일** : C2 > S2 > P1 > 완성 파일 폴더

01 '강연.prproj' 파일을 불러옵니다. 일반 영상을 세로 쇼츠로 바꾸기 위해 [시퀀스] > [시퀀스 설정]을 클릭합니다.

02 [시퀀스 설정] 대화상자에서 프레임의 크기의 수치를 아래와 같이 수정하고 [확인] 버튼을 클릭합니다. 경고 창이 나타나면 다시 [확인] 버튼을 클릭합니다.

- [프레임 크기] : 720 가로, 1280 세로(9:16)

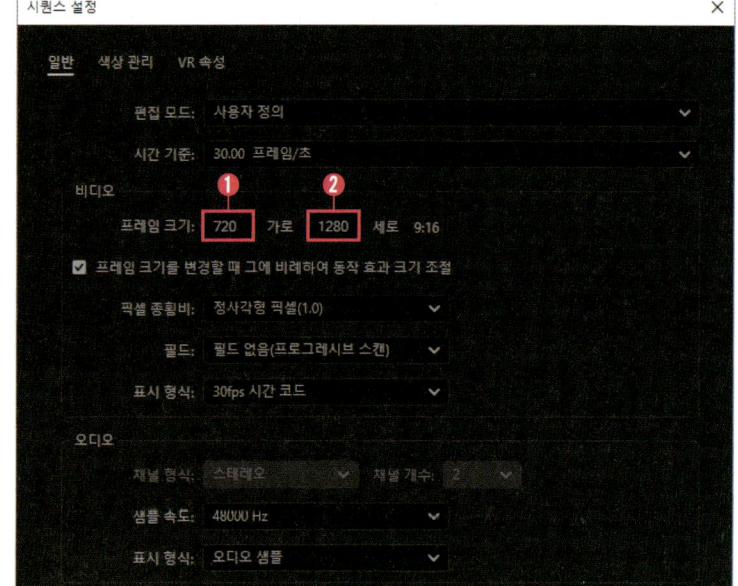

03 가로 영상이 세로 쇼츠 형태로 바뀐 것을 확인합니다. [프로젝트] 패널의 'frame.png' 이미지 클립을 [타임라인] 패널의 [V2] 트랙으로 드래그합니다. [트랙 출력 켜기/끄기]를 비활성화해 잠시 보이지 않게 만듭니다. 이어서 1분 쇼츠로 편집하기 위해서 다음과 같이 [인디케이터]를 00:01:00:00에 위치하고 'frame.png' 이미지 클립을 그 위치까지 드래그하여 넓힙니다.

TIP ·······································
전체/확대/축소 보기 단축키
- 시퀀스 전체 보기 단축키 : \ (가장 많이 사용하는 단축키)
- 확대 보기 단축키 : +
- 축소 보기 단축키 : -

그리고 확대/축소 보기의 기준선은 인디케이터입니다. 따라서 확대 보기를 사용하려면 인디케이터를 기준선으로 이동한 후에 단축키를 눌러야 합니다.

04 'frame.png' 이미지 클립의 좌측에 위치한 [트랙 잠금 켜기/끄기] 아이콘을 클릭하여 잠급니다.

TIP ·······································
[트랙 잠금 켜기/끄기] 아이콘은 그 트랙의 편집은 하지 않고, 다른 트랙의 편집을 편하게 할 때 편리합니다. 또한 1분 안 'frame'을 기준으로 영상 편집을 하겠다는 의미입니다.

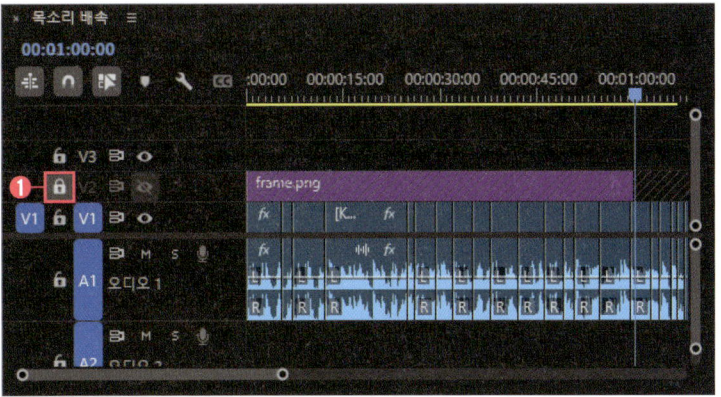

02 2차 시간 편집 : 1분 미만으로 줄이기   [속도/지속 시간] + [오디오 피치 유지]

01 영상의 길이를 1분 미만으로 줄이기 위해 영상 클립을 모두 선택한 상태에서 마우스 오른쪽 버튼을 클릭한 후 [속도/지속 시간]을 선택합니다.

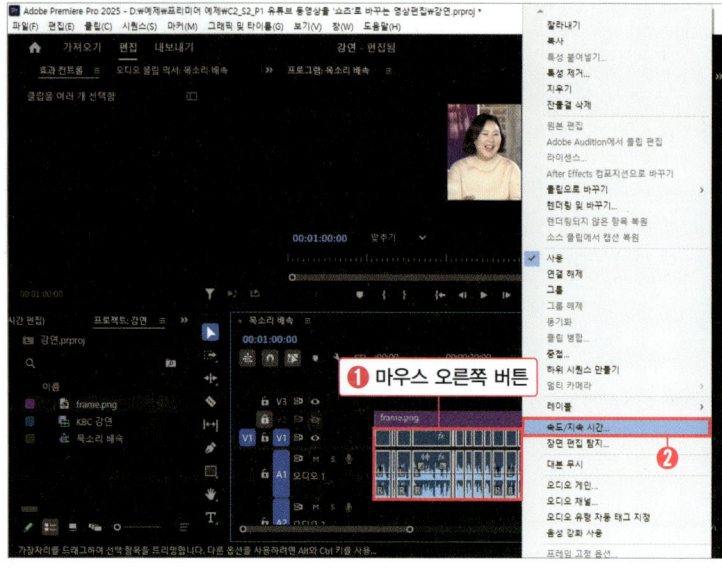

02 [클립 속도/지속 시간] 대화상자가 나타나면 [속도]를 '124%'로 설정합니다. 속도가 빨라짐에 따라 인물의 목소리가 변조되는 것을 막기 위해 [오디오 피치 유지]를 체크하고, [잔물결 편집]도 체크한 후 [확인] 버튼을 클릭합니다.

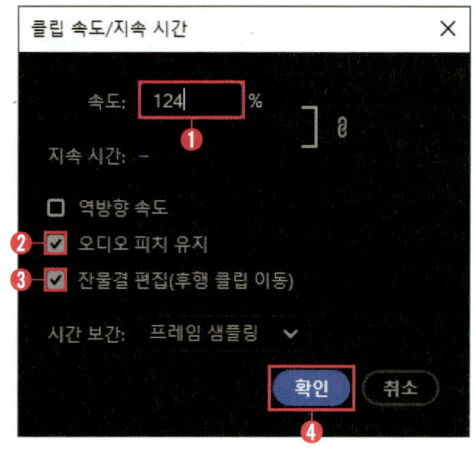

TIP
- [오디오 피치 유지(Maintain Audio Pitch)] : 영상 클립의 속도를 조절하면 오디오의 높낮이가 변형되어 음성이 변조되어 어색해지는데, 이것을 체크하면 오디오를 기존 음성으로 최대한 유지할 수 있습니다.
- [속도]와 [지속 시간]은 항상 연결되어 있어야 합니다. 사슬 모양의 아이콘이 해제되지 않도록 유의합니다.

03 [타임라인] 패널에 다음과 같이 클립이 짧아진 것을 확인합니다.

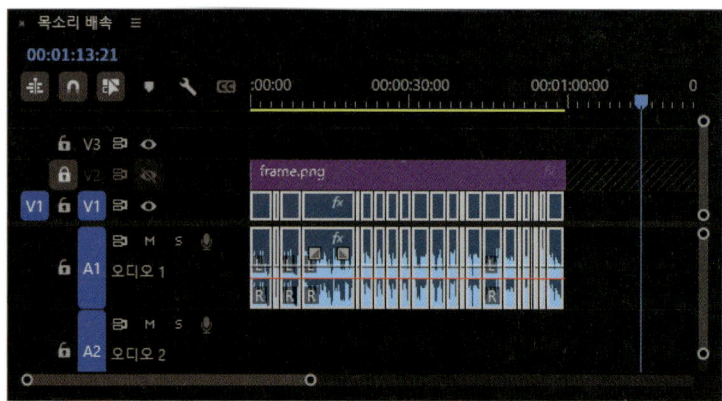

| 03 | 3차 미세조정 : 클립과 클립 사이의 '튀는 1프레임' 바로잡기 |

01 영상을 재생하여 최종 결과를 확인하면 클립과 클립 사이에서 '튀는 1프레임' 현상이 종종 발견됩니다. 그 원인은 이미 가공된 영상을 자를 때 이전 화면 영상의 미세한 프레임이 남았을 수 있기 때문입니다.

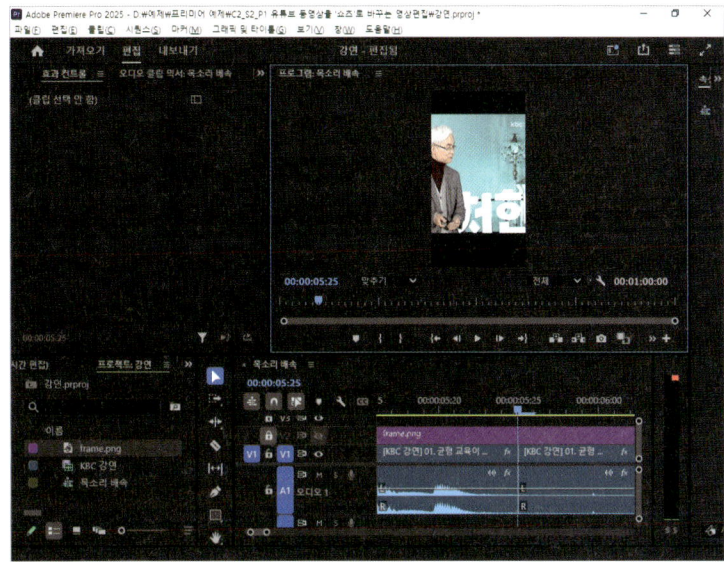

02 이와 같은 경우에는 '튀는 1프레임'이 발견된 지점(00:00:05:25)을 찾아서 다음과 같이 문제가 되는 1 프레임을 잘라서 삭제합니다. [잔물결 삭제]로 클립을 이어줍니다.

TIP
1 프레임을 이동할 때는 마우스보다 키보드의 방향키 → 또는 ←를 눌러서 이동하는 게 편리합니다.

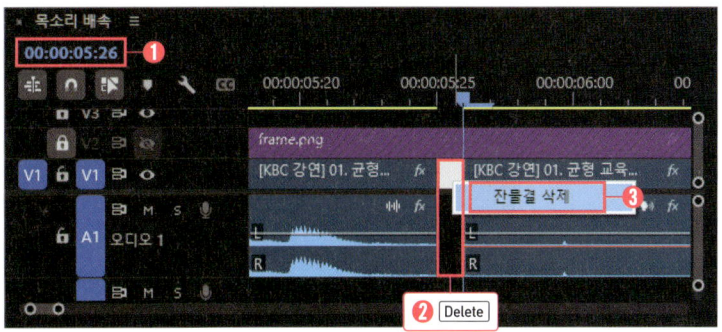

03 마지막으로 [V2] 트랙의 잠금을 해제하고 편집을 위해 잠시 꺼둔 눈 모양의 [트랙 출력 켜기/끄기] 아이콘을 클릭하여 활성화합니다. 프레임이 줄어든 만큼 'frame.png' 이미지 클립의 [Out 점]도 줄여서 미세조정을 마무리합니다.

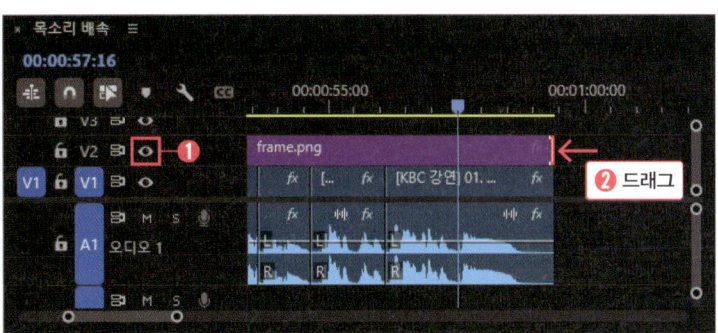

SECTION 2

유튜브 쇼츠의 시간 활용법
❷ '타임랩스' 속도의 기승전결 활용법

핵심 내용

영상 편집의 핵심은 스토리입니다. 스토리는 '내용적 스토리'와 '형식적 스토리'로 나눌 수 있습니다. 형식적 스토리란 개수, 부피, 속도 등의 외적 변화를 뜻합니다. 1분 쇼츠에서도 이러한 변화를 통해 기승전결을 표현할 수 있습니다. 이를 위해서는 하나의 시퀀스를 4개(기-승-전-결) 혹은 5개(발단-전개-위기-절정-결말) 씬으로 나누어야 합니다. 본 예제에서는 하나의 시퀀스를 4개의 씬으로 나누고, 점점 더 빠르게 고조되다가 잔잔하게 마무리되는 속도의 기승전결 활용법을 소개합니다.

*타임랩스(Time-Lapse)란 현실 속도보다 더 빠르게 재생한 영상 기법을 말합니다.

핵심 기능

[속도/지속 시간] 빠르게(기) → 더 빠르게(승) → 더더 빠르게(전)
[속도/지속 시간] 더더더 빠르게(전) → 천천히 마무리(결) + 뒤로 재생(일몰을 일출로)

미리 보기 김경수 교수의 유튜브 쇼츠, Seoul Night View

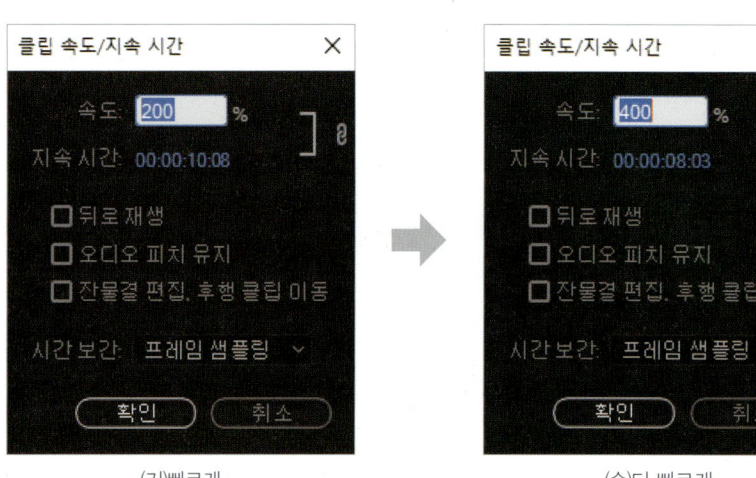

(기)빠르게   (승)더 빠르게

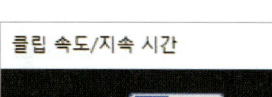

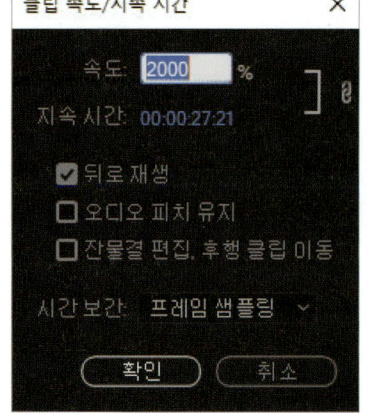

(전)더더더 빠르게

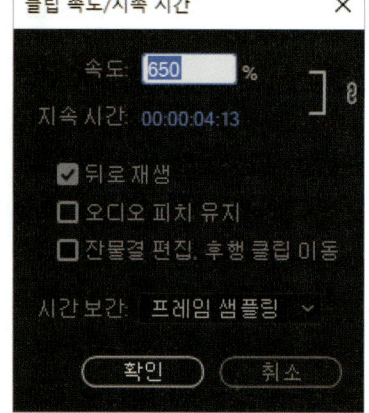

(결)천천히 마무리

01 하이퍼랩스 : 기승전(결) 나누기   [속도/지속 시간]

● **준비 파일** : C2 > S2 > P2 > 서울 야경 원본.mp4, 서울 일몰 원본.mp4, Seoul Night View.png, BGM_황혼_정선호.mp3
● **완성 파일** : C2 > S2 > P2 > 완성 파일 폴더

01 새 프로젝트를 실행하고 '서울 야경 원본.mp4'와 '서울 일몰 원본.mp4' 파일을 [프로젝트] 패널로 불러옵니다.

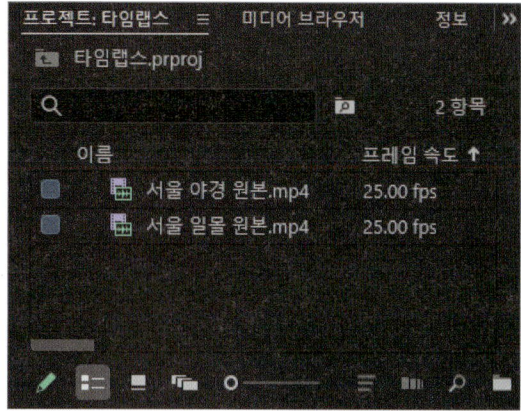

02 '서울 야경 원본.mp4' 영상 클립을 [타임라인] 패널로 드래그하여 시퀀스를 생성합니다. 4개의 기승전결 씬으로 나누기 위해서 [자르기 도구]를 선택하고 [타임라인] 패널에서 00:00:20:17 위치의 영상 클립을 다음과 같이 자릅니다.

TIP ···
* 시퀀스(Sequence): 하나의 이야기, 씬들의 집합체
* 씬(Scene): 한 장소의 장면, 샷(Shot)들의 집합체

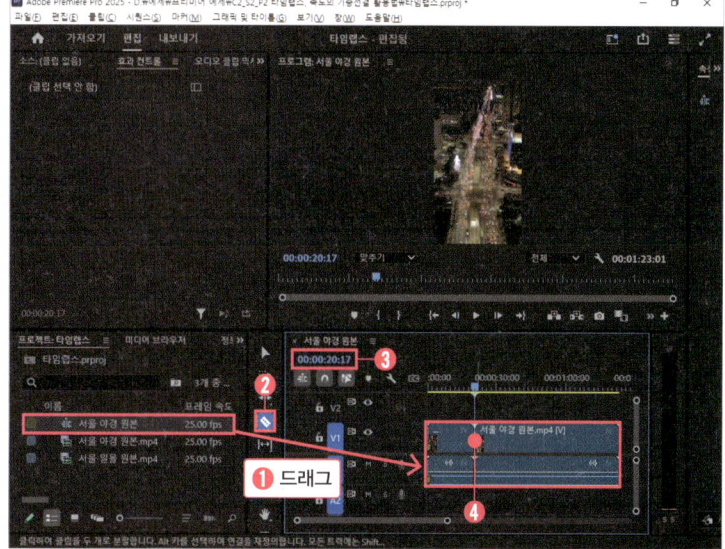

03 다음과 같이 한 번 더 잘라서 3개의 영상 클립으로 나눕니다.

- 00:00:50:14

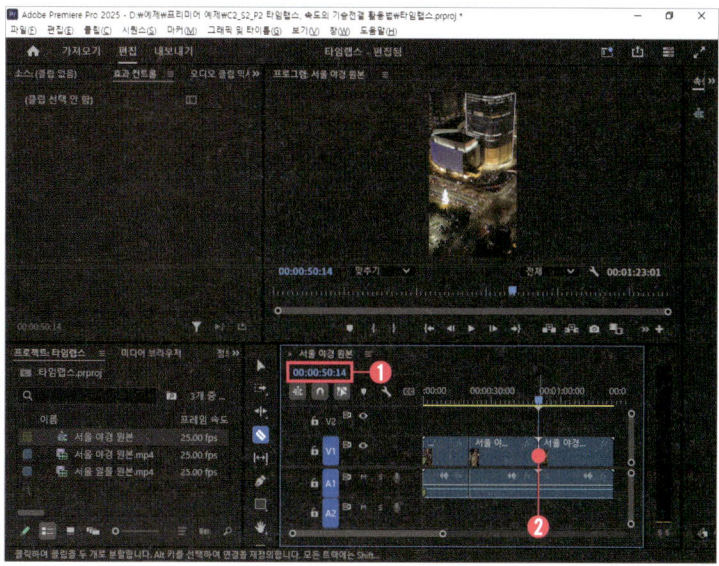

CHAPTER 02 유튜브 쇼츠 제대로 알기 | 113

04 첫 번째 영상 클립에 속도의 변화를 주기 위해서 마우스 오른쪽 버튼을 클릭한 후 [속도/지속 시간]을 선택합니다.

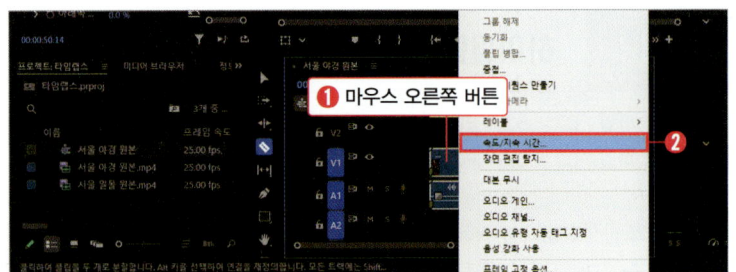

05 첫 번째 영상 클립을 2배 속도로 빠르게 하기 위해서 [속도]를 '200%'로 설정하고 [잔물결 편집]을 체크한 뒤 [확인] 버튼을 클릭합니다.

06 두 번째 영상 클립은 3배 속도로 빠르게 하기 위해서 [속도]를 '300%'로 설정합니다. 마찬가지로 [잔물결 편집]에 체크합니다.

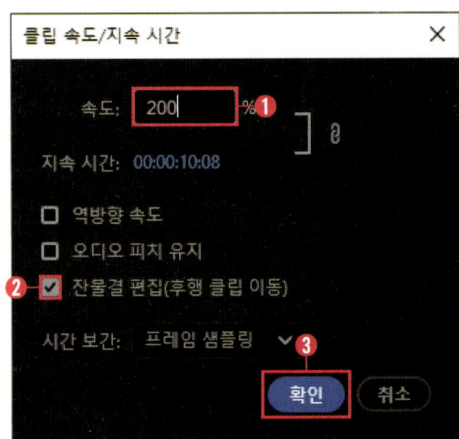

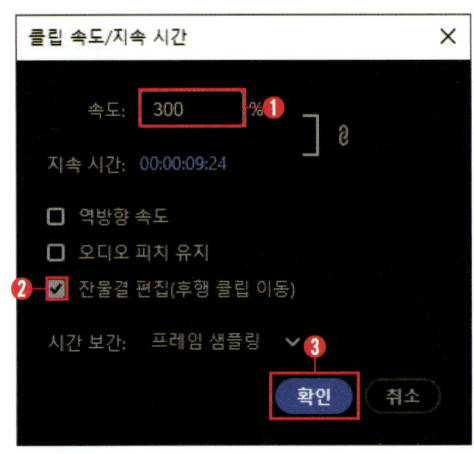

07 세 번째 영상 클립은 4배 속도로 빠르게 하기 위해서 [속도]를 '400%'로 설정하고 [잔물결 편집]에 체크합니다.

08 [프로그램 모니터] 패널에서 플레이 버튼을 클릭하여 1차 편집한 '하이퍼랩스' 영상을 확인합니다.

TIP

'타임랩스(Time-Lapse)'와 '하이퍼랩스(Hyper-Lapse)' : 모두 영상을 현실 속도보다 더 빠르게 재생한 영상 기법이라는 점에서 유사합니다. 일반적으로 카메라가 고정되어 있으면 '타임랩스(Time-Lapse)', 카메라가 이동하면 '하이퍼랩스'라고 합니다. 이 외에도 카메라의 움직임에 따라 다양한 용어들이 있습니다.

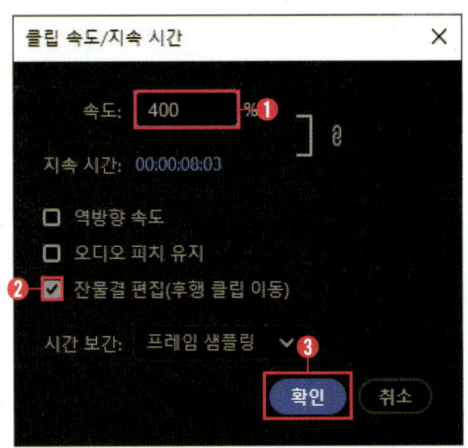

02 타임랩스 : 일출을 일몰로 바꾸고 기승전결 마무리하기

[뒤로 재생]

01 기승전결의 결말 부분을 편집하기 위해 [프로젝트] 패널의 '서울 일몰 원본.mp4' 영상 클립을 [타임라인] 패널로 드래그합니다. 이처럼 타임이 긴 클립은 축소 보기 단축키를 사용합니다.

TIP
- [축소 보기] : ⊟
- [전체 보기] : \

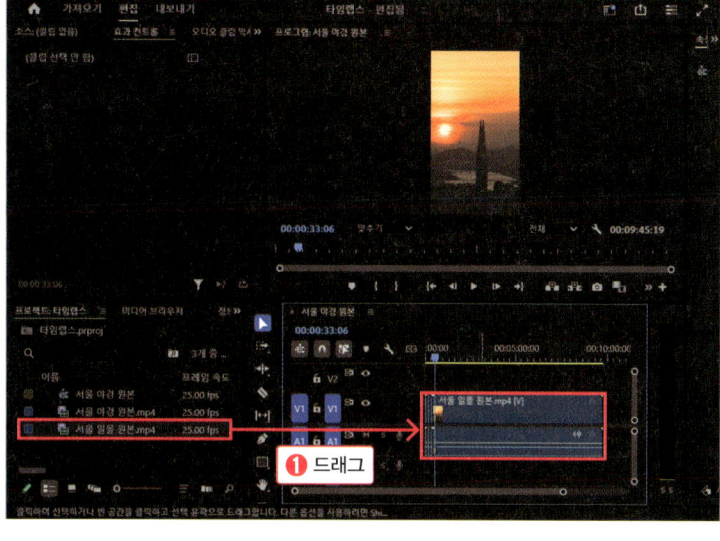

02 총 9분이 넘는 영상 클립을 1분 쇼츠로 줄이기 위해 마우스 오른쪽 버튼을 클릭한 후 [속도/지속 시간]을 클릭합니다.

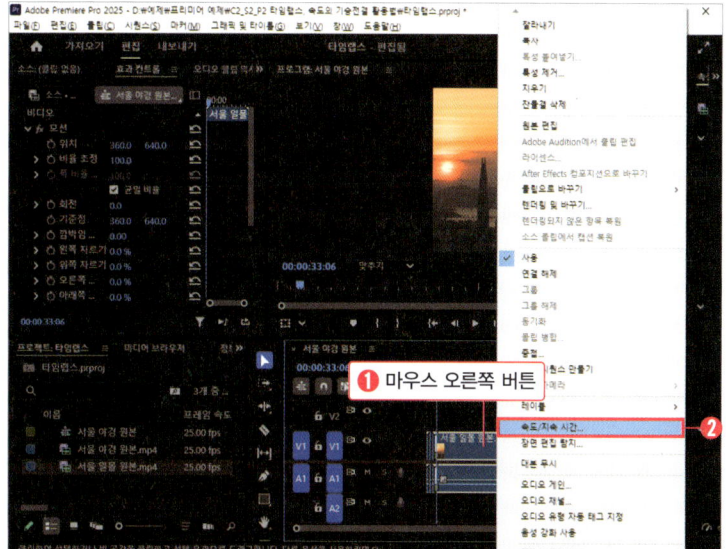

03 이 클립을 20배의 속도로 빠르게 바꾸기 위해 [속도]를 '2000%'로 설정합니다. 일몰을 일출로 바꾸기 위해 [역방향 속도]를 체크하고 [확인]을 눌러줍니다.

TIP
[역방향 속도]는 프리미어 프로에서 자주 사용하는 기법의 하나입니다. '일몰'을 '일출'로 바꿀 수 있고, 이동의 방향이나 흐름 등을 바꿀 수 있습니다.
클립 속도를 정확하게 계산하기보다, 대략적인 속도를 짐작해 보고 편집하면서 다듬어갑니다.

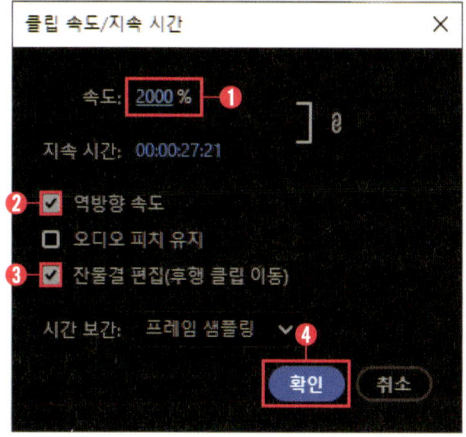

04 다음과 같이 총 1분 미만으로 줄어든 것을 확인합니다. Space Bar 를 눌러 영상을 확인합니다.

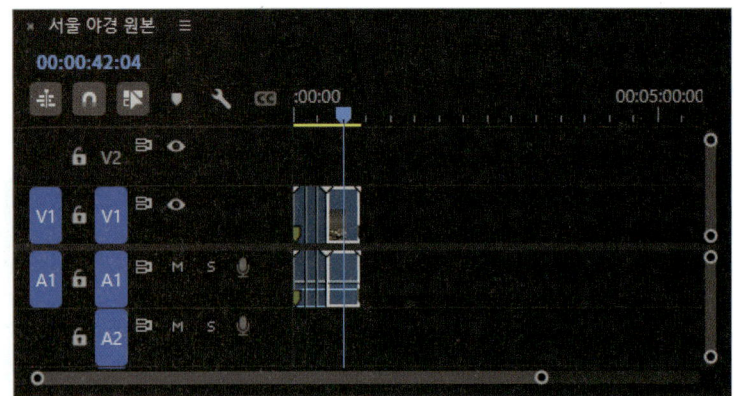

05 이번에는 영상의 전체적인 분위기와 어울리는 BGM 오디오 클립과 쇼츠 타이틀을 불러오겠습니다. 'BGM_황혼_정선호.mp3'와 'Seoul Night View.png' 파일을 [프로젝트] 패널로 불러옵니다.

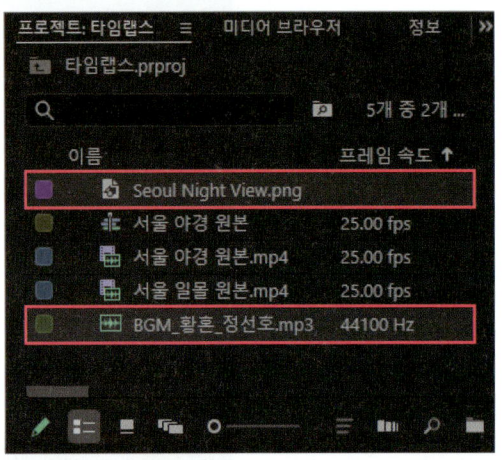

06 BGM이 1분이 조금 넘는 것을 확인합니다. BGM의 [속도/지속 시간] 대화상자에서 아래와 같이 약간의 조정을 합니다.

• [속도] : 102%

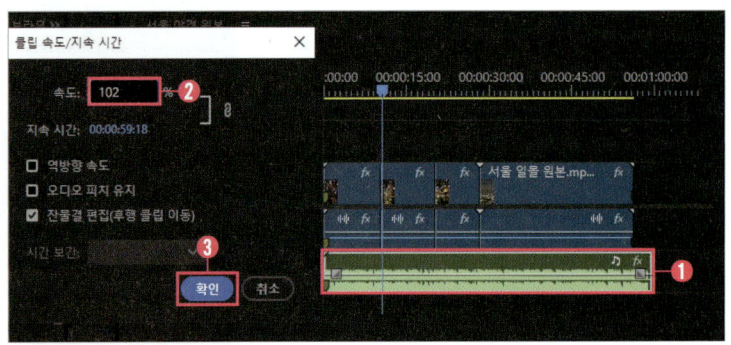

TIP
만약, 오디오 클립이 너무 길어서 잘라야 한다면 [Out 점]을 기준으로, [In 점] 쪽을 자르기를 추천합니다. 이유는 쇼츠는 '되돌이표' 무한 반복 기능이 있어서 마무리 오디오가 더 중요하기 때문입니다.

07 기승전결의 결말 부분을 차분하게 마무리하기 위해서 해가 뜨는 일출 부분(00:00:54:00)을 [자르기 도구]를 활용하여 다음과 같이 자르고 뒷부분을 [속도/지속 시간]으로 다음과 같이 느리게 수정합니다.

• [속도] : 900%

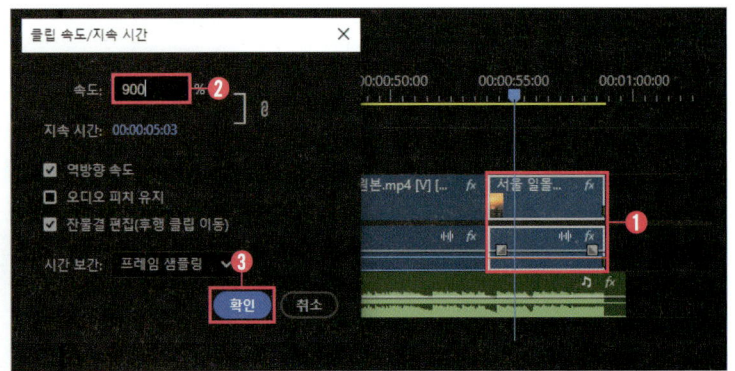

TIP
마지막 작업일수록 전체 영상을 자주 확인하면서 섬세한 마무리를 추천합니다. 특히 쇼츠의 끝부분에서 차분한 마무리가 중요합니다.

08 오디오 클립의 [Out 점]을 영상 클립의 [Out 점]과 일치시킵니다. 그리고 끝부분을 자연스럽게 Fade Out하기 위해서 영상 클립에 [효과] 패널의 [비디오 전환] > [디졸브] > [검정으로 물들이기]를 적용합니다.

TIP
[효과] 패널은 좌측 하단의 [프로젝트] 패널 우측 끝 [>>] 아이콘을 클릭하면 보입니다.

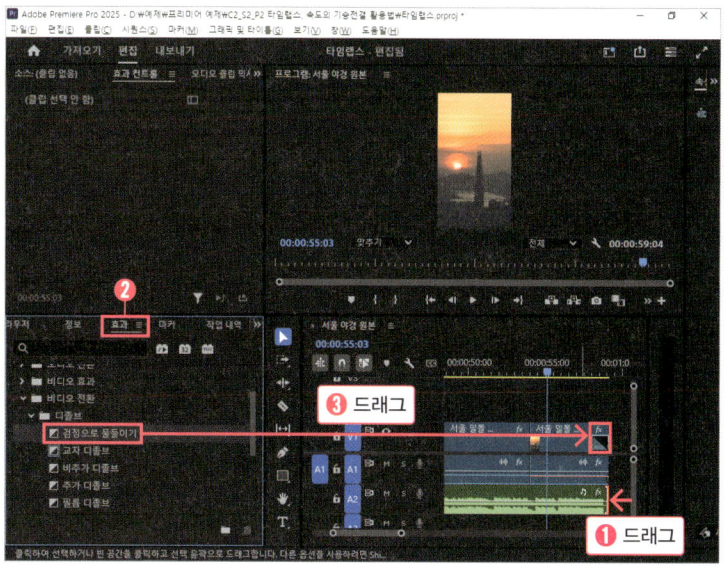

09 마지막으로 쇼츠의 타이틀 클립을 [V2] 트랙에 넣고 [Out 점]을 영상 클립과 동일하게 맞춥니다. 영상을 재생하여 쇼츠 전체를 최종 확인합니다.

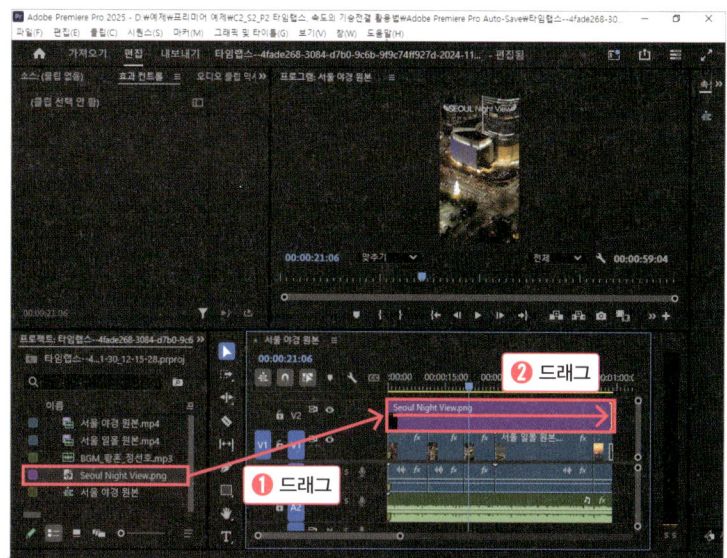

10 좌측 상단의 [내보내기]를 클릭하고, 다음과 같이 [파일 이름]과 [위치] 등을 설정하고, [포맷]을 'H.264'로 내보내기합니다.

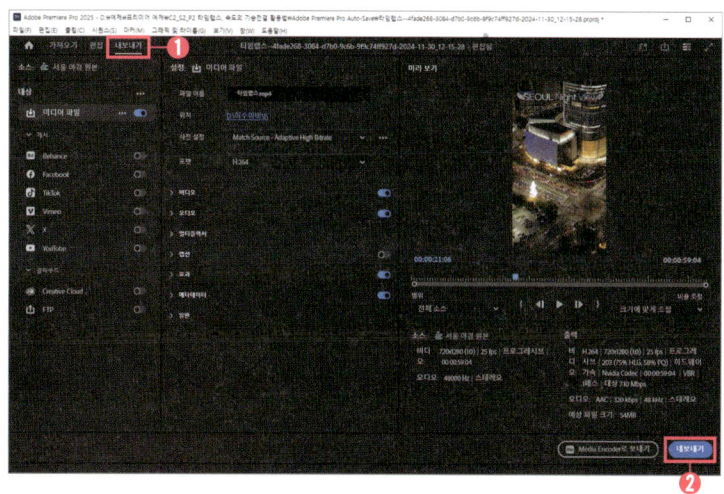

SECTION 2

유튜브 쇼츠의 시간 활용법
❸ '슬로우모션' 극적 장면 활용법

핵심 내용

영화 <매트릭스>의 명장면이나 총탄, 화살이 느리게 날아가는 장면, CM <서울우유>의 왕관 효과나 <노무현의 눈물> 등 감동 장면의 공통점은 '슬로우모션'입니다. 이 기법의 특징은 특정 장면(Scene)에서 극적인 효과를 주는 힘을 가지고 있다는 것입니다. 단순한 '속도 % 조절'이 아니라 스토리, 즉 '특정 장면 선택'이 중요합니다. 특히, 1분 쇼츠에서 슬로우모션이 더욱 효과적인 이유는 쇼츠의 '도돌이표' 무한 반복 기능 때문입니다.

핵심 기능

특정 장면(씬) 선택 → [속도/지속 시간] + [지속 가감속]

미리 보기 유튜브 쇼츠, Diving Giraffe

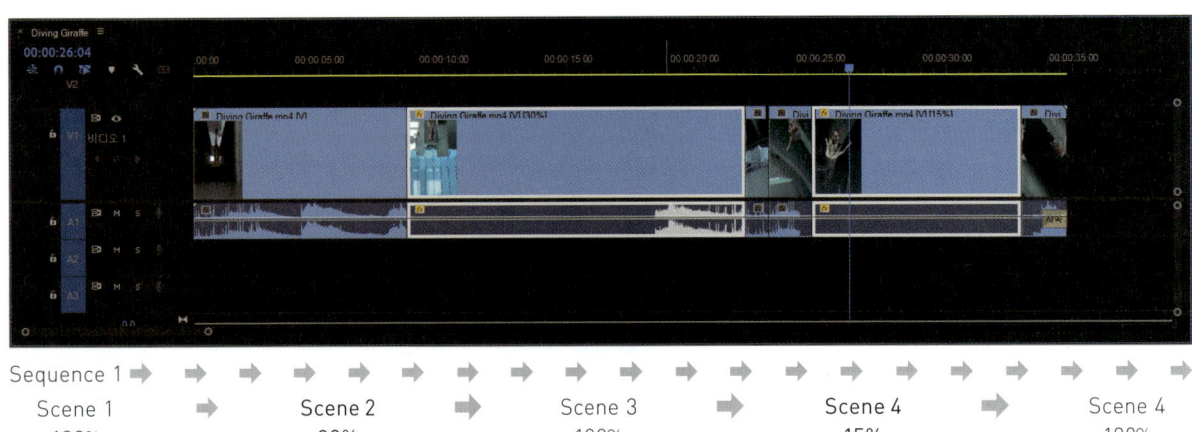

Sequence 1 ➡ ➡ ➡ ➡ ➡ ➡ ➡ ➡ ➡ ➡ ➡ ➡ ➡ ➡
Scene 1 ➡ Scene 2 ➡ Scene 3 ➡ Scene 4 ➡ Scene 4
100%   30%   100%   15%   100%

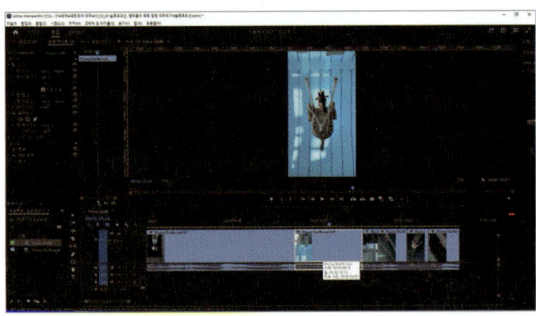

특정 장면 1(2씬) 선택

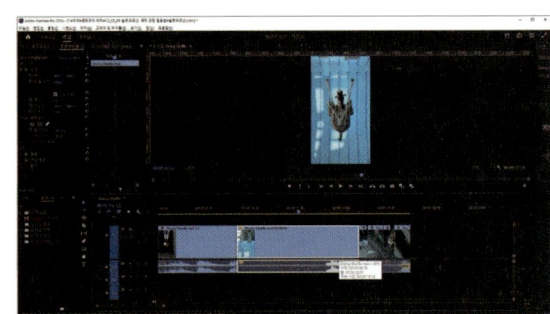

속도 30% 결과

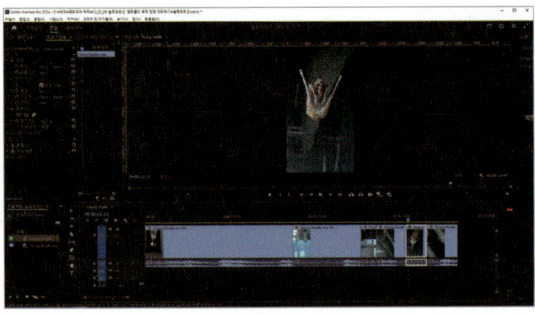

특정 장면 2(4씬) 선택

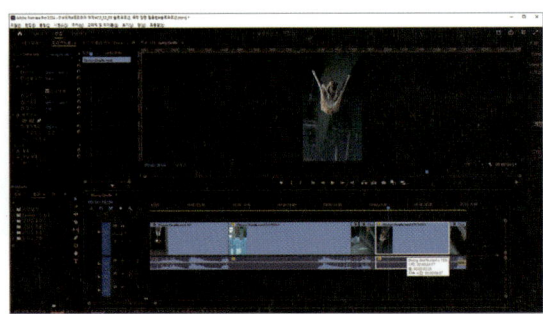

속도 15% 결과

01 슬로우모션 : 특정 장면 선택하기

[속도/지속 시간]

▶ **준비 파일** : C2 > S2 > P3 > 슬로우모션.prproj, Elvis 음악.mp3, Diving Giraffe.mp3, Diving Giraffe 프레임.png
▶ **완성 파일** : C2 > S2 > P3 > 완성 파일 폴더

01 '슬로우모션.prproj' 파일을 불러옵니다. 'Diving Giraffe.mp4' 영상 클립을 [프로젝트] 패널로 드래그하여 새 시퀀스를 생성합니다.

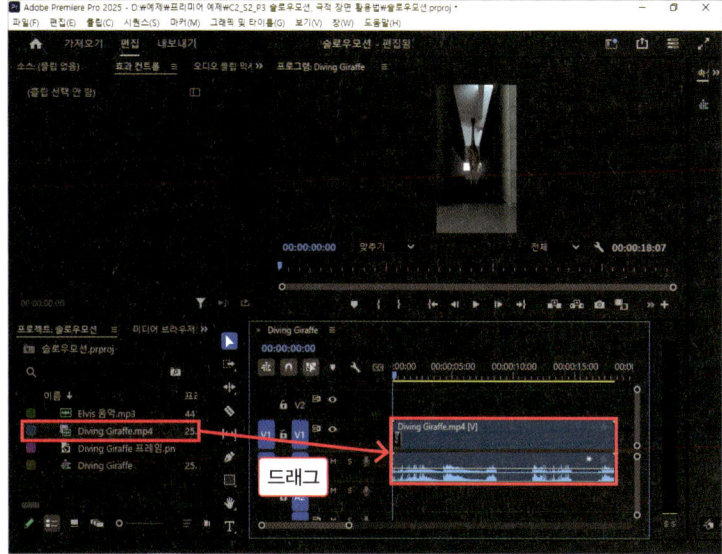

02 특정 장면에 슬로우모션을 주기 위해서 [자르기 도구]를 선택하고, [타임라인] 패널의 영상 클립에서 아래와 같이 씬이 변하는 지점을 찾아서 5개의 씬(클립)으로 나눕니다.

- 00:00:08:15
- 00:00:12:16
- 00:00:15:06
- 00:00:16:12

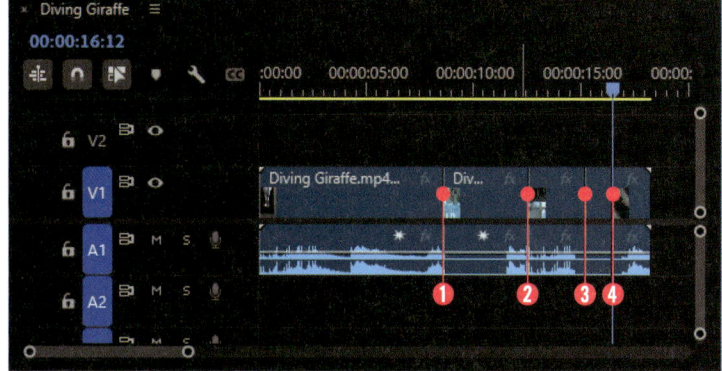

TIP
씬(Scene)은 한 장소의 장면입니다. 여러 개의 씬이 모여서 하나의 시퀀스(Sequence; 하나의 이야기)가 됩니다.

03 5개의 씬(클립) 중에서 두 번째 영상 클립에 슬로우모션을 적용하기 위해 두 번째 영상 클립을 마우스 오른쪽 버튼으로 클릭한 후 [속도/지속 시간]을 선택합니다.

TIP
슬로우모션을 적용할 '특정 장면 선택'의 기준은 편집자가 의도하는 가장 아름다운, 가장 의미 있는, 또는 극적인 장면입니다.

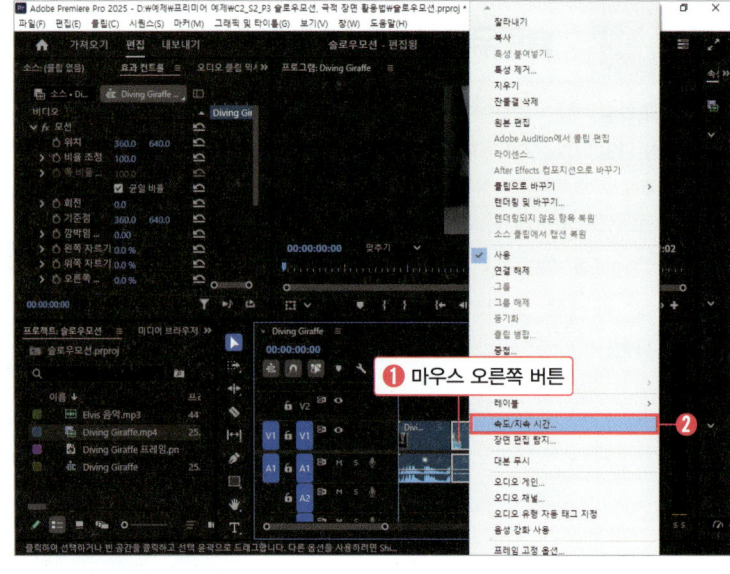

04 [속도/지속 시간] 대화상자가 나타나면 [속도]를 '30%'로 설정하고 [잔물결 편집]을 체크한 후 [확인] 버튼을 클릭합니다.

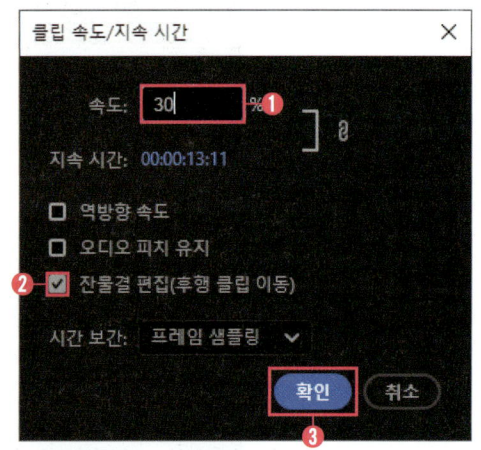

05 이번에는 슬로우모션을 적용할 다른 특정 장면(네 번째 씬)을 선택합니다. 슬로우모션을 적용하기 위해 영상 클립을 마우스 오른쪽 버튼으로 클릭한 후 [속도/지속 시간]을 선택합니다.

06 [속도]를 '15%'로 설정하고 [잔물결 편집]을 체크한 후 [확인] 버튼을 클릭합니다.

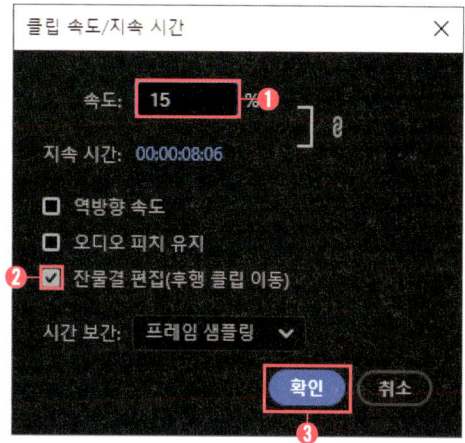

07 영상을 재생하여 이어 붙인 영상 클립과 전체 타임을 확인합니다.

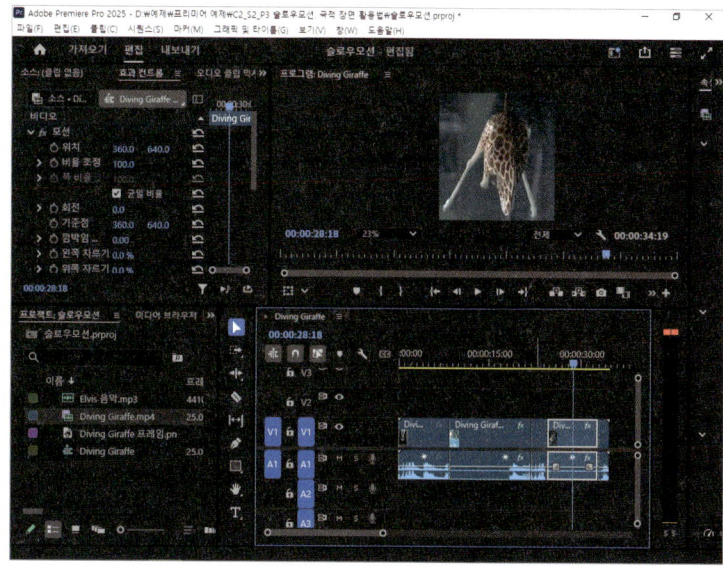

02 BGM/타이틀 넣고 마무리하기

[오디오 전환] > [지속 가감속]

01 [타임라인] 패널에 분위기와 어울리는 'Elvis 음악.mp3' 오디오 클립을 [A2] 트랙으로 가져옵니다. [V1] 트랙의 모든 영상 클립을 선택하고 오디오 클립의 [Out 점]으로 옮깁니다.

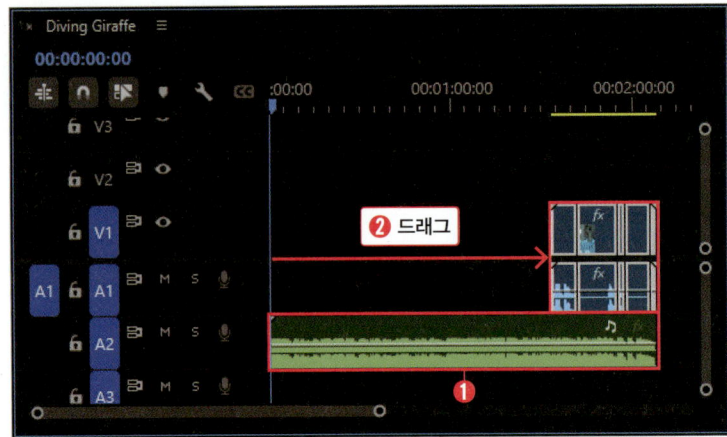

02 오디오 클립의 [In 점]을 드래그하여 영상 클립의 [In 점]과 동일하게 맞추고 빈 곳을 마우스 오른쪽 버튼으로 클릭한 후 [잔물결 삭제]를 선택합니다.

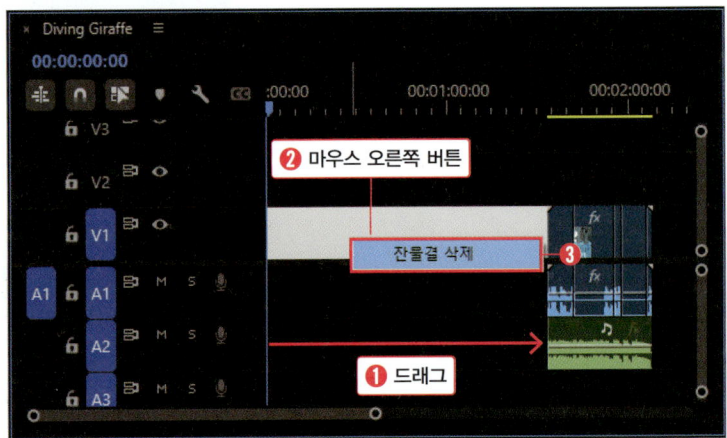

03 마지막으로 '타이틀' 클립을 다음과 같이 [V2] 트랙에 넣고 길이를 늘려 다른 클립과 동일하게 맞춥니다.

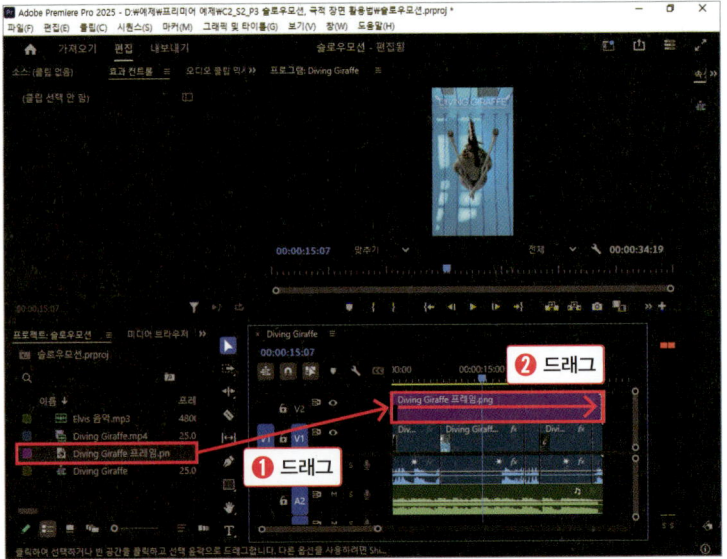

04 [내보내기]를 클릭하고 [파일 이름], [위치] 등을 설정하여 최종 결과를 확인합니다.

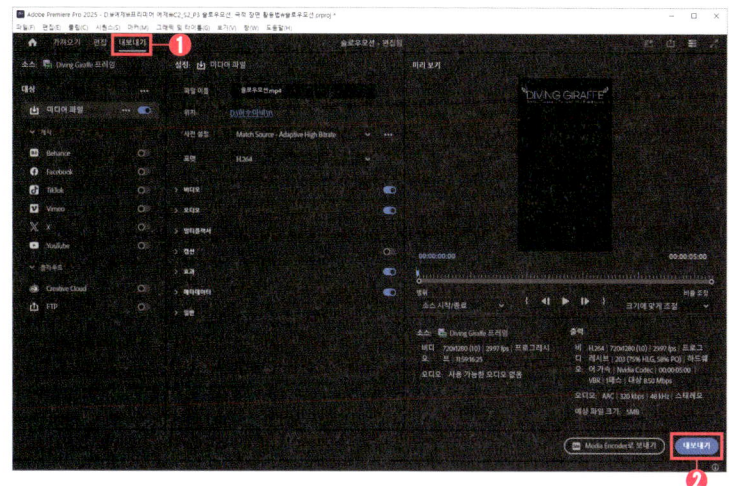

CHAPTER

03

영상 편집 기본 테크닉

영상 편집의 기본 테크닉은 크게 영상의 '화질 개선', '화면전환' 등이 있습니다.
화질 개선은 '흐릿한 인물을 선명하게 보정'하거나 '특정 부분의 색상을 교체하고
배경을 회색으로 교체하기' 또는, '어두운 야경을 밝게 보정' 등이 있습니다.
화면전환은 트렌지션(Transition)이라고도 하는데
'디졸브'와 '밀기', '휩' 등의 수많은 효과가 있습니다.
이러한 영상을 중심으로 하는 테크닉 이외에 '사운드 편집'과
'영상 다운로드를 활용한 특수 효과' 등 다른 영역의 기본 테크닉도 있습니다.

SECTION 01 화질 개선 및 보정
❶ 흐릿한 인물 선명하게 보정하기
❷ 피사체 칼라 및 회색 배경 교체
❸ 어두운 야경을 밝게 보정하기

SECTION 02 화면전환(트렌지션) 효과
❶ 디졸브 하나로 영상 완성하기
❷ 자주 사용하는 화면전환 효과화 효과음
❸ 자주 사용하는 줌인/줌아웃 효과

SECTION 03 화면 분할
❶ 화면 좌우 분할
❷ 화면 상하 분할
❸ 내레이션 원형 분할
❹ 다분할과 모션 테크닉

SECTION 04 사운드 편집의 핵심
❶ AI로 현장음 노이즈 제거 및 볼륨 조정
❷ 오디오 볼륨 일괄 조정
❸ 에코 효과 적용하기

SECTION 05 영상 다운로드를 활용한 특수 효과
❶ 눈 특수 효과
❷ 비 특수 효과

SECTION 1

화질 개선 및 보정
❶ 흐릿한 인물을 선명하게 보정하기

핵심 내용
영상 촬영 후 결과물을 보고 걱정하는 과정을 누구나 경험합니다. 특히, 실내 촬영이나 조명이 약한 곳에서 그러한 경우가 자주 발생합니다. 프리미어 프로에서는 이러한 이미지를 개선하는 방법들이 다양합니다. 본 예제에서는 RGB 곡선과 Lumetri 색상의 HSL 보조 기능을 사용하여 선명한 보정을 하는 방법에 대해 안내합니다.

핵심 기능
[효과] > [RGB 곡선]
[Lumetri 색상] > [HSL 보조]

미리 보기 유튜브 강연. 나주 동신대 상상포럼 강연

원본

인물 보정 결과 [Lumetri 색상] + [RGB 곡선]

01 흐릿한 인물을 선명하게 수정

[효과] > [RGB 곡선]

▶ **준비 파일** : C3 > S1 > P1 > 인물 보정.prproj, 강연 영상.mp4   ▶ **완성 파일** : C3 > S1 > P1 > 완성 파일 폴더

01 '인물 보정.prproj' 파일을 불러온 후 [창] > [효과] 메뉴를 클릭하여 [효과] 패널을 엽니다.

TIP ········
좌측 하단 패널에서 직접 선택하거나 [>>] 아이콘을 클릭해 [효과] 패널을 열 수도 있습니다.

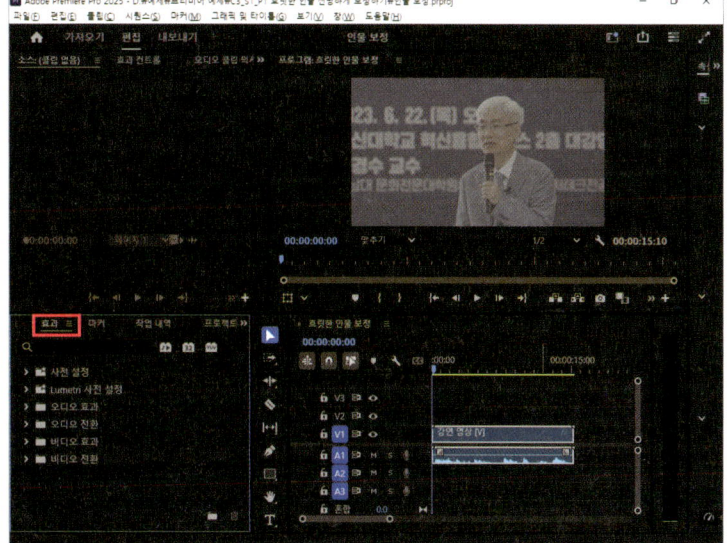

02 [효과] 패널에서 [비디오 효과] > [색상 교정] > [Lumetri 색상]을 찾아 더블클릭하거나, 드래그하여 '강연 영상.mp4' 영상 클립에 붙여넣습니다.

TIP ········
만약 [RGB 곡선]이 보이지 않는다면 [효과] > [비디오 효과] > [Lumetri 색상] > [곡선] > [RGB 곡선]을 사용해도 됩니다.

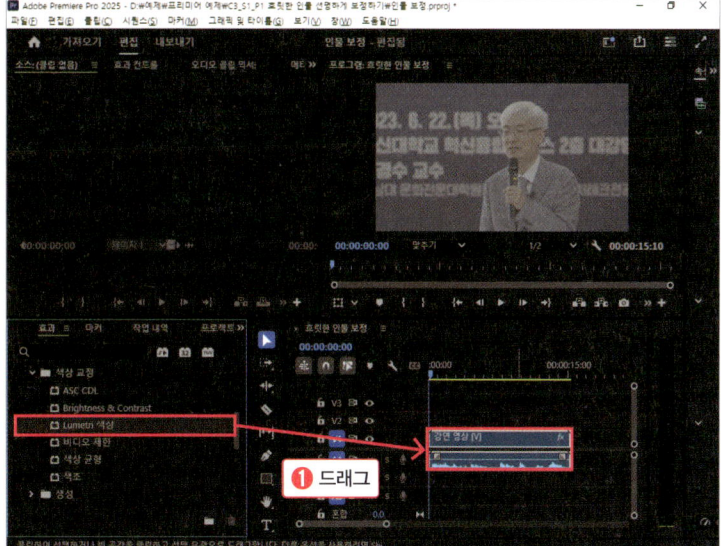

03 '강연 영상.mp4' 영상 클립이 선택된 상태에서 [효과 컨트롤] 패널을 열고 [Lumetri 색상] > [곡선]의 세부 옵션을 펼칩니다. [RGB 곡선] 아래에 있는 그래프의 흰색 선을 클릭하여 조절점을 생성하고 드래그하여 다음과 같은 위치로 옮깁니다. [프로그램 모니터] 패널에서 영상이 밝아진 것을 확인합니다.

TIP ....
[RGB 곡선]으로 영상의 색상과 밝기를 조절할 수 있습니다.

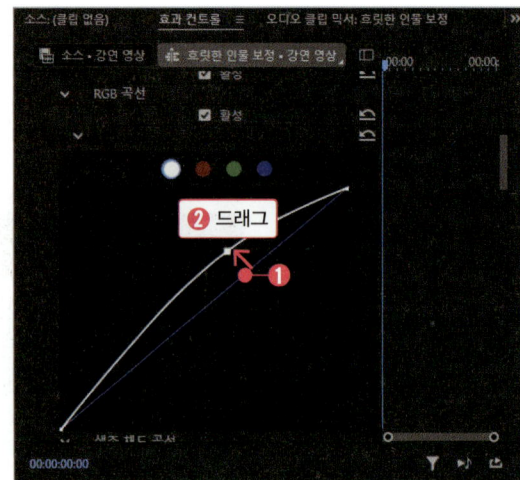

04 그래프의 흰색 선 아래쪽을 한 번 더 클릭하여 조절점을 하나 더 추가합니다. 새로 추가한 조절점과 기존 조절점을 드래그하며 다음과 같은 위치로 옮깁니다. 영상이 더 선명해진 것을 확인합니다.

TIP ....
선에 조절점을 추가하여 섬세한 편집이 가능합니다.

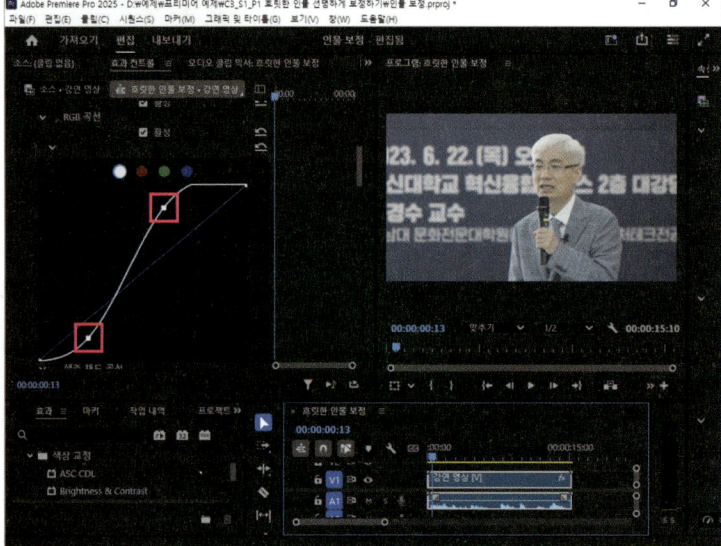

02 얼굴 색 보정

[Lumetri 색상] > [HSL 보조]

01 '강연 영상.mp4' 영상 클립에 효과를 씌우기 위해 [프로젝트] 패널에서 [새 항목] > [조정 레이어]를 클릭합니다.

TIP 조정 레이어는 쉽게 말해 투명한 레이어입니다. 조정 레이어에 효과를 적용하면 조정 레이어 아래에 있는 트랙의 모든 영상에 효과가 적용됩니다.

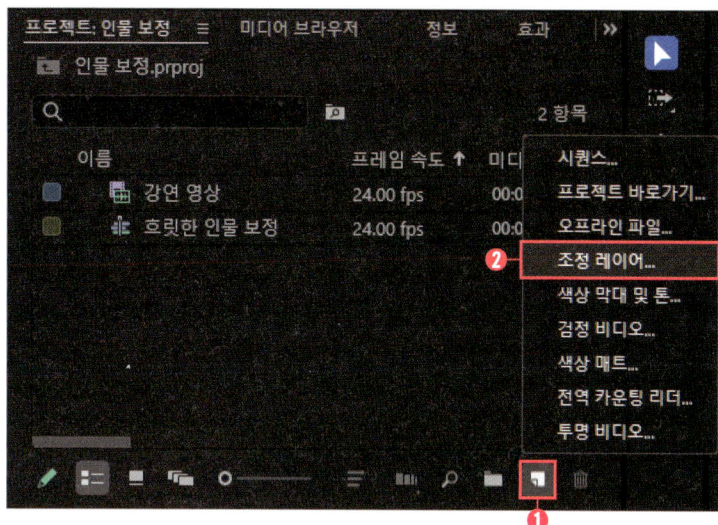

02 [조정 레이어] 대화상자가 나타나면 기본 설정 그대로 [확인] 버튼을 클릭합니다. [프로젝트] 패널에 분홍색의 조정 레이어가 생긴 것을 확인할 수 있습니다.

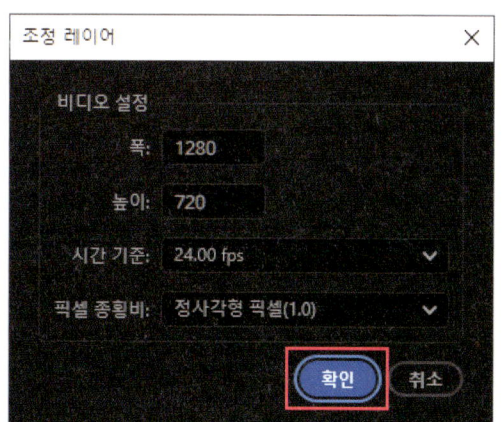

03 [프로젝트] 패널에 있는 '조정 레이어' 클립을 [타임라인] 패널로 옮긴 후 [Out 점]을 조절하여 '강연 영상.mp4' 영상 클립의 길이와 같도록 편집합니다.

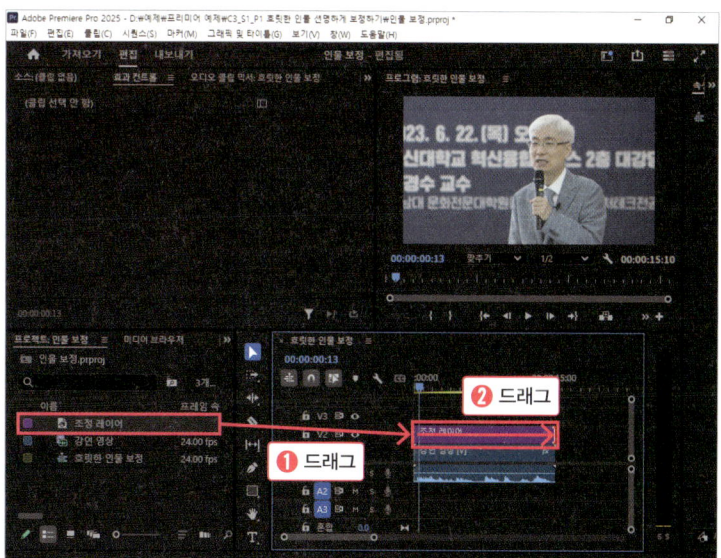

CHAPTER 03 영상 편집 기본 테크닉 | 129

04 이제 조정 레이어에 [Lumetri 색상] 효과를 적용하기 위해 [창] > [Lumetri 색상] 메뉴를 클릭하여 [Lumetri 색상] 패널을 불러옵니다.

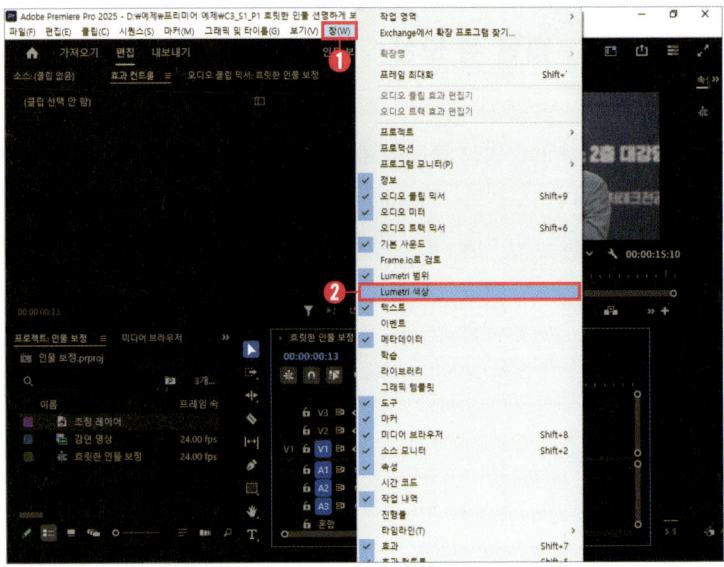

05 화면 오른쪽에 [Lumetri 색상] 패널이 나타나면 전체적인 패널 크기를 보기 편하게 조절하고 조정 레이어가 선택된 상태에서 [HSL 보조]를 열어줍니다.

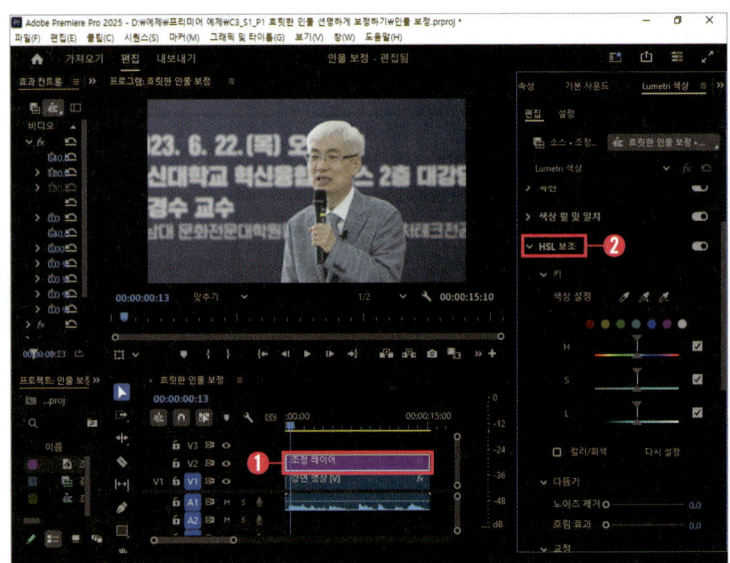

06 [HSL 보조]의 옵션에 스포이트 3개가 나란히 있습니다. 그중에 첫 번째 스포이트를 선택하고 얼굴을 클릭하여 기본 색을 설정합니다.

TIP
왼쪽부터 첫 번째 스포이트는 '기본 색 설정', 두 번째 스포이트는 '색 추가', 세 번째 스포이트는 '색 제거' 기능을 가지고 있습니다.

07 [HSL 보조] > [컬러/회색]을 체크하여 활성화하고 오른쪽에 있는 반전 아이콘을 클릭하여 회색으로 표시된 선택 영역을 확인합니다.

TIP
회색으로 표시된 부분에 [Lumetri 색상] 효과가 적용됩니다.

08 인물의 목 부분의 선택이 덜 된 것을 볼 수 있습니다. 세 개의 스포이트 중 두 번째 스포이트를 선택하고 나머지 부분을 클릭합니다. 모든 부분을 선택 영역으로 지정했다면 [컬러/회색]의 체크를 해제하고 반전 아이콘을 다시 클릭하여 비활성화합니다.

TIP
의도한 것보다 많은 영역이 선택되었다면 세 번째 스포이트를 이용하여 제외할 부분을 클릭하면 됩니다.

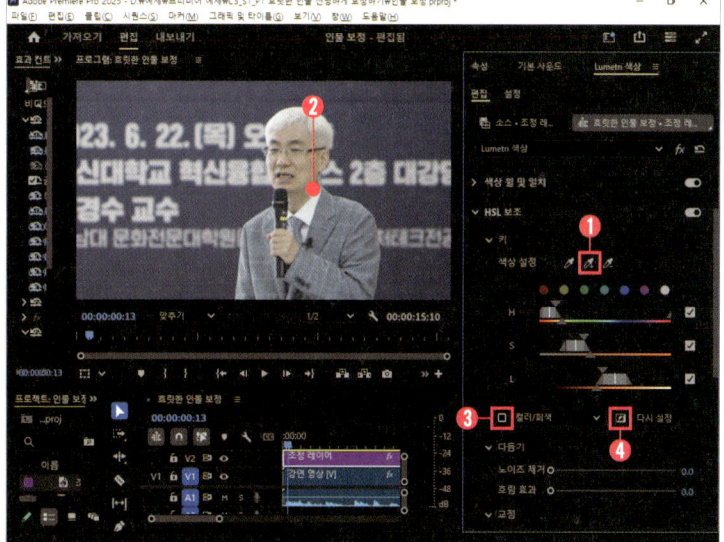

09 피부를 전부 선택 영역으로 지정했다면 [HSL 보조] 아래쪽에 있는 [교정] 옵션을 살펴보겠습니다. 색상 팔레트 왼쪽에 있는 세로 슬라이더로 얼굴 톤을 조절하고 아래에 있는 [온도], [색조], [대비], [선명], [채도] 슬라이더를 적절히 조절하여 인물을 밝고 생기 있게 수정합니다. 얼굴 선택 영역과 기존 영역과 차이가 많이 난다면 [흐림 효과]와 [노이즈 제거] 슬라이더를 조절합니다.

TIP
여러 요인으로 인해 예제와 실제 색상 간의 차이가 발생할 수 있습니다.

10 모든 편집을 끝냈다면 영상을 재생하여 결과물을 확인한 후 [내보내기]를 클릭하여 mp4 영상으로 출력합니다.

SECTION
1 화질 개선 및 보정
❷ 피사체 색상 및 회색 배경 교체

핵심 내용
특정 피사체의 색상 교체는 영상 편집의 기본입니다. 여기에 피사체와 배경을 각각 분리하여 배경을 회색으로 바꿀 수 있습니다. 이번 예제에서는 특정한 피사체의 색상을 교체하고, 배경의 채도를 낮추어서 회색 배경으로 변경하는 방법에 대해 알아봅니다.

핵심 기능
[Lumetri 색상] > [기본 교정]
[Lumetri 색상] > [곡선] > [색조 및 채도]

미리 보기 유튜브 광고, OO 슈퍼카 광고 CM

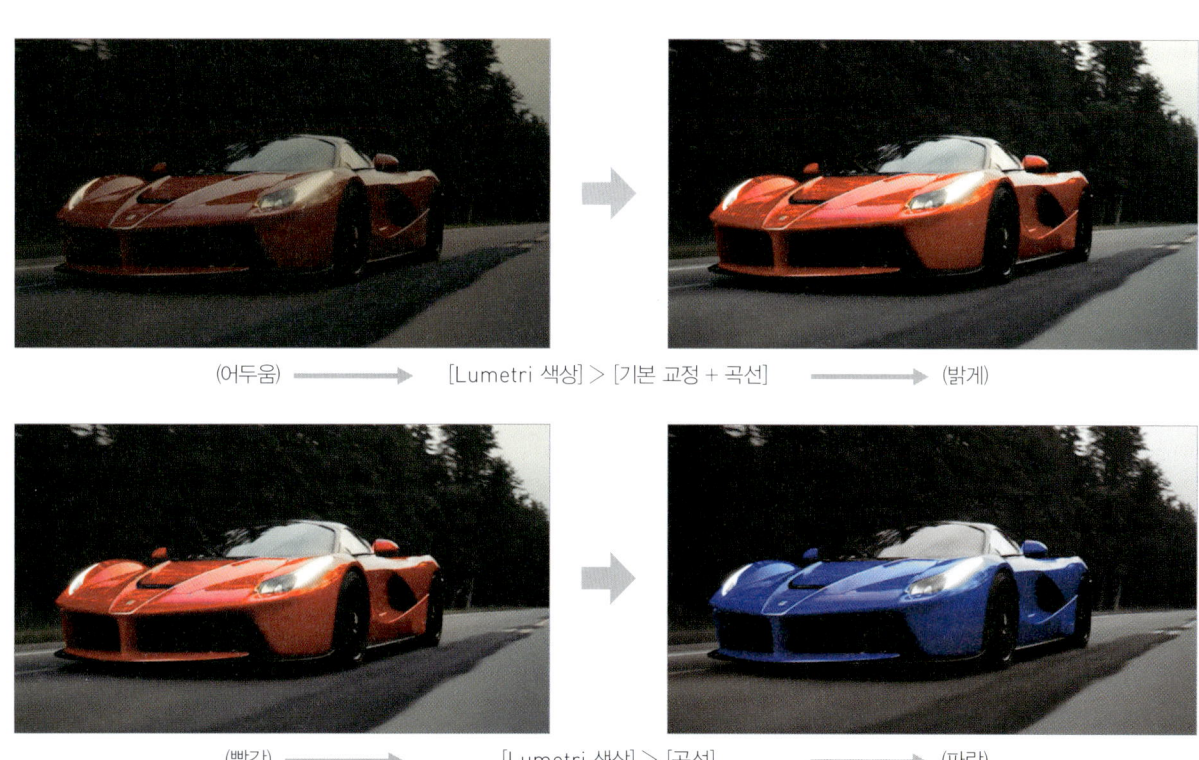

(어두움) → [Lumetri 색상] > [기본 교정 + 곡선] → (밝게)

(빨강) → [Lumetri 색상] > [곡선] → (파랑)

01 어두운 영상 밝게 보정하기

[Lumetri 색상] > [기본 교정]

▶ 준비 파일 : C3 > S1 > P2 > 색 보정.prproj, 슈퍼카.mp4   ▶ 완성 파일 : C3 > S1 > P2 > 완성 파일 폴더

01 '색 보정.prproj' 파일을 불러오면, 영상이 어둡고 채도가 낮다는 것을 알 수 있습니다. 이를 개선하기 위해 [Lumetri 색상] 기능을 활용해 보겠습니다.

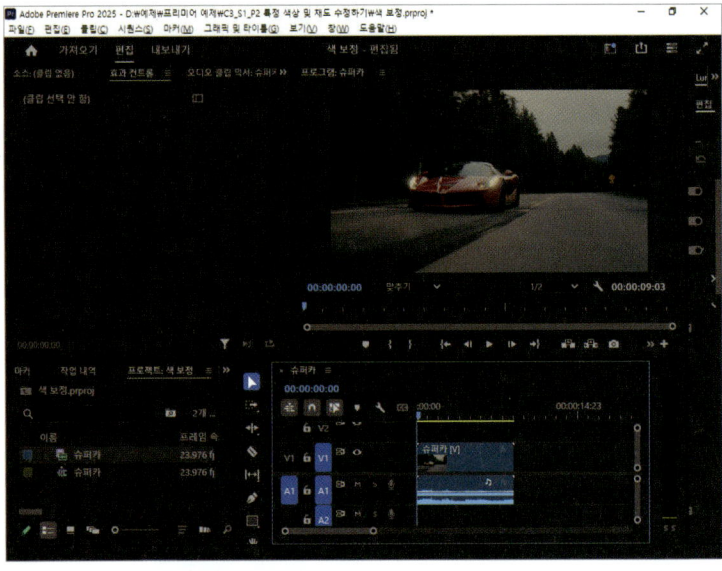

02 [창] > [Lumetri 색상] 메뉴를 클릭하여 [Lumetri 색상] 패널을 열어줍니다.

TIP
우측에 [Lumetri 색상] 패널이 나타나면 다른 패널들이 잘 보이지 않을 수 있습니다. 패널의 가장자리를 드래그하여 작업하기 편한 환경으로 만들어줍니다.

03 영상 클립이 선택된 상태로 [Lumetri 색상] 패널에서 [기본 교정]의 세부 옵션을 펼칩니다. [색상] > [채도] 슬라이더를 오른쪽으로 끝까지 드래그하여 수치가 '200'이 되도록 합니다.

TIP ····························
수치를 직접 클릭하고 값을 입력하는 방법도 있습니다.

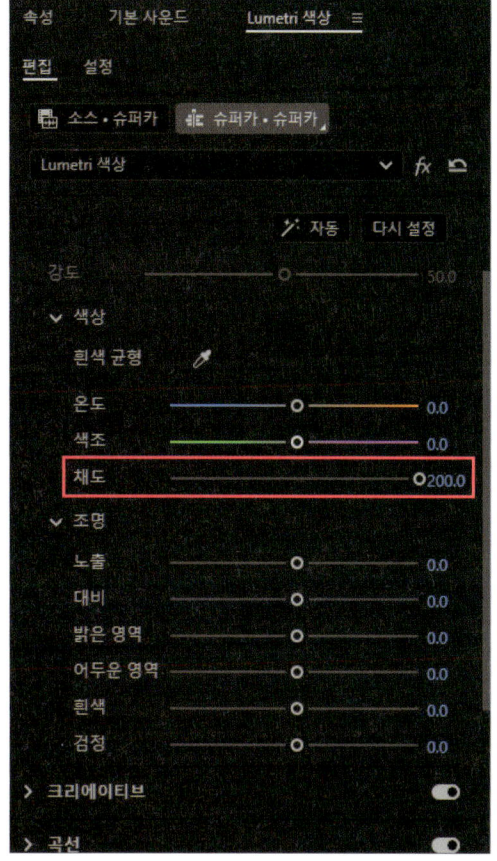

04 아직 영상이 어둡기 때문에 이를 개선하겠습니다. [기본 교정] > [조명]을 다음과 같이 설정합니다.

- [노출] : 2
- [대비] : -12
- [밝은 영역] : 1
- [어두운 영역] : -31
- [흰색] : 53
- [검정] : -7

TIP ····························
꼭 주어진 값을 따를 필요는 없습니다. [프로그램 모니터] 패널을 확인하며 슬라이더를 직접 조정하여 적절한 값을 찾는 방법도 있습니다.

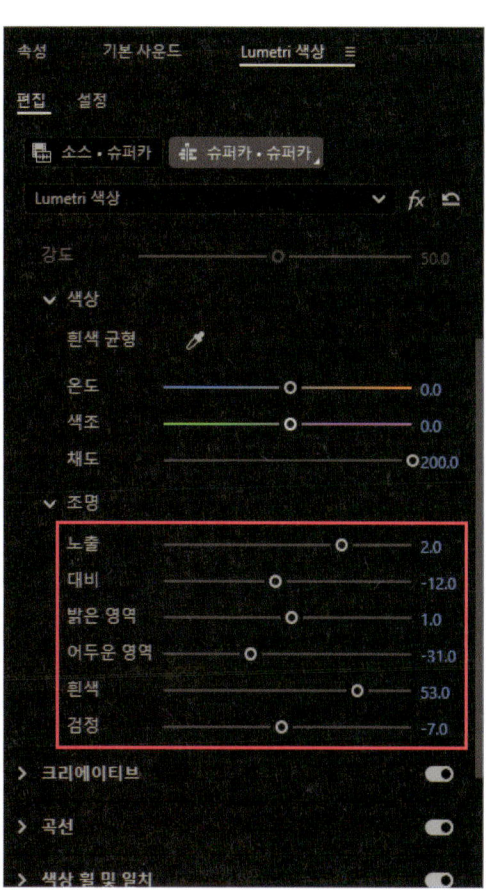

02 피사체 채도 높이고 배경 채도 낮추기

[Lumetri 색상] > [곡선]

01 [프로그램 모니터] 패널을 확인하여 어두웠던 영상이 밝아졌음을 확인합니다. 다음으로 자동차의 채도를 높이고 배경의 채도를 낮춰보겠습니다. [Lumetri 색상] > [곡선]의 세부 옵션을 펼칩니다. [곡선] > [색조 채도 곡선]을 찾습니다. 자동차의 채도만 수정하기 위해 스포이트 아이콘을 선택합니다.

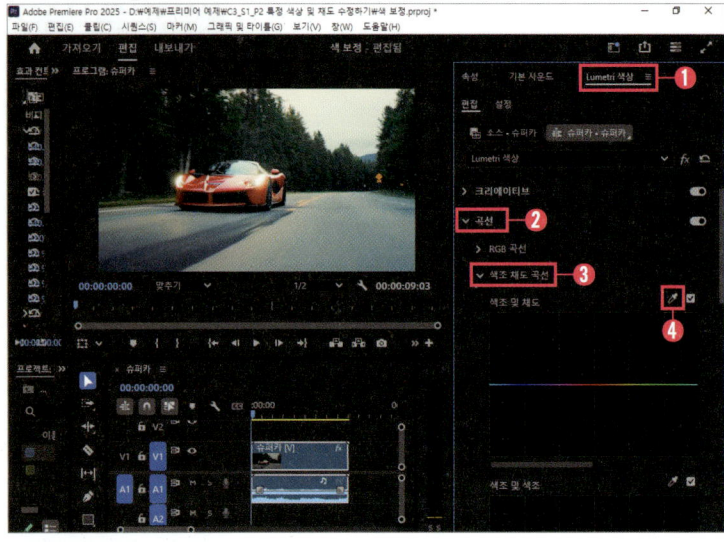

02 스포이트로 [프로그램 모니터] 패널에서 자동차의 빨간색 부분을 클릭합니다. [색조 채도 곡선]에 세 개의 점이 생긴 것을 확인할 수 있습니다. 가운데 조절점을 위로 드래그합니다. 배경의 채도를 낮추기 위해 나머지 두 개의 점은 아래로 드래그하여 그림과 같은 위치로 옮깁니다.

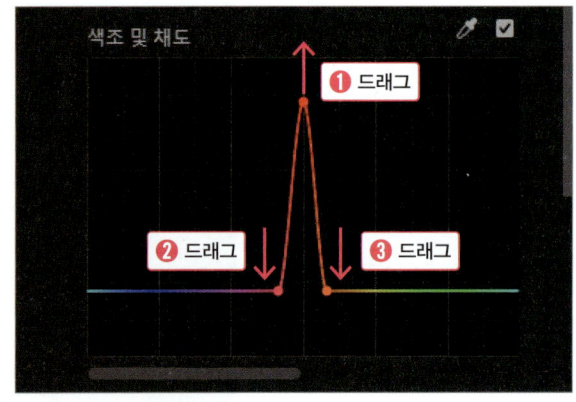

TIP ....
가운데 있는 조절점이 스포이트로 선택한 색입니다.
꼭지점의 위치가 높아질수록 해당 색의 채도가 높아집니다.
Shift 를 누른 채 조절점을 드래그하면 정확히 수직 방향으로 옮길 수 있습니다.
나머지 두 개의 점을 끝까지 내리면 배경이 흑백으로 변합니다.

03 색상 편집 후 결과물을 확인합니다. 전체적으로 영상의 밝기가 개선되었고 자동차의 채도는 배경과 반대로 더 강해졌습니다.

03 피사체 색상 교체하기

[Lumetri 색상] > [곡선] > [색조 및 색조]

01 다음으로 빨간색 자동차의 색상을 파란색으로 바꿔보겠습니다. [Lumetri 색상] 패널의 [곡선] > [색조 및 색조]를 보겠습니다. [색조 및 색조] 오른쪽에 있는 스포이트를 선택하고 자동차의 빨간색 부분을 클릭합니다. 새로운 조절점 세 개가 [색조 및 색조]에 생긴 것을 확인합니다.

02 새로운 조절점 세 개 중 가운데에 있는 점을 위로 드래그하여 자동차의 색상을 파란색으로 바꿉니다. 하지만 일부분이 파란색으로 완전히 바뀌지 않았습니다.

TIP
[곡선]을 클릭하여 새로운 조절점을 만들 수도 있습니다. 조절점을 지울 때는 Ctrl을 누른 상태로 삭제하려는 조절점을 클릭하면 됩니다.

03 [프로그램 모니터] 패널을 확인하며 다음과 같이 곡선을 조절합니다. 빨간색의 자동차가 완전히 파란색으로 바뀌었습니다. 모든 영상 편집이 끝났으면 [내보내기]를 클릭하여 mp4 영상으로 출력합니다.

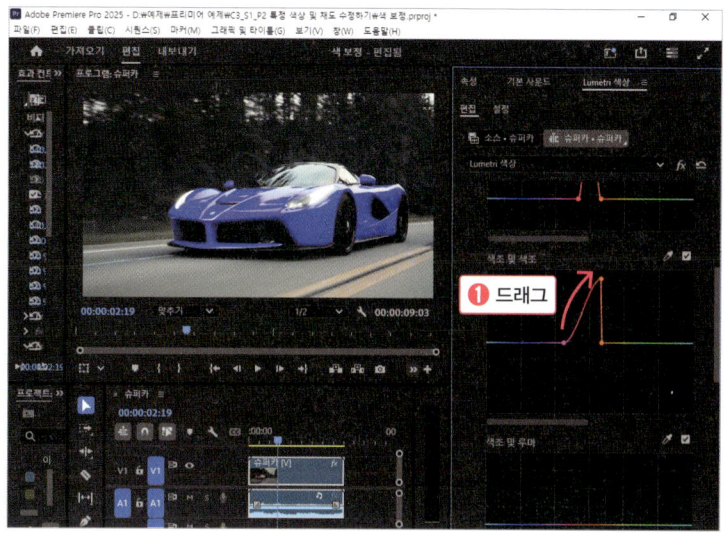

CHAPTER 03 영상 편집 기본 테크닉 | 137

SECTION 1

화질 개선 및 보정

❸ 어두운 야경을 밝게 보정하기

> **핵심 내용**
> 프리미어 프로에는 어두운 야경을 원하는 색상, 명도, 채도로 보정할 수 있는 다양한 필터 효과들이 있습니다. 본 예제에서 [Lumetri 색상]을 이용하여 필터를 적용하고, [Brightness & Contrast] 효과로 야경의 밝기와 대비를 조절하는 방법을 소개합니다.

> **핵심 기능**
> [Lumetri 색상] > [크리에이티브]
> [효과] > [Brightness & Contrast]

미리 보기 유튜브, 여행 브이로그 영상

원본

[Lumetri 필터]

원본

[Lumetri 필터] + [Brightness & Contrast]

01   Lumetri 필터 적용하기   [Lumetri 색상] > [크리에이티브]

- **준비 파일** : C3 > S1 > P3 > 야경 보정.prproj, 야경 01.mp4, 야경 02.mp4, 음악 01.mp3
- **완성 파일** : C3 > S1 > P3 > 완성 파일 폴더

01 '야경 보정.prproj' 파일을 불러옵니다. 화면에 보이는 야경을 더 선명하고 생동감 있게 보정하겠습니다.

02 [창] > [Lumetri 색상] 메뉴를 클릭하여 [Lumetri 색상] 패널을 열어줍니다. [타임라인] 패널에 '풍경 01.mp4' 영상 클립을 선택하고 [Lumetri 색상] 패널에서 [크리에이티브]의 세부 옵션을 펼칩니다.

TIP
우측에 [Lumetri 색상] 패널이 나타나면 다른 패널들이 잘 보이지 않을 수 있습니다. 패널의 가장자리를 드래그하여 작업하기 편한 환경으로 만들어줍니다.

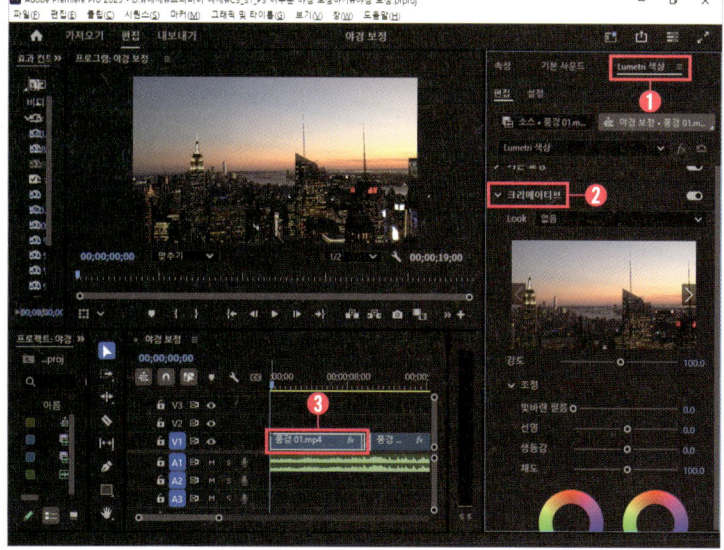

03 필터를 적용하기 위해 [Look]의 필터 목록에서 'SL GOLD ORANGE'를 선택합니다. 필터의 옵션값은 다음과 같이 설정합니다.

- [강도] : 120
- [빛바랜 필름] : 0
- [선명] : 20
- [생동감] : 10
- [채도] : 120

TIP
마우스 커서를 [Look] 오른쪽 필터 이름 위에 올리고 스크롤하거나 필터 미리 보기 이미지에서 화살표 아이콘을 클릭하여 필터를 변경할 수 있습니다.

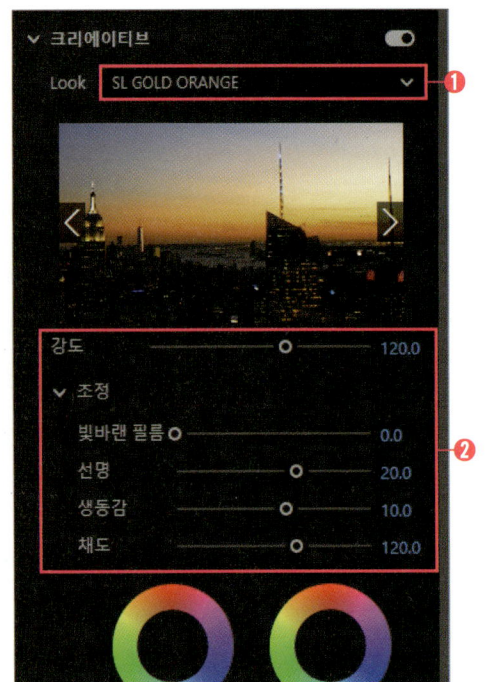

04 [Lumetri 색상] 패널 상단에 [fx] 아이콘을 클릭하면 필터를 끌 수 있습니다. 여러 번 클릭해 보며, 원본 영상과 필터가 적용된 영상을 비교합니다.

02 야경 선명하게 보정하기

[효과] > [Brightness & Contrast]

01 [타임라인] 패널에서 '풍경 02.mp4' 영상 클립을 선택하고 이전과 같은 방식으로 [Lumetri 색상] 패널에서 [크리에이티브] > [Look] > [SL BLUE ICE]를 선택하여 적용합니다.

02 [효과] 패널을 열고 [비디오 효과] > [색상 교정] > [Brightness and Contrast]를 '풍경 02.mp4' 영상 클립으로 드래그해 적용합니다. '풍경 02.mp4' 영상 클립이 선택된 상태로 [효과 컨트롤] 패널에서 [Brightness & Contrast]의 세부 옵션을 펼치고 다음과 같이 설정합니다.

- [명도] : -12
- [대비] : 6

TIP ....
효과 이름이 길 때는 단어의 일부만 검색해도 됩니다.

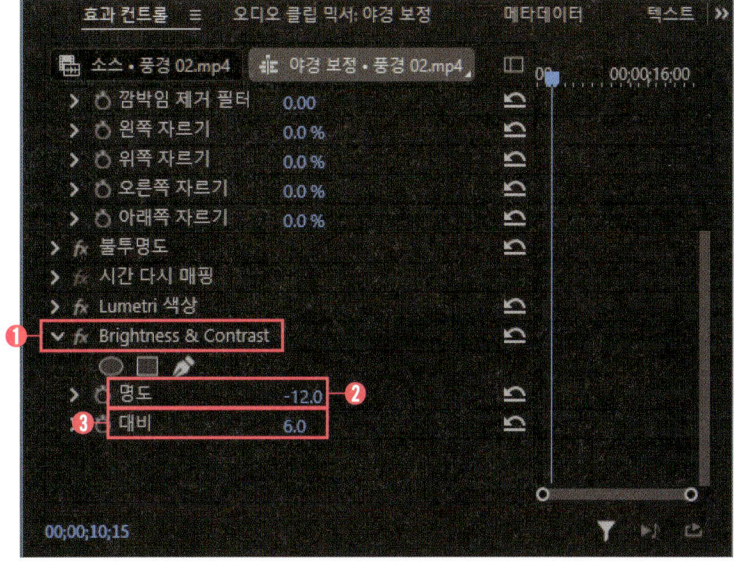

03 야경 보정이 완성되었습니다. 다른 필터와 옵션들도 변경해 보면서 마음에 드는 영상을 출력합니다.

SECTION 2

화면전환(트렌지션) 효과

❶ 디졸브 하나로 영상 작품 만들기

핵심 내용
디졸브는 영상 편집에서 가장 많이 사용하는 화면전환(트렌지션) 효과입니다. 본 예제에서는 프리미어 프로의 모션과 화면전환, 그리고 조정 레이어 기능을 실습하고, 흑백 이미지 교체와 대비 효과에 대해 안내합니다. 특히, 키프레임에 숫자를 입력하는 방식이 아닌 [미리 보기] 패널에서 직접 모션을 적용하는 방법, 그리고 꼬리에 꼬리를 무는 '스토리 편집법'에 대해서 알아봅니다.

핵심 기능
[디졸브] > [교차 디졸브]
[조정 레이어] → [효과] > [색조]

미리 보기 DDL 포럼 프레젠테이션 작품 중 일부분

[디졸브]

| 01 | **다양한 디졸브 화면전환** | [디졸브] > [교차 디졸브] |

▶ **준비 파일** : C3 > S2 > P1 > 디졸브로 영상작품 만들기.prproj, 01~38.jpg, border.jpg, 타이틀.png, Song DDL.wav
▶ **완성 파일** : C3 > S2 > P1 > 완성 파일 폴더

01 '디졸브로 영상 작품 만들기.prproj' 파일을 불러옵니다. 작업을 시작하기 전에 이미지 클립의 기본 재생 길이를 설정하겠습니다. [편집] > [환경 설정] > [타임라인] 메뉴를 클릭합니다.

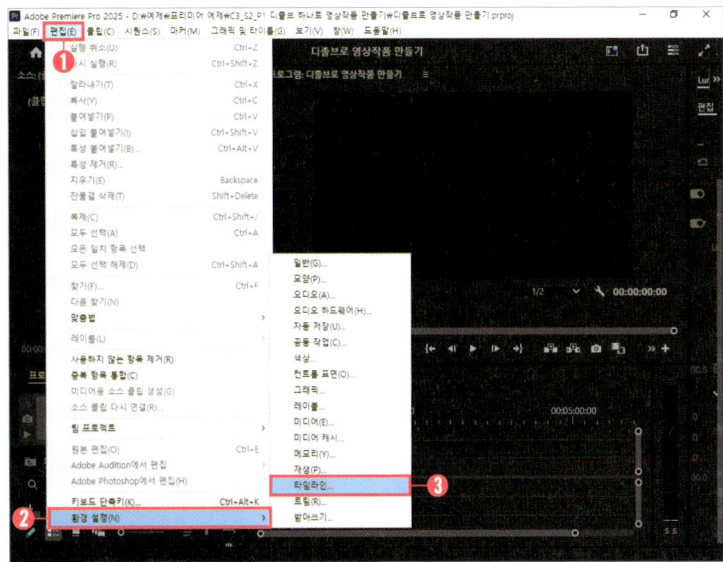

02 [환경 설정] 대화상자가 열리면 [스틸 이미지 기본 지속 시간]을 '150 프레임'으로 설정하고 [확인] 버튼을 클릭합니다.

TIP ··
현재 시퀀스 설정이 1초당 30 프레임이므로 이미지 클립의 재생 길이를 '150 Frames'로 설정하면 이미지 한 장당 5초(30x5)의 길이로 재생됩니다.

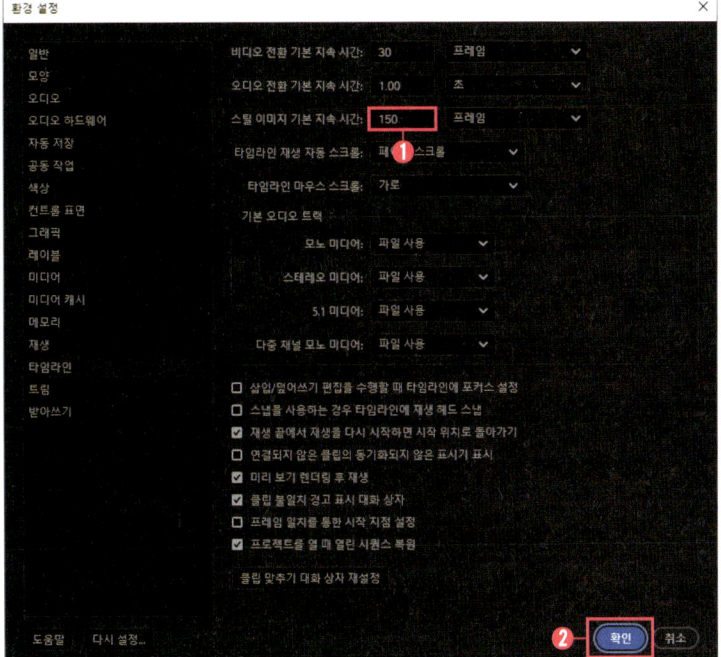

CHAPTER 03 영상 편집 기본 테크닉 | **143**

03 [프로젝트] 패널에 미리 제공된 'Song DDL.wav' 오디오 클립을 [타임라인] 패널의 [A1] 트랙으로 드래그합니다. '타이틀.png' 이미지 클립은 [V1] 트랙의 시작점에 위치시키고 나머지 '01~38.jpg' 이미지 클립도 순서대로 배치합니다.

TIP
Shift 를 누른 상태로 [프로젝트] 패널의 '01.jpg'와 '38.jpg' 파일을 선택하면 중간에 있는 이미지 소스들도 한 번에 선택할 수 있습니다. 한꺼번에 선택할 때 처음 선택한 파일이 맨 앞으로 오게 되고, [프로젝트] 패널의 위쪽에서 아래쪽 순서대로 타임라인에 나열되게 됩니다. 순서가 뒤바뀌었다면 [이름]을 클릭하여 반대로 정렬합니다.

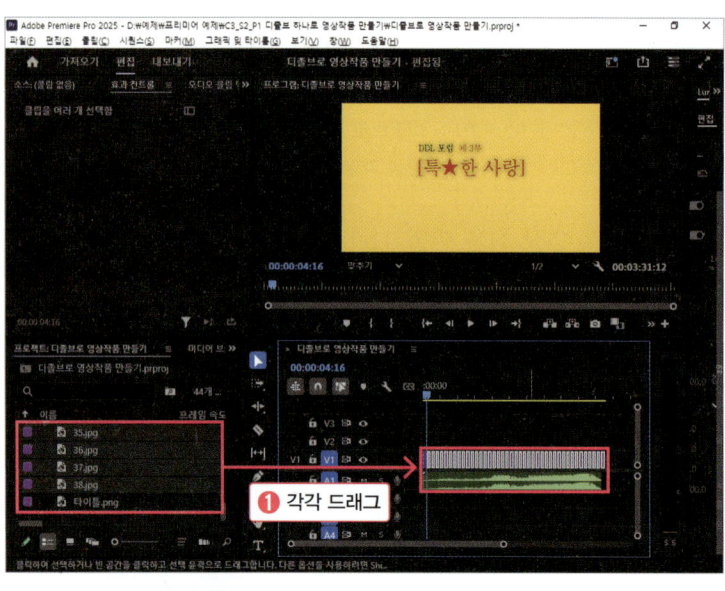

04 이미지 클립 사이에 화면전환 효과를 적용해 보겠습니다. [효과] 패널을 열고 [비디오 전환] > [디졸브] > [교차 디졸브]를 찾습니다.

TIP
[교차 디졸브]는 두 화면이 교차하여 장면전환이 이루어지는 효과입니다.

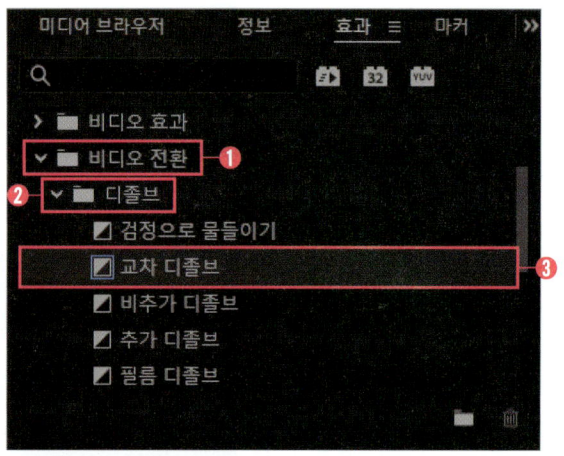

05 [타임라인] 패널을 선택하고 + 를 눌러 화면의 필요한 구간을 확대한 후 '타이틀.png'와 '01.jpg' 이미지 클립 사이에 [교차 디졸브] 효과를 드래그합니다. 2개의 이미지 클립 사이에 효과가 삽입된 것을 확인한 후 Space Bar 를 눌러 화면전환 효과를 확인합니다.

TIP
[교차 디졸브] 효과는 영상과 이미지 등 사운드를 제외한 모든 클립에 적용할 수 있습니다.

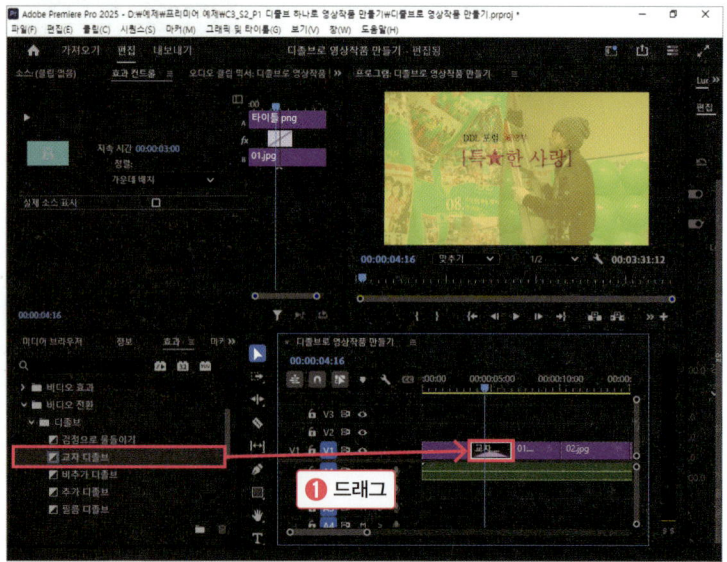

06 화면전환 효과의 기본 적용 시간은 1초입니다. 이를 수정하기 위해서 [타임라인] 패널에서 적용된 [교차 디졸브] 효과를 선택하고, [효과 컨트롤] 패널에서 [지속 시간]을 00:00:03:00으로 설정하여 적용 시간을 3초로 늘립니다. Space Bar 를 눌러 늘어난 화면전환 효과를 확인합니다.

TIP
[타임라인] 패널에서 화면전화 효과의 [In 점], [Out 점]을 직접 드래그하여 효과의 길이를 늘이는 방법도 있습니다. 양방향 각각 다른 길이로도 조절할 수 있습니다.

07 적용한 [교차 디졸브] 효과를 Ctrl + C 를 눌러 복사하고, Shift 를 누른 채 [인디케이터]를 움직여 '01.jpg'와 '02.jpg' 이미지 클립 사이로 옮깁니다. Ctrl + V 를 눌러 [교차 디졸브] 효과를 붙여 넣습니다. 같은 방식으로 모든 이미지 클립 사이에 화면전환 효과를 적용합니다. [효과] 패널에서 [비디오 전환]의 효과들을 한 번씩 적용해 보는 것도 좋습니다.

TIP
이 외에도 다양한 화면전환 효과들을 한 번씩 적용해 보길 바랍니다. 그러나 어울리지 않는 화면전환은 영상을 오히려 산만하게 만들 수 있으니 유의합니다.

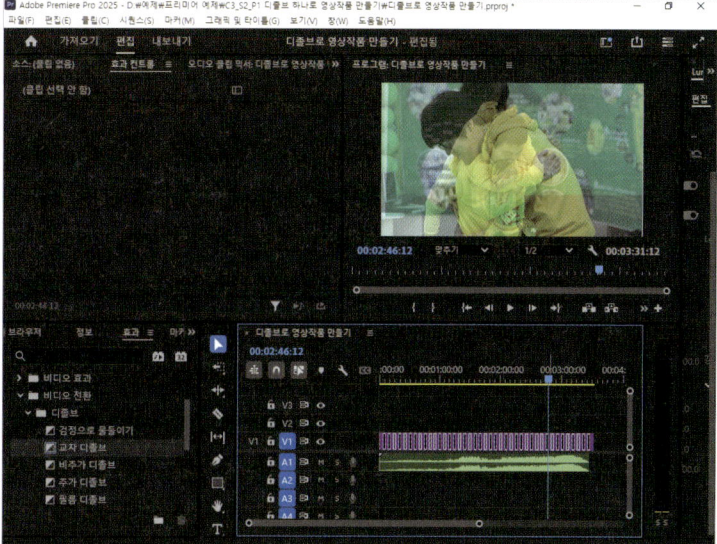

02 흑백 효과

[조정 레이어] → [효과] > [색조]

01 편집된 클립들에 흑백 효과를 적용해 보겠습니다. 사진이 상당히 많아서 하나씩 효과를 적용하고 수정하려면 시간이 오래 걸리므로 한 번에 적용하는 방법을 이용해 보겠습니다. [프로젝트] 패널의 [새 항목] 아이콘을 클릭하고, [조정 레이어]를 선택합니다.

TIP
조정 레이어는 다수의 클립에 같은 효과를 일률적으로 적용할 때 편리하게 사용합니다.

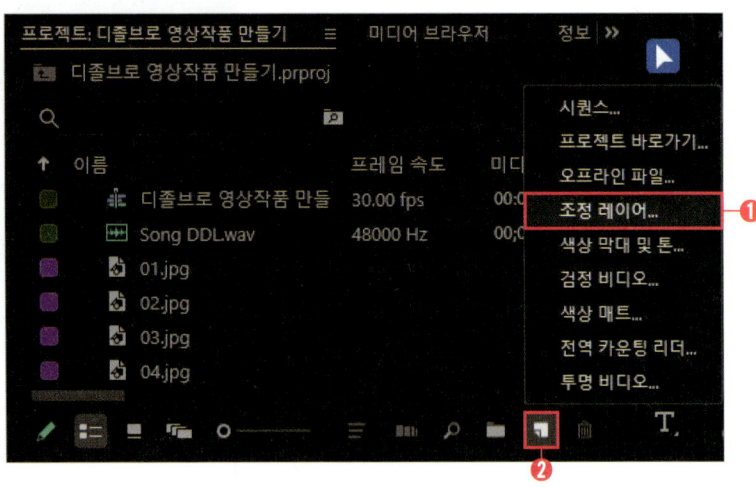

02 [조정 레이어] 대화상자가 열리면 기본 설정을 확인하고 그대로 [확인] 버튼을 클릭합니다.

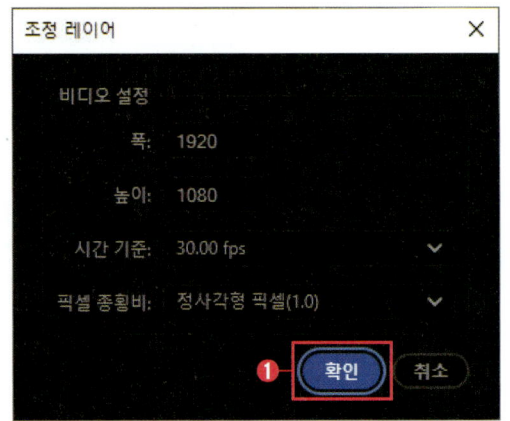

03 [프로젝트] 패널에 조정 레이어가 만들어졌음을 확인합니다. [인디케이터]를 효과가 시작될 지점인 00:01:20:16으로 옮긴 후 [프로젝트] 패널의 '조정 레이어'를 [V2] 트랙의 [인디케이터] 시작점에 드래그하고, [Out 점]을 오른쪽으로 드래그하여 [V1] 트랙의 끝에 맞춥니다.

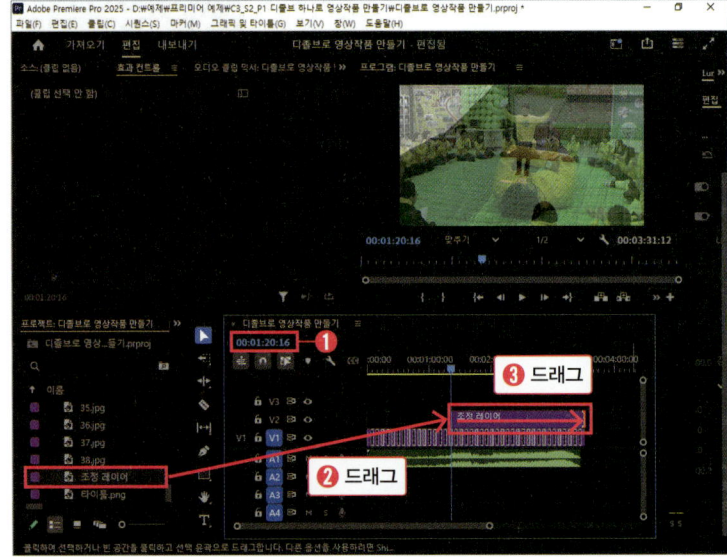

06 화면전환 효과의 기본 적용 시간은 1초입니다. 이를 수정하기 위해서 [타임라인] 패널에서 적용된 [교차 디졸브] 효과를 선택하고, [효과 컨트롤] 패널에서 [지속 시간]을 00:00:03:00으로 설정하여 적용 시간을 3초로 늘립니다. Space Bar 를 눌러 늘어난 화면전환 효과를 확인합니다.

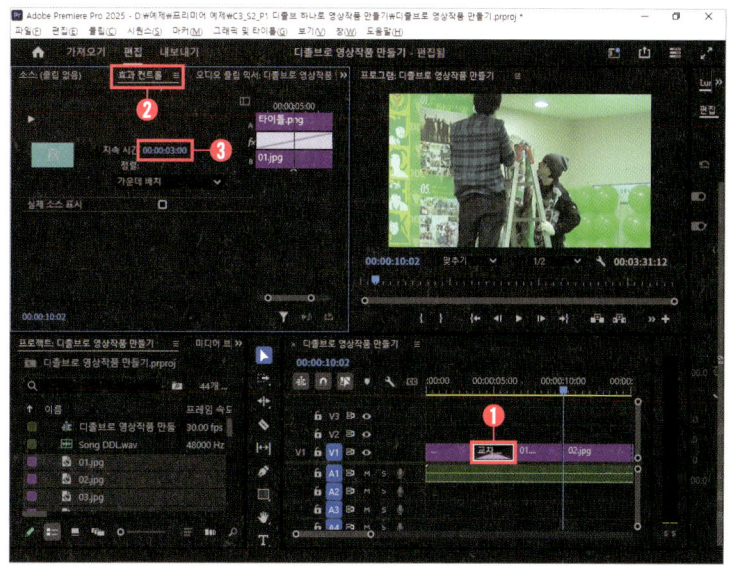

TIP
[타임라인] 패널에서 화면전환 효과의 [In 점], [Out 점]을 직접 드래그하여 효과의 길이를 늘이는 방법도 있습니다. 양방향 각각 다른 길이로도 조절할 수 있습니다.

07 적용한 [교차 디졸브] 효과를 Ctrl + C 를 눌러 복사하고, Shift 를 누른 채 [인디케이터]를 움직여 '01.jpg'와 '02.jpg' 이미지 클립 사이로 옮깁니다. Ctrl + V 를 눌러 [교차 디졸브] 효과를 붙여 넣습니다. 같은 방식으로 모든 이미지 클립 사이에 화면전환 효과를 적용합니다. [효과] 패널에서 [비디오 전환]의 효과들을 한 번씩 적용해 보는 것도 좋습니다.

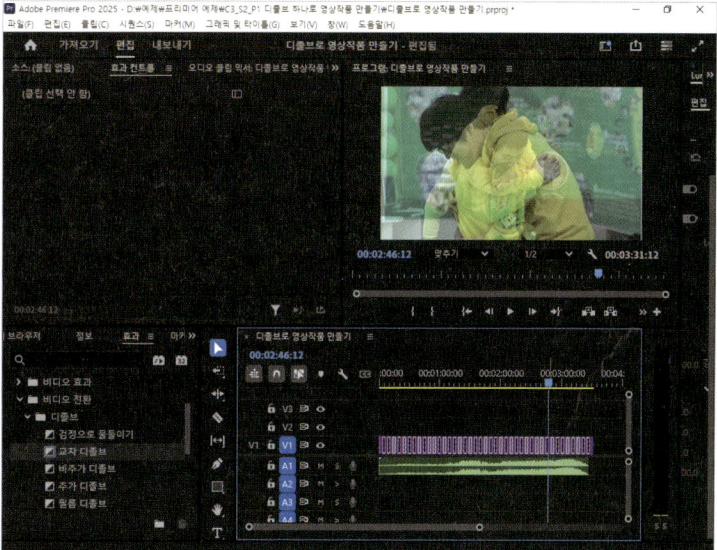

TIP
이 외에도 다양한 화면전환 효과들을 한 번씩 적용해 보길 바랍니다. 그러나 어울리지 않는 화면전환은 영상을 오히려 산만하게 만들 수 있으니 유의합니다.

02 흑백 효과

[조정 레이어] → [효과] > [색조]

01 편집된 클립들에 흑백 효과를 적용해 보겠습니다. 사진이 상당히 많아서 하나씩 효과를 적용하고 수정하려면 시간이 오래 걸리므로 한 번에 적용하는 방법을 이용해 보겠습니다. [프로젝트] 패널의 [새 항목] 아이콘을 클릭하고, [조정 레이어]를 선택합니다.

TIP
조정 레이어는 다수의 클립에 같은 효과를 일률적으로 적용할 때 편리하게 사용합니다.

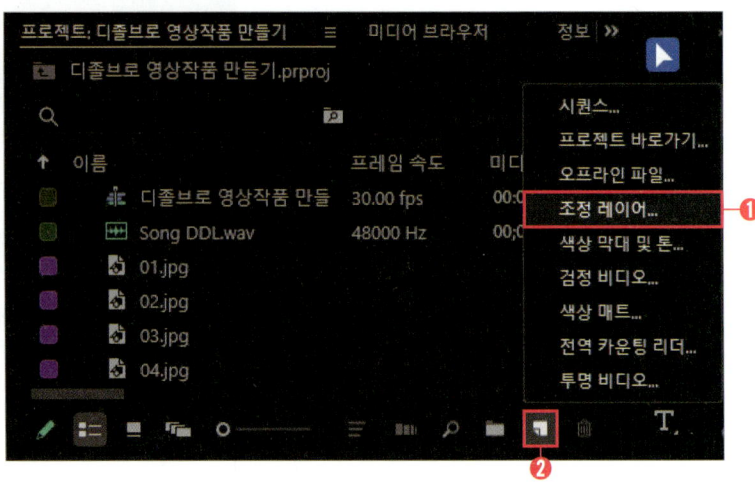

02 [조정 레이어] 대화상자가 열리면 기본 설정을 확인하고 그대로 [확인] 버튼을 클릭합니다.

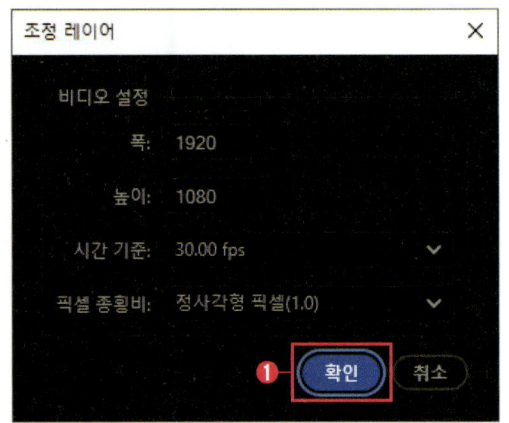

03 [프로젝트] 패널에 조정 레이어가 만들어졌음을 확인합니다. [인디케이터]를 효과가 시작될 지점인 00:01:20:16으로 옮긴 후 [프로젝트] 패널의 '조정 레이어'를 [V2] 트랙의 [인디케이터] 시작점에 드래그하고, [Out 점]을 오른쪽으로 드래그하여 [V1] 트랙의 끝에 맞춥니다.

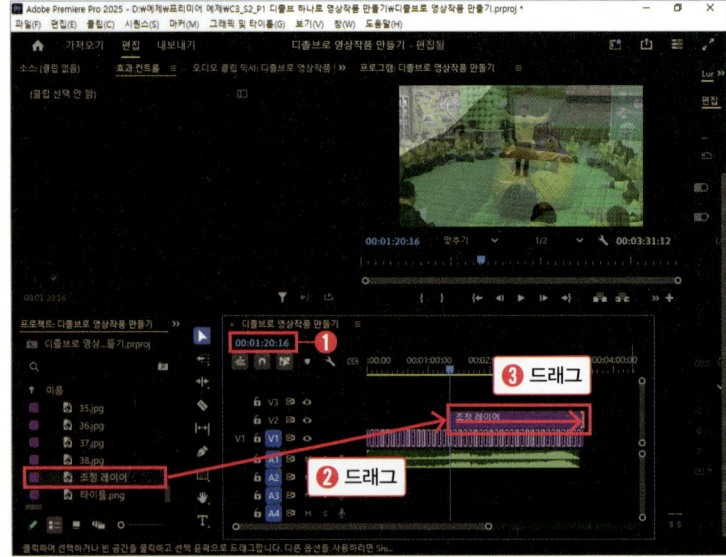

04 효과를 적용하기 위해서 [효과] 패널을 연 후 [비디오 효과] > [색상 교정] > [색조]를 찾습니다.

TIP
[색조] 효과는 채도를 '0'으로 설정하면, 화면을 흑백으로 만듭니다.

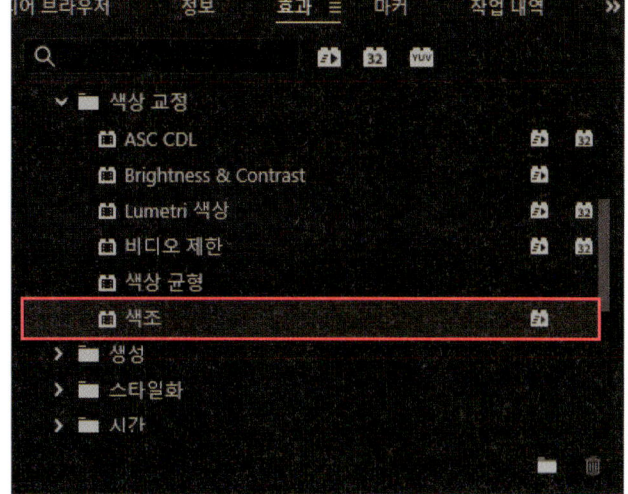

05 [효과] 패널의 [색조] 효과를 '조정 레이어' 클립으로 드래그하고, Space Bar 를 눌러 적용한 흑백 효과를 확인합니다.

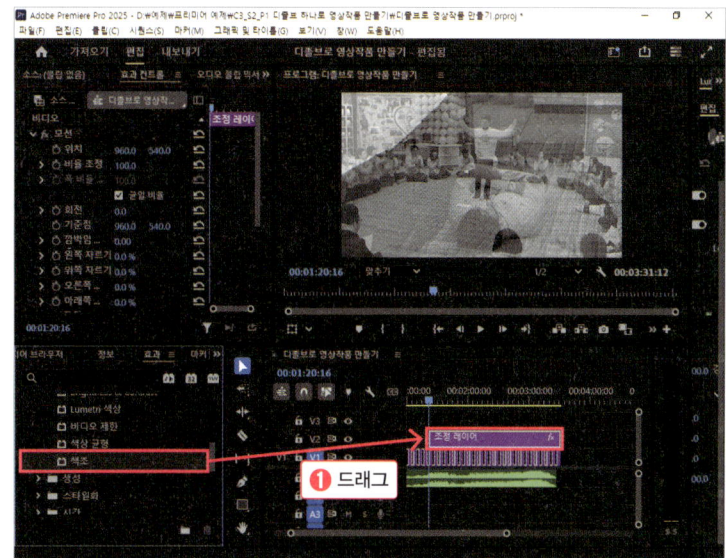

06 흑백 효과에 밝기와 대비를 수정하여 좀 더 밝고 선명한 흑백 영상을 만들기 위해서 [효과] 패널에서 [비디오 효과] > [색상 교정] > [Brightness & Contrast]를 찾아서 [V2] 트랙의 '조정 레이어' 클립에 드래그한 후 [효과 컨트롤] 패널의 [Brightness & Contrast]에서 다음과 같이 설정합니다.

- [명도] : 36
- [대비] : 22

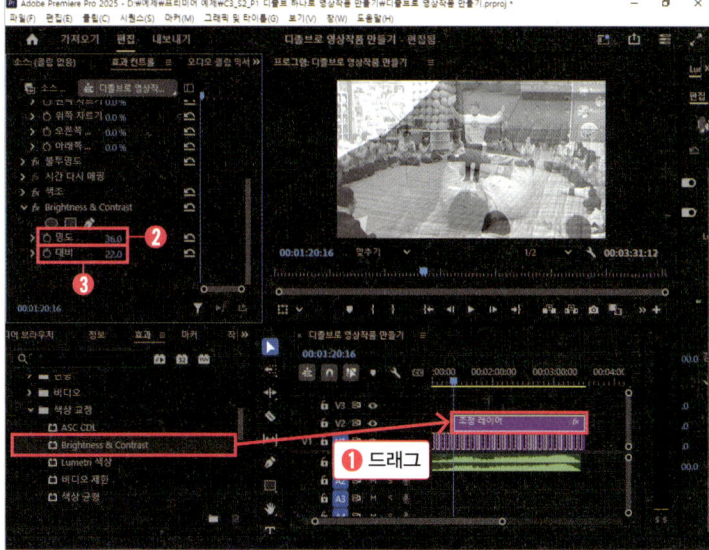

CHAPTER 03 영상 편집 기본 테크닉 | **147**

07 흑백 효과가 자연스럽게 나타나도록 하기 위해 [인디케이터]를 00:01:22:00 지점으로 옮기고 [효과 컨트롤] 패널에서 [불투명도] > [불투명도] 왼쪽의 [애니메이션 켜기/끄기] 아이콘을 클릭합니다. [불투명도]를 '0%'로 설정합니다.

TIP
조정 레이어에 불투명도를 적절하게 혼합하면 효과가 부드럽게 나타나게 하거나 사라지는 모션을 쉽게 만들 수 있습니다.

08 00:01:27:00 지점으로 [인디케이터]를 위치시키고 [불투명도]를 '100%'로 설정합니다. Space Bar 를 눌러 결과물을 확인합니다.

TIP
[조정 레이어]에 불투명도를 적절하게 혼합하면 효과가 부드럽게 나타나게 하거나 사라지는 모션을 쉽게 만들 수 있습니다.

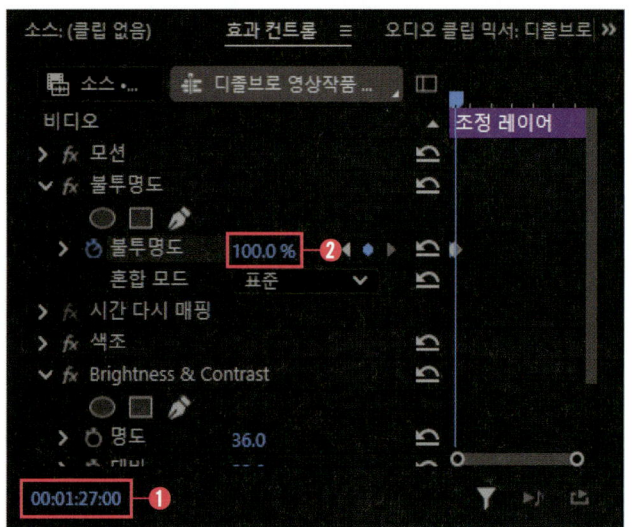

09 [프로젝트] 패널의 빈 곳을 더블클릭한 후 [가져오기] 대화상자가 열리면 'Border.png' 파일을 불러옵니다. [V3] 트랙에 드래그하고 [Out 점]을 오른쪽으로 드래그하여 영상 클립의 [Out 점]에 맞춥니다.
편집이 마무리되면 [내보내기]를 클릭하여 mp4 영상으로 만들고 재생하여 확인합니다.

TIP
다음은 과거를 연상하는 듯한 효과를 내면서 화면 중심으로 시선을 모아주기 위한 레이아웃 테크닉입니다. 외곽이 어두운 흑백 테두리 이미지를 [타임라인] 패널 맨 위 트랙에 위치합니다.

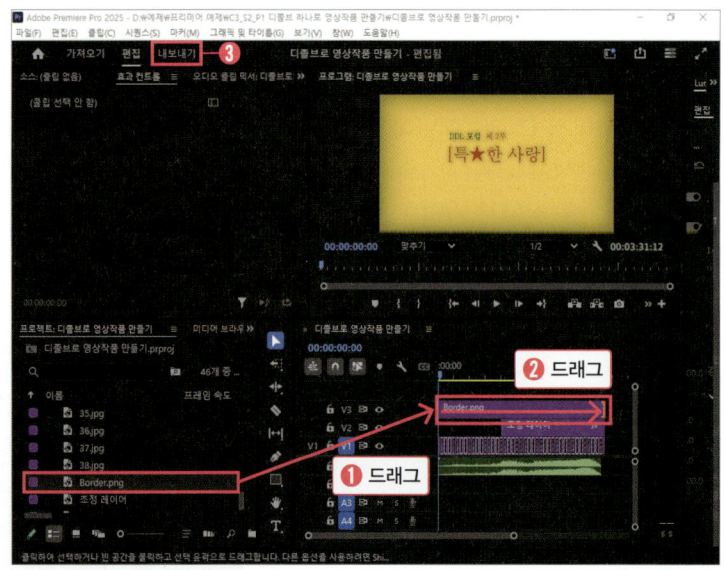

SECTION 2

화면전환(트렌지션) 효과

❷ 자주 사용하는 화면전환 효과와 효과음

핵심 내용

화면전환 효과는 두 개 클립의 화면전환을 자연스럽게 연결해 주는 영상의 기법 중 하나입니다. 핵심은 영상과 '어울리는 트렌지션', 그리고 이것과 '어울리는 효과음'을 넣어야 효과적이라는 것입니다. 또한 '효과음'과 화면전환 효과의 길이가 일치했을 때 엇박자가 나지 않습니다. 즉, '이미지'와 '오디오', 그리고 '화면전환'을 일치시켜야 합니다.

프리미어 프로에는 다양한 화면전환 효과가 있습니다. 본 예제에서는 '밀기'와 '휩' 효과, 그리고 이와 어울리는 '효과음과 일치'하는 방법에 대해 안내합니다.

핵심 기능

[비디오 전환] > [밀기] > [밀기] + 효과음
[비디오 전환] > [밀기] > [휩] + 효과음

미리 보기
유튜브 칼럼. #구글 #네이버 #라인 #야후 #챗GPT

'씬 1' → [밀기] 효과 + 효과음 → '씬 2'

'씬 2' → [휩] 효과 + 효과음 → '씬 3'

01 세련된 화면전환 효과

[VR 조명 광선] + 효과음

▶ **준비 파일** : C3 > S2 > P2 > 트렌지션.prproj, 영상 01~03.mp4, 음악 01.mp3, 자막 01~03.png, 효과음 1~2.wav

▶ **완성 파일** : C3 > S2 > P2 > 완성 파일 폴더

01 화면전환 효과를 적용하기 위해 '트렌지션.prproj' 파일을 불러옵니다.

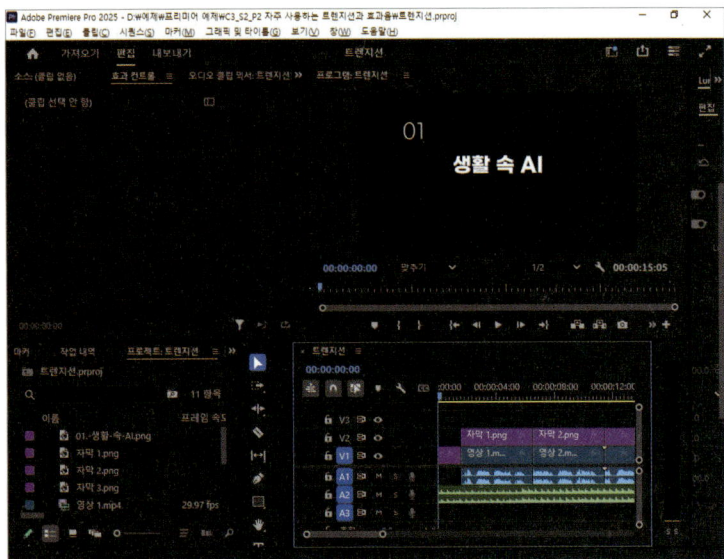

02 첫 번째 클립(01. 생활 속 AI)은 타이틀 이미지이고, 두 번째 클립(영상 1)은 영상입니다.

03 첫 번째 클립과 두 번째 클립 사이에 화면전환 효과를 적용하기 위해 [효과] 패널을 열고 [비디오 전환] > [몰입형 비디오] > [VR 조명 광선]을 찾습니다.

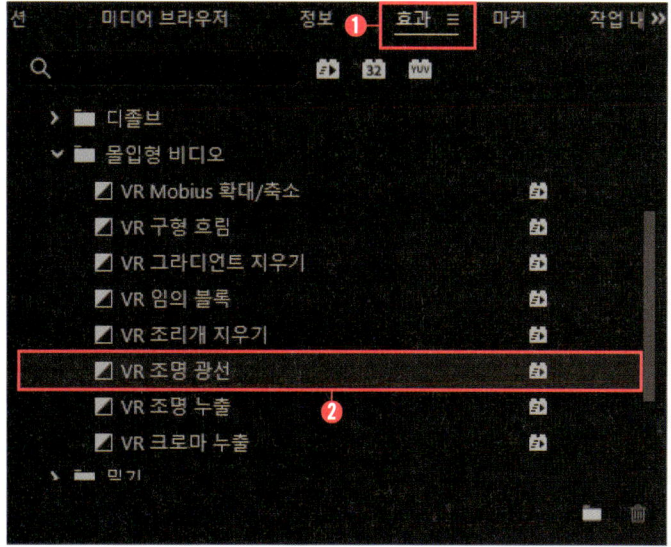

04 [VR 조명 광선] 효과를 다음과 같이 드래그하여 [타임라인] 패널에 적용합니다. 영상 클립 사이에 [RV 조명 광선] 효과가 나타난 것을 확인합니다.

05 [프로젝트] 패널에서 '효과음 1.wav' 오디오 클립을 [타임라인] 패널 [A3] 트랙으로 다음과 같이 드래그하여 배치합니다.

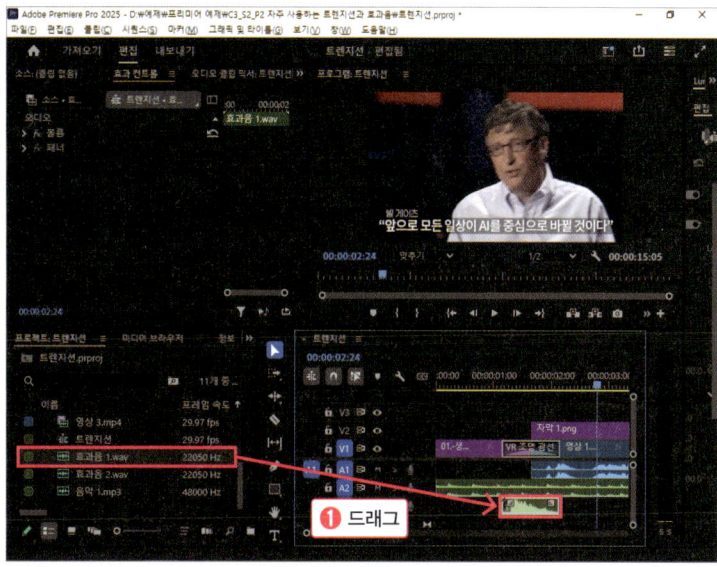

CHAPTER 03 영상 편집 기본 테크닉 | 151

02 휙 사라지는 휩 효과

[휩] + 효과음

01 '영상 1.mp4'와 '영상 2.mp4' 영상 클립 사이에 [휩] 효과를 적용하기 위해 [효과] 패널에서 [비디오 전환] > [밀기] > [휩]을 찾습니다.

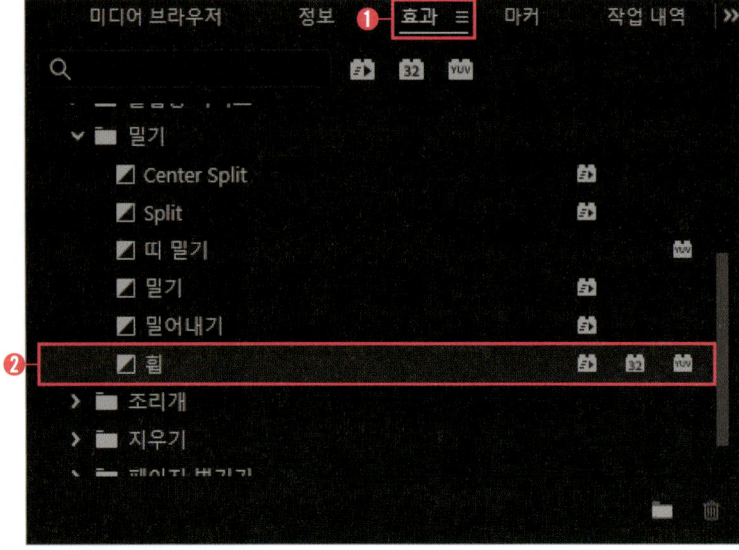

02 [휩] 효과를 '영상 1.mp4'와 '영상 2.mp4' 영상 클립 사이로 드래그하여 다음과 같이 적용합니다.

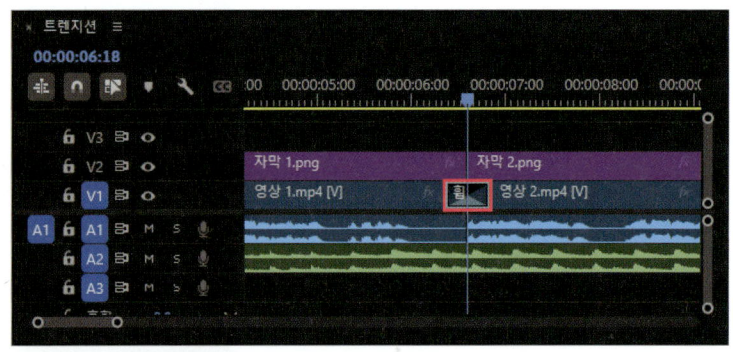

03 '자막 1.png'와 '자막 2.png' 이미지 클립 사이에도 [휩] 효과를 적용합니다. 영상 클립의 [휩] 효과와 지속 시간을 맞추기 위해 Alt 를 누른 채 [휩] 효과의 [In/Out 점]을 드래그하여 길이를 맞춥니다.

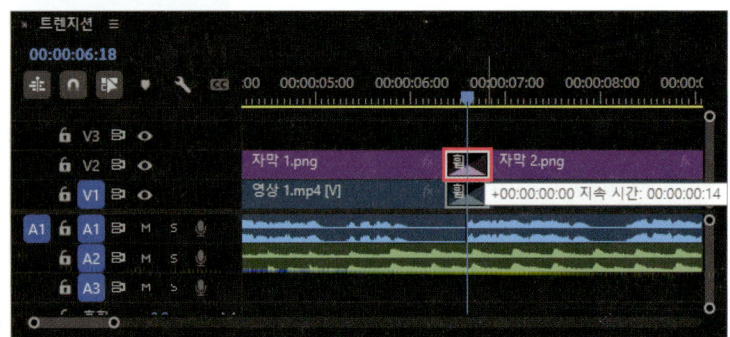

TIP
화면전환 효과와 '효과음'의 길이가 일치되어야 효과적입니다. '효과음' 클립의 길이를 기준으로 화면전환 효과의 길이를 조정하는 것이 일반적입니다.
[타임라인] 패널에서 [In/Out 점]을 드래그하여 지속 시간을 조절할 수 있습니다.

04 [프로젝트] 패널의 '효과음 2.wav' 오디오 클립을 다음과 같이 드래그하여 [휩] 효과와 정렬합니다.

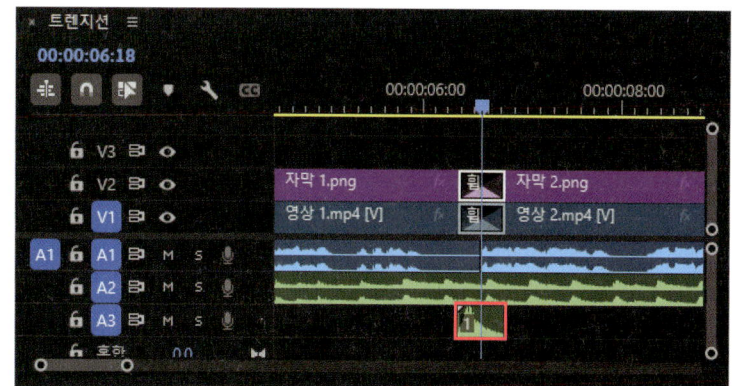

05 '영상 2.mp4'와 '영상 3.mp4' 영상 클립, 그리고 '자막 2.png'와 '자막 3.png' 이미지 클립 사이에도 위와 동일한 [휩] 효과를 적용하고, '효과음 2.wav' 오디오 클립을 불러옵니다. [휩] 효과의 지속 시간은 00:00:00:14로 설정합니다. 모든 작업을 끝내고 [내보내기]를 클릭하여 mp4 영상으로 출력합니다.

TIP
[타임라인] 패널에서 적용된 효과를 클릭하고 [효과 컨트롤] 패널에서 세부적으로 수정할 수 있습니다.

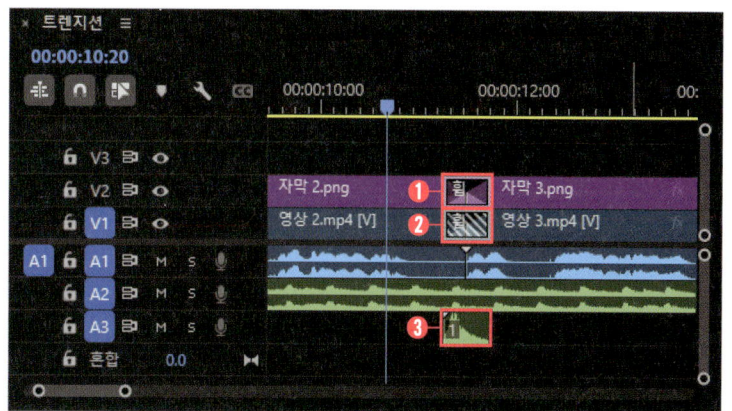

SECTION 2

화면전환(트렌지션) 효과
❸ 자주 사용하는 줌인/줌아웃 효과

핵심 내용
줌인/줌아웃은 영상 콘텐츠에서 많이 등장하는 효과 중 하나입니다. 프리미어 프로에 화면전환 효과는 기본으로 내장된 효과가 있지만, 조정 레이어를 이용하여 만들 수도 있습니다. 이번 예제에서는 조정 레이어 새 클립을 만든 후 [효과] > [변형]의 비율과 속도와 위치를 키프레임 애니메이션 조정을 통해 만드는 줌인과 줌아웃 효과를 안내합니다.

핵심 기능
[조정 레이어] 만들기 → [효과] > [변형] > [비율 조정] + [셔터 각도]
[키프레임 추가] > [연속 베지어] → 미세 조정

미리 보기   유튜브 창진탐. 광주과학기술원 총장편

영상 1

줌인

화면전환

———→ [비율 조정] + [셔터 각도] ———→

줌아웃

영상 2

154 | PART 01 프리미어 프로 2025

01 조정 레이어 클립 만들기
[조정 레이어]

▶ **준비 파일** : C3 > S2 > P3 > 줌인 트렌지션.prproj, 영상 01~02.mp4, 오디오 01.mp3   ▶ **완성 파일** : C3 > S2 > P3 > 완성 파일 폴더

01 건물 내로 들어가는 듯한 줌인 효과 만들기 위해 '줌인 트렌지션.prproj' 파일을 불러옵니다.

02 줌인 레이어 새 클립을 만들기 위해 [프로젝트] 패널의 빈 곳을 마우스 오른쪽 버튼으로 클릭한 후 [새 항목] > [조정 레이어]를 선택합니다.

TIP
조정 레이어는 일종의 투명 레이어로 조정 레이어 아래에 있는 모든 레이어에 다양한 효과를 적용할 수 있습니다.

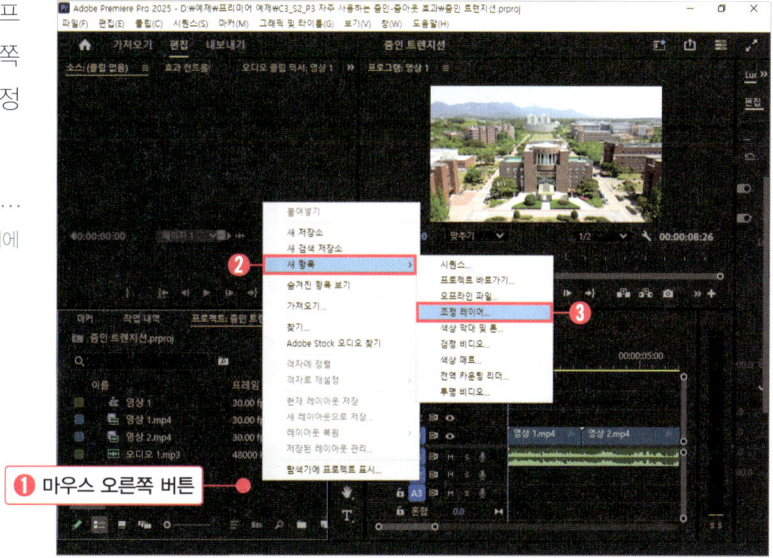

03 [조정 레이어] 대화상자가 나타나면 기본 설정 그대로 [확인] 버튼을 클릭합니다. [프로젝트] 패널에 '조정 레이어' 클립이 생성됩니다.

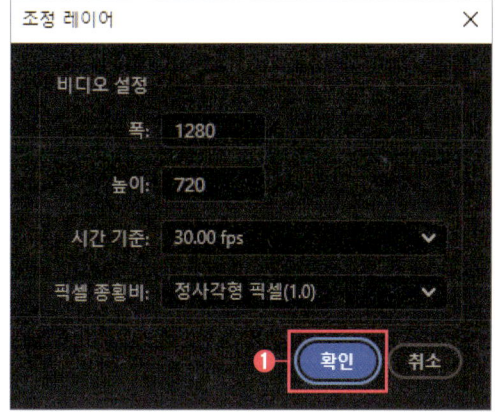

04 [타임라인] 패널에서 [인디케이터]를 00:00:02:19로 옮긴 후 [프로젝트] 패널에 '조정 레이어' 클립을 [인디케이터]에 맞춰 [V2] 트랙으로 드래그합니다.

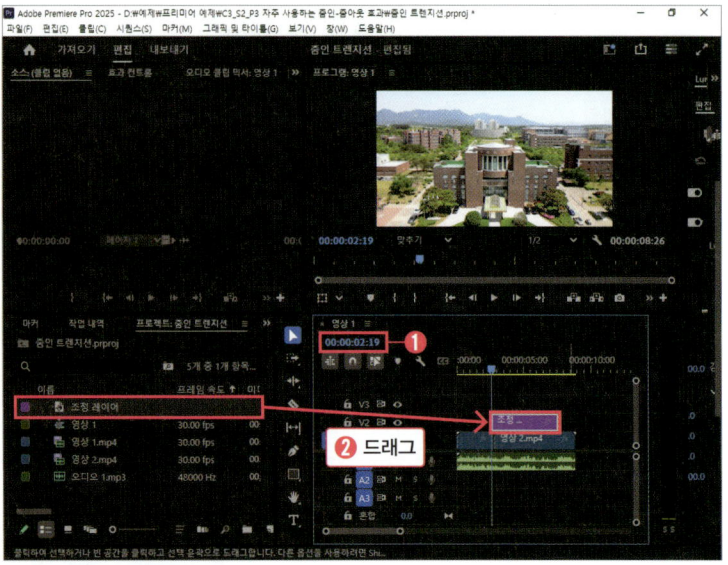

05 새로 생긴 '조정 레이어' 클립의 [Out 점]을 드래그하여 '영상 1.mp4' 영상 클립의 [Out 점]으로 맞춥니다.

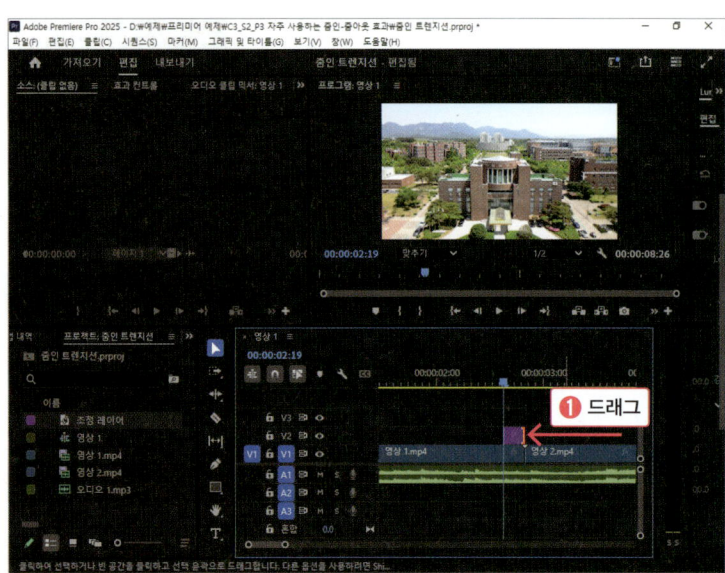

06 '영상 1.mp4'와 '영상 2.mp4' 각각의 영상 클립에 줌인 효과를 적용하기 위해 Alt 를 누른 채 '조정 레이어' 클립을 오른쪽으로 드래그하여 '조정 레이어' 클립을 복사합니다. [In 점]과 [Out 점]은 각각 00:00:02:25~00:00:03:04 지점으로 맞춥니다.

TIP
앞쪽의 조정 레이어는 건물 밖의 줌인 효과이고, 뒤쪽의 조정 레이어는 건물 안의 인물에 대한 줌인 효과입니다.

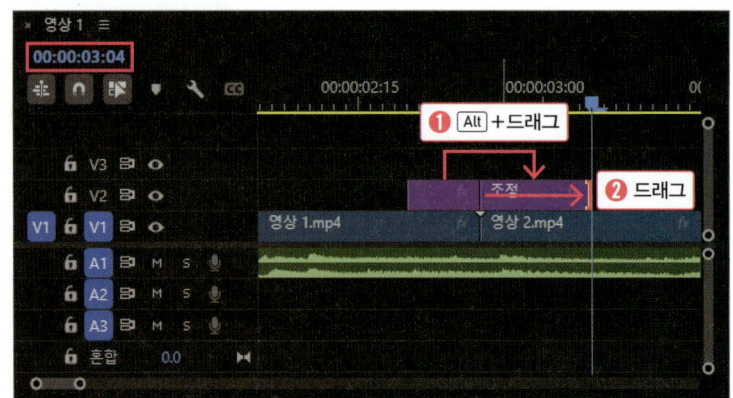

02 줌인 효과 만들기

[왜곡] > [변형] > [비율 조정] + [셔터 각도]

01 [효과] 패널에서 [비디오 효과] > [변형] > [변형]을 첫 번째 '조정 레이어' 클립으로 드래그하여 적용합니다. [효과 컨트롤] 패널에 [변형] 효과가 나타납니다.

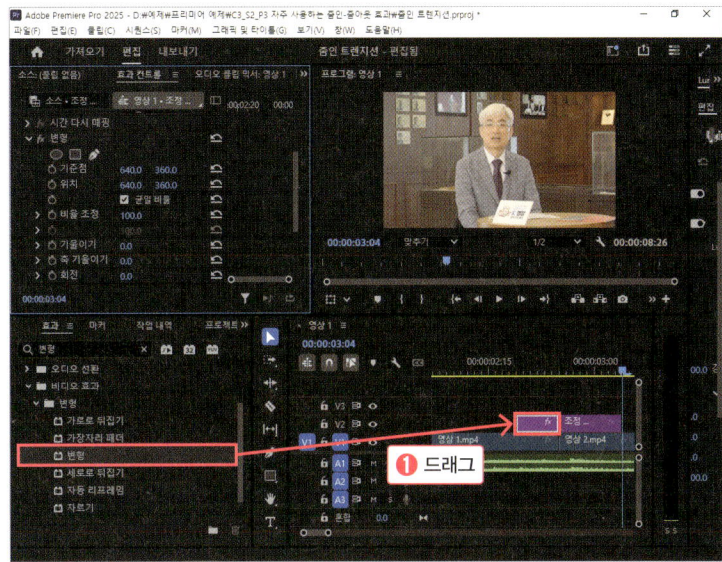

02 [인디케이터]를 00:00:02:19로 위치시키고 첫 번째 '조정 레이어' 클립이 선택된 상태로 [효과 컨트롤] 패널에서 [변형] > [비율 조정] 왼쪽에 있는 [애니메이션 켜기] 아이콘을 클릭합니다.

TIP
[인디케이터]가 있는 위치에 키프레임이 생성됩니다.

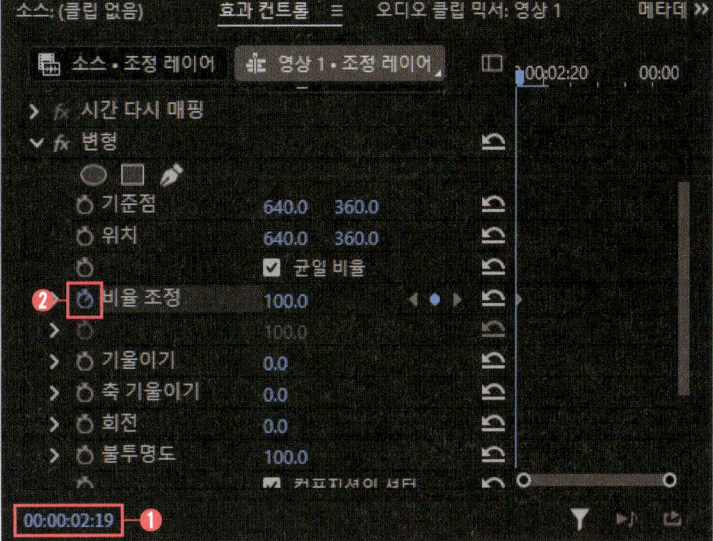

03 [인디케이터]를 00:00:02:25로 옮긴 후 [비율 조정]을 '400'으로 설정합니다. 영상을 재생하면 영상이 4배 크게 줌인되는 것을 확인할 수 있습니다.

TIP
[효과 컨트롤] 패널의 오른쪽 부분은 지정한 키프레임을 보여주는 타임라인입니다. Shift 를 누른 채 [인디케이터]를 움직이면 빠르고 정확하게 키프레임 사이를 옮겨 다닐 수 있습니다.

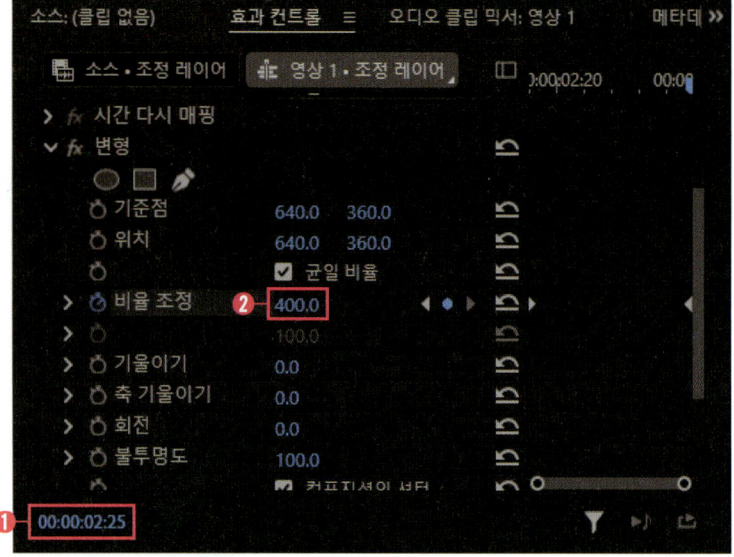

04 줌인 속도를 자연스럽게 하기 위해서 [비율 조정] 왼쪽의 세부 옵션을 펼쳐주고 Shift 를 누른 채 양쪽 끝에 있는 키프레임 모두를 선택합니다. 선택되면 점이 파란색으로 바뀝니다. 선택된 키프레임을 마우스 오른쪽 버튼으로 클릭한 후 [연속 베지어]를 선택합니다.

TIP
[비율 조정]의 [연속 베지어]를 선택하면 키프레임의 모양이 마름모에서 모래시계 모양으로 변합니다. [연속 베지어]를 통해 비율의 애니메이션을 더욱 정교하게 수정할 수 있습니다.

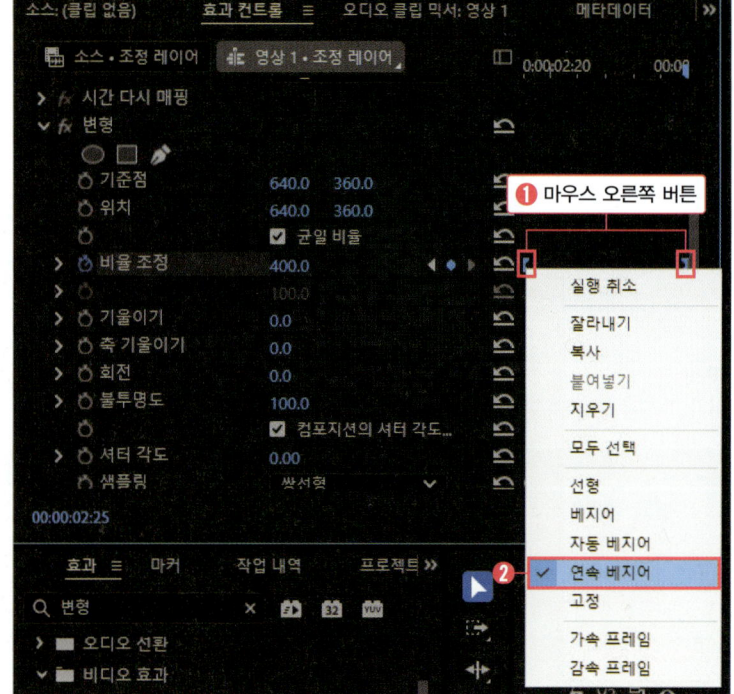

05 [비율 조정]의 세부 옵션을 펼치면 그래프가 나타납니다. 줌인 속도를 점점 더 빠르게 하기 위해서 첫 번째 키프레임 아래에 있는 조절점을 잡고 오른쪽 수평으로 드래그하면서 최대한 늘려 다음과 같이 그래프 경사를 완만하게 만듭니다.

TIP
[비율 조정]의 키프레임 아래에 그래프는 줌인 속도를 의미합니다. 경사가 급할수록 줌인 속도가 빨라집니다.

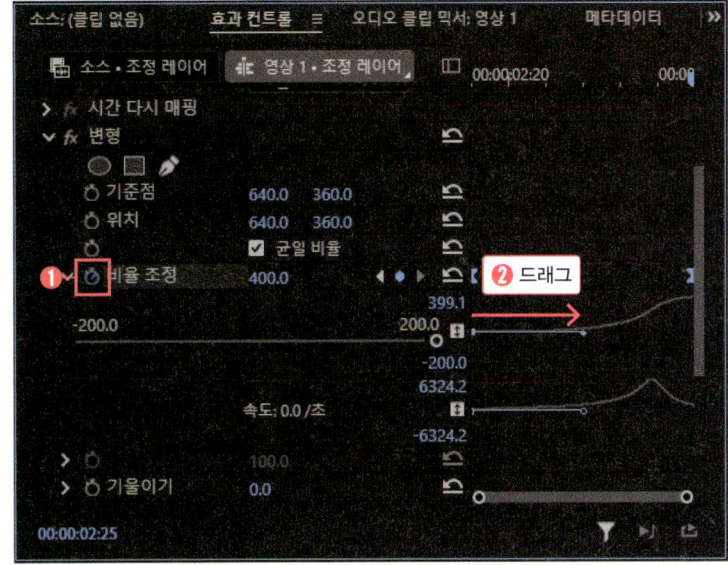

06 [변형] > [셔터 각도]를 '360(도)'로 설정합니다.

TIP
줌인 효과를 주기 위해서는 속도보다 [셔터 각도]가 더 중요합니다.

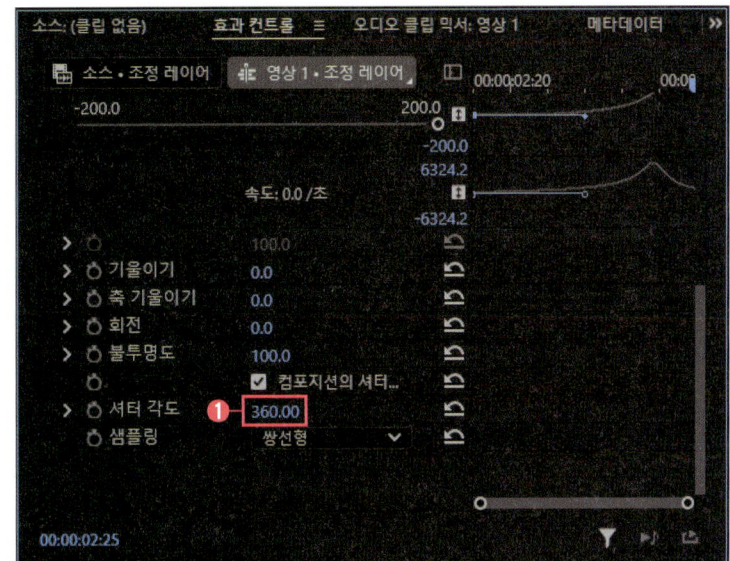

07 영상을 재생하면 속도감 있는 줌인 효과로 바뀐 것을 확인할 수 있습니다.

03 줌아웃 효과 만들기

복붙 → 키프레임 위치와 속도 뒤바꾸기

01 줌인 효과를 복사해서 붙여넣기 위해 첫 번째 '조정 레이어' 클립을 선택한 상태에서 [변형] 효과를 선택하고 Ctrl + C 를 눌러 복사합니다.

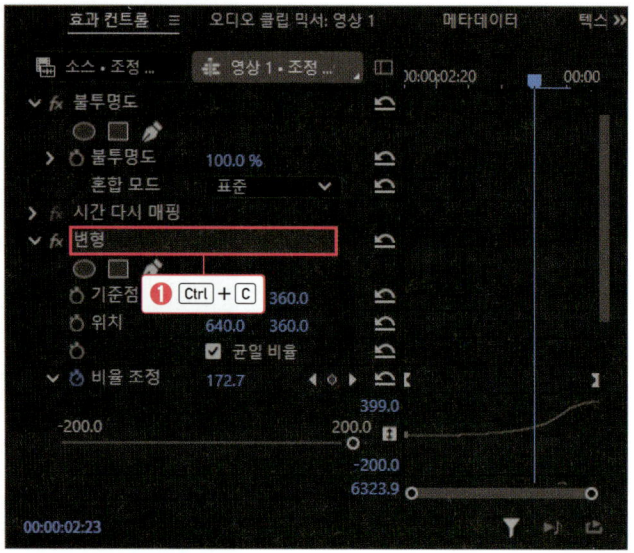

02 두 번째 '조정 레이어' 클립을 선택하고 Ctrl + V 를 눌러 붙여넣습니다.

TIP
[효과 컨트롤] 패널의 효과를 복사하면 효과의 세부 옵션까지도 복사됩니다.

03 영상 재생을 통해 첫 번째 줌인 효과가 그대로 적용된 것을 확인합니다.

TIP
두 번째 '조정 레이어' 클립의 길이가 첫 번째보다 더 길기 때문에 복사된 키프레임 길이도 짧은 것을 확인할 수 있습니다.

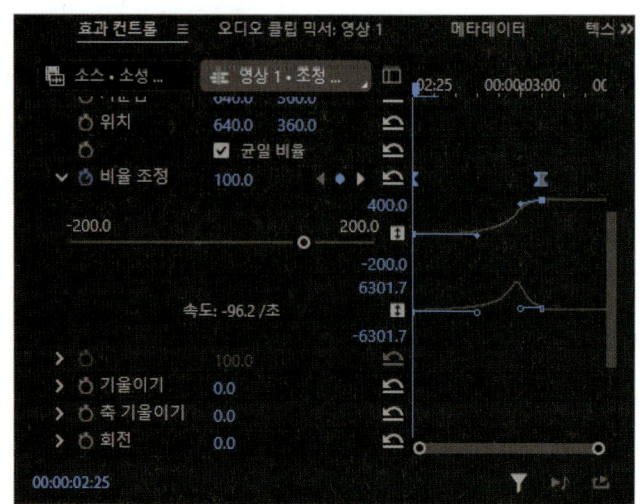

04 줌인 효과를 뒤집기 위해서 모래시계 모양의 첫 번째 키프레임을 우측으로, 두 번째 키프레임을 좌측으로 위치를 뒤바꿉니다. 그리고 영상을 재생하여 줌 아웃 효과를 확인합니다.

TIP
[효과 컨트롤] 패널에 있는 [타임라인]은 선택한 클립의 길이만큼만 보여집니다. 키프레임을 양 끝단에 위치시켜서 줌아웃 효과가 끊기지 않도록 합니다.

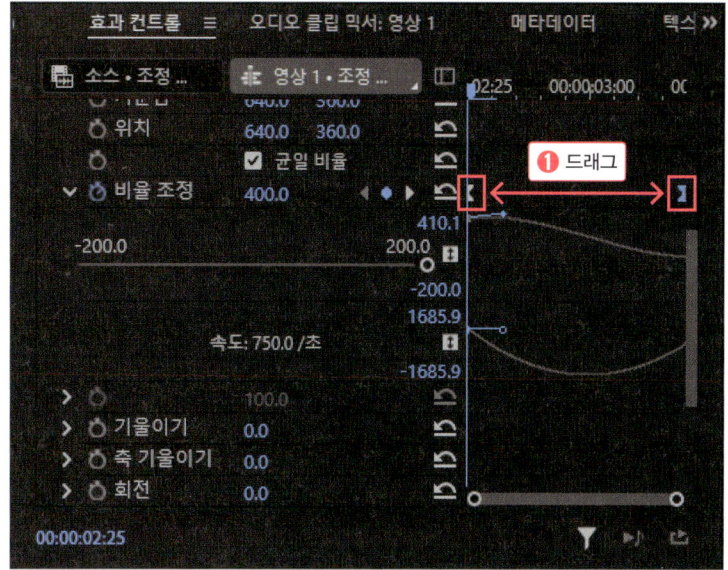

05 영상을 재생하여 줌아웃 효과를 확인하고, [내보내기]를 클릭하여 mp4 영상으로 출력합니다.

SECTION 3
화면 분할
❶ 화면 좌우 분할

핵심 내용

화면 좌우 분할은 프로야구 방송의 투수와 포수, 대담 프로그램의 인터뷰어와 인터뷰이 등 주인공 2인이 한 화면에 크게 등장할 때 사용하는 기법입니다. 본 예제에서는 [안내선]을 활용하여 화면을 이등분하고, [비율 조정]을 통해 화면을 균형적으로 좌우 분할하는 방법을 안내합니다.

핵심 기능

[안내선] → [효과] > [자르기]
[효과 컨트롤] > [모션] > [위치] + [비율 조정]

미리 보기 유튜브 창진탐, 미국 애플 직원 인터뷰

영상 1(인터뷰어)

영상 2(인터뷰이)

화면 좌우 분할

01 우측 영상 레이아웃

[안내선] → [효과] > [자르기]

▶ 준비 파일 : C3 > S3 > P1 > 좌우 분할.prproj, 영상 01~02.mp4 ▶ 완성 파일 : C3 > S3 > P1 > 완성 파일 폴더

01 '좌우 분할.prproj' 파일을 각각 불러옵니다. 2분할 영상을 만들기 위해 [프로젝트] 패널에서 '영상 1.mp4' 영상 클립을 드래그해 [V1] 트랙에 넣고, '영상 2.mp4' 영상 클립을 드래그해 [V2] 트랙에 넣습니다.

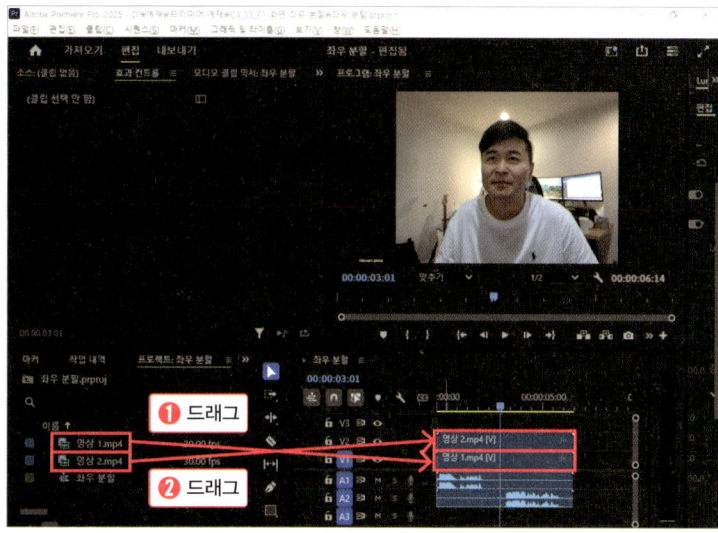

02 화면을 나누기에 앞서, 안내선을 넣어 화면을 정확히 2등분 하겠습니다. Ctrl + R을 눌러 [프로그램 모니터] 패널에 눈금자를 띄우고 패널 왼쪽 수직 눈금자에서 마우스를 드래그하여 안내선을 640 픽셀 위치로 가져옵니다.

TIP
가로 사이즈가 1280 픽셀이기 때문에, 640 픽셀 위치에 안내선을 넣어줍니다.
[보기] > [눈금자 표시] 메뉴를 클릭하는 방법도 있습니다.

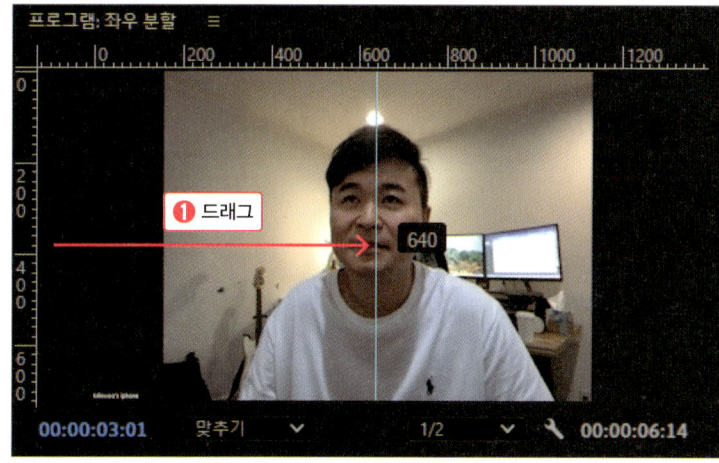

03 영상의 레이아웃을 자르기 위해 [효과] 패널에서 [비디오 효과] > [변형] > [자르기]를 '영상 1.mp4'와 '영상 2.mp4' 영상 클립에 각각 드래그합니다.

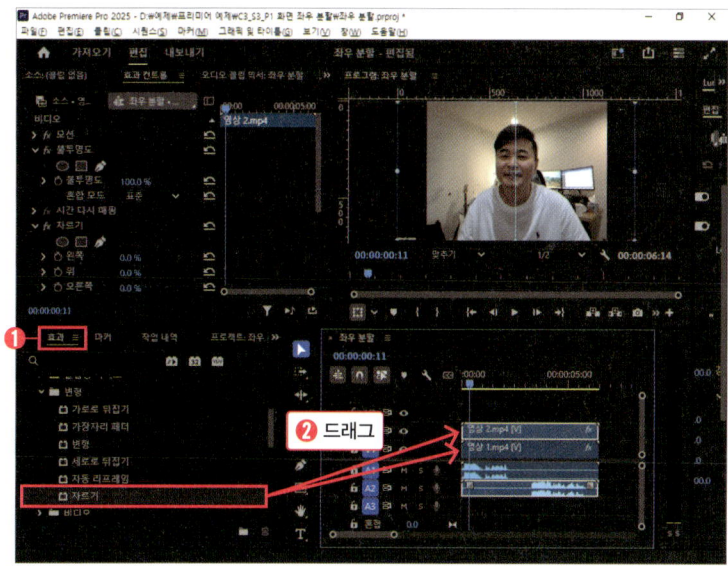

CHAPTER 03 영상 편집 기본 테크닉 | 163

04 '영상 2.mp4' 영상 클립이 선택된 상태에서 [효과 컨트롤] 패널의 [모션] > [위치]를 '958, 360'으로 설정합니다.

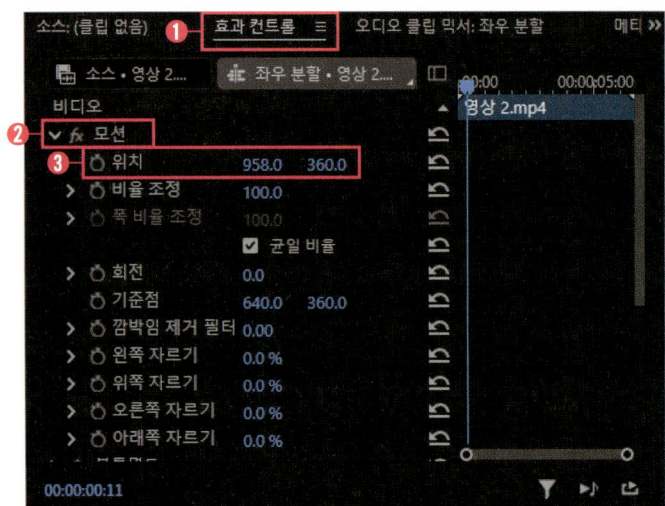

05 안내선 바깥으로 튀어나온 '영상 2.mp4' 영상 클립의 좌측 부분을 잘라주겠습니다. [효과 컨트롤] 패널의 [자르기] > [왼쪽]을 '25%'로 설정합니다.

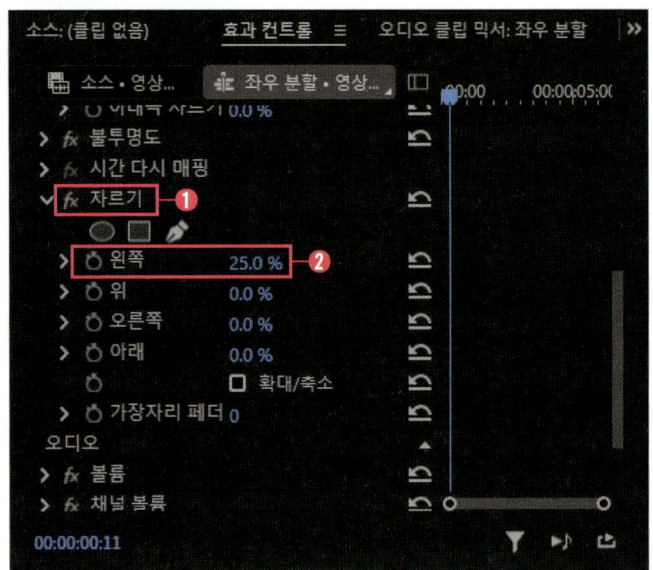

06 우측 '영상 2'의 레이아웃이 완성되었습니다.

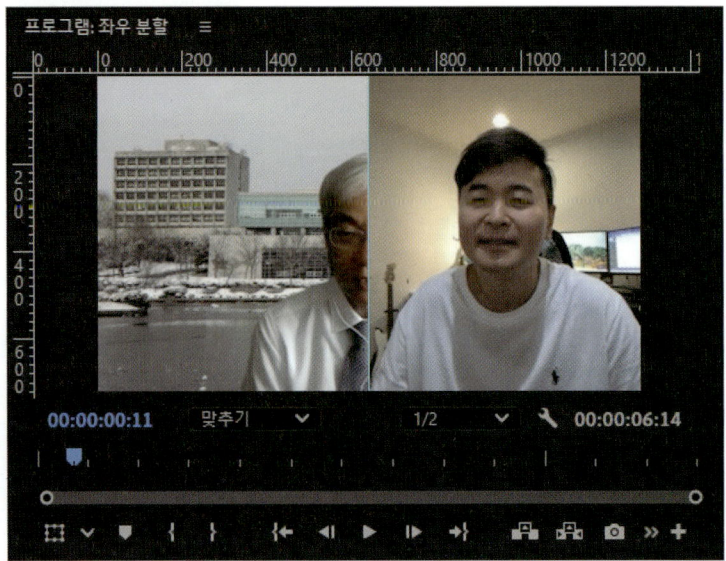

02 좌측 영상 레이아웃

[효과 컨트롤] > [모션] > [위치] + [비율 조정]

01 '영상 1.mp4' 영상 클립이 선택된 상태에서 [효과 컨트롤] 패널의 [모션] > [위치]를 '339, 338'로 설정하고 [비율 조정]을 '106'으로 설정합니다.

TIP ....
[비디오] > [모션]의 [위치]와 [비율 조정]은 영상 속 인물의 위치와 크기를 균형적으로 맞출 수 있습니다.

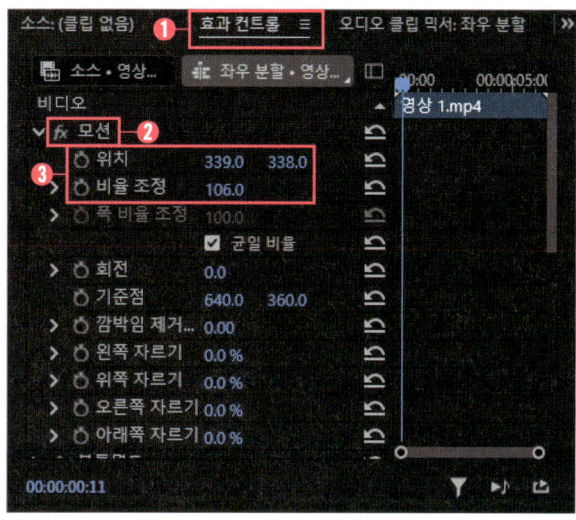

02 [프로그램 모니터] 패널이 선택된 상태에서 [보기] > [안내선 표시]([Ctrl]+[;]) 메뉴를 클릭하여 안내선을 없애줍니다. 화면 좌우 분할의 레이아웃이 완성되면 영상을 재생하여 확인합니다.

TIP ....
[안내선 표시] 기능이 잠겨 있다면 [프로그램 모니터] 패널을 클릭해 봅니다.

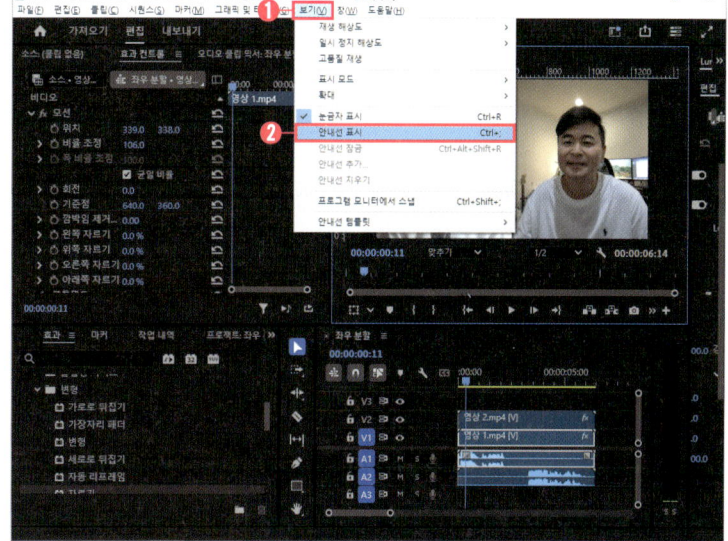

SECTION 3

화면 분할
❷ 화면 상하 분할

핵심 내용
화면 상하 분할은 주로 쇼츠에서 사용합니다. 쇼츠의 세로 공간이 길기 때문입니다. 본 예제에서는 두 개의 영상을 상하로 분할하고, 분할된 직선을 사선으로 수정한 후 그 사이에 분할 띠를 넣는 방법에 대해 안내합니다.

핵심 기능
[효과 컨트롤] > [불투명도] > [4지점 다각형 마스크 만들기]
[도구] > [사각형 도구]

미리 보기 유튜브 쇼츠, Mariage d'amour

영상 1   영상 2   상하 분할

01 직선을 사선으로 바꾸기

[불투명도] > [4지점 다각형 마스크 만들기]

▶ **준비 파일** : C3 > S3 > P2 > 마스크로 화면 분할.prproj, 영상 1~2.mp4   ▶ **완성 파일** : C3 > S3 > P2 > 완성 파일 폴더

01 '마스크로 화면 분할.prproj' 파일을 불러옵니다. 마스크를 적용해 화면을 분할하기 전에, 상하 화면의 레이아웃을 먼저 설정하겠습니다.

TIP ....
마스크를 활용해 화면 분할을 하면 [자르기] 효과와는 다르게 분할 면의 모양을 자유롭게 정할 수 있다는 장점이 있습니다.

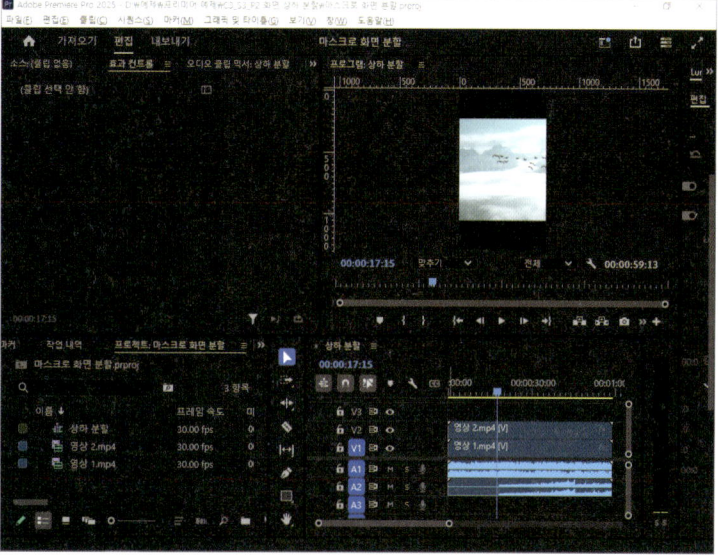

02 '영상 2.mp4' 영상 클립을 선택한 상태로 [효과 컨트롤] 패널에서 [모션] > [위치]를 '360, 312'로 설정합니다.

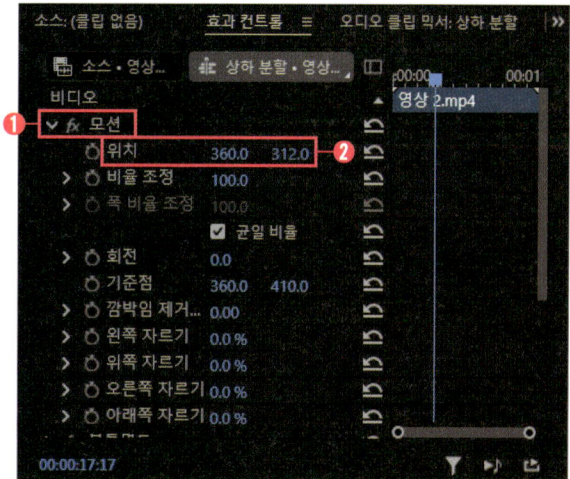

03 같은 방식으로 '영상 1.mp4' 영상 클립을 선택하고 [효과 컨트롤] 패널에서 [모션] > [위치]를 '360, 923'으로 설정합니다.

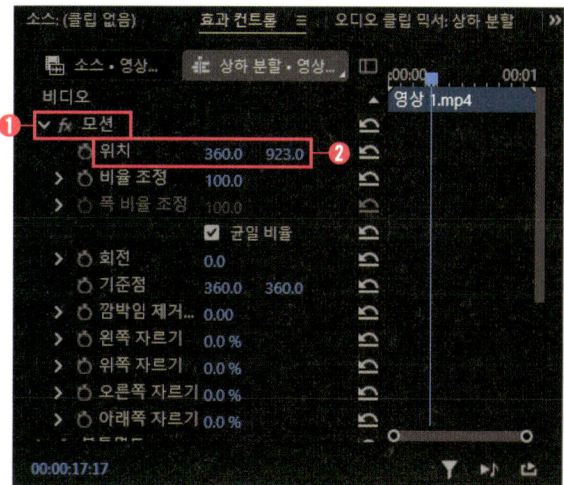

04 이제 화면의 분할 면을 대각선으로 잘라주겠습니다. '영상 2.mp4' 영상 클립이 선택된 상태로 [효과 컨트롤] 패널에서 [불투명도] > [4지점 다각형 마스크 만들기] 아이콘을 클릭합니다.

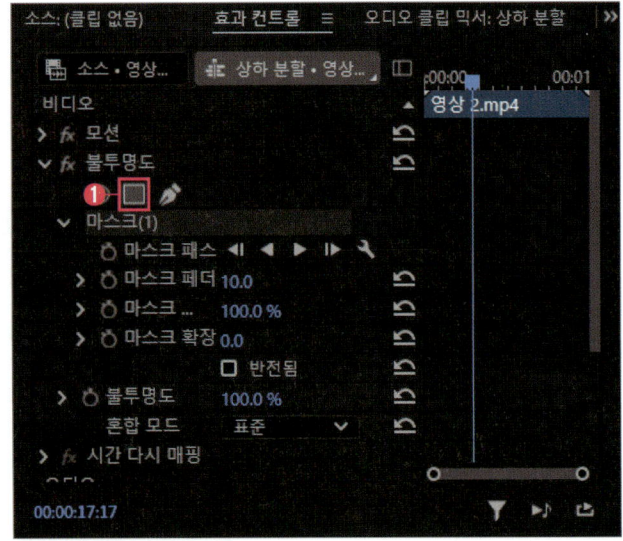

05 [프로그램 모니터] 패널에 마스크가 나타났습니다. [효과 컨트롤] 패널에 [마스크(1)]이 선택된 상태로 사각형 마스크 꼭짓점에 각 조절점을 바깥쪽으로 드래그하여 다음과 같이 밑면을 사선으로 만듭니다.

TIP
만약 마스크의 조절점이 화면 밖을 벗어나 보이지 않는다면 [확대 축소 레벨 선택]을 클릭하여 수치를 낮춥니다.
마스크의 선을 클릭하여 조절점을 추가할 수 있습니다. 반대로 Ctrl을 누른 채 조절점을 클릭하면 조절점이 사라집니다.

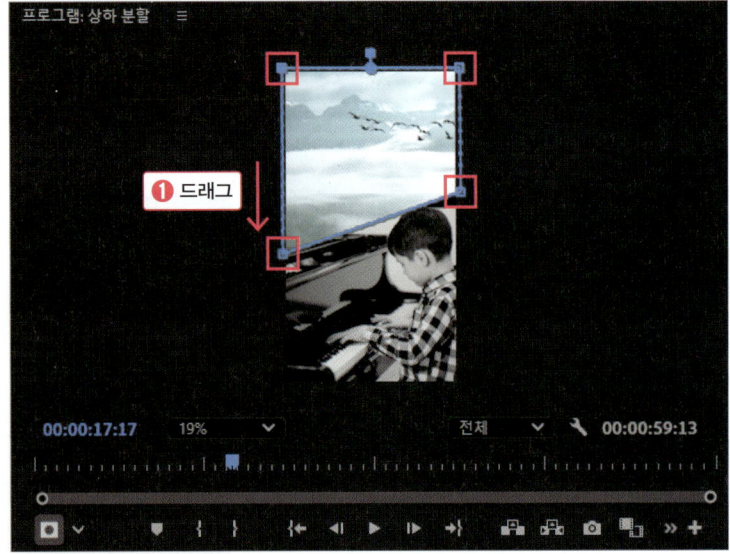

06 '영상 2.mp4' 영상 클립이 선택된 상태로 [효과 컨트롤] 패널에서 [불투명도] > [마스크(1)] > [마스크 페더]를 '0'으로 수정합니다. [효과 컨트롤] 패널의 빈 곳을 클릭해서 [마스크(1)]의 선택을 해제합니다.

TIP
[마스크 페더]는 마스크 가장자리의 불투명도를 조절하여 부드럽게 연결시켜 주는 기능입니다.

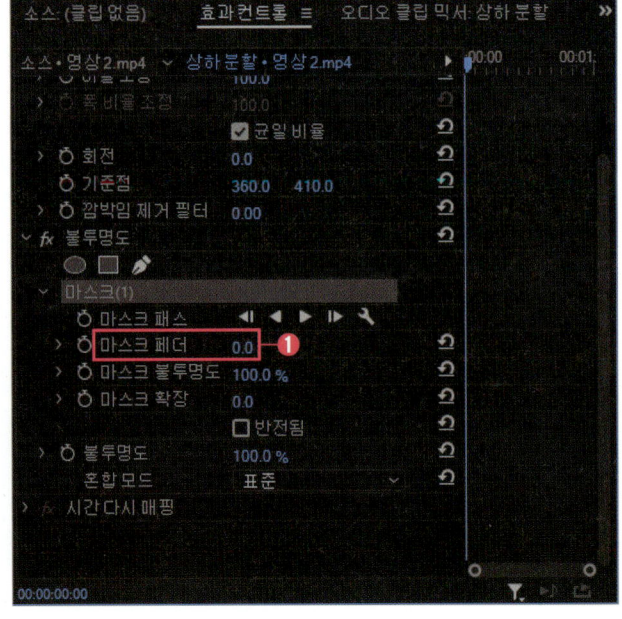

02 분할 띠 만들기

[도구] > [사각형 도구]

01 분할된 영상 사이에 선을 넣어 딱딱한 분할 면을 개선해 보겠습니다. [도구] 패널에서 [사각형 도구]를 선택합니다.

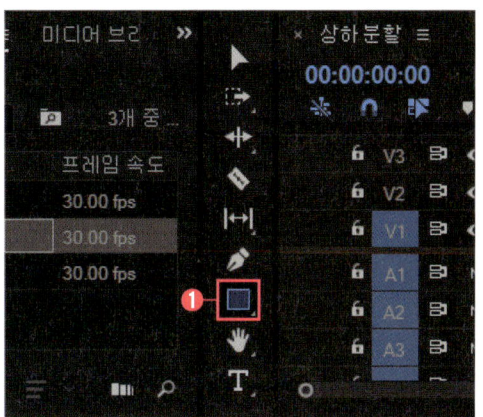

02 [프로그램 모니터] 패널에서 드래그하여 다음과 같은 얇고 긴 사각형을 그려줍니다.

TIP ··
분할 면이 사선이기 때문에 영상의 가로 길이보다 더 길게 그려줘야 합니다.

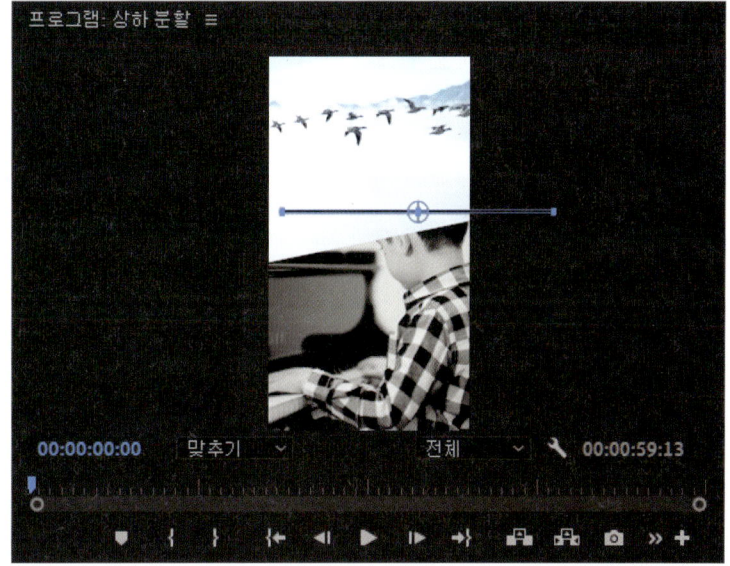

03 [타임라인] 패널에 새로 만들어진 그래픽 클립의 [Out 점]을 드래그하여 영상 클립의 길이와 같도록 맞춰줍니다.

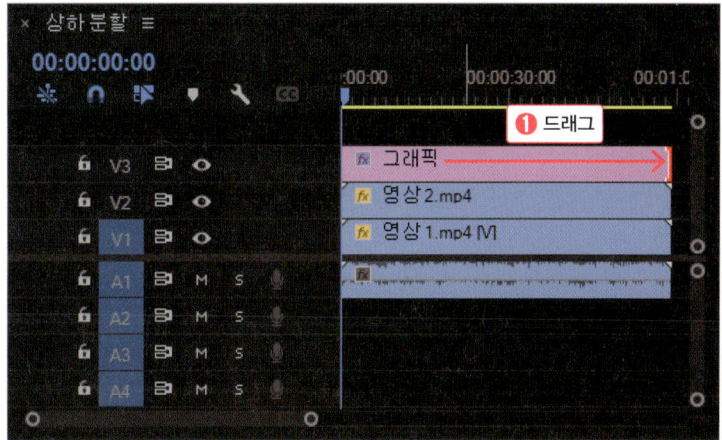

04 그래픽 클립이 선택된 상태로 [효과 컨트롤] 패널에서 [모양(모양01)] > [모양] > [칠]을 '검은색'으로 설정합니다.

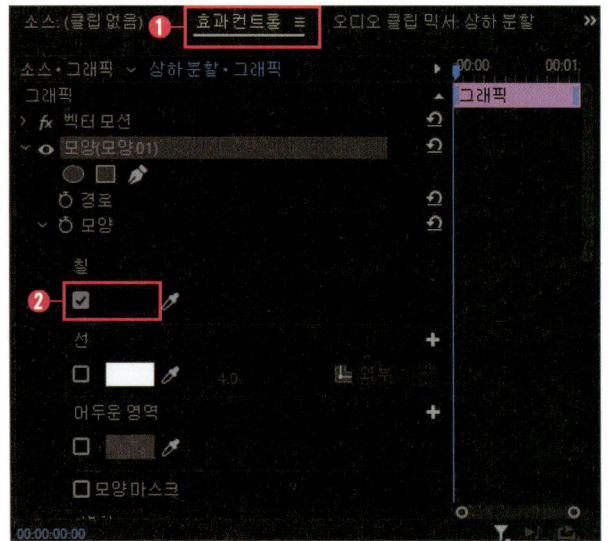

05 [프로그램 모니터] 패널을 보며 [위치]와 [회전]의 수치를 클릭-드래그하여 분할 면 위에 분할 띠가 올라가도록 설정합니다.

TIP ································
[효과]의 값을 우측 상단으로 드래그하면 값이 점점 커지고 좌측 하단으로 드래그하면 값이 점점 작아집니다.

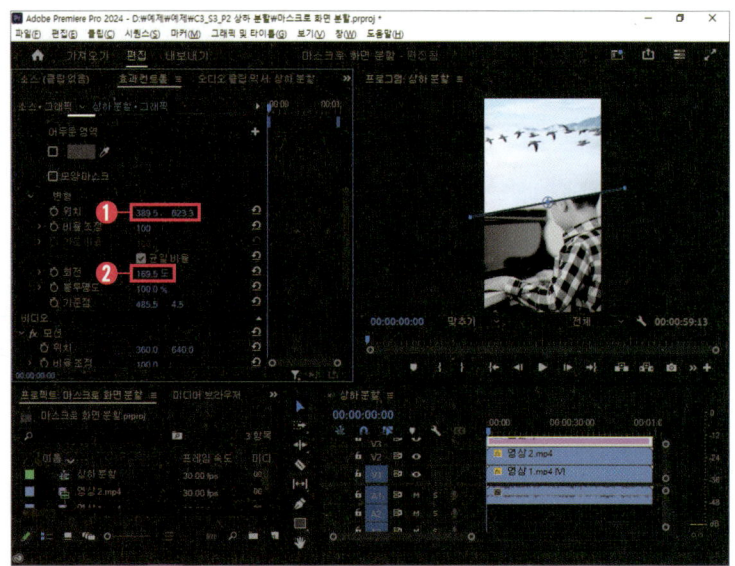

06 편집이 끝났다면 영상을 재생하여 확인합니다. [내보내기]를 클릭하여 mp4 영상으로 출력합니다.

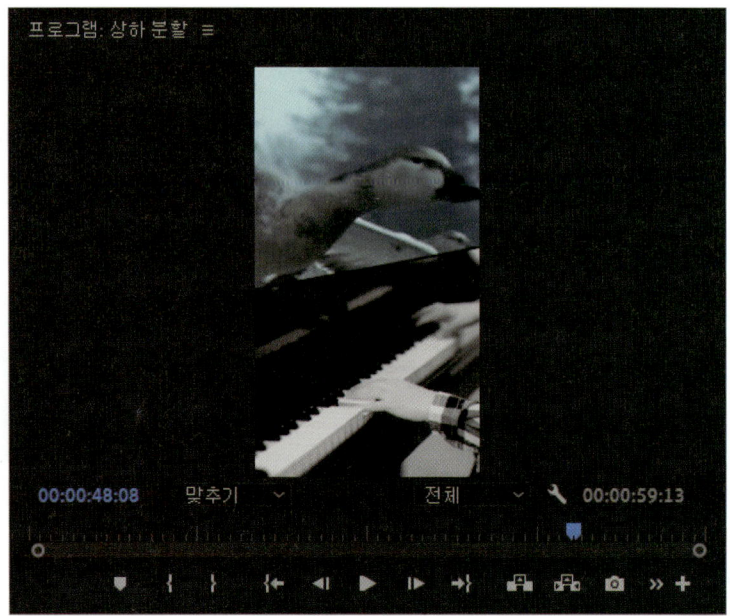

SECTION 3

화면 분할
❸ 내레이션 원형 분할

핵심 내용
화면 안에 다른 화면을 추가로 넣어 편집하는 기법을 PIP(Picture In Picture)라고 합니다. 이것은 내레이션, 해설, 청중의 반응 모습 등을 추가할 때 사용하는 영상 편집 기법입니다. 기본적으로는 사각형을 사용하지만, 상황에 따라 원형을 사용하기도 합니다. 본 예제에서는 [타원 도구]와 [트랙 매트] 등을 활용한 원형 분할 방법을 소개합니다.

핵심 기능
[타원 도구]
[효과] > [트랙 매트 키]

미리 보기 유튜브 강연, 창의적 문제 해결 방안 PT 중 일부분

교육(PT).mp4

내레이션.mp4

내레이션 원형 분할

01 타원 도구 사용하기

[타원 도구]

▶ **준비 파일** : C3 > S3 > P3 > 내레이션 분할.prproj, 교육.mp4, 내레이션.mp4　▶ **완성 파일** : C3 > S3 > P3 > 완성 파일 폴더

01 [프로젝트 열기]를 클릭하여 '내레이션 분할.prproj' 파일을 불러옵니다.

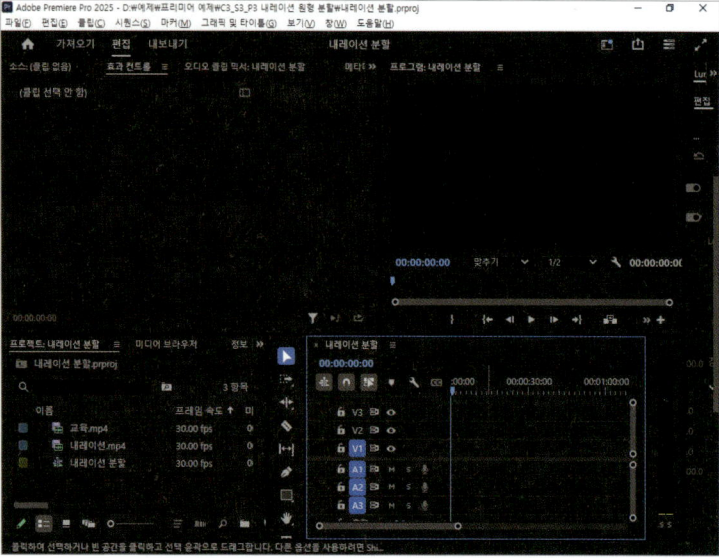

02 [프로젝트] 패널의 '교육.mp4' 영상 클립을 [V1] 트랙, '내레이션.mp4' 영상 클립을 [V2] 트랙에 다음과 같이 드래그합니다.

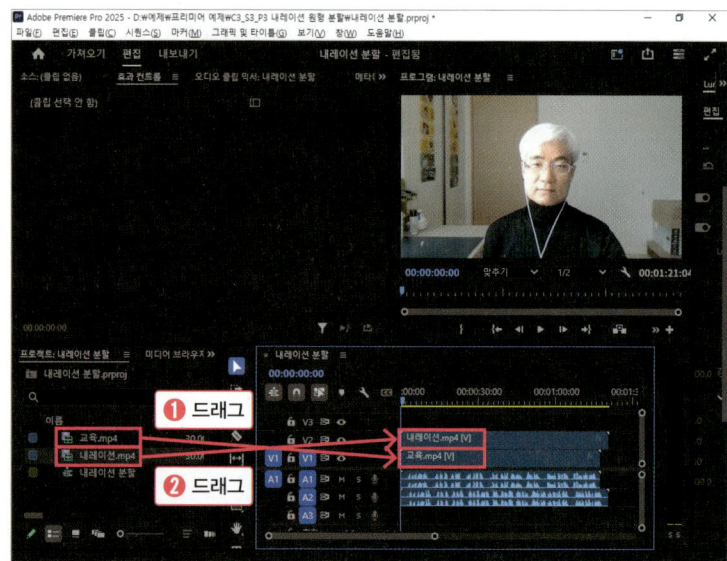

03 [V2] 트랙의 '내레이션.mp4' 영상 클립의 뒤쪽에 불필요한 부분이 있으므로 [Out 점]을 조절하여 [V1] 트랙의 영상 클립 길이와 같도록 맞춥니다.

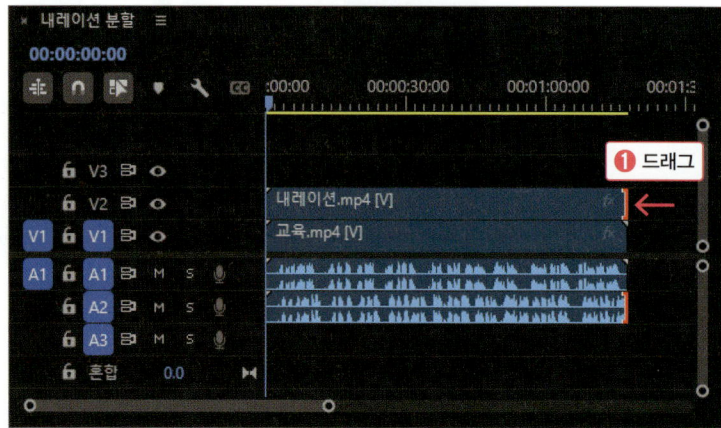

04 [도구] 패널에서 [타원 도구]를 선택하고, [프로그램 모니터] 패널의 화면에서 Shift를 누른 채 원을 그립니다. [타임라인] 패널의 [V3] 트랙에 그래픽 클립이 만들어졌음을 확인합니다.

TIP ···
사각형 박스 형태로 인물 부분을 보이게 하려면 [사각형 도구]를 이용하여 도형을 그립니다.
Shift를 누른 채 도형을 그리면 가로, 세로 비율이 1:1인 정사이즈 크기로 만들 수 있습니다.
원의 위치와 크기는 적당히 설정한 후 나중에 정확하게 수정해도 됩니다.

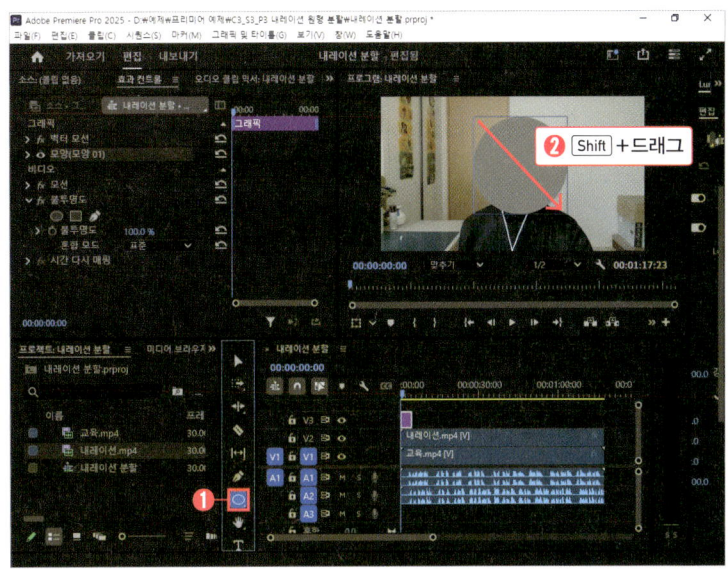

05 [타임라인] 패널에서 그래픽 클립의 길이를 아래 영상 클립의 길이와 동일하게 늘립니다.

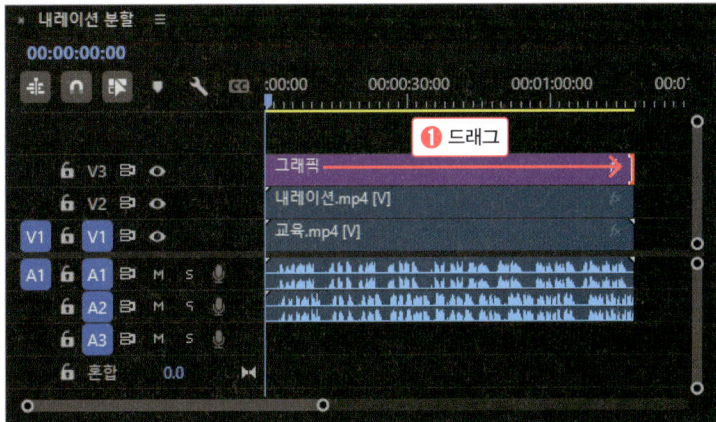

CHAPTER 03 영상 편집 기본 테크닉 | **173**

02 내레이션 원형 화면 만들기

[효과] > [트랙 매트 키]

01 배경을 투명하게 만드는 효과를 적용하기 위해 [효과] 패널에서 [비디오 효과] > [키잉] > [트랙 매트 키]를 찾습니다.

TIP
[트랙 매트 키]는 클립의 특정한 부분을 투명하게 만들어 아래 트랙에 있는 클립과 합성할 수 있도록 만드는 효과입니다.

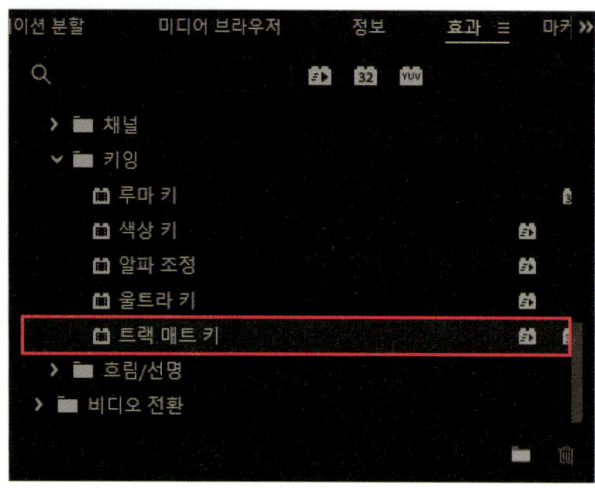

02 [효과] 패널의 [트랙 매트 키] 효과를 [타임라인] 패널의 '내레이션.mp4' 영상 클립에 드래그하여 적용합니다.

TIP
내레이션 영상의 일부분만 보이게 효과를 적용해야 하므로 그래픽 클립이 아니라 '내레이션.mp4' 영상 클립에 효과를 적용해야 합니다.

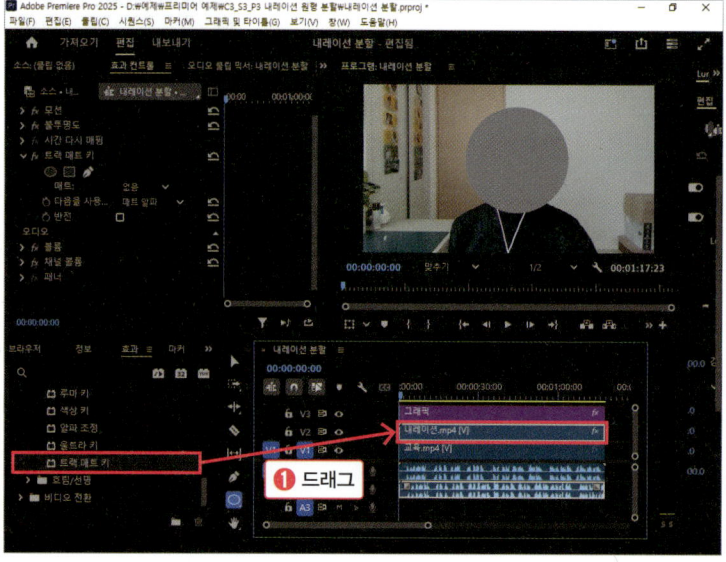

03 [효과 컨트롤] 패널에서 [트랙 매트 키] > [매트]를 그래픽 클립이 있는 트랙인 '비디오 3'으로 설정합니다.

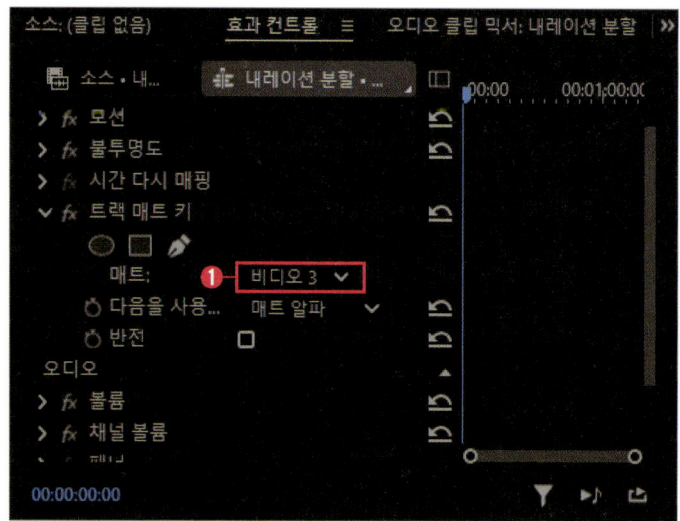

04 [트랙 매트 키] 효과의 옵션을 올바르게 설정했다면 다음과 같이 '내레이션.mp4' 영상 클립에서 원형으로 인물 부분만 표시되고 배경은 투명해져서 배경에 있는 영상 클립이 표시됩니다.

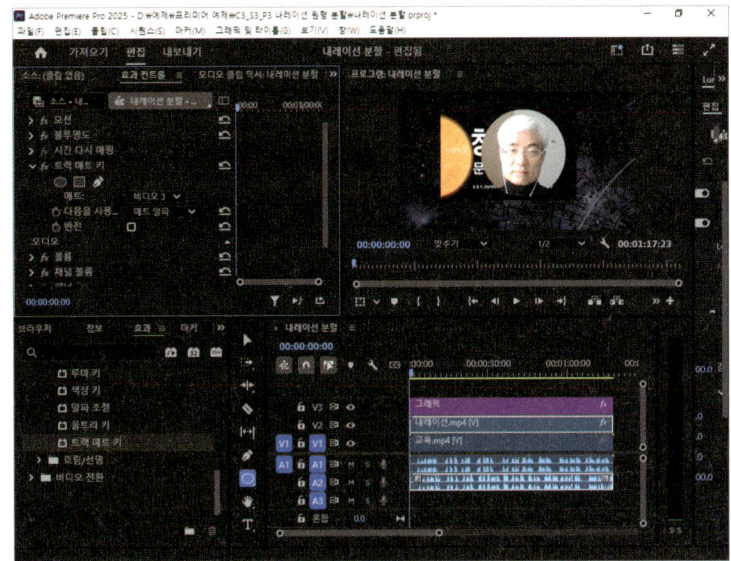

05 원의 위치와 크기를 조정하기 위해서 [타임라인] 패널의 그래픽 클립을 선택하고 [효과 컨트롤] 패널에서 [벡터 모션] > [위치]와 [비율 조정]의 값을 수정하여 다음과 같이 원의 위치와 크기를 적절하게 맞춥니다.

- [위치] : 635, 362
- [비율 조정] : 105

TIP ··
[효과 컨트롤] 패널에서 푸른 숫자를 클릭한 채 양옆으로 드래그하여 효과를 적용할 수 있고,
[프로그램 모니터] 패널에서 더블클릭하여 클립을 이동할 수 있습니다.

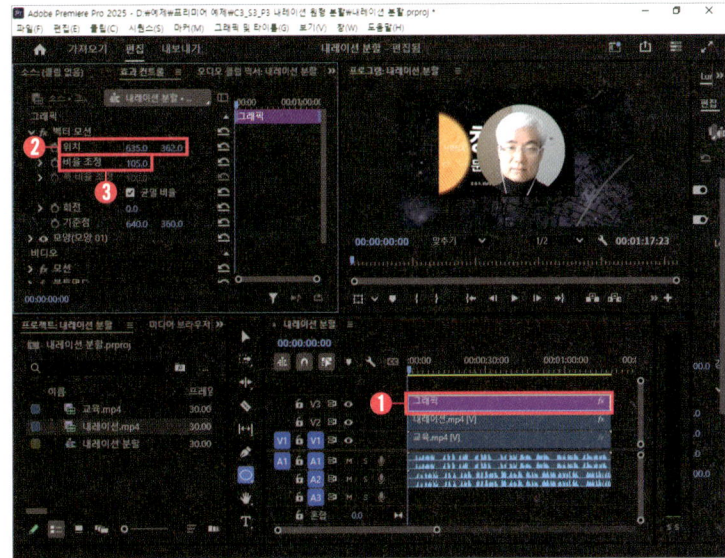

06 [타임라인] 패널에서 '내레이션.mp4' 영상 클립을 선택하고, [효과 컨트롤] 패널에서 [모션] > [위치]와 [비율 조정]의 값을 조절하여 다음과 같이 배치합니다.

- [위치] : 1109, 595
- [비율 조정] : 55

TIP ··
'내레이션.mp4' 영상 클립을 수정하면 그래픽 클립도 같이 크기와 위치가 수정됩니다. 이는 [트랙 매트 키] 효과로 연결되어 있기 때문입니다.

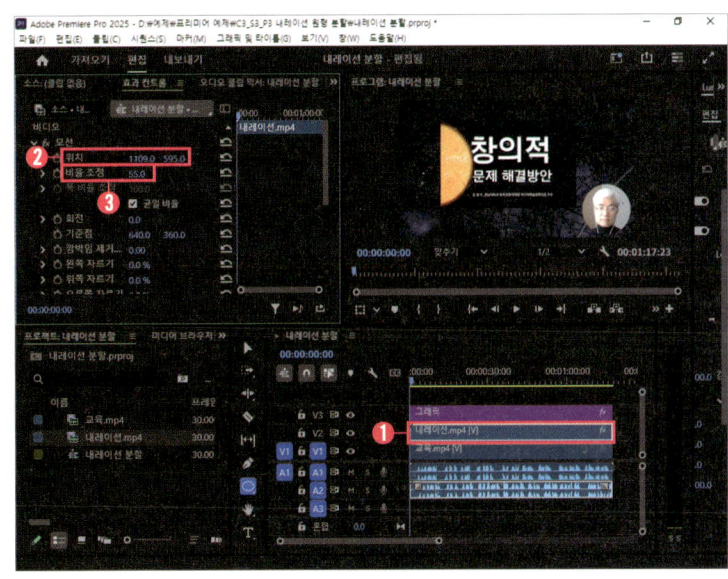

CHAPTER 03 영상 편집 기본 테크닉 | **175**

07 그밖에 오디오 트랙에서 [A1] 트랙의 [M] 아이콘을 클릭하여 불필요한 오디오를 음소거합니다.

TIP
편집된 영상의 음성이 [A1], [A2] 트랙에 동시에 있으므로 오디오가 겹쳐서 들리는 경우가 있습니다. 오디오 트랙의 음소거 기능을 이용하면 해당 트랙에 있는 소리가 들리지 않게 됩니다.

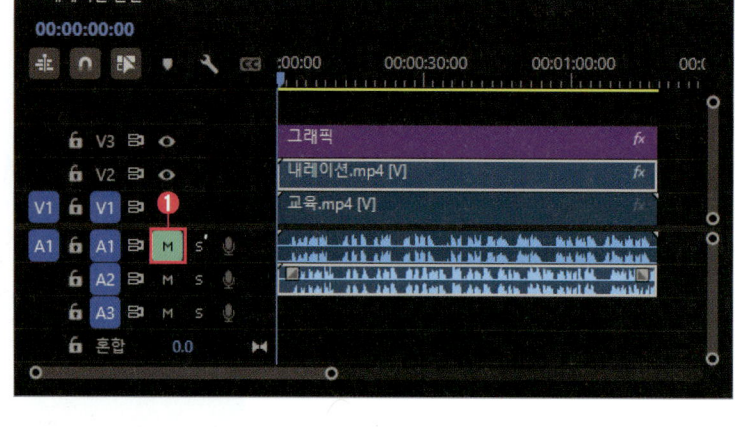

08 편집이 마무리되면 영상을 확인하고, [내보내기]를 클릭하여 mp4 영상으로 출력합니다.

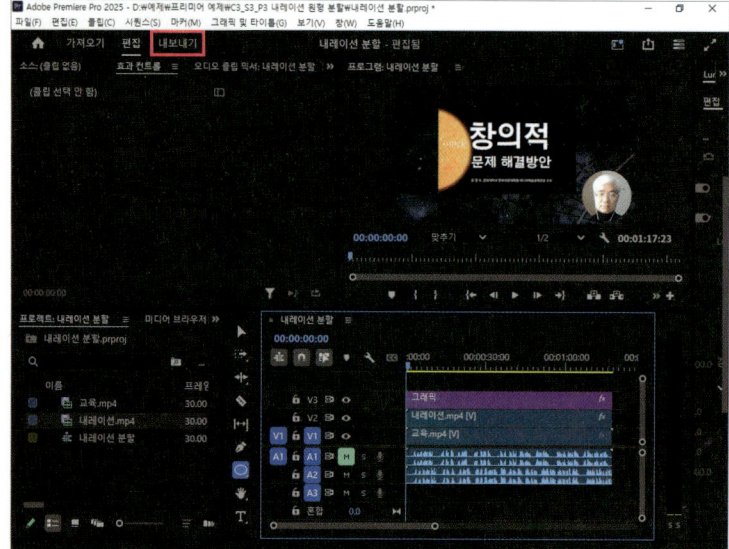

SECTION 3 화면 분할

❹ 다분할과 모션 테크닉

핵심 내용

화면 분할 기법은 단순하지만, 이를 나누고 응용하는 방법은 다양합니다. 본 예제에서는 2개 화면 → 3개 화면 → 4개 화면 등의 다양한 자르기 기법 응용과 이때 화면을 이동하는 테크닉에 대해서 실습해 봅니다.

핵심 기능

[모션] > [위치] → [효과] > [자르기]
[모션] > [위치] > [애니메이션 켜기/끄기]

미리 보기 전국인터넷중독예방 UCC 경진대회 '대상' 수상 작품 중 일부분

원본

2분할

3분할

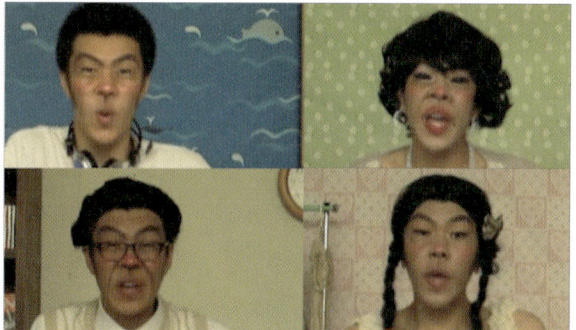
4분할

01　화면 2분할

[모션] > [위치] → [효과] > [자르기]

▶ 준비 파일 : C3 > S3 > P4 > 다분할과 모션.prproj, 01~10.mp4　　▶ 완성 파일 : C3 > S3 > P4 > 완성 파일 폴더

01 '다분할과 모션.prproj' 파일을 불러온 후 [프로젝트] 패널의 '01.mp4' 영상 클립을 [타임라인] 패널로 드래그합니다. 재생하여 영상을 확인합니다.

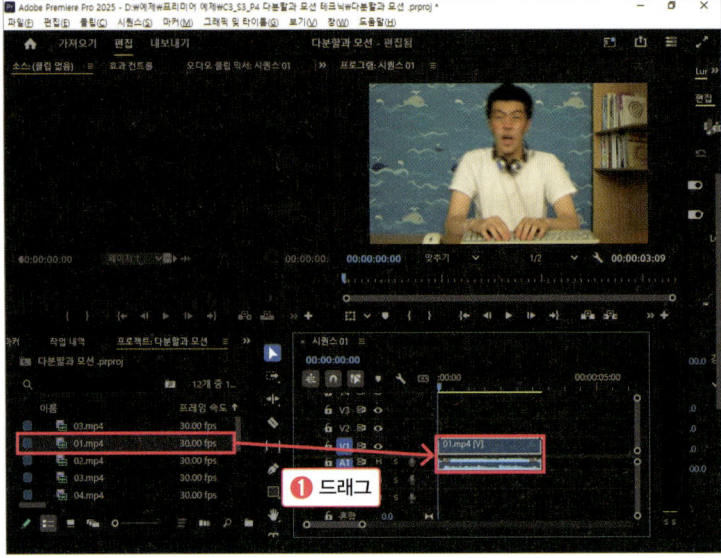

02 2분할 화면을 만들기 위해서 [타임라인] 패널에서 '01.mp4' 영상 클립을 선택하고, [효과 컨트롤] 패널에서 [모션] > [위치]를 '480, 540'으로 설정하여 영상 클립의 위치를 화면에서 왼쪽으로 옮깁니다.

03 다음으로 [프로젝트] 패널의 '02.mp4' 영상 클립을 [타임라인] 패널 [V2] 트랙의 시작점으로 드래그한 후 [효과 컨트롤] 패널에서 [위치]를 '1450, 540'으로 설정하여 화면에서 위치를 오른쪽으로 옮깁니다.

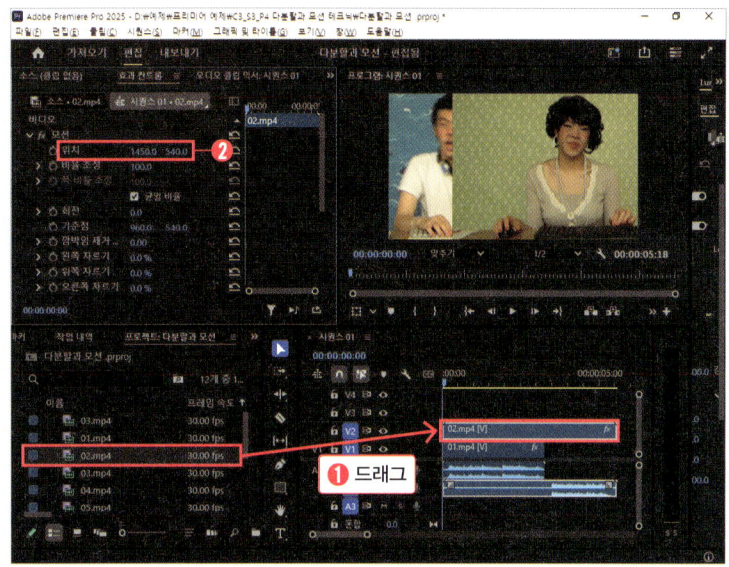

04 화면을 2분할로 만들기 위해서 영상 클립의 일부분을 잘라내야 합니다. 이를 위해서 [창] > [효과] 메뉴를 클릭하여 [효과] 패널을 연 후 [비디오 효과] > [변형] > [자르기]를 찾습니다.

TIP
[자르기] 효과는 클립의 상하좌우 일부분을 수치(%)로 입력하여 잘라낼 수 있습니다.

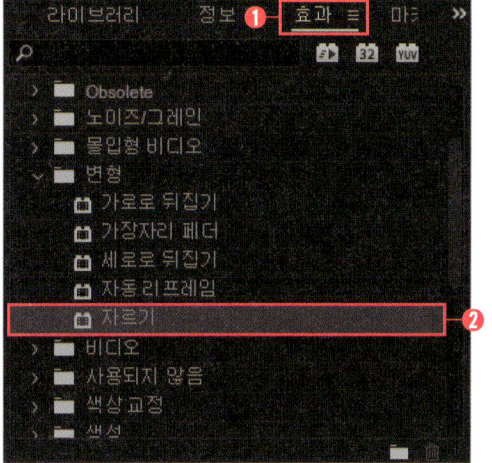

05 [효과] 패널의 [자르기] 효과를 [타임라인] 패널의 '02.mp4' 영상 클립에 드래그하여 적용하고, [효과 컨트롤] 패널에서 [자르기] > [왼쪽]을 '25%'로 설정하여 클립의 왼쪽 일부분을 잘라냅니다. Space Bar 를 눌러 분할된 화면을 확인합니다.

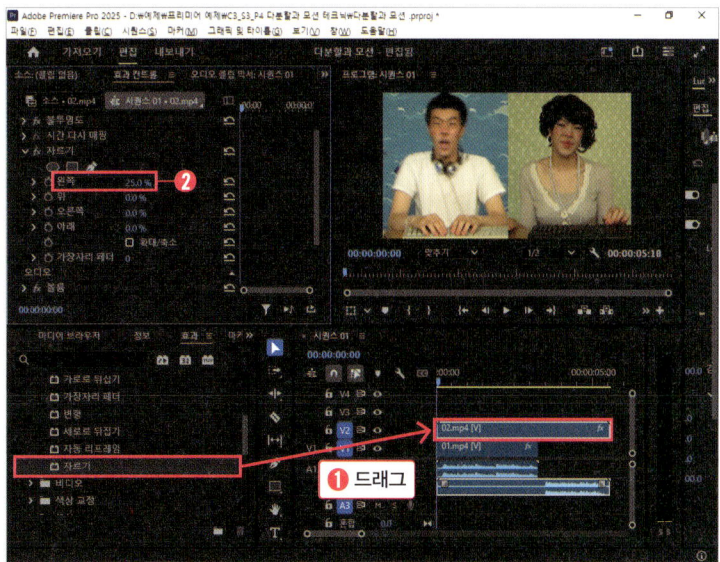

CHAPTER 03 영상 편집 기본 테크닉 | 179

02 화면 이동 모션

[모션] > [위치] > [애니메이션 켜기/끄기]

01 분할 화면에 움직임을 주기 위해서 [인디케이터]를 '01.mp4' 영상 클립에서 인물의 얼굴이 돌아가는 지점 00:00:02:15로 옮긴 후 [타임라인] 패널에서 '01.mp4' 클립을 선택하고, [효과 컨트롤] 패널에서 [모션] > [위치] > [애니메이션 켜기] 아이콘을 클릭하여 애니메이션을 활성화합니다.

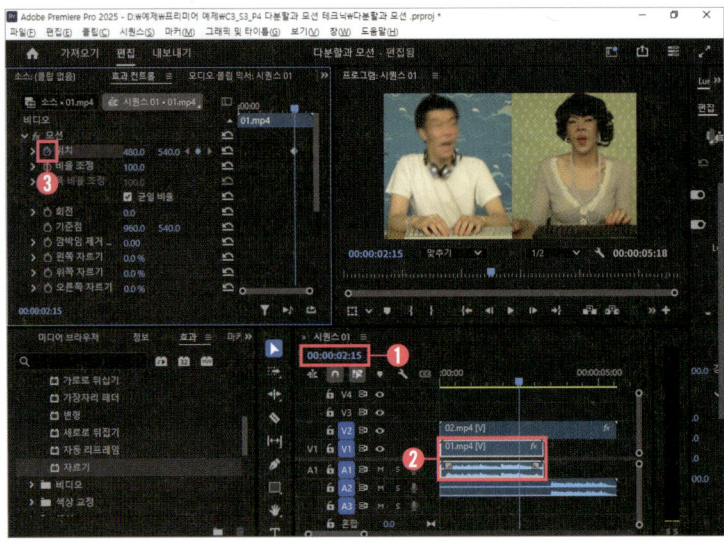

02 [인디케이터]를 '01.mp4' 영상 클립의 주인공이 사라지는 지점 00:00:03:09로 옮긴 후 [효과 컨트롤] 패널에서 [위치]를 '-500, 540'으로 설정하여 '01.mp4' 영상 클립이 오른쪽에서 왼쪽으로 이동하는 모션을 만듭니다.

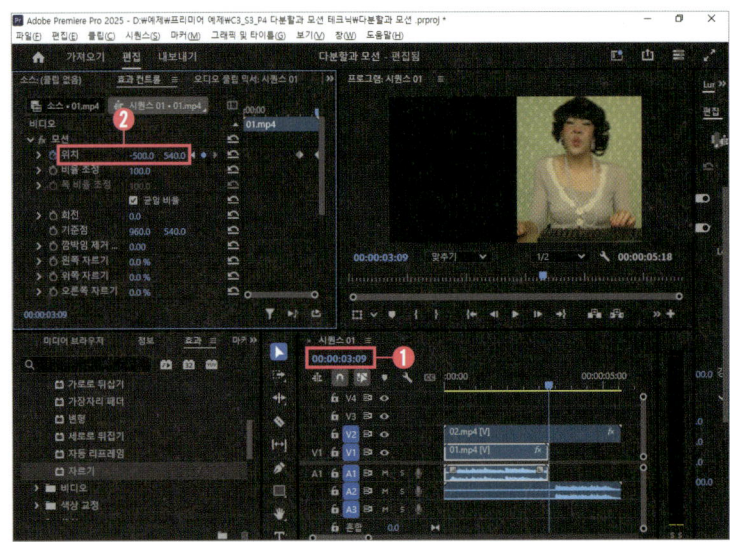

03 '02.mp4' 영상 클립에도 같은 애니메이션을 적용하기 위해서 [타임라인] 패널에서 영상 클립을 선택하고, 00:00:02:15 위치에서 [위치] > [애니메이션 켜기] 아이콘을 클릭하여 활성화한 후 00:00:03:09 위치에서 [위치]를 '480, 540'으로 설정하여 영상을 좌측으로 이동합니다.

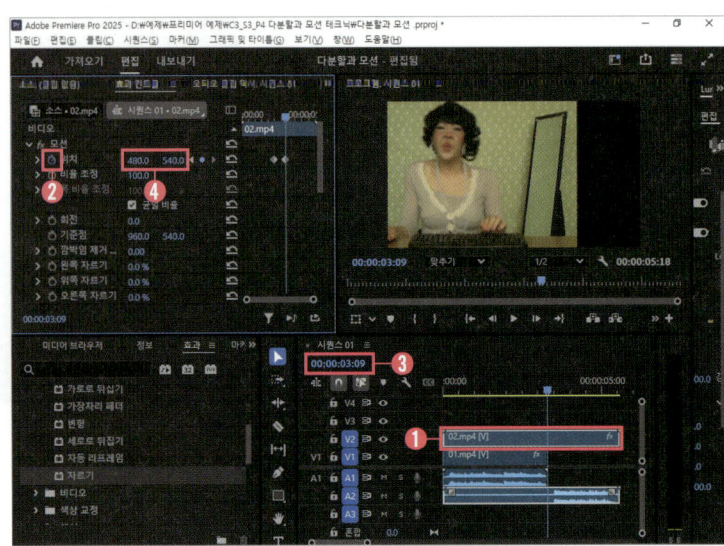

04 '02.mp4' 영상 클립의 오른쪽 절반의 공간을 확보하기 위해서 [효과 컨트롤] 패널에서 [자르기] > [오른쪽]을 '24%'로 설정하여 화면 오른쪽 일부분을 잘라냅니다.

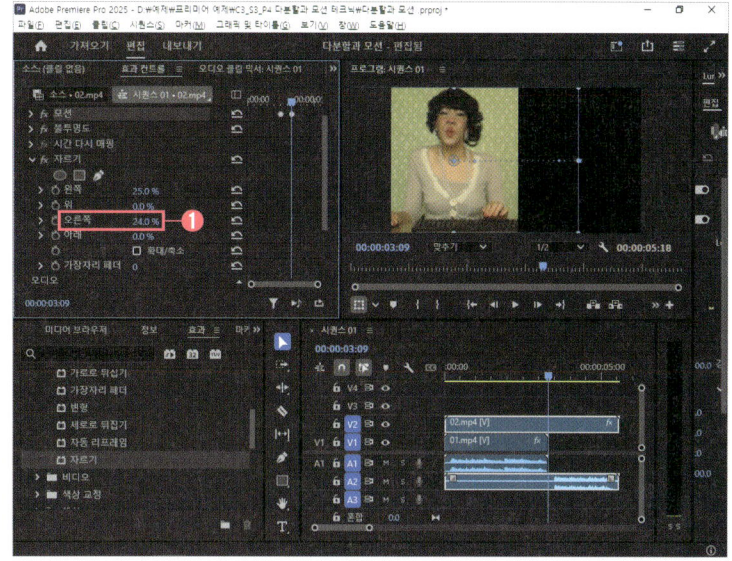

05 다음 영상 클립을 불러와 편집하기 위해서 [인디케이터]를 00:00:02:15 위치로 옮긴 후 [프로젝트] 패널의 '03.mp4' 영상 클립을 [타임라인] 패널의 [V3] 트랙의 [인디케이터] 위치로 드래그한 후 [효과 컨트롤] 패널에서 [위치]를 '1390, 540'으로 설정합니다.

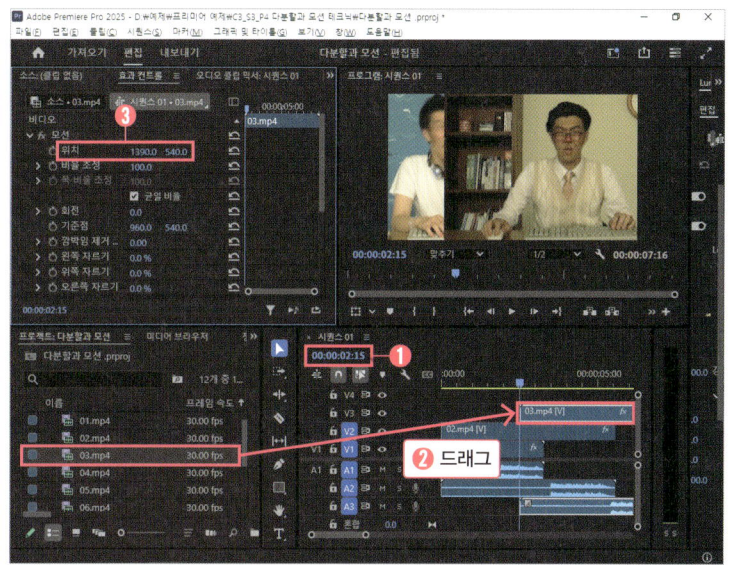

06 '03.mp4' 영상 클립 일부분을 잘라내기 위해서 [효과] 패널의 [자르기] 효과를 '03.mp4' 영상 클립에 적용하고, [효과 컨트롤] 패널에서 [자르기] > [왼쪽]을 '28%'로 설정합니다.

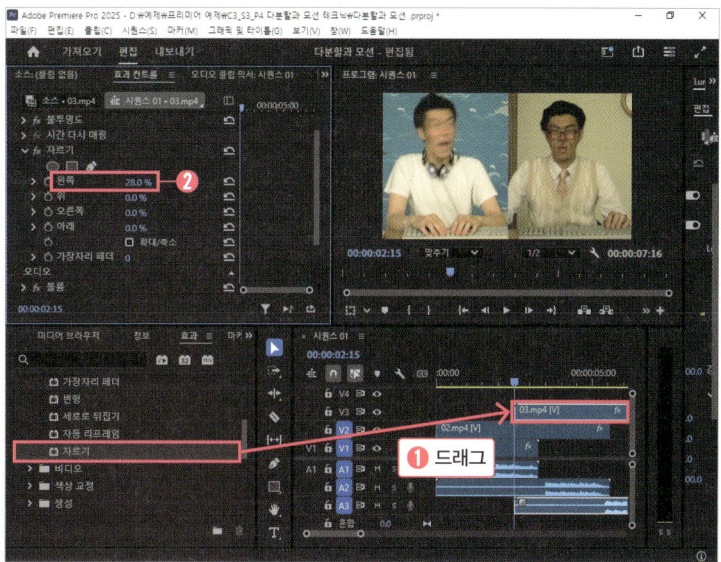

CHAPTER 03 영상 편집 기본 테크닉 | 181

07 '03.mp4' 영상 클립도 같은 애니메이션을 만들기 위해서 [인디케이터]를 00:00:03:09로 옮긴 후 [효과 컨트롤] 패널에서 [위치] > [애니메이션 켜기] 아이콘을 클릭하여 활성화합니다.

08 [인디케이터]를 00:00:02:15 위치로 옮긴 후 [효과 컨트롤] 패널에서 [위치]를 '2340, 540'으로 설정합니다. Space Bar 를 눌러 영상을 확인합니다.

09 나머지 소스를 활용하여 위와 같은 방법으로 화면을 분할하고, 차례대로 다음 인물이 나오도록 편집합니다. 이를 응용하면 4분할 화면도 만들 수 있습니다. 모든 편집이 끝나면 [내보내기]를 클릭하여 mp4 영상으로 만들고 재생하여 확인합니다.

TIP
4분할 화면 만들기는 제공된 완성 파일을 참고하기 바랍니다.

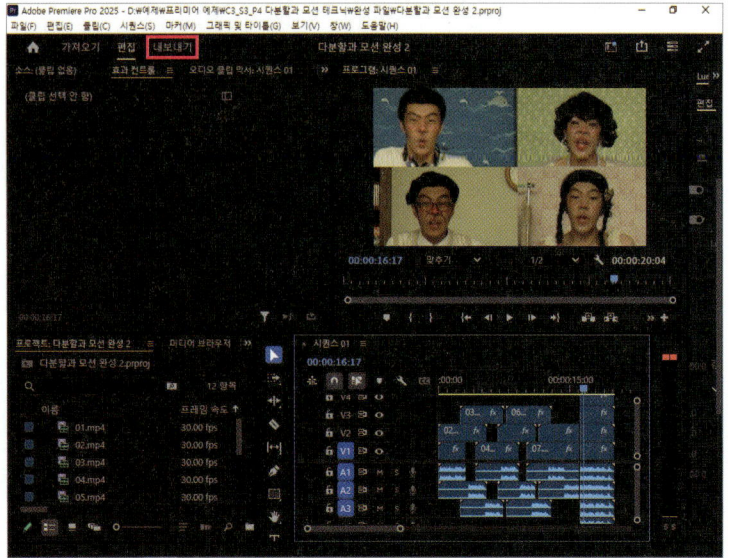

SECTION 4

사운드 편집의 핵심

❶ AI로 현장음 노이즈 제거 및 볼륨 조정

핵심 내용

촬영 후 영상 편집을 할 때, 오디오의 현장음에 노이즈(잡음)가 섞여 있거나, 음성의 볼륨이 작을 때가 종종 있습니다. 그리고 BGM(배경음악)이 현장음에 비해 너무 크거나 작아서 영상의 흐름을 깨지는 경우도 있습니다. 즉, 오디오 편집에서는 '현장음과 BGM의 조화'가 매우 중요합니다. 이번 예제에서는 오디오 현장음의 노이즈 제거와 BGM의 페이드인/아웃 볼륨 조절에 대해서 알아봅니다.

핵심 기능

[기본 사운드] > [음성 강화]
[볼륨] > [레벨] > 볼륨값 입력 + [오디오 게인]

미리 보기 유튜브 창진팀, 꽃차 송희자 명인편

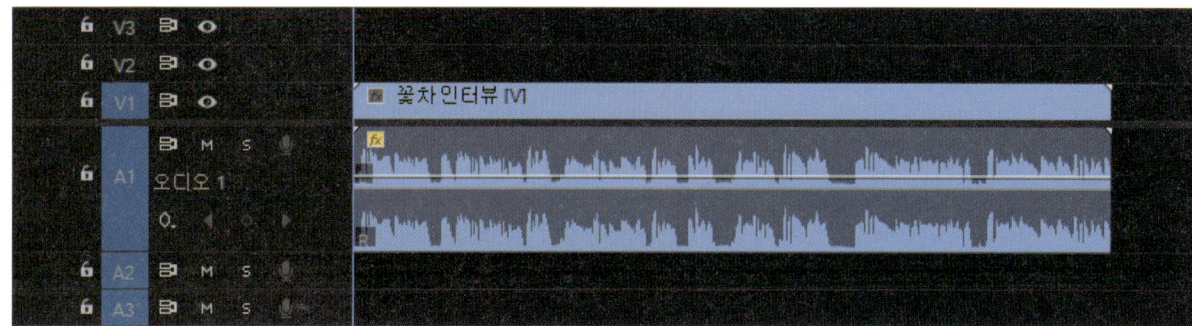

원본

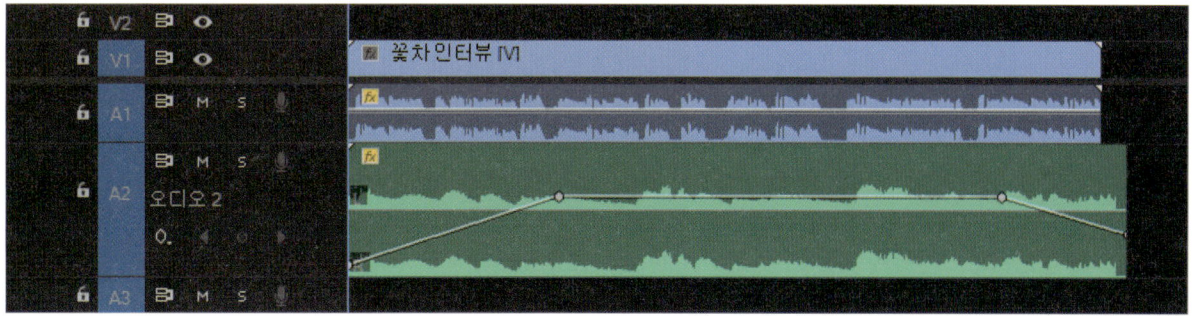

AI [음성 강화] + 키프레임 볼륨 조절

01 AI로 현장음 노이즈 제거하기

[기본 사운드] > [음성 강화]

- **준비 파일** : C3 > S4 > P1 > 노이즈 제거 및 볼륨 조절.prproj, 꽃차 인터뷰.mp4, 찔레꽃.mp3
- **완성 파일** : C3 > S4 > P1 > 완성 파일 폴더

01 '노이즈 제거 및 볼륨 조절.prproj' 파일을 불러온 후 영상을 재생해 보면 음성과 함께 작은 노이즈 소음이 들립니다. AI 기능의 도움을 받아 이를 개선하겠습니다.

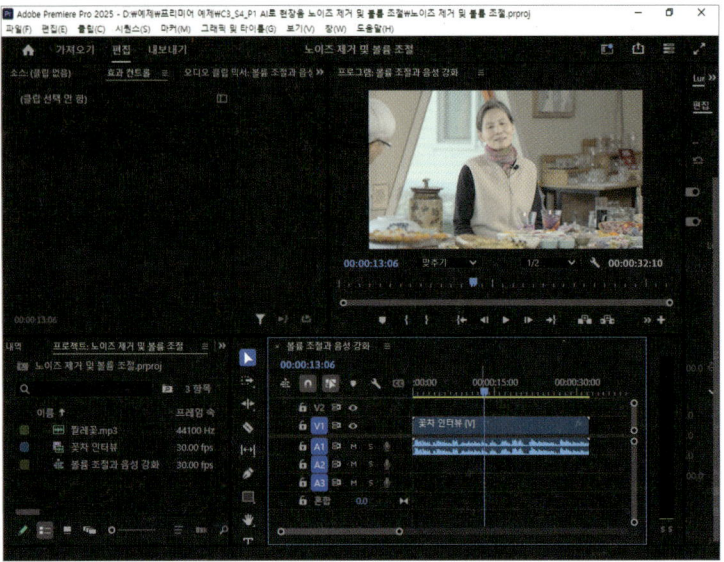

02 [창] > [기본 사운드] 메뉴를 클릭합니다.

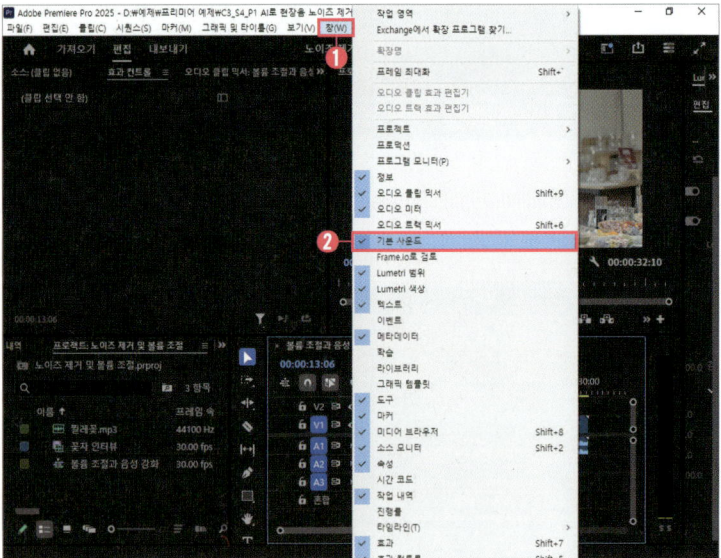

03 [타임라인] 패널에서 '꽃차 인터뷰.mp4' 영상 클립을 선택하고 [기본 사운드] 패널에 있는 [대화]를 클릭합니다.

04 [기본 사운드] 패널의 화면이 다음과 같이 바뀌었다면 [음성 강화] > [향상]을 클릭합니다.

TIP
[음성 강화]는 일반적인 녹음을 전문 스튜디오에서 녹음한 것처럼 현장음의 노이즈를 제거해 주는 오디오의 AI 보정 기능입니다.

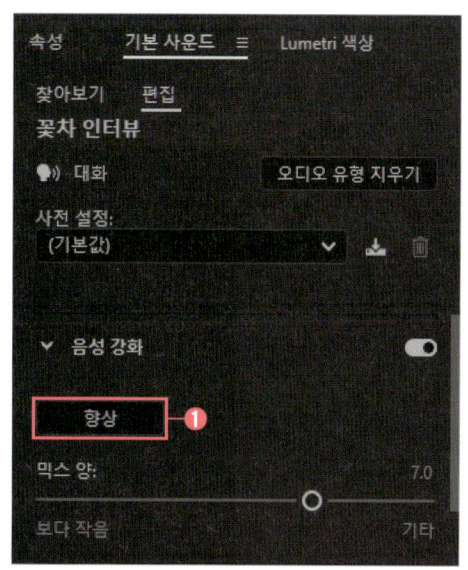

05 [음성 강화]가 적용되면 [믹스 양] 슬라이더를 오른쪽 끝(10.0)까지 드래그합니다. 영상을 재생하여 노이즈 제거 효과를 확인합니다.

TIP
[믹스 양]은 [음성 강화] 효과의 수준을 조절하는 기능입니다. 만약 소리가 어색하다고 판단되면 [믹스 양]의 숫자를 낮추어 줍니다.

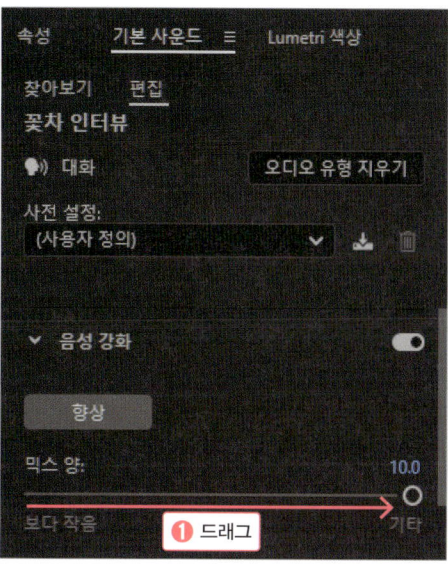

02 BGM의 페이드인/페이드아웃 볼륨 조절하기   [볼륨] > [레벨] + [오디오 게인]

01 [프로젝트] 패널에서 BGM '찔레꽃.mp3' 오디오 클립을 찾아 [A2] 트랙으로 드래그합니다. BGM을 편집하기 전에 [타임라인] 패널에서 [A1] 트랙의 [M] 아이콘을 클릭하여 '현장음 소리'를 잠시 꺼둡니다.

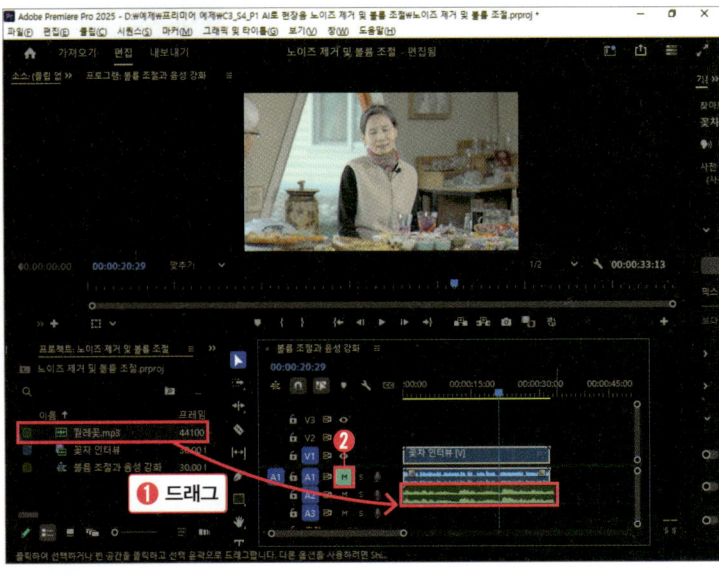

02 '찔레꽃.mp3' 오디오 클립을 선택한 상태로 [효과 컨트롤] 패널을 열어줍니다. [인디케이터]를 00:00:00:00으로 맞추고 [효과 컨트롤] 패널에서 [볼륨] > [레벨] > [애니메이션 켜기] 아이콘을 클릭해 키프레임을 생성한 뒤 값을 '-100(dB)'으로 설정하여 첫 번째 키프레임을 생성합니다.

TIP ....
-100(dB)은 소리가 들리지 않는다는 것을 의미합니다.

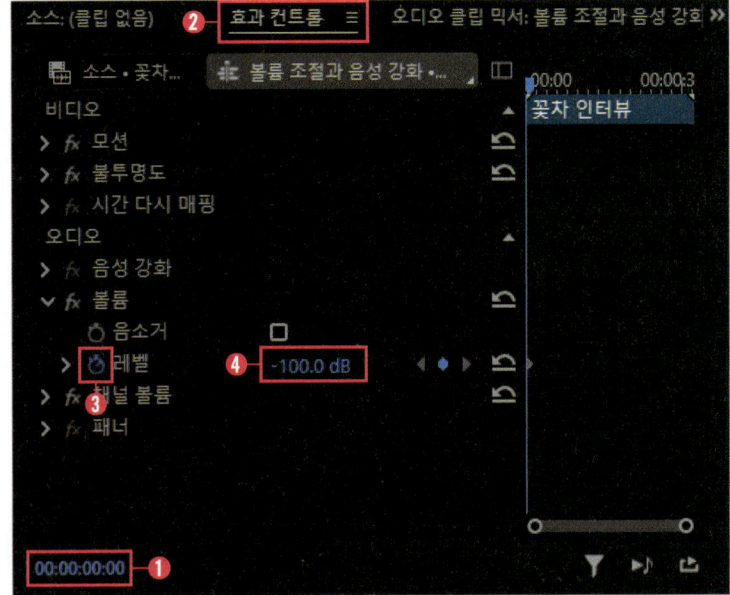

03 BGM에 페이드인 효과를 주기 위해 [인디케이터]를 00:00:09:00으로 맞춰준 다음 [레벨] 값을 0(dB)으로 입력하여 두 번째 키프레임을 생성합니다. [레벨] 좌측의 세부 옵션을 눌러서 적용된 키프레임의 그래프를 확인합니다.

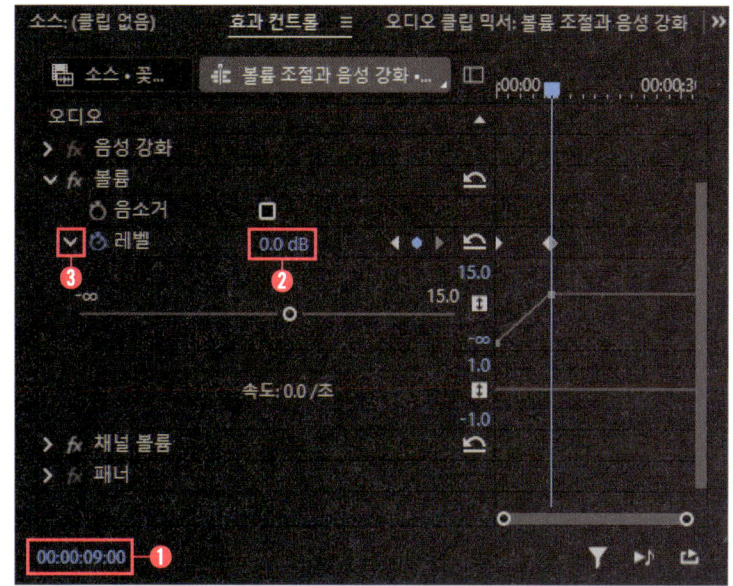

04 BGM에 페이드아웃 효과를 주기 위해 [인디케이터]를 00:00:28:00으로 맞추고 [키프레임 추가] 아이콘을 클릭하여 세 번째 키프레임을 생성합니다.

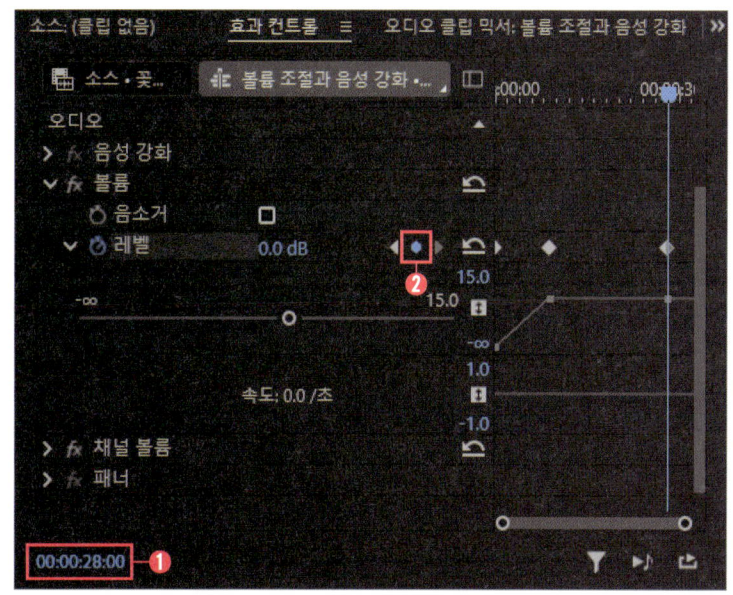

05 [인디케이터]를 '찔레꽃.mp3' 오디오 클립의 [Out 점]으로 옮기고 [레벨]을 '-15(dB)'로 설정하여 네 번째 키프레임을 생성합니다.

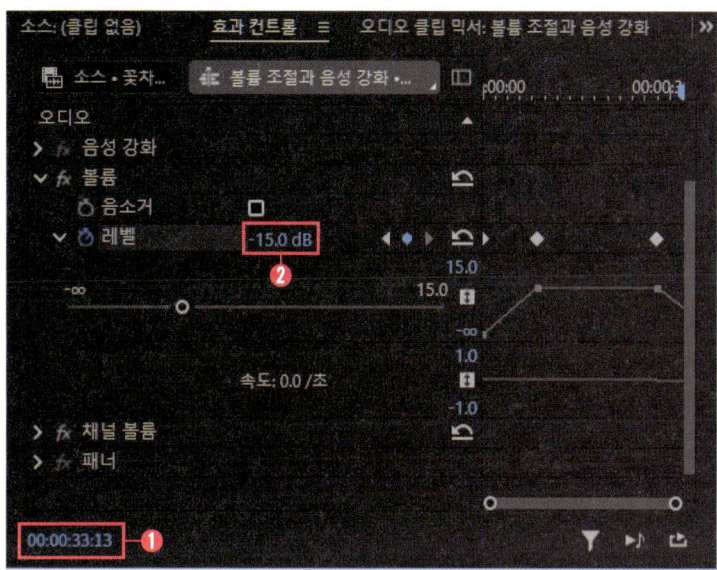

06 [타임라인] 패널에서 [A1] 트랙의 [M] 아이콘을 다시 클릭해서 '현장음 소리'가 들리도록 한 다음, 영상 재생을 통해 오디오 전체를 확인합니다. BGM의 볼륨이 크기 때문에, [타임라인] 패널에 '찔레꽃.mp3' 오디오 클립을 마우스 오른쪽 버튼으로 클릭한 후 [오디오 게인]을 선택합니다.

TIP
오디오 편집 실무에서는 '현장음과 BGM의 조화'가 매우 중요합니다. BGM이 커서 중요한 현장음이 잘 안 들릴 수 있고, 이와 반대로 BGM이 작아서 배경음악이 잡음처럼 들릴 수도 있기 때문입니다.

07 [오디오 게인] 대화상자가 나타나면 [게인 조정]을 '-10(dB)'로 설정하고 [확인] 버튼을 클릭합니다.

TIP
[오디오 게인]을 통해 키프레임에 영향을 주지 않고 전체적인 음량을 한꺼번에 조절할 수 있습니다.

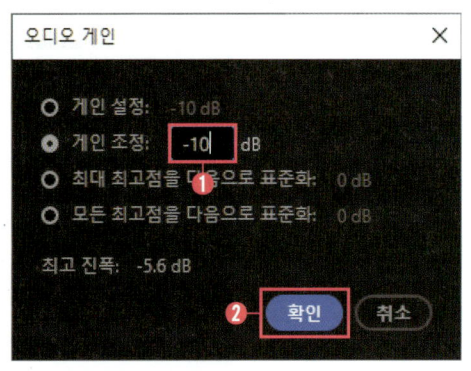

08 영상을 재생하여 오디오의 현장음과 BGM의 조화, 그리고 BGM의 페이드인/아웃 볼륨 효과가 적용된 것을 확인합니다.

SECTION 4
사운드 편집의 핵심
❷ 오디오 볼륨 일괄 조정

핵심 내용
실무적인 오디오 편집 과정에서는 클립이 많아서 클립마다 오디오의 볼륨이 다를 때가 많습니다. 이때 여러 개 클립의 볼륨을 한꺼번에 고르게 하면 작업 시간을 크게 절약할 수 있습니다. 본 예제에서는 [오디오 게인]과 [자동 일치], 두 가지의 방법을 통해서 여러 클립의 볼륨을 한꺼번에 평균으로 맞추는 방법에 대해서 안내합니다.

핵심 기능
[오디오 게인]
[기본 사운드] > [자동 일치]

미리 보기 유튜브, 창진탐 황솔촌 황의남편

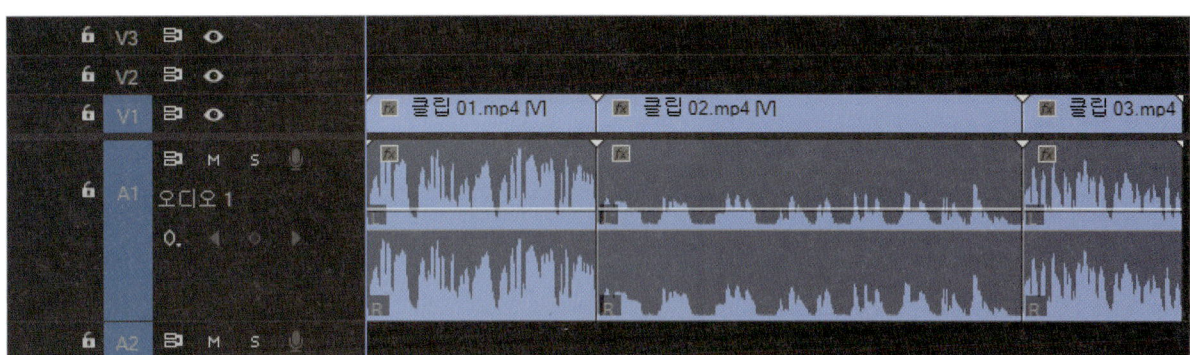

원본

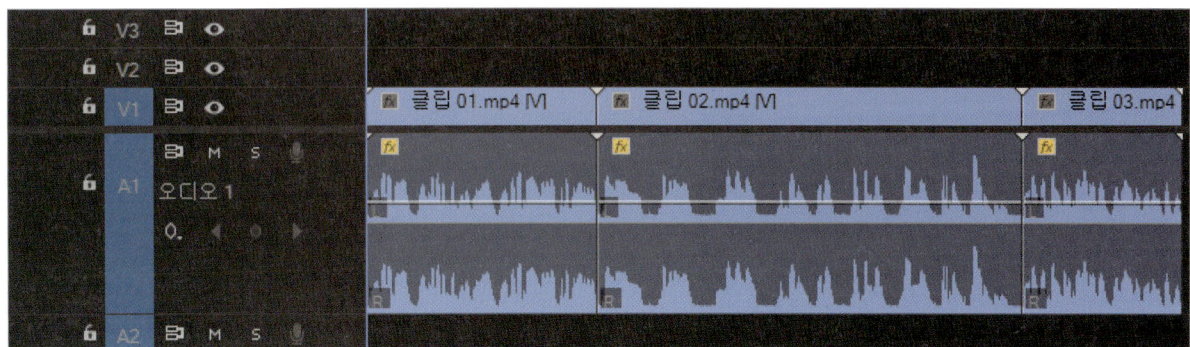

[오디오 게인] / [자동 일치]

01 여러 클립의 볼륨 일괄 조정 1 [오디오 게인]

▶ 준비 파일 : C3 > S4 > P2 > 오디오 볼륨 일괄 조정.prproj, 클립 01~03.mp4 ▶ 완성 파일 : C3 > S4 > P2 > 완성 파일 폴더

01 '볼륨 일괄 조정.prproj' 파일을 불러오면, 오디오 클립마다 음량(볼륨)이 다른 것을 알 수 있습니다.

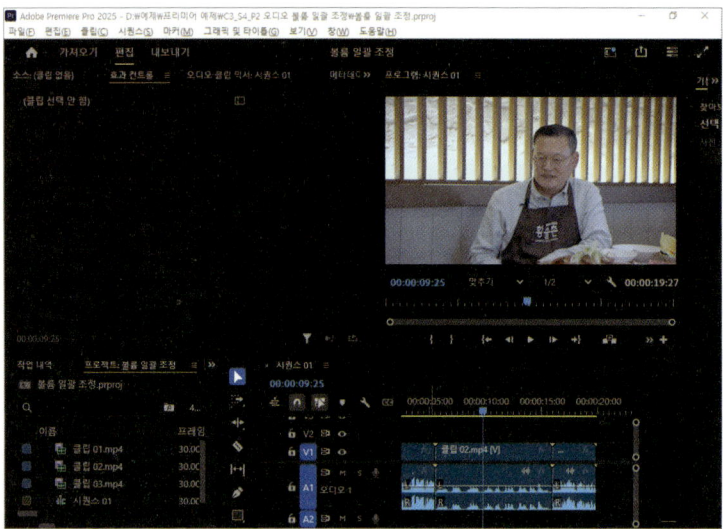

02 모든 클립의 음량을 한꺼번에 조정하기 위해 [타임라인] 패널에서 '클립 01~03.mp4' 영상 클립을 선택하고 마우스 오른쪽 버튼을 클릭한 후 [오디오 게인]을 선택합니다.

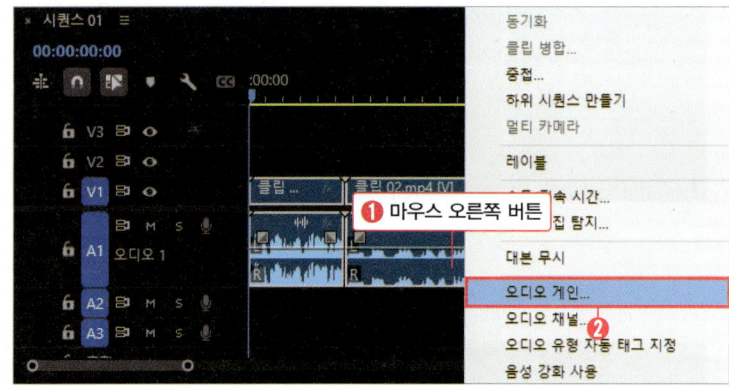

03 [오디오 게인] 대화상자가 나타나면 [모든 최고점을 다음으로 표준화]를 체크하고, '-5dB'로 설정합니다.

04 모든 클립의 최고 음량을 -5dB로 맞췄기 때문에 오디오 파형의 길이가 비슷해진 것을 확인할 수 있습니다. 오디오 볼륨을 일괄 조정할 수 있는 다른 방법을 실습하기 위해 파일을 저장하지 않고 프로젝트를 종료합니다.

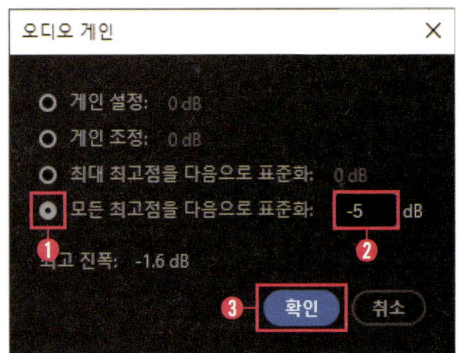

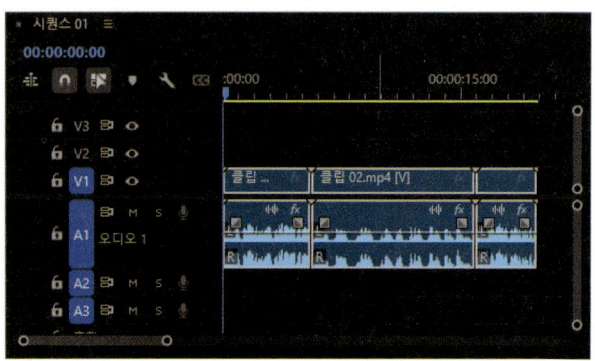

SECTION

사운드 편집의 핵심
❷ 오디오 볼륨 일괄 조정

핵심 내용
실무적인 오디오 편집 과정에서는 클립이 많아서 클립마다 오디오의 볼륨이 다를 때가 많습니다. 이때 여러 개 클립의 볼륨을 한꺼번에 고르게 하면 작업 시간을 크게 절약할 수 있습니다. 본 예제에서는 [오디오 게인]과 [자동 일치], 두 가지의 방법을 통해서 여러 클립의 볼륨을 한꺼번에 평균으로 맞추는 방법에 대해서 안내합니다.

핵심 기능
[오디오 게인]
[기본 사운드] > [자동 일치]

미리 보기 유튜브, 창진탐 황솔촌 황의남편

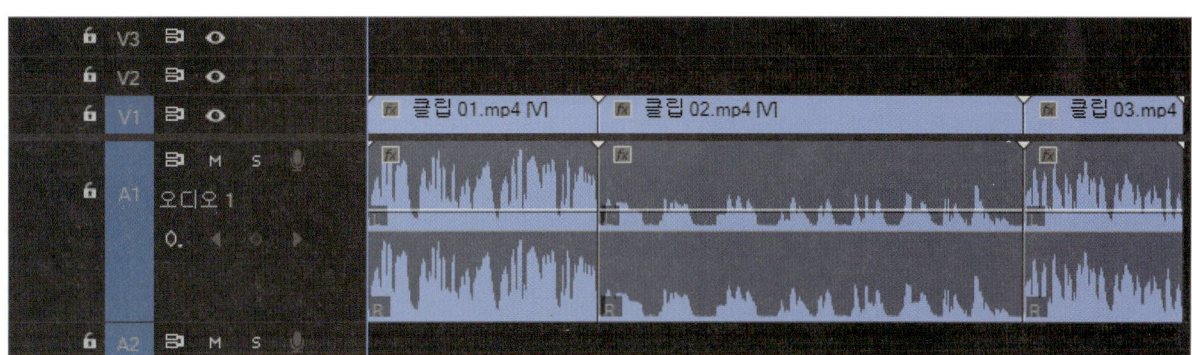

원본

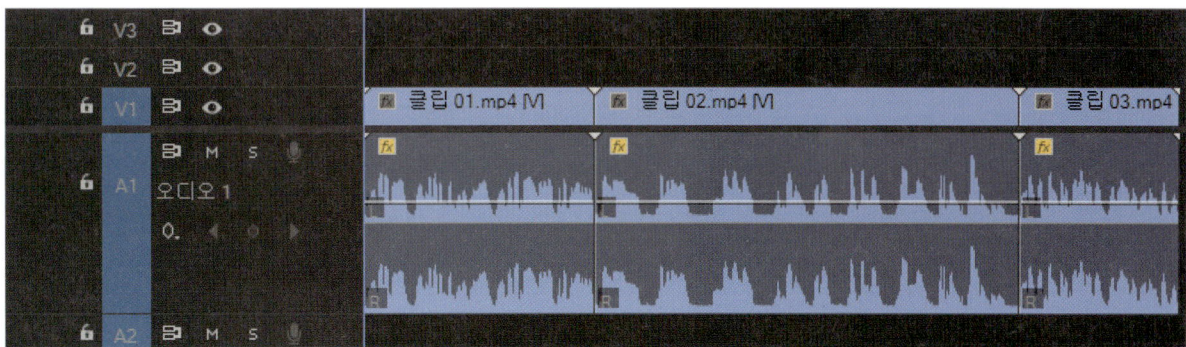

[오디오 게인] / [자동 일치]

CHAPTER 03 영상 편집 기본 테크닉 | 189

01　여러 클립의 볼륨 일괄 조정 1　　　　　　　　　　　　　　　　　　[오디오 게인]

▶ 준비 파일 : C3 > S4 > P2 > 오디오 볼륨 일괄 조정.prproj, 클립 01~03.mp4　　▶ 완성 파일 : C3 > S4 > P2 > 완성 파일 폴더

01 '볼륨 일괄 조정.prproj' 파일을 불러오면, 오디오 클립마다 음량(볼륨)이 다른 것을 알 수 있습니다.

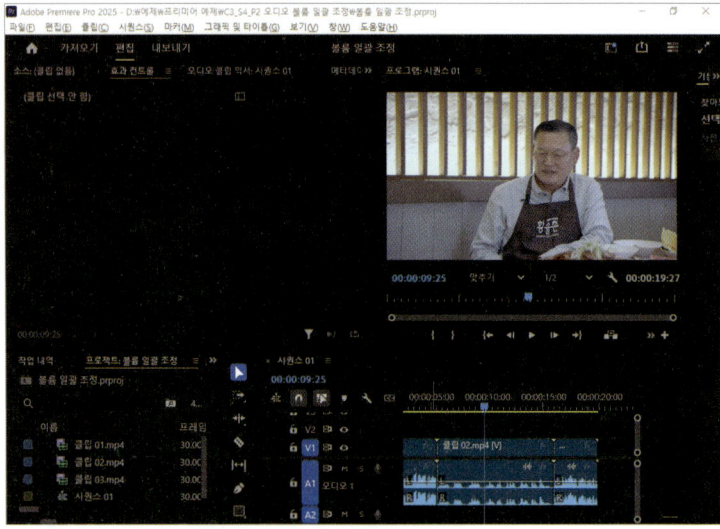

02 모든 클립의 음량을 한꺼번에 조정하기 위해 [타임라인] 패널에서 '클립 01~03.mp4' 영상 클립을 선택하고 마우스 오른쪽 버튼을 클릭한 후 [오디오 게인]을 선택합니다.

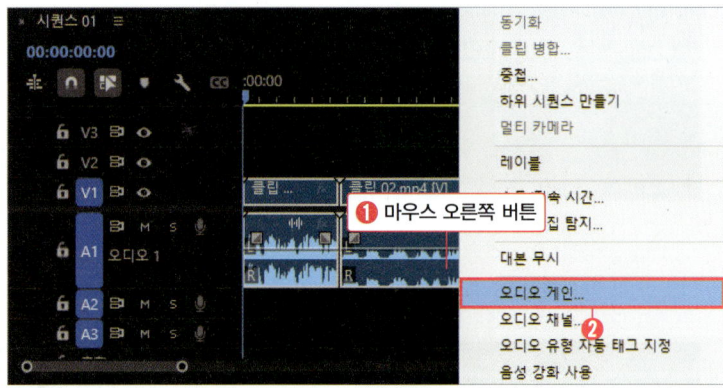

03 [오디오 게인] 대화상자가 나타나면 [모든 최고점을 다음으로 표준화]를 체크하고, '-5dB'로 설정합니다.

04 모든 클립의 최고 음량을 -5dB로 맞췄기 때문에 오디오 파형의 길이가 비슷해진 것을 확인할 수 있습니다. 오디오 볼륨을 일괄 조정할 수 있는 다른 방법을 실습하기 위해 파일을 저장하지 않고 프로젝트를 종료합니다.

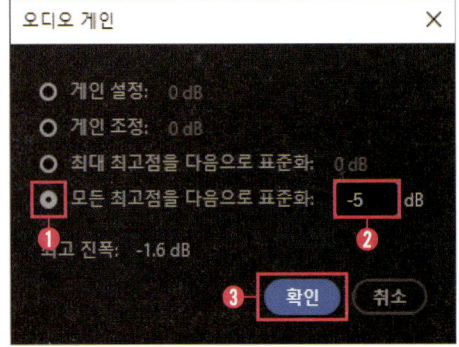
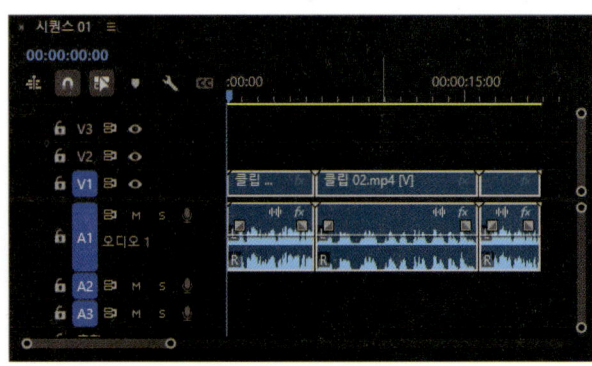

02 여러 클립의 볼륨 일괄 조정 2

[기본 사운드] > [자동 일치]

01 '볼륨 일괄 조정.prproj' 파일에서 [타임라인] 패널에서 '클립 01~03.mp4'까지 모든 영상 클립을 선택한 다음 [창] > [기본 사운드]를 클릭하여 패널을 열고 [대화] 버튼을 클릭합니다.

02 [기본 사운드] 패널의 [대화] > [음량] > [자동 일치]를 클릭합니다.

TIP
[음량]의 [자동 일치]는 음량을 표준음량으로 자동으로 맞춰주는 AI 기능입니다. 두 개 이상의 불규칙한 오디오 클립의 음량 조절이 필요한 경우에 유용합니다.
'-23.00 LUFS의 대상 음량에 자동 일치됨'은 일반 방송 규격에 일치하는 사운드입니다. LUFS(Loudness Unit, relative to Full Scale)는 음량의 크기를 측정하는 단위로 서로 다른 음원을 일관되게 유지할 수 있습니다.
[음량] 아래에 [클립 볼륨]의 [레벨] 슬라이더를 조절하여 전체적인 볼륨을 조절할 수 있습니다.

03 오디오 파형이 [자동 일치] 실행 전보다 균일해진 것을 확인할 수 있습니다. 영상을 재생하여 실제 오디오를 확인합니다.

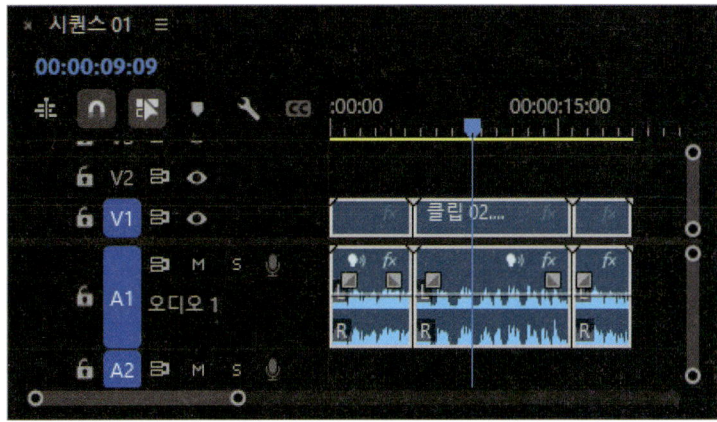

CHAPTER 03 영상 편집 기본 테크닉 | 191

SECTION 4

사운드 편집의 핵심

❸ 에코 효과 적용하기

핵심 내용

영상 오디오 실무에서 에코 효과란 소리 울림 효과, 메아리 효과라고도 합니다. 이번 예제에서는 [효과] > [스튜디오 반향]과 [펜 도구]의 키프레임 활용, 그리고 [크로스 페이드]의 [지속 가감속]을 통한 자연스러운 에코 효과에 대해서 소개합니다.

핵심 기능

[효과] > [스튜디오 반향] > [모노]
[Fx] > [스튜디오 반향] → [펜 도구]
[오디오 전환] > [크로스 페이드] > [지속 가감속]

미리 보기 유튜브 쇼츠, 안중근 어머니의 편지

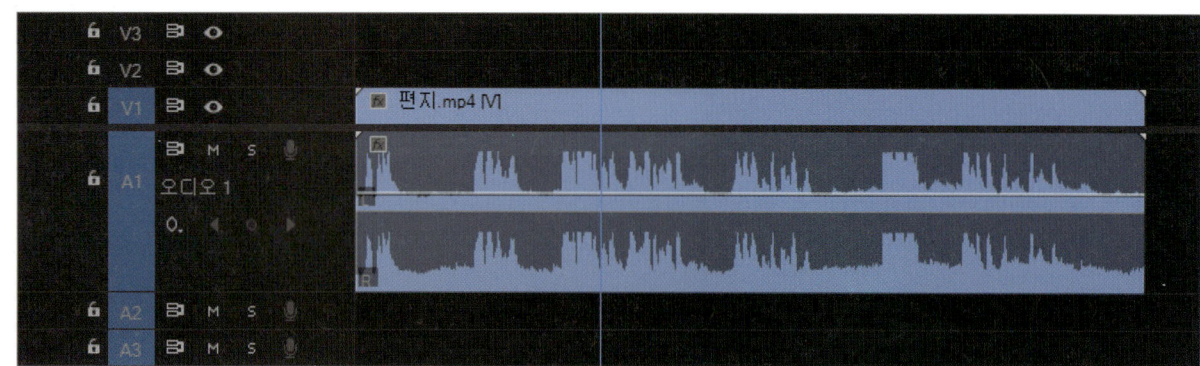

원본

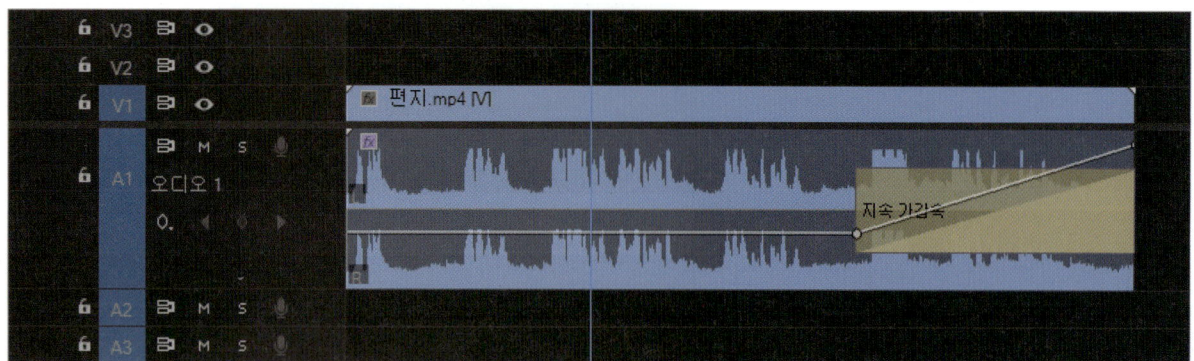

에코 효과 [스튜디오 반향] + [지속 가감속]

01 에코 효과 만들기

[효과] > [스튜디오 반향] > [모노]

● 준비 파일 : C3 > S4 > P3 > 에코 효과.prproj, 편지.mp4   ● 완성 파일 : C3 > S4 > P3 > 완성 파일 폴더

01 '에코 효과.prproj' 파일을 불러옵니다. 오디오에 에코 효과를 적용하기 위해 [효과] 패널의 검색 창에 '스튜디오 반향'을 검색합니다.

TIP
[오디오 효과] > [반향] > [스튜디오 반향]

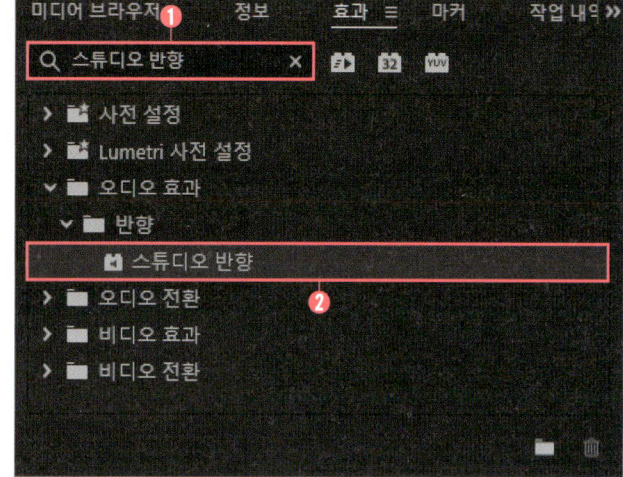

02 [효과] 패널의 [스튜디오 반향]을 [타임라인] 패널의 '편지.mp4' 영상 클립으로 드래그하여 적용합니다.

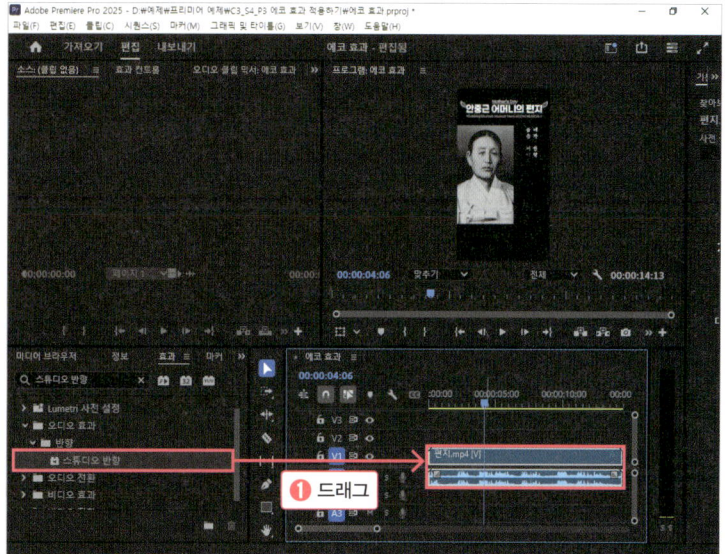

CHAPTER 03 영상 편집 기본 테크닉 | **193**

03 '편지.mp4' 영상 클립을 선택한 상태로 [효과 컨트롤] 패널에서 [스튜디오 반향] > [편집]을 클릭합니다.

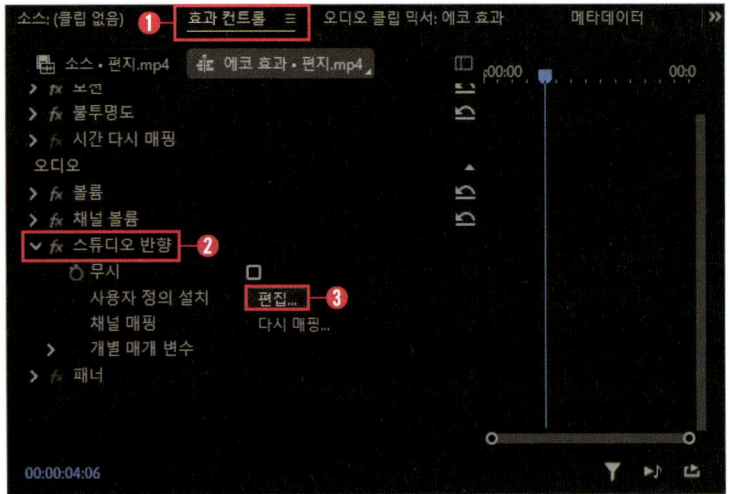

04 [스튜디오 반향] 대화상자가 나타나면 [사전 설정]에서 '기타 증폭 동사(모노)'를 선택합니다. 영상을 재생하여 적용된 에코 효과를 확인합니다.

TIP
[감소] 슬라이더 값을 조절하면, 에코 효과의 크기를 조절할 수 있습니다.

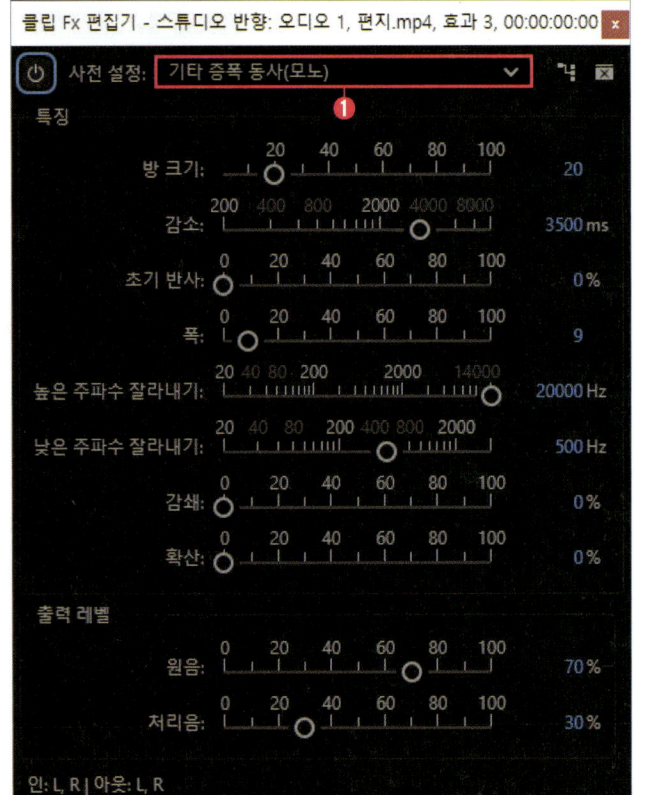

02 키프레임으로 에코 효과 조절하기

[Fx] > [스튜디오 반향] → [펜 도구]

01 영상 끝부분에 에코 효과의 강도를 점점 높이기 위해서 [타임라인] 패널에서 [A1] 트랙의 오른쪽 빈 공간을 두 번 클릭하여 오디오 파형을 확대합니다.

TIP
트랙과 트랙 사이를 드래그하여 직접 늘릴 수도 있습니다.

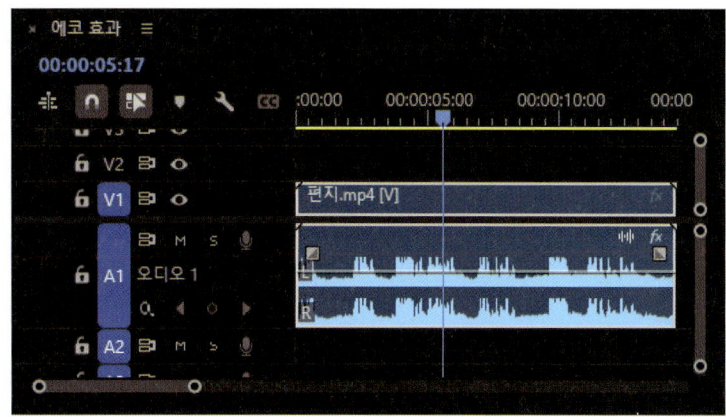

02 클립 우측에 있는 [Fx] 아이콘을 마우스 오른쪽 버튼으로 클릭한 후 [스튜디오 반향] > [감소]를 선택합니다.

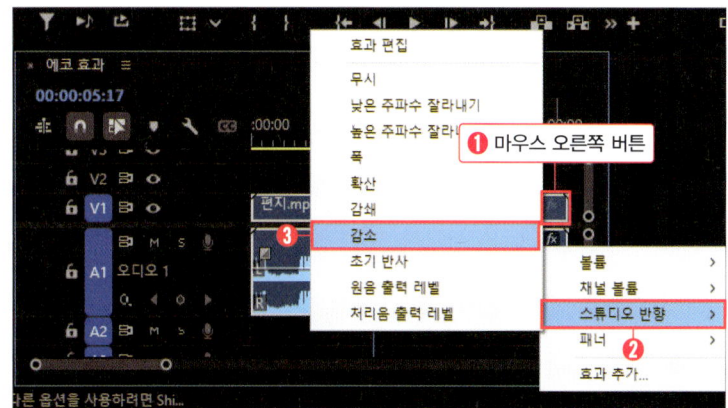

03 오디오 트랙에 생긴 흰색 가로줄의 높이는 [감소]의 값과 비례합니다. 클립의 마지막 부분에 에코 효과를 높이기 위해 [펜 도구]를 선택하고 오디오 클립 가로줄 위에 다음과 같이 클립 중간과 끝부분을 각각 클릭하여 키프레임을 생성합니다.

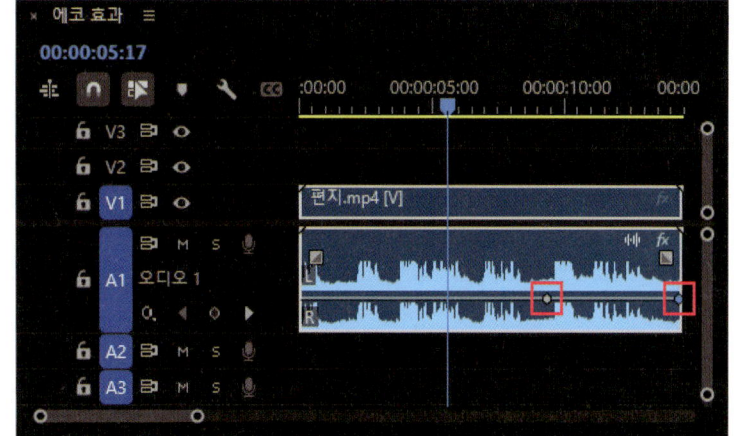

04 클립 끝부분에 생성한 키프레임을 위로 끝까지 드래그하여 [감소] 값을 최대로 올려줍니다. 영상을 재생하면 소리가 점점 울려 퍼지는 에코 효과를 확인할 수 있습니다.

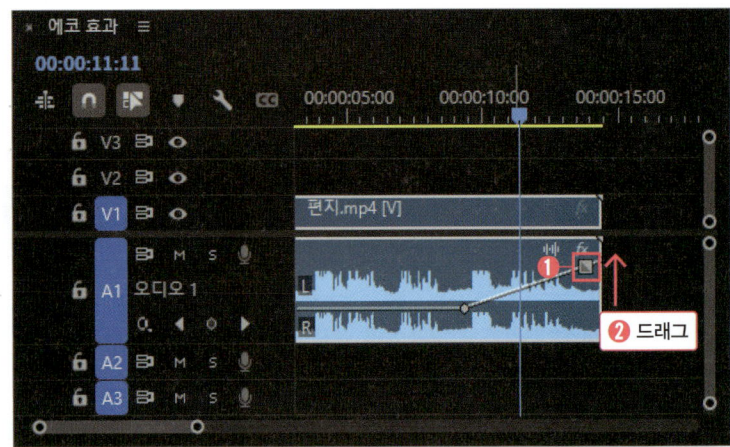

05 오디오의 끝부분에 음량을 점차 낮춰 영상을 마무리하겠습니다. [효과] 패널에서 [오디오 전환] > [크로스 페이드] > [지속 가감속]을 영상 클립의 끝부분으로 드래그합니다.

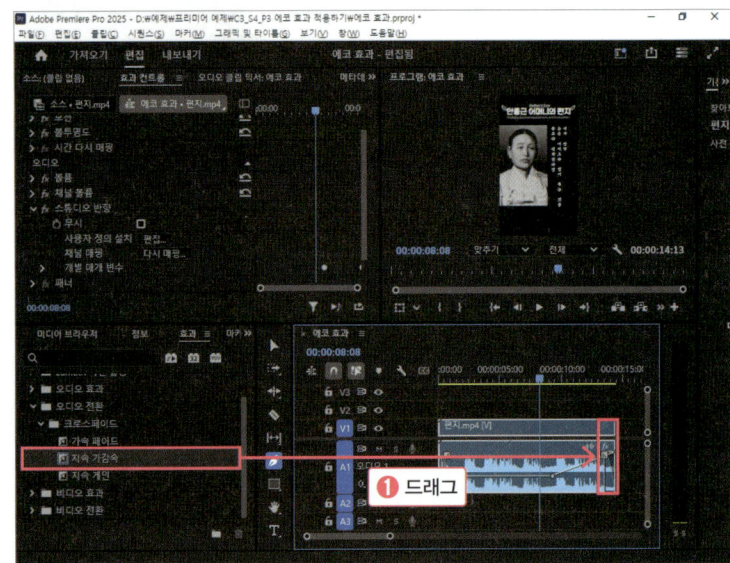

06 오디오 클립에 추가된 [지속 가감속] 효과의 [In 점]을 에코 효과의 첫 키프레임이 있는 지점까지 드래그합니다. 영상을 재생하여 소리가 자연스럽게 사라지는 것을 확인합니다.

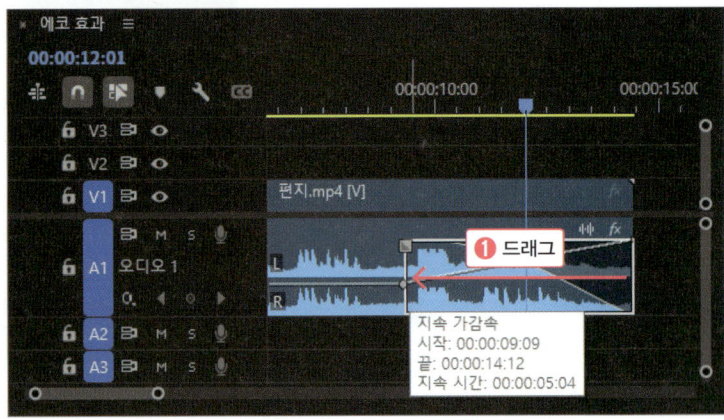

SECTION 5

영상 다운로드를 활용한 특수 효과

❶ 눈 특수 효과

핵심 내용

프리미어 프로에서도 일부 특수 효과를 표현할 수 있습니다. 애프터 이펙트보다 빠르고 간편하게 효과를 줄 수 있는 방법이 있습니다. 가장 쉬운 방법은 유튜브에서 무료 소스를 다운로드 받아서 활용하는 방법입니다. 그러나 좋은 소스를 활용해야 좋은 결과가 나옵니다. 본 예제에서는 가장 많이 사용하는 [색상 키]를 활용한 '눈 특수 효과'를 소개합니다.

핵심 기능

[효과] > [키잉] > [색상 키]
[효과] > [Brightness & Contrast]

미리 보기 유튜브, 탑10 크리스마스 트리

원본

색상 키를 활용한 눈 특수 효과

01 색상 키를 활용한 눈 특수 효과

[효과] > [키잉] > [색상 키]

▶ 준비 파일 : C3 > S5 > P1 > 눈 효과.prproj, 눈.mp4, 크리스마스 트리.mp4   ▶ 완성 파일 : C3 > S5 > P1 > 완성 파일 폴더

01 '눈 효과.prproj' 파일을 불러옵니다. 눈이 내리는 효과를 넣기 위해 [프로젝트] 패널의 '눈.mp4' 영상 클립을 [타임라인] 패널의 [V2] 트랙으로 드래그합니다.

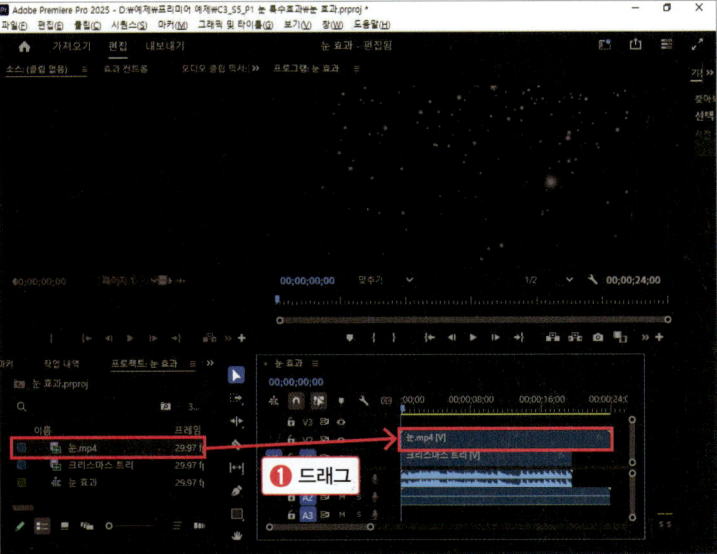

02 '눈.mp4' 영상 클립의 [Out 점]을 드래그하여 '크리스마스 트리.mp4' 영상 클립의 길이와 같도록 맞춰줍니다.

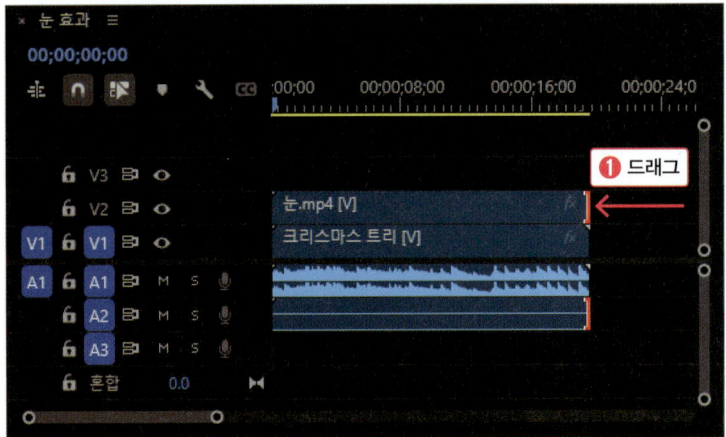

03 [효과] 패널에서 [비디오 효과] > [키잉] > [색상 키]를 [타임라인] 패널의 '눈.mp4' 영상 클립으로 드래그합니다.

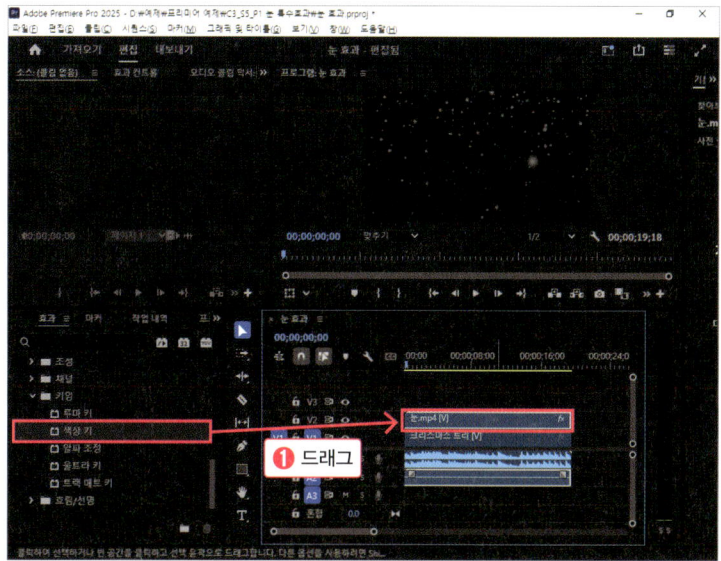

04 '눈.mp4' 영상 클립이 선택된 상태로 [효과 컨트롤] 패널에서 [색상 키] > [키 색상]의 [스포이트] 아이콘을 클릭하고 [프로그램 모니터] 패널 영상의 검은색 부분을 클릭합니다. 아래 두 개의 옵션을 적용해서 자연스럽게 눈이 내리는 영상으로 만듭니다.

- [색상 허용치] : 142
- [가장자리 페더] : 6

TIP
[키 색상]의 색상을 지정하면 지정된 색상이 사라집니다.

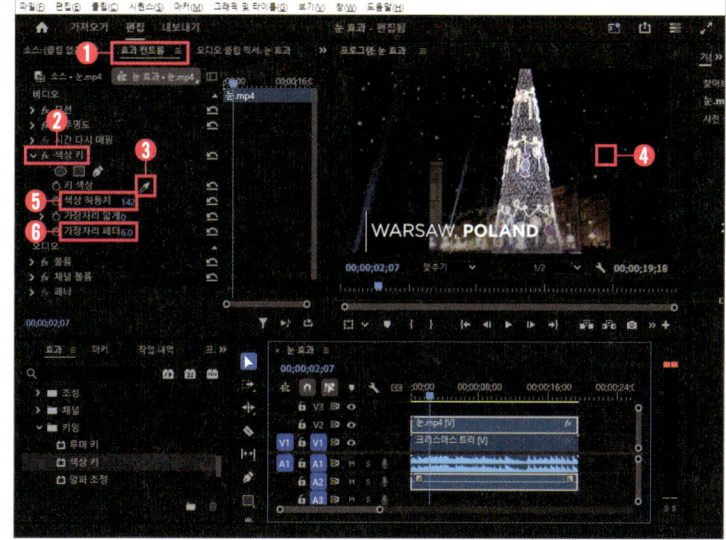

02 눈 특수 효과 개선하기

[효과] > [Brightness & Contrast]

01 효과가 적용된 눈의 색상을 개선하기 위해 [효과] 패널에서 [비디오 효과] > [색상 교정] > [Brightness & Contrast]를 '눈.mp4' 영상 클립으로 드래그합니다.

TIP
[Brightness & Contrast] 효과로 영상의 명도 대비를 조절할 수 있습니다. 그 외에 [Lumetri 색상] 패널 등도 다양한 비디오 효과를 사용할 수 있습니다.

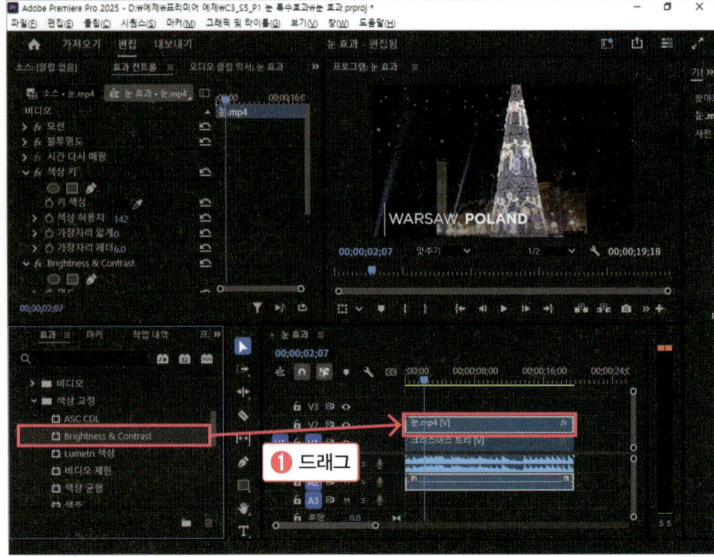

02 [효과 컨트롤] 패널에서 [Brightness & Contrast]의 옵션을 다음과 같이 설정합니다. 눈 효과가 더 밝아지고 뚜렷해진 것을 확인합니다.

- [명도] : 100
- [대비] : 100

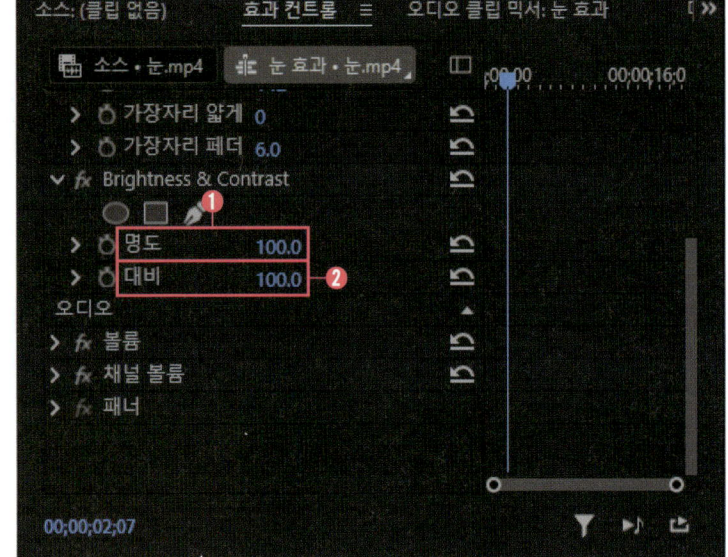

SECTION 5

영상 다운로드를 활용한 특수 효과
❷ 비 특수 효과

핵심 내용
영상의 배경을 합성하기 위해 녹색 스크린을 배경으로 촬영하는 경우가 많습니다. 일반적으로 키 효과를 '녹색 스크린 효과'라고 합니다. 이미지에서 설정된 색상을 투명하게 보이도록 하는 데 울트라 키 효과가 사용되며 이 효과는 결과를 세부적으로 조정할 수 있는 추가 컨트롤을 제공합니다. 본 예제에서는 가장 많이 사용하는 [울트라 키]를 활용하여 '비 특수 효과'를 소개합니다.

핵심 기능
[효과] > [키잉] > [울트라 키]

미리 보기 유튜브 쇼츠, I Will Survive 파소 도블

원본

울트라 키를 활용한 비 특수 효과

CHAPTER 03 영상 편집 기본 테크닉 | 201

01 울트라 키를 활용한 비 특수 효과

[키잉] > [울트라 키]

▶ 준비 파일 : C3 > S5 > P2 > 비 효과.prproj, 공연.mp4, 비.mp4   ▶ 완성 파일 : C3 > S5 > P2 > 완성 파일 폴더

01 '비 효과.prproj' 파일을 불러옵니다. [울트라 키]를 이용해 비가 내리는 효과를 표현하기 위해 [프로젝트] 패널의 '비.mp4' 영상 클립을 [타임라인] 패널의 [V2] 트랙으로 드래그합니다.

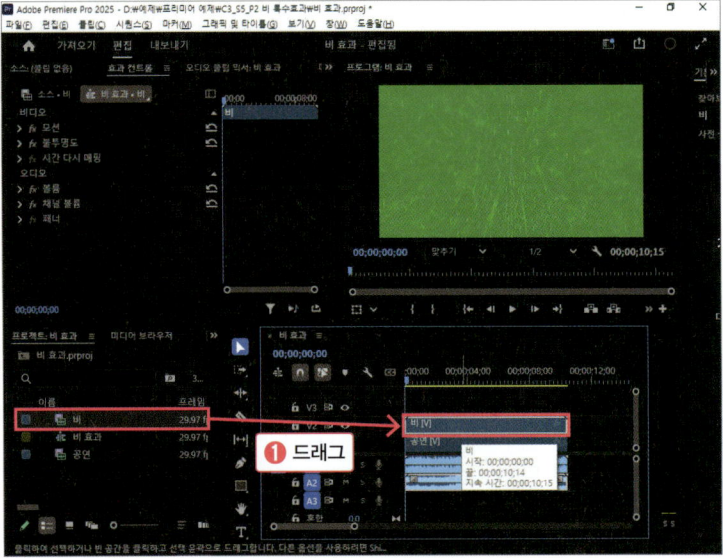

02 [효과] 패널에서 [비디오 효과] > [키잉] > [울트라 키]를 [타임라인] 패널의 '비.mp4' 영상 클립으로 드래그합니다.

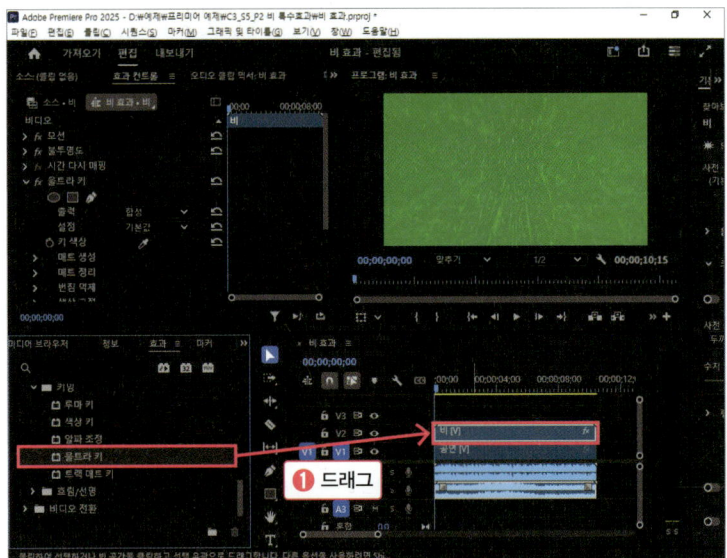

03 '비.mp4' 영상 클립이 선택된 상태로 [효과 컨트롤] 패널에서 [울트라 키] > [키 색상]의 [스포이트] 아이콘을 클릭한 뒤에 [프로그램 모니터] 패널의 영상 속 녹색 부분을 클릭합니다.

TIP
[키 색상]의 색상을 지정하면 지정된 색상이 사라집니다.

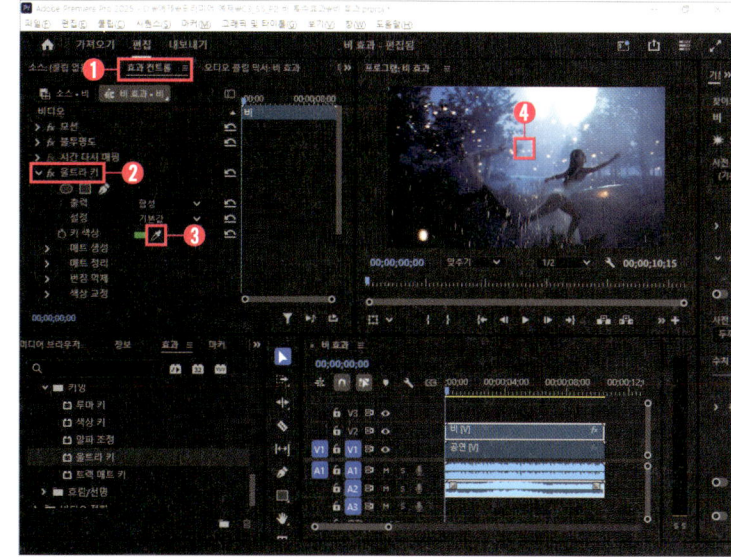

04 효과가 적용된 비는 밝고 부자연스럽기 때문에 이를 개선해 보겠습니다. [효과 컨트롤] 패널에서 [울트라 키] > [매트 생성]의 세부 옵션을 다음과 같이 설정합니다.

- [투명도] : 100.0
- [밝은 영역] : 7.0
- [어두운 영역] : 0.0
- [허용치] : 0.0
- [페데스탈] : 7.0

TIP
[효과 컨트롤] 패널에서 [울트라 키]의 여러 가지 옵션들을 조절해 보고 결과물을 비교해 보는 것도 좋습니다.

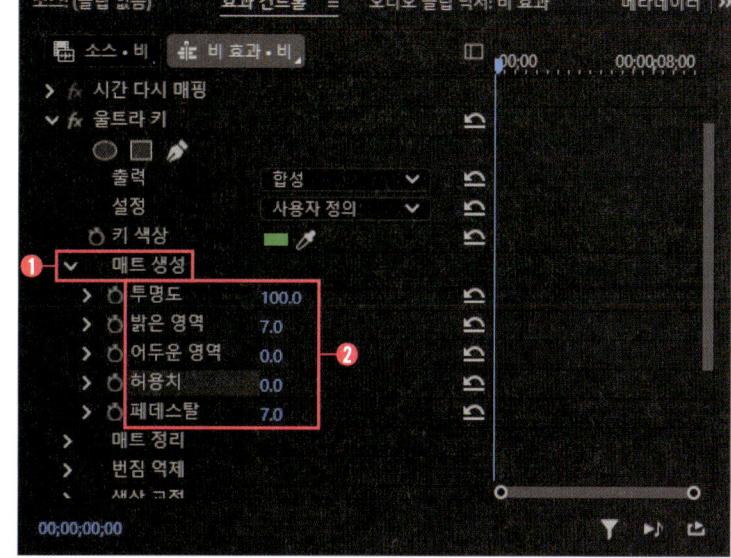

05 빗방울의 미세한 두께감을 더 주기 위해 [타임라인] 패널의 '비.mp4' 영상 클립을 Alt 를 누른 채 위로 드래그하여 [V3] 트랙에 붙여넣습니다.

TIP
Alt 를 누른 채 클립을 이동시키면 클립이 복제 됩니다.

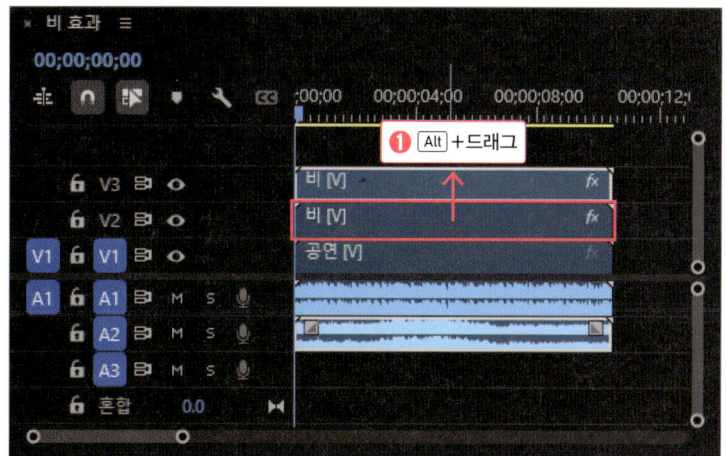

02 비 효과음 음량 조절하기 [오디오 게인]

01 빗소리를 줄이기 위해 '비.mp4'의 오디오 클립을 마우스 오른쪽 버튼으로 클릭한 후 [오디오 게인]을 선택합니다.

TIP
보통 클립 선택 시 연결된 비디오 클립과 오디오 클립이 함께 선택되는데 Alt 를 누른 상태로 따로 선택이 가능합니다.

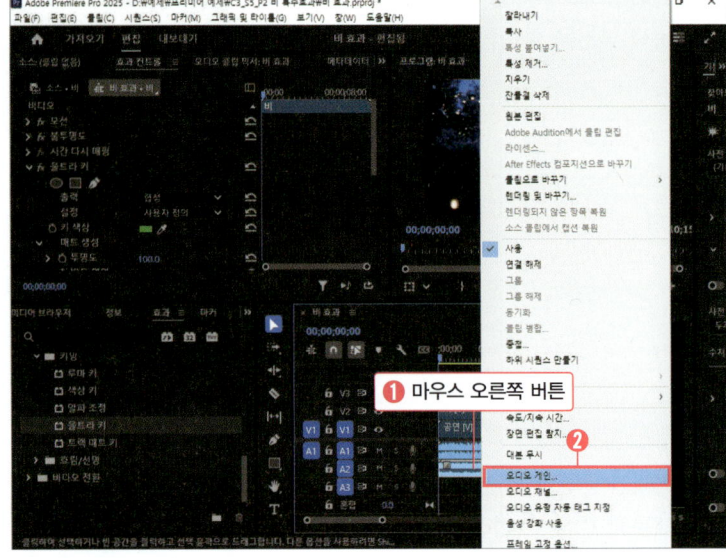

02 [오디오 게인] 대화상자가 나타나면 [게인 조정]을 '-10dB'로 설정하고 [확인] 버튼을 클릭합니다.

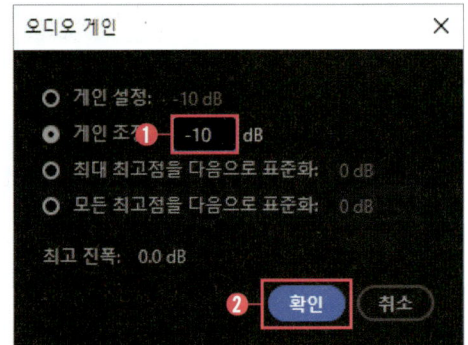

03 비 특수 효과 영상을 재생하여 결과물을 확인합니다.

MEMO

CHAPTER

04

타이틀 자막 편집 실무

타이틀 자막은 유튜브 영상 콘텐츠에서 시청의 지속 여부를 결정하는 주요 편집 요소 중 하나입니다. 또한 이것은 영상 편집 실무에서 프로와 아마추어처럼 큰 차이가 나는 테크닉입니다.

모든 테크닉을 아는 것보다 자주 사용하는 AI 기능이 포함된 '자동 자막'과 '자막 박스', '자막 디자인' 그리고 '마스크를 활용한 자막 애니메이션'과 '입체 자막 애니메이션' 등 몇 가지만 알아도 효과적인 타이틀 자막 편집을 수행할 수 있습니다.

SECTION 01 **자동 자막과 자막 박스 기초**
❶ AI 자동 자막 컷 편집
❷ 반응형 자막 박스 만들기

SECTION 02 **자막 디자인과 초급 애니메이션**
❶ 자막(타이틀) 디자인과 디졸브 응용
❷ 자막 이동 애니메이션
❸ 자막 확대 애니메이션
❹ BGM 비트 중심의 자막 애니메이션

SECTION 03 **마스크 자막 중급 애니메이션**
❶ 슬라이드 자막 애니메이션
❷ 노래 가사를 따라가는 자막 애니메이션

SECTION 04 **입체 자막 고급 애니메이션**
❶ 3D 자막과 배경음악 비트 일치 애니메이션
❷ 피사체를 따라다니는 트래킹 자막 만들기

SECTION 1

자동 자막과 자막 박스 기초

① AI 자막 자동 컷 편집

핵심 내용
'AI 자막 자동 컷 편집'은 [텍스트] 패널의 [대본 보기 옵션]을 이용하여 캡션을 만드는 과정입니다. 자막에서 불필요한 부분들을 빠르게 제거함으로써 자막 편집의 시간을 절약해 준다는 장점이 있습니다. '반응형 자막 박스 만들기'는 연속적으로 등장하는 대화형 자막의 가독성을 위해 자동으로 늘어나는 자막 박스를 만듭니다.

핵심 기능
[텍스트] > [대본 보기 옵션] → [캡션 만들기]
[기본 그래픽] > [텍스트] → [트랙 스타일]

미리 보기

원본

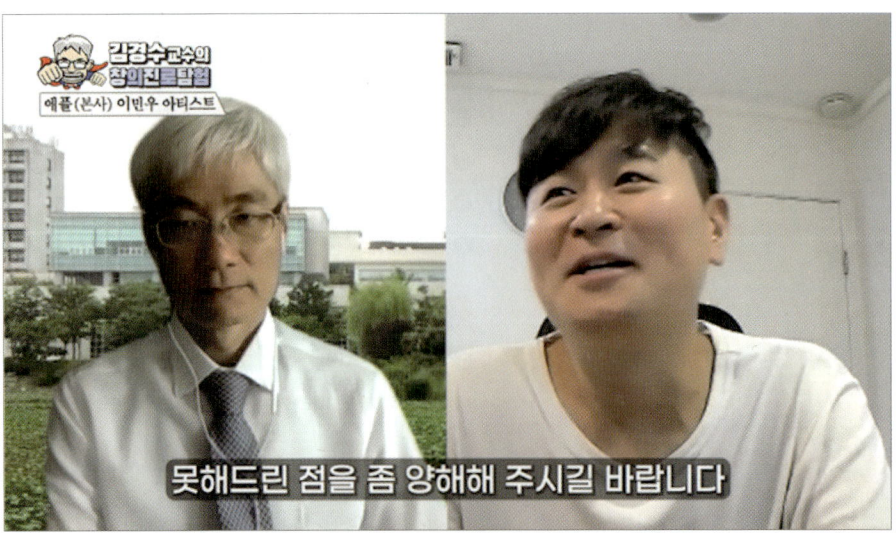

AI 자막 및 자동 컷 편집

01 AI로 빠르게 컷 편집 끝내기

[텍스트] > [대본] → [캡션 만들기]

- **준비 파일** : C4 > S1 > P1 > AI 자동 컷 편집 예제.prproj, 화상 인터뷰 원본.mp4, 로고.png
- **완성 파일** : C4 > S1 > P1 > 완성 파일 폴더

01 'AI 자동 컷 편집 예제.prproj' 파일을 불러옵니다. 영상을 보면 말이 끊기거나 말실수를 하는 부분들이 있습니다. AI를 이용해 이를 쉽고 빠르게 개선해 보겠습니다.

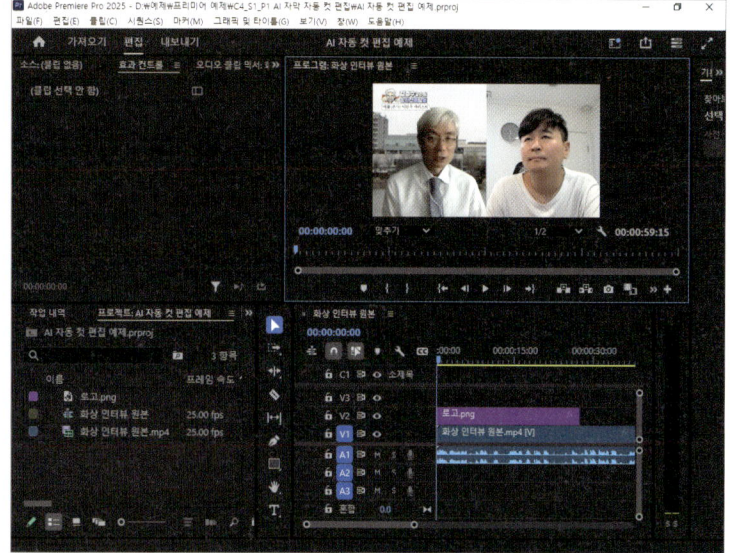

02 대본을 불러오기 위해 [창] > [텍스트] 메뉴를 클릭합니다.

TIP
대본이 나타나지 않는다면 영상을 재생해 봅니다.

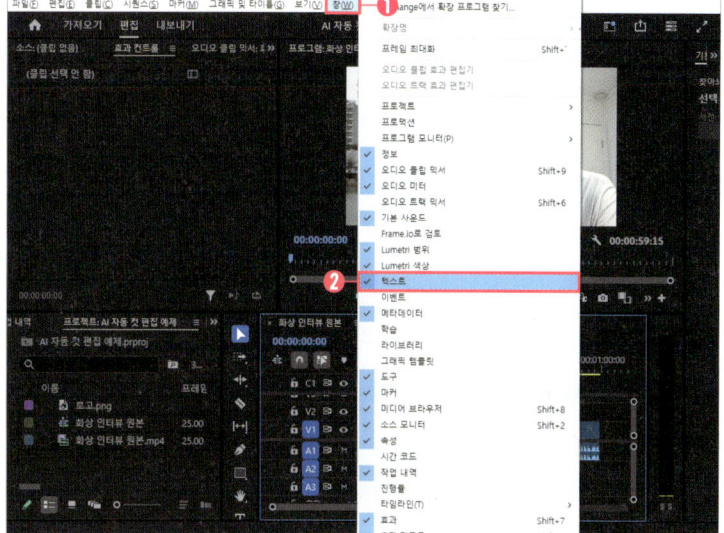

CHAPTER 04 타이틀 자막 편집 실무 | 209

03 AI가 영상을 자동으로 인식하고 대본을 생성한 것을 볼 수 있습니다. [텍스트] 패널에서 점 세 개 아이콘을 클릭하고 [대본 보기 옵션]을 선택합니다.

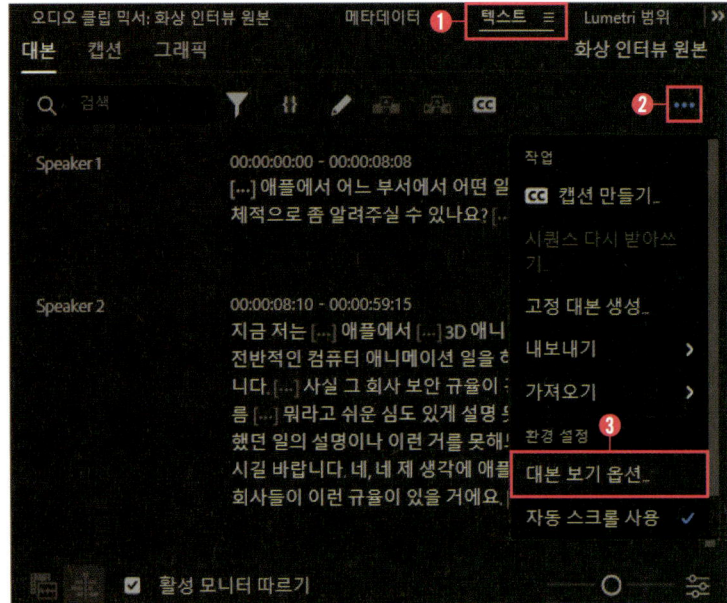

04 [대본 보기 옵션] 대화상자에서 [최소 일시 중지 길이]를 '0.30초'로 설정합니다. 값이 줄어들수록 영상 속 대화의 무음 구간을 더 많이 잡아냅니다.

TIP
무음 구간이 필요한 경우도 있으니, 적당한 수치를 입력해 주도록 합니다.

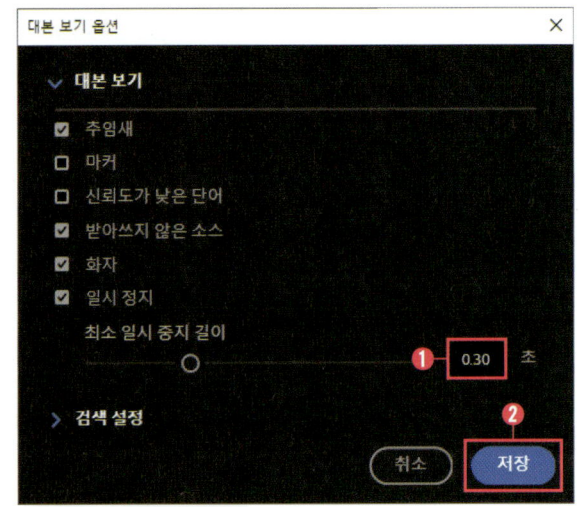

05 [텍스트] 패널에서 [깔때기] 아이콘을 클릭하고 [말 멈춤]을 선택하면 영상 속 무음 구간이 자동으로 선택됩니다.

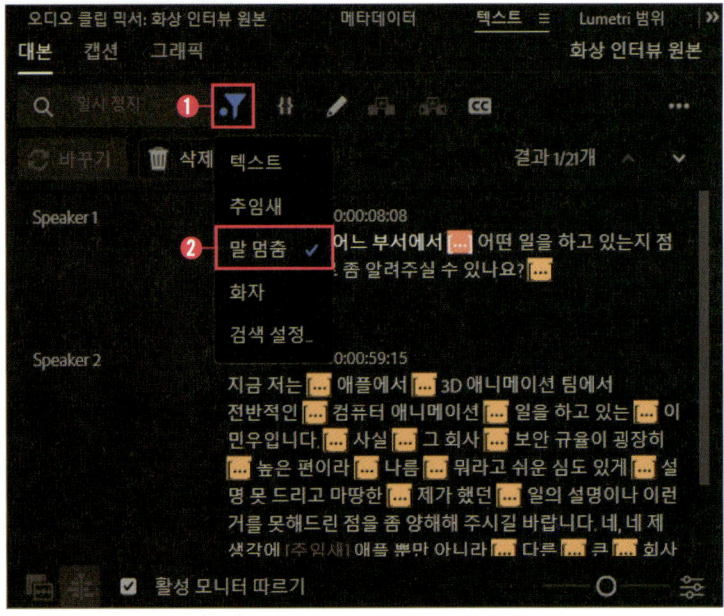

06 [삭제]를 클릭하고 [추출] 모드로 설정되어있는지 확인한 다음 [모두 삭제]를 클릭합니다. 영상을 재생하여 무음 구간이 사라진 것을 확인합니다.

TIP ....
[추출]은 무음 구간을 삭제하고 잔물결 삭제까지 동시에 수행하는 반면 [삭제]는 잔물결 삭제는 하지 않습니다.

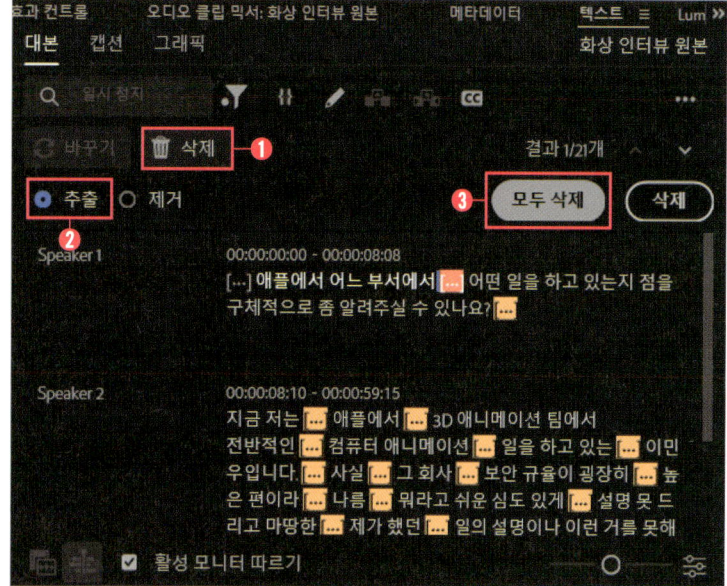

07 AI가 인식한 대본에는 오류가 있을 수 있습니다. 이를 교정해 보겠습니다. '어떤 일을 하고 있는지 점을 구체적으로 좀 알려주실 수 있나요?'에서 '점을' 부분을 드래그하여 박스로 덮어주고 Delete 를 눌러 삭제합니다. 영상을 재생하여 '점을' 구간이 사라진 것을 확인합니다.

TIP ....
구간 선택이 되지 않는다면 [깔때기] 아이콘 오른쪽에 [시작/종료 지점 자동 설정]이 활성화가 되어있는지 확인합니다. AI가 인식한 말이 예제와 차이가 있을 수 있습니다. 하지만 과정은 같기 때문에 예제에서 사용된 기능을 똑같이 적용하면 됩니다.

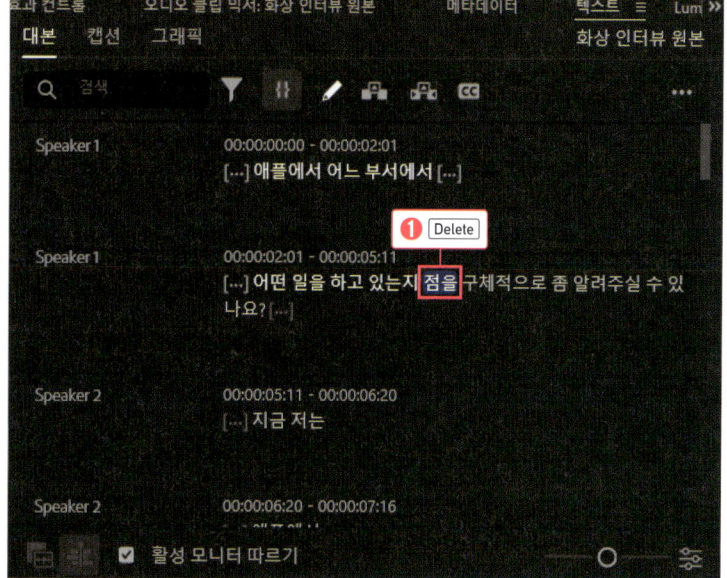

08 계속해서 수정해 보겠습니다. 19초 부근에서 AI가 추임새 부분을 '나름'으로 잘못 인식했습니다. 수정할 단어를 선택하고 [활성 텍스트 편집] 아이콘을 클릭합니다.

TIP ································
[텍스트] 패널 오른쪽 하단에 있는 슬라이더를 조절하여 텍스트 크기를 조절할 수 있습니다.

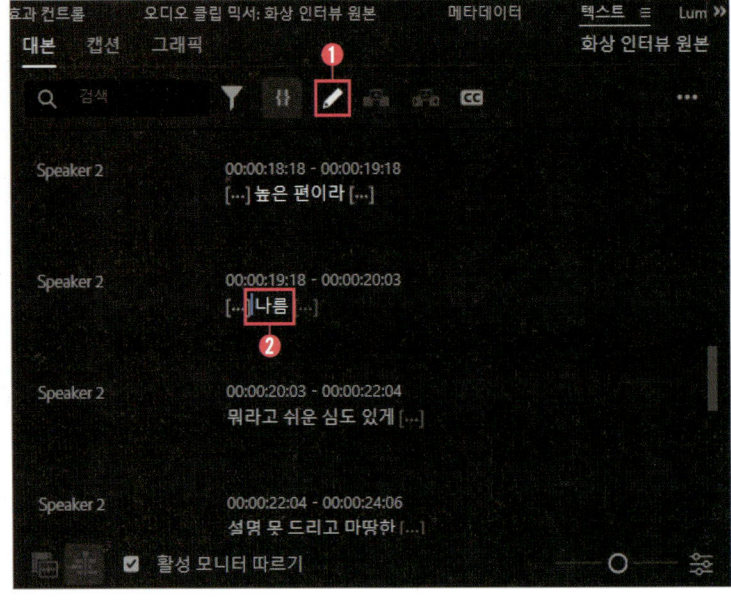

09 '나름'을 삭제하고 패널의 빈 곳을 클릭해 확정합니다. AI가 인식한 대본의 오류가 다를 수 있으니 다르게 해석된 단어는 [활성 텍스트 편집] 기능을 이용하여 올바른 단어로 교체합니다. 이와 같은 방식으로 영상을 재생하며 오류들을 수정해 나갑니다.

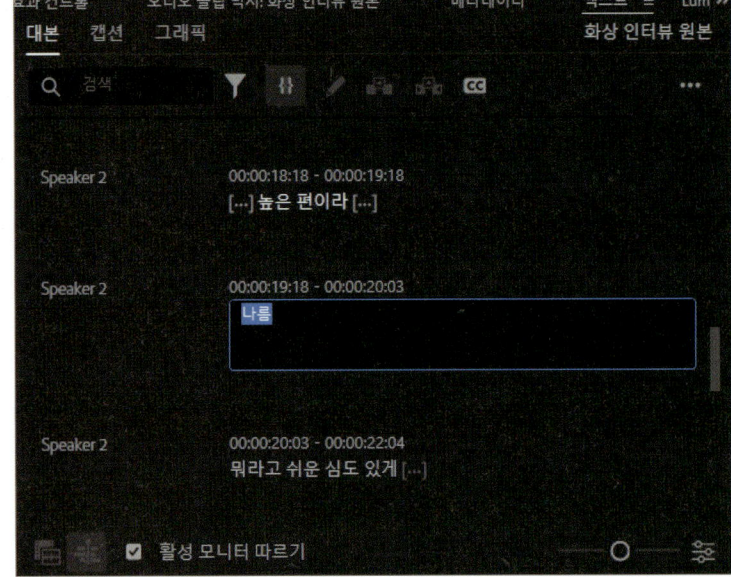

10 대본 수정이 끝났다면 대본을 토대로 자막을 생성해 보도록 하겠습니다. [캡션 만들기] 아이콘을 클릭합니다.

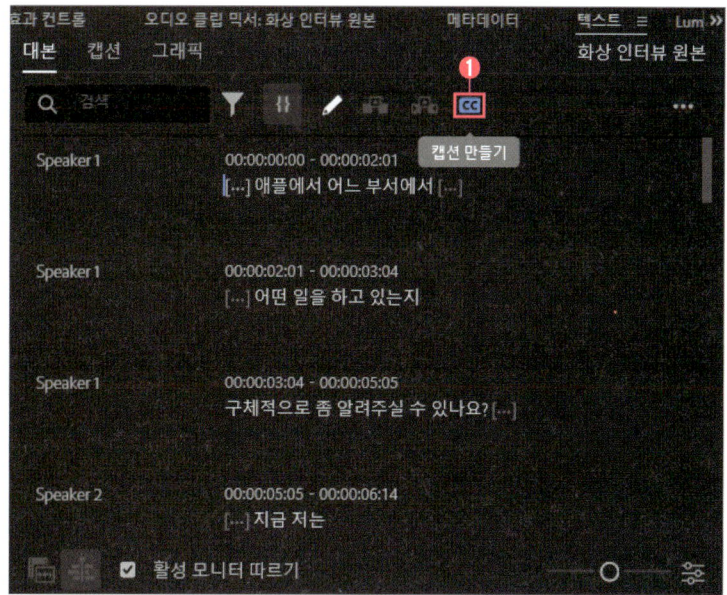

11 [캡션 만들기] 대화상자가 나타나면 [캡션 작업 환경 설정]의 세부 옵션을 펼쳐 주고 옵션을 다음과 같이 설정하고 [캡션 만들기] 버튼을 클릭합니다.

- [최대 문자 길이] : 7
- [최소 기간] : 1.2
- [캡션 사이의 간격] : 0
- [줄 수] : 한 줄

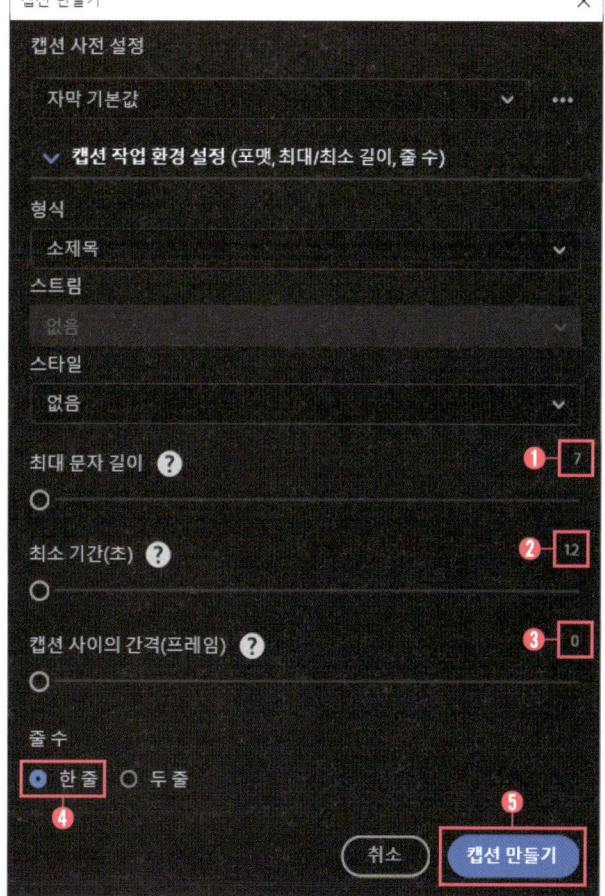

12 다음과 같이 [대본] 메뉴에서 [캡션] 메뉴로 바뀌었습니다. 자막이 과도하게 나누어졌기 때문에 합쳐주겠습니다. Shift 를 누른 상태로 '애플에서 ~ 하고 있는지'까지 선택합니다. 그리고 [캡션 병합] 아이콘을 클릭하여 자막을 합칩니다.

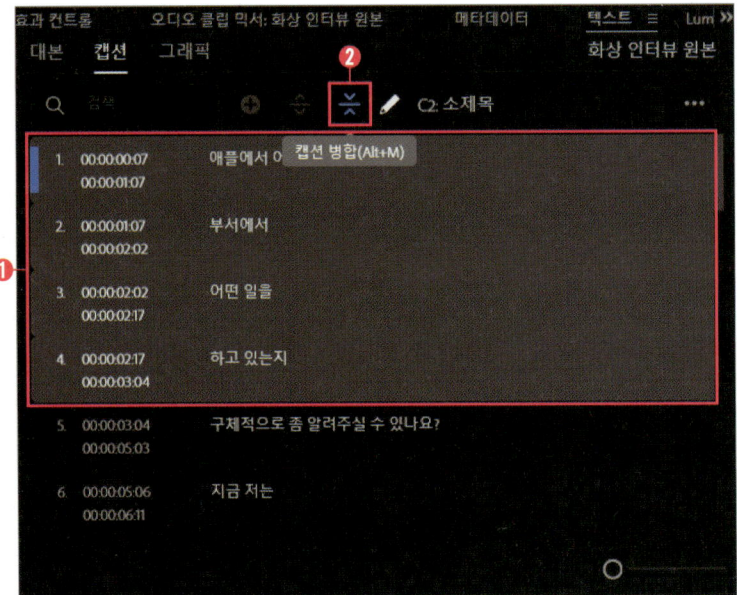

13 나머지 자막들도 적절히 병합합니다. [프로그램 모니터] 패널을 보면 기본 자막이 생성된 것을 확인할 수 있습니다.

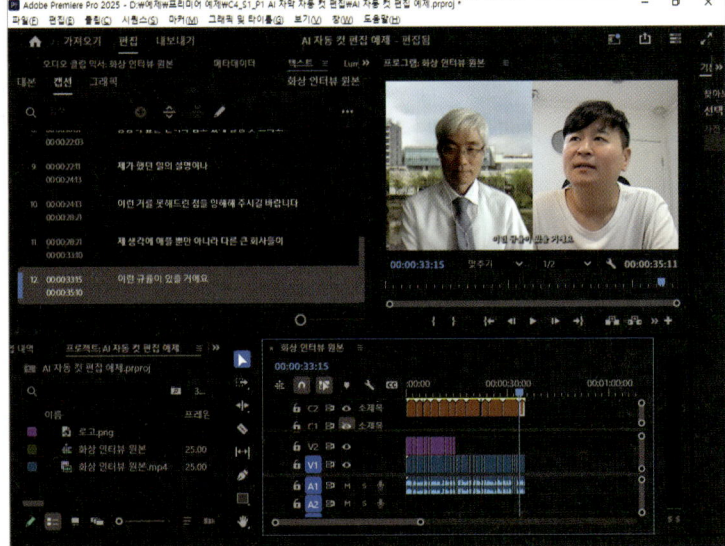

02 자막 디자인하고 일괄 적용하기

[기본 그래픽] > [텍스트] → [트랙 스타일]

01 [타임라인] 패널에서 글자 길이가 가장 긴 자막 클립을 찾고 더블클릭합니다. [속성] 패널이 나타나면 작업 화면을 보기 편하게 재배치하고 [텍스트]는 다음과 같이 설정합니다.

- [글꼴] : G마켓 산스, Medium
- [글꼴 크기] : 68
- [세로 위치 설정] : −30

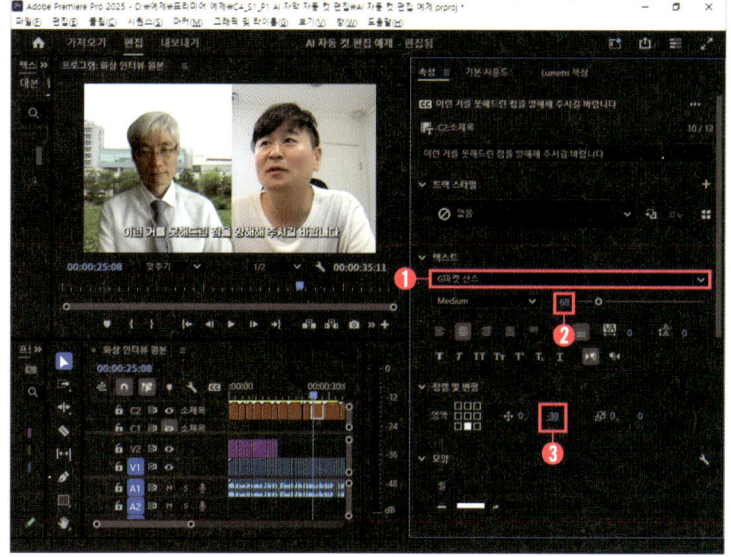

02 [텍스트]에 이어 [모양]도 다음과 같이 설정합니다.

- [칠] : 흰색
- [배경] : 검은색
  불투명도 : 80%
  크기 : 10
  모서리 반경 : 5
- [어두운 영역] : 검은색
  불투명도 : 72%
  거리 : 2.0
  크기 : 5.0
  흐림 효과 : 0

TIP
값을 자유롭게 조절하여 자신이 원하는 자막으로 만듭니다.

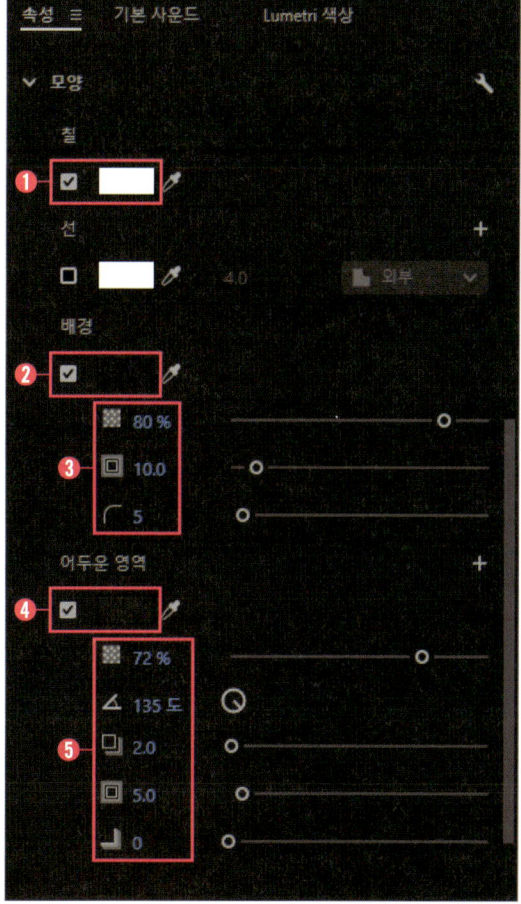

03 방금 만든 자막 옵션을 다른 자막에도 적용하겠습니다. [속성] 패널에서 [트랙 스타일] 오른쪽에 [+] 아이콘을 클릭하고 [스타일 만들기]를 선택합니다.

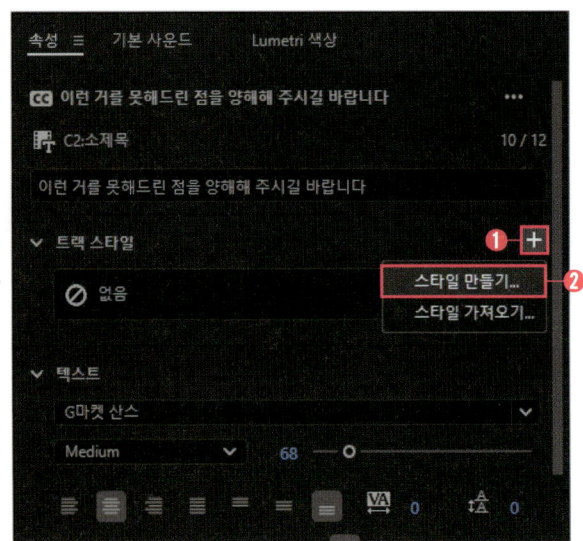

04 [새 텍스트 스타일] 대화상자가 나타나면 이름을 입력하고 [확인] 버튼을 클릭합니다.

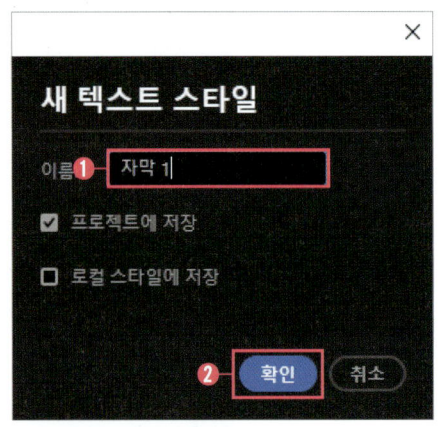

05 새 텍스트 스타일이 자동으로 모든 자막에 적용됩니다. 마지막으로 [V2] 트랙에 있는 '로고.png' 이미지 클립을 영상 끝까지 드래그해서 다른 클립들과 길이를 맞추고 영상을 재생하여 자막을 확인합니다.

SECTION 1

자동 자막과 자막 박스 기초

❷ 반응형 자막 박스 만들기

핵심 내용
반응형 자막 박스는 연속적으로 등장하는 대화형 자막의 가독성을 위해 [문자 도구]의 [편집]과 [정렬 및 변형]을 설정한 후, [반응형 디자인 – 위치] > [고정 대상] 선정을 통해 자동으로 늘어나는 자막 박스를 만들 수 있습니다.

핵심 기능
[문자 도구] → [속성] > [편집]
[속성] > [정렬 및 변형] → [반응형 디자인 – 위치] > [고정 대상] 선정

미리 보기

원본

반응형 자막 박스

CHAPTER 04 타이틀 자막 편집 실무 | 217

01 자막 박스 디자인

[문자 도구] → [속성] > [편집]

▶ **준비 파일** : C4 > S1 > P2 > 자막 박스.prproj, 영상 1.mp4, 로고.png　▶ **완성 파일** : C4 > S1 > P2 > 완성 파일 폴더

01 '자막 박스.prproj' 파일을 불러옵니다. [인디케이터]를 00:00:00:13 위치로 옮기고 [문자 도구]를 선택한 뒤 [프로그램 모니터] 패널에 '김경수의 창의 진로 탐험'을 입력합니다.

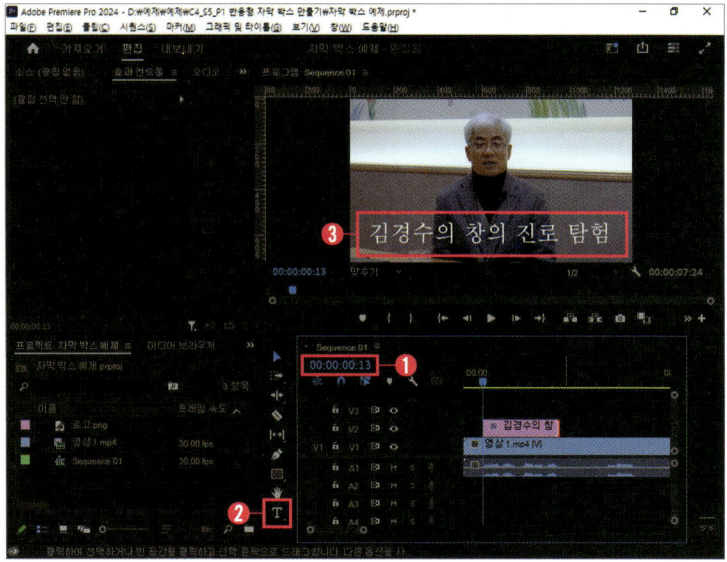

02 자막의 옵션을 수정하기 위해 [창] > [속성] 메뉴를 클릭합니다.

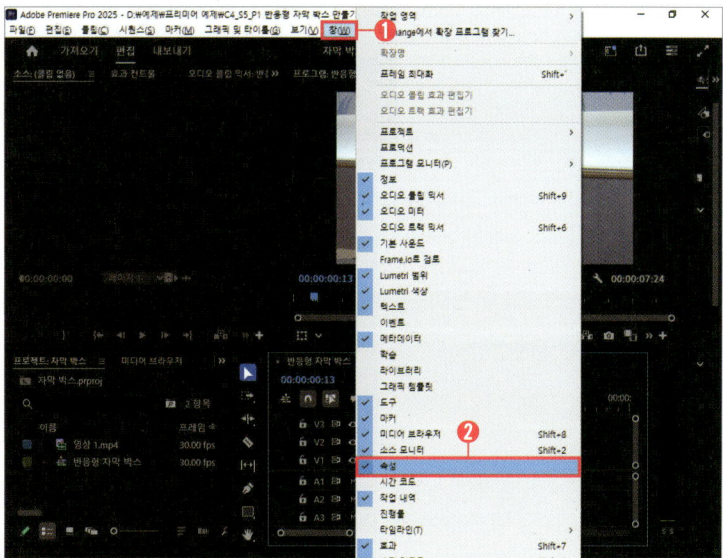

03 [속성] 패널에서 자막 레이어를 선택하면 세부 옵션들이 나타납니다. 자막을 다음과 같이 수정합니다.

- [글꼴] : G마켓 산스, Medium
- [글꼴 크기] : 60
- [텍스트 가운데 맞춤]
- [자간] : –37
- [칠] : 검은색

04 자막 박스를 만들기 위해 [속성] 패널에서 [새 레이어] 아이콘을 클릭하고 [사각형]을 선택합니다. '모양 01' 레이어가 생성되면 '모양 01' 레이어를 자막 레이어 아래로 드래그합니다.

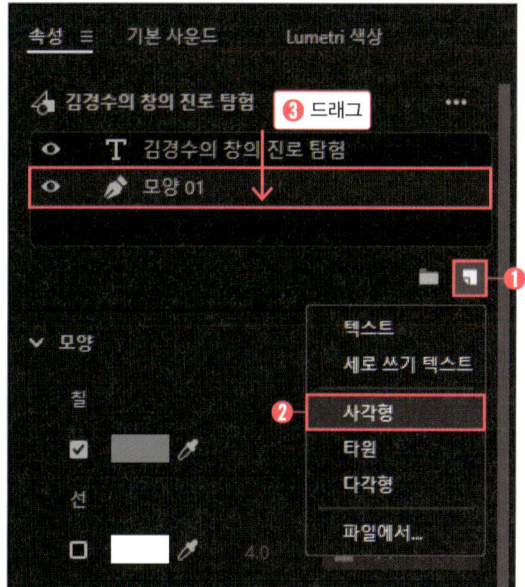

05 자막 박스의 옵션을 변경하겠습니다. '모양 01' 레이어를 선택하고 옵션을 다음과 같이 설정합니다.

- [칠] : 흰색
- [어두운 영역] : 체크

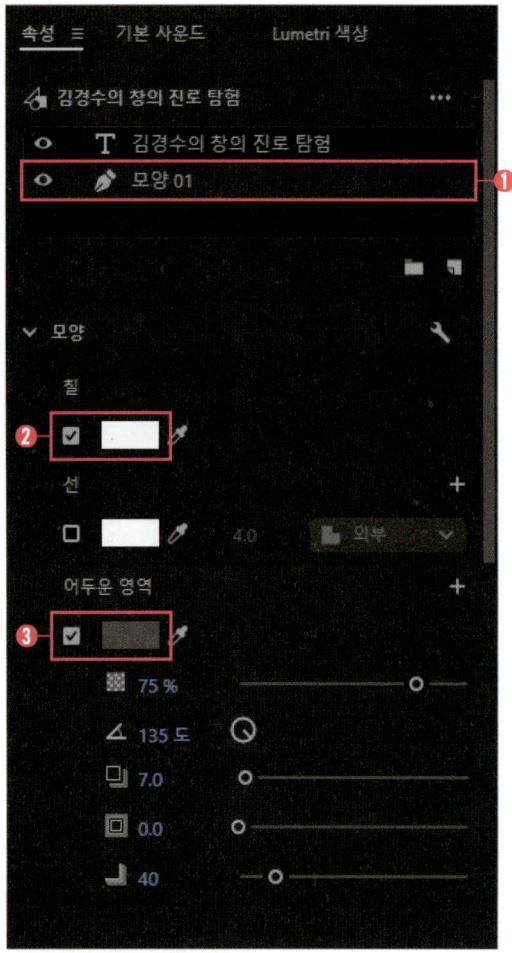

06 [프로그램 모니터] 패널에서 자막 박스를 자막에 배치하고 자막 박스의 조절점을 드래그하여 다음과 같이 만듭니다.

02 자동으로 늘어나는 자막 박스 설정

[정렬 및 변형] → [반응형 디자인]

01 자막과 자막 박스를 정렬하기 위해 [속성] 패널에 모든 레이어를 Shift 를 누른 채 선택하고 [비디오 프레임에 정렬]이 선택된 상태로 [가로로 가운데 맞춤] 아이콘을 클릭합니다.

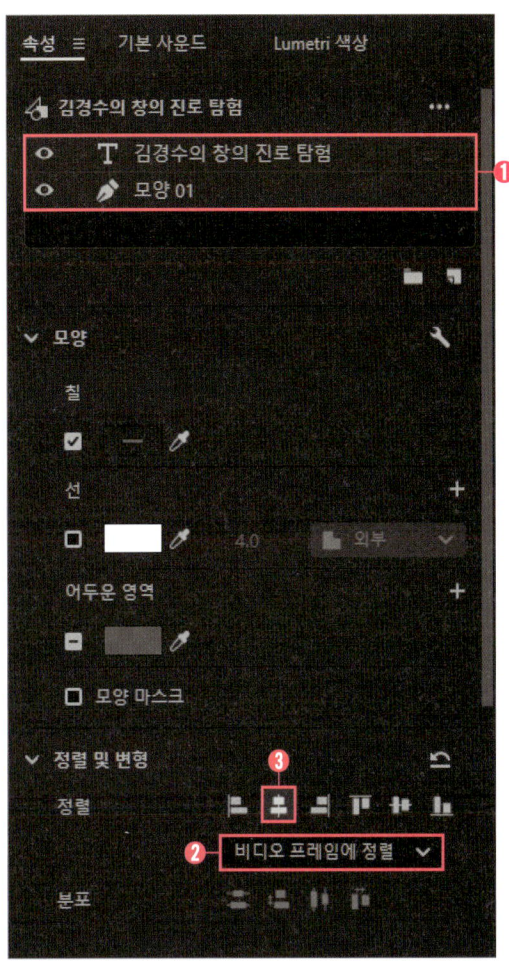

02 이번에는 '선택 항목에 정렬'을 선택하고 [세로로 가운데 맞춤] 아이콘을 클릭합니다.

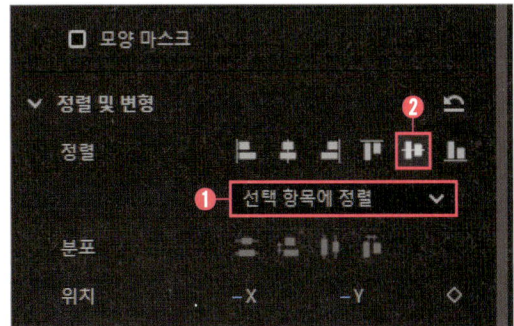

CHAPTER 04 타이틀 자막 편집 실무 | 221

03 [프로그램 모니터] 패널에서 자막과 자막 박스를 모두 선택하고 [선택 도구]로 Ctrl 을 누른 채 화면 아래쪽 가운데로 드래그하여 위치를 확정합니다.

04 자막 박스가 자막에 따라 크기가 자동으로 조절되도록 만들어 보겠습니다. [속성] 패널에서 '모양 01' 레이어를 선택하고 아래에 [반응형 디자인 – 위치] > [고정 대상]을 '김경수의 창의~'로 선택합니다. 그리고 오른쪽에 네모 아이콘을 클릭하여 상하좌우 아이콘이 켜진 것을 확인합니다.

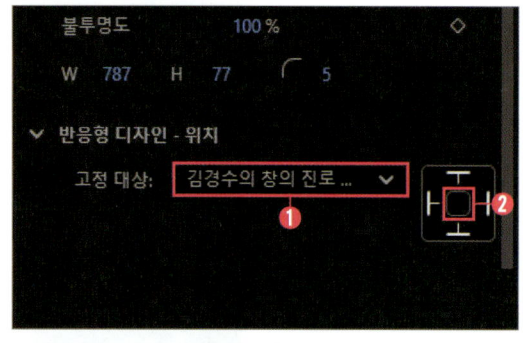

05 이제 로고를 자막 박스에 배치하겠습니다. [속성] 패널에 [새 레이어] 아이콘을 클릭하고 [파일에서]를 선택합니다. 그리고 '로고.png' 파일을 찾아 불러옵니다.

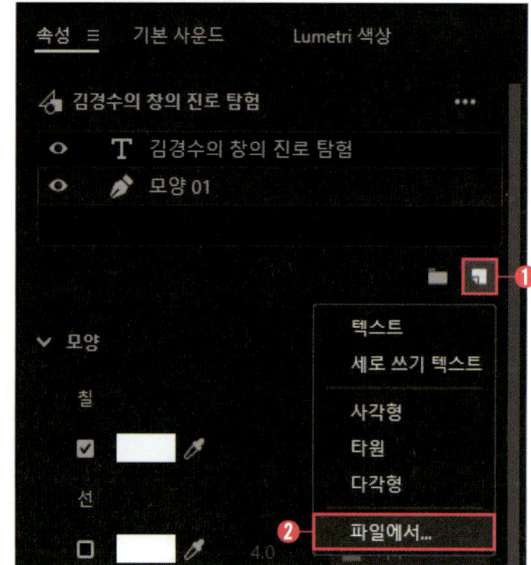

06 [프로그램 모니터] 패널에 나타난 로고 이미지를 자막 박스 옆으로 옮겨줍니다. [속성] 패널로 돌아와서 '로고' 레이어를 선택하고 [고정 대상]을 '김경수의 창의 ~'로 설정해 준 뒤에 [왼쪽 방향] 아이콘을 클릭해서 자막에 로고를 고정시킵니다.

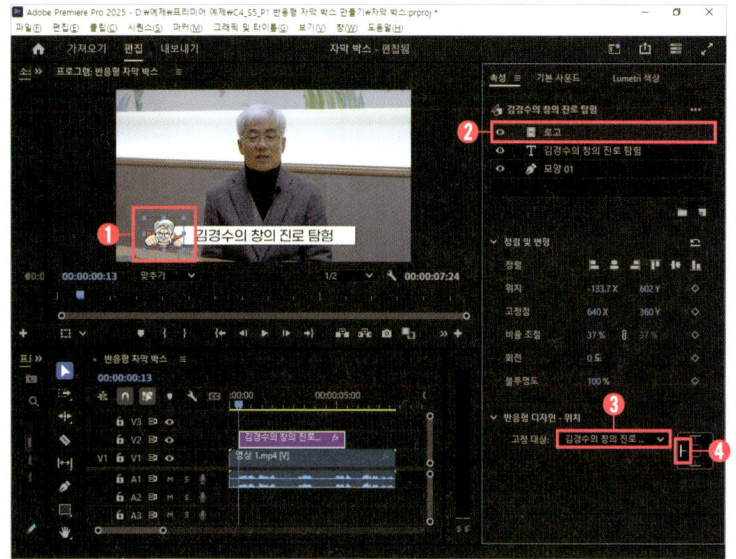

07 [타임라인] 패널에서 자막 클립의 [Out 점]을 영상 끝까지 드래그합니다. [자르기 도구]로 자막이 바뀌어야 할 타이밍에 자막 클립을 잘라줍니다.

TIP
오디오 파형을 보고 자막이 언제 바뀌어야 할지 예상할 수 있습니다.

08 [창] > [텍스트] > [그래픽] 메뉴를 클릭하여 [그래픽] 패널을 엽니다. 자막 클립을 세 부분으로 나누었기 때문에 자막을 더블클릭하고 다음과 같이 수정합니다. 자막 박스가 자막 길이에 따라 늘어났다 줄어드는 것을 확인합니다.

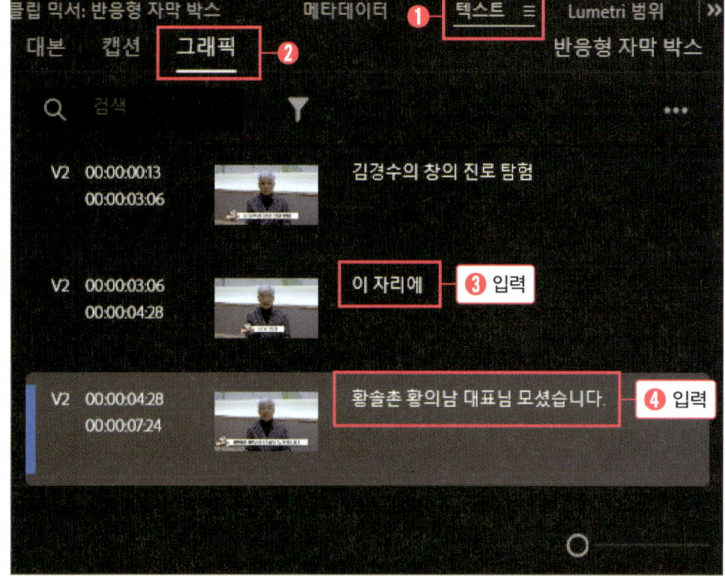

CHAPTER 04 타이틀 자막 편집 실무 | 223

SECTION 2

자막 디자인과 초급 애니메이션

❶ 자막(타이틀) 디자인과 디졸브 응용

핵심 내용
자막(타이틀) 디자인에는 포토샵 작업과 프리미어 프로 작업이 있습니다. 두 가지 작업을 모두 해보고 자신에게 맞는 방법을 선택하길 바랍니다. 디졸브(Dissolve)는 '녹다, 용해되다'라는 뜻으로 영상 편집에서 많이 사용하는 효과 중 하나입니다. 본 예제에서는 프리미어 프로 영상의 양쪽 여백을 활용하는 자막 디자인을 한 후, 자막이 나타났다가 사라지는 디졸브 효과를 응용하는 방법을 소개합니다.

핵심 기능
[문자 도구] → [효과 컨트롤] > [소스 텍스트]
[효과] > [교차 디졸브]

미리 보기 ○○대학교 총장선거 프레젠테이션 영상 중 일부분

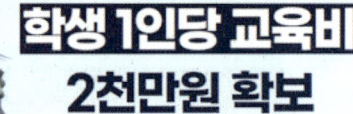

자막 디자인

교차 디졸브 (0%) ──────────────────────────▶ (100%)

교차 디졸브 (0%) ──────────────────────────▶ (100%)

01 여백에 자막(타이틀) 디자인하기

[문자 도구] → [효과 컨트롤] > [소스 텍스트]

▶ 준비 파일 : C4 > S2 > P1 > 디졸브 자막.prproj, 더빙.mp3, 배경 음악.mp3, 한국대 배경.mp4
▶ 완성 파일 : C4 > S2 > P1 > 완성 파일 폴더

01 '디졸브 자막.prproj' 파일을 불러오고 [프로젝트] 패널의 '한국대 배경.mp4' 영상 클립을 [타임라인] 패널로 드래그합니다.

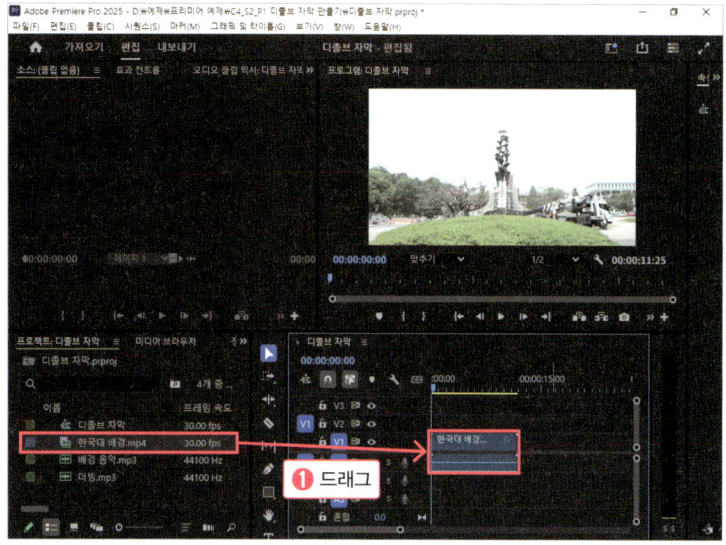

02 화면의 왼쪽 공간에 다음과 같이 '1인당 교내 연구비'와 '3천만원 증액'이라는 내용의 자막을 삽입해 보겠습니다.

03 자막을 입력하기 위해서 [도구] 패널에서 [문자 도구]를 선택하고, [프로그램 모니터] 패널의 상단을 클릭하여 '1인당 교내 연구비'를 입력합니다. [타임라인] 패널의 [V2] 트랙에 자동으로 자막 클립이 00:00:00:00 위치에 만들어졌음을 확인합니다.

TIP
• 자막의 위치는 [프로그램 모니터] 패널에서 [선택 도구]로 입력한 자막을 움직여 바꿀 수 있습니다.
• 자막 클립은 [인디케이터]가 위치한 곳을 기준으로 만들어집니다.

04 이제 입력한 자막의 글꼴, 글꼴 크기, 자간 등을 설정해 보겠습니다. [타임라인] 패널의 자막 클립이 선택된 상태에서 [효과 컨트롤] 패널을 엽니다. [그래픽] > [텍스트]를 확인하면 입력한 자막의 옵션을 설정할 수 있습니다. [프로그램 모니터] 패널의 텍스트에 박스를 씌운 채 [소스 텍스트] 옵션에서 글꼴 종류, 글꼴 크기, 자간 등을 다음과 같이 적절히 설정하여 배치합니다.

- [글꼴] : G마켓 산스, Bold
- [글꼴 크기] : 108
- [자간] : −51

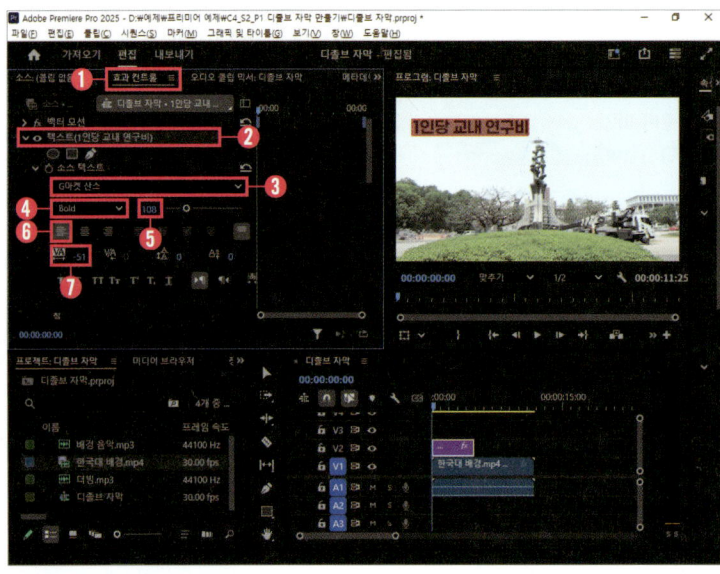

05 다음으로 글자의 색상과 글자 배경을 넣어 보겠습니다. [소스 텍스트]의 아래 위치한 [모양] 옵션 중 [칠]의 색상을 클릭하여 글자 색을 '흰색'으로 설정한 후 글자 배경을 넣기 위해서 [배경]을 체크하고, 색상을 '파란색(0D00B7)'으로 설정합니다. [배경]의 옵션 중 [불투명도]는 '100%', [크기]는 '10'으로 설정합니다.

TIP
- [칠] : 글자 색상을 설정합니다.
- [선] : 글자에 외곽선을 설정합니다.
- [배경] : 글자의 배경을 설정합니다.
- [어두운 영역] : 글자에 그림자를 설정합니다.

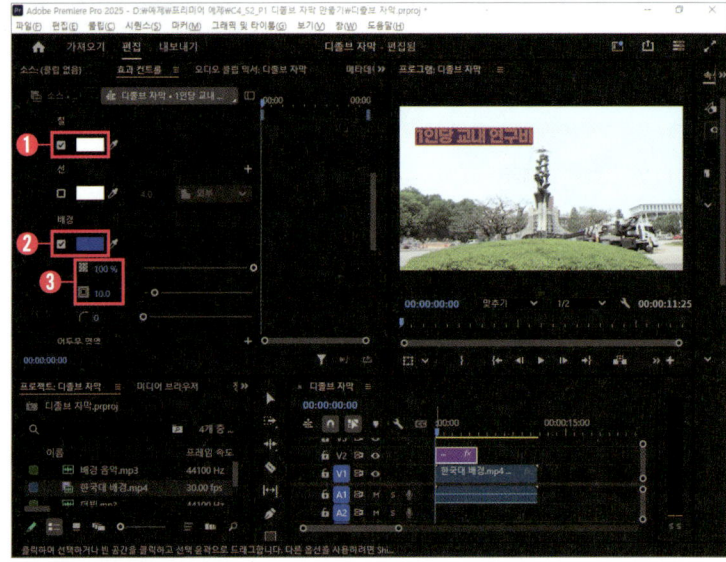

06 자막의 옵션 설정이 마무리되었으므로 재생 길이를 조정해 보겠습니다. [타임라인] 패널에서 자막 클립의 [Out 점]을 드래그하여 [V1] 트랙의 '한국대 배경.mp4' 영상 클립의 [Out 점]에 맞춥니다. 배경에 맞춰 처음부터 끝까지 자막이 화면에 표시되어 재생됩니다.

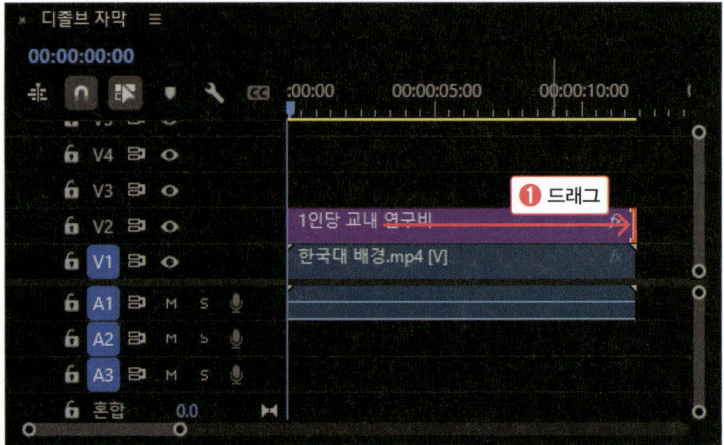

226 | PART 01 프리미어 프로 2025

02 디졸브 응용하기

[효과] > [교차 디졸브]

01 두 개의 자막이 각각 자연스럽게 등장할 수 있도록 [창] > [효과] 메뉴를 클릭하여 [효과] 패널을 엽니다.

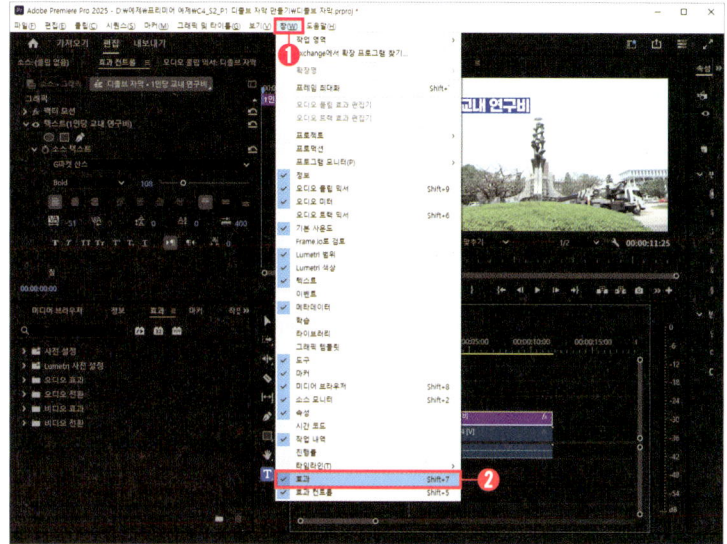

02 [효과] 패널이 열리면 [비디오 전환] > [디졸브] > [교차 디졸브]를 찾습니다.

TIP
[교차 디졸브]는 두 화면이 교차하여 장면이 전환되는 화면전환 효과입니다.

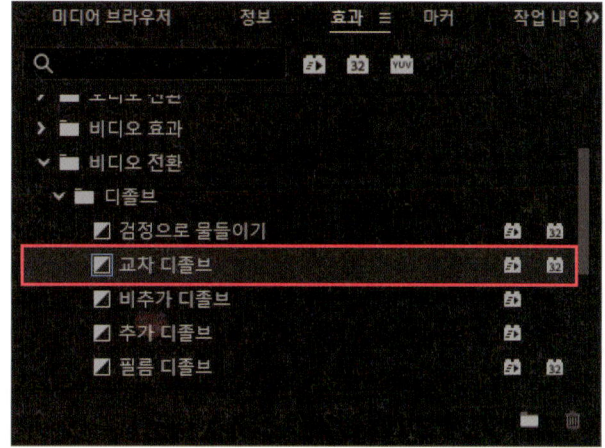

03 [타임라인] 패널을 선택하고 ➕를 눌러 화면의 필요한 구간을 확대합니다. 자막 클립의 가장 앞쪽에 [교차 디졸브] 효과를 드래그합니다. 클립 앞부분에 효과가 삽입된 것을 확인한 후, Space Bar 를 눌러 화면전환 효과를 확인합니다.

TIP
- [교차 디졸브] 효과는 영상과 이미지 등의 클립에 적용하여 자연스럽게 나타나게 하거나 사라지게 할 수 있으며, 2개의 클립을 자연스럽게 연결할 때도 자주 사용됩니다.
- 클립에 적용된 [교차 디졸브] 효과의 길이를 조절할 수도 있습니다.

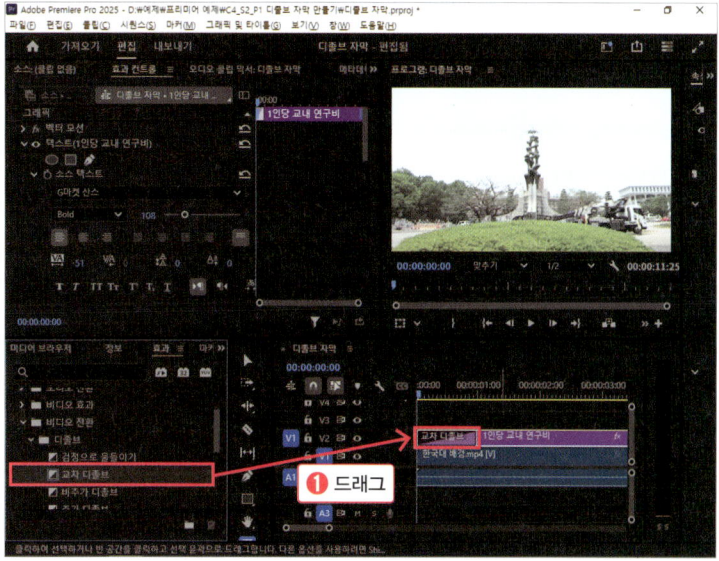

CHAPTER 04 타이틀 자막 편집 실무 | 227

04 다음으로 추가 자막을 입력해 보겠습니다. 새 자막을 추가하기 위해서는 모든 클립의 선택을 해제해야 합니다. [타임라인] 패널의 빈 곳을 클릭하여 클립의 선택을 해제합니다.

TIP
클립이 선택된 상태로 추가 자막을 입력할 경우, 트랙에 자막이 2개 이상 겹쳐서 만들어지므로 나중에 편집 및 수정에 어려움이 있습니다.

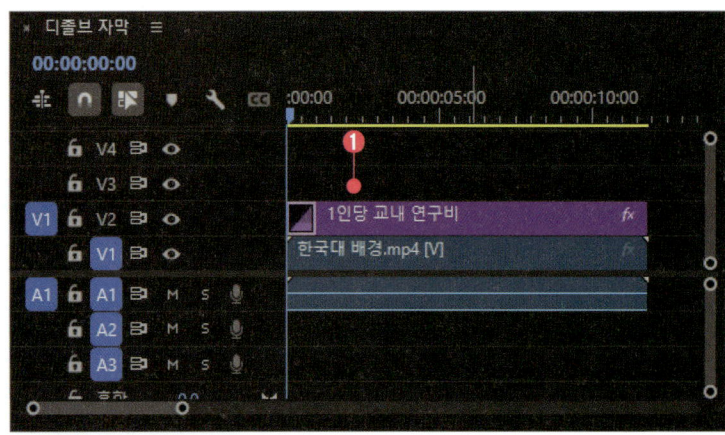

05 클립 해제가 된 상태에서 [도구] 패널의 [문자 도구]를 선택하고, [프로그램 모니터] 패널을 클릭하여 '3천만원 증액'을 입력합니다. [타임라인] 패널의 [V3] 트랙에 자동으로 자막 클립이 만들어졌음을 확인합니다.

TIP
- [인디케이터]가 00:00:00:00 위치에 있음을 확인하고 추가 자막을 입력합니다.
- 추가 자막을 입력할 경우, 자막의 글꼴, 크기, 색 등의 옵션은 마지막에 설정한 자막과 같은 설정값으로 보입니다.

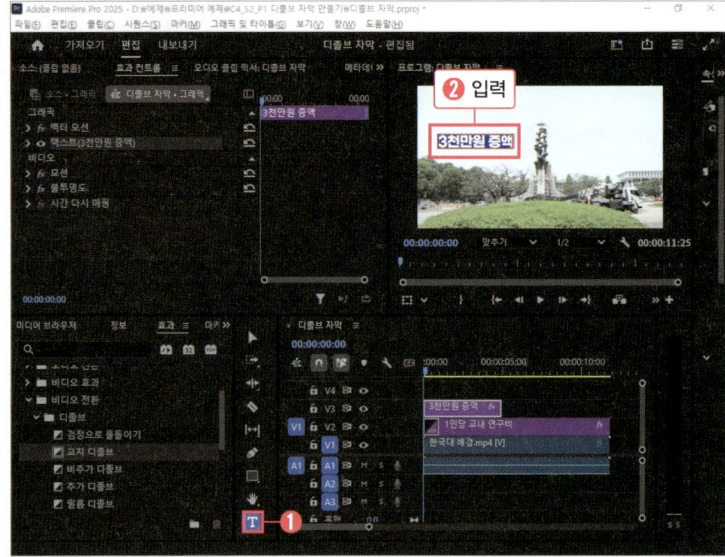

06 [인디케이터]를 00:00:01:00 위치로 이동합니다. 기존 자막이 화면에 표시되면 새 자막의 위치를 그림과 같이 적절하게 어울리도록 배치합니다. [타임라인] 패널의 새 자막 클립이 선택된 상태에서 [효과 컨트롤] 패널을 열고, [텍스트] > [소스 텍스트] 옵션에서 글꼴 종류, 글꼴 크기, 자간 등을 이전과 같이 설정합니다. 다음으로 [칠]의 색상을 클릭하여 글자 색을 '파란색(0D00B7)'으로 설정한 후, [배경]의 체크를 해제합니다.

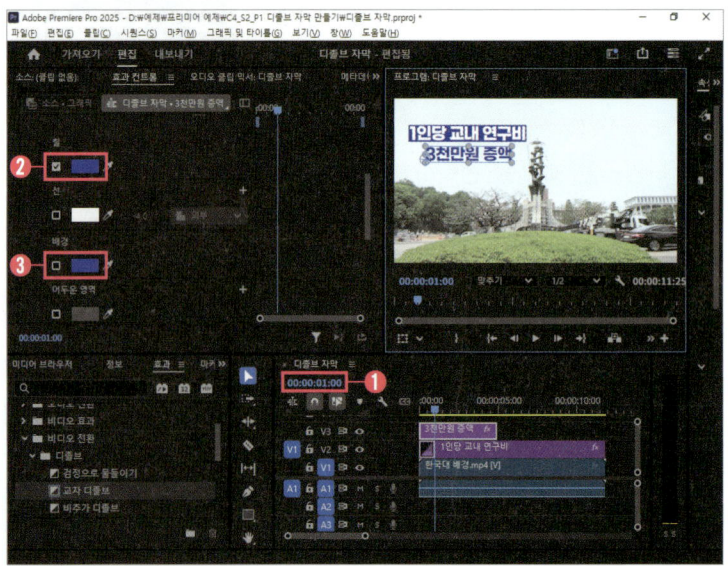

07 다음으로 새 자막의 [Out 점]을 수정하고 [효과] 패널의 [교차 디졸브] 효과를 자막 클립의 가장 앞쪽으로 드래그합니다. 클립 앞부분에 효과가 삽입된 것을 확인한 후, Space Bar 를 눌러 화면전환 효과를 확인합니다.

TIP
입력한 자막 2개는 희미하게 나타나 완성된 후 배경이 끝나는 지점까지 계속해서 보이게 됩니다.

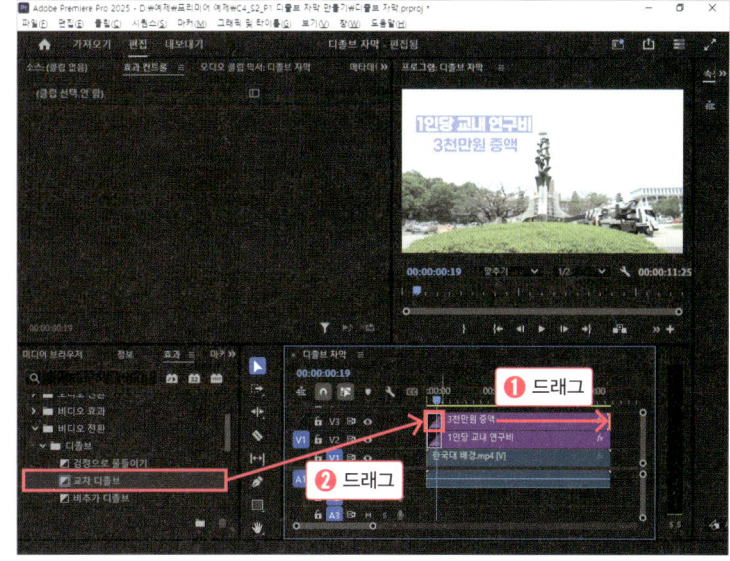

08 이제 다음에 등장할 자막을 계속 입력해 보겠습니다. 화면의 오른쪽 공간에 다음과 같이 '학생 1인당 교육비'와 '2천만원 확보'라는 내용의 자막을 그림과 같은 디자인으로 만들어 삽입하고 자연스럽게 등장하도록 애니메이션을 적용해 보겠습니다.

09 지금 만들 자막은 앞서 만든 자막이 등장한 후, 뒤쪽에서 등장해야 하므로 시작 지점의 기준을 먼저 설정해야 합니다. [인디케이터]를 00:00:04:20 위치로 이동합니다. 모든 클립의 선택을 해제하고 [문자 도구]로, [프로그램 모니터] 패널에 '학생 1인당 교육비'를 입력합니다. [타임라인] 패널의 [V4] 트랙에 자동으로 자막 클립이 00:00:04:20 위치에 만들어졌음을 확인합니다. [효과 컨트롤] 패널을 열고, 글꼴 종류, 글꼴 크기, 자간, [칠]의 색상은 첫 번째 자막과 같이 설정하고 [배경]은 '짙은 파란색(07006E)'으로 설정합니다.

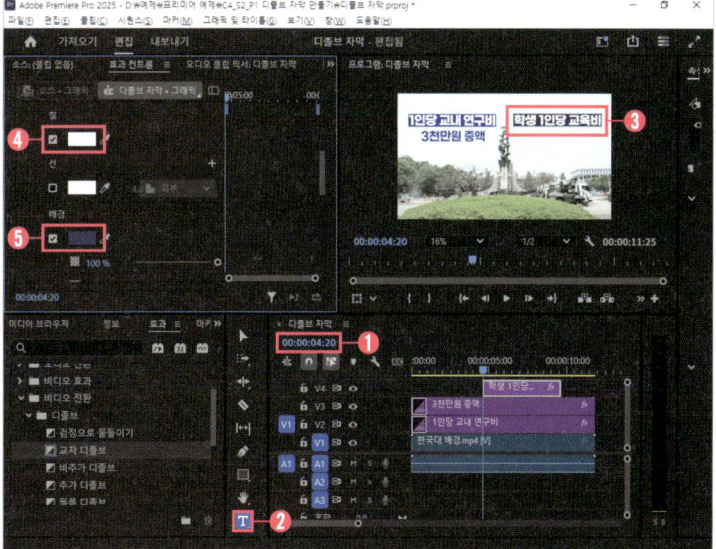

10 새 자막의 [Out 점]을 수정하고, [V4] 트랙 자막 클립의 가장 앞쪽에 [교차 디졸브] 효과를 드래그하여 적용합니다.

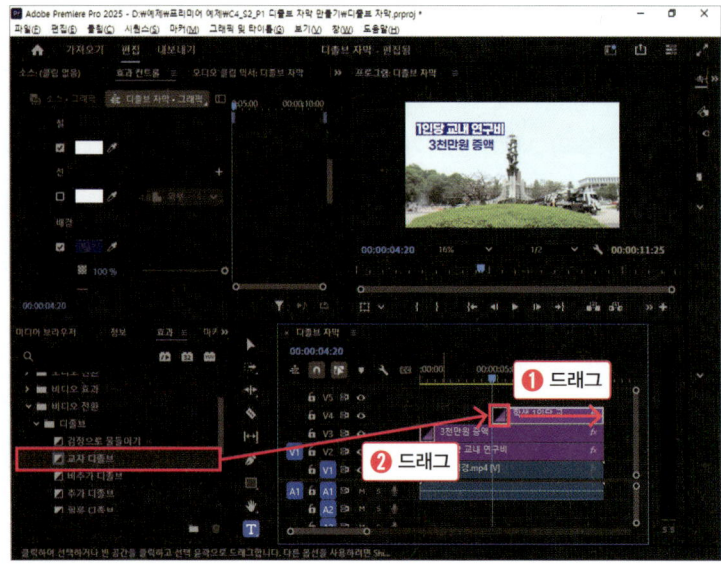

11 위와 같은 방법으로 새 자막 '2천만원 확보'를 다음과 같은 위치에 입력하고 텍스트의 옵션 설정 후, 재생 길이, 교차 디졸브 효과를 적용합니다. 기초 자막 애니메이션이 완성되었습니다. 입력한 4개의 자막이 2개씩 순서대로 등장하는지 Space Bar 를 눌러 재생하여 확인합니다.

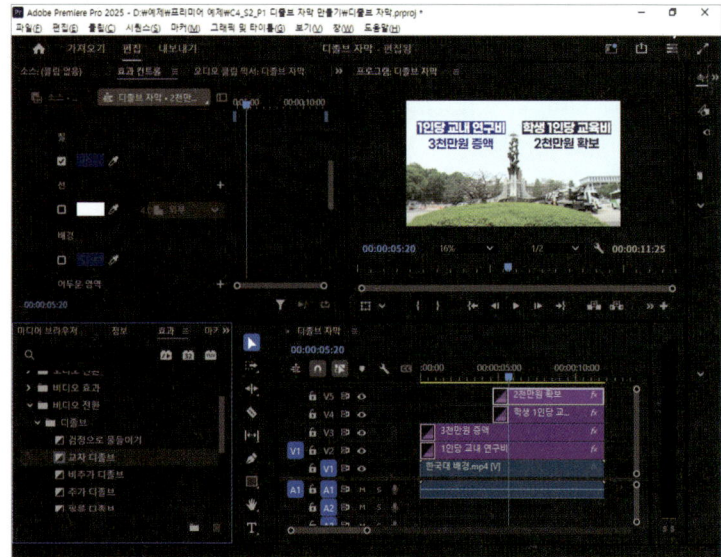

12 마지막으로 [프로젝트] 패널에서 '더빙.mp3'와 '배경 음악.mp3' 오디오 클립을 [타임라인] 패널의 [A2], [A3] 트랙으로 각각 드래그합니다. 오디오 클립의 [Out 점]을 수정합니다. 음악의 음량이 크기 때문에 '배경 음악.mp3' 오디오 클립을 마우스 오른쪽 버튼으로 클릭한 후 [오디오 게인]을 선택합니다. 그리고, [게인 조정]을 '-10dB'로 설정합니다.

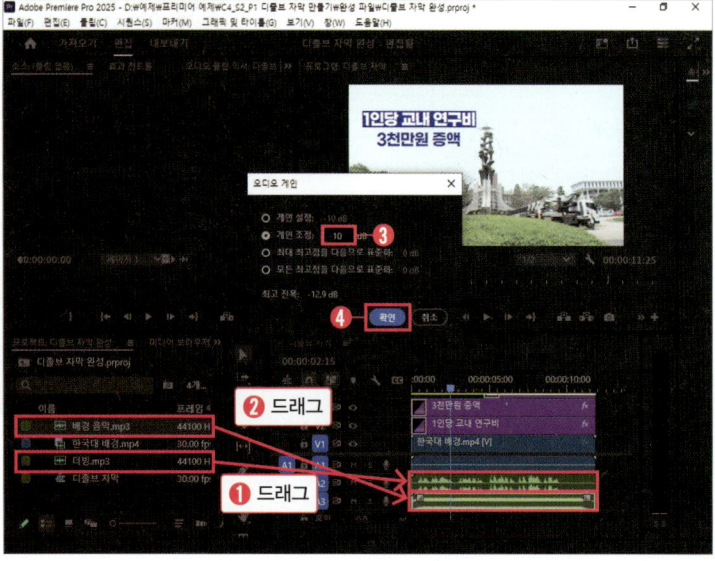

13 영상 배경에 자막을 입력하고 차례대로 등장하는 기초 애니메이션을 적용하여 선거 프레젠테이션 영상을 완성하였습니다. [내보내기]를 클릭하여 mp4 영상으로 출력합니다.

SECTION 2

자막 디자인과 초급 애니메이션
❷ 자막 이동 애니메이션

핵심 내용

동적인 자막(타이틀)이 필요할 때가 있습니다. 자막이 이동한다는 것은 그만큼 중요한 내용이거나 주목성을 유도하겠다는 목적이 포함되어 있습니다. 이동하는 자막에서 중요한 요소는 영상과 어울리는 움직임입니다. 이러한 움직임을 '모션' 또는 '애니메이션'이라고 합니다. 본 예제에서는 영상과 어울리는 자막 디자인을 기초로 [모션]의 [위치]와 [교차 디졸브] 기법을 통해 '자막 이동 애니메이션'을 알아봅니다.

핵심 기능

[중첩] → [모션] > [위치] > [애니메이션 켜기/끄기]
[효과] > [비디오 전환] > [교차 디졸브]

미리 보기 ○○대학교 총장선거 프레젠테이션 영상 중 일부분

자막 이동(좌) ────────────────────────────→
    +
자막 디졸브(0%) ──────────────────────────→ (100%)

────────────────────────────→ (우)
────────────────────────────→ (0%)

01 자막 이동 애니메이션

[중첩] → [모션] > [위치]

- 준비 파일 : C4 > S2 > P2 > 이동하는 자막.prproj, 배 이동.mp4, 더빙.mp3, 배경 음악.mp3
- 완성 파일 : C4 > S2 > P2 > 완성 파일 폴더

01 '이동하는 자막.prproj' 파일을 불러옵니다. 현재 자막의 개수가 4개로 각각 애니메이션을 적용하려면 4번의 작업을 반복해야 하므로 자막 클립들을 하나로 묶어 애니메이션 작업을 조금 더 편리하게 만들기 위해서 [V2]~[V5] 트랙에 배치된 모든 자막 클립을 선택한 후 [클립] > [중첩] 메뉴를 클릭합니다.

TIP
- 여러 개의 클립을 선택하기 위해서는 Shift 를 누른 채, 클립을 차례로 선택합니다.
- [중첩]은 선택된 여러 개의 클립을 시퀀스로 묶어서 하나의 클립처럼 편집하는 기능입니다.

02 [중첩된 시퀀스 이름] 대화상자가 열리면 [이름]에 적당한 이름을 입력하고 [확인] 버튼을 클릭합니다.

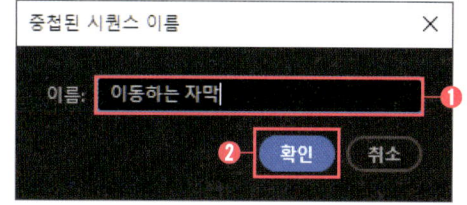

03 여러 개의 클립이 설정된 이름으로 하나의 클립처럼 묶입니다.

TIP
[중첩]으로 묶인 클립을 더블클릭하면 언제든지 안에 포함된 클립들을 개별 편집할 수도 있습니다.

04 묶인 자막 클립을 선택하고, [인디케이터]가 00:00:00:00 위치에 있음을 확인합니다. [효과 컨트롤] 패널에서 [모션] > [위치] > [애니메이션 켜기] 아이콘을 클릭해 활성화합니다.

TIP
[애니메이션 켜기] 아이콘을 클릭하면 키프레임이 만들어지고 애니메이션을 기록할 수 있도록 준비됩니다.

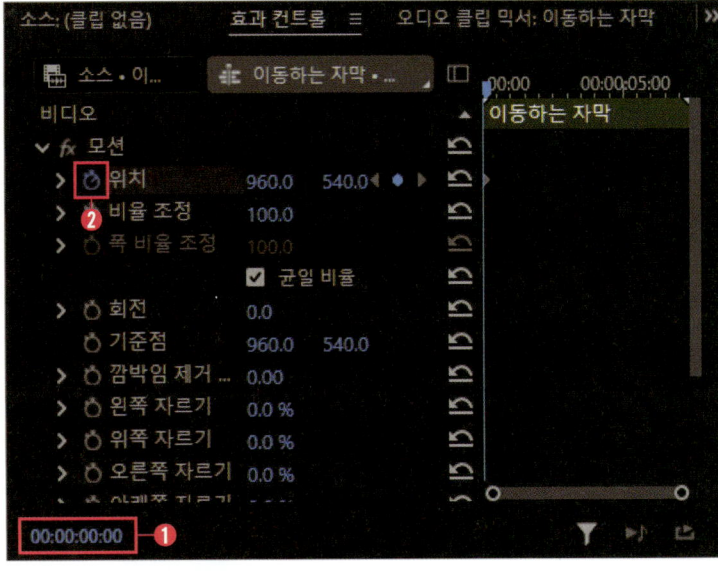

05 [인디케이터]를 00:00:07:09 위치로 옮긴 후, [효과 컨트롤] 패널에서 [위치]의 값을 수정하여 자막이 오른쪽으로 다음과 같은 위치까지 이동하도록 만듭니다. Space Bar 를 눌러 자막이 왼쪽에서 오른쪽으로 이동하는 위치 이동 애니메이션을 확인합니다.

TIP
[위치]의 첫 번째 값은 X축의 수평 이동 값이며, 두 번째 값은 Y축으로 움직이는 수직 이동 값입니다. 따라서 첫 번째 값만 수정하여 좌우로 움직일 수 있도록 합니다.

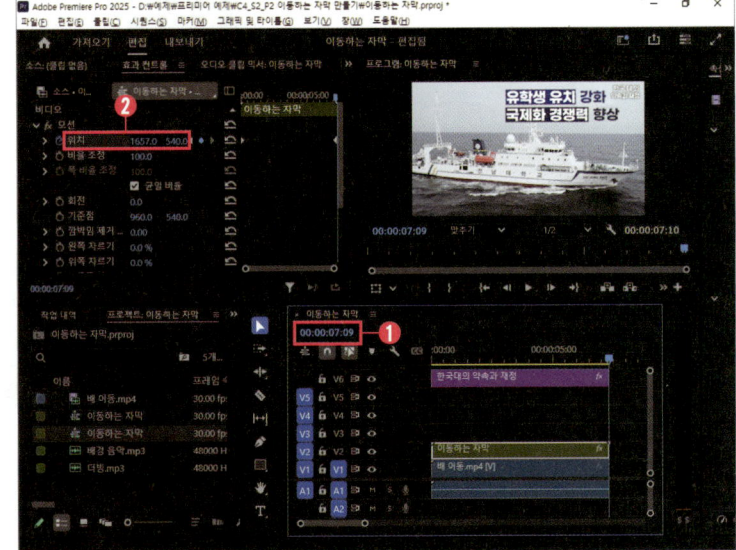

06 Space Bar 를 눌러 만들어진 영상을 확인합니다.

02 교차 디졸브 응용하기

[효과] > [비디오 전환] > [교차 디졸브]

01 다음으로 자막 클립이 자연스럽게 등장할 수 있도록 앞과 뒷부분에 화면전환 효과를 적용하기 위해 [창] > [효과] 패널을 엽니다.

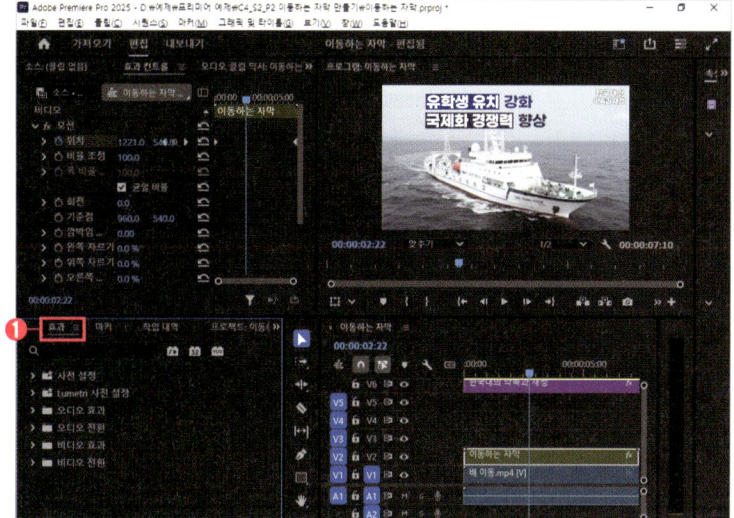

02 [효과] 패널에서 [비디오 전환] > [디졸브] > [교차 디졸브]를 찾습니다. [타임라인] 패널의 자막 클립 가장 앞쪽에 [교차 디졸브] 효과를 드래그합니다. Space Bar를 눌러 화면전환 효과를 확인합니다.

TIP
- [교차 디졸브] 효과는 영상과 사진 등 클립에 적용하여 자연스럽게 나타나게 하거나 사라지게 할 수 있으며, 2개의 클립을 자연스럽게 연결할 때도 자주 사용됩니다.
- 클립에 적용된 [교차 디졸브] 효과의 길이를 조절할 수도 있습니다.

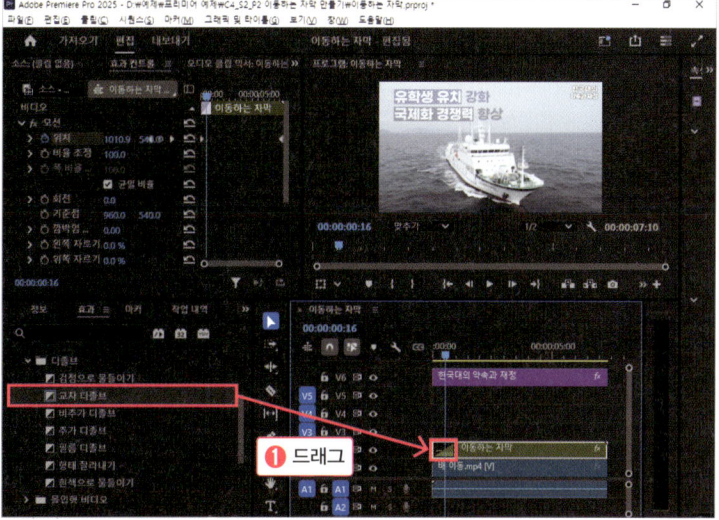

03 [타임라인] 패널의 자막 클립 가장 뒤쪽에 [교차 디졸브] 효과를 드래그하여 효과를 한 번 더 적용합니다. 효과가 삽입된 것을 확인한 후 Space Bar를 눌러 화면전환 효과를 확인합니다.

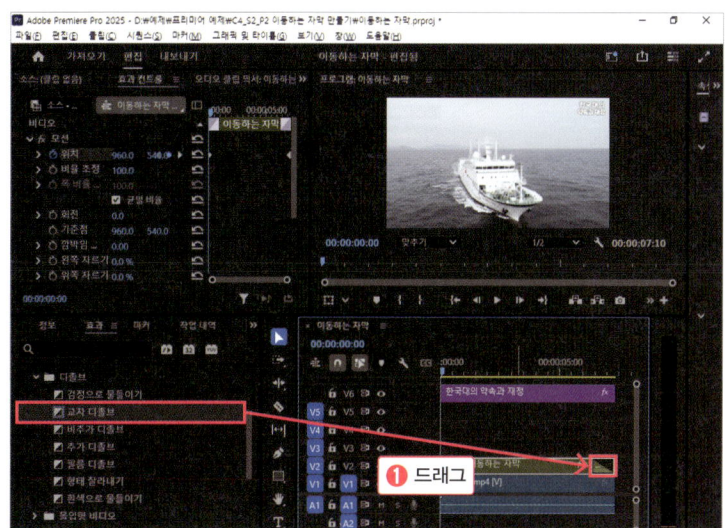

CHAPTER 04 타이틀 자막 편집 실무 | 235

03 어울리는 배경음악(BGM)과 더빙 삽입하기

01 [프로젝트] 패널의 '배경음악.mp3', '더빙.mp3' 오디오 클립을 [타임라인] 패널 [A2], [A3] 트랙의 시작점으로 각각 드래그하여 넣은 후 [Out 점]을 조절하여 영상의 길이와 맞춥니다. Space Bar 를 눌러 삽입된 배경음악과 더빙을 확인합니다.

TIP
영상 편집에서 배경음악(BGM) 선택은 매우 중요한 요소입니다. 배경음악에 따라 영상의 분위기가 바뀌기 때문입니다.

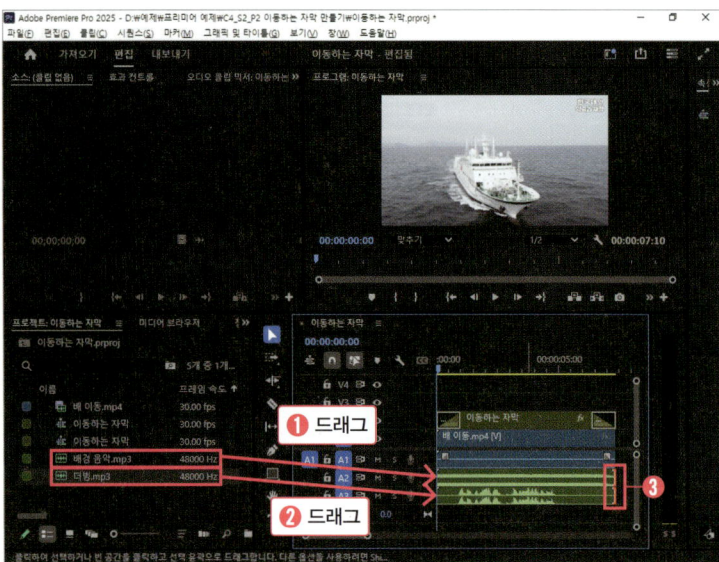

02 영상 배경에 자막을 입력하고 위치가 이동하는 애니메이션을 적용하여 선거 프레젠테이션 영상을 완성하였습니다. [내보내기]를 클릭하여 mp4 영상으로 출력합니다.

SECTION

2 자막 디자인과 초급 애니메이션

❸ 자막 확대 애니메이션

핵심 내용
자막(타이틀)의 확대 애니메이션은 주로 텍스트의 중요성과 주목성을 더 강조하기 위한 목적으로 사용됩니다. 확대되는 자막 편집에서 중요한 요소는 영상과 어울리는 자막 디자인입니다. 본 예제는 자막 디자인을 기초로 영상 배경에 자막 입력과 모션의 비율 조정 애니메이션 기법을 소개합니다.

핵심 기능
[문자 도구], [비율 조정], [교차 디졸브]

미리 보기 ○○대학교 총장선거 프레젠테이션 영상 중 일부분

  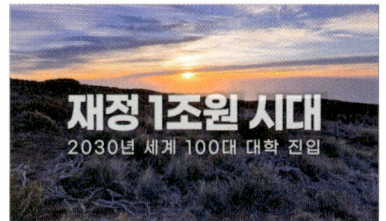

자막 확대 애니메이션(100%) + 교차 디졸브 ──────────▶

 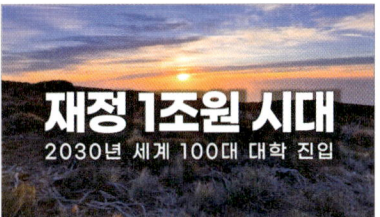 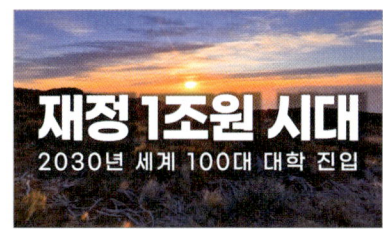

──────────▶

──────────▶ (145%)

CHAPTER 04 타이틀 자막 편집 실무 | 237

01 확대 자막 디자인하기

[문자 도구] → [효과 컨트롤] > [소스 텍스트]

▶ **준비 파일** : C4 > S2 > P3 > 확대되는 자막.prproj, 일출 배경.mp4   ▶ **완성 파일** : C4 > S2 > P3 > 완성 파일 폴더

01 '확대되는 자막.prproj' 파일을 불러옵니다. 이제 일출 배경에 자막을 입력해 보겠습니다. 화면 중앙에 다음과 같이 '재정 1조원 시대'와 '2030년 세계 100대 대학 진입'이라는 내용의 자막을 그림과 같이 두 줄로 만들어 삽입하고 확대되는 애니메이션을 적용해 보겠습니다.

02 [인디케이터]를 자막이 시작할 위치인 00:00:00:20으로 이동합니다. 자막을 입력하기 위해서 [도구] 패널에서 [문자 도구]를 선택하고, [프로그램 모니터] 패널의 중앙을 클릭하여 '재정 1조원 시대'를 입력합니다. [타임라인] 패널의 [V2] 트랙에 자막 클립이 00:00:00:20 위치에 만들어졌음을 확인합니다.

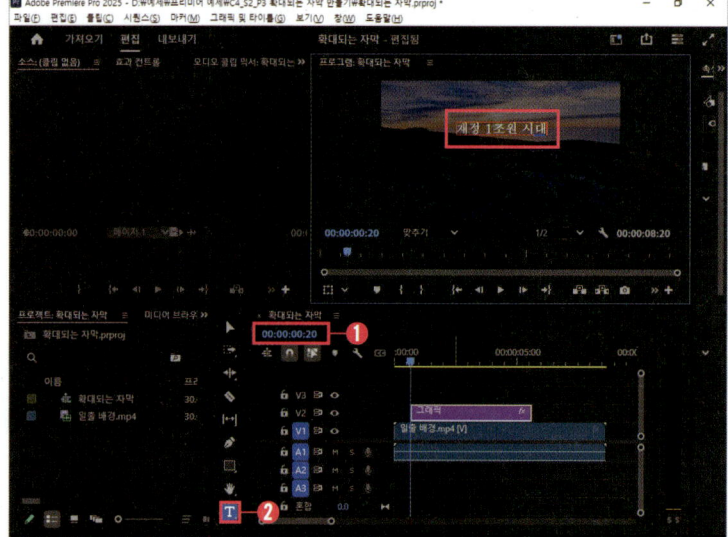

TIP
- 자막의 위치는 [프로그램 모니터] 패널에서 [선택 도구]로 바꿀 수 있습니다. Ctrl 을 누른 채 움직이면 정렬 기능이 활성화됩니다.
- 자막 클립은 [인디케이터]가 위치한 곳을 기준으로 만들어집니다.

03 이제 입력한 자막의 글꼴, 글꼴 크기, 자간 등을 설정해 보겠습니다. [선택 도구]를 선택하고 [타임라인] 패널의 자막 클립이 선택된 상태에서 [효과 컨트롤] 패널을 엽니다. [그래픽] > [텍스트]를 열어 확인하면 입력한 자막의 옵션을 설정할 수 있습니다. [소스 텍스트] 옵션에서 글꼴 종류, 글꼴 크기, 자간 등을 다음과 같이 적절히 설정하여 배치합니다.

- [글꼴] : G마켓 산스, Bold
- [글꼴 크기] : 200
- [자간] : -30

TIP
[프로그램 모니터] 패널에서 Ctrl 을 누른 채 텍스트를 움직여 화면 중앙에 정렬합니다.

04 다음으로 글자의 색상과 그림자를 넣어 보겠습니다. [소스 텍스트] > [칠]의 색상을 클릭하여 글자 색을 '흰색'으로 설정하고, 글자 그림자를 넣기 위해서 [어두운 영역]을 체크한 후 색상을 '검은색'으로 설정합니다. 다음과 같이 설정하여 흰색 글자가 잘 보이도록 합니다.

- [불투명도] : 75%
- [거리] : 17.0
- [크기] : 49.0
- [흐림 효과] : 50

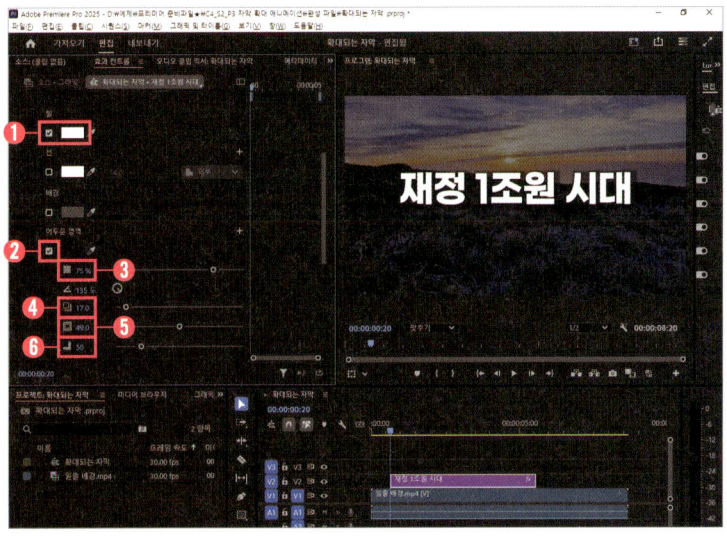

05 자막의 옵션 설정이 마무리되었으므로 [타임라인] 패널에서 자막 클립의 [Out 점]을 드래그하여 [V1] 트랙의 '일출 배경.mp4' 클립의 [Out 점]에 맞춥니다. 다음 자막을 추가 입력해 보겠습니다.
새 자막을 추가하기 위해서는 모든 클립의 선택을 해제해야 합니다. [타임라인] 패널의 빈 곳을 클릭하여 클립의 선택을 해제합니다.

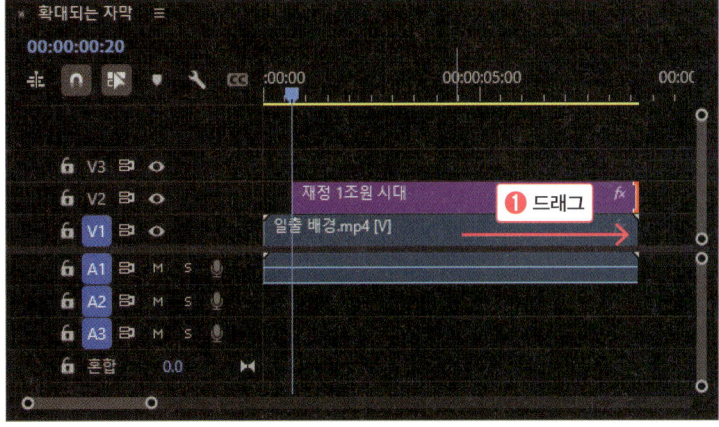

TIP
클립이 선택된 상태로 추가 자막을 입력할 경우, 트랙에 자막이 2개 이상 겹쳐서 만들어지므로 디자인, 편집 및 수정에 어려움이 있습니다.

06 [도구] 패널의 [문자 도구]를 선택하고, '2030년 세계 100대 대학 진입'을 입력합니다. [타임라인] 패널의 [V3] 트랙에 자막 클립이 00:00:00:20 위치에 만들어졌음을 확인합니다. [효과 컨트롤] 패널의 [소스 텍스트] 옵션에서 글꼴, 크기, 자간, 색상 등을 다음과 같이 설정하고 자막 클립의 [Out 점]을 드래그하여 아래 영상과 재생 길이를 맞춥니다.

- [글꼴] : G마켓 산스, Medium
- [글꼴 크기] : 80
- [자간] : 224

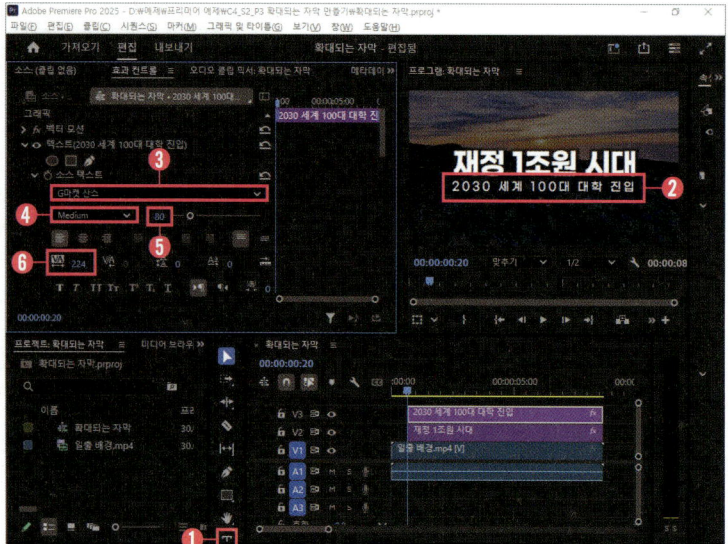

TIP
배경에 맞춰 자막이 끝날 수 있도록 길이를 조절하였습니다.

02 자막 확대 애니메이션 적용하기

[중첩] → [비율 조정] + [교차 디졸브]

01 다음으로 자막에 확대 애니메이션을 적용해 보겠습니다. 먼저 자막 클립을 하나로 묶어 애니메이션 작업을 조금 더 편리하게 만들기 위해서 [V2]~[V3] 트랙에 배치된 자막 클립을 함께 선택한 후 [클립] > [중첩] 메뉴를 클릭합니다.

TIP
- 여러 개의 클립을 선택하기 위해서는 Shift 를 누른 채, 클립을 차례로 선택합니다.
- [중첩]은 선택된 여러 개의 클립을 시퀀스로 묶어서 하나의 클립처럼 편집할 수 있는 기능입니다.

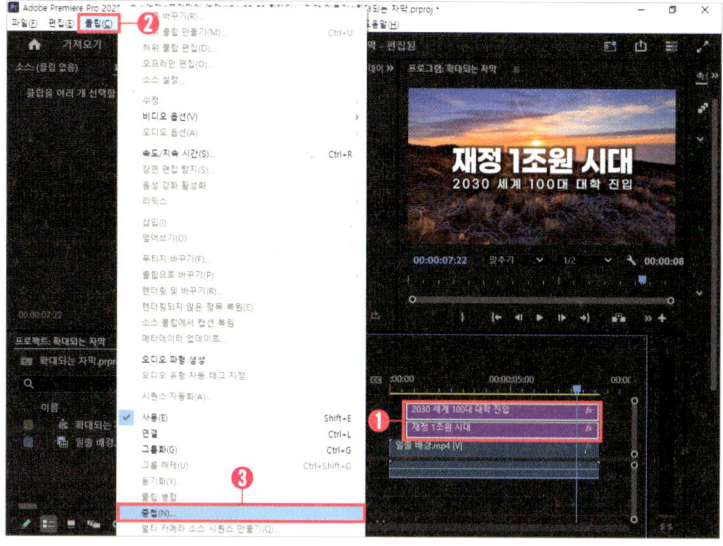

02 [중첩된 시퀀스 이름] 대화상자가 열리면 [이름]에 적당한 이름을 입력하고 [확인] 버튼을 클릭합니다.

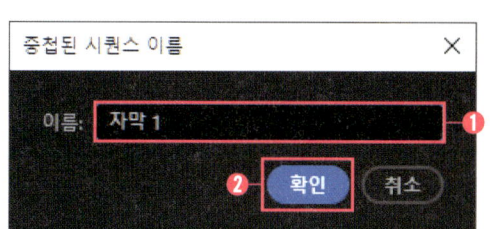

03 여러 개의 클립이 설정된 이름으로 하나의 클립처럼 묶입니다.

TIP
[중첩]으로 묶인 클립을 더블클릭하면 언제든지 안에 포함된 클립들을 개별 편집을 할 수도 있습니다.

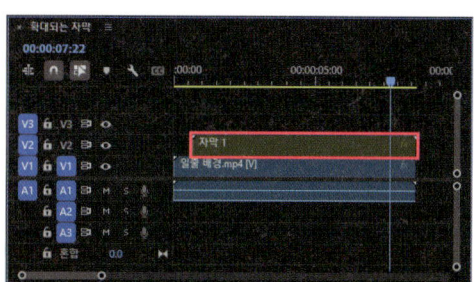

04 이제 묶인 자막 클립에 확대 애니메이션을 적용해 보겠습니다. 묶인 자막 클립을 선택하고, [인디케이터]가 00:00:00:20 위치에 있음을 확인합니다. [효과 컨트롤] 패널에서 [모션] > [비율 조정] > [애니메이션 켜기] 아이콘을 클릭해 활성화합니다.

TIP
[애니메이션 켜기] 아이콘을 클릭하면 키프레임이 만들어지고 애니메이션을 기록할 수 있도록 준비됩니다.

CHAPTER 04 타이틀 자막 편집 실무 | 241

05 [인디케이터]를 00:00:08:19 위치로 옮긴 후 [효과 컨트롤] 패널에서 [비율 조정]을 '145'로 설정하여 확대합니다. Space Bar 를 눌러 자막이 확대되는 애니메이션을 확인합니다.

TIP ················
[비율 조정]은 100을 기준으로 100보다 큰 값을 입력하면 확대되고, 100보다 작은 값을 입력하면 축소됩니다.

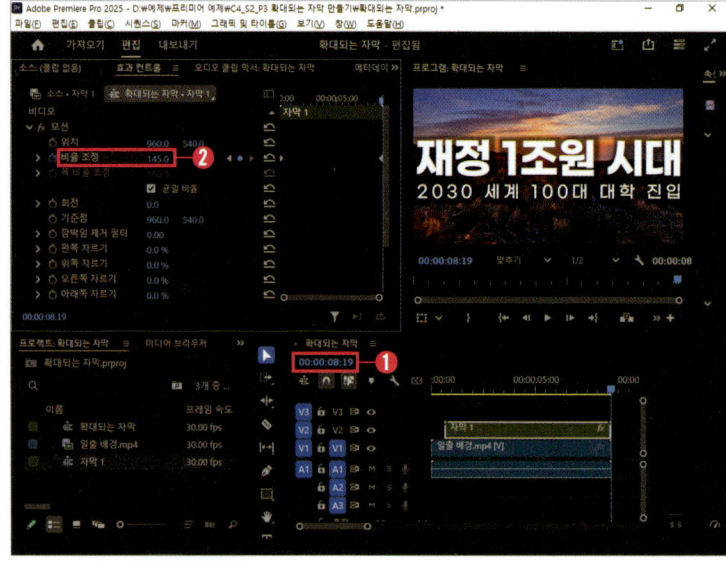

06 다음으로 자막 클립이 자연스럽게 등장할 수 있도록 앞과 뒷부분에 화면전환 효과를 적용해 보겠습니다. [효과] 패널을 열어서 [비디오 전환] > [디졸브] > [교차 디졸브]를 찾습니다.

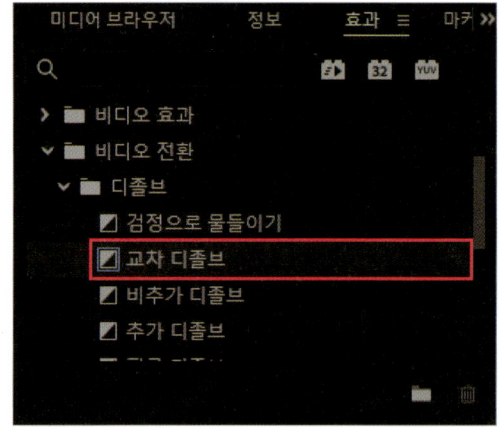

07 [타임라인] 패널의 자막 클립 가장 앞쪽과 뒤쪽, '일출 배경.mp4' 영상 클립 뒤쪽에 [교차 디졸브] 효과를 드래그합니다. Space Bar 를 눌러 화면전환 효과를 확인합니다.

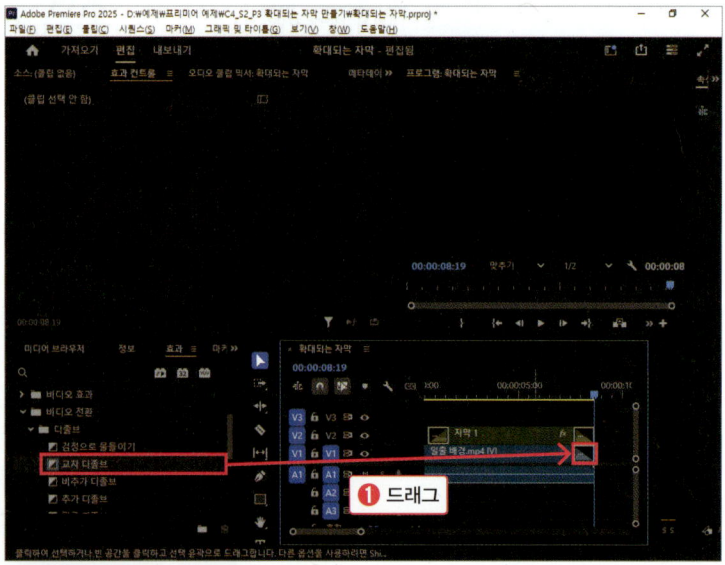

SECTION

2

자막 디자인과 초급 애니메이션

❹ BGM 비트 중심의 자막 애니메이션

핵심 내용
영상 편집에서 청각적인 BGM(배경음악)의 비트와 시각적인 영상의 조화를 맞추어야 할 때가 있습니다. 본 예제에서는 BGM 하이라이트 설정에서 [타임라인] 패널에 [마커 추가]를 추가하고, [텍스트] > [소스 텍스트] > [애니메이션 켜기/끄기]를 통해 BGM 비트에 맞춘 텍스트 애니메이션을 제작해 봅니다.

핵심 기능
[타임라인] > [마커 추가]
[텍스트] > [소스 텍스트] > [애니메이션 켜기/끄기]

미리 보기 유튜브, 영화 속 AI 5종

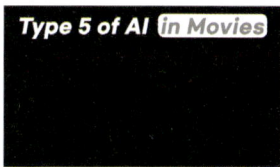 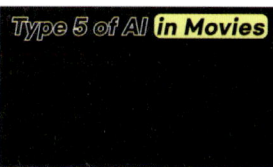  

BGM 비트에 맞춘 [소스 텍스트] 애니메이션 →

   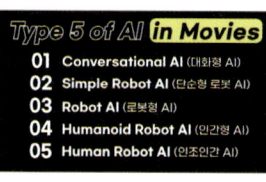

01 BGM 하이라이트 설정

[타임라인] > [마커 추가]

▶ **준비 파일** : C4 > S2 > P4 > 소스 텍스트 애니메이션.prproj, 음악 1.mp3　▶ **완성 파일** : C4 > S2 > P4 > 완성 파일 폴더

01 '소스 텍스트 애니메이션.prproj' 파일을 불러옵니다. 음악에 맞춰서 애니메이션 작업을 해야 하기 때문에 BGM의 하이라이트를 마커로 설정하겠습니다. [인디케이터]를 00:00:01:18 위치로 옮깁니다.

TIP
BGM의 하이라이트 부분에서 장면의 전환이나 애니메이션 효과가 들어갈 수 있습니다.

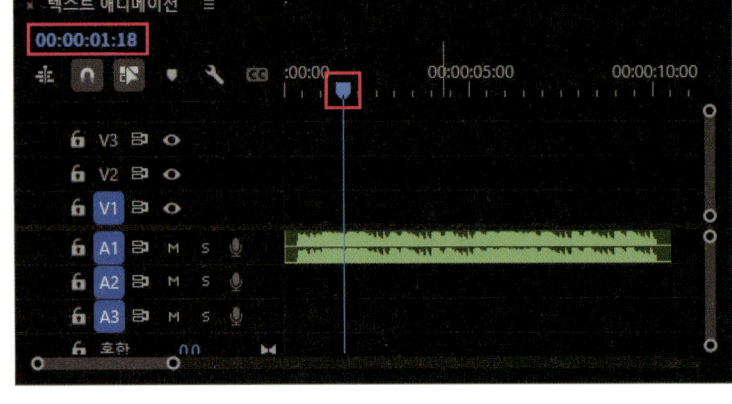

02 [타임라인] 패널의 시간 눈금자를 마우스 오른쪽 버튼으로 클릭하고 [마커 추가]를 선택합니다. [타임라인] 패널에 [마커] 아이콘이 나타난 것을 확인합니다.

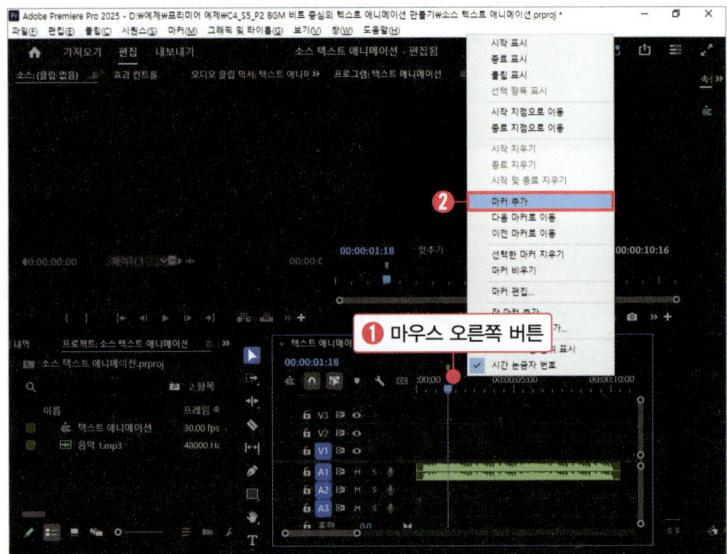

03 같은 방법으로 다음 위치에 마커를 추가합니다.

- 00:00:01:18
- 00:00:02:25
- 00:00:03:26
- 00:00:05:02
- 00:00:06:16
- 00:00:07:20
- 00:00:08:24

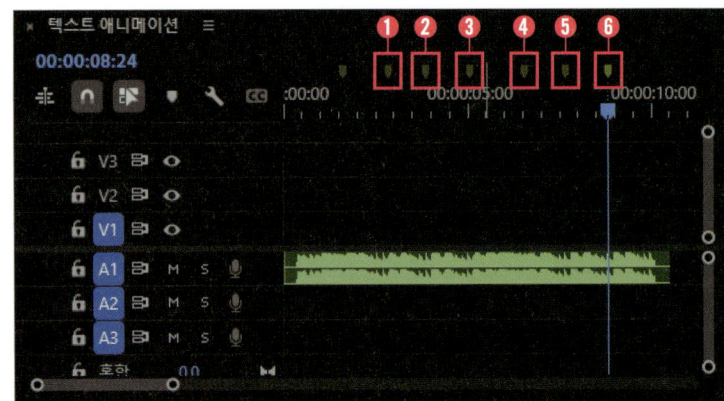

TIP
[Shift]를 누른 채 [인디케이터]를 드래그하면 마커 사이를 빠르게 오갈 수 있습니다.

02 BGM 비트에 맞춘 텍스트 애니메이션

[텍스트] > [소스 텍스트] > [애니메이션 켜기/끄기]

01 [문자 도구]를 선택하고 'Type 5 of AI'를 입력합니다. [효과 컨트롤] 패널에서 자막의 옵션을 다음과 같이 설정하고 화면 왼쪽 상단에 배치합니다.

- [글꼴] : G마켓 산스, Bold
- [글꼴 크기] : 87
- [텍스트 가운데 맞춤]
- [포 볼드체], [포 이탤릭]
- [칠] : 흰색

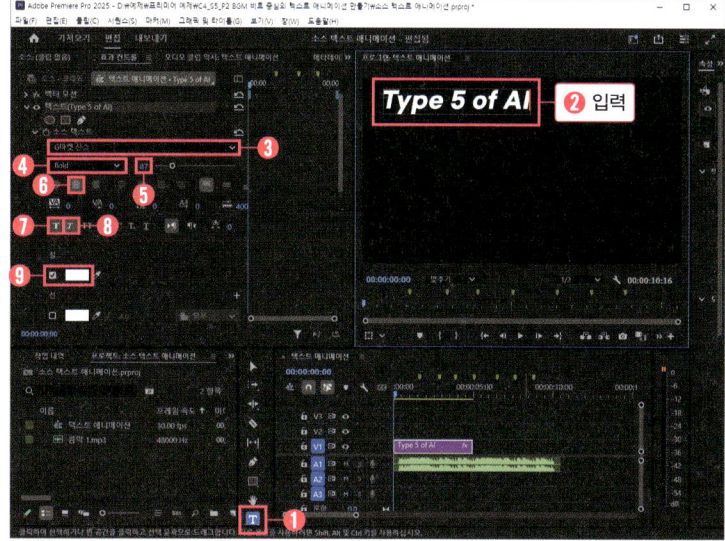

02 첫 번째 자막 클립이 선택된 상태로 [문자 도구]를 선택하고 [프로그램 모니터] 패널의 빈 곳을 클릭하여 'in Movies'를 기존 자막과 따로 입력합니다. [텍스트(in Movies)]의 세부 옵션을 펼치고 아래 항목을 제외한 나머지는 이전 자막과 동일하게 설정합니다.

- [칠] : 회색
- [배경] : 흰색
- [불투명도] : 100%
- [크기] : 12.0
- [모서리 반경] : 30

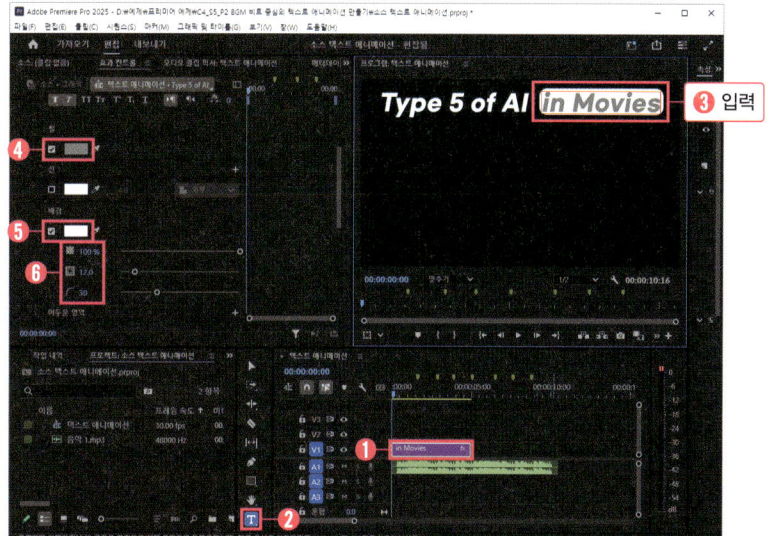

03 [인디케이터]를 00:00:00:00에 맞추고 [텍스트(in Movies)]와 [텍스트(Type 5 of AI)]의 [소스 텍스트] > [애니메이션 켜기] 아이콘을 각각 클릭해 활성화합니다.

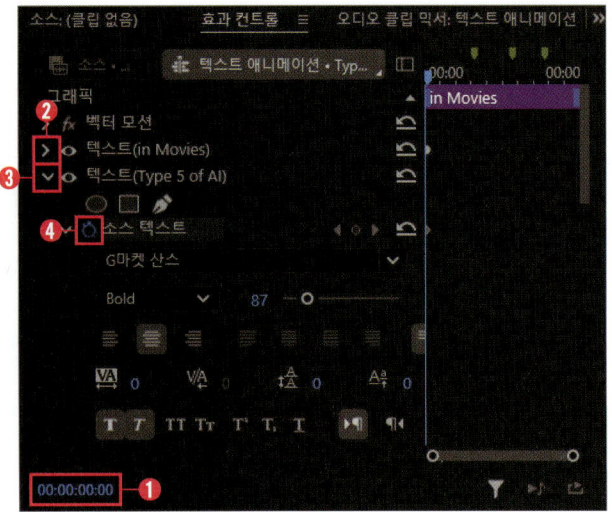

04 [타임라인] 패널에서 Shift 를 누른 채 [인디케이터]를 첫 번째 마커로 드래그합니다. [효과 컨트롤] 패널에서 [텍스트(Type 5 of AI)]의 세부 옵션을 변경합니다.

- [글꼴 크기] : 90
- [칠] : 체크 해제
- [선] : 흰색

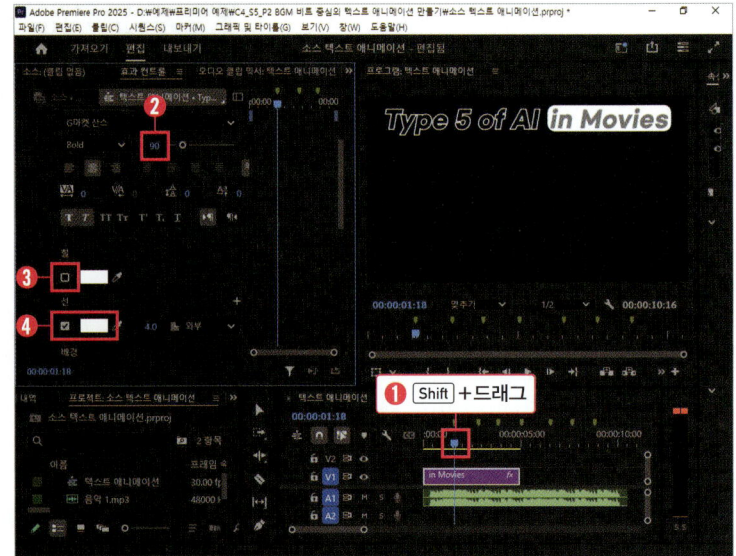

05 [텍스트(in Movies)]의 세부 옵션도 다음과 같이 변경합니다.

- [글꼴 크기] : 90
- [칠] : 검은색
- [배경] : 노란색(E6FF5C)

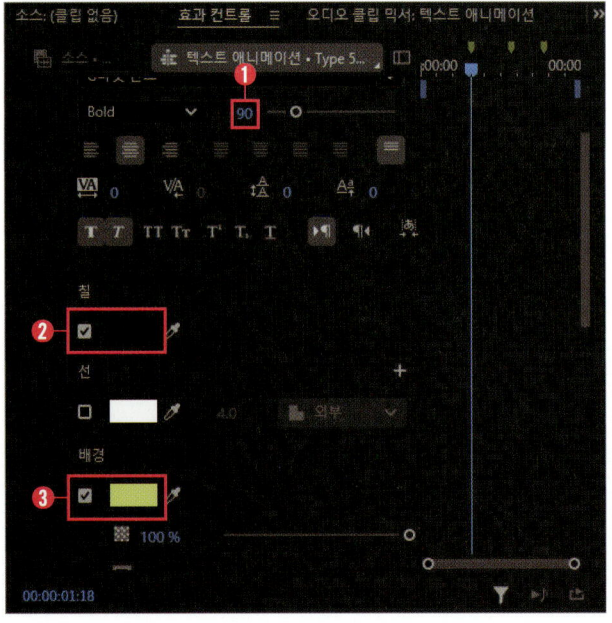

06 자막 클립의 [Out 점]을 드래그하여 오디오 클립과 길이를 맞춥니다. 영상을 재생하여 애니메이션 효과를 확인합니다.

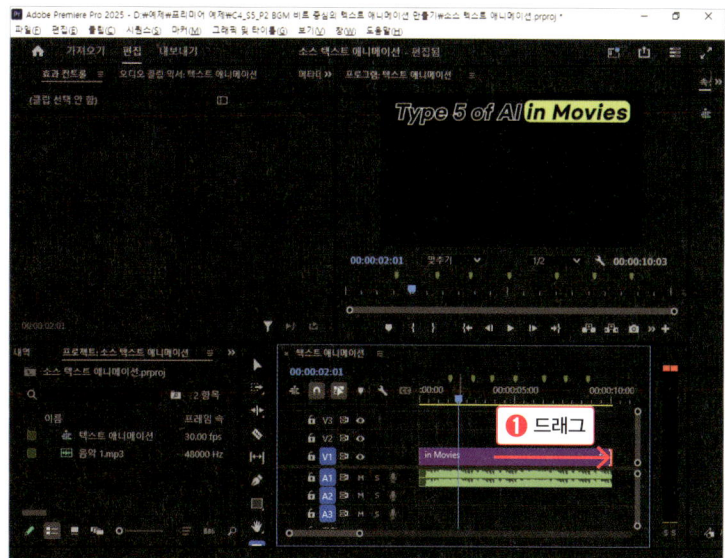

07 계속해서 자막을 추가하겠습니다. Shift 를 누른 채 [인디케이터]를 두 번째 마커로 드래그합니다. 새로운 자막 클립을 만들기 위해 [타임라인] 패널의 빈 곳을 클릭하여 클립의 선택을 해제한 뒤 [문자 도구]로 '01'을 입력합니다. [Out 점]을 영상 끝에 맞추고 자막 옵션은 다음과 같이 설정합니다.

- [글꼴] : G마켓 산스, Bold
- [글꼴 크기] : 80
- [칠] : 회색

TIP ·······························
편의를 위해 자막 클립이 만들어진 순서에 따라 부르겠습니다.

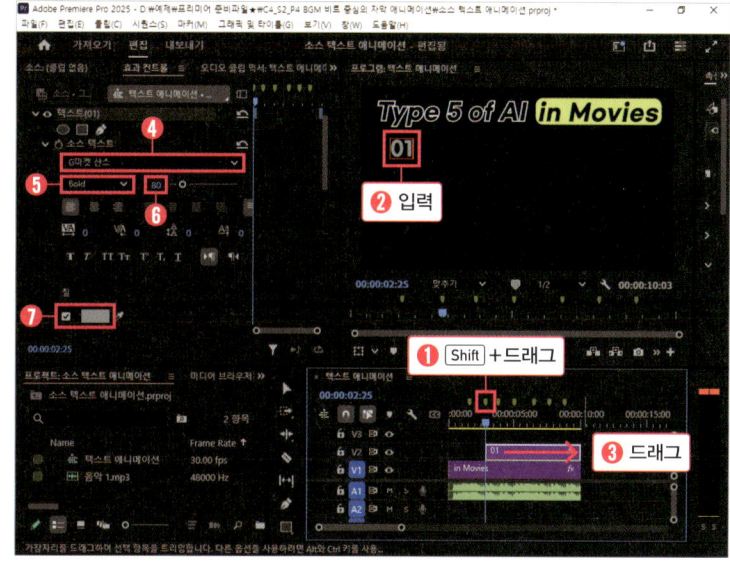

08 숫자 텍스트를 5개 만들기 위해 [텍스트(01)]을 선택하고 Ctrl+C를 눌러 복사한 뒤, Ctrl+V를 4번 눌러 붙여넣습니다.

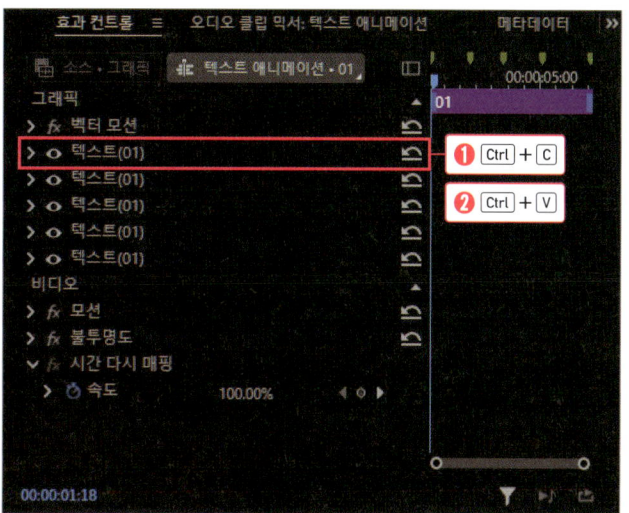

09 [효과 컨트롤] 패널에서 각각의 [텍스트(01)]들을 클릭하면 [프로그램 모니터] 패널에 조절점이 나타납니다. 숫자 자막을 다음과 같이 배치하고 숫자를 '01~05'로 변경합니다.

TIP
자막을 정확히 정렬할 것이기 때문에 [선택 도구]를 이용해서 대략적으로 배치하면 됩니다.
편의를 위해 [효과 컨트롤] 패널에 텍스트를 번호 순서대로 배열합니다.

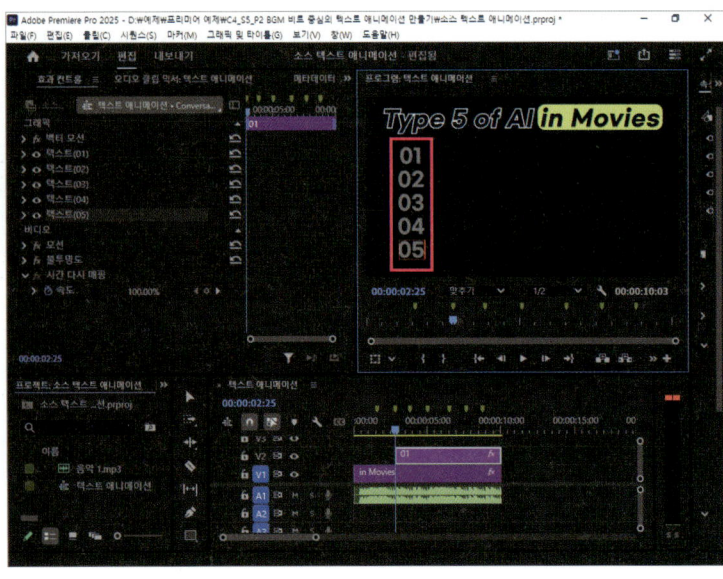

10 [속성] 패널을 엽니다. '01~05'까지 5개의 레이어를 Shift 를 누른 채 모두 선택하고 [정렬 및 변형]에서 '선택 항목에 정렬'을 선택하고 [가로로 가운데 맞춤] 아이콘과 [세로 간격을 동일하게] 아이콘을 차례로 클릭합니다.

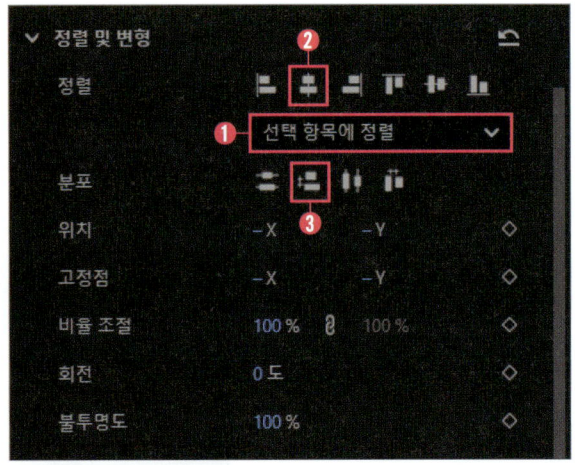

11 두 번째 자막 클립을 선택하고 [문자 도구]로 'Conversational AI (대화형 AI)'를 입력합니다. 자막에 박스를 따로 씌워 원하는 텍스트만 편집합니다.

"Conversational AI"
- [글꼴] : G마켓 산스, Bold
- [글꼴 크기] : 55
- [칠] : 회색

"(대화형 AI)"
- [글꼴] : G마켓 산스, Medium
- [글꼴 크기] : 50
- [칠] : 회색

12 [효과 컨트롤] 패널에서 [텍스트(Conversational AI~)]를 선택하고 Ctrl + C , Ctrl + V 를 눌러 복사한 뒤, 다음과 같이 자막을 배치하고 수정합니다.

"Simple Robot AI (단순형 로봇 AI)"

"Robot AI (로봇형 AI)"

"Humanoid Robot AI (인간형 AI)"

"Human Robot AI" (인조인간 AI)"

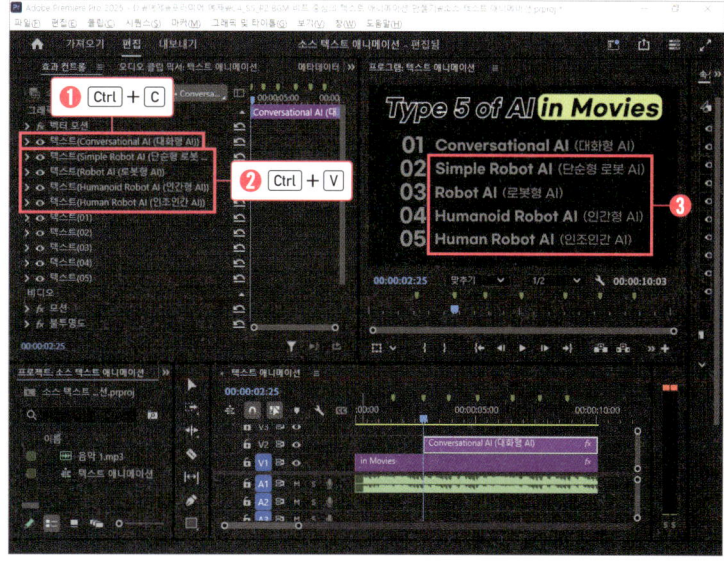

13 [속성] 패널에서 방금 만든 자막 레이어 5개를 Shift 를 누른 채 모두 선택합니다. '선택 항목에 정렬'을 선택하고 [왼쪽 맞춤] 아이콘과 [세로 간격을 동일하게] 아이콘을 차례로 클릭합니다.

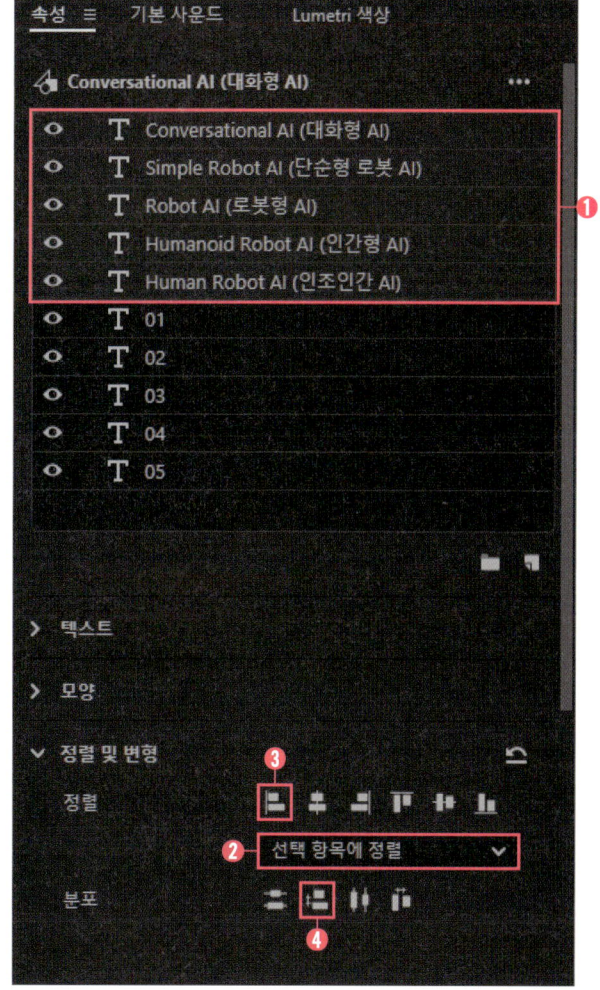

14 Shift 를 누른 채 [인디케이터]를 두 번째 마커에 두고 [효과 컨트롤] 패널에서 모든 텍스트의 세부 옵션을 펼쳐 [소스 텍스트] > [애니메이션 켜기] 아이콘을 각각 클릭합니다. [효과 컨트롤] 패널 우측에 나타난 점들로 키프레임이 생성된 것을 확인할 수 있습니다.

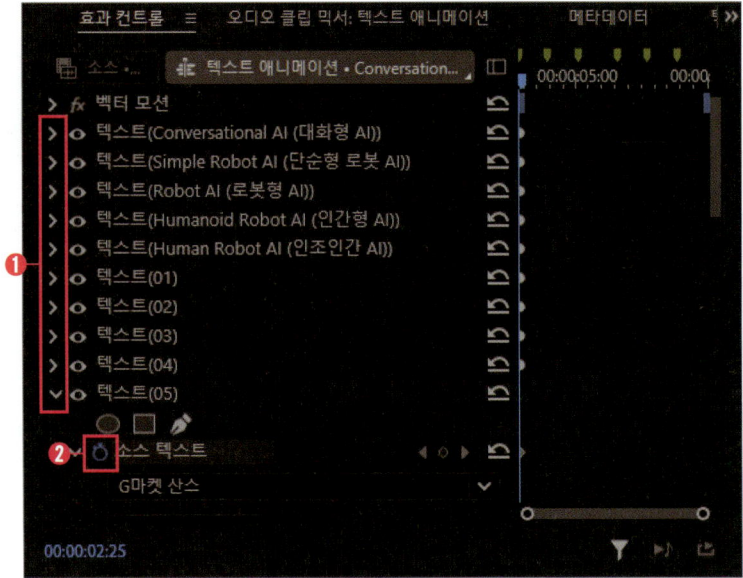

15 Shift 를 누른 채 [인디케이터]를 세 번째 마커로 옮기고 [텍스트(01)]과 [텍스트(Conversational AI~)]의 [칠]을 '흰색'으로 변경합니다.

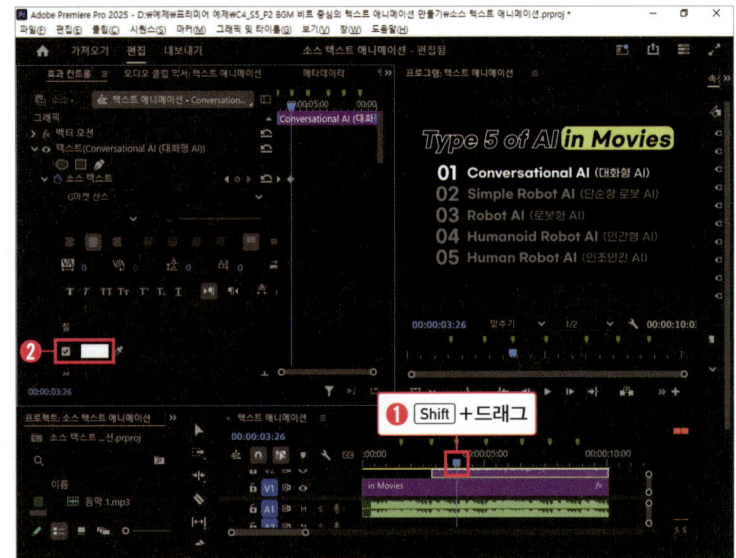

16 [인디케이터]를 네 번째 마커로 옮기고 [텍스트(02)]와 [텍스트(Simple Robot AI~)]의 [칠]을 '흰색'으로 변경합니다. 마커를 하나씩 건너가며 마지막 자막까지 흰색으로 변경합니다. 편집을 모두 마쳤다면 영상을 재생하여 음악에 따라 텍스트가 변하는 애니메이션을 확인합니다.

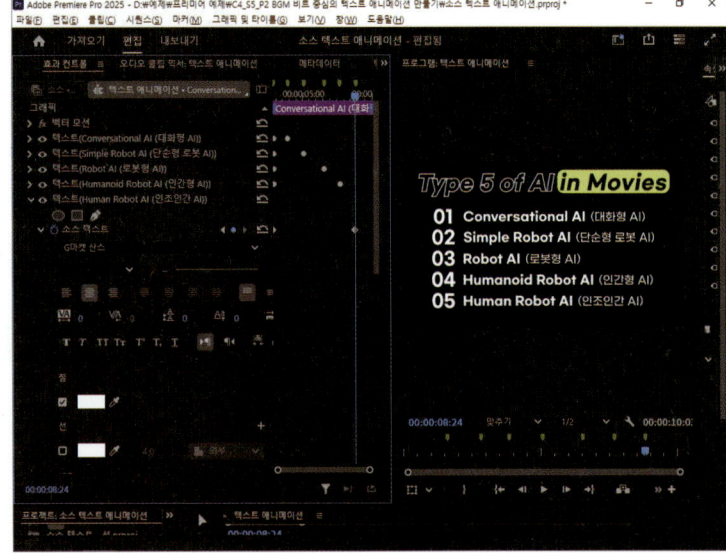

SECTION 3

마스크 자막 중급 애니메이션

❶ 슬라이드 자막 애니메이션

핵심 내용
자막(타이틀)이 순서대로 부드럽게 나타나는 애니메이션은 영상 편집에서 흔하게 사용하는 기법의 하나입니다. 여기에서 기초가 되는 것은 '자막 디자인'입니다. 디자인이 좋으면 움직임도 좋게 보이지만, 디자인이 어색하면 움직임도 어색하게 보이기 때문입니다. 본 예제는 글자 수가 많은 3줄의 복잡한 자막 디자인을 중심으로 마스크 기법을 통해 슬라이드처럼 부드럽게 흘러가는 애니메이션을 소개합니다.

핵심 기능
자막 입력하기 [문자 도구] → [효과 컨트롤] > [소스 텍스트]
자막 마스크 애니메이션 [4지점 다각형 마스크 만들기] > [마스크 패스] > [애니메이션 켜기/끄기]

미리 보기 ○○대학교 총장선거 프레젠테이션 영상 중 일부분

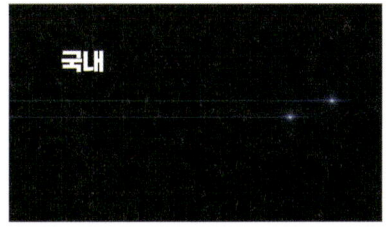 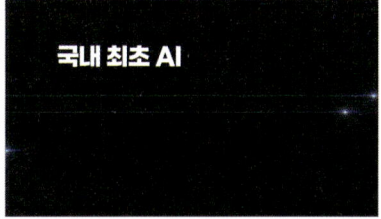 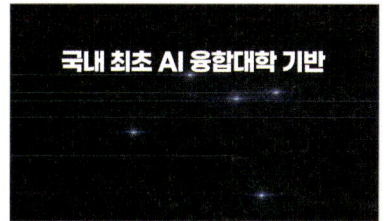

마스크 애니메이션(좌) ──────────────────────────▶ (우)

 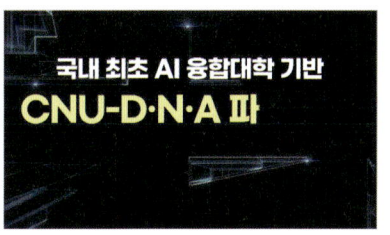 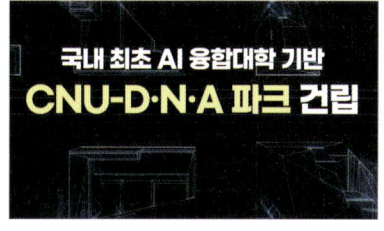

(좌) ──────────────────────────▶ (우)

 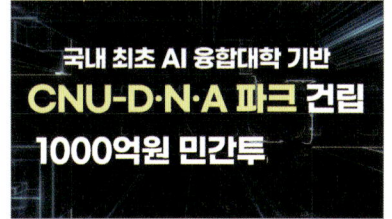 

(좌) ──────────────────────────▶ (우)

01 3줄 자막 디자인하기

[문자 도구] → [효과 컨트롤] > [소스 텍스트]

▶ **준비 파일** : C4 > S3 > P1 > 슬라이드 자막.prproj, 마스크 배경.mp4, 더빙.mp3, 배경 음악.mp3
▶ **완성 파일** : C4 > S3 > P1 > 완성 파일 폴더

01 '슬라이드 자막.prproj' 파일을 불러옵니다. [인디케이터]를 자막이 시작할 위치인 00:00:01:00으로 이동합니다. 자막을 입력하기 위해서 [도구] 패널에서 [문자 도구]를 선택하고, [프로그램 모니터] 패널에 '국내 최초 AI융합대학 기반'을 입력합니다.

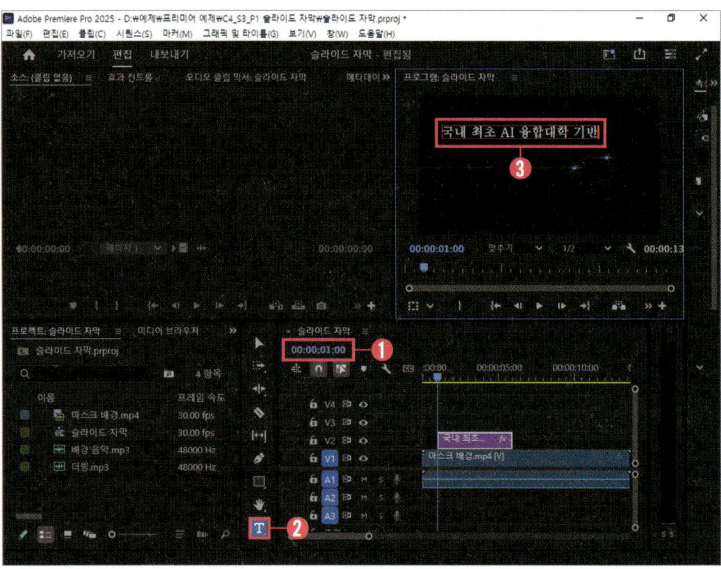

02 [타임라인] 패널의 자막 클립이 선택된 상태에서 [효과 컨트롤] 패널을 엽니다. [텍스트] > [소스 텍스트]와 [모양]에서 글꼴 종류, 글꼴 크기, 자간, 색상을 다음과 같이 설정합니다.

- [글꼴] : G마켓 산스, Bold
- [글꼴 크기] : 114
- [자간] : −40

TIP
자막에 배경 또는 그림자를 넣지 않은 이유는 배경이 어두워서 단순히 흰색 색상만 설정해도 가독성이 좋기 때문입니다.

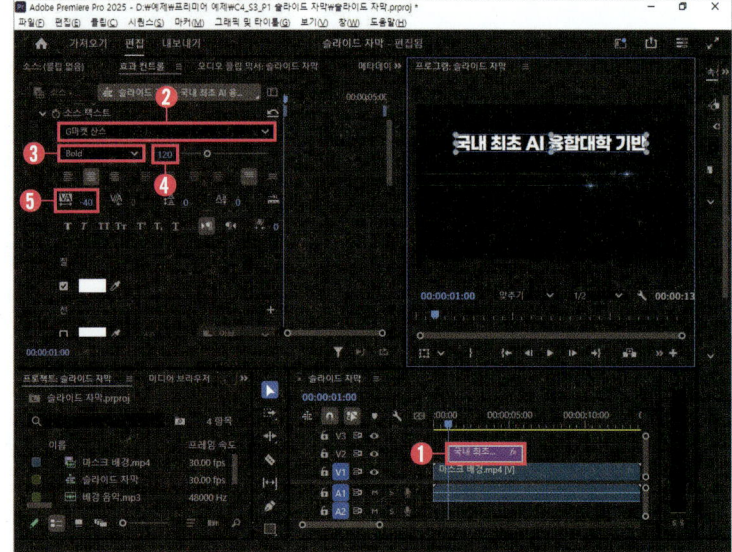

03 자막의 옵션 설정이 마무리되었으므로 [타임라인] 패널에서 자막 클립의 [Out 점]을 드래그하여 [V1] 트랙의 '마스크 배경.mp4' 영상 클립의 [Out 점]에 맞춥니다.

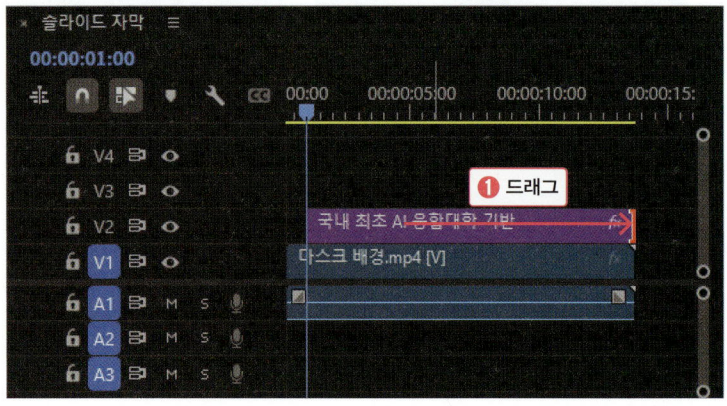

02 자막 마스크 애니메이션

[4지점 다각형 마스크 만들기] > [마스크 패스]

01 다음으로 글자가 순서대로 나타나는 자막 마스크 애니메이션을 만들어 보겠습니다. 먼저 마스크를 만들기 위해서 자막 클립을 선택하고, [효과 컨트롤] 패널에서 [텍스트]의 아래쪽에 보이는 사각형 모양의 [4지점 다각형 마스크 만들기] 아이콘을 클릭하여 마스크를 만듭니다.

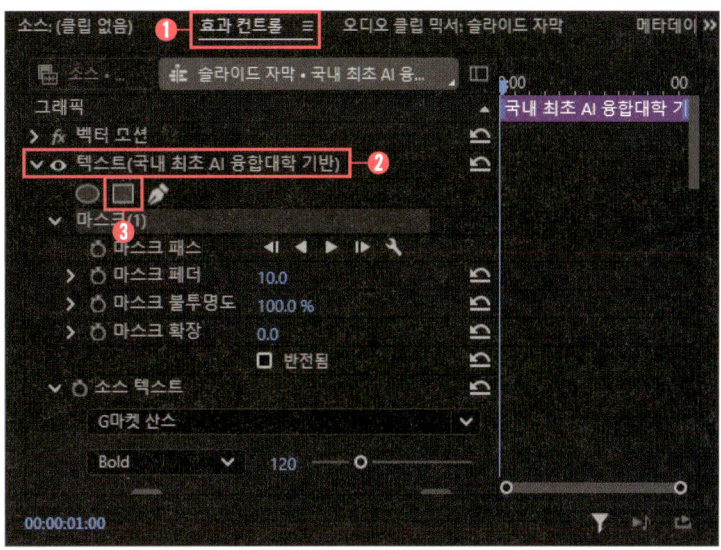

TIP 마스크는 선택된 클립의 특정 부분만 보이게 하고 나머지는 가려서 보이지 않게 합니다.

02 [프로그램 모니터] 패널에 사각형 박스가 만들어집니다. 자막은 사각형 안쪽만 표시되고 바깥쪽은 보이지 않게 됩니다. 마스크 애니메이션은 마스크 역할을 하는 사각형을 움직여 글씨를 보이게 하거나 숨겨서 만듭니다.

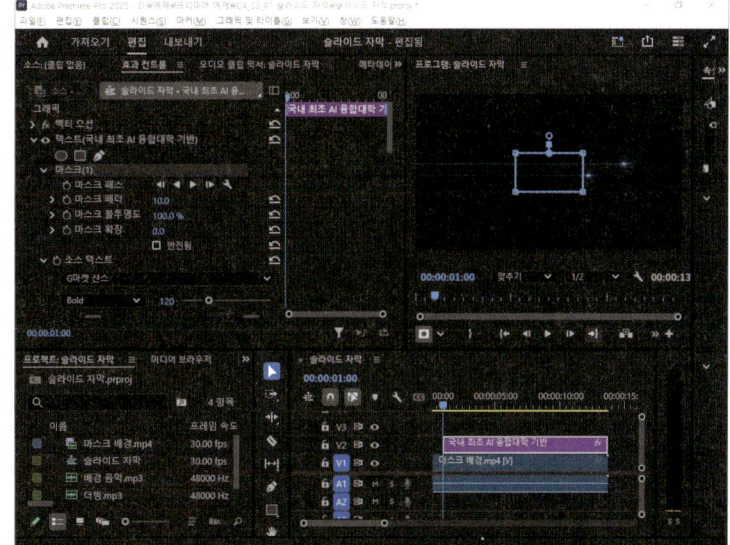

03 [프로그램 모니터] 패널에서 사각형 박스의 내부를 드래그하여 위치를 자막이 시작되는 바로 왼쪽 위치에 배치합니다. 이제 마스크에 애니메이션을 적용해 보겠습니다. [인디케이터]가 00:00:01:00 위치에 있음을 확인하고, [마스크] > [마스크 패스] > [애니메이션 켜기] 아이콘을 클릭해 활성화합니다.

TIP
[프로그램 모니터] 패널에서 박스가 사라져 보이지 않을 경우, [효과 컨트롤] 패널에서 [마스크 (1)]을 선택하면 됩니다.

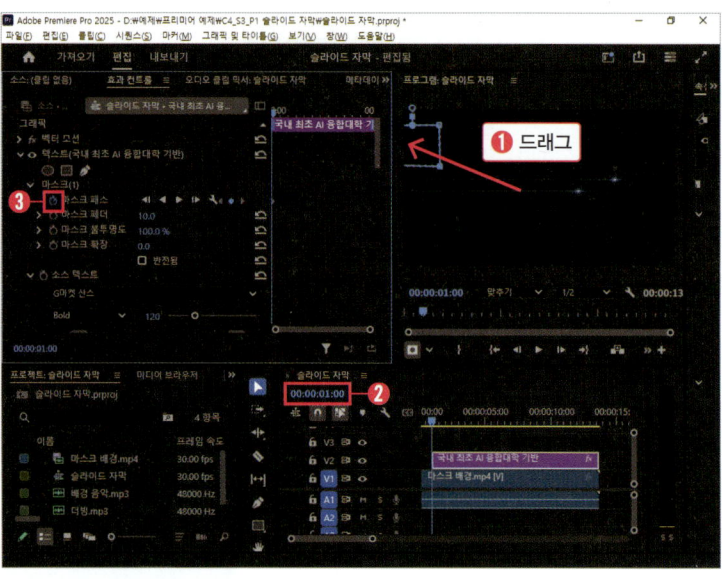

04 [인디케이터]를 00:00:04:10 위치로 옮긴 후, [프로그램 모니터] 패널에서 [마스크(1)]을 선택하고 조절점이 나타나면 사각형 박스의 오른쪽 2개 모서리 점을 오른쪽으로 드래그하여 자막의 모든 글자가 모두 선명하게 보이도록 합니다. Space Bar를 눌러 마스크 애니메이션을 확인합니다.

TIP
• 마스크의 오른쪽 모서리 점 2개를 드래그하여 함께 선택하고 오른쪽으로 이동하면서 Shift를 누르면 정확한 수평 방향으로 움직일 수 있습니다.
• 마스크의 경계 부분을 부드럽게 만들기 위해서는 [효과 컨트롤] 패널에서 [마스크 페더]를 조절합니다.

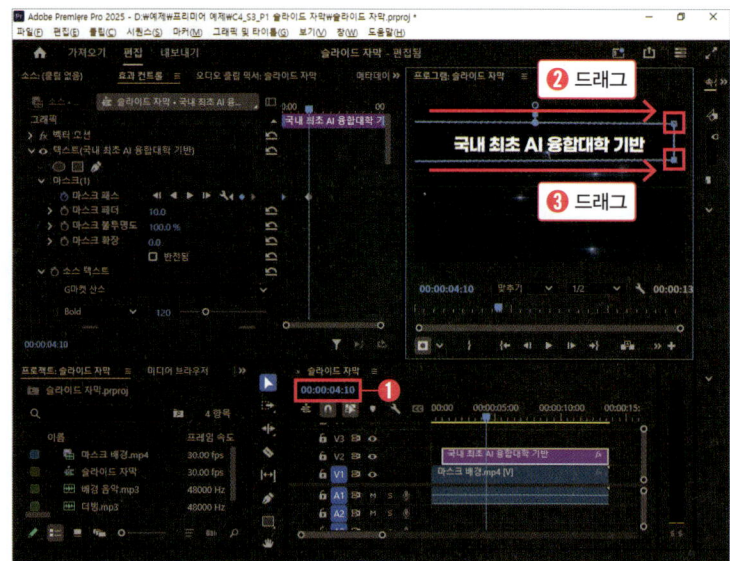

05 새 자막을 추가하기 위해서는 모든 클립의 선택을 해제합니다. 비어 있는 영상 트랙을 선택하여 클립의 선택을 해제합니다.

TIP
클립이 선택된 상태로 추가 자막을 입력할 경우, 트랙에 자막이 2개 이상 겹쳐서 만들어지므로 디자인, 편집 및 수정에 어려움이 있습니다.

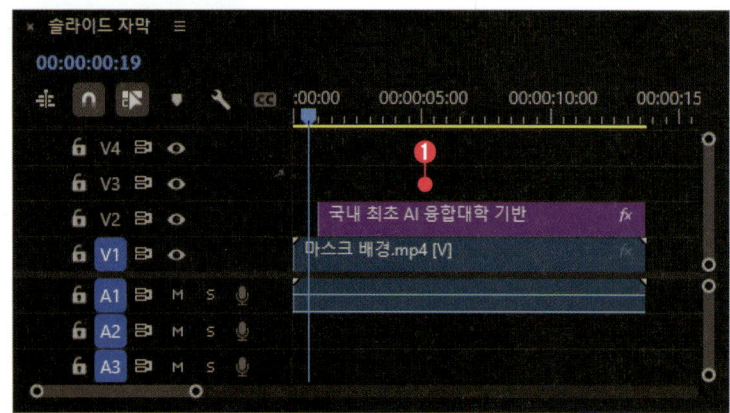

06 [인디케이터]를 추가 자막이 시작할 위치인 00:00:04:25로 이동합니다. [문자 도구]로 'CNU-D.N.A 파크 건립'을 입력합니다. [효과 컨트롤] 패널을 열고, 입력한 자막의 글꼴, 글꼴 크기, 자간, 색상 등을 다음과 같이 설정합니다.

- [글꼴] : G마켓 산스, Bold
- [글꼴 크기] : 168
- [자간] : -40
- [칠] : 밝은 노란색(FDFF5E)

TIP
하나의 자막 클립에서 색을 다르게 해야 할 때, [문자 도구]로 일부분만 블록 지정하고, 색상을 변경하면 됩니다.

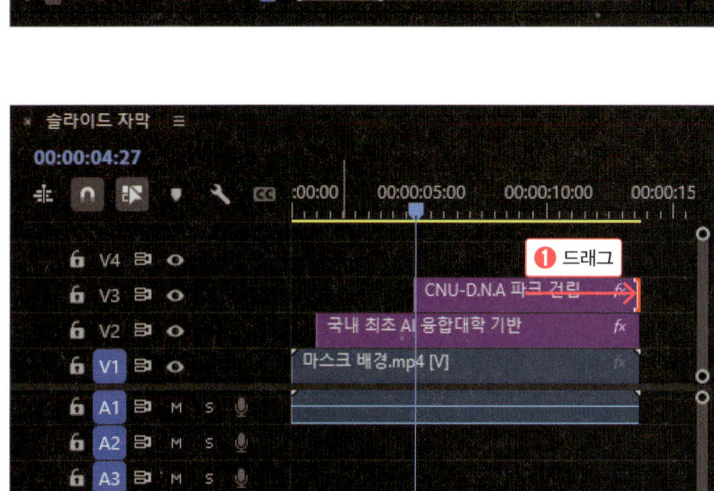

07 자막의 옵션 설정이 마무리되면 [타임라인] 패널에서 추가된 자막 클립의 [Out 점]을 드래그하여 [V1] 트랙의 '마스크 배경.mp4' 영상 클립의 [Out 점]에 맞춥니다.

08 'CNU~' 자막 클립을 선택하고 [효과 컨트롤] 패널에서 [4지점 다각형 마스크 만들기] 아이콘을 클릭하여 마스크를 만듭니다. [프로그램 모니터] 패널의 사각형 마스크 내부를 드래그하여 위치를 자막이 시작되는 바로 왼쪽 위치에 배치합니다. 00:00:04:25 위치에서 [효과 컨트롤] 패널의 [마스크 패스] > [애니메이션 켜기] 아이콘을 클릭해 활성화합니다.

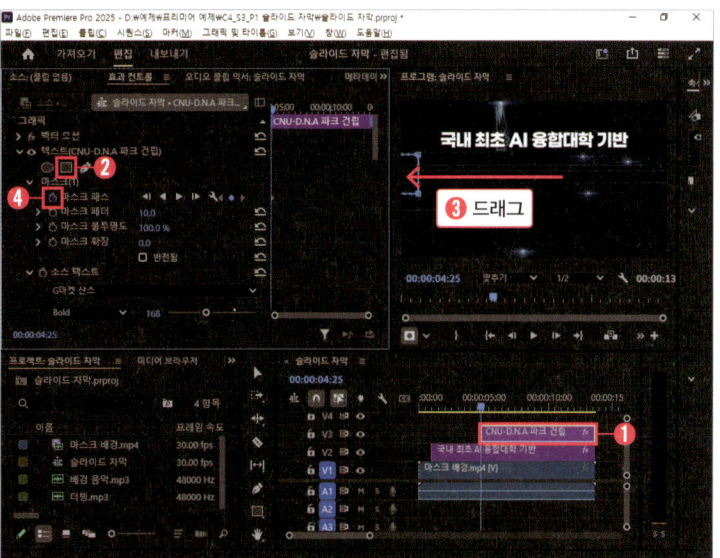

TIP
- 마스크가 시작되는 위치에 주의하세요.
- 사각형 마스크가 사라져 보이지 않을 경우, [효과 컨트롤] 패널에서 [마스크 (1)]을 선택하면 됩니다.

09 [인디케이터]를 00:00:07:00 위치로 옮긴 후 [프로그램 모니터] 패널에서 사각형 박스의 오른쪽 2개 모서리 점을 오른쪽으로 드래그하여 자막의 모든 글자가 모두 선명하게 보이도록 합니다. Space Bar 를 눌러 마스크 애니메이션을 확인합니다.

TIP
마스크의 오른쪽 모서리 점 2개를 드래그하여 함께 선택하고 오른쪽으로 이동하면서 Shift 를 누르면 정확한 수평 방향으로 움직일 수 있습니다.

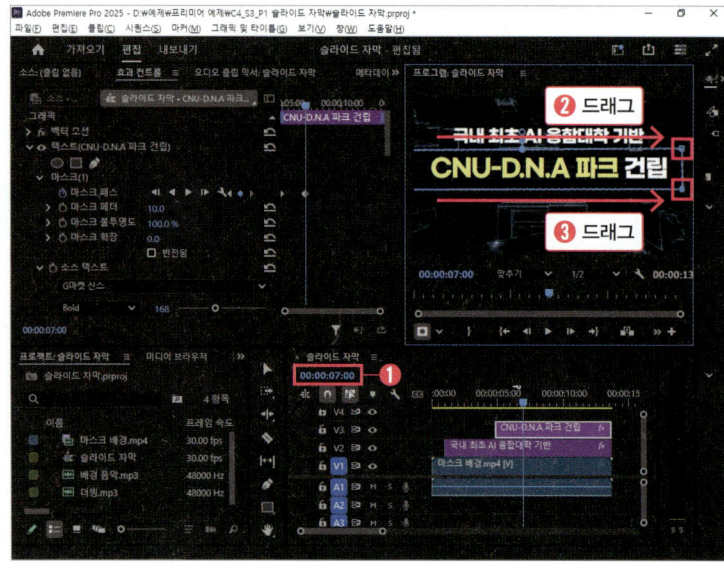

10 앞선 방법으로 00:00:09:00 위치에 세 번째 자막 '1,000억원 민간투자 유치'를 입력하고 마스크 애니메이션을 적용합니다. 마스크 효과는 00:00:09:00~00:00:11:00 구간에 적용합니다.

11 [프로젝트] 패널의 '배경음악.mp3', '더빙.mp3' 오디오 클립을 [타임라인] 패널 [A2], [A3] 트랙의 시작점으로 각각 드래그하여 넣습니다. 각 클립의 [Out 점]을 조절하고 [내보내기]를 클릭하여 mp4 영상으로 출력합니다.

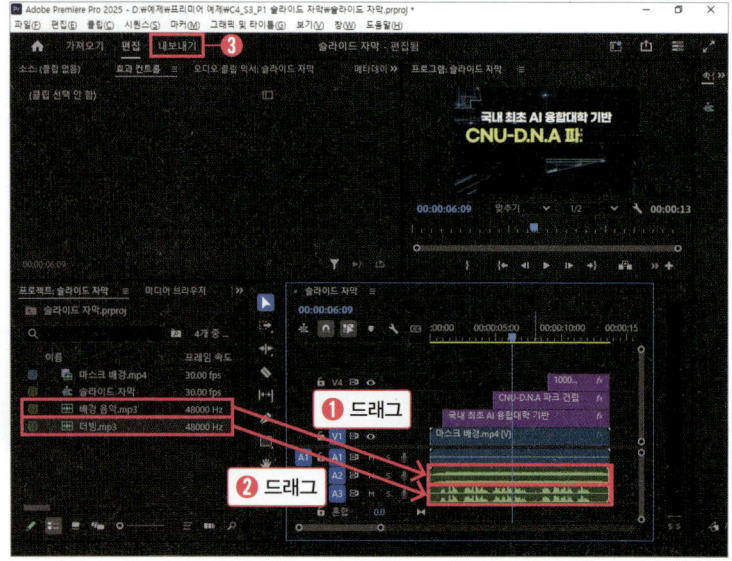

SECTION

3 마스크 자막 중급 애니메이션

❷ 노래 가사를 따라가는 자막 애니메이션

핵심 내용

노래 가사를 따라가는 노래방 타입의 자막 애니메이션은 노래방 영상뿐만 아니라 더빙이 포함된 타이틀, 인트로, CF, 프레젠테이션 등 다양한 영상에 활용할 수 있는 기법입니다. 이 기법의 핵심은 '마스크 자막'과 '노래 가사를 따라가는 애니메이션'입니다. 본 예제에서는 노래 가사의 속도에 맞추어 나타나는 노래방 타입의 마스크 애니메이션 기법을 소개합니다.

핵심 기능

[문자 도구] → [효과 컨트롤] > [소스 텍스트]
[4지점 다각형 마스크 만들기] > [마스크 패스] > [애니메이션 켜기/끄기]

미리 보기 전국 찬소 CF 공모전 '대상' 수상 작품 중 일부분

마스크 애니메이션 (좌) ──────────────────────────→ (우)

 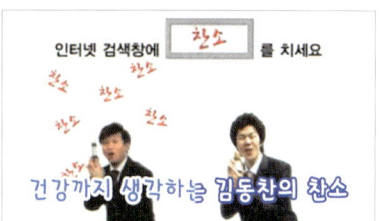 

(좌) ──────────────────────────→ (우)

01 노래방 자막 입력하기

[문자 도구] → [효과 컨트롤] > [소스 텍스트]

▶ 준비 파일 : C4 > S3 > P2 > 노래방 자막.prproj, 01~17.mp4, BGM.wav   ▶ 완성 파일 : C4 > S3 > P2 > 완성 파일 폴더

01 '노래방 자막.prproj' 파일을 불러옵니다. 영상에 자막이 들어갈 위치인 00:00:02:00로 [인디케이터]를 옮긴 후 [문자 도구]를 선택합니다.

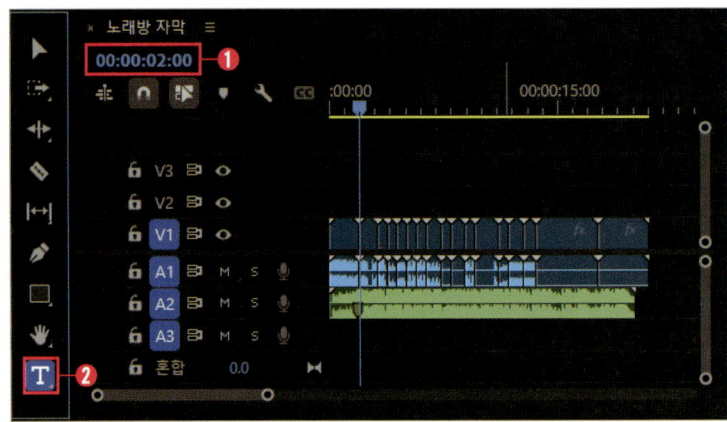

02 [문자 도구]로 [프로그램 모니터] 패널의 하단을 클릭하여 '숙취해소 필요할 땐 김동찬의 찬소'를 입력한 후 [효과 컨트롤] 패널에서 [텍스트] > [소스 텍스트]를 다음과 같이 설정합니다.

- [글꼴] : 헤움 심플함의 미학172
- [글꼴 크기] : 128

　　　포 볼드체

TIP ··
해당 글꼴이 없다면 비슷한 글꼴을 사용해 주세요.

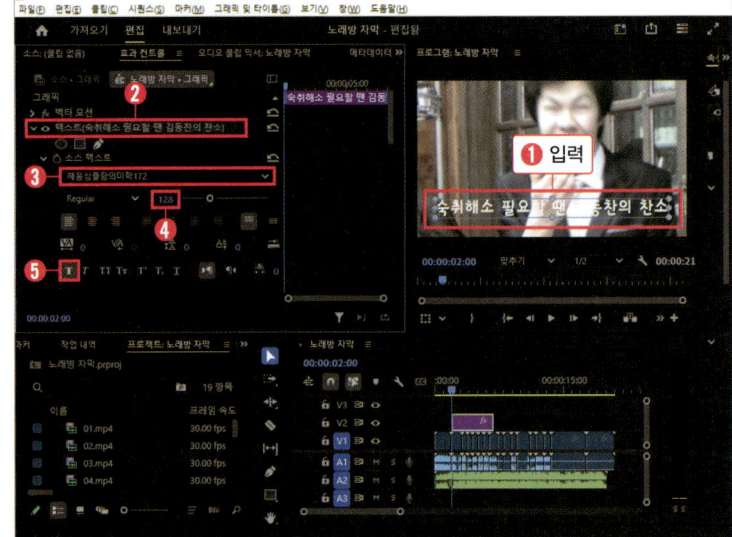

03 다음으로 [칠]과 [선] 옵션을 체크하고 [칠]은 '흰색', [선]은 '313BFF', [선 폭]은 '13'으로 설정합니다.

TIP ··
[선]의 두께와 색상은 각자 [프로그램 모니터] 패널을 보고 적당한 값과 색상으로 설정해도 됩니다.

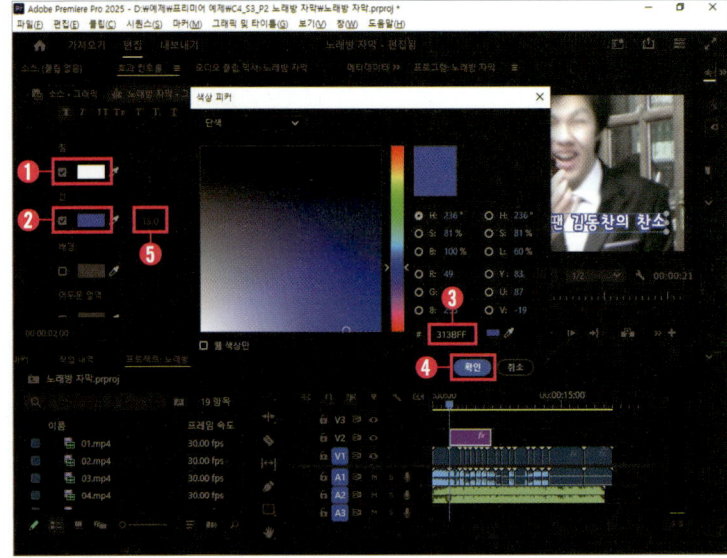

04 [타임라인] 패널에서 자막 클립의 [Out 점]을 드래그하여 '10.mp4' 영상 클립의 [Out 점]에 맞춰줍니다.

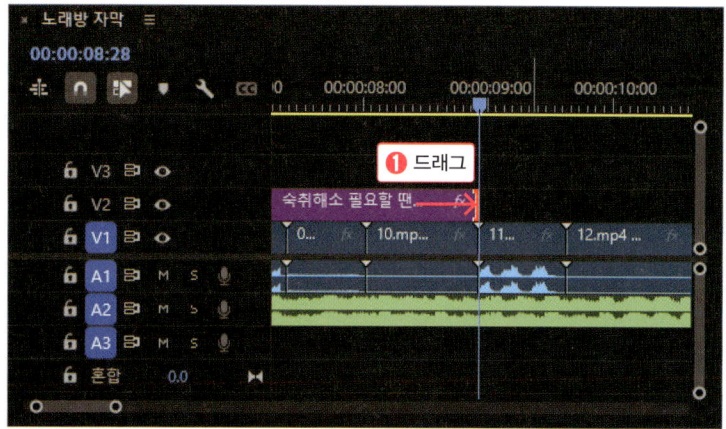

05 다음으로 Alt 를 누른 상태로 [타임라인]에 자막 클립을 드래그해서 바로 위에 [V3] 트랙으로 복사합니다.

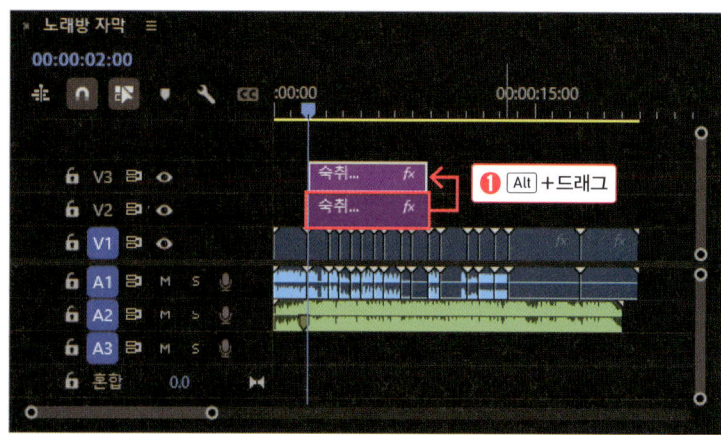

06 방금 복사한 자막 클립의 설정을 다음과 같이 바꿔줍니다.

- [칠] : 2C80FF
- [선] : 흰색
- [선 폭] : 15

CHAPTER 04 타이틀 자막 편집 실무 | **259**

02 노래방 자막에 마스크 적용하기

[4지점 다각형 마스크 만들기] > [마스크 패스]

01 마스크 효과를 넣기 위해서 복사한 자막 클립을 선택하고 [4지점 다각형 마스크 만들기]를 클릭하여 화면에 사각형 마스크가 나타나면, 이 마스크를 노래방 자막 왼쪽으로 이동합니다.

02 [인디케이터]를 00:00:02:00 위치로 옮기고 [마스크] > [마스크 패스] > [애니메이션 켜기] 아이콘을 클릭해서 마스크 애니메이션을 활성화합니다.

03 가사의 '숙취해소 필요할 땐' 구간이 끝나는 지점인 00:00:05:11 위치로 [인디케이터]를 옮깁니다. [효과 컨트롤] 패널에 [마스크(1)]을 선택해서 사각형 마스크가 보이도록 만들고 [Shift]를 누른 상태로 마스크의 오른쪽 두 꼭짓점을 클릭합니다. 그리고 [Shift]를 누른 채 오른쪽으로 드래그하여 '숙취해소 필요할 땐'을 마스크로 씌워줍니다.

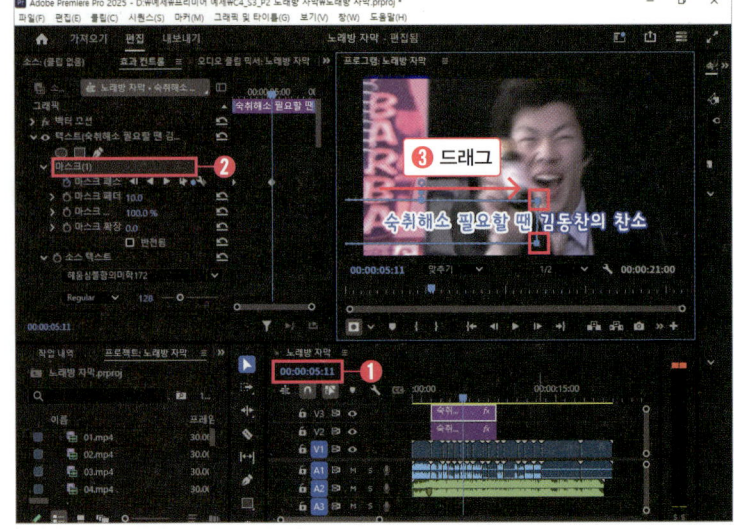

04 [인디케이터]를 00:00:06:23 위치로 옮기고, 자막의 '~김동찬의'까지 마스크를 늘립니다.

05 가사의 마지막 부분인 00:00:08:27 부분에서 마스크를 '~찬소'까지 늘리고 결과물을 확인해 봅니다.

TIP
반드시 앞서 말했던 시간을 정확히 맞추지 않고 오디오를 직접 들어보면서 작업하는 것을 추천합니다.
마스크 키프레임을 자막의 단어 단위로 많이 추가할수록 노래와 싱크가 더 잘 맞습니다.

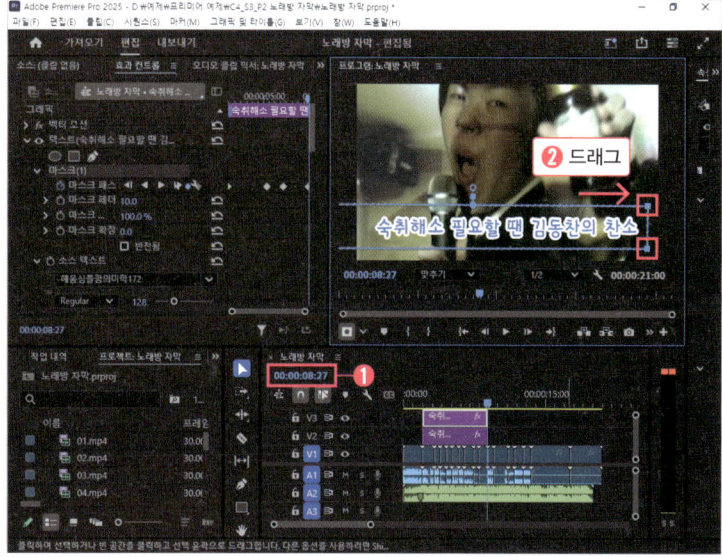

06 앞선 방식으로 나머지 자막을 만들어줍니다. 그리고 [내보내기]를 클릭하여 mp4 영상으로 출력합니다.

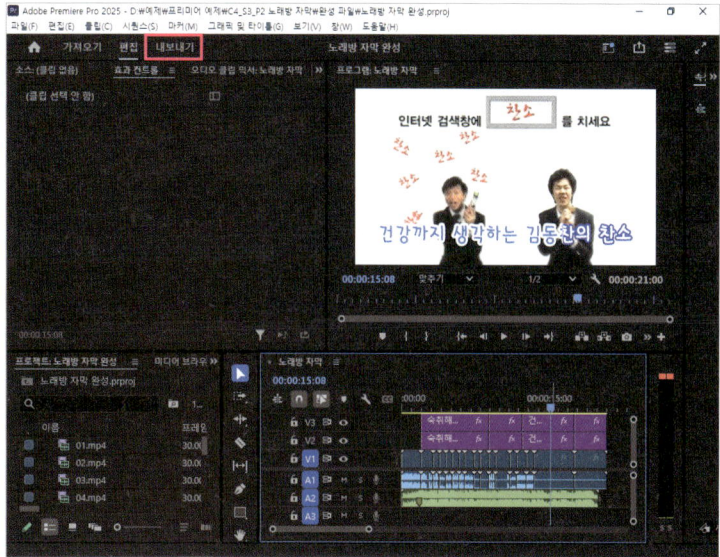

SECTION 4

입체 자막 고급 애니메이션

❶ 3D 자막과 배경음악 비트 일치 애니메이션

핵심 내용

영상 콘텐츠 실무에서 자주 등장하는 기법 중에 3D 자막(타이틀)이 있습니다. 디자인은 2D이지만 원근감을 활용해서 3D 효과를 주는 기법입니다. 여기에 BGM의 강한 비트에 맞추어 애니메이션을 하면 누구나 프로페셔널한 애니메이션을 만들 수 있습니다. 본 예제에서는 '3D 자막 디자인' 후에 배경음악(BGM)을 깔고, 배경음악의 비트에 맞추어 애니메이션을 적용하는 방법에 대해 안내합니다.

핵심 기능

3D 자막 디자인 [사각형 도구] → [효과] > [모퉁이 고정]
자막 생성 애니메이션 [효과 컨트롤] > [소스 텍스트] > [애니메이션 켜기/끄기]

미리 보기 제25회 정보문화의달 창작 UCC 공모전 '행정안전부장관상' 수상 작품 중 일부분

원본

3D 자막 애니메이션

01 3D 자막 디자인

[사각형 도구] → [효과] > [모퉁이 고정]

▶ 준비 파일 : C4 > S4 > P1 > 3D 자막.prproj, 영상 1.mp4, 음악 1.mp3 ▶ 완성 파일 : C4 > S4 > P1 > 완성 파일 폴더

01 '3D 자막.prproj' 파일을 불러옵니다. 자막을 배경음악(BGM) 비트에 맞춰 넣기 위해 [인디케이터]를 00:00:00:15 위치로 옮기고 [도구] 패널에서 [사각형 도구]를 클릭합니다.

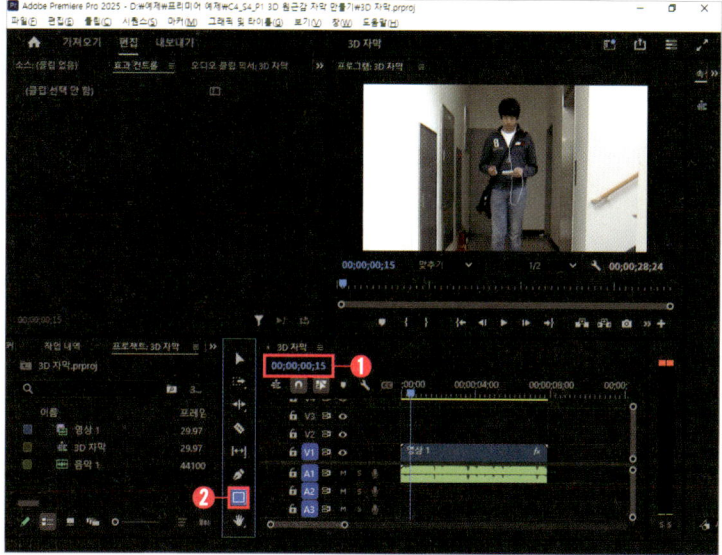

02 [프로그램 모니터] 패널 화면 크기와 비슷한 사각형을 그려줍니다. [타임라인] 패널에 새로 생긴 그래픽 클립의 [Out 점]을 영상 끝까지 드래그합니다.

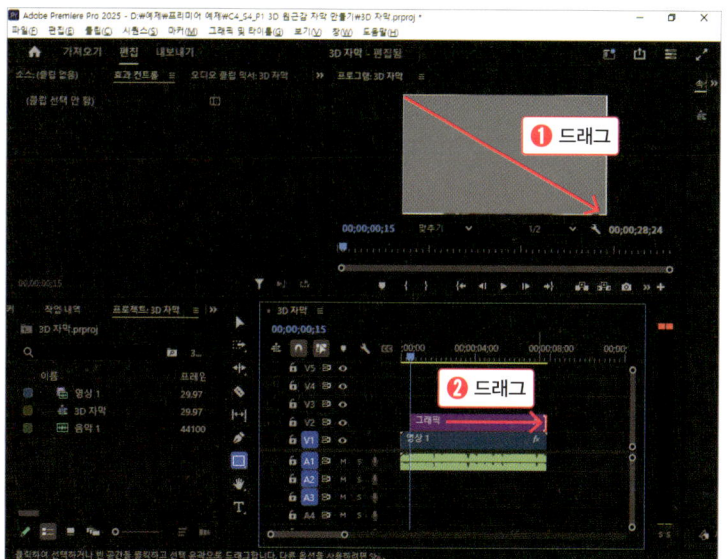

03 그래픽 클립을 선택한 상태로 [효과 컨트롤] 패널을 열어줍니다. [모양(모양 01)] > [칠]을 '파란색'으로 바꿔주고 [변형] > [불투명도]의 값을 내려서 사각형 뒤에 있는 화면이 보이도록 합니다.

TIP
[칠]의 색상은 자유롭게 정해도 됩니다.

04 [효과] 패널에서 [비디오 효과] > [왜곡] > [모퉁이 고정]을 찾아 그래픽 클립으로 드래그합니다.

TIP
[모퉁이 고정] 효과로 도형을 자유롭게 변형할 수 있습니다.

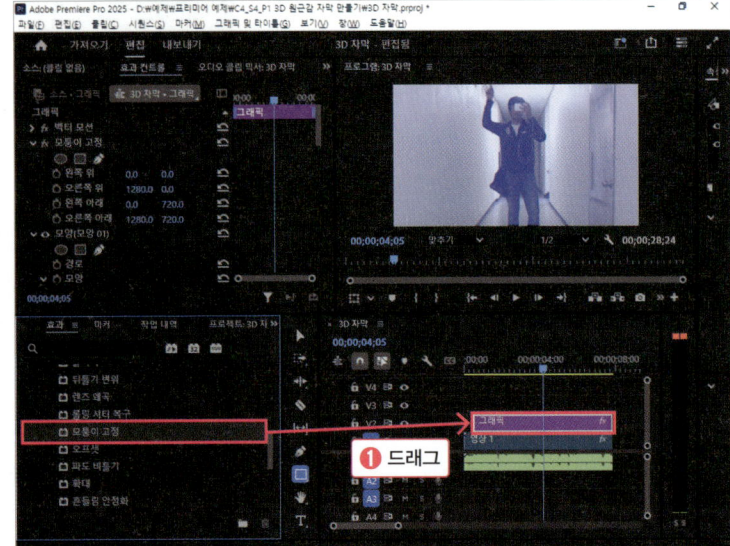

05 [효과 컨트롤] 패널에서 [모퉁이 고정]을 클릭하면 [프로그램 모니터] 패널 모퉁이에 4개의 조절점이 나타납니다. 조절점들을 드래그하여 사각형의 모양을 다음과 같이 벽의 투시에 맞춰서 수정합니다.

TIP
[효과 컨트롤] 패널에서 [모퉁이 고정] 아래에 [모양(모양 01)]이 있어야 사각형에 효과가 적용됩니다.

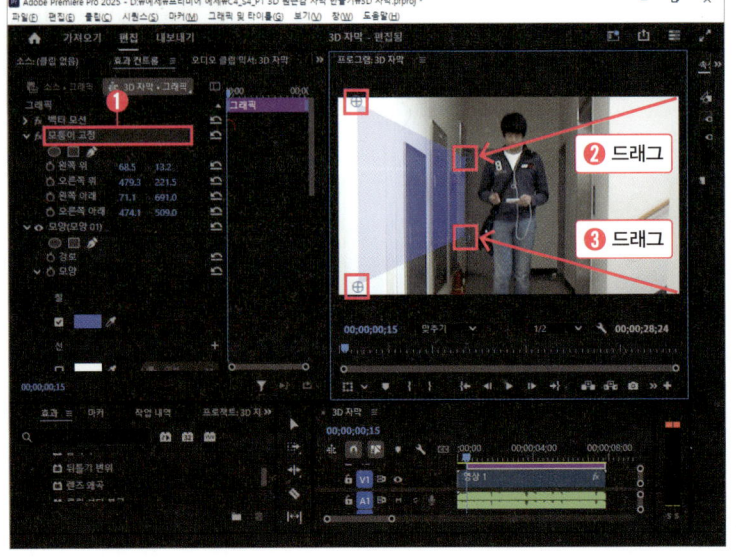

264 | PART 01 프리미어 프로 2025

06 그래픽 클립을 선택한 상태로 [문자 도구]를 선택하고 '스마트폰'을 입력합니다. [효과 컨트롤] 패널에서 [텍스트(스마트폰)]을 드래그하여 [모퉁이 고정] 아래로 옮깁니다. [텍스트(스마트폰)]의 세부 옵션을 펼치고 [글꼴]은 'G마켓 산스', 'Bold'를 선택합니다. 이때 [선택 도구]로 위치를 조정하며 [글꼴 크기]는 이전에 만든 사각형 사이즈에 맞도록 슬라이더를 조절합니다.

TIP
스마트폰 자막이 사각형을 넘어가지 않도록 주의합니다.

07 [프로그램 모니터] 패널에서 [확대/축소 레벨 선택]을 '25%'로 설정합니다. [효과 컨트롤] 패널에서 [모퉁이 고정]이 선택된 상태로 [프로그램 모니터] 패널로 돌아와 사각형의 조절점을 드래그하여 다음과 같이 자막을 키워줍니다.

TIP
원근감을 극대화함으로써 영상을 더 역동적으로 보이게 만들어줍니다. 패널의 모서리를 드래그하여 패널 크기를 키워 편하게 작업합니다.

08 '스마트폰' 자막이 잘 보이는지 확인합니다. [프로그램 모니터] 패널에서 자막을 더블클릭하고 '스'를 제외한 나머지 자막을 삭제합니다.

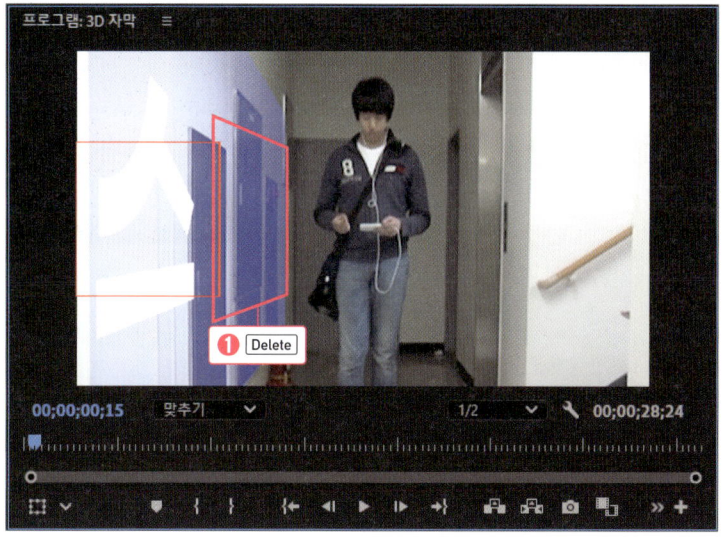

CHAPTER 04 타이틀 자막 편집 실무 | 265

02 자막 생성 애니메이션

[효과 컨트롤] > [소스 텍스트]

01 이제 본격적으로 애니메이션 작업을 시작해 보겠습니다. 00;00;00;15 위치에서 [효과 컨트롤] 패널에서 [텍스트(스)] > [소스 텍스트] > [애니메이션 켜기] 아이콘을 클릭해 키프레임을 생성합니다. 자막이 잘 보이지 않기 때문에 [어두운 영역]을 체크하여 그림자를 적용합니다.

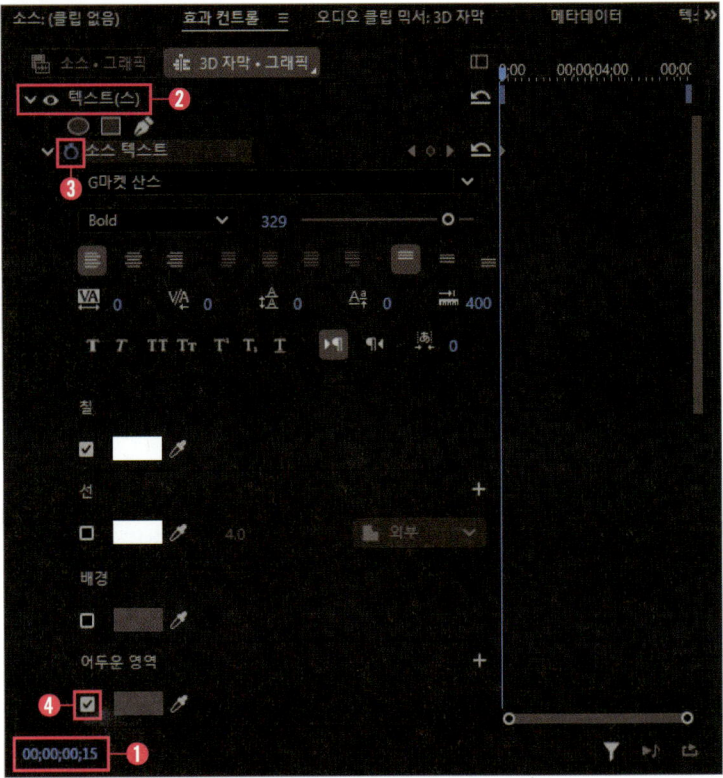

02 [인디케이터]를 00;00;00;29로 이동하고 [프로젝트] 패널의 자막을 더블클릭해서 '스마'까지 입력합니다. [효과 컨트롤] 패널에서 키프레임이 하나 더 생긴 것을 확인합니다.

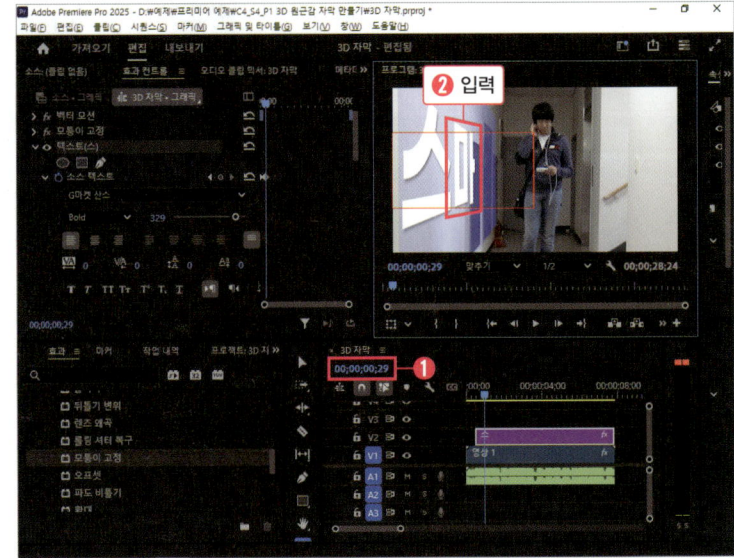

03 같은 방법으로 00:00:01:13으로 [인디케이터]를 옮기고 자막을 '스마트'까지 입력합니다. 그리고 다시 한번 00:00:01:25 위치에 '스마트폰'까지 입력함으로써 애니메이션을 완성합니다.

> **TIP**
> 총 4개의 키프레임이 생성되며 키프레임을 지날 때마다 글자가 추가됩니다.

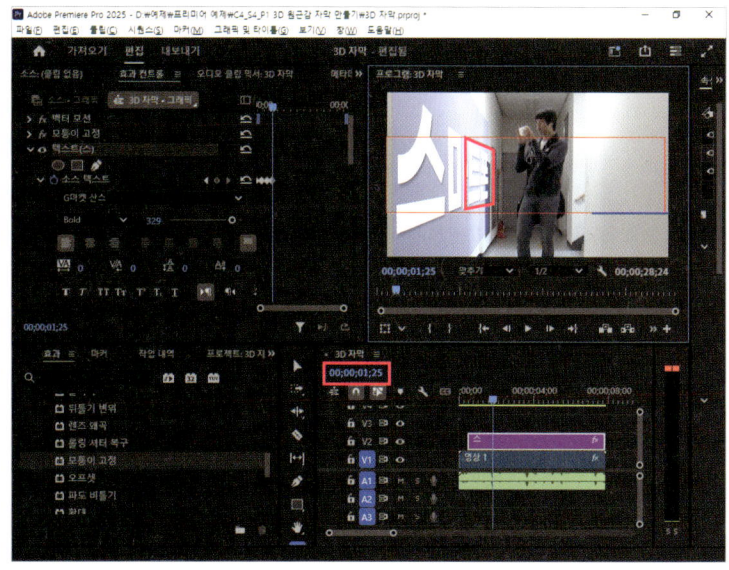

04 오른쪽 벽면에도 애니메이션을 추가하겠습니다. 첫 번째 그래픽 클립을 Alt 를 누른 채 [V3] 트랙, 00:00:02:10 위치로 복사합니다. 이때 키프레임을 보존하기 위해 [In 점]은 수정하지 않고 [Out 점]을 조절하여 영상 길이와 맞춥니다.

> **TIP**
> 자막 클립을 편의를 위해 만들어진 순서대로 'N번째 그래픽' 클립으로 지칭하겠습니다.

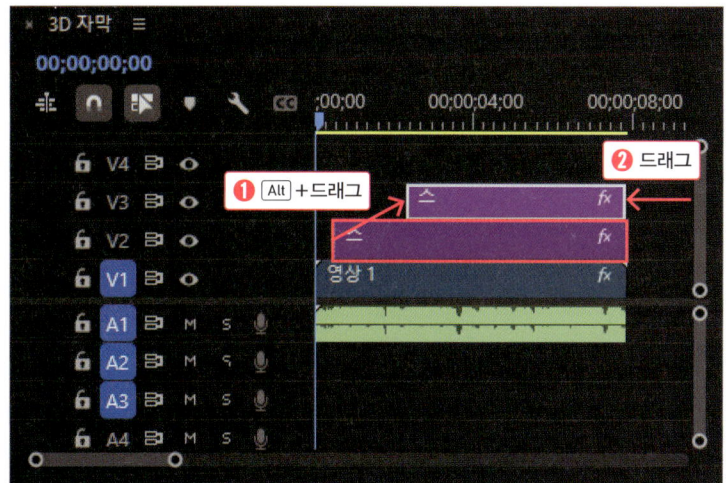

05 대칭적인 자막을 만들기 위해 상단의 [보기] > [눈금자 표시](Ctrl + R) 메뉴를 클릭합니다. 상단 눈금자를 아래로 드래그하여 자막 모서리 4개의 높이를 표시합니다.

> **TIP**
> [눈금자 표시]가 잠겼다면 [프로그램 모니터] 패널이 선택된 상태에서 시도해 봅니다.

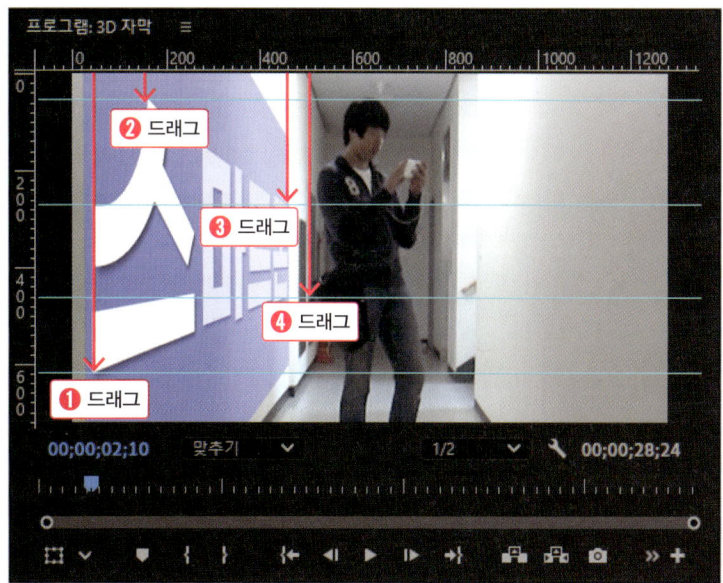

06 두 번째 그래픽 클립을 선택하고 [효과 컨트롤] 패널에서 [모퉁이 고정] 효과를 클릭합니다. [프로그램 모니터] 패널에 나타난 사각형의 각 조절점을 다음과 같이 드래그합니다. 영상을 재생하여 음악에 맞춰 자막이 나타나는 애니메이션을 확인합니다.

TIP
조절점이 보이지 않는다면 [확대/축소 레벨 선택]을 '10%~25%'로 설정하거나, 마우스를 스크롤하여 축소합니다.
전체 자막이 보이지 않는다면 [인디케이터]를 오른쪽으로 움직입니다.

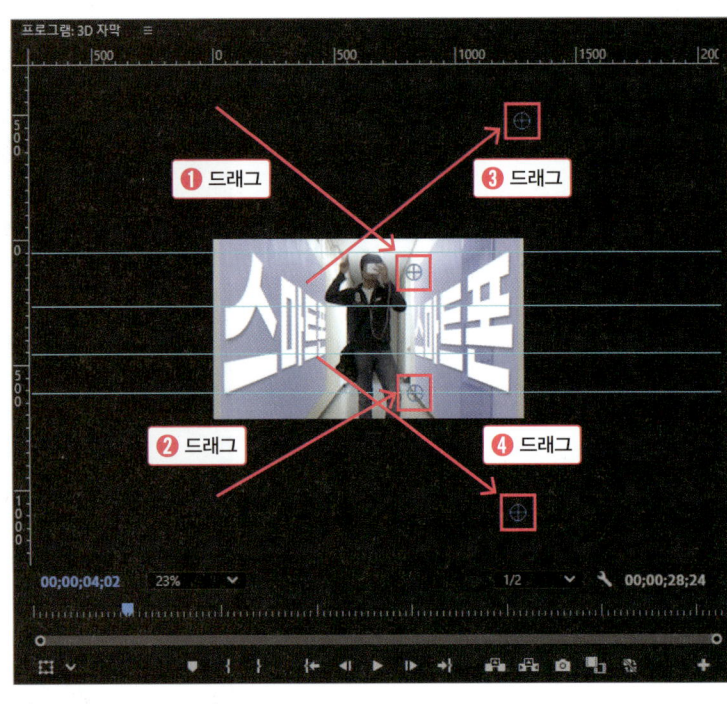

07 [프로그램 모니터] 패널을 클릭하고 [보기] > [안내선 표시]([Ctrl]+[;]) 메뉴를 클릭하여 안내선을 지워줍니다. 첫 번째 그래픽 클립을 선택하고 [효과 컨트롤] 패널에서 [모양(모양01)]의 눈 모양 아이콘을 클릭해 사각형을 숨깁니다. 두 번째 그래픽 클립의 사각형도 같은 방식으로 숨겨줍니다.

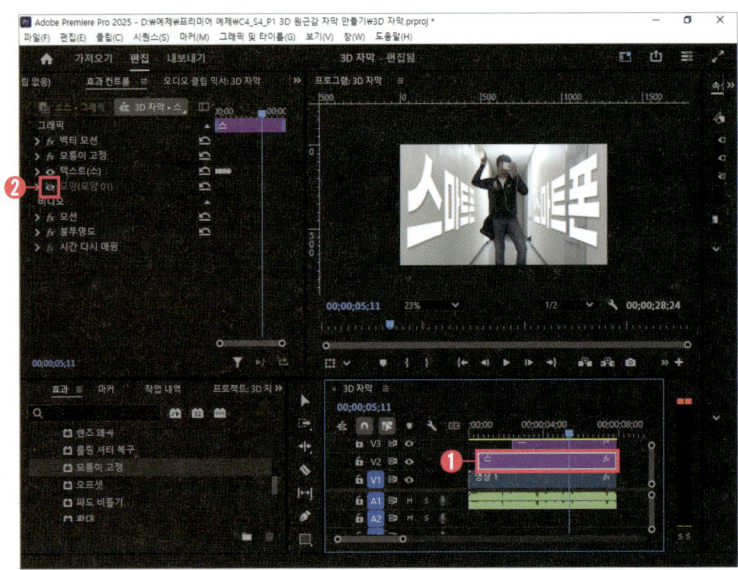

08 [인디케이터]를 00:00:04;05 위치로 옮기고 첫 번째 그래픽 클립을 [Alt]를 누른 채 [V4] 트랙으로 복사합니다. 마찬가지로 키프레임을 보존하기 위해 [In 점]을 수정하지 않고 [Out 점]을 조절하여 영상 길이와 맞춥니다.

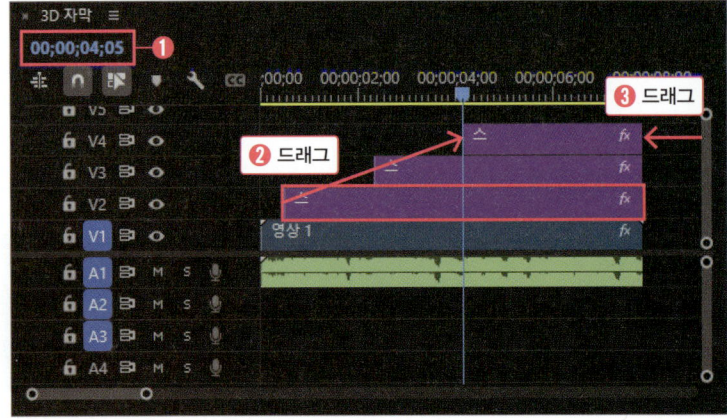

268 | PART 01 프리미어 프로 2025

09 세 번째 그래픽 클립을 선택하고 [효과 컨트롤] 패널을 엽니다. [텍스트(스)] > [소스 텍스트]의 키프레임을 볼 수 있습니다. Shift를 누른 상태로 우측 상단에 [인디케이터]를 움직여 첫 번째 키프레임에 가져다 놓습니다.

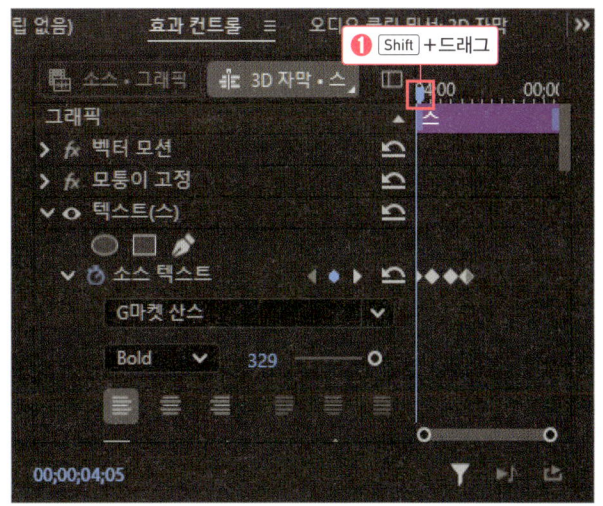

10 [어두운 영역]을 체크하고 다음과 같이 값을 수정합니다.

- [거리] : 0.0
- [크기] : 30.0
- [흐림 효과] : 130

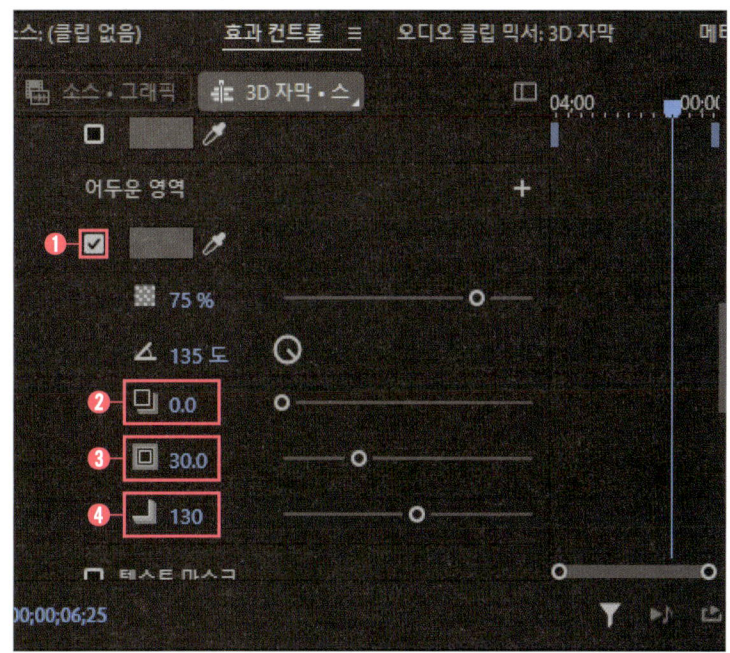

11 [효과 컨트롤] 패널에서 Shift를 누른 상태로 두 번째 ~ 네 번째 키프레임으로 인디케이터를 옮긴 후 같은 [어두운 영역]을 적용합니다.

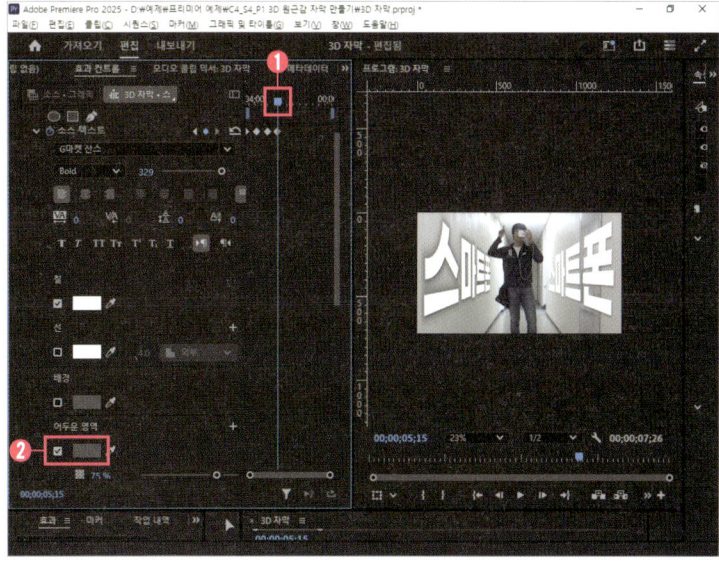

12 [인디케이터]를 00;00;06;00으로 옮기고 두 번째 그래픽 클립을 [V5] 트랙으로 복사한 후 같은 방식으로 4개의 키 프레임에 [어두운 영역]을 적용합니다. 애니메이션 편집이 끝났다면 영상을 재생하여 결과물을 확인합니다.

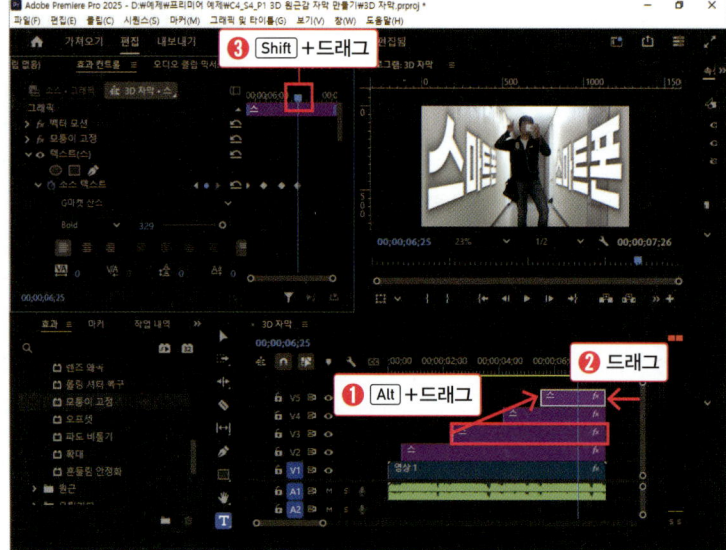

SECTION 4

입체 자막 고급 애니메이션

❷ 피사체를 따라다니는 트래킹 자막 만들기

핵심 내용

영상 콘텐츠 실무에서 자주 사용하는 자막 기법 중에 '트래킹 자막'이 있습니다. 이것은 자막이 영상의 움직이는 피사체를 따라다니는 애니메이션입니다. 본 예제에서는 가까운 곳에서 먼 곳으로 이동하는 피사체(사람)를 단계별로 점점 빠르게 속도 조절한 후, 피사체를 따라다니는 트래킹 애니메이션 기법을 소개합니다.

핵심 기능

[시간 다시 매핑] > [속도] > [애니메이션 켜기/끄기]
[효과 컨트롤] > [위치] > [애니메이션 켜기/끄기]

미리 보기 제2회 대한민국 맑은 공기 UCC 공모전 '우수상' 수상 작품 중 일부분

[키프레임] + [비율 조정]

01 단계별 속도 조절하기

[시간 다시 매핑] > [속도]

- **준비 파일** : C4 > S4 > P2 > 자막 트래킹.prproj, 자막 트래킹 원본.mp4, 자막 트래킹 오디오.mp3
- **완성 파일** : C4 > S4 > P2 > 완성 파일 폴더

01 '자막 트래킹.prproj' 파일을 불러옵니다. 자막을 만들기 전에 영상을 단계별로 점점 빠르게 배속을 적용해 보겠습니다. '자막 트래킹.mp4' 영상 클립을 선택하고 [효과 컨트롤] 패널에서 [시간 다시 매핑]의 세부 옵션을 펼칩니다.

TIP
단계별 속도 조절은 영상 속에서 반복적인 지루함을 덜어야 할 때 주로 사용하는 기법입니다.

02 [속도]의 세부 옵션을 펼치고, [인디케이터]를 00;00;03;00에 두고 [속도]의 [키프레임 추가] 아이콘을 클릭합니다.

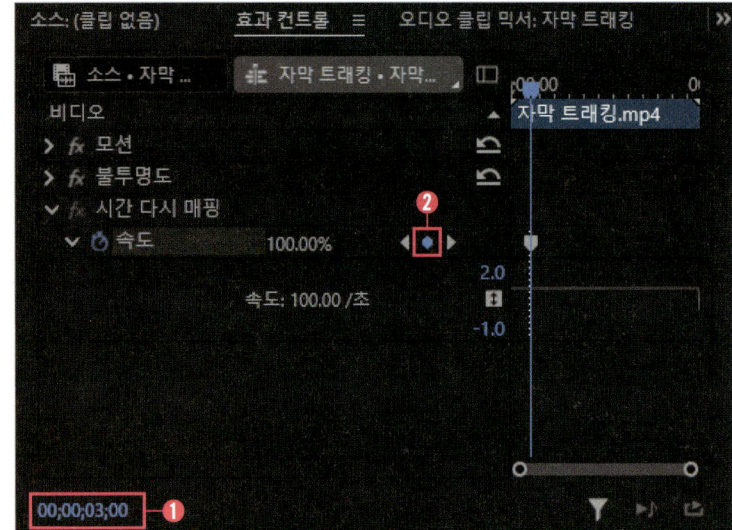

03 키프레임 아래에 회색 선으로 그려진 그래프는 영상 재생 속도를 나타냅니다. 키프레임을 기준으로 오른쪽에 있는 선을 위로 드래그해 속도를 300%까지 높여줍니다.

> **TIP** ....
> [속도] 값을 '300'으로 정확하게 맞출 필요는 없습니다. '300'에 근접한 값이 나올 때까지 선의 높이를 조절합니다.

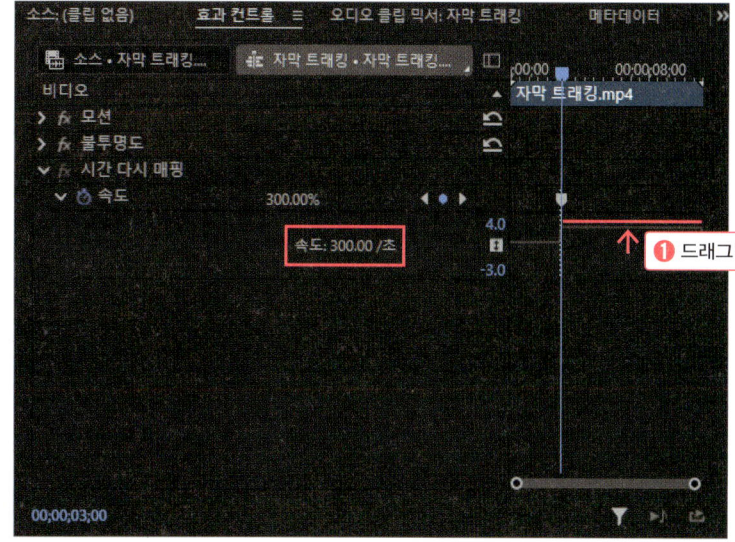

04 [인디케이터]를 00:00;11:00 위치로 옮깁니다. [효과 컨트롤] 패널에서 키프레임의 오른쪽 부분을 [인디케이터]로 드래그합니다. 영상을 재생하여 그래프에 따라 영상 속도가 빨라지는 것을 확인합니다. [타임라인] 패널에서 오디오 클립의 [Out 점]을 드래그하여 영상 길이와 맞춰줍니다.

> **TIP** ....
> [속도]의 키프레임은 절반으로 쪼갤 수 있습니다. 나누어진 키프레임 간격이 멀수록 속도 변화가 완만하고 간격이 좁을수록 속도 변화가 급격해집니다.

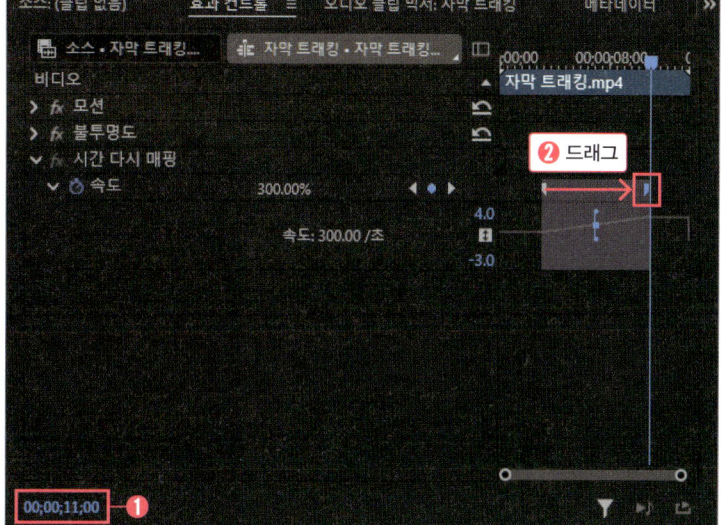

02 피사체를 따라다니는 자막 애니메이션

[효과 컨트롤] > [위치]

01 인물을 따라다니는 자막을 만들기 위한 키프레임 작업을 시작하겠습니다. 먼저 [문자 도구]를 선택하고 인물 위에 '9월 22일은 승용차 없는 날'을 입력합니다. [타임라인] 패널에 새로 만들어진 자막 클립의 [Out 점]을 영상 끝까지 드래그 합니다.

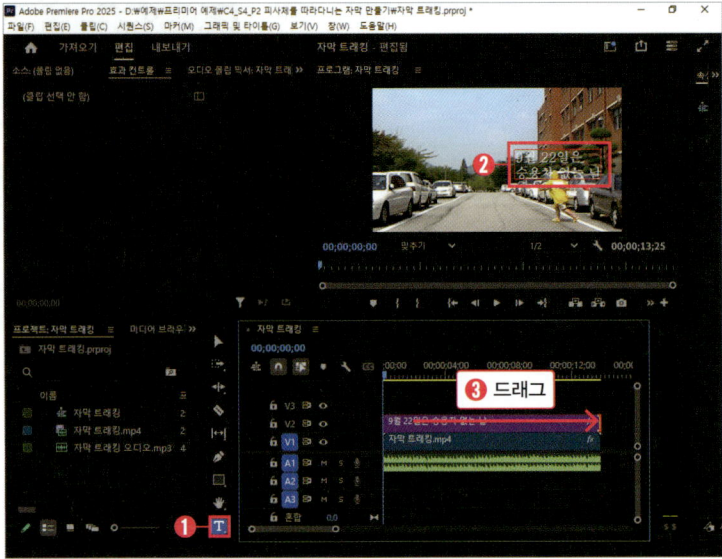

02 자막 클립을 선택한 채로 [효과 컨트롤] > [텍스트(9월 22일은~)]의 세부 옵션을 펼쳐주고 다음과 같이 자막을 수정합니다. [글꼴 크기]는 슬라이더를 조절하여 비슷하게 맞춥니다.

- [글꼴] : G마켓 산스, Bold
- [텍스트 가운데 맞춤]
- [칠] : FCFF00
- [선] : 검은색

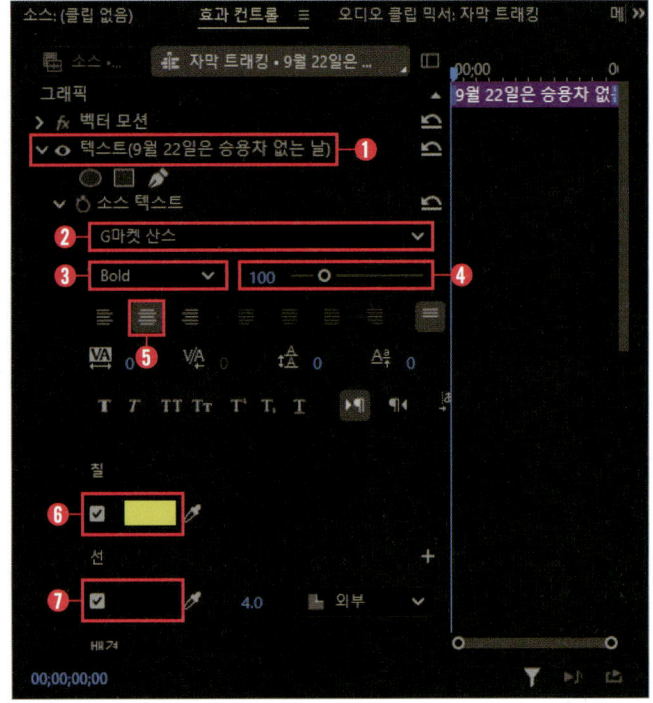

274 | PART 01 프리미어 프로 2025

03 [프로그램 모니터] 패널에서 자막을 인물 위로 드래그해 놓습니다. [인디케이터]를 00:00:00;00 위치로 맞추고 [효과 컨트롤] 패널에서 [텍스트(9월 22일은~)] > [변형] > [위치]의 [애니메이션 켜기] 아이콘을 클릭합니다. 첫 번째 키프레임이 생성된 것을 확인합니다.

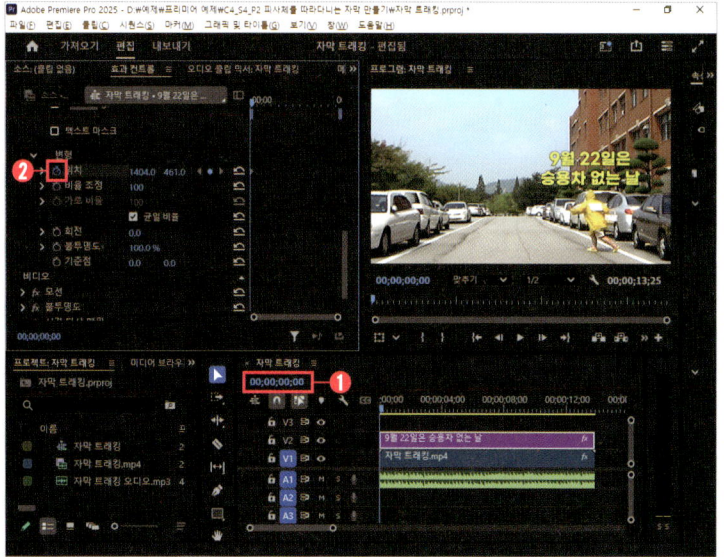

04 →를 3번 눌러 3프레임 뒤로 옮겨줍니다. [프로그램 모니터] 패널에서 인물이 이동한 만큼 자막을 드래그해 인물 위에 위치시킵니다.

TIP
[효과 컨트롤] 패널의 [인디케이터]를 Shift를 누른 채 움직이면 키프레임 사이를 빠르게 옮겨다닐 수 있습니다.

05 인물이 이동할 때마다 3프레임씩 건너뛰며 자막을 드래그해 옮겨주는 작업을 반복합니다. 영상을 재생하여 애니메이션을 확인합니다.

TIP
인물이 멀어질 때 [비율 조정] 키프레임을 추가하여 텍스트가 멀어지는 듯한 효과를 만들 수도 있습니다.

CHAPTER 05

창의적인 결과물이 절실할 때 유용한 테크닉

선거나 공모전 등의 영상, 또는 프레젠테이션 경쟁에서 반드시 승리가 필요할 때
유용한 테크닉은 아이디어가 될 수도 있고, 천군만마가 될 수도 있습니다.
물론 특정 테크닉 하나를 모든 곳에 적용할 수는 없습니다.
목적에 따라, 상황에 따라, 또는 분위기에 따라 테크닉 사용은 달라집니다.

그러나 어디에서나 통하는 것, 또는 반드시 필요한 테크닉은 있습니다.
그것은 '공감대'입니다. 공감대가 있으면 테크닉은 아이디어가 되고 차별화가 됩니다.

이번 예시에서는 '스톱모션' 테크닉, '역재생'과 '배속' 테크닉,
'1인 다역 편집' 테크닉, '크로마키 합성' 테크닉,
그리고 생성형 AI 이미지를 활용한 줌인/줌아웃 테크닉에 대해서 알아보겠습니다.

SECTION 01 스톱모션 사진 편집 테크닉

[환경 설정] 〉 [타임라인] 〉 [스틸 이미지 기본 지속 시간]

SECTION 02 역재생과 배속 테크닉

[속도/지속 시간] 〉 [뒤로 재생]

SECTION 03 1인 다역 편집 테크닉

[불투명도] 〉 [4지점 다각형 마스크 만들기]

SECTION 04 배경이 중심이 되는 크로마키 합성 테크닉

[효과] 〉 [키잉] 〉 [울트라 키] → [조정 레이어] 〉 [Lumetri 사전 설정]

SECTION 04 AI 이미지와 줌인·줌아웃을 활용한 테크닉

[위치] + [비율 조정] → [연속 베지어]

SECTION 1

스톱모션 사진 편집 테크닉

핵심 내용
차별화된 홍보 영상이 절실할 때, '스톱모션'이 대안이 될 수 있습니다. 툭툭 끊어지면서 이어지는 스톱모션의 매력은 일반적인 패턴에서 벗어나 시각적 즐거움을 주면서 스토리를 이어갈 수 있는 기법이기 때문입니다. 이러한 스톱모션의 매력을 살리고, 아이디어를 첨가한다면 다양한 스톱모션 작품을 제작할 수 있습니다.

핵심 기능
[환경 설정] > [타임라인] > [스틸 이미지 기본 지속 시간], [클립] > [중첩],
[문자 도구] → [효과 컨트롤] > [소스 텍스트], [효과 컨트롤] > [비율 조정] > [애니메이션 켜기/끄기]

미리 보기 제3회 대한민국청소년 UCC캠프대전 '여성가족부장관상' 수상 작품

새 시퀀스 　　　　　　　　　　　효과음에 맞는 이미지 효과 테크닉

② 타이틀 디자인　　③ [모션] 〉 [비율 조정]　　① [폴더 가져오기] + [중첩]

  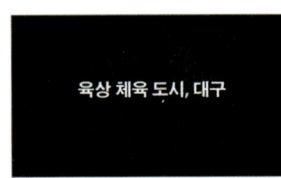 

④ 타이틀 Ctrl + C , Ctrl + V　　⑤ [폴더 가져오기] + [중첩]

⑤ [폴더 가져오기] + [중첩]

⑤ [폴더 가져오기] + [중첩]　　　　　⑥ [흰색으로 물들이기]

01 이미지 소스 불러오기

[환경 설정] > [타임라인] > [스틸 이미지 기본 지속 시간]

● **준비 파일** : C5 > S1 > P1 > 스톱모션 영상 만들기.prproj, A~E(폴더), 작품 제목 오프닝.mp4, BGM.wav, 제목 배경.jpg, Daegu Logo.jpg
● **완성 파일** : C5 > S1 > P1 > 완성 파일 폴더

01 '스톱모션 영상 만들기.prproj' 파일을 불러옵니다. 스톱모션을 영상을 편집하기 전에 미리 이미지 소스에 대한 기본 재생 길이를 재설정해 놓으면 편리합니다. [편집] > [환경 설정] > [타임라인] 메뉴를 클릭하고, [환경 설정] 대화상자가 열리면 [스틸 이미지 기본 지속 시간]을 '6프레임'으로 설정한 후 [확인] 버튼을 클릭합니다.

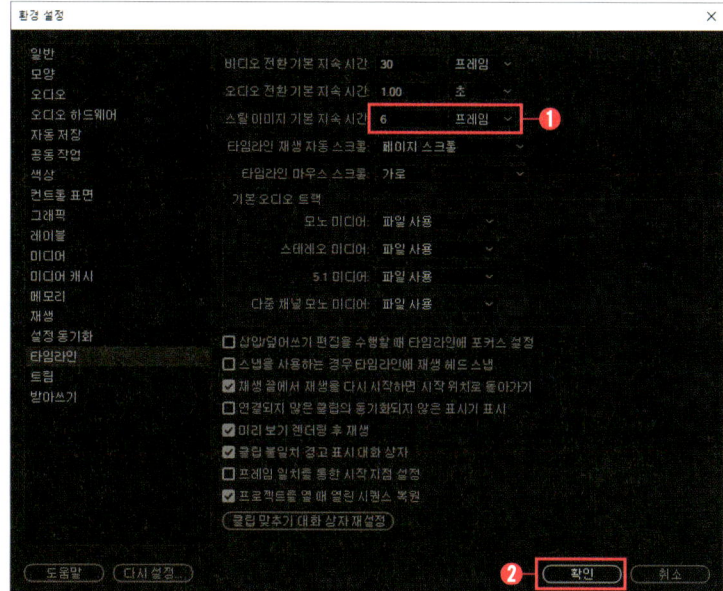

TIP
현재 시퀀스 설정이 1초당 30프레임이므로 이미지 클립의 재생 길이를 6프레임으로 설정하면 사진 5장으로 1초의 영상을 만들 수 있는 길이로 설정한다는 뜻입니다. 이렇게 설정한 이유는 이번 BGM의 비트와 이미지 재생 길이의 평균값 정도를 비슷하게 맞춰서 작업하기 편리하게 하기 위함입니다.

02 다음으로 스톱모션 이미지 소스를 불러오기 위해서 [파일] > [가져오기](Ctrl+I) 메뉴를 클릭합니다. [가져오기] 대화상자가 열리면 'A' 폴더를 선택하고 [폴더 가져오기] 버튼을 클릭합니다.

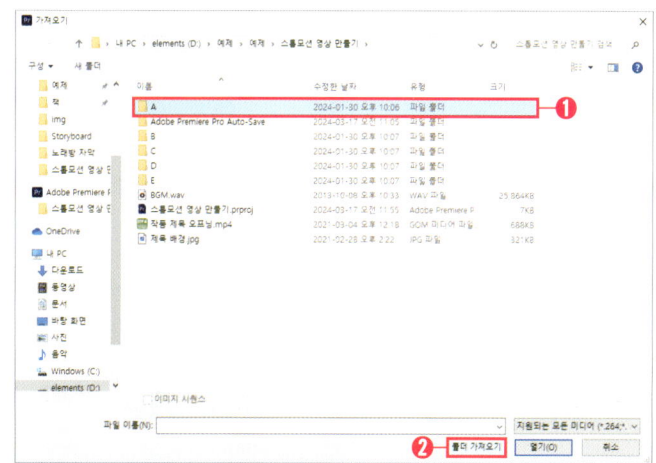

TIP
[폴더 가져오기]는 폴더 안에 포함된 모든 이미지 소스를 한꺼번에 불러올 수 있는 기능입니다.

03 [프로젝트] 패널의 'A' 폴더에 포함된 이미지 클립들을 확인하기 위해서 'A' 폴더 왼쪽 화살표 아이콘을 클릭하면 폴더 안에 포함된 스톱모션 이미지 클립 40개를 확인할 수 있습니다.

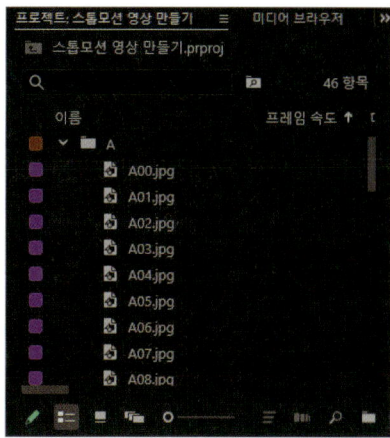

TIP
5장의 이미지가 1초의 재생 길이에 해당하므로 40장의 스톱모션 이미지는 총 8초 길이입니다.

02 이미지 클립 하나로 묶기

[클립] > [중첩]

01 먼저 오프닝 장면이 들어갈 자리를 비워 놓기 위해서 [인디케이터]를 00:00:04:00 위치로 옮긴 후 [프로젝트] 패널의 'A' 폴더를 통째로 [V1] 트랙의 [인디케이터] 뒤로 드래그합니다. 폴더 안의 수많은 이미지 클립이 순서대로 배치되었음을 확인합니다.

TIP
음악과 오프닝 활용 : 홍보 영상 실무에서는 음악이 차지하는 비중이 큽니다. 그 분위기에 따라 편집의 기준이 달라질 수 있기 때문입니다. 대부분 음악은 앞부분에 전주가 있습니다. 따라서 오프닝 편집을 할 때, 트랙의 앞부분을 비워 놓고 시작하는 경우가 대다수입니다.

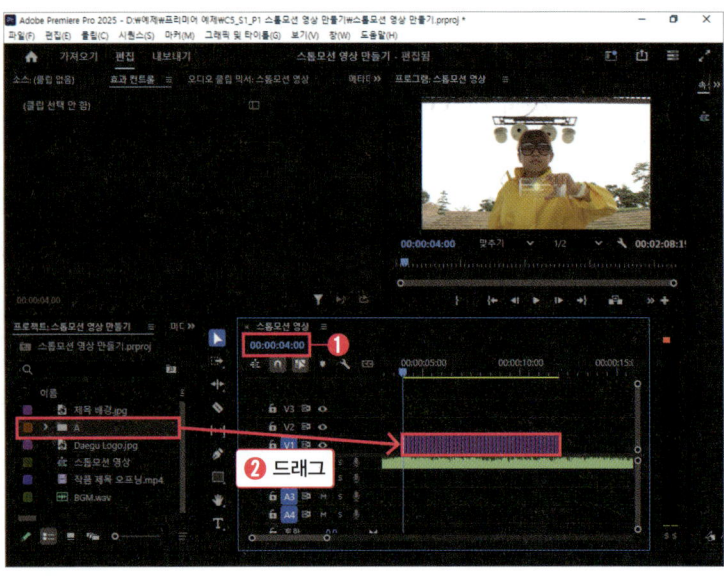

02 수많은 클립은 선택, 이동 등의 편집이 까다로우므로 클립들을 하나로 묶어 작업을 조금 더 편리하게 만들기 위해서 [V1] 트랙에 배치된 모든 이미지 클립을 드래그하여 선택한 후 [클립] > [중첩] 메뉴를 클릭합니다.

TIP
[중첩]은 선택된 여러 개의 클립을 시퀀스로 묶어서 하나의 클립처럼 편집할 수 있는 기능입니다. [중첩]으로 묶인 클립을 더블클릭하면 언제든지 안에 포함된 클립들을 개별 편집할 수도 있습니다.

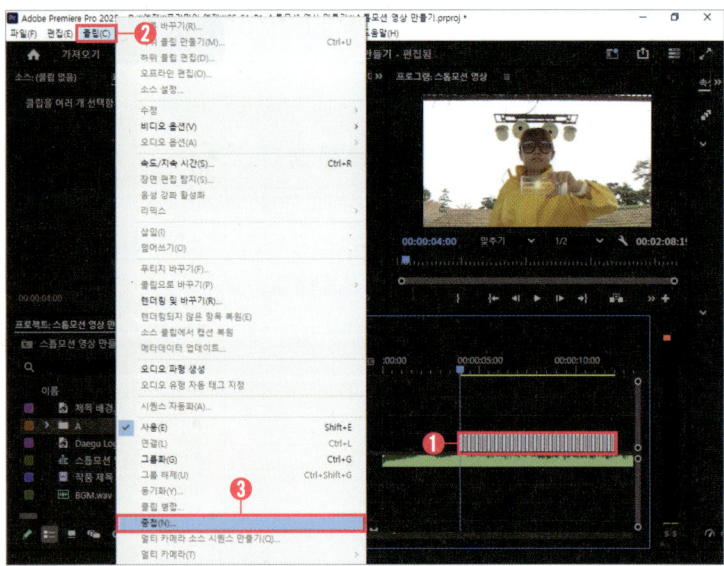

03 [중첩된 시퀀스 이름] 대화상자가 열리면 [이름]에 'A 중첩'을 입력하고 [확인] 버튼을 클릭합니다.

TIP
하나로 묶는 클립들이 많아질 경우, 이름을 나중에 확인 및 수정하기 쉽도록 쉬운 한글 이름 또는 날짜, 시간을 조합하여 입력하는 것이 좋습니다.

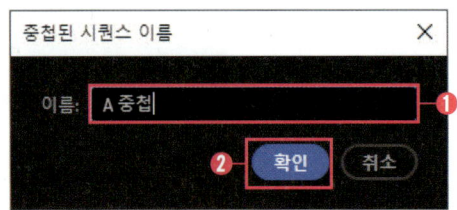

03 자막 삽입하기

[문자 도구] → [효과 컨트롤] > [소스 텍스트]

01 [인디케이터]를 00:00:02:10 위치로 옮기고 [프로젝트] 패널의 '제목 배경.jpg'를 이미지 클립을 드래그해서 [V1] 트랙의 [인디케이터]에 [In 점]을 맞추고 [Out 점]을 'A 중첩' 클립의 시작 부분까지 오른쪽으로 드래그합니다.

TIP
[Out 점]은 트랙에 배치된 클립의 끝나는 지점을 말하며, [In 점]은 시작되는 지점을 의미합니다.
사진, 이미지 클립의 경우, [In 점]과 [Out 점]을 무한대로 늘릴 수 있습니다.

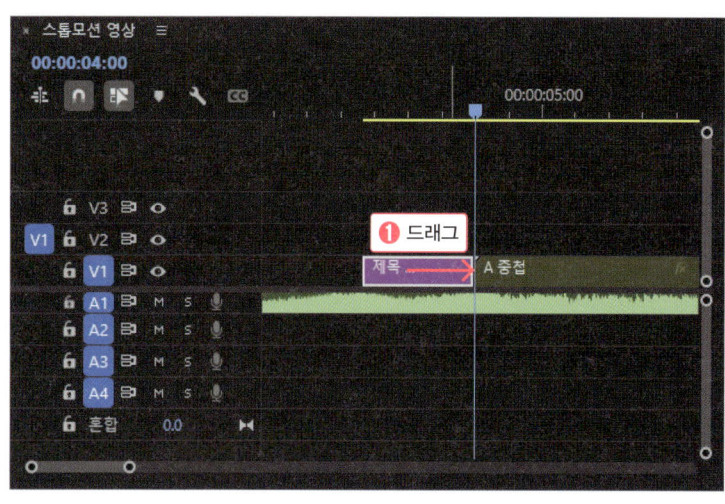

02 [문자 도구]를 이용하여 [프로그램 모니터] 패널에 '첨단산업 도시, 대구'를 입력합니다. [효과 컨트롤] 패널의 [텍스트] > [소스 텍스트]에서 다음과 같이 옵션을 설정하고, [선택 도구]를 이용해 배치합니다.

- [글꼴] : G마켓 산스
- [글꼴 크기] : 100
- [텍스트 가운데 맞춤]

TIP
[Ctrl]을 누른 상태로 자막을 옮기면 정확하게 정렬할 수 있습니다.

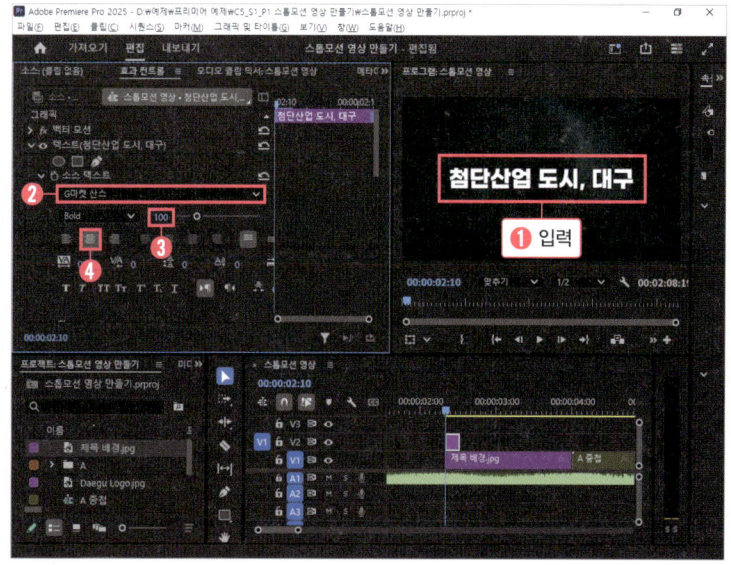

03 자막이 제목 배경에 맞춰서 끝나야 하므로 길이를 조절해 보겠습니다. 자막 클립의 [Out 점]을 오른쪽으로 드래그하여 '제목 배경.jpg' 이미지 클립의 길이에 맞춥니다.

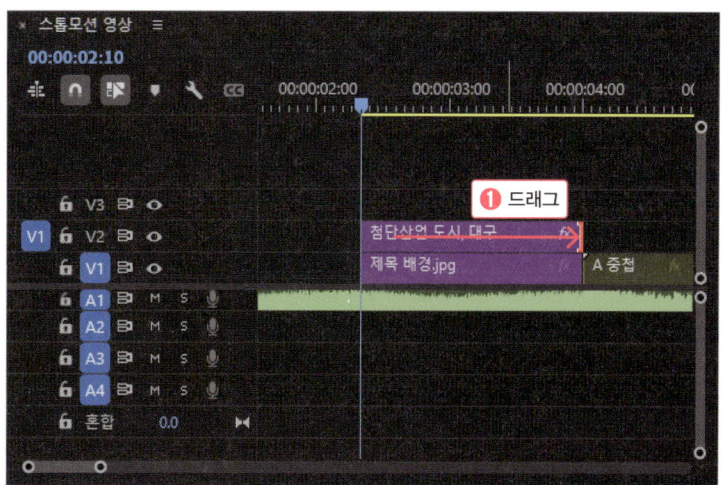

CHAPTER 05 창의적인 결과물이 절실할 때 유용한 테크닉 | 281

04 자막 애니메이션 적용, 타이틀과 엔딩 편집 [효과 컨트롤] > [비율 조정]

01 자막에 확대와 투명도를 조합하여 애니메이션을 만들어 보겠습니다. [타임라인] 패널에서 자막 클립을 선택하고, [인디케이터]가 00:00:02:10 위치에 있음을 확인합니다. [효과 컨트롤] 패널에서 [텍스트] > [변형] > [비율 조정] > [애니메이션 켜기] 아이콘을 클릭하여 애니메이션을 활성화한 후 '60'으로 설정하여 크기를 줄입니다. 이어서 투명도 애니메이션을 추가하기 위해서 [불투명도] > [애니메이션 켜기] 아이콘을 클릭하여 애니메이션을 활성화한 후 '0%'로 설정합니다.

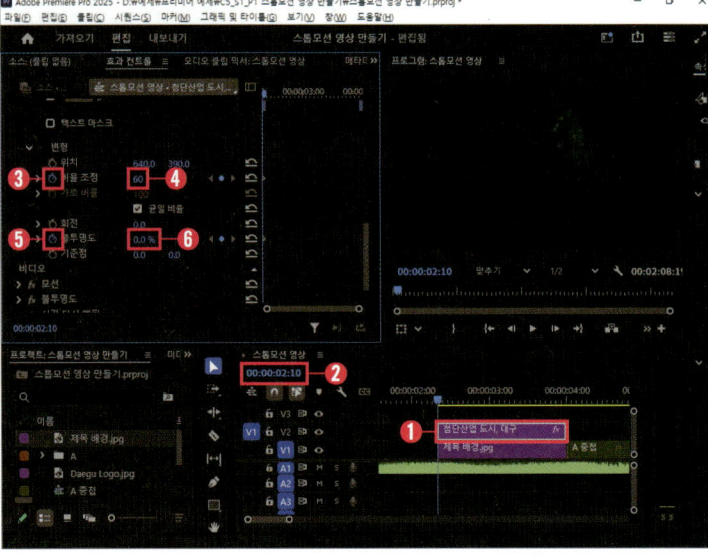

TIP ....
[불투명도]를 0%로 설정했으므로 화면에서는 사라져 보이지 않게 됩니다.

02 [인디케이터]를 00:00:02:20 위치로 옮긴 후 [불투명도]를 '100%'로 설정하여 자막이 자연스럽게 화면에 나타나게 합니다.

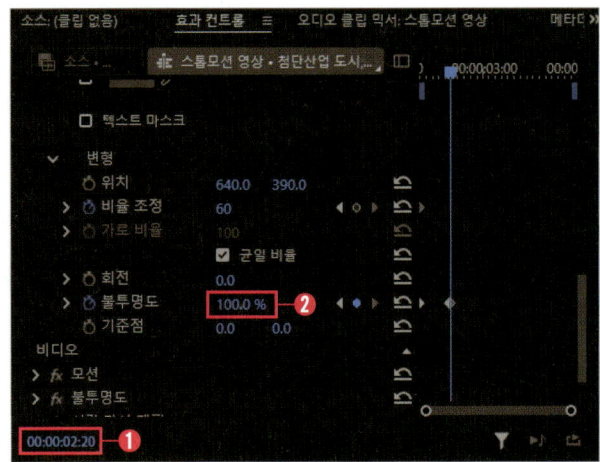

03 [인디케이터]를 00:00:03:29 위치로 옮긴 후 [비율 조정]을 '100'으로 설정하여 자막이 확대되는 모션을 만듭니다. 타이틀에 확대와 투명도를 조합하여 애니메이션을 적용했습니다. Space Bar 를 눌러 애니메이션을 확인합니다.

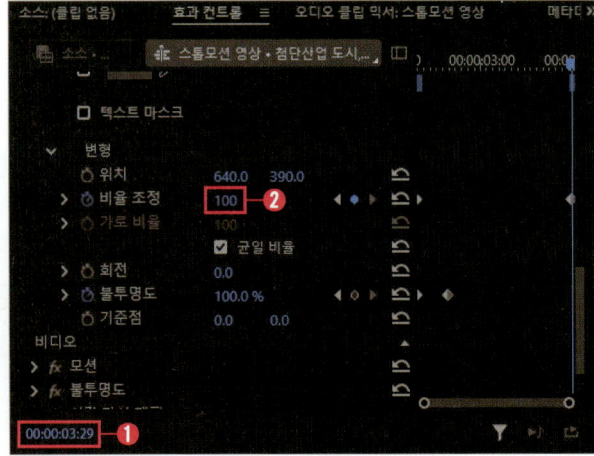

04 앞서 배운 사진 소스 스톱모션 제작 테크닉을 활용해 보는 시간을 갖도록 하겠습니다. 나머지 'B', 'C', 'D', 'E' 폴더에 있는 이미지들을 불러와 배치하고, 각각의 클립을 중첩된 시퀀스로 만듭니다. 각 중첩된 시퀀스 앞쪽에 각자 개성을 발휘하여 제목을 새롭게 만든 후 확대와 투명도 애니메이션을 반복 적용해 봅니다.

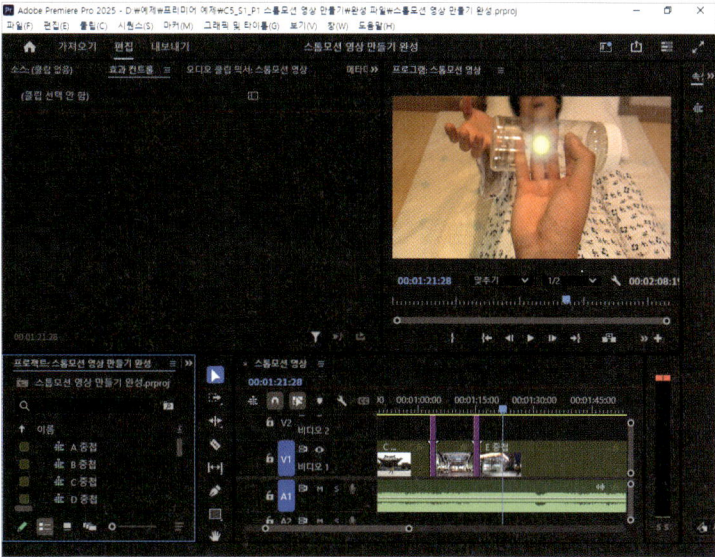

05 마지막으로 작품의 타이틀을 불러와 배치하겠습니다. [V1] 트랙의 앞쪽 빈 곳에 '작품 제목 오프닝.mp4' 영상 클립을 드래그하여 배치합니다. 스톱모션 작품의 편집이 마무리되었습니다. [내보내기]를 클릭하여 mp4 영상으로 출력합니다.

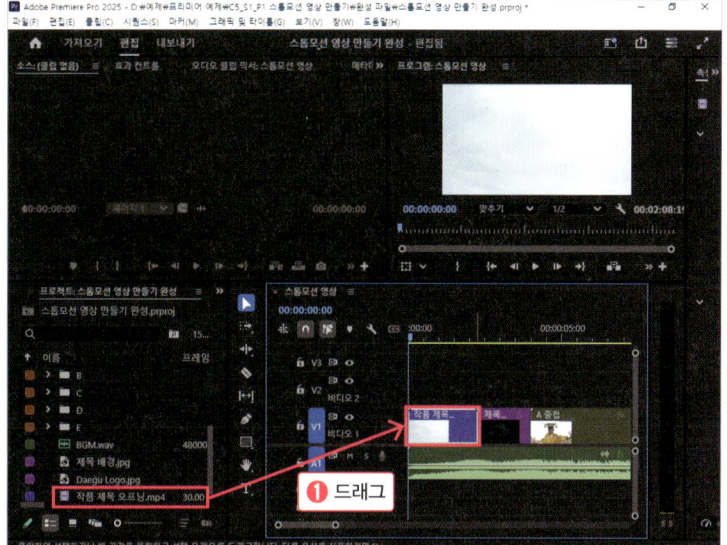

SECTION 2
역재생과 배속 테크닉

핵심 내용

'역재생(되감기)'과 '빨리 감기', '느리게 감기'의 속도 조절 기능은 영상 편집에서 가장 많이 사용하는 기법이자, 창의적 결과물이 절실할 때 자주 사용하는 테크닉입니다. 예컨대 지루하게 반복되는 장면에서는 '빨리 감기', 감동적인 장면이나 재확인 상황에서는 '느리게 감기' 기법을 흔하게 사용합니다. 과거를 되돌릴 때는 '역재생' 기법을 사용할 수 있습니다.

핵심 기능

[속도/지속 시간] > [뒤로 재생]
[다각형 도구] → [그래픽] > [모양]

미리 보기 제10회 대한민국 인터넷윤리콘텐츠공모전 '동상' 수상 작품 중 일부분

재생 →

역재생 + 오디오 효과 + 역재생 마크 →

01 영상 역재생 + 배속

[속도/지속 시간] > [뒤로 재생]

▶ 준비 파일 : C5 > S2 > P1 > 역재생과 배속 테크닉.prproj, 영상 소스.mp4, 되감는 소리.wav
▶ 완성 파일 : C5 > S2 > P1 > 완성 파일 폴더

01 '역재생과 배속 테크닉.prproj' 파일을 불러옵니다. [타임라인] 패널에 있는 클립을 하나 더 복사하여 되감기 효과를 적용해 보겠습니다. [인디케이터]를 영상 클립의 [Out 점]으로 옮긴 후 영상 클립을 선택하고, Ctrl+C, Ctrl+V를 눌러 영상을 복사합니다.

TIP
[인디케이터]를 기준으로 새 영상이 복사됩니다.

02 복사된 '영상소스.mp4' 영상 클립을 선택하고, [클립] > [속도/지속 시간](Ctrl+R) 메뉴를 클릭합니다. [속도/지속 시간] 대화상자가 열리면 [역방향 속도]를 체크하고, [속도]를 '200'으로 설정한 후 [확인] 버튼을 클릭합니다. Space Bar를 눌러 영상을 확인합니다.

TIP
되감게 된 클립에는 이름 옆에 마이너스 값의 퍼센트(-200%)가 표시됩니다. 퍼센트 값에 따라서 되감기 속도가 느린지 빠른지 확인할 수 있습니다.

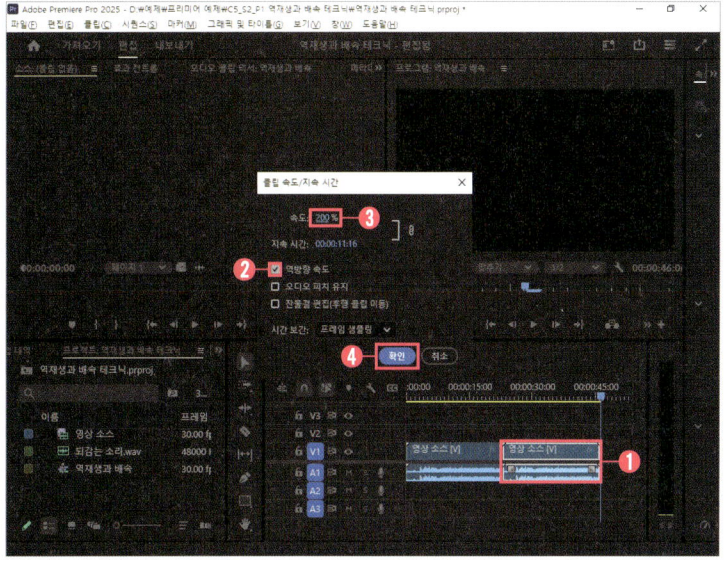

03 되감게 된 '영상소스.mp4' 영상 클립을 여러 개로 분리하여 재생 속도를 다르게 설정해 보겠습니다. [인디케이터]를 00:00:24:21 위치로 옮긴 후 [도구] 패널의 [자르기 도구]로 [인디케이터]가 위치한 지점을 클릭하여 영상과 오디오 클립을 자릅니다. 잘린 뒷부분 클립을 선택하고, [속도/지속 시간] 대화상자를 열어 [속도]를 '300'으로 설정한 후 [OK] 버튼을 클릭하여 되감기 재생 속도를 더욱 빠르게 설정합니다.

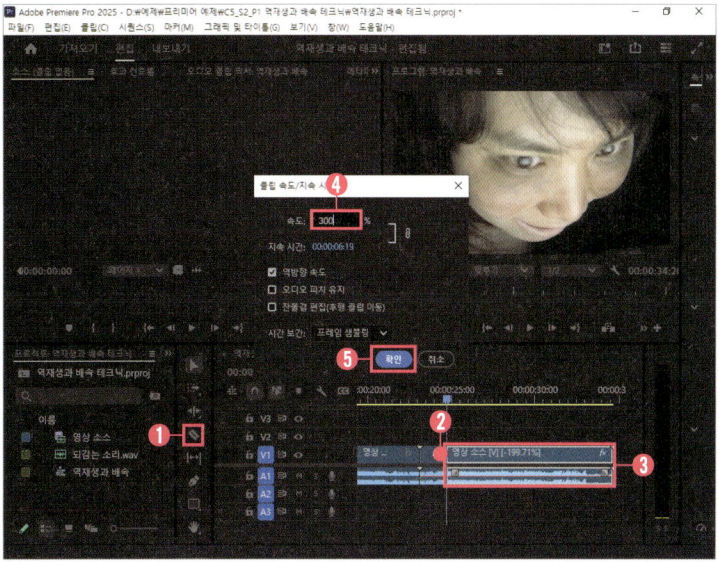

CHAPTER 05 창의적인 결과물이 절실할 때 유용한 테크닉 | **285**

04 [인디케이터]를 00:00:26:28 위치로 옮긴 후 [자르기 도구]로 [인디케이터]가 위치한 지점을 클릭하여 클립을 다시 한번 자릅니다. 잘린 뒷부분 클립을 선택하고, [속도/지속 시간] 대화상자를 열어 [속도]를 '350'으로 설정한 후 [OK] 버튼을 클릭하여 되감기 재생 속도를 더욱 빠르게 설정합니다.

TIP
[타임라인] 패널의 클립을 마우스 오른쪽 버튼으로 클릭한 후 [속도/지속 시간]를 선택하는 방법도 있습니다.

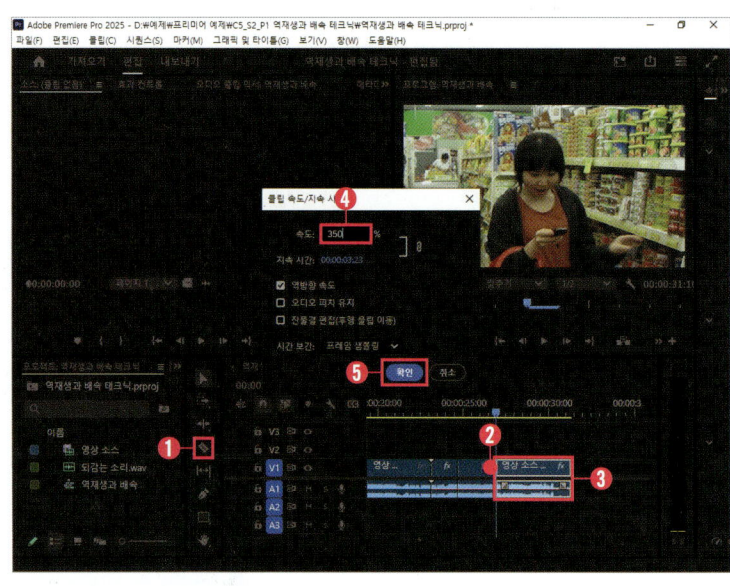

05 [인디케이터]를 00:00:28:18 위치로 옮겨 클립을 마지막으로 자른 후 [속도/지속 시간] 대화상자를 열어 [속도]를 '450'으로 설정한 후 [OK] 버튼을 클릭합니다. Space Bar 를 눌러 영상을 확인합니다.

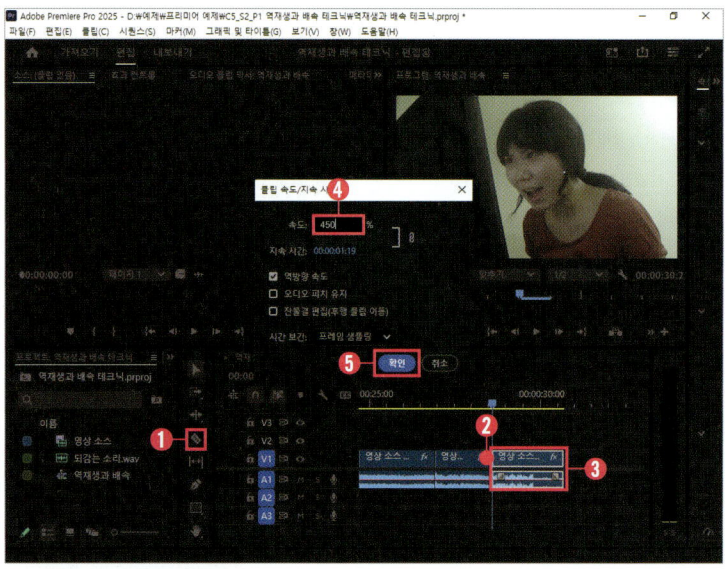

06 [인디케이터]를 되감기가 시작되는 지점인 00:00:22:29 위치로 옮기고 '되감는 소리.wav' 오디오 클립을 [A2] 트랙으로 드래그합니다. Space Bar 를 눌러 역재생 영상을 확인합니다.

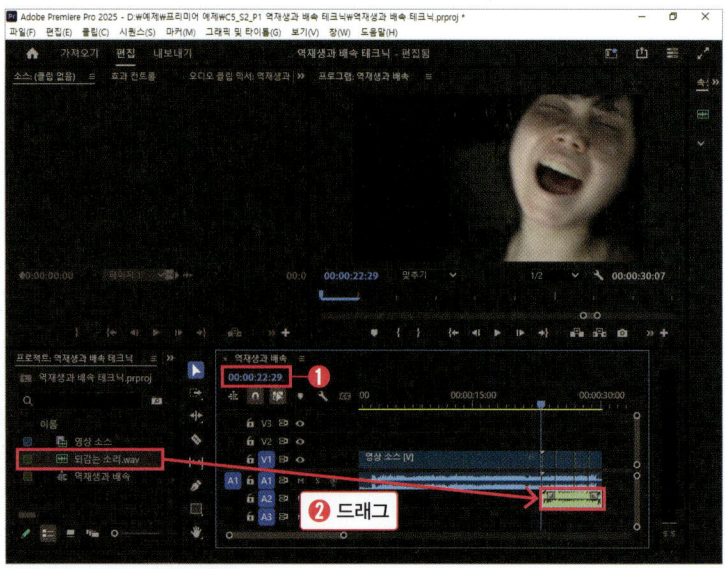

02 역재생 마크 만들기

[다각형 도구] → [그래픽] > [모양]

01 역재생 속도에 맞춰 깜빡거리는 역재생 마크를 만들어 보겠습니다. [인디케이터]를 00:00:23:03 위치로 옮긴 후 [도구] 패널에서 [다각형 도구]를 선택하고 Shift 를 누른 채 드래그하여 작은 정삼각형을 그립니다.

TIP
[비율 조정]에서 정확한 크기를 정의하기 어렵기 때문에 예제와 비슷한 크기로 삼각형을 그려줍니다.

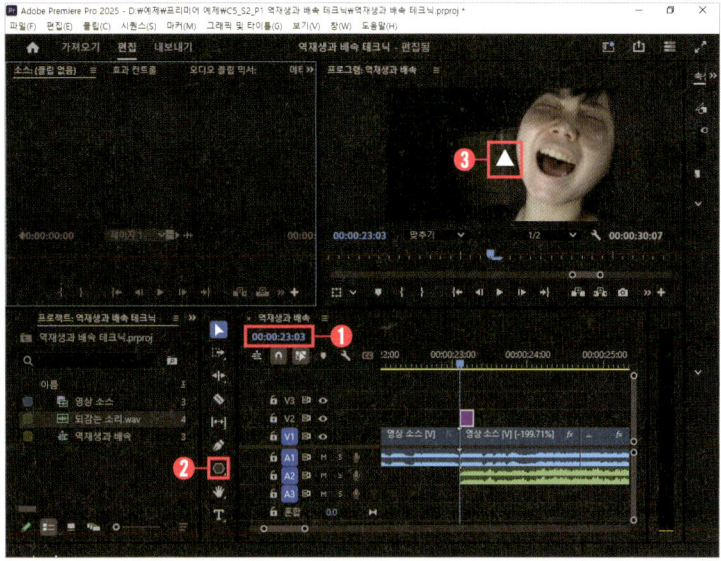

02 [타임라인]에 새로 생긴 그래픽 클립을 선택하고 [효과 컨트롤] 패널에서 [그래픽] > [모양(모양 01)]을 다음과 같이 설정합니다.

- [칠] : #FF0000
- [회전] : -90도
- [불투명도] : 75%

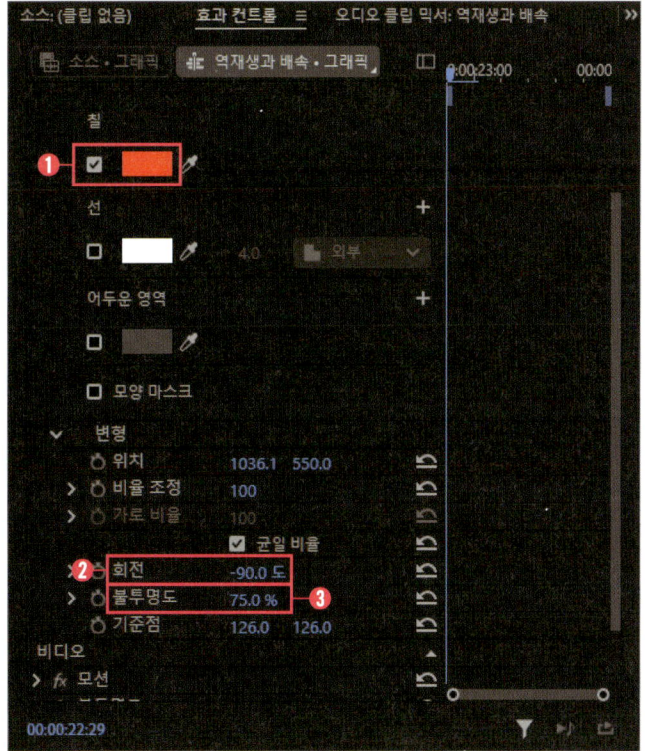

03 똑같은 삼각형을 더 만들기 위해 [효과 컨트롤] 패널에서 [모양(모양 01)]을 선택하고 Ctrl+C를 눌러서 복사, Ctrl+V를 눌러서 붙여넣습니다.

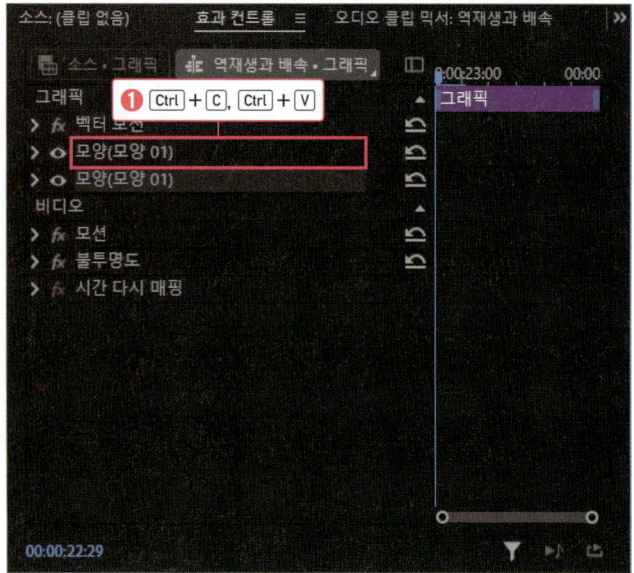

04 겹쳐진 삼각형 2개가 나란히 보이도록 [효과 컨트롤] 패널에서 새로 복사된 [모양(모양 01)] > [변형] > [위치]의 왼쪽 숫자 위에서 클릭 드래그해서 두 개의 삼각형이 나란히 정렬되도록 조절합니다.

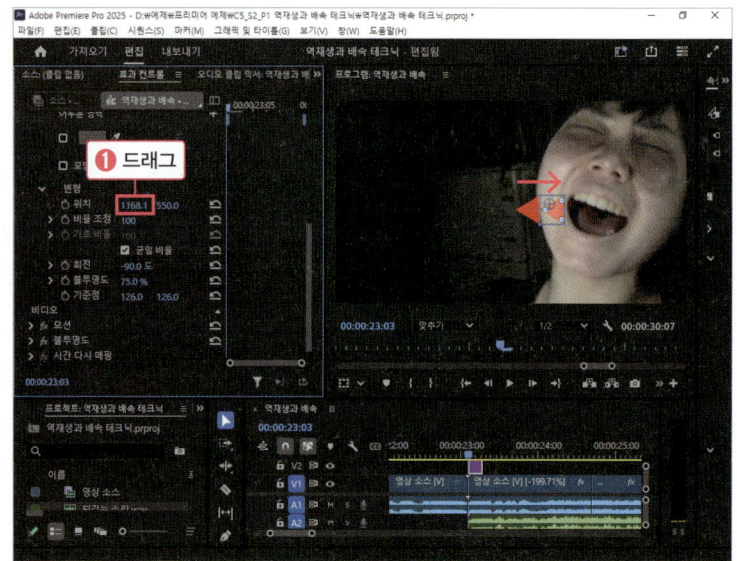

05 [효과 컨트롤] 패널에서 두 개의 [모양(모양 01)]을 모두 선택하고 [선택 도구]로 크기와 위치를 조절하여 역재생 마크를 우측 상단으로 옮겨줍니다.

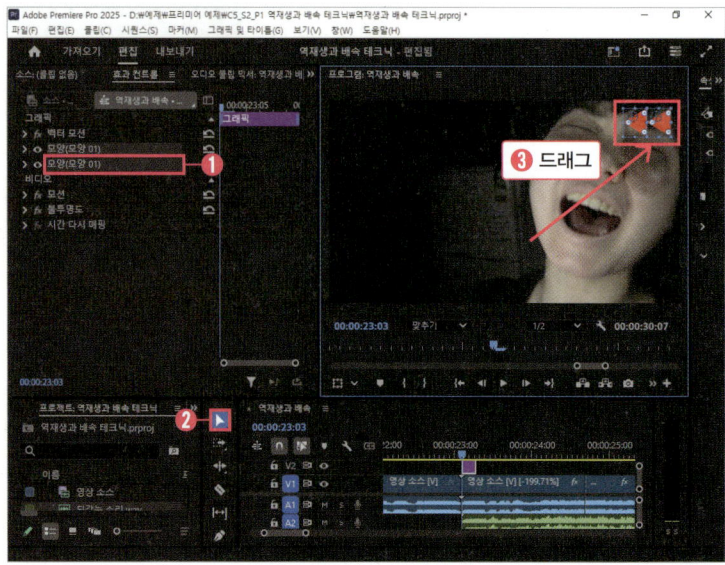

06 다음으로 그래픽 클립의 [Out 점]을 조절해서 [지속 시간]을 00:00:00:15가 되도록 맞춰줍니다.

TIP
00:00:00:15는 15 프레임만큼 그래픽 클립이 지속된다는 뜻입니다.

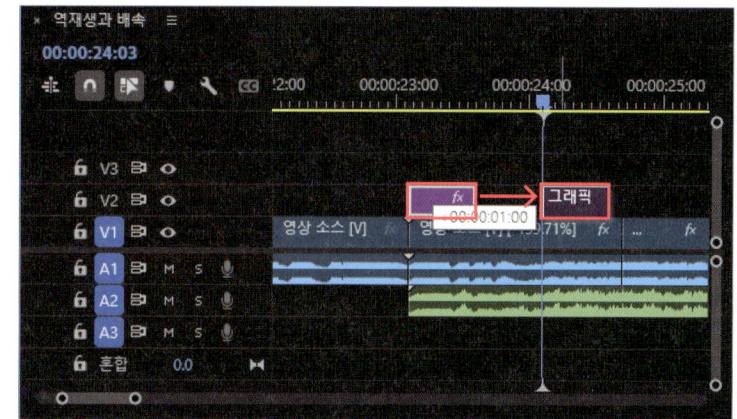

07 깜빡이는 효과를 주기 위해서 Alt 를 누른 상태로 그래픽 클립을 1초 건너뛴 00:00:24:03 위치에 드래그해 복사합니다.

TIP
Alt 를 누른 상태로 클립을 드래그해서 옮기면 클립이 복제가 됩니다.

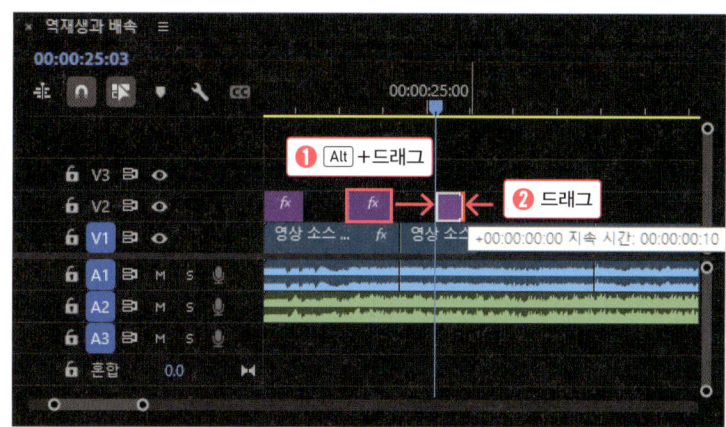

08 다시 1초 건너뛴 00:00:25:03 위치에 그래픽 클립을 복사하고 [Out 점]을 조절하여 이번에는 지속 시간을 10프레임으로 설정합니다.

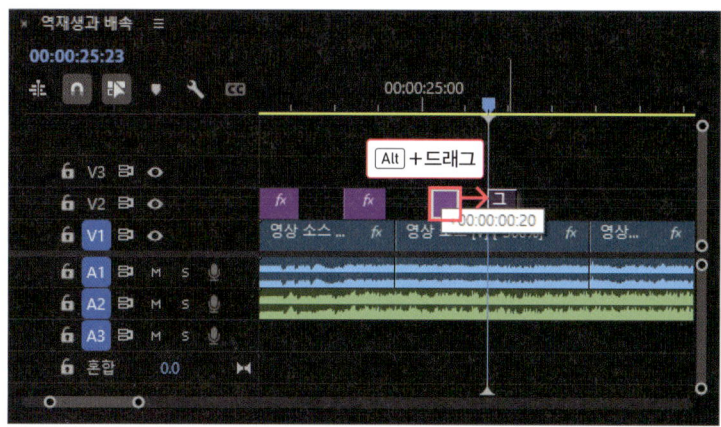

09 클립 속도가 증가함에 따라 더 빠르게 깜빡이도록 만들기 위해, 방금 만든 그래픽 클립을 20프레임을 건너뛴 00:00:25:23 위치에 붙여넣습니다.

10 같은 방식으로 역재생 속도에 맞춰 나머지 클립을 만들어 봅니다. Space Bar 를 눌러 영상을 확인하고 [내보내기]를 클릭하여 mp4 영상으로 출력합니다.

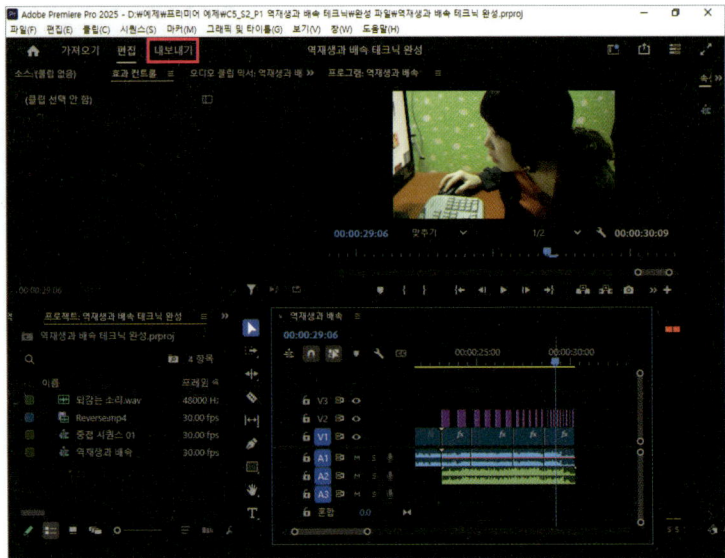

SECTION 3

1인 다역 편집 테크닉

핵심 내용
1인 다역은 창의적인 결과물이 절실할 때 유용하게 사용할 수 있습니다. 예컨대 선거에서 '내가 나에게 묻다'의 1인 2역 Q&A 영상은 나를 차별화되게 홍보할 수 있습니다. 제작 과정은 먼저 카메라를 고정시키고 주인공의 위치를 이동하면서 각각 촬영한 다음, 프리미어 프로에서 '마스크' 기법을 활용해서 합성 편집하여 완성합니다.

핵심 기능
[불투명도] > [4지점 다각형 마스크 만들기]
[시퀀스] > [트랙 추가]

미리 보기 2010 신세계백화점 홍보 영상 공모전 '베스트 추천상' 수상 작품 중 일부분

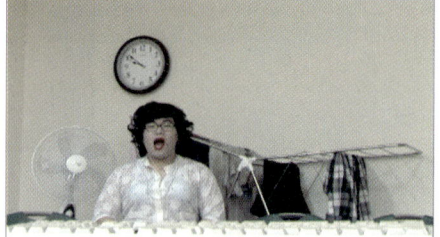

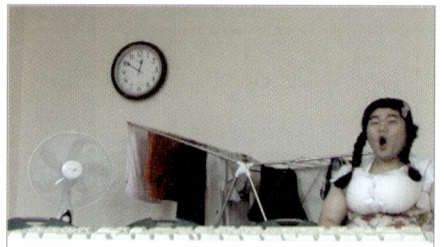

원본

1인 다역 편집

01 1인 다역 영상 만들기

[불투명도] > [4지점 다각형 마스크 만들기]

- 준비 파일 : C5 > S3 > P1 > 1인 다역 편집 테크닉.prproj, 아빠.mp4, 엄마.mp4, 아들.mp4, 딸.mp4, 더빙.mp3
- 완성 파일 : C5 > S3 > P1 > 완성 파일 폴더

01 '1인 다역 편집 테크닉.prproj' 파일을 불러옵니다. 화면을 분할하기 위해서 영상 일부분을 가리는 마스크 기능을 적용해 보겠습니다. [타임라인] 패널의 '아들.mp4' 영상 클립을 선택하고, [효과 컨트롤] 패널에서 [불투명도] > [4지점 다각형 마스크 만들기] 아이콘을 클릭하여 마스크를 만듭니다. 다음과 같이 사각형 박스 모양의 마스크가 만들어졌음을 확인합니다.

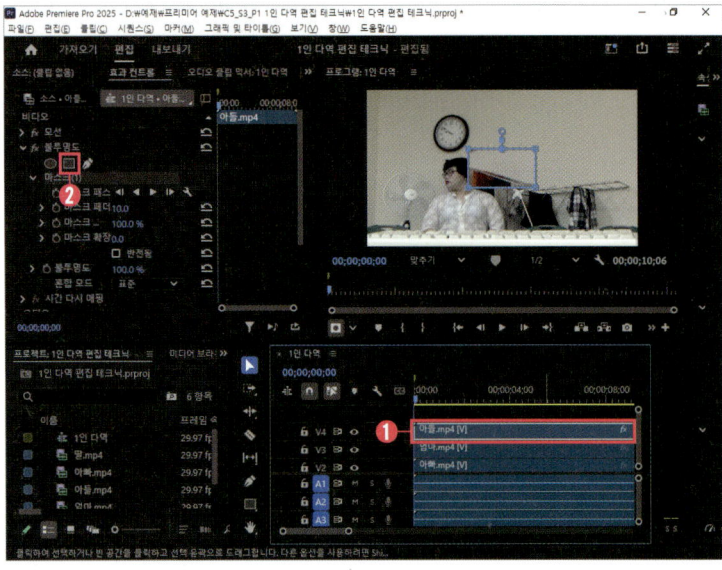

02 [선택 도구]로 [프로그램 모니터] 패널의 사각형 마스크 내부를 드래그하여 위치를 옮기고, 모서리의 점을 조절하여 다음과 같이 인물만 선택하여 아들과 엄마가 동시에 등장하는 화면 분할을 만듭니다.

TIP
마스크의 모서리 점 2개를 드래그하여 함께 선택하고 이동하면서 Shift 를 누르면 정확한 수평 또는 수직 방향으로 움직일 수 있습니다.

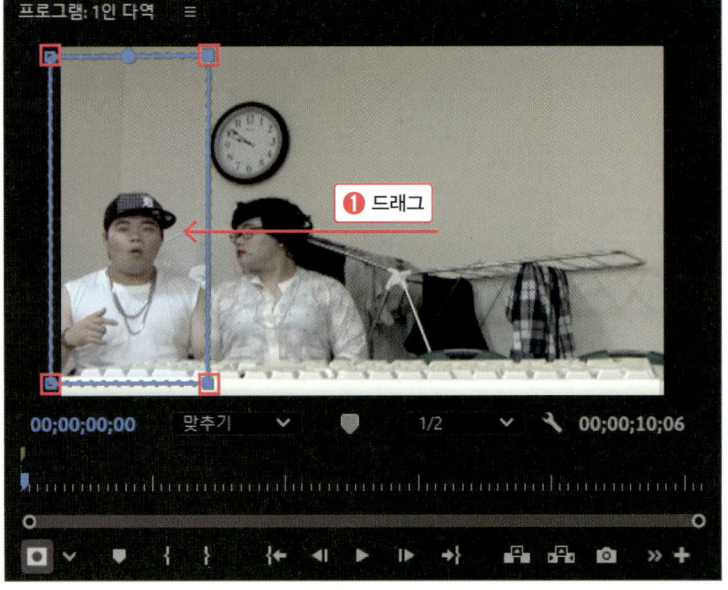

03 화면을 보면 시계 부분이 조금 잘려있기 때문에 도형의 모양을 편집하여 이를 수정해 보겠습니다. [펜 도구]로 선을 클릭하여 점 세 개를 추가하고 [선택 도구]로 추가한 점을 움직여서 시계가 온전히 보이도록 합니다.

TIP ··
[프로그램 모니터] 패널에서 사각형 마스크가 사라져 보이지 않을 경우, [효과 컨트롤] 패널에서 [마스크(1)]을 선택하면 됩니다.

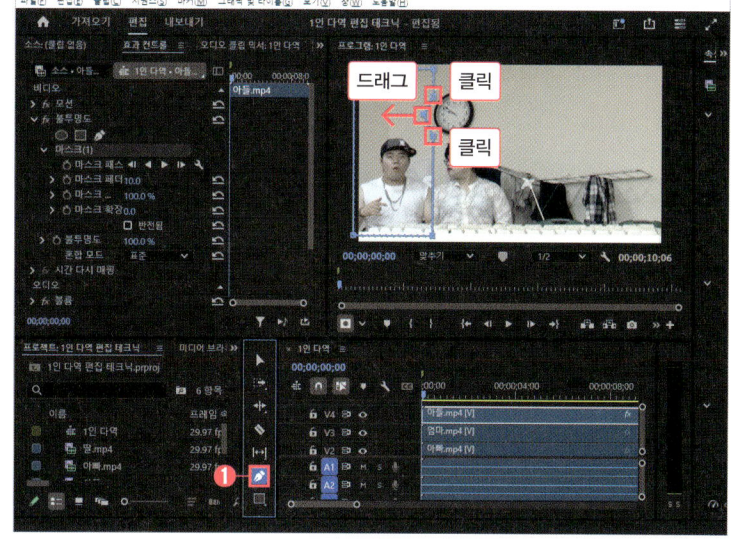

04 마스크의 경계 부분을 조절하여 화면 분할을 자연스럽게 만들기 위해서 [효과 컨트롤] 패널에서 [불투명도] > [마스크(1)] > [마스크 페더]를 '20'으로 수정합니다.

TIP ··
[마스크 페더]의 값이 0일 경우, 경계 부분이 선명하게 분리되고, 값이 올라갈수록 경계 부분이 부드럽게 섞여 자연스럽게 분리됩니다. 필요에 따라 이 값을 조절하여 좋은 마스크 합성을 만들 수 있습니다.

05 위와 같은 방법으로 '엄마.mp4' 영상 클립에 마스크로 화면 분할을 적용해 보겠습니다. [타임라인] 패널의 '엄마.mp4' 영상 클립에 [효과 컨트롤] > [불투명도] > [4지점 다각형 마스크 만들기] 아이콘을 클릭하여 마스크를 적용하고, 모양과 [마스크 페더]를 조절하여 화면 분할을 합니다.

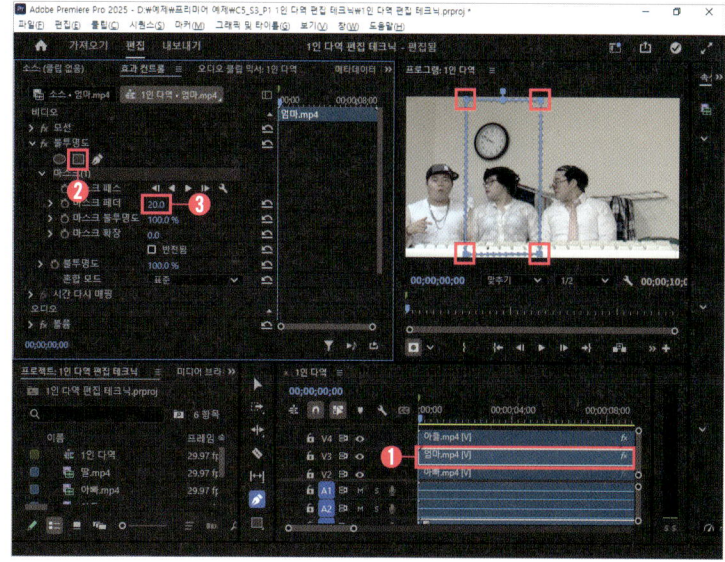

CHAPTER 05 창의적인 결과물이 절실할 때 유용한 테크닉 | **293**

06 같은 방법으로 '아빠.mp4' 영상 클립에 마스크로 화면 분할을 적용합니다. [타임라인] 패널의 '아빠.mp4' 영상 클립에 마스크를 적용하고 [마스크 페더]를 조절합니다.

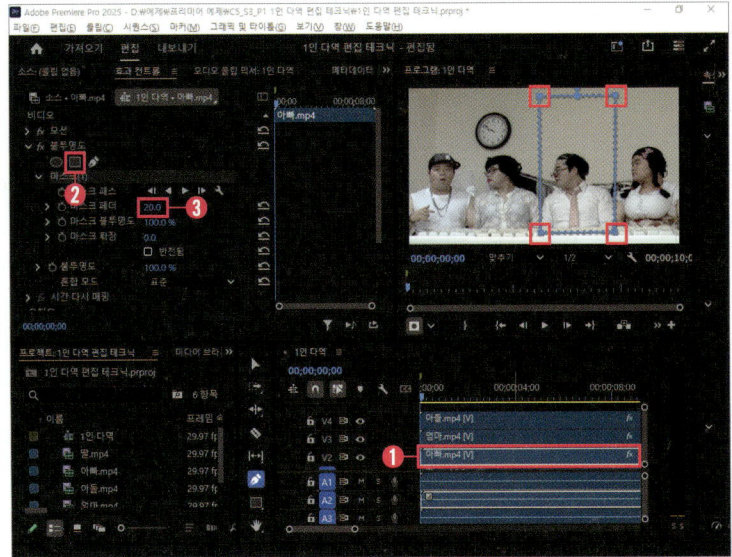

07 이제 화면 분할이 모두 적용되어 4분할 영상을 만들었습니다. 다음과 같이 한 화면에 아들과 엄마, 아빠, 딸이 동시에 등장하는지 확인합니다.

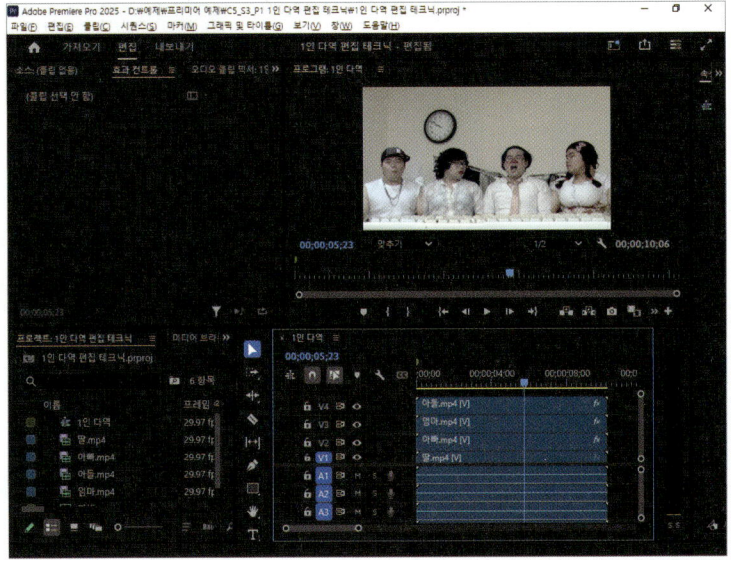

02 오디오 트랙 추가하고 더빙 적용하기 [시퀀스] > [트랙 추가]

01 마지막으로 더빙 파일을 넣어서 마무리 하겠습니다. 현재 오디오 트랙이 모두 채워져 있으므로 새 오디오 트랙을 추가하여 더빙 클립을 넣기 위해서 [시퀀스] > [트랙 추가] 메뉴를 클릭합니다.

TIP
[트랙 추가] 기능으로 새 비디오와 오디오 트랙을 추가할 수 있습니다.

02 [트랙 추가] 대화상자가 열리면 오디오 트랙만 추가하기 위해서 [오디오 트랙 추가] > [양 1]을 확인하고 [OK] 버튼을 클릭합니다.

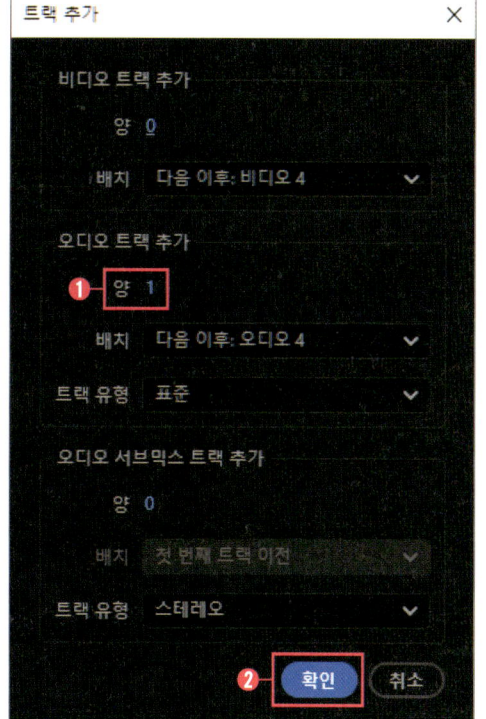

CHAPTER 05 창의적인 결과물이 절실할 때 유용한 테크닉 | **295**

03 [타임라인] 패널에 [A5] 트랙이 새로 만들어졌음을 확인합니다. [프로젝트] 패널의 '더빙.mp3' 오디오 클립을 [타임라인] 패널 [A5] 트랙의 시작점으로 드래그하여 넣습니다.

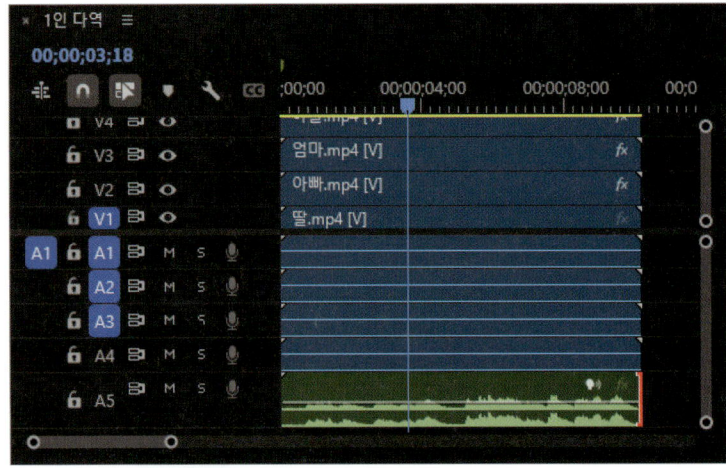

04 더빙을 추가하여 4분할 영상의 편집이 모두 마무리되었습니다. 영상을 확인하고 [내보내기]를 클릭하여 mp4 영상으로 출력합니다.

SECTION

4 배경이 중심이 되는 크로마키 합성 테크닉

핵심 내용
창의적인 결과물이 절실할 때 '배경이 중심'인 크로마키 합성 기법을 추천합니다. 예를 들어, 추석에는 '보름달 풍경', 가을에는 '단풍이 가득한 풍경' 등 원하는 배경을 합성할 수 있습니다. 본 예제에서는 영화 '아바타' 콘셉트의 영상을 '그린 스크린'에서 촬영한 다음, 프리미어 프로의 [울트라 키]로 합성하는 방법에 대해 안내합니다.

핵심 기능
[효과] > [키잉] > [울트라 키]
[조정 레이어] → [Lumetri 사전 설정]

미리 보기 제1회 LIG 된다댄스 UCC 콘테스트 '최우수상' 수상 작품 중 일부분

그린스크린 영상

배경 영상

크로마키 합성 [울트라 키]

01 그린 스크린 영상에 배경 합성하기

[효과] > [키잉] > [울트라 키]

▶ **준비 파일** : C5 > S4 > P1 > 크로마키 합성 테크닉.prproj, 01A~01B/07A~07B.mp4, BGM.wav, 된다송.wav

▶ **완성 파일** : C5 > S4 > P1 > 완성 파일 폴더

01 '크로마키 합성 테크닉.prproj' 파일을 불러옵니다. [프로젝트] 패널의 '01A.mp4' 영상 클립을 드래그해서 [타임라인] 패널에 넣어줍니다. 본 영상은 크로마키 합성을 위해서 그린 스크린에서 촬영된 원본입니다.

TIP
크로마키(Chroma Key)는 두 개의 영상을 합성하는 기술을 말합니다. A와 B 이렇게 두 개의 영상이 있으면, A 영상에서 특정한 색을 제거하거나 투명하게 만들어서 합성할 B 영상이 제거된 부분으로 합성되게 하는 기술입니다. 이 합성 기능은 또한 '컬러 키, 그린스크린, 블루스크린 합성'이라고도 합니다.

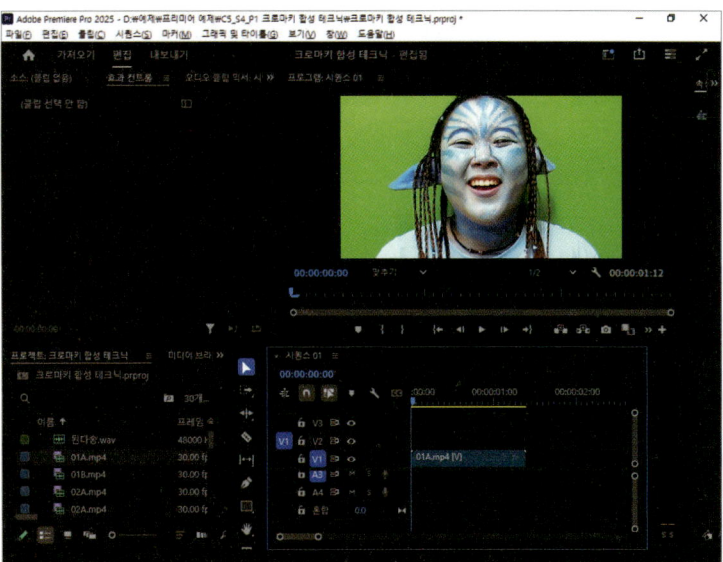

02 '01A.mp4' 영상 클립의 그린 배경을 지우기 위해서 [효과] 패널을 연 후 [비디오 효과] > [키잉] > [울트라 키]를 찾습니다.

TIP
[울트라 키] 효과는 블루스크린이나 그린스크린으로 촬영된 영상의 배경색을 지우기 위한 기능입니다.

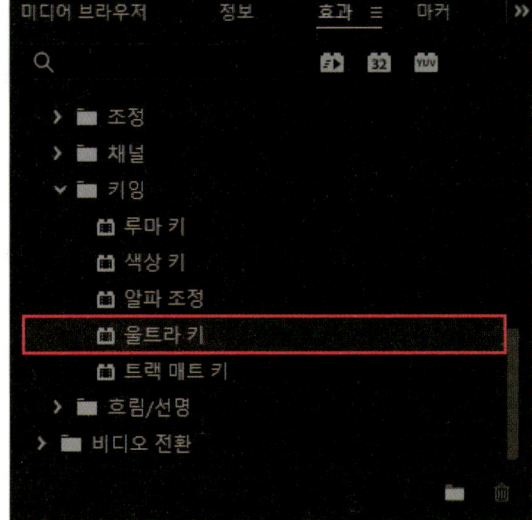

03 [효과] 패널에서 [울트라 키] 효과를 [타임라인] 패널 [V1] 트랙의 '01A.mp4' 영상 클립에 드래그한 후 [효과 컨트롤] 패널에서 효과의 옵션이 보이는지 확인합니다. 이제 옵션을 설정하여 배경을 투명하게 지워보겠습니다.

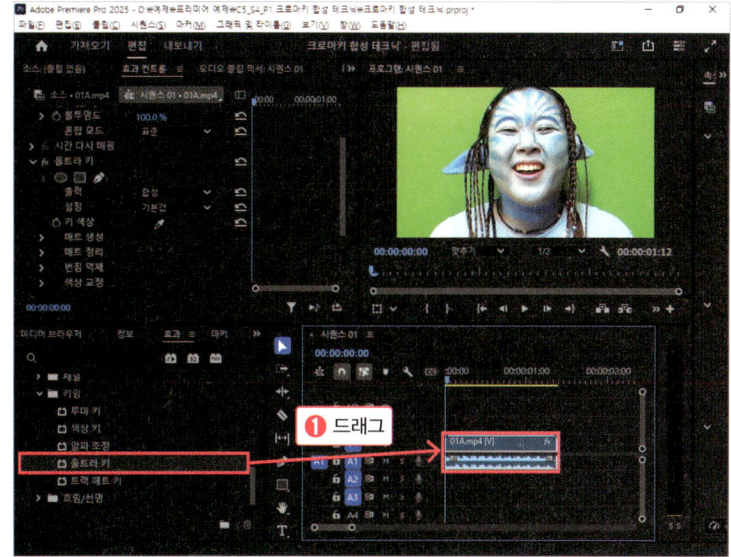

04 [효과 컨트롤] 패널의 [울트라 키] > [키 색상]의 스포이트 아이콘을 클릭한 후 마우스 포인터가 스포이트로 바뀌면 [프로그램 모니터] 패널에서 녹색 배경의 한 부분을 클릭합니다.

TIP
- [울트라 키]는 그린스크린의 녹색, 블루스크린의 파란색을 포함하여 다양한 색상을 특정하여 지울 수 있습니다.
- 효과 적용 후 인물은 선명하게, 배경색은 균일한 검은색으로 보여야 나중에 배경과 깨끗한 합성이 됩니다.

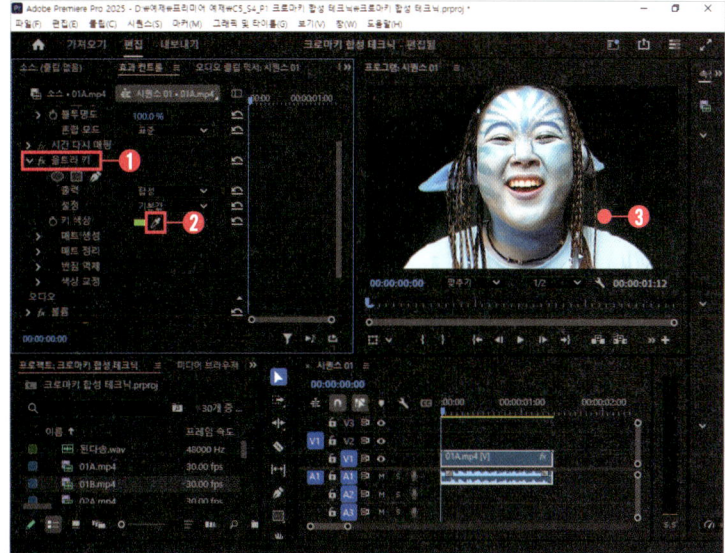

05 배경을 더 깨끗하게 지우기 위해서 [울트라 키] > [매트 생성]을 클릭해 열고, 해당 옵션을 다음과 같이 설정합니다.

- [투명도] : 50
- [어두운 영역] : 45
- [허용치] : 90
- [페데스탈] : 51

TIP
- 스포이트로 클릭한 곳의 색상에 따라 옵션 설정의 결과가 달라질 수 있습니다. 화면을 확인하면서 옵션을 세밀하게 조절해 최대한 배경을 깨끗하게 만듭니다.
- [매트 생성] : 배경색을 깨끗하게 지우기 위해서 투명도 조절, 밝은 부분과 어두운 부분의 범위 등을 설정합니다.

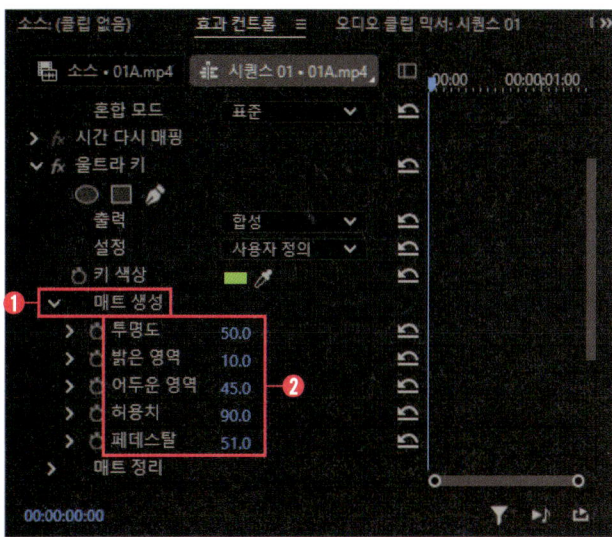

06 [효과 컨트롤] 패널에서 [울트라 키]의 옵션 설정 후 [프로그램 모니터] 패널에서 다음과 같이 녹색 배경이 균일한 검은색이 되었음을 확인합니다.

07 다음으로 합성할 배경 영상을 트랙에 추가하기 위해서 [V1] 트랙을 비워야 합니다. [V1] 트랙의 '01A.mp4' 영상 클립을 위쪽 트랙으로 드래그하여 [V1] 트랙을 비웁니다.

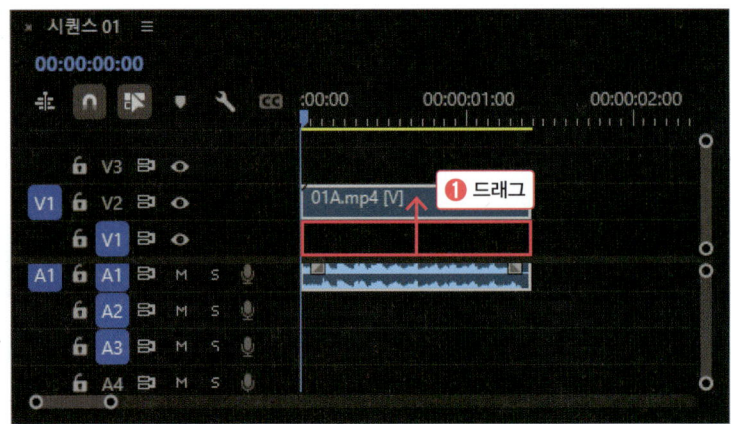

08 [프로젝트] 패널의 '01B.mp4' 영상 클립을 [타임라인] 패널 [V1] 트랙의 시작점으로 드래그합니다. Space Bar 를 눌러 합성된 영상을 확인합니다.

TIP
- 오디오 트랙이 겹치지 않도록 주의합니다.
- 배경이 주인공보다 더 선명하거나 시선을 끌 경우, [효과] 패널의 [비디오 효과] 패널의 [흐림/선명] > [가우시안 흐림] 효과를 적용하여 배경을 흐리게 하는 것이 좋습니다.

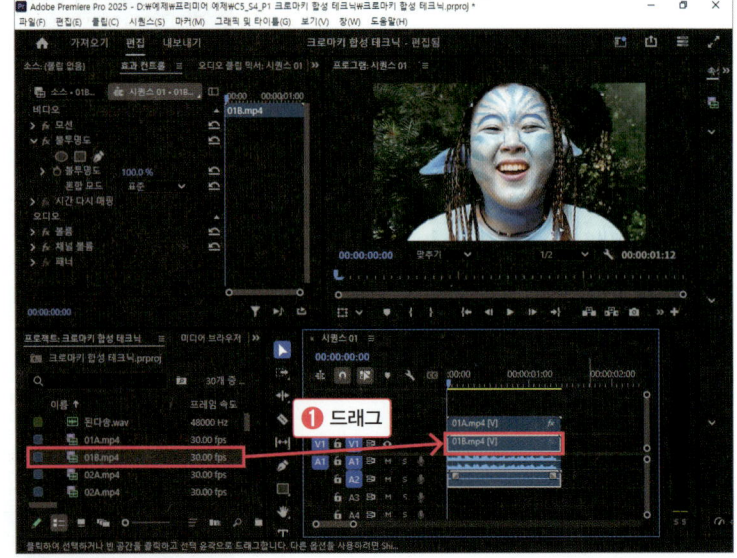

09 앞선 방법으로 제공된 나머지 영상 소스를 합성하고, 다음과 같이 차례대로 붙여넣습니다.

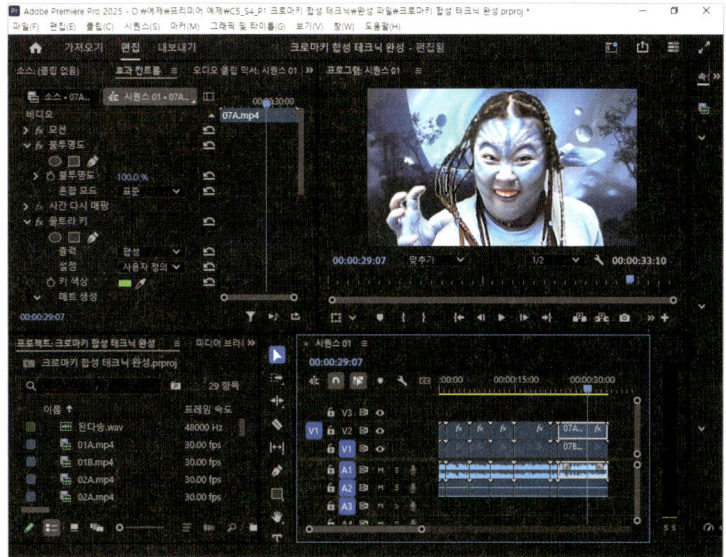

10 마지막으로 배경음악을 넣어 마무리합니다. [프로젝트] 패널에 'BGM.wav' 오디오 클립을 넣고 00:00:25:08 위치에는 '된다송.wav' 오디오 파일을 [타임라인] 패널에 다음과 같이 배치하여 완성합니다. Space Bar 를 눌러 완성된 합성 영상을 확인합니다.

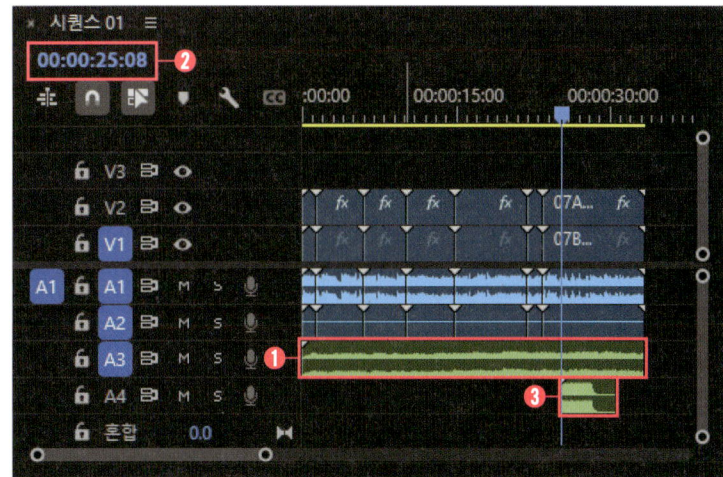

02 루메트리 프리셋 필터 테크닉

[조정 레이어] → [Lumetri 사전 설정]

01 이제 완성된 합성 영상에 색 보정 필터를 적용해 보겠습니다. 각각의 클립에 필터를 하나씩 적용하기는 어려우므로 한꺼번에 적용하고 쉽게 수정하기 위해서 조정 레이어를 만들어 필터를 적용하겠습니다. [프로젝트] 패널의 [새 항목] 아이콘을 클릭하여 [조정 레이어]를 선택합니다.

> **TIP**
> 조정 레이어에 효과나 필터 등을 적용하면 아래에 있는 모든 클립은 자동으로 적용되는 레이어 클립입니다.

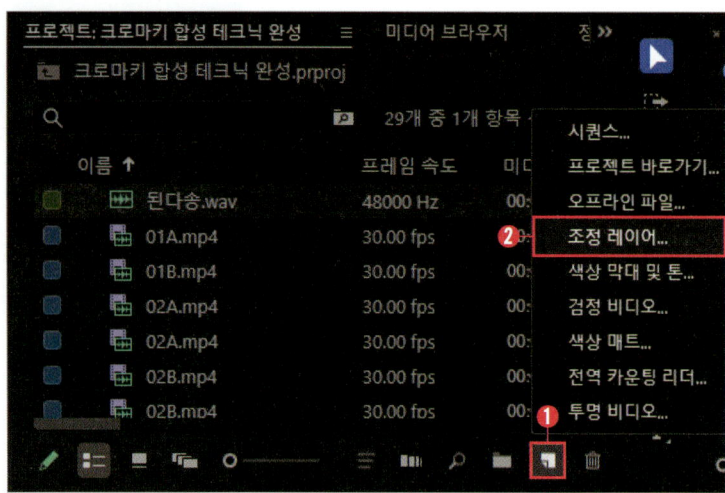

02 [조정 레이어] 대화상자가 열리면 [OK] 버튼을 클릭하여 레이어를 만듭니다.

> **TIP**
> [비디오 설정]의 설정이 시퀀스 설정과 같게 자동으로 설정되므로 따로 수정할 필요가 없습니다.

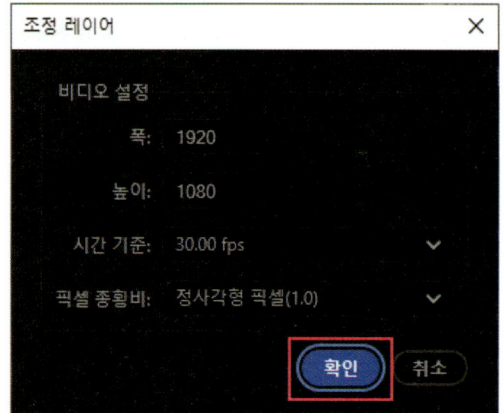

03 [프로젝트] 패널에 '조정 레이어' 클립이 만들어졌음을 확인합니다.

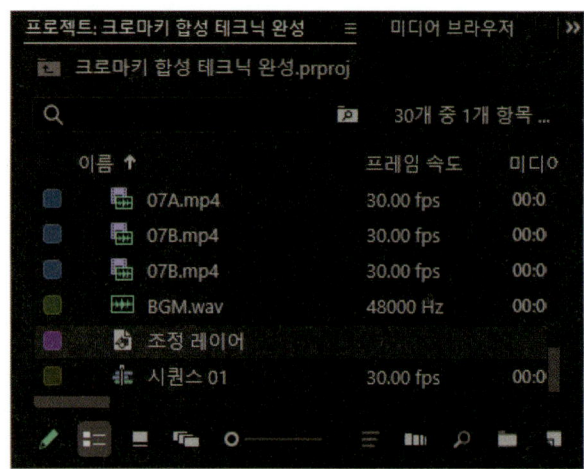

04 [프로젝트] 패널의 '조정 레이어' 클립을 [타임라인] 패널의 [V3] 트랙에 드래그하여 배치하고, [Out 점]을 조절하여 [V1], [V2] 트랙에 편집된 영상 클립의 길이와 맞춥니다.

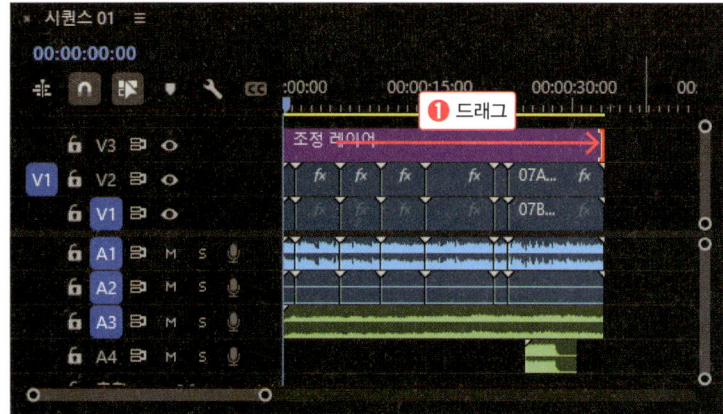

05 이제 '조정 레이어'에 색 보정 필터 하나를 적용해 보겠습니다. [효과] 패널의 [Lumetri 사전 설정] > [영화 같은 효과] > [Cinespace 25]를 찾습니다.

TIP ....
[Lumetri 사전 설정]에 있는 다양한 색 보정 필터를 사용해 보세요.

06 [효과] 패널에서 [Cinespace 25] 색 보정 필터를 [타임라인] 패널 [V3] 트랙의 '조정 레이어' 클립에 드래그한 후 화면의 변화를 확인합니다. 영상을 확인하고 [내보내기]를 클릭하여 mp4 영상으로 출력합니다.

TIP ....
다른 색 보정 필터를 적용하기 위해서는 적용한 필터를 [효과 컨트롤] 패널에서 필터의 이름을 찾아 삭제하고 [효과] 패널에서 다른 필터를 적용합니다.

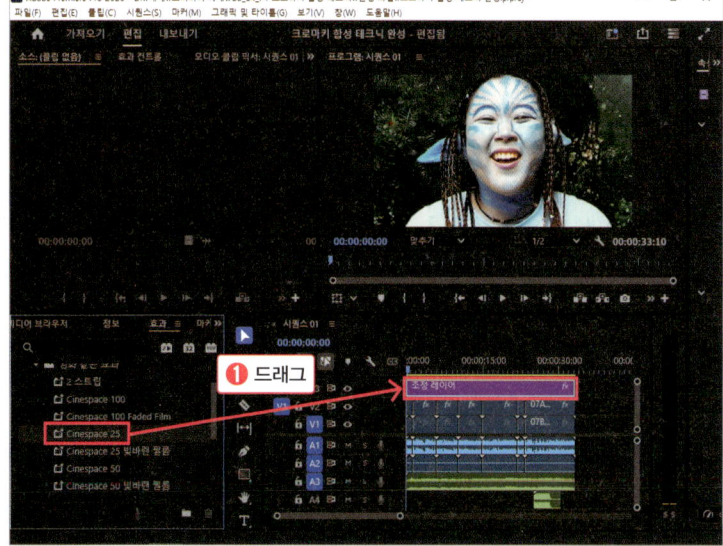

CHAPTER 05 창의적인 결과물이 절실할 때 유용한 테크닉 | **303**

SECTION 5
AI 이미지와 줌인·줌아웃을 활용한 테크닉

핵심 내용
창의적 결과물이 절실할 때 '생성형 AI 이미지'를 활용하는 방법도 생각해 볼 수 있습니다. 생성형 AI의 결과물은 작업 속도가 매우 빠르고, 창의적인 이미지를 만들 수 있다는 장점이 있기 때문입니다. 본 예제에서는 명화 두 작품을 포토샵 AI로 합성한 후 프리미어 프로에서 줌인·줌아웃으로 이동하는 애니메이션 테크닉을 소개합니다.

핵심 기능
[위치] + [비율 조정] > [애니메이션 켜기/끄기]
[시간 보간] > [연속 베지어]

미리 보기 모나리자 + 이삭 줍는 여인들

키프레임 애니메이션 [위치], [비율 조정]

01 화면 이동 애니메이션 만들기

[위치] + [비율 조정] > [애니메이션 켜기/끄기]

▶ **준비 파일** : C5 > S5 > P1 > BGM.mp3, 아웃페인팅.jpg   ▶ **완성 파일** : C5 > S5 > P1 > 완성 파일 폴더

01 홈 메뉴에서 [새 프로젝트]를 클릭하여 새 프로젝트를 만든 뒤 '아웃페인팅.jpg'와 'BGM.mp3' 파일을 선택하고 저장 경로와 이름을 설정한 후 [가져오기] 버튼을 클릭합니다.

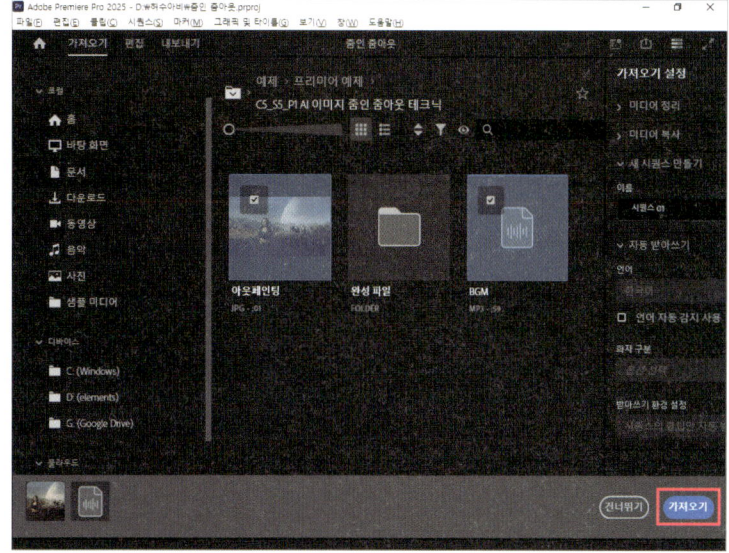

02 불러온 이미지와 오디오 클립을 [타임라인] 패널로 드래그하고 [Out 점]을 00:00:34:00 위치로 각각 맞춥니다.

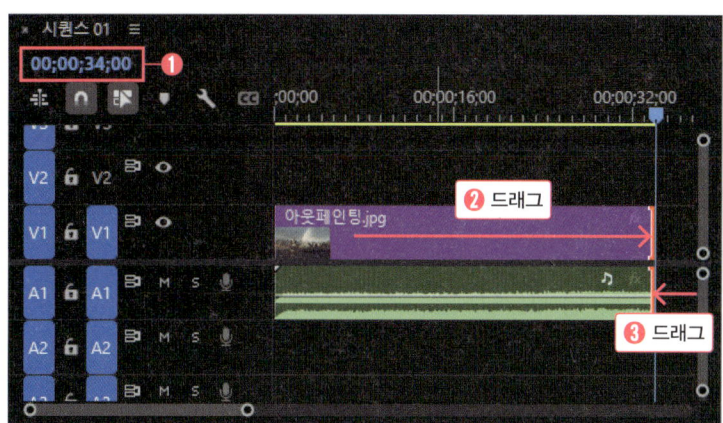

03 첫 화면의 초점을 '모나리자' 그림에 맞추도록 하겠습니다. [프로그램 모니터] 패널에 화면을 더블클릭해 조절점을 활성화하고 모나리자를 화면 중앙에 배치합니다. 동시에 [효과 컨트롤] 패널에서 [비율 조정] 값을 드래그하여 모나리자의 머리만 보이도록 충분히 확대합니다.

CHAPTER 05 창의적인 결과물이 절실할 때 유용한 테크닉 | 305

04 [인디케이터]를 00;00;00;00으로 옮기고 '아웃페인팅.jpg' 이미지 클립이 선택된 상태로 [효과 컨트롤] 패널에서 [위치]와 [비율 조정]의 [애니메이션 켜기] 아이콘을 각각 클릭합니다.

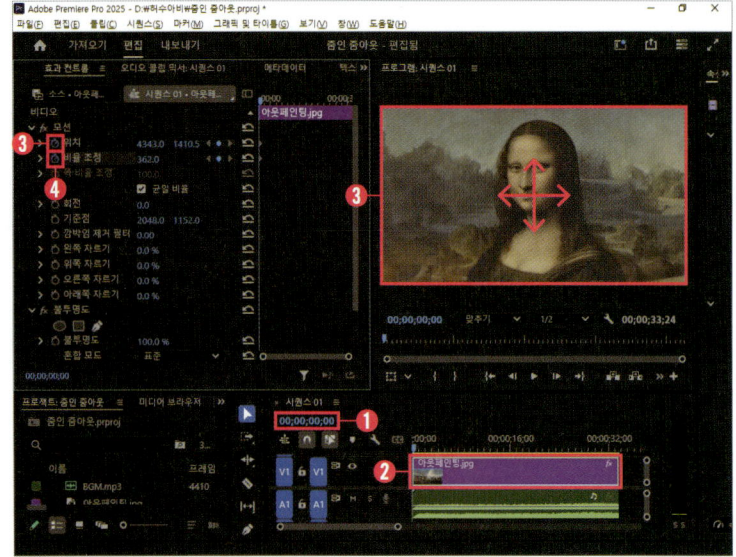

05 [인디케이터]를 00;00;05;10 위치로 옮기고 [효과 컨트롤] 패널에서 [비율 조정]의 값을 조절해 모나리자 그림 전체가 보일 수 있도록 축소합니다. [프로그램 모니터] 패널의 화면을 더블클릭한 뒤 드래그하며 위치를 조절합니다.

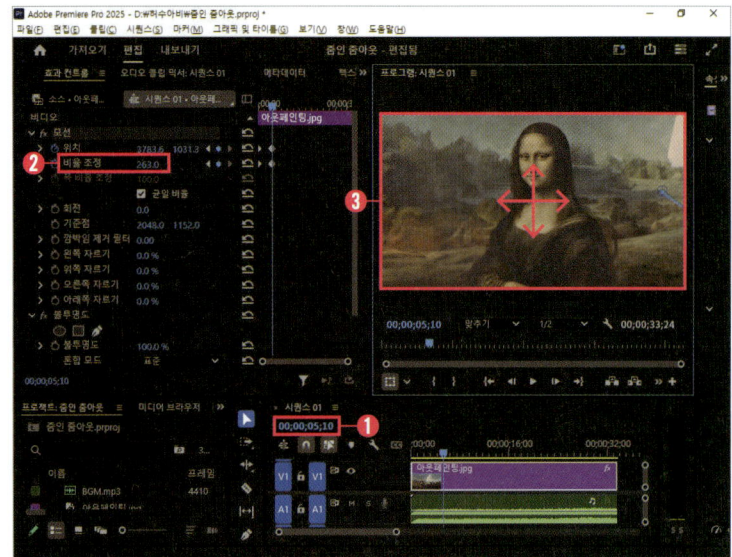

06 같은 방식으로 00;00;19;20 위치에 다음과 같이 이미지 클립을 배치하고 [비율 조정]의 값을 적절히 조절하여 이삭 줍는 여인들 그림 전체가 보이도록 합니다.

TIP
중간에 영상을 재생하여 지금까지 키프레임이 잘 생성되었는지 점검합니다.

07 약간의 공백을 주기 위해 00:00:20;20 위치에서 [위치]와 [비율 조정]의 [키프레임 추기/제거] 아이콘을 각각 클릭합니다.

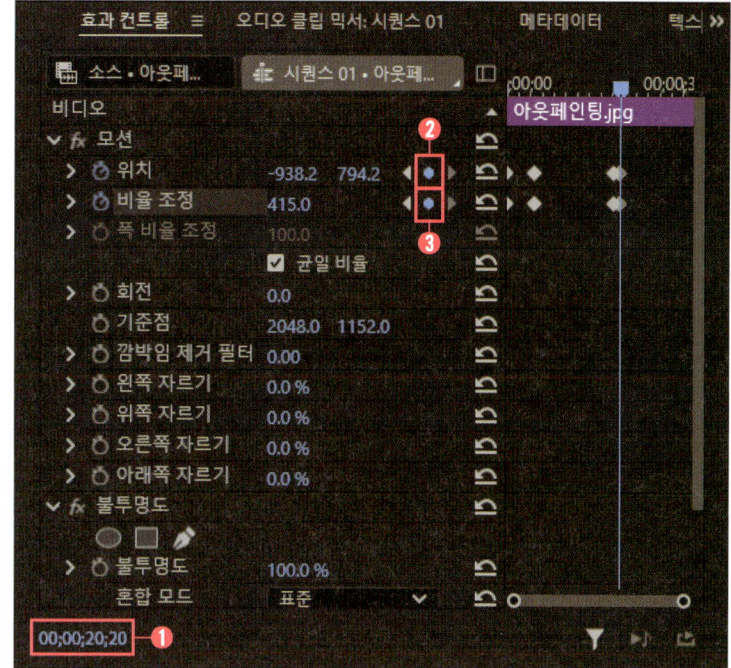

08 마지막으로 00:00:32:00 위치에 그림 전체가 보이게끔 축소합니다. 이때 이미지 크기를 화면보다 조금 더 크게 수정합니다. 영상을 재생하여 애니메이션을 확인합니다.

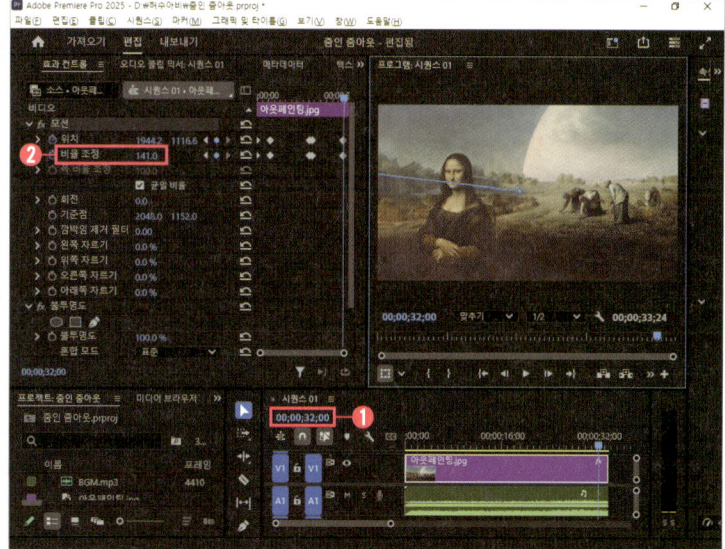

02 더 부드러운 애니메이션 테크닉

[시간 보간] > [연속 베지어]

01 화면 이동이 딱딱하기 때문에 이를 부드럽게 편집하도록 하겠습니다. [위치]와 [비율 조정]의 세부 옵션을 펼칩니다. 모든 키프레임을 드래그하여 선택하고 임의의 키프레임을 마우스 오른쪽 버튼으로 클릭한 후 [시간 보간] > [연속 베지어]를 선택합니다.

TIP ······························
Shift 를 누른 채 키프레임을 선택할 수도 있습니다.

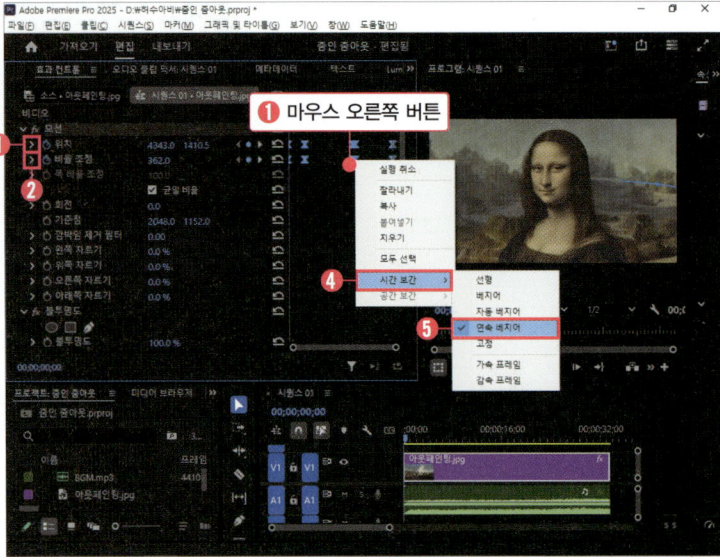

02 키프레임 그래프를 나타내기 위해 [위치]와 [비율 조정]의 세부 옵션을 펼칩니다. 영상을 재생해 보면 그래프가 심하게 꺾인 부분에서 애니메이션이 어색해지는 것을 확인할 수 있습니다.

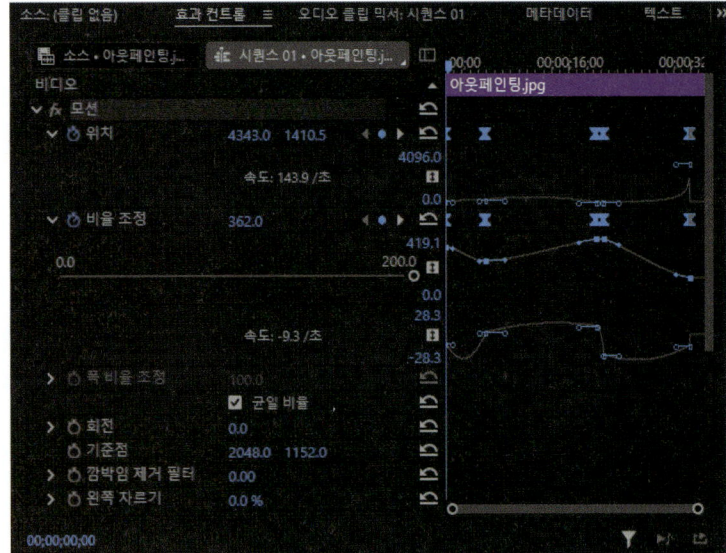

03 편집할 키프레임을 선택하고 조절점을 상하좌우로 드래그해보며 그래프의 곡선을 완만하게 만들어줍니다.

TIP
수정해야 할 키프레임이 예제와 다를 수 있습니다. 키프레임을 각각 따로 선택하여 조절점을 드래그해야 합니다.

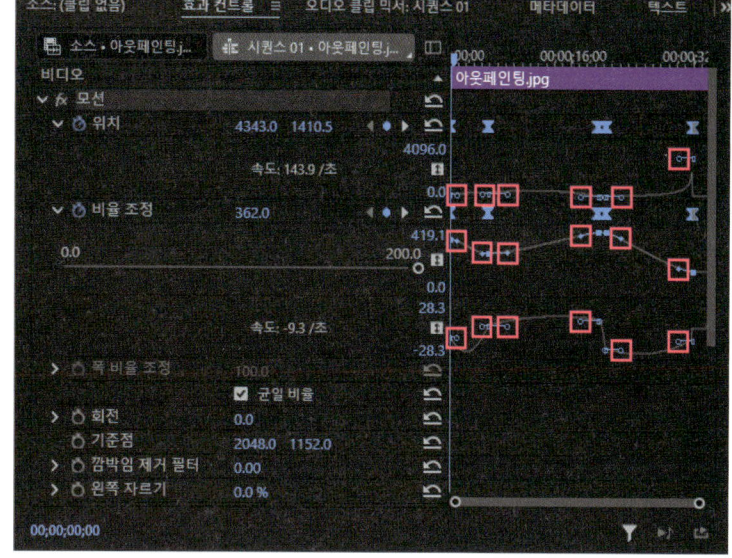

위에서 첫 번째 그래프는 화면 이동 속도를 나타내고, 두 번째 그래프는 비율 조정 값, 세 번째는 비율 조정 속도를 나타냅니다.

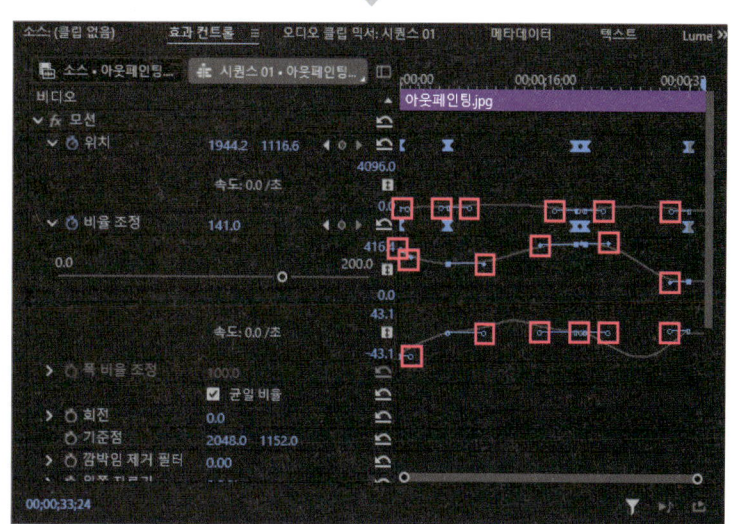

04 키프레임 그래프의 각진 부분을 다음과 같이 최대한 없애줍니다. 영상을 재생하여 아웃페인팅 줌인/아웃 애니메이션을 확인합니다.

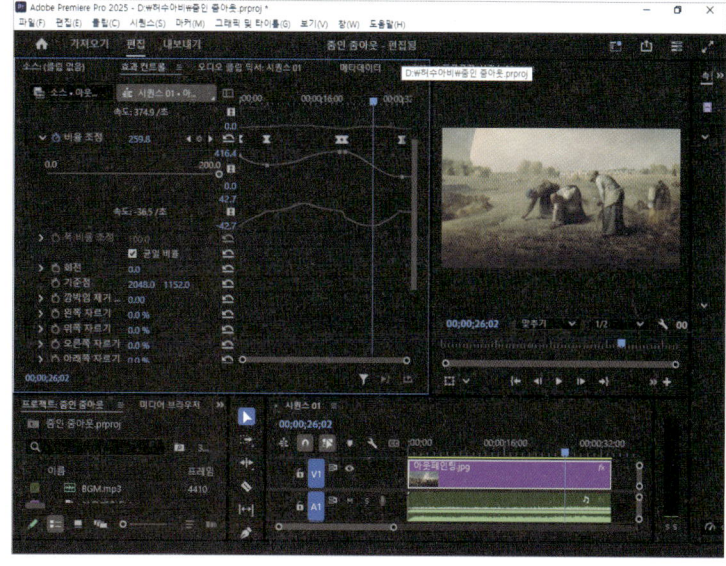

PART

02

포토샵 2025 + AI

이미지 생성형 AI가 나날이 발전하고 있습니다. 이미지 생성형 AI 기능의 개념은 '인페인팅'과 '아웃페인팅' 2가지로 나누어집니다. 포토샵 이미지 생성형 AI의 핵심 기능은 '생성형 채우기', '생성형 확장하기', '제거하기'가 있습니다.

이미지 생성 AI 기능의 2가지 개념	포토샵 이미지 생성 AI의 3가지 핵심 기능
1. AI 인페인팅(In-painting) 2. AI 아웃페인팅(Out-painting)	1. 생성형 채우기(Generative Fill) 2. 생성형 확장하기(Generative Expand) 3. 제거 도구(Remove Tool)

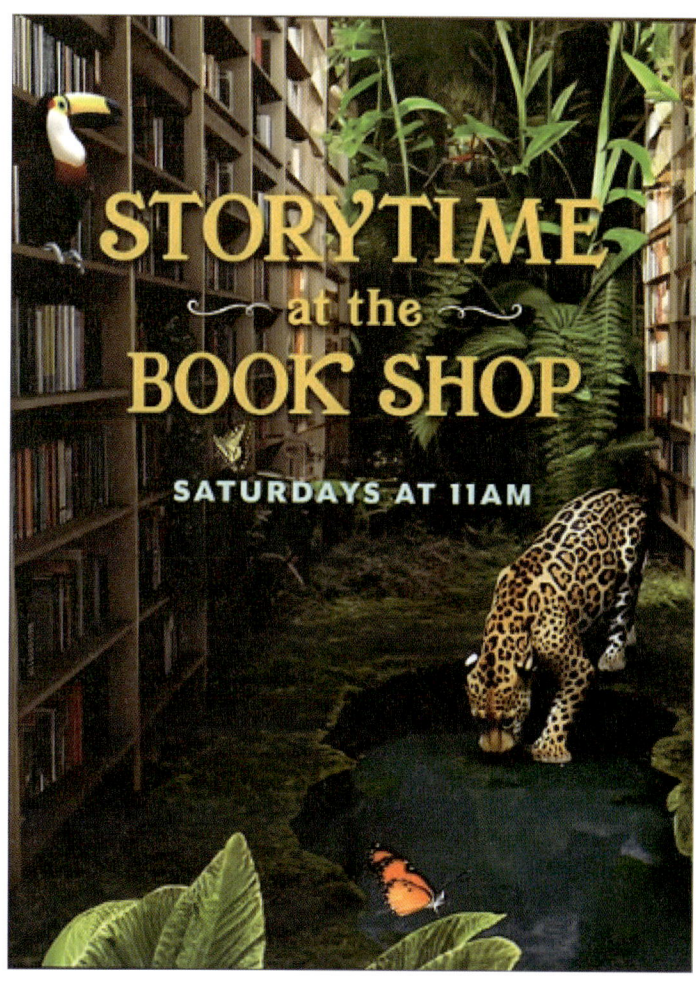

포토샵 이미지 생성형 AI 완성 이미지
<출처 : photoshop.adobe.com>

1 포토샵 2025의 AI 도구 및 단축키

포토샵 2025 버전은 초보자도 쉽고 편리하게 사용할 수 있도록 각 윈도우의 기능별 도구와 화면상의 패널을 자유롭게 배치하고, 분리 및 이동할 수 있으며, 무엇보다 다양한 도구와 옵션, 편리한 레이어와 채널, 패널 등을 이용한 이미지 합성, 보정, 드로잉, 리터칭, 다양한 효과 등을 적용할 수 있습니다.

01 포토샵의 작업 영역

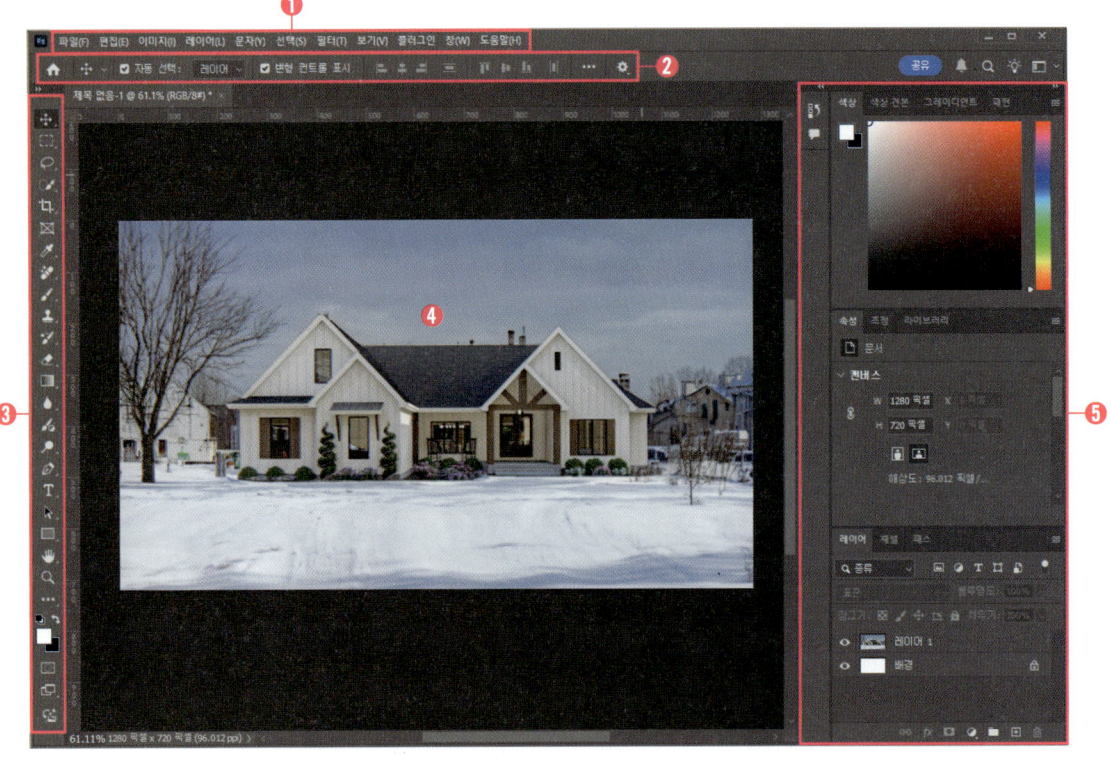

❶ **메뉴** : [파일], [편집], [이미지], [레이어], [문자], [선택] 등 포토샵의 모든 설정 메뉴가 유형별로 나누어져 있고, 그 아래에 하위 메뉴가 있습니다.

❷ **[도구] 패널** : 선택, 자르기, 지우기, 텍스트 입력, 색상 조절 등 이미지 편집 기능들이 아이콘 모양으로 세로로 펼쳐져 있고, 각 아이콘을 길게 누르면 세부 도구들이 나타납니다.

❸ **옵션 바** : 메뉴의 아래에는 선택한 도구에 따른 상세 옵션 조절 기능이 있습니다.

❹ **작업 창** : 작업 중인 이미지가 표시되고 실질적인 작업 공간 역할을 합니다. Tab 을 눌러서 모든 패널을 숨기고 이미지만 볼 수 있습니다.

❺ **패널 그룹** : [색상], [속성], [조정], [레이어] 등 패널을 모아둔 그룹입니다. 사용자의 필요에 따라 다르게 구성할 수 있으며, 필요할 때만 열어서 사용하고 다시 닫을 수 있습니다.

Tip
만약 작업 도중에 특정 패널이 사라졌다면, 당황하지 말고, [창] 메뉴에서 다양한 패널의 목록 중에서 필요한 패널을 체크해서 재활성화하면 됩니다.

02 AI 도구 : 상황별 작업 표시줄(Contextual Task Bar)

❶ **피사체 선택** : AI가 자동으로 피사체를 선택 영역으로 지정합니다.

❷ **배경 제거** : AI가 피사체를 제외한 나머지 배경을 삭제합니다.

❸ **색상 조정** : 이미지의 색상을 변경하여 새롭게 디자인합니다.

❹ **작업 패널 열기** : 현재 선택한 도구나 개체와 관련된 작업 패널을 열어줍니다.

❺ **이미지 변형** : 이미지를 돌리거나 방향을 반전시킬 수 있습니다.

❻ **새 조정 레이어** : 새 조정 레이어를 만들어 이미지에 여러 효과를 적용할 수 있습니다.

❼ **추가 옵션** : 상황별 작업 표시줄을 숨기거나 위치를 고정할 수 있습니다.

❶ **배경 생성** : [배경 제거]를 클릭한 후 비어 있는 배경에 AI가 배경 이미지를 생성합니다.

❷ **배경 가져오기** : 내 컴퓨터에서 배경 이미지를 불러올 수 있습니다.

❸ **배경 편집** : [색상 피커]를 이용해서 배경에 선택한 색상을 채웁니다.

❹ **마스크에서 빼기** : 레이어 마스크에 검은색을 추가하여 피사체를 지울 수 있습니다.

❺ **마스크에 추가** : 레이어 마스크에 흰색을 추가하여 지워진 부분을 복구할 수 있습니다.

❻ **마스크 페더 및 밀도 수정** : 마스크의 검은색 밀도와 페더 등을 수정할 수 있습니다.

❼ **추가 옵션** : 상황별 작업 표시줄을 숨기거나 위치 고정, 마스크 설정을 변경할 수 있습니다.

❶ **생성형 채우기** : 선택 영역에 생성형 이미지를 추가합니다.

❷ **선택 영역 수정** : 선택 영역의 크기나 페더를 조절할 수 있습니다.

❸ **선택 영역 반전** : 선택 영역을 제외한 나머지 부분을 선택 영역으로 지정합니다.

❹ **마스크 만들기** : 선택 영역에 마스크를 적용합니다.

❺ **선택 영역 채우기** : 선택 영역에 색상을 채울 수 있습니다.

❻ **새 조정 레이어** : 새 조정 레이어를 만들어 이미지에 여러 효과를 적용합니다.

❼ **추가 옵션** : 상황별 작업 표시줄을 숨기거나 위치를 고정할 수 있습니다.

❶ **프롬프트** : 생성할 이미지의 구체적인 설명을 입력합니다.

❷ **추가 옵션** : 상황별 작업 표시줄을 숨기거나 위치를 고정할 수 있습니다.

❸ **취소** : 이전 작업 표시줄 화면으로 돌아갑니다.

❹ **생성** : 프롬프트에 입력된 명령어를 통해 이미지를 생성합니다.

03 [도구] 패널

[도구] 패널은 포토샵의 도구 모음과 화면 표시, 색상 조절 기능 등을 제공합니다. 버튼의 오른쪽 아래에 보이는 작은 삼각형은 숨겨진 기능이 있다는 표시로써, 해당 도구를 길게 클릭하고 있으면 팝업 메뉴가 열리고, 필요한 도구를 선택하여 사용할 수 있습니다.

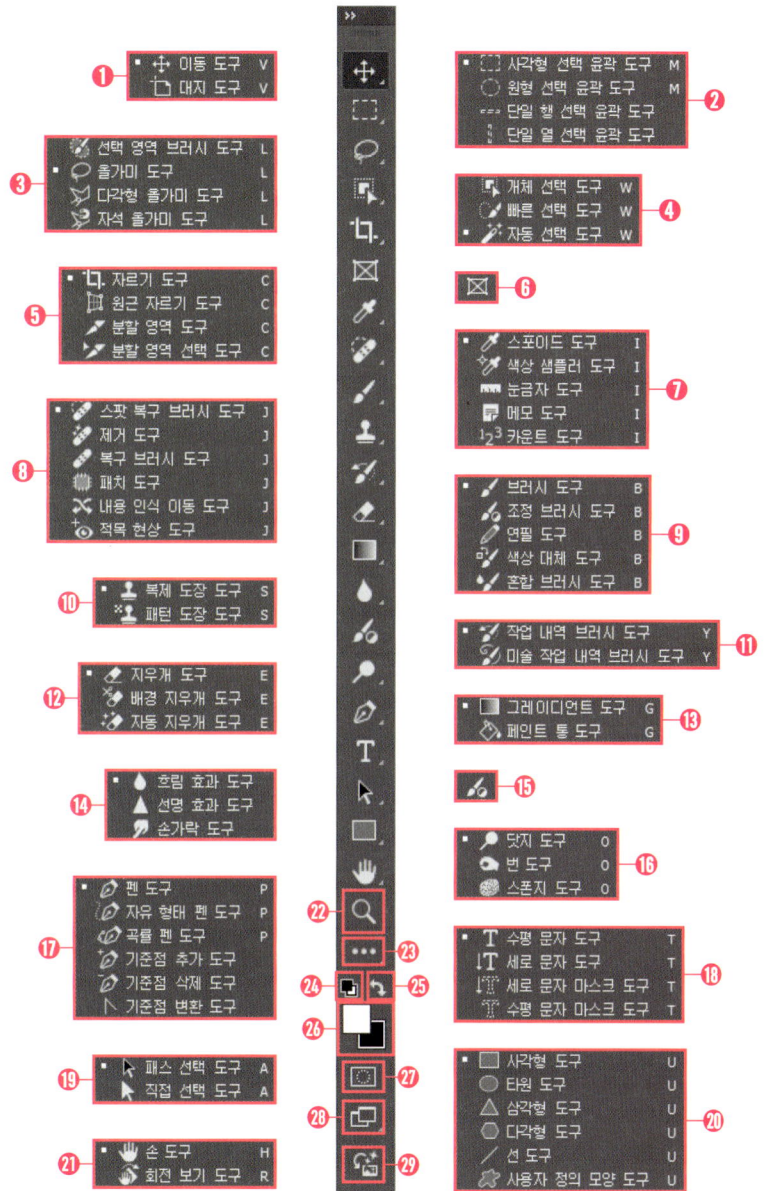

❶ **이동 도구/대지 도구** : 이미지 또는, 선택된 오브젝트를 옮깁니다. 대지 도구는 한 작업 창에 여러 개의 페이지를 만들 수 있는 기능으로써 일러스트와 같습니다.

❷ **사각형 선택 윤곽 도구/원형 선택 윤곽 도구/단일 행 선택 윤곽 도구/단일 열 선택 윤곽 도구** : 기본 도형을 이용한 선택 도구입니다. 사각형과 원형, 1픽셀 가로선과 세로선의 선택 영역을 만듭니다.

❸ **올가미 도구/다각형 올가미 도구/자석 올가미 도구** : 사용자가 원하는 모양으로 선을 그려 선택 영역을 만듭니다.

❹ **개체 선택 도구/빠른 선택 도구/자동 선택 도구** : 이미지의 색상 또는, 명도 대비를 기반으로 원하는 영역을 자동으로 쉽게 선택할 수 있습니다.

1 포토샵 2025의 AI 도구 및 단축키 | 315

❺ **자르기 도구/원근 자르기 도구/분할 영역 도구/분할 영역 선택 도구** : 이미지를 자르거나 영역을 분할합니다.

❻ **프레임 도구** : 이미지에 대한 자리 표시자 프레임을 만듭니다.

❼ **스포이드 도구/색상 샘플러 도구/눈금자 도구/메모 도구/카운트 도구** : 색상을 추출하거나 길이를 재고, 간단한 메모를 남기거나 번호를 매길 수 있습니다.

❽ **스팟 복구 브러시 도구/제거 도구/복구 브러시 도구/패치 도구/내용 인식 이동 도구/적목 현상 도구** : 이미지를 합성하거나 부분 수정할 때 사용되며 특히, 얼굴의 주름과 잡티, 적목 현상을 쉽게 보정할 수 있습니다. 이 중 일부는 AI 기능이 포함되어 있습니다.

❾ **브러시 도구/조정 브러시 도구/연필 도구/색상 대체 도구/혼합 브러시 도구** : 붓 터치로 그림을 그리거나 채색을 할 수 있습니다.

❿ **복제 도장 도구/패턴 도장 도구** : 이미지의 특정 부분을 합성하거나, 수정하기 위해서 부분 복사 후 붙여넣습니다.

⓫ **작업 내역 브러시 도구/미술 작업 내역 브러시 도구** : 잘못된 수정 작업 등을 복원하기 위해서 붓 터치로 이미지를 원본으로 되돌립니다.

⓬ **지우개 도구/배경 지우개 도구/자동 지우개 도구** : 지우개로 지우듯이 이미지의 특정한 부분을 지워서 없앨 수 있습니다.

⓭ **그레이디언트 도구/페인트 통 도구** : 이미지에 색상을 혼합하여 다양한 방법으로 색을 채웁니다.

⓮ **흐림 효과 도구/선명 효과 도구/손가락 도구** : 이미지의 특정한 부분을 흐릿하게 하거나 선명하게 하고, 변형을 줄 수 있습니다.

⓯ **조정 브러시 도구** : 이미지의 특정 부분을 브러시로 선택하여 이미지에 여러 가지 효과를 적용할 수 있습니다.

⓰ **닷지 도구/번 도구/스폰지 도구** : 붓 터치로 밝기, 색상, 채도 등을 조절할 수 있습니다.

⓱ **펜 도구/자유 형태 펜 도구/곡률 펜 도구/기준점 추가 도구/기준점 삭제 도구/기준점 변환 도구** : 벡터 형식의 도형 또는, 패스를 그리고, 수정할 수 있습니다.

⓲ **수평 문자 도구/세로 문자 도구/세로 문자 마스크 도구/수평 문자 마스크 도구** : 문자나 입력하거나 문자 마스크를 만듭니다.

⓳ **패스 선택 도구/직접 선택 도구** : 만들어진 도형 또는, 패스를 옮기거나 수정할 수 있습니다.

⓴ **사각형 도구/타원 도구/삼각형 도구/다각형 도구/선 도구/사용자 정의 모양 도구** : 사각형, 모서리가 둥근 사각형, 원형, 다각형, 직선 등의 벡터 도형을 만들 수 있습니다.

㉑ **손 도구/회전 보기 도구** : 해상도가 큰 이미지 또는, 확대되어 전체가 보이지 않는 이미지의 경우, 원하는 부분으로 이동할 수 있는 기능과 이미지를 원하는 각도로 볼 수 있는 기능입니다.

㉒ **돋보기 도구** : 이미지를 확대하거나 축소합니다.

㉓ **도구 모음 편집** : [도구] 패널의 도구 배치 등을 사용자가 자유롭게 바꿀 수 있습니다.

㉔ **기본 전경색과 배경색** : 전경색과 배경색을 기본 설정인 흰색과 검은색으로 되돌립니다.

㉕ **전경색과 배경색 전환** : 전경색과 배경색을 서로 바꿉니다.

㉖ **전경색 설정/배경색 설정** : 전경색 또는, 배경색의 색상을 설정합니다.

㉗ **빠른 마스크 모드로 편집** : 빠른 선택 영역 지정을 위한 퀵 마스크 모드 또는, 일반 모드로 전환 전환합니다.

㉘ **표준 화면 모드/메뉴 막대가 있는 전체 화면 모드/전체 화면 모드** : 화면 표시 형식을 설정합니다.

㉙ **이미지 생성** : 이미지를 생성하거나, 특수 효과를 추가하고, 참고 이미지와 유사하게 변경할 수 있습니다.

04 포토샵 2025의 단축키

어도비 포토샵 2025 버전의 단축키는 이전 버전의 단축키와 유사합니다. 단축키를 사용하면 작업 속도를 배 이상 단축시킬 수 있습니다.

[파일] 메뉴 단축키

기능	단축키
새로 만들기(New)	Ctrl + N
열기(Open)	Ctrl + O
닫기(Close)	Ctrl + W
모두 닫기(Close All)	Alt + Ctrl + W
저장(Save)	Ctrl + S
다른 이름으로 저장(Save As)	Ctrl + Shift + S
인쇄(Print)	Ctrl + P
종료(Exit)	Ctrl + Q

[편집] 메뉴 단축키

기능	단축키
실행 취소(Undo)	Ctrl + Z
다시 실행(Step Forward)	Shift + Ctrl + Z
마지막 상태 전환(Step Backward)	Alt + Ctrl + Z
잘라내기(Cut)	Ctrl + X
복사(Copy)	Ctrl + C
붙여넣기(Paste)	Ctrl + V
제 자리에 붙여넣기(Paste In Place)	Shift + Ctrl + X
칠(Fill)	Shift + F5
자유 변형(Free Transform)	Ctrl + T
환경 설정(Preferences) > 일반(General)	Ctrl + K

[이미지] 메뉴 단축키

레벨(Levels)	Ctrl + L
곡선(Curves)	Ctrl + M
색조/채도(Hue/Saturation)	Ctrl + U
색상 균형(Color Balance)	Ctrl + B
채도 감소(Desaturate)	Shift + Ctrl + U
자동 톤(Auto Tone)	Shift + Ctrl + L
자동 대비(Auto Contrast)	Alt + Shift + Ctrl + L
자동 색상(Auto Color)	Shift + Ctrl + B
이미지 크기(Image Size)	Alt + Ctrl + I
캔버스 크기(Canvas Size)	Alt + Ctrl + C

[레이어] 메뉴 단축키

새 레이어(New Layer)	Shift + Ctrl + N
복사한 레이어(Layer Via Copy)	Ctrl + J
오린 레이어(Layer Via Cut)	Shift + Ctrl + J
클리핑 마스크 만들기(Create/Release Clipping Mask)	Alt + Ctrl + G
레이어 그룹화(Group Layers)	Ctrl + G
레이어 그룹 해제(Ungroup Layers)	Shift + Ctrl + G
레이어 잠그기(Lock Layers)	Ctrl + /
레이어 병합(Merge Layers)	Ctrl + E
보이는 레이어 병합(Merge Visible)	Shift + Ctrl + E

[선택] 메뉴 단축키

모두(All)	Ctrl + A
선택 해제(Deselect)	Ctrl + D
반전(Inverse)	Shift + Ctrl + I
모든 레이어(All Layers)	Alt + Ctrl + A

[필터] 메뉴 단축키

마지막 필터(Last Filter)	Alt + Ctrl + F
렌즈 교정(Lens Correction)	Shift + Ctrl + R
픽셀 유동화(Liquify)	Shift + Ctrl + X

[보기] 메뉴 단축키

확대(Zoom In)	Ctrl + +
축소(Zoom Out)	Ctrl + -
화면 크기에 맞게 조정	Ctrl + 0
100%	Ctrl + 1
격자(Grid)	Ctrl + ~
안내선(Guides)	Ctrl + ;
안내선 잠그기(Lock Guides)	Alt + Ctrl + ;
눈금자(Rulers)	Ctrl + R
스냅(Snap)	Shift + Ctrl + ;

[도구] 패널 단축키

도구	단축키	도구	단축키
이동 도구	V	작업 내역 브러시 도구	Y
대지 도구	V	미술 작업 내역 브러시 도구	Y
사각형 선택 윤곽 도구	M	지우개 도구	E
원형 선택 윤곽 도구	M	배경 지우개 도구	E
올가미 도구	L	자동 지우개 도구	E
다각형 올가미 도구	L	그레이디언트 도구	G
자석 올가미 도구	L	페인트 통 도구	G
빠른 선택 도구	W	닷지 도구	O
자동 선택 도구	W	번 도구	O
자르기 도구	C	스폰지 도구	O
원근 자르기 도구	C	펜 도구	P
분할 영역 도구	C	자유 형태 펜 도구	P
분할 영역 선택 도구	C	수평 문자 도구	T
스포이드 도구	I	세로 문자 도구	T
색상 샘플러 도구	I	수평 문자 마스크 도구	T
눈금자 도구	I	세로 문자 마스크 도구	T
메모 도구	I	패스 선택 도구	A
카운트 도구	I	직접 선택 도구	A
스팟 복구 브러시 도구	J	사각형 도구	U
제거 도구	J	타원 도구	U
복구 브러시 도구	J	다각형 도구	U
패치 도구	J	선 도구	U
내용 인식 이동 도구	J	사용자 정의 모양 도구	U
적목 현상 도구	J	손 도구	H
브러시 도구	B	회전 보기 도구	R
조정 브러시 도구	B	돋보기 도구	Z
연필 도구	B	기본 전경색과 배경색	D
색상 대체 도구	B	전경색과 배경색 전환	X
혼합 브러시 도구	B	빠른 마스크 모드로 편집	Q
복제 도장 도구	S	표준 화면 모드	F
패턴 도장 도구	S	메뉴 막대가 있는 전체 화면 모드	F
		전체 화면 모드	F

그 밖의 단축키는 [편집] > [바로가기 키] 메뉴를 클릭하면 확인할 수 있습니다.

2 포토샵의 AI 3가지 핵심 기능

포토샵에서 소개하는 AI 3가지 핵심 기능은 '생성형 채우기(Generative Fill)', '생성형 확장하기(Generative Expand)', 그리고 '제거 도구(Remove Tool)'입니다.

01 생성형 채우기(Generative Fill)

생성형 채우기(Generative Fill)란 전체 이미지의 선택 내에서 새로운 이미지를 생성하거나 교체하는 것을 말합니다.

01 [도구] 패널의 [사각형 선택 윤곽 도구] 선택 → '중앙에 있는 책장'을 선택 영역 지정

02 [상황별 작업 표시줄] > [생성형 채우기]를 클릭하고 [프롬프트] 창에 'jungle(정글)' 입력 → [생성] 클릭

03 바닥 재질을 바꾸기 위해 [도구] 패널에서 [올가미 도구] 선택

04 도서관 바닥을 드래그하여 선택 영역으로 지정

05 [생성형 채우기]를 클릭하고 [프롬프트] 창에 '무성한 이끼' 입력 → [생성] 버튼 클릭

06 [올가미 도구]로 바닥 선택 → [생성형 채우기]를 클릭하고 [프롬프트] 창을 열고 '연못' 입력

07 [사각형 선택 윤곽 도구] 선택하고 왼쪽 책장에 선택 영역 지정 → [프롬프트] 창에 'perched toucan facing right(오른쪽을 보고 있는 왕부리새)' 입력

08 [올가미 도구]로 선택 영역 지정 → [프롬프트] 창에 'jaguar drinking from pond(연못에서 물을 마시는 재규어)' 입력

09 [도구] 패널의 [다각형 올가미 도구] 선택 → 그림과 같이 선택 영역을 지정 → 'tropical plants(열대 식물)' 입력

02 생성형 확장하기(Generative Expand)

생성형 확장하기(Generative Expand)란 전체 이미지의 바깥쪽으로 이미지 캔버스를 키우고 그 공간에 새로운 이미지가 추가 생성되는 것을 말합니다.

01 앞선 내용에 이어서 [도구] 패널에서 [자르기 도구] 선택

02 이미지 모서리의 조절점을 바깥쪽으로 드래그

03 [프롬프트] 창에 적당한 'plants and insects(식물과 곤충)' 등을 입력하거나 바로 [생성]을 클릭하여 AI 이미지 완성

03 제거 도구(Remove Tool)

제거 도구(Remove Tool)를 사용하여 이미지에서 사람이나 와이어, 케이블 등 다양한 방해 요소를 제거합니다.

01 원본 이미지 [도구] 패널에서 [제거 도구] 선택

02 상단 옵션 바에서 [방해 요소 찾기(Find distractions)]로 이동하고, [전선과 케이블(Wires and cables)] 클릭

03 전선과 케이블 이미지 삭제

04 옵션 바에서 [인물(People)] 클릭

05 사람 영역에 분홍색 오버레이가 자동 선택

06 불필요한 이미지 제거

3 세계 유명 유튜버가 소개하는 포토샵 AI 테크닉

포토샵의 최종 결과는 이미지입니다. 따라서 이미지의 퀄러티가 중요합니다. 유튜브에는 세계적인 포토샵 테크니션들이 많습니다. 그들이 사용하는 AI 테크닉을 보고 따라한다면 단시간에 포토샵의 테크닉을 배울 수 있습니다.

01 하늘 이미지 교체 테크닉 [생성형 채우기(Generative Fill)]

<출처 : 33 Ways to use Photoshop Generative Fill AI -Wade McMaster - Creator Impact>

01 [올가미 도구] 선택 → 하늘을 드래그하여 선택 영역으로 지정

02 [생성형 채우기] 클릭 → [프롬프트] 창에 'Night sky, northern lights(저녁 하늘, 북부 오로라)' 입력

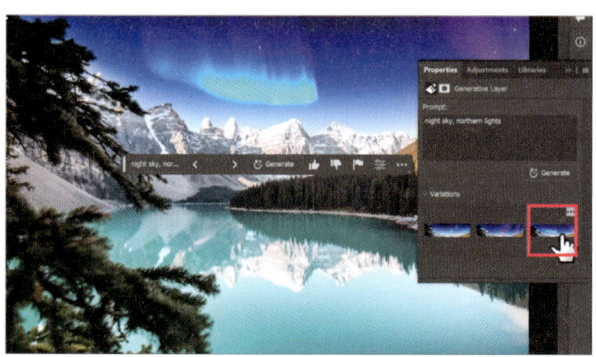

03 생성된 3개의 이미지 비교 및 선택

02 이미지 비슷하게 생성 테크닉 　　　　　　　　　　[생성형 채우기(Generative Fill)]

<출처 : Adobe Photoshop 2025 New Features! –Dansky>

01 [도구] 패널에서 [올가미 도구] 선택 → 오리가 들어갈 공간에 선택 영역 지정

02 [상황별 작업 표시줄] > [생성형 채우기]를 클릭하고 [프롬프트] 창에 'duck(오리)' 입력 → [생성] 클릭 후 마음에 드는 오리 선택

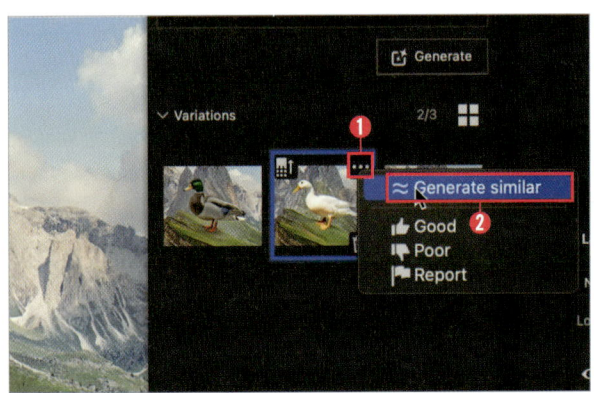

03 [속성] 패널에서 '오리' 이미지의 우측 상단에 있는 점 3개 아이콘을 클릭 후 [비슷하게 생성(Generate similar)] 선택

04 이전에 생성했던 '오리' 이미지와 비슷한 이미지 3개를 더 생성하여 '더 마음에 드는 오리' 선택

03 얼굴 이미지 선택 및 반전 테크닉 [생성형 채우기(Generative Fill)]

<출처 : Photoshop Ai Generative Fill Tutorial! – Complete Guide –Tao Prompts>

01 [도구] 패널에서 [올가미 도구] 선택 → 얼굴 외곽선 안쪽을 드래그하여 선택 영역 지정

02 [선택 영역 반전] 아이콘 클릭

TIP
선택 영역 지정이 중요. 라인이 얼굴 외곽선 안으로 들어올 때와 바깥으로 나갈 때, 다른 결과물이 생성됩니다.

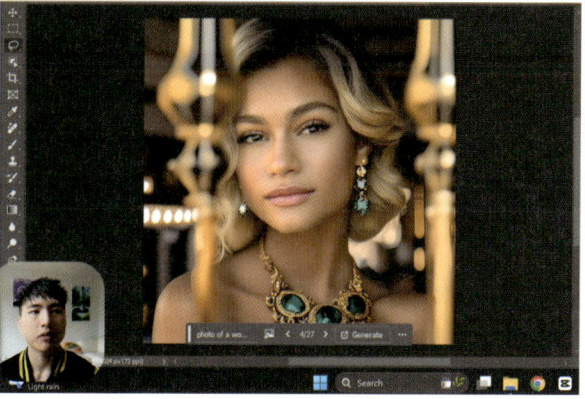

03 [생성형 채우기] 클릭 → [프롬프트] 창에 'Photo of a woman with gold and emerald jewelry. She is inside a music parlor at night(금과 에메랄드 장신구를 가진 여성 사진. 저녁에 음악실 안에 있는 여성)' 입력

04 [생성] 클릭 후 생성된 3개의 이미지를 비교 후 마음에 드는 이미지 선택

04 얼굴 그림자 제거 테크닉 [선택 영역 브러시 도구(Selection Brush Tool)]

<출처 : Retouching Made Easy with Generative AI in Photoshop! -Adobe Live>

01 얼굴에 그림자가 들어가 있는 원본 이미지

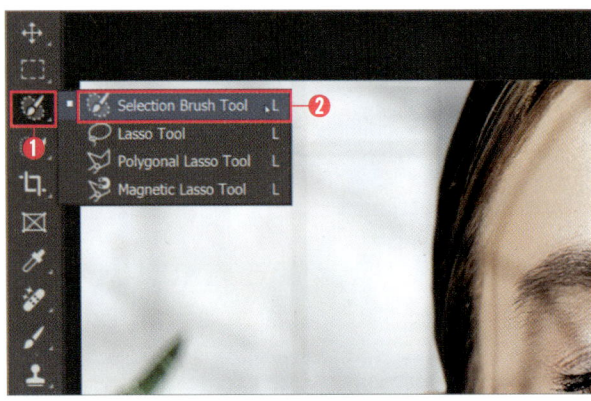

02 [선택 영역 브러시 도구(Selection Brush Tool)] 선택

03 얼굴의 그림자에 따라 한 부분씩 마우스를 드래그하여 선택 영역으로 지정

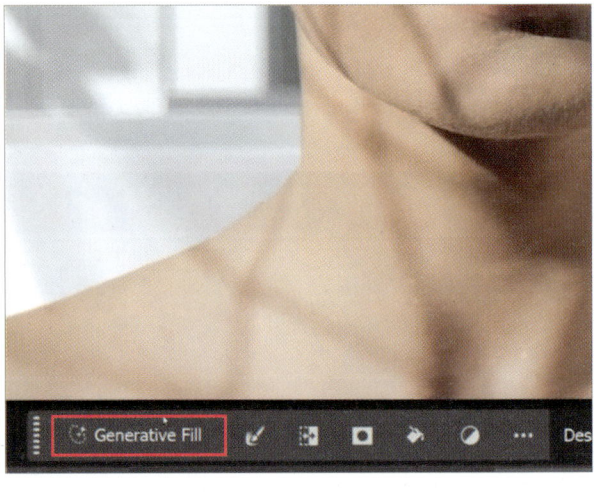

04 [생성형 채우기]를 클릭 → 프롬프트 입력 없이 [생성] 클릭

05 생성된 이미지 중 자연스러운 이미지 선택 → 나머지 얼굴 그림자에 같은 방법으로 적용

06 얼굴 그림자 제거 완성

05 옷 주름 제거 테크닉   [선택 영역 브러시 도구(Selection Brush Tool)]

<출처 : Retouching Made Easy with Generative AI in Photoshop! -Adobe Live>

01 [선택 영역 브러시 도구(Selection Brush Tool)] 선택

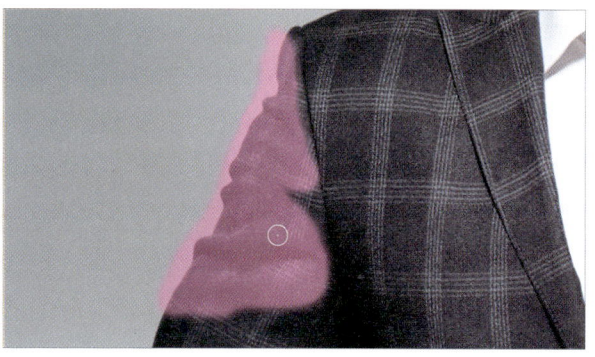

02 주름진 옷 부분을 드래그하여 선택 영역으로 지정

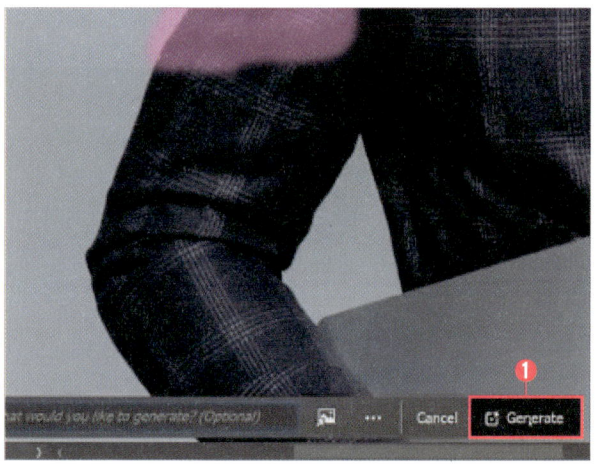

03 [생성형 채우기] 클릭 → 프롬프트 입력 없이 [생성] 클릭

04 생성된 이미지 중 마음에 드는 이미지 선택

05 [선택 영역 브러시 도구]로 넥타이가 들어갈 부분을 드래그하여 선택 영역으로 지정

06 [프롬프트] 창에 'black tie'를 입력 후 생성된 이미지 중 마음에 드는 이미지 선택

06 방해 요소 제거 테크닉 [제거 도구(Remove Tool)]

<출처 : Adobe Photoshop 2025 New Features! —Dansky>

01 방해 요소(전선 및 케이블)가 많은 원본 이미지

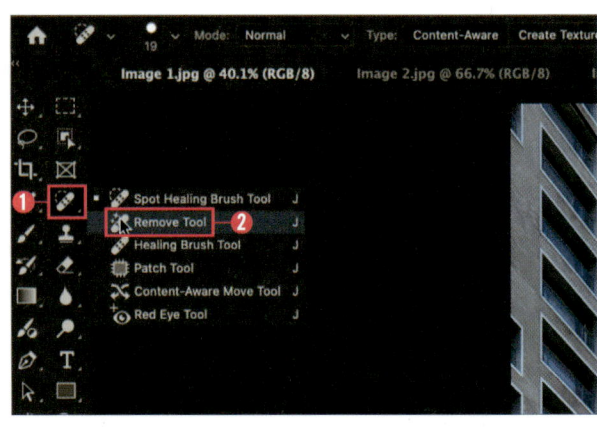

02 [도구] 패널에서 [제거 도구(Remove Tool)] 선택

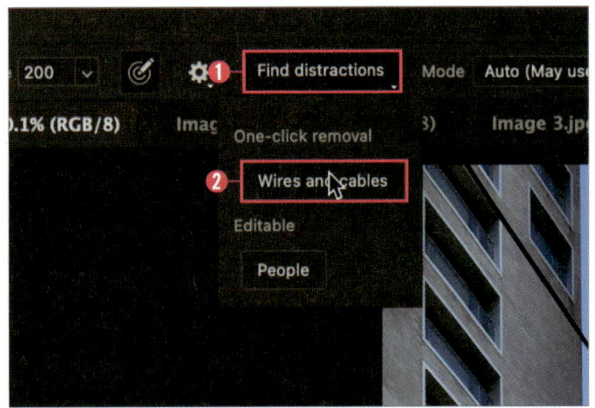

03 상단 옵션 바에서 [방해 요소 찾기(Find distractions)]를 클릭 → [전선 및 케이블(Wires and cables)] 클릭

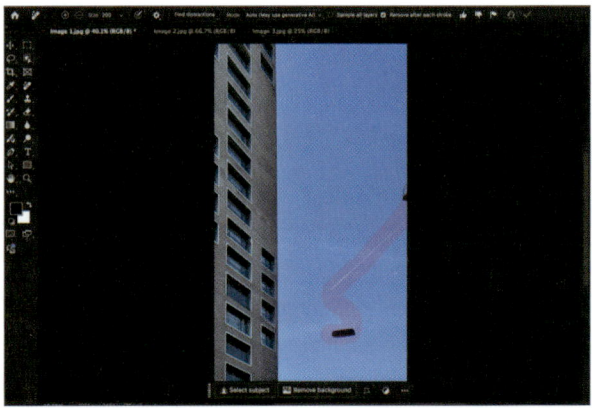

04 삭제되지 않은 부분들은 [제거 도구]로 드래그하여 수작업으로 삭제

05 방해 요소들을 제거한 완성 이미지

07 인물의 부분 선택 테크닉

[개체 선택 도구(Object Selection Tool)]

<출처 : New in Photoshop: 1-Click Auto-Select for Faces, Clothing & More! -Photoshop Training Channel>

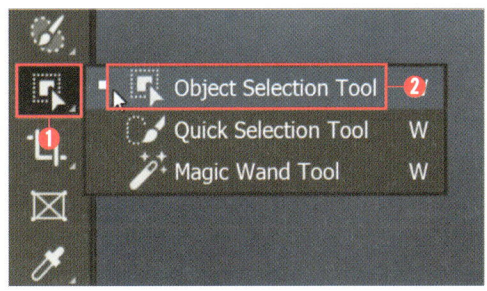

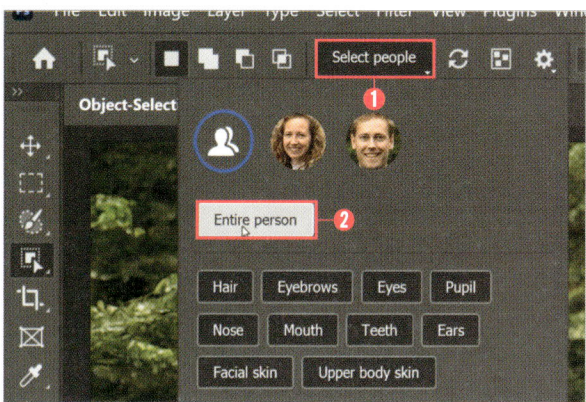

01 [개체 선택 도구(Object Selection Tool)] 선택

02 상단 옵션 바에서 [인물 선택(Select people)] 클릭 → 사람 아이콘을 선택 → [모든 인물(Entire person)] 선택

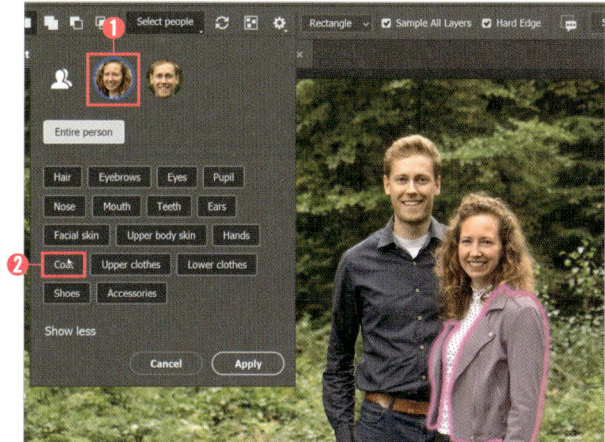

03 [인물 선택] 아래 옵션을 클릭하면 신체 부위별로 동시에 선택 가능

04 인물의 '얼굴 아이콘'을 클릭 → [더 보기] > [코트(Coat)]를 선택하면 자동으로 '코트' 영역 지정하여 다양한 코트 생성 가능

08 의상 이미지 교체 테크닉

[참조 이미지 불러오기(Reference image)]

<출처 : Photoshop 2025 Top 7 NEW Features & Updates Explained! -Photoshop Training Channel>

01 [이미지 불러오기] 아이콘 클릭

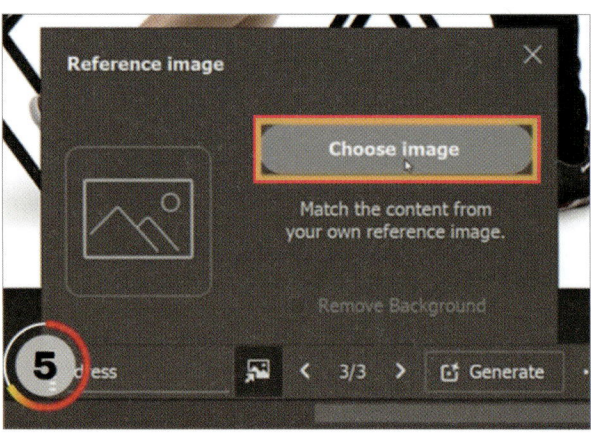

02 [이미지 선택(Choose image)] 클릭

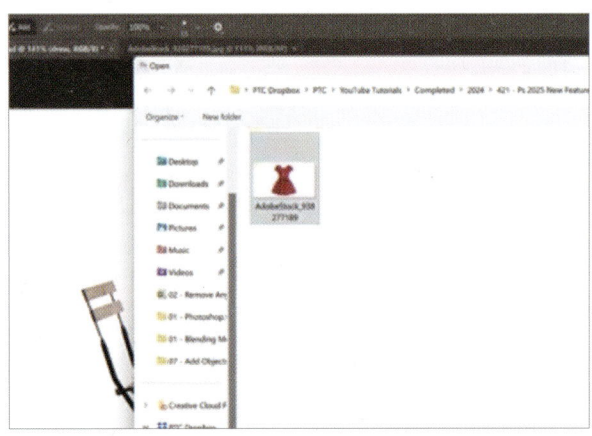

03 컴퓨터에서 참조 이미지 선택 → [열기] 클릭

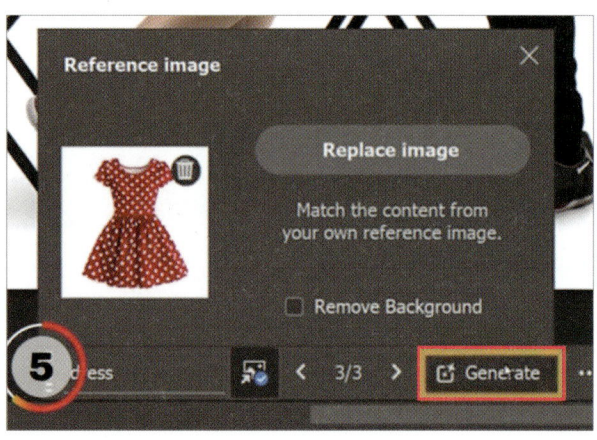

04 참조 이미지(빨간 드레스) 확인 → [생성] 클릭

05 '빨간 드레스' 이미지 교체

09 프롬프트 테크닉　　　[생성형 작업 공간(Generative Workspace)]

<출처 : Adobe Photoshop 2025 New Features! -Dansky>

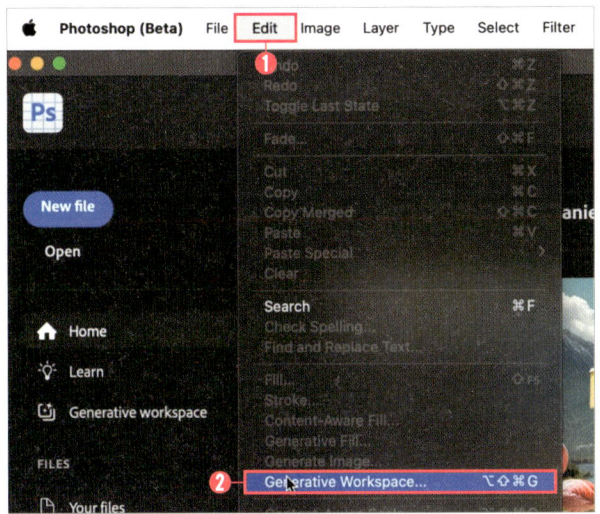

01 포토샵 상단 메뉴에서 [편집] > [생성형 작업 공간(Generative Workspace)] 클릭

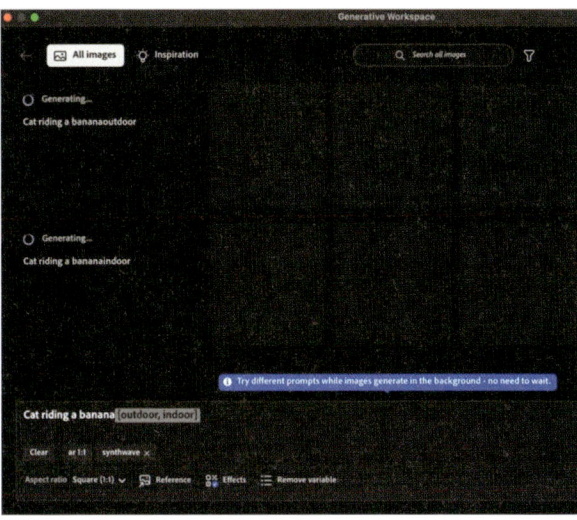

02 하단 [프롬프트] 창에 'Cat riding a banana [Outdoor, indoor](바나나를 타고 있는 고양이 [실외, 실내])' 입력

Tip
[프롬프트] 창에 한글보다 '영어'가 더 나은 결과가 나올 확률이 높습니다.

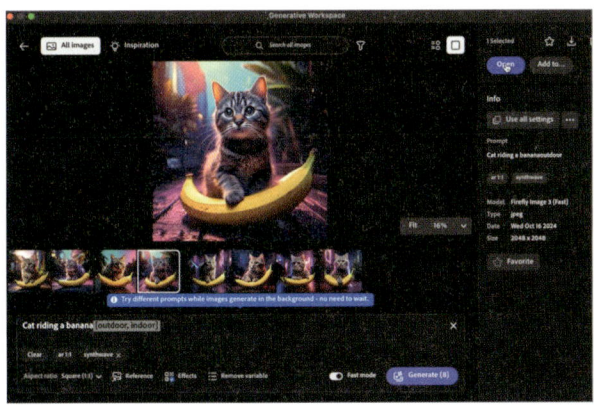

03 괄호 안에 입력한 '실외, 실내' 이미지가 각각 4개씩 생성 → 이중 마음에 드는 이미지 선택 후 [열기] 클릭

04 AI 이미지 완성

CHAPTER

01

포토샵 AI의
핵심 기능 3가지

포토샵 AI의 핵심 기능은 AI 생성형 채우기, 생성형 AI 확장하기,
그리고 AI 이미지 지우기(Remove Tool) 3가지입니다.

SECTION 01 **AI 생성형 채우기(Generative Fill)**

❶ 포토샵 AI 기본 다지기
❷ AI 무대 배경 디자인
❸ AI 실내 인테리어 디자인
❹ AI 조경 및 풍경 디자인

SECTION 02 **AI 생성형 확장하기(Generative Expand)**

❶ 4:3 영상을 16:9 영상으로 바꾸는 AI 디자인
❷ 명화와 명화의 AI 합성 및 확장

SECTION 03 **AI 이미지 지우기(Remove Tool)**

❶ AI 이미지 제거 및 생성
❷ AI 이미지 제거 및 복사 응용

SECTION 1

AI 생성형 채우기(Generative Fill)

❶ 포토샵 AI 기본 다지기

핵심 내용

포토샵 AI의 기본은 첫 번째 [자르기 도구]를 이용한 이미지 확장과 채우기, 두 번째 [피사체 선택]을 통한 [색조/채도] 또는 [레벨] 등의 수정, 세 번째 [선택] 후 [생성]입니다. 이것의 반복과 응용을 통해서 짧은 시간에 다양한 디자인을 할 수 있습니다. 다만, 포토샵 AI가 원하는 대로 결과가 나오지 않는 경우가 많다는 점을 미리 숙지하길 바랍니다. 이때, 선택의 영역을 바꾸거나 이미지를 교체하거나 여러 번 반복을 통해서 원하는 결과를 도출하길 바랍니다.

핵심 기능

[자르기 도구] → [생성형 채우기]
[피사체 선택] → [색조/채도] + [레벨]
[선택] → [생성형 채우기] > [생성] > [변경]

미리 보기 달리3 가상 인물사진

원본(달리3 가상 모델)

잘린 부분 복원 + 배경색 바꾸기

헤어 디자인

모자 디자인

선글라스 + 목걸이 디자인

의상 디자인

01 잘린 부분 생성 및 확장하기

[자르기 도구] → [생성형 채우기]

▶ **준비 파일** : C1 > S1 > P1 > 달리3 모델.jpg ▶ **완성 파일** : C1 > S1 > P1 > 완성 파일 폴더

01 포토샵을 실행하고 [열기] 버튼을 클릭합니다. 대화상자가 나타나면 준비 파일 폴더의 '달리3 모델.jpg' 파일을 불러옵니다.

02 양쪽 팔의 잘린 부분을 생성하기 위해서 좌측 [도구] 패널의 [자르기 도구]를 선택하고, 이미지의 양쪽 끝을 다음과 같이 바깥쪽으로 확장합니다.

03 잘린 팔과 배경을 생성하기 위하여 [도구] 패널의 [사각형 선택 윤곽 도구]로 양쪽에 생성할 공간을 선택합니다. 이때 잘린 양쪽 팔을 약간 겹친 상태로 선택해 줍니다.

TIP
선택을 + 추가할 때는 [Shift]를 누르고 선택합니다.
잘린 부분을 생성할 때 잘린 부분과 약간 겹쳐서 선택합니다. 그 이유는 AI가 잘린 부분의 형태를 인식할 수 있도록 하기 위함입니다.

04 [생성형 채우기]를 클릭한 후 [생성]을 클릭합니다.

TIP
맨 하단에 보이는 긴 바의 이름은 [상황별 작업 표시줄]입니다. 이것이 AI 핵심 도구입니다. 가장 많이 사용하는 기능은 [생성형 채우기] > [생성]입니다.
여기에서 프롬프트를 입력하지 않고 바로 [생성]을 클릭하는 이유는 맨 하단에 설명되어 있습니다. '이 필드를 비워 두면 주위 환경을 기준으로 선택 영역을 채웁니다.'

05 [생성]을 클릭하면 다음과 같이 생성의 로딩 표시가 나타납니다.

TIP
이미지가 생성되는 동안 약간의 로딩 시간이 걸릴 수 있습니다. 로딩 시간은 원본 이미지의 크기, 내용의 복잡성, 그리고 컴퓨터의 사양 등에 따라 달라집니다.

06 [속성] 패널의 [변경] 아래에 3가지의 생성 결과가 나타납니다. 이 중에 가장 마음에 드는 디자인을 선택합니다. [레이어] 패널에 새로 생성된 레이어를 확인합니다.

TIP
결과물이 마음에 들지 않으면 계속 [상황별 작업 표시줄]의 [생성]을 클릭합니다. [생성]을 클릭할 때마다 계속 다른 결과가 생성됩니다.

07 새 레이어가 필요하지 않을 경우, [레이어] 패널의 우측에 있는 [옵션] 아이콘을 클릭하고 [배경으로 이미지 병합]을 선택해서 레이어를 하나로 합칩니다.

TIP
원본이 필요할 경우에는 레이어를 합치지 않고 레이어를 유지하면서 저장합니다.

02　인물과 배경 레이어 분리하기

[피사체 선택] → [색조/채도] + [레벨]

01　배경을 바꾸고 인물의 톤을 더 강하게 수정하기 위해 레이어를 각각 분리해 보겠습니다. 먼저 아래의 [상황별 작업 표시줄]의 [피사체 선택]을 클릭합니다.

TIP
[피사체 선택]은 단번에 인물을 선택하는 데 용이한 AI 기능입니다. 이미지에서 가장 눈에 띄는 개체에서 선택 항목을 생성합니다.

02　[피사체 선택]을 클릭한 결과입니다.

03 인물 피사체를 레이어로 분리하기 위해 인물 안에서 마우스 오른쪽 버튼을 클릭한 후 [오린 레이어]를 선택합니다.

04 [레이어] 패널에서 분리된 레이어를 확인합니다. 배경색을 바꾸기 위해서 '배경' 레이어를 선택하고, [이미지] > [조정] > [색조/채도]([Ctrl]+[U]) 메뉴를 클릭합니다. 여기에서 다음과 같이 [색조], [채도], [밝기]를 각각 원하는 대로 조절하고 [확인] 버튼을 클릭합니다.

05 이번에는 인물의 톤을 강조하기 위해서 [레이어] 패널에서 '레이어 1' 레이어를 선택하고 [이미지] > [조정] > [레벨]([Ctrl]+[L]) 메뉴를 클릭합니다. 여기에서 [입력 레벨]의 3가지 조절점을 다음과 같이 조절하면서 달라진 얼굴의 톤을 확인한 후 [확인] 버튼을 클릭합니다.

CHAPTER 01 포토샵 AI의 핵심 기능 3가지 | **341**

03 AI 헤어 디자인 생성하기

[선택] → [생성형 채우기] > [생성] > [변경]

01 헤어 디자인을 생성하기 위해서 [도구] 패널에서 [올가미 도구]를 선택하고 다음과 같이 선택합니다. 그리고 [생성형 채우기]를 클릭합니다.

> **TIP**
> 새로운 것(머리카락)을 생성할 때는 기존의 형태 끝부분(목과 어깨)과 약간 겹쳐서 선택합니다. AI에게 경계를 인식시키기 위해서입니다.

02 [프롬프트] 창에 'long and straight hairstyle'을 입력하고 [생성]을 클릭합니다.

03 [속성] 패널의 [변경]에서 3개 시안 중 마음에 드는 헤어 디자인 하나를 선택합니다.

> **TIP**
> 포토샵 AI 이미지 생성은 두 가지 요소가 중요합니다.
> ❶ 선택 영역의 지정
> ❷ 정확한 프롬프트 입력(현재는 한글보다 영어가 더 좋은 결과물을 얻습니다)
>
> 원하는 결과물이 나오지 않을 때가 많습니다. 이때는 선택의 영역을 수정하거나 프롬프트 키워드를 수정해서 다시 생성합니다. 무엇보다 여러 번 [생성]을 클릭해야 좋은 결과를 얻을 수 있습니다.

04 AI 모자 디자인 생성하기

[선택] → [생성형 채우기] > [생성] > [변경]

01 모자 디자인을 생성하기 위해서 위와 같은 방법으로 [올가미 도구]를 이용하여 다음과 같이 선택합니다. [생성형 채우기]를 클릭한 후 [프롬프트] 창에 'red hat'을 입력하고 [생성]을 클릭합니다.

02 [변경]에서 3개 시안 중 마음에 드는 모자 디자인 하나를 선택합니다.

TIP
원하는 결과물이 나오지 않을 때는 [생성]을 여러 번 클릭합니다. [생성]을 할 때마다 다른 결과물이 나오기 때문에 이와 똑같은 결과가 나오기는 어렵습니다.

05　AI 선글라스/목걸이 디자인 생성하기

[선택] → [생성형 채우기] > [생성] > [변경]

01 선글라스 디자인을 생성하기 위해서 위와 동일한 방법으로 [올가미 도구]를 이용하여 다음과 같이 선택합니다. [생성형 채우기]를 클릭한 후 [프롬프트] 창에 'sunglasses'를 입력하고 [생성]을 클릭합니다. 마찬가지로 [변경]에서 3개 시안 중 마음에 드는 선글라스 디자인 하나를 선택합니다.

TIP
새로운 것(선글라스)을 생성할 때는 기존의 형태(눈썹)와 약간 겹쳐서 선택합니다. 만약 눈썹 바깥쪽으로 선택하면 눈썹의 위치가 바뀌는 결과가 나올 수 있습니다.

02 목걸이 디자인을 생성하기 위해서 위와 동일한 방법으로 [올가미 도구]를로 다음과 같이 선택합니다. [생성형 채우기]를 클릭한 후 [프롬프트] 창에 'necklace'를 입력합니다.

03 [변경]에서 3개 시안 중 마음에 드는 목걸이 디자인 하나를 선택합니다.

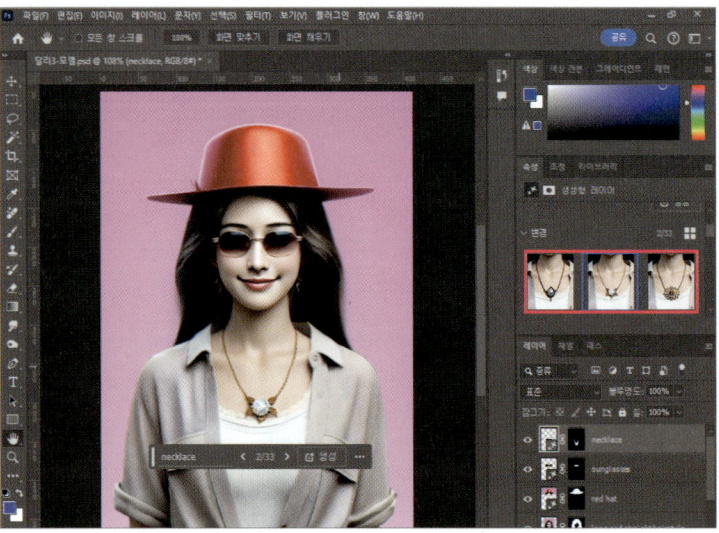

06 AI 의상 디자인 생성하기

[선택] → [생성형 채우기] > [생성] > [변경]

01 의상 디자인을 생성하기 위해서 위와 동일한 방법으로 [올가미 도구]로 다음과 같이 선택합니다. [생성형 채우기]를 클릭하고, [프롬프트] 창에 'clothes'를 입력하고 [생성]을 클릭합니다.

02 [변경]에서 3개 시안 중 마음에 드는 의상 디자인 하나를 선택합니다.

03 아래와 같이 다양한 의상 디자인들을 생성할 수 있습니다.

TIP ....
생성형 AI의 장점은 크게 두 가지입니다. 첫째, AI는 기존 수작업보다 작업 시간을 많이 절약해 줍니다. 둘째, 짧은 시간에 다량의 결과물을 생성할 수 있습니다. AI의 단점은 디테일한 작업이나 복잡한 작업, 또는 이해하기 어려운 작업은 원치 않는 엉뚱한 결과물이 나온다는 사실입니다. 이를 숙지하고 AI의 장점을 활용하길 바랍니다.

SECTION 1

AI 생성형 채우기(Generative Fill)
❷ AI 무대 배경 디자인

핵심 내용
포토샵 AI 실무에서 사람의 머리, 안경, 목걸이, 의상을 바꿔야 할 경우도 있지만, 이와 반대로 배경을 바꿔야 할 때도 있습니다. 이번 AI 무대 배경 디자인 예제에서는 [피사체 선택]을 클릭해서 사람을 선택하고, [반전]을 클릭해서 무대 배경을 선택한 다음, [생성형 AI 채우기] > [생성]으로 원하는 배경 디자인을 생성하고 선택합니다.

핵심 기능
[피사체 선택] → [반전] → [생성]

미리 보기 엘비스 프레슬리의 스튜디오 콘서트

원본 　　　　　　　　　　　　　　　　　무대 배경 디자인 생성

01　AI 무대 배경 선택하기

[피사체 선택] → [반전]

▶ **준비 파일** : C1 > S1 > P2 > 엘비스.jpg　▶ **완성 파일** : C1 > S1 > P2 > 완성 파일 폴더

01 포토샵을 실행하고 [열기] 버튼을 클릭합니다. [열기] 대화상자가 나타나면 '엘비스.jpg' 파일을 불러옵니다. [상황별 작업 표시줄]에서 [피사체 선택]을 클릭한 후 인물을 선택 영역으로 지정합니다. 두 번째 아이콘 [선택 영역 반전]을 클릭하여 선택 영역을 반전시킵니다.

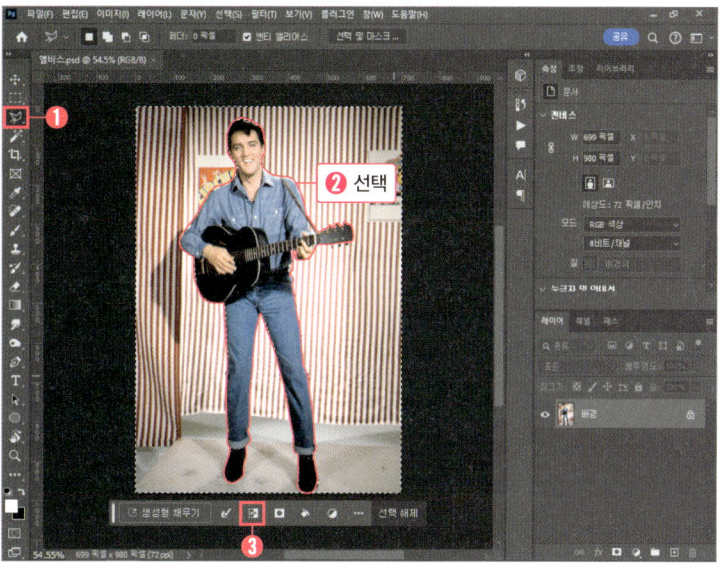

02 [다각형 올가미 도구]를 클릭하고 AI가 선택하지 못한 배경을 Shift 를 누른 채 섬세하게 선택 영역으로 추가합니다.

02　AI 무대 배경 생성하기

[생성형 AI 채우기] > [생성]

01 [생성형 채우기]를 클릭하고 [프롬프트] 창에 'A huge evening concert stage'를 입력한 후 [생성]을 클릭합니다.

TIP
현재까지 프롬프트를 한글보다 영어로 입력하는 것이 정확도가 높습니다.

02 [속성] 패널의 [변경]에서 하나의 무대 배경 디자인을 선택합니다.

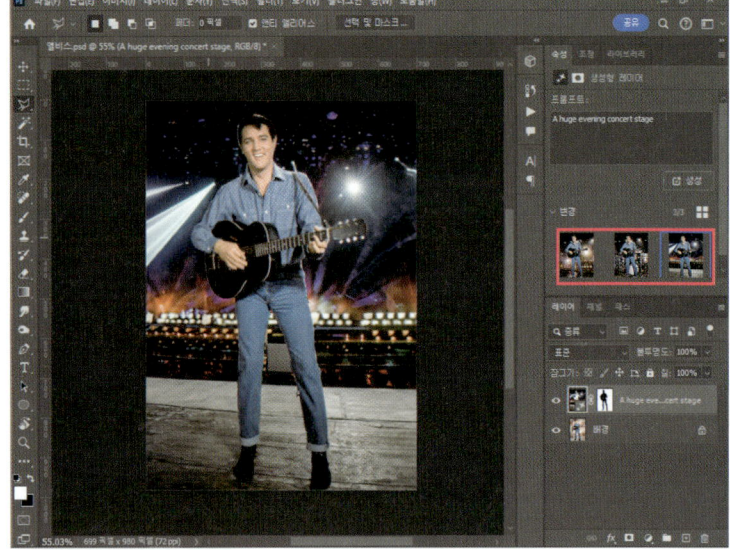

03 무대 배경의 이미지가 생성되었다면 [파일] > [내보내기] > [내보내기 형식] (Alt+Shift+Ctrl+W) 메뉴를 클릭하여 JPG 형식으로 이미지를 출력합니다.

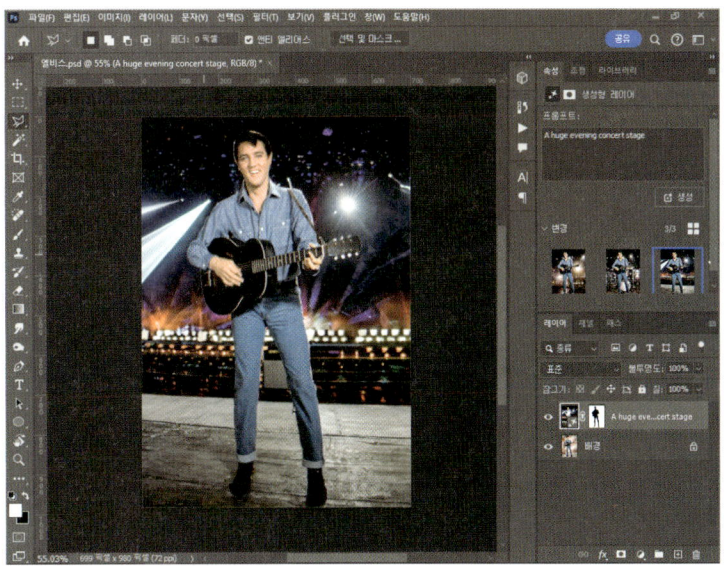

04 다음과 같이 다양한 배경 이미지들을 생성하여 영상 디자인에 활용할 수 있습니다.

해변

버스킹

에펠탑

콘서트장

CHAPTER 01 포토샵 AI 의 핵심 기능 3 가지 | **349**

SECTION 1

AI 생성형 채우기(Generative Fill)

❸ AI 실내 인테리어 디자인

핵심 내용

AI 실내 인테리어 디자인 예제는 실내의 빈 곳에 가구, 책상, 의자, 그림 액자, 조명 등을 생성하는 작업입니다. 아래와 같이 적당한 공간을 선택 영역으로 지정하고, [생성형 채우기] > [생성]을 이용하여 다양한 디자인을 생성합니다.

핵심 기능

[선택] → [생성형 채우기] > [생성]

미리 보기 실내 인테리어 디자인

원본

실내 인테리어 디자인 AI 생성

01　AI 가구 디자인 생성하기

[선택] → [생성형 채우기] > [생성]

▶ **준비 파일** : C1 > S1 > P3 > 빈방.png　▶ **완성 파일** : C1 > S1 > P3 > 완성 파일 폴더

01 '빈방.png' 파일을 불러옵니다. 이미지에 AI 이미지를 넣어 가상의 가구를 배치하기 위해 [다각형 올가미 도구]로 방 끝에 선반이 들어갈 사각형을 그려 선택 영역으로 지정합니다.

TIP ···
[다각형 올가미 도구]를 쓰다가 선을 잘못 그렸을 경우 Back Space 를 눌러 되돌릴 수 있습니다.

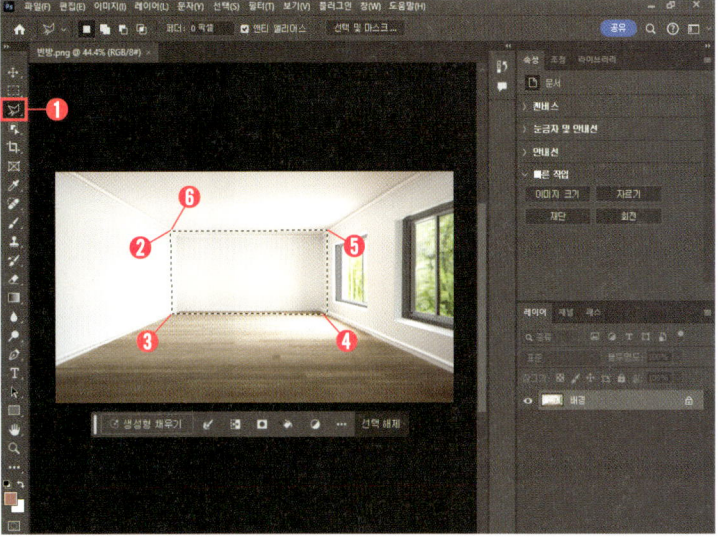

02 [생성형 채우기]를 클릭하고 [프롬프트] 창에 'A drawer, white, modern'을 입력합니다. [생성]을 클릭하여 AI 이미지를 생성합니다.

03 생성된 세 개의 이미지 중 마음에 드는 것을 고릅니다. 쓸만한 이미지가 없을 경우 다시 [생성]을 클릭하여 이미지를 생성합니다.

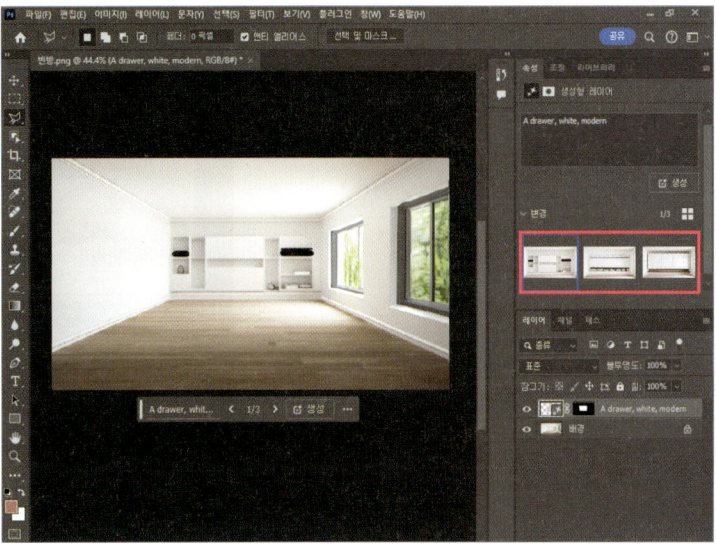

02 AI 식탁과 조명 디자인 생성하기 [생성형 채우기]

01 다음으로 테이블을 생성하겠습니다. 방금 생성한 '서랍' 레이어를 선택하고 [다각형 올가미 도구]로 다음과 같이 식탁이 들어갈 자리를 선택 영역으로 지정합니다.

02 [생성형 채우기]를 클릭하고 [프롬프트] 창에 'Dining table'을 입력한 후 [생성]을 클릭합니다.

03 이와 같은 방식으로 왼쪽 벽면에 그림 액자를 생성하기 위해 선택 영역을 지정하고, [프롬프트] 창에는 'A painting, modern edge'를 입력합니다.

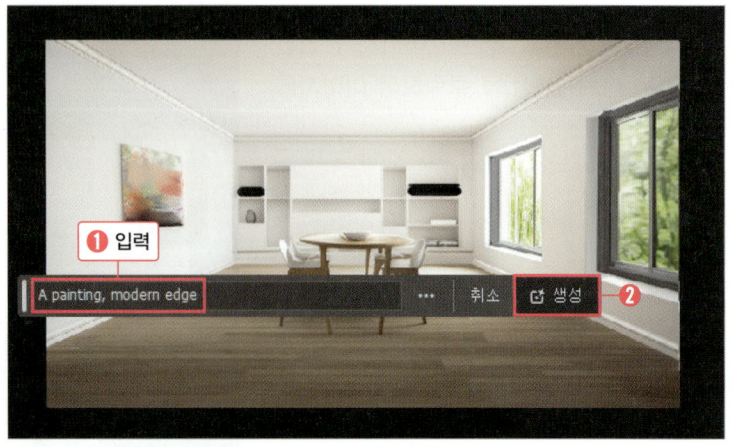

04 마지막으로 천장에 조명을 추가하겠습니다. 다음과 같이 선택 영역을 지정한 후 [프롬프트] 창에 'Chandelier, crystal'을 입력하여 이미지를 생성합니다.

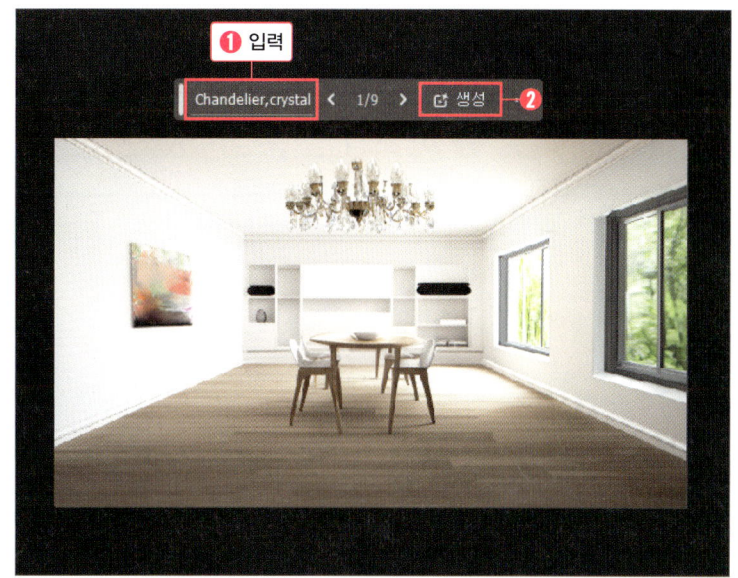

05 전제적인 실내 인테리어 디자인을 확인하고, [내보내기]를 통해 출력합니다.

SECTION 1

AI 생성형 채우기(Generative Fill)

❹ AI 조경 및 풍경 디자인

핵심 내용

AI 조경 및 풍경 디자인 예제는 주택이나 건물의 외곽을 다양하게 디자인하는 작업입니다. 아래와 같이 [자르기 도구]와 [생성]을 통해 이미지를 넓힌 후 피사체 선택과 추가 선택, 그리고 선택 영역 반전을 통해 주택 외곽을 선택한 후 [생성형 채우기] > [생성]으로 다양한 조경 및 풍경 디자인을 생성합니다.

핵심 기능

[자르기 도구] → [생성]
[피사체 선택] + [추가 선택] → [선택 영역 반전] → [생성]

미리 보기 전원주택의 계절별 풍경

원본

봄

여름

가을

겨울

01 가로 이미지 16:9 비율로 늘리기

[자르기 도구] → [생성] → [레이어 합치기]

▶ 준비 파일 : C1 > S1 > P4 > 전원주택.jpg   ▶ 완성 파일 : C1 > S1 > P4 > 완성 파일 폴더

01 포토샵을 실행하고 [열기] 버튼을 클릭하여 '전원주택.jpg' 파일을 불러옵니다.

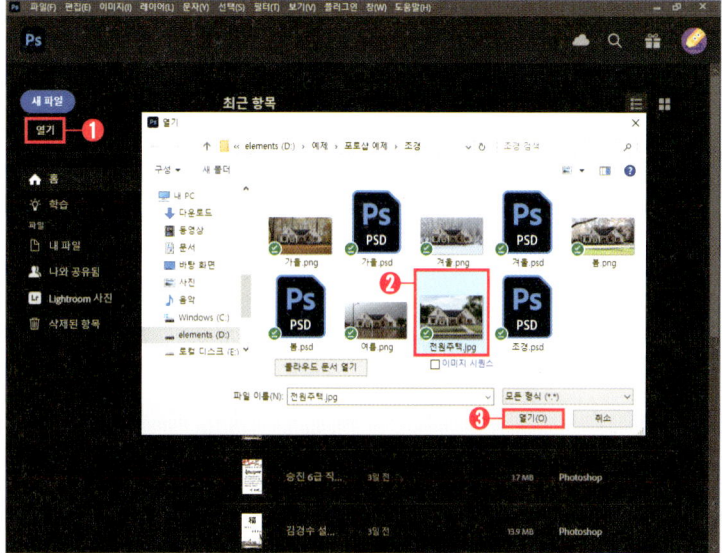

02 전원주택 이미지 비율을 16:9로 변경하겠습니다. [자르기 도구]를 선택하고 비율을 '16:9'로 변경한 다음 Alt 를 누른 채 모서리를 드래그하여 다음과 같이 이미지를 확장합니다.

TIP
[상황별 작업 표시줄]이 보이지 않는다면 [창] > [상황별 작업 표시줄] 메뉴를 클릭합니다.

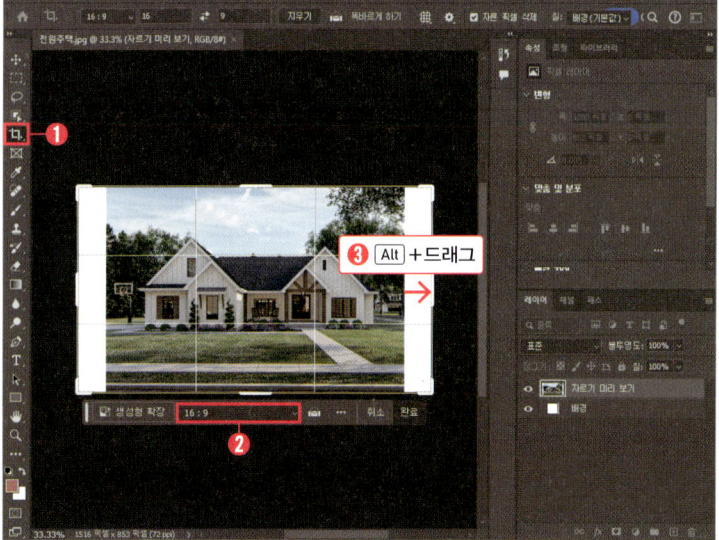

03 [생성형 확장]을 클릭하고 [생성]을 클릭하면 AI 조경 이미지가 생성됩니다.

04 AI가 생성한 레이어와 기존의 이미지 레이어를 합치기 위해 '배경' 레이어를 더블클릭합니다. [새 레이어] 대화상자가 열리면 [확인] 버튼을 클릭합니다.

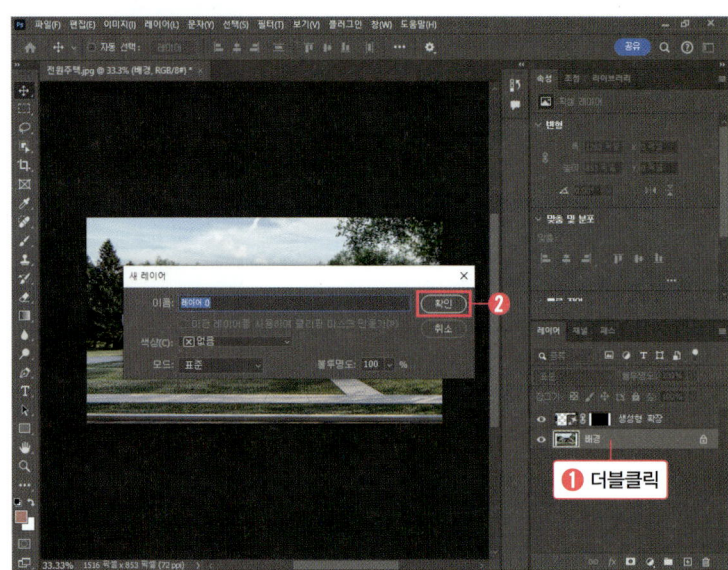

05 Shift를 누른 채 레이어 2개를 모두 선택하고 마우스 오른쪽 버튼을 클릭한 후 [레이어 병합]을 선택합니다.

356 | PART 02 포토샵 2025 + AI

02 AI 계절별 이미지 생성하기

[피사체 선택] + [추가 선택] → [선택 영역 반전] → [생성]

01 앞선 따라하기에 이어서 [사각형 선택 윤곽 도구]가 선택된 상태로, 합친 레이어를 선택하고 [피사체 선택]을 클릭합니다.

TIP
[피사체 선택] 기능을 이용하면 간편하게 피사체의 누끼를 딸 수 있습니다.

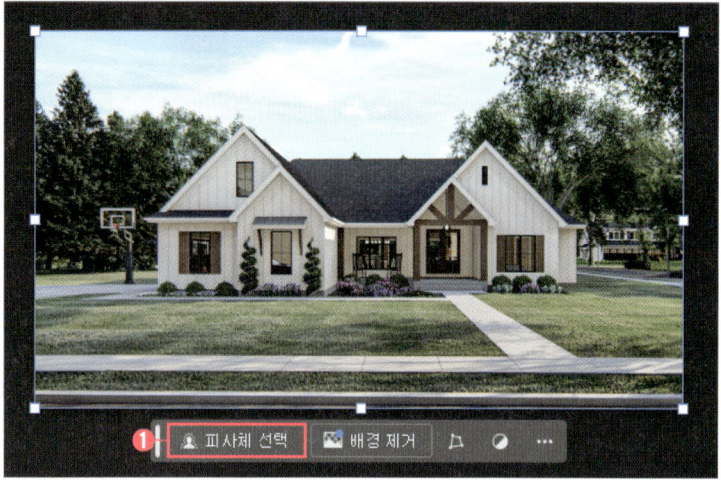

02 선택 영역이 제대로 설정되지 않았거나 잘못 지정된 경우 [다각형 올가미 도구]로 Shift 를 누른 채 추가할 선택 영역을 지정합니다. 선택 영역을 빼야 하는 경우 Alt 를 누른 상태로 작업합니다.

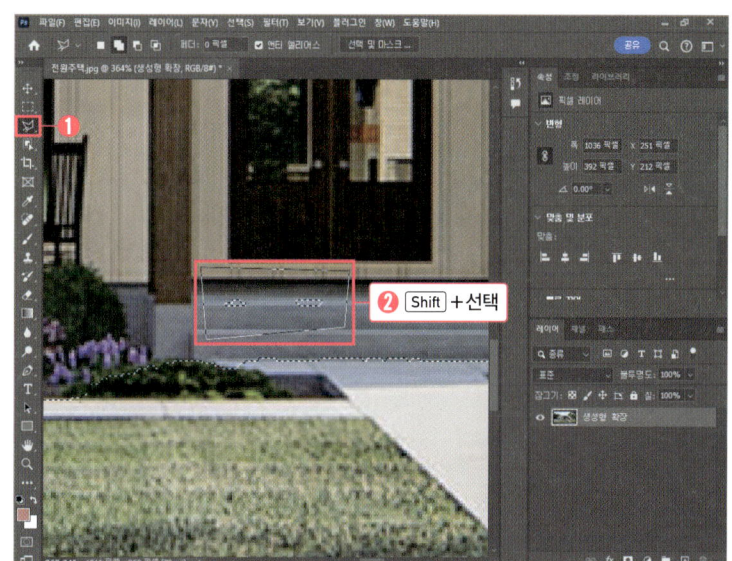

03 주택을 선택 영역으로 지정했다면 [상황별 작업 표시줄]의 두 번째 아이콘 [선택 영역 반전]을 클릭하여 선택 영역을 반전시킵니다.

04 봄 배경을 만들기 위해 [생성형 채우기]를 클릭하고 [프롬프트] 창에 'Spring, Town, Cherry Blossom'을 입력하고 [생성]을 클릭합니다.

TIP
정확도를 위해 프롬프트는 가능하면 영어로 적는 것이 좋습니다.

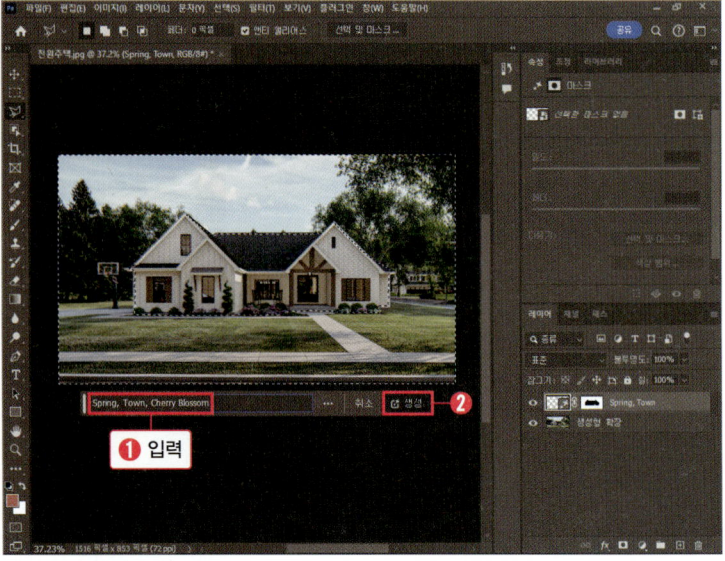

05 세 개의 이미지가 생성되었습니다. 생성된 이미지가 마음에 들지 않거나, 잘못 나왔다면 다시 [생성]을 클릭합니다.

06 마음에 드는 이미지가 생성되었다면 [파일] > [내보내기] > [내보내기 형식] (Alt + Shift + Ctrl + W) 메뉴를 클릭합니다.

07 [내보내기 형식] 대화상자에서 [형식]을 'JPG'로 바꿉니다. 이미지를 확인하고 [내보내기] 버튼을 클릭하고 파일을 원하는 위치에 저장합니다.

08 작업 화면으로 돌아와서 마스크가 적용된 이미지 레이어를 선택하고 [프롬프트] 창에 'Summer, Town, Green Leaves'를 입력하고 이미지를 생성합니다. 마음에 드는 결과물이 나왔다면 저장하고 가을과 겨울 이미지도 생성합니다.

TIP
프롬프트 예시 :
가을 'Autumn, Town, Fallen Leaves'
겨울 'Winter, Town, Snow'

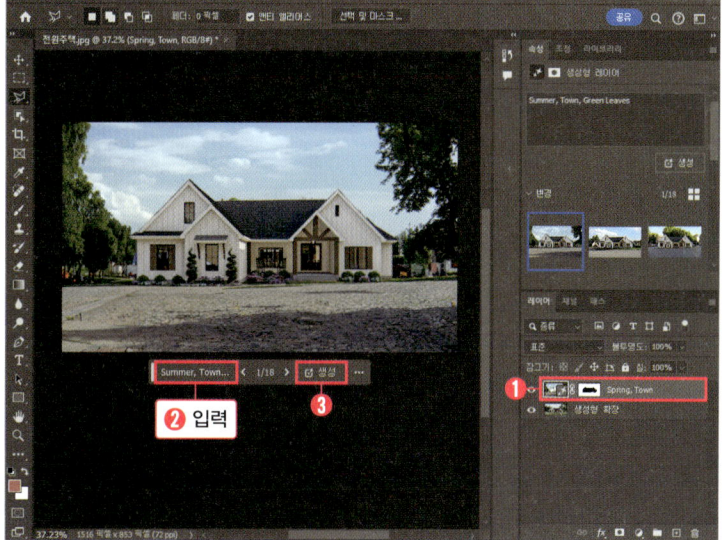

CHAPTER 01 포토샵 AI 의 핵심 기능 3 가지 | **359**

SECTION 2

AI 생성형 확장하기(Generative Expand)

❶ 4:3 영상을 16:9 영상으로 바꾸는 AI 디자인

핵심 내용
본 예제는 화면 4:3 비율의 영상을 16:9 비율로 확장하는 예제입니다. 과거의 아날로그 TV 방송 출력은 SD급 4:3 비율이었습니다. 디지털 방송 시대에 들어서는 16:9 비율로 바뀌었습니다. 본 예제에서는 AI 생성형 확장 기능을 활용해서 외곽의 배경 이미지(PNG 파일)를 만들고, 이것을 활용해서 프리미어 프로에서 16:9 비율의 영상으로 바꾸는 방법에 대해서 안내합니다. 이 방법은 고정 카메라에 4:3 화면 바깥으로 움직임이 없는 인터뷰 영상에 적합합니다.

핵심 기능
[자르기 도구] → 16:9 설정하기 → [생성형 확장] → 배경 삭제 → [PNG 저장] → [프리미어 프로] → [트랙] 추가하기

미리 보기   엘비스 프레슬리의 인터뷰 SD 화면

4:3 비율 화면

16:9 비율 화면

01 가로 화면 비율 늘리기

[자르기 도구] → 16:9 설정하기

- **준비 파일** : C1 > S2 > P1 > 엘비스 인터뷰 이미지.jpg, AI 아웃페인팅.prproj, 엘비스 인터뷰 원본.mp4
- **완성 파일** : C1 > S2 > P1 > 완성 파일 폴더

01 프리미어 프로를 이용한 영상 편집 시 16:9 화면으로 사용할 수 있는 영상 배경을 생성하기 위해 '엘비스 인터뷰 이미지.jpg' 파일을 불러옵니다.

02 [도구] 패널에서 [자르기 도구]를 선택하면 [상황별 작업 표시줄]이 나타납니다. 비율을 아래와 같이 16:9로 설정하고 Alt 를 누른 채 화면의 조절점을 드래그하여 다음과 같이 확장합니다.

TIP ⋯⋯⋯⋯⋯⋯⋯⋯⋯⋯⋯⋯⋯⋯⋯⋯⋯⋯

과거의 아날로그 방송 TV 출력에서는 주로 4:3 비율(640 * 480) SD급을 사용했습니다. 현재 디지털 방송 TV 출력에서 가장 보편적인 비율은 16:9입니다. 이 비율은 유튜브도 동일하며, 일반적인 사이즈는 다음과 같습니다.
▷ SD : 720 * 480
▷ qHD : 960 * 540
▶ HD : 1280 * 720
▷ HD+ : 1600 * 900
▶ FHD(Full HD) : 1920 * 1080
▷ QHD : 2560 * 1440
▷ UHD(4K) : 3840 * 2160
▷ DCI(4K) : 4096 * 2160

이중에서 유튜브에서 가장 많이 사용하는 사이즈는 HD(1280 * 720)이고, 그 다음 사이즈는 FHD(1920 * 1080)입니다. 16:9 비율만 맞으면 상관없으며, 유튜브 최소의 실무 사이즈는 qHD(960 * 540)입니다. 디지털 방송 TV에서는 일반적으로 FHD(1920 * 1080)와 QHD(2560 * 1440)를 사용합니다.

02 생성 후 투명 PNG 저장하기

[생성형 확장] → 배경 삭제 → [PNG 저장]

01 [생성형 확장]을 클릭하고 [생성]을 클릭하여 생성 결과를 기다립니다.

TIP
이미지가 생성에는 약간의 로딩 시간이 걸릴 수 있습니다. 로딩 시간은 원본 이미지의 크기, 내용의 복잡성, 그리고 컴퓨터의 사양 등에 따라 달라집니다.

02 생성 결과를 확인하고 선택합니다. 이제 불필요한 레이어(배경)를 삭제하고 PNG로 저장하기 위해 [레이어] 패널에서 '배경' 레이어를 더블클릭한 후 [새 레이어] 대화상자가 열리면 [확인]을 클릭합니다.

TIP
잠긴 '배경' 레이어를 일반 레이어로 변환하는 작업입니다.

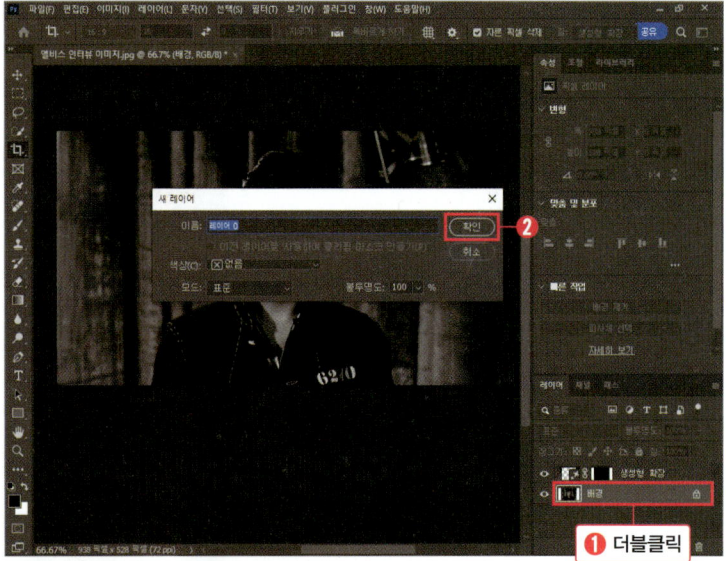

03 불필요한 기존 '배경' 파일을 지우기 위해 [레이어] 패널에서 '레이어 0' 레이어를 선택하고 Delete 를 눌러 삭제합니다. '생성형 확장' 레이어 하나만 남습니다.

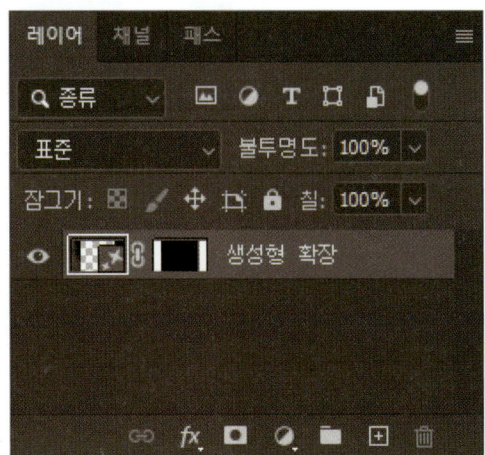

04 이를 투명 PNG 파일로 저장하기 위해서 [파일] > [내보내기] > [내보내기 형식]([Alt]+[Shift]+[Ctrl]+[W]) 메뉴를 클릭합니다. [내보내기 형식] 대화상자를 다음과 같이 설정하고 [내보내기] 버튼을 클릭합니다.

- [형식] : PNG
- [폭] : 1280px
- [높이] : 720px

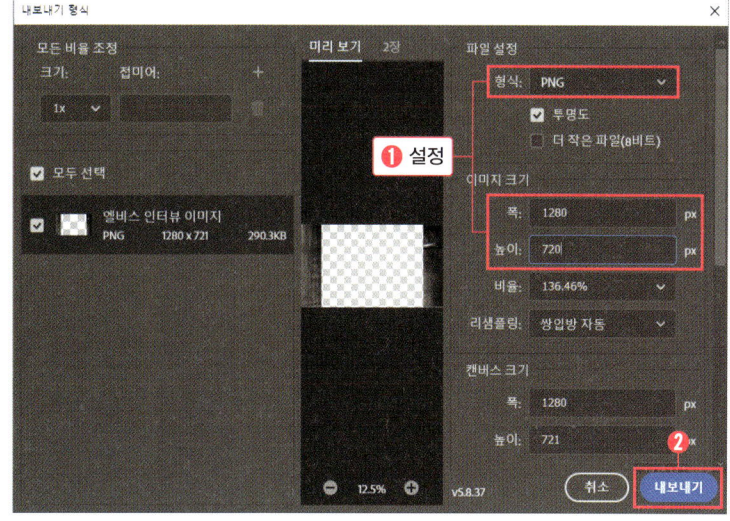

05 [레이어] 패널에서 '생성형 확장' 레이어가 선택된 상태로 [속성] 패널의 [변경]에서 AI가 생성한 3가지 이미지 중 하나를 선택하고 [파일] > [내보내기] > [내보내기 형식] 메뉴를 이용해 이전과 같이 이미지를 출력합니다. 마찬가지로 세 번째 이미지도 출력합니다.

TIP ··
내보내기 옵션은 이전과 동일하게 설정합니다.

06 [파일] > [저장]([Ctrl]+[S]) 메뉴를 클릭해 포토샵 파일을 저장합니다.

TIP ··
호환성 경고 창이 나타나면 [확인] 버튼을 클릭합니다.

CHAPTER 01 포토샵 AI의 핵심 기능 3가지 | **363**

03 프리미어 프로 16:9 비율 영상 만들기

[프리미어 프로] > [트랙] 추가하기

01 영상 작업을 위해 프리미어 프로를 실행하고 'AI 아웃페인팅.prproj' 파일을 불러옵니다. [프로젝트] 패널의 빈 곳을 더블클릭하고 앞서 저장한 3개의 이미지 파일을 불러옵니다.

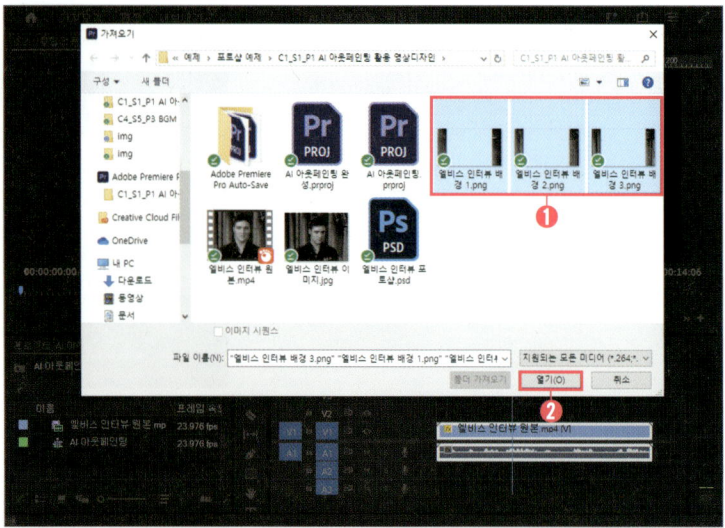

02 '엘비스 인터뷰 배경 1.png' 이미지 클립을 [타임라인] 패널의 [V2] 트랙으로 드래그하여 추가합니다. 첫 번째 배경 이미지의 [Out 점]을 다음과 같이 적당한 00:00:05:00 위치로 드래그합니다.

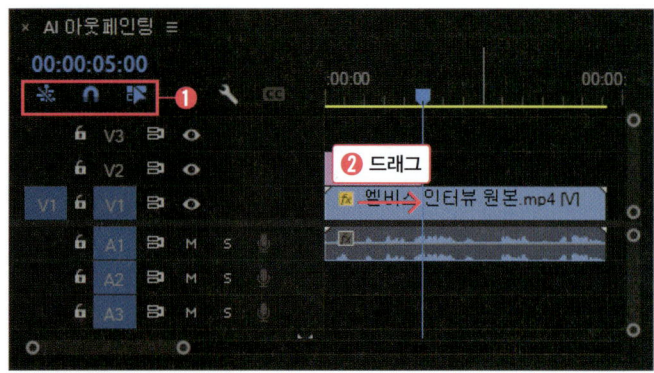

03 '엘비스 인터뷰 배경 2.png' 이미지 클립을 [타임라인] 패널로 드래그하고 [Out 점]을 00:00:09:00 위치로 늘립니다. '엘비스 인터뷰 배경 3.png' 이미지 클립도 [타임라인] 패널로 가져오고 [Out 점]을 영상 끝까지 드래그합니다. 영상을 재생하여 16:9 비율의 영상으로 바뀌었음을 확인하고 출력합니다.

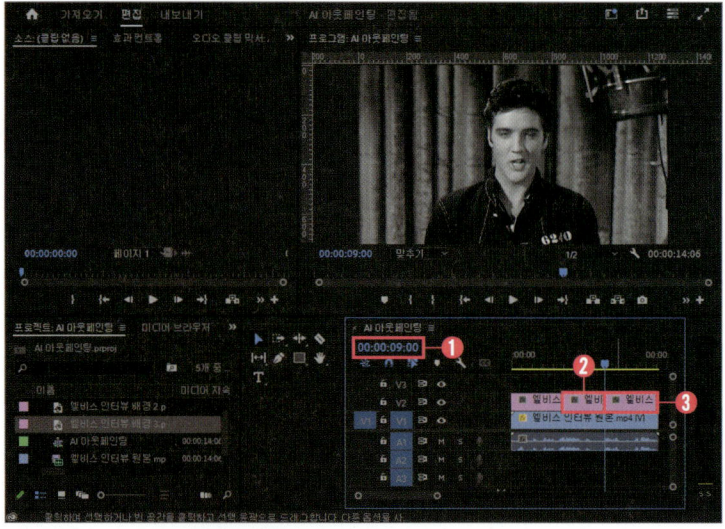

SECTION 2

AI 생성형 확장하기(Generative Expand)
❷ 명화와 명화의 AI 합성 및 확장

핵심 내용
본 예제는 2개의 명화를 AI의 합성과 확장 기능을 이용해 새로운 작품으로 창작하는 예시입니다. 먼저 두 개의 명화를 새 파일 하나에 각각 배치하고 레벨과 색상 균형으로 명도와 색상을 비슷하게 일치시킨 후 그림을 제외한 배경 공간을 반전 선택하고 새로운 작품을 만드는 과정입니다. [생성]을 클릭할 때마다 새로운 그림이 나온다는 것이 AI의 장점입니다.

핵심 기능
[레벨] + [색상 균형] → [선택] → [반전 선택] → [생성]

미리 보기 명화 1(모나리자) + 명화 2(이삭 줍는 여인들)

명화 1(모나리자)

명화 2(이삭 줍는 여인들)

명화와 명화의 합성 결과

CHAPTER 01 포토샵 AI의 핵심 기능 3가지 | **365**

01 이미지와 이미지 배치 후 명도/색상 일치시키기 [레벨] + [색상 균형]

▶ 준비 파일 : C1 > S2 > P2 > 모나리자.jpg, 이삭줍는 여인들.jpg   ▶ 완성 파일 : 없음

01 이미지와 이미지의 합성 및 확장을 위해 [새 파일] 버튼을 클릭하고 [새로운 문서 만들기] 대화상자가 나타나면 다음과 같이 설정한 후 [만들기] 버튼을 클릭합니다.

- [폭] : 4096 픽셀
- [높이] : 2304 픽셀

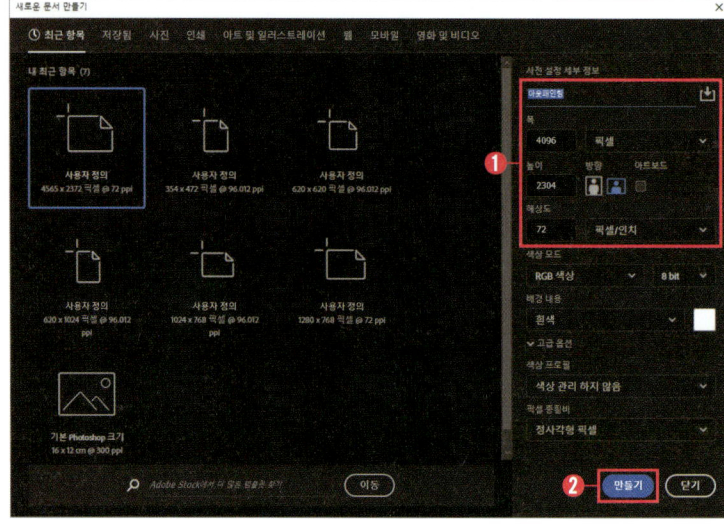

02 [파일] > [열기] 메뉴를 클릭하고 '모나리자.jpg'와 '이삭줍는 여인들.jpg' 파일을 모두 선택한 후 [열기] 버튼을 클릭합니다.

03 [이동 도구]를 이용하여 현재 이미지를 '아웃페인팅' 작업 창 상단으로 드래그하여 모나리자의 작업 공간을 옮겨줍니다. 클릭을 유지한 채로 흰 배경으로 그림을 가져옵니다. 이삭 줍는 여인들 그림도 같은 방법으로 옮깁니다.

TIP
그림을 '아웃페인팅' 작업 창으로 드래그하고 잠깐 기다리면 창이 바뀝니다.

04 '아웃페인팅' 작업 창으로 옮긴 두 개의 이미지를 다음과 같이 배치합니다.

TIP
두 개의 이미지를 배치하는 방법은 각각의 이미지 크기와 분위기, 그리고 여백을 보면서 결과물을 예상하는 상상력이 필요합니다.

05 이미지 배치 이후에는 두 개 그림의 톤(레벨)을 일치시키는 작업이 필요합니다. [레이어] 패널에서 '모나리자' 레이어를 선택하고 [이미지] > [조정] > [레벨]([Ctrl]+[L]) 메뉴를 클릭합니다.

TIP
두 개의 이미지 레벨을 일치시키는 이유는 서로 다른 이미지가 하나처럼 자연스럽게 합쳐져야 하기 때문입니다.

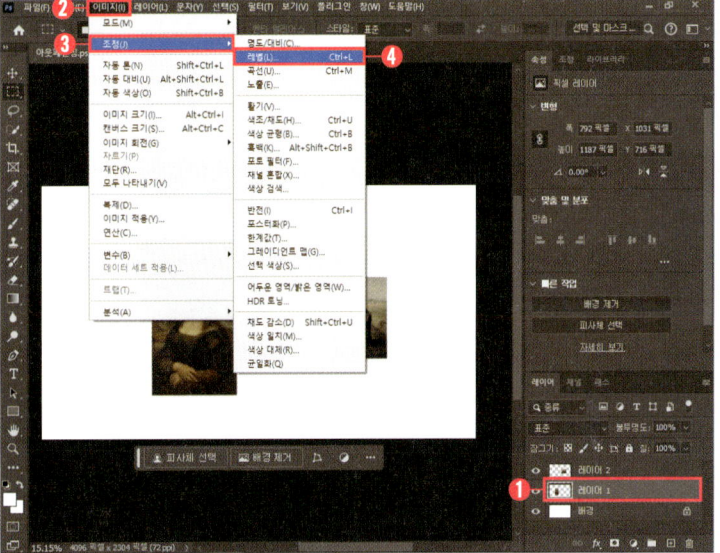

06 [레벨] 대화상자가 나타나면 [미리 보기]를 체크합니다. [입력 레벨]의 양쪽 끝 조절점을 다음과 같이 안쪽으로 드래그하여 이미지의 대비를 올리고 [확인] 버튼을 클릭합니다.

TIP
검은색 조절점으로 어두운 영역의 명암을 수정할 수 있고, 흰색 조절점은 반대로 밝은 영역의 명암을 조절할 수 있습니다.

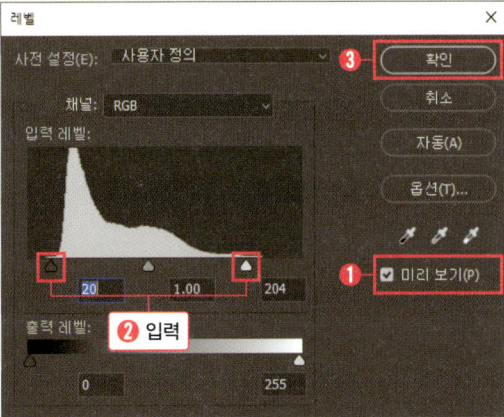

CHAPTER 01 포토샵 AI의 핵심 기능 3가지 | **367**

07 [레벨] 일치 이후에는 색상을 맞춰야 합니다. [이미지] > [조정] > [색상 균형](Ctrl+B) 메뉴를 클릭합니다.

TIP
색상을 맞추는 이유는 두 개의 서로 다른 이미지를 하나처럼 자연스럽게 합치기 위함입니다.

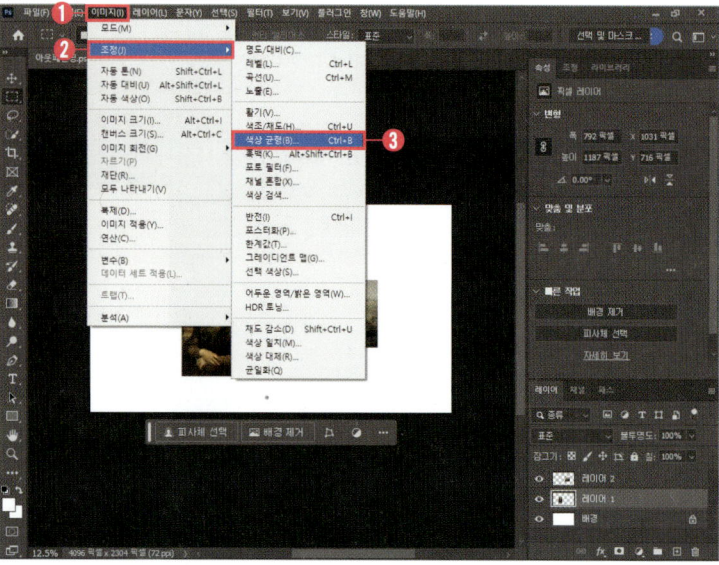

08 [색상 균형] 대화상자에서 [색상 레벨]의 세 번째 칸에 '20'을 입력하고 [확인] 버튼을 클릭합니다.

02 이미지 합성 및 확장하기

[선택] → [반전 선택] → [생성]

01 [사각형 선택 윤곽 도구]를 선택하고 모나리자 그림 조금 안쪽에 사각형을 그립니다. Shift 를 누른 채 이삭 줍는 여인들 그림 조금 안쪽에도 사각형을 그립니다.

TIP ·······························
사각형을 그리는 도중 사각형의 위치를 바꿔야 한다면 Space Bar 를 누른 채 드래그하면 됩니다.

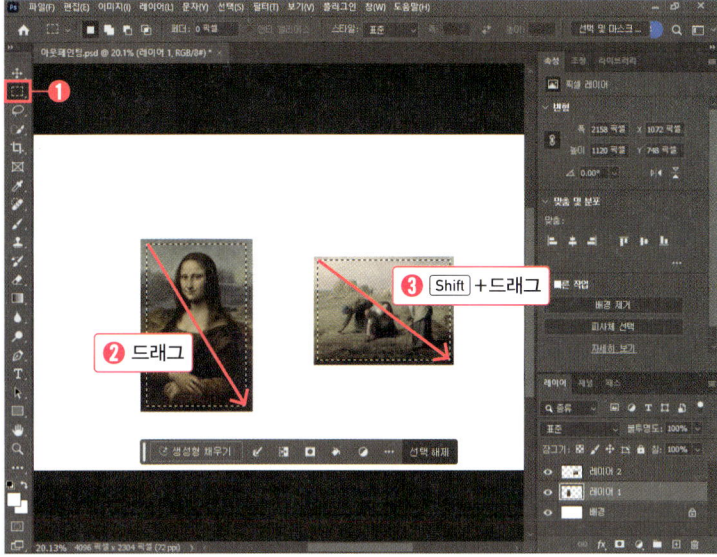

02 작업 창 빈 곳을 마우스 오른쪽 버튼으로 클릭하고 [반전 선택]을 선택합니다.

TIP ·······························
[반전 선택]으로 이미지 안쪽을 제외한 모든 바깥 부분이 선택된 것을 확인할 수 있습니다.

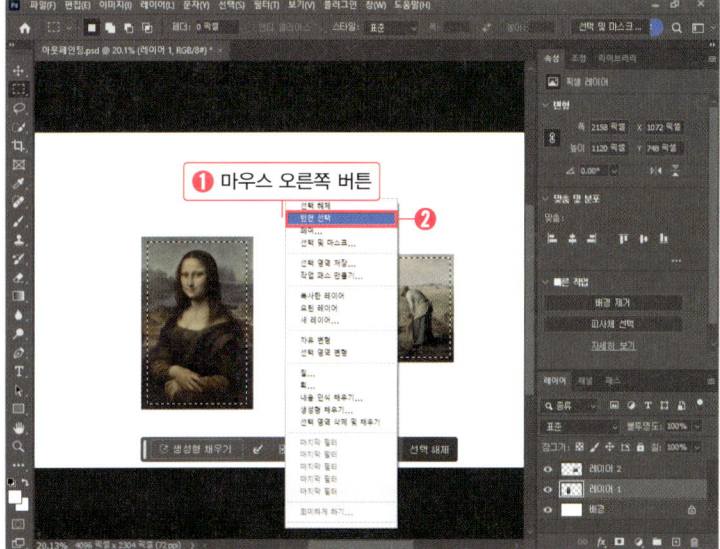

CHAPTER 01 포토샵 AI 의 핵심 기능 3 가지 | **369**

03 [레이어] 패널에서 가장 위에 있는 레이어를 선택하고 [생성형 채우기]를 클릭한 뒤 [생성]을 클릭하여 AI로 빈 곳을 채웁니다.

TIP
프롬프트는 입력하지 않습니다.

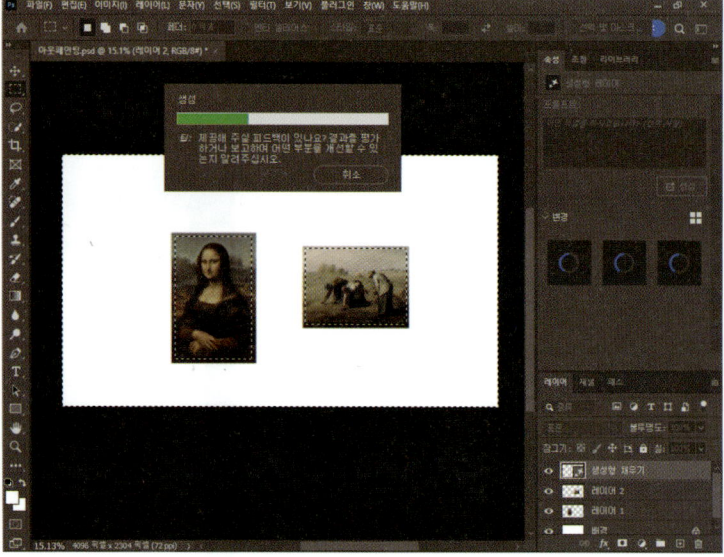

04 [속성] 패널에서 생성된 3개의 이미지 중 가장 잘 나온 그림을 선택하고, [파일] > [내보내기] > [내보내기 형식] 메뉴를 클릭합니다.

TIP
생성된 이미지는 [생성]을 클릭할 때마다 다르게 나옵니다. 따라서 본 예제의 이미지와 같을 수 없습니다.
원하는 이미지가 나올 때까지 프롬프트 키워드를 수정하거나 구체적인 프롬프트 작성을 통해 이미지를 다시 생성합니다.

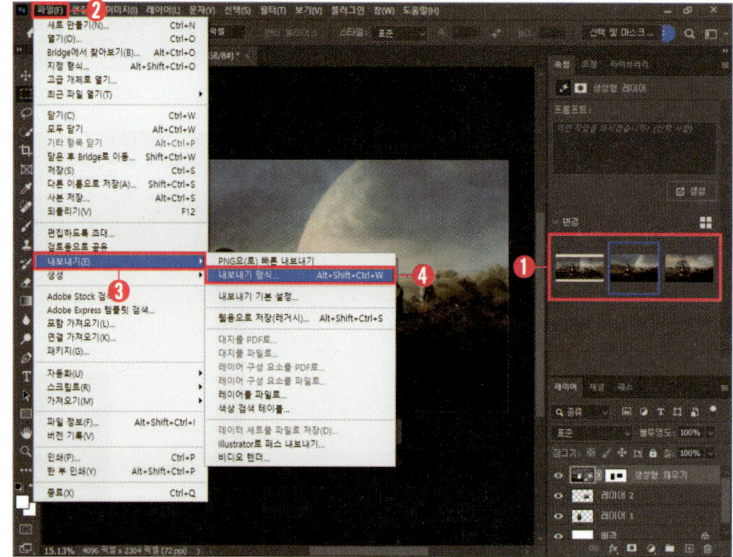

05 [내보내기 형식] 대화상자에서 [형식]을 'JPG', [품질]을 '최대'로 설정하고, [내보내기] 버튼을 클릭하여 저장합니다.

TIP
모든 작업은 Ctrl+S를 눌러 적절한 이름의 파일로 저장합니다. 작업 도중에도 수시로 저장하는 습관을 들이는 것이 좋습니다.
이 작품을 영상으로 만드는 방법은 프리미어 프로의 'Section 05. AI 이미지와 줌인·줌아웃을 활용한 테크닉'에 있습니다.

SECTION 3

AI 이미지 지우기(Remove Tool)

❶ AI 이미지 제거 및 생성

핵심 내용
과거에 사진 결과에서 불필요한 배경들을 삭제해야 할 경우, 일일이 선택하고 제거해야 했습니다. 하지만 AI 이미지 지우기를 활용하면 빠르고 쉽게 제거할 수 있습니다. 본 예제에서는 AI 이미지 지우기를 통해 불필요한 풍경이나 사람 배경을 삭제하고, 이와 반대로 AI 생성을 통해 새로운 공간과 배경을 생성하는 작업을 진행해 보겠습니다.

핵심 기능
[제거 도구] → [생성]

미리 보기 대한민국청소년 UCC캠프대전 '여성가족부장관상' 수상 작품

원본

불필요한 배경 이미지 제거 및 외곽 이미지 생성

원본

불필요한 사람 이미지 제거 및 잘린 이미지 복원

CHAPTER 01 포토샵 AI의 핵심 기능 3가지 | **371**

01 불필요한 배경 지우기

[제거 도구] → [생성]

▶ 준비 파일 : C1 > S3 > P1 > 이미지 01.jpg, 이미지 02.jpg   ▶ 완성 파일 : C1 > S3 > P1 > 완성 파일 폴더

01 포토샵을 실행하고 [열기] 버튼을 클릭한 후 [열기] 대화상자가 나타나면 '이미지 01.jpg'와 '이미지 02.jpg' 파일을 불러옵니다.

02 이미지를 불러온 후 [도구] 패널에서 [제거 도구]를 선택합니다.

03 불필요한 배경을 지우기 위해서 [[ ], [ ]]를 눌러서 브러시 크기를 조절하고, 지울 부분을 다음과 같이 드래그하여 지웁니다.

04 불필요한 배경들을 지운 후 결과를 확인합니다.

05 이번에는 반대로 사진의 외곽을 생성하기 위해 [도구] 패널의 [자르기 도구]를 활용해 다음과 같이 외곽으로 확장합니다.

06 [도구] 패널의 [사각형 선택 윤곽 도구]로 생성할 외곽 부분을 다음과 같이 선택합니다.

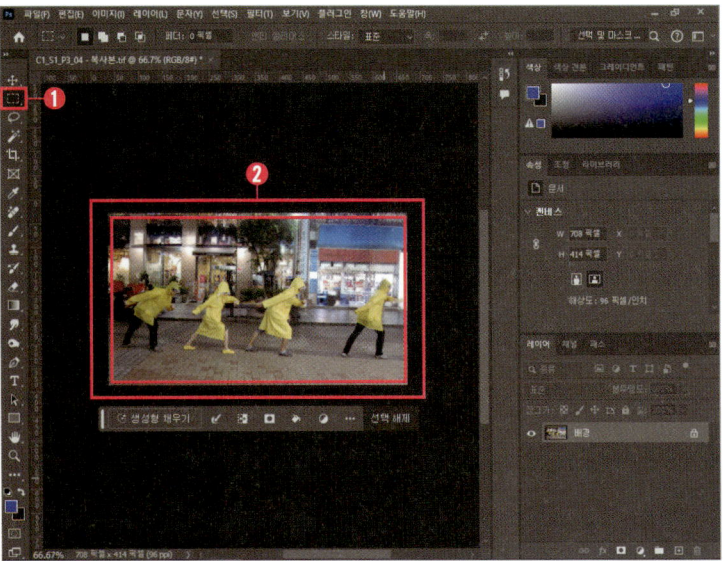

07 [상황별 작업 표시줄]에서 [생성형 채우기]을 클릭한 다음, [생성]을 클릭하여 생성 이미지 결과를 확인하고 [변경]의 3가지 이미지 중 하나를 선택합니다.

08 [도구] 패널의 [제거 도구]를 활용하여 다음과 같이 여러 장의 사진 결과를 얻을 수 있으며, 스톱모션 영상 소스로 활용할 수도 있습니다.

01

02

03

02 불필요한 사람 지우고 잘린 부분 생성하기

[제거 도구] → [생성]

01 앞서 불러온 '이미지 02.jpg' 파일을 선택합니다. 원본 이미지(이미지 02.jpg)에서 지울 부분을 확인합니다. 앞선 방법과 동일하게 [제거 도구]를 활용하여 불필요한 사람을 선택해서 지웁니다.

02 지우기 이전과 이후의 결과를 확인합니다.

03 이미지 아래쪽의 잘린 발을 생성하기 위해 [자르기 도구]를 다음과 같이 아래로 늘립니다.

04 [사각형 선택 윤곽 도구]로 생성할 부분을 선택합니다.

05 우측 하단의 [생성]을 클릭합니다.

06 [속성] 패널의 [변경]에서 어울리는 이미지를 선택합니다.

CHAPTER 01 포토샵 AI 의 핵심 기능 3 가지 | **377**

SECTION 3

AI 이미지 지우기(Remove Tool)

❷ AI 이미지 제거 및 복사 응용

핵심 내용

인트로 영상에서 배경은 고정되어 있는데 주인공이 GIF 애니메이션처럼 움직이는 기법이 있습니다. 이번 예제에서는 [패치 도구] 이동을 통해서 주인공 이미지를 제거하고, [이동 도구] 이동을 통해서 주인공 레이어를 복사하고, [가시성] 아이콘 온오프를 활용해서 여러 장의 움직이는 이미지를 만들어보겠습니다.

핵심 기능

[패치 도구] 이동 → 이미지 제거 → [이동 도구] 이동 복사 → [가시성] 아이콘 온오프 활용

미리 보기 대한민국청소년 UCC캠프대전 '여성가족부장관상' 수상 작품

스톱모션 01

스톱모션 02

스톱모션 03

01 AI 이미지 제거하기

[패치 도구] 이동 → 이미지 제거

▶ 준비 파일 : C1 > S3 > P2 > 이미지 01.jpg   ▶ 완성 파일 : C1 > S3 > P2 > 완성 파일 폴더

01 '이미지 01.jpg' 파일을 불러옵니다. 먼저 왼쪽 주인공을 배경에서 분리하기 위해 [패치 도구]로 주인공의 외곽선을 대략 선택 영역으로 지정합니다.

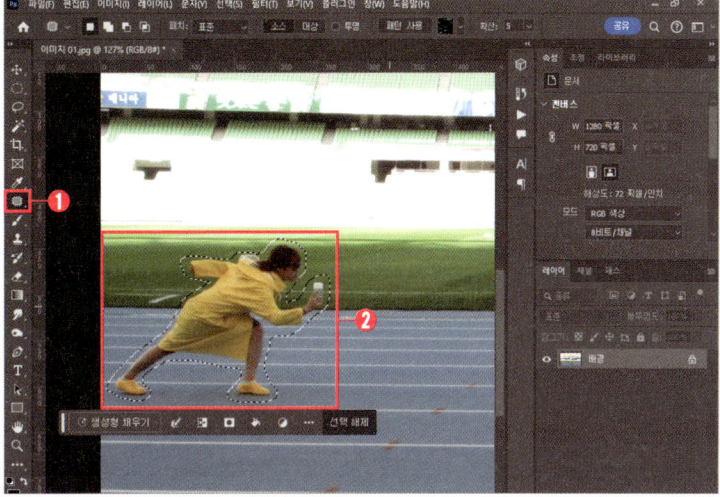

02 왼쪽 주인공을 새 레이어로 분리하기 위해 Ctrl+J를 누릅니다. 그리고 배경에 있는 왼쪽 주인공을 지우기 위해 '레이어 1' 레이어의 [가시성] 아이콘을 클릭하여 보이지 않도록 하고, '배경' 레이어가 선택된 상태에서 Ctrl을 누른 채 '레이어 1' 레이어의 섬네일을 클릭해서 주인공을 다시 선택합니다.

03 '배경' 레이어에 있는 주인공을 지우고, 깨끗한 배경을 만들기 위해 다시 [패치 도구]를 선택하고 선택 영역을 오른쪽으로 드래그하여 왼쪽 주인공을 지워줍니다. 드래그할 때 위치를 정교하게 조절하여 지면의 수평선과 정렬되도록 합니다.

CHAPTER 01 포토샵 AI의 핵심 기능 3가지 | 379

02 레이어 복사 및 응용하기

[이동 도구] 이동 복사 → [가시성] 아이콘 온오프 활용

01 '레이어 1' 레이어의 [가시성] 아이콘을 다시 켜고 분리된 주인공 이미지가 보이도록 합니다.

02 주인공을 복사하기 위해서 Alt 를 누른 상태에서 [이동 도구]를 이용하여 오른쪽으로 이동하여 주인공을 복사하고, '레이어 1' 레이어의 [가시성] 아이콘은 끄고 '레이어 2' 레이어의 [가시성] 아이콘을 켭니다.

TIP
레이어 이미지를 복사하는 방법은 3가지입니다.
- Alt 를 누른 상태에서 [이동 도구]로 이동시켜 복사
- 복사할 레이어를 [레이어] 패널의 [새 레이어]로 드래그해서 복사
- 복사할 레이어를 Ctrl + C , Ctrl + V 로 복사

03 한 번 더 주인공을 복사하기 위해서 Alt 를 누른 상태에서 [이동 도구]를 오른쪽으로 이동하여 주인공을 복사하고, '레이어 2'의 [가시성] 아이콘을 끄고 '레이어 3'의 [가시성] 아이콘을 켭니다.

04 [파일] > [내보내기] > [내보내기 형식] (Alt+Shift+Ctrl+W) 메뉴를 클릭하여 위의 3장의 이미지를 각각 선택하고 JPG 파일 형식으로 저장합니다.

05 앞선 방법으로 다음과 같이 사진 여러 장을 추가하여 인트로 영상 또는, 스톱모션 영상 소스로 활용할 수 있습니다.

01　　　　　　　　　　02　　　　　　　　　　03

CHAPTER

02

포토샵의
영상 디자인 기초

영상 디자인은 주로 '프리미어 프로'와 '애프터 이펙트'를 생각합니다.
그러나 모든 영상 디자인의 최소 단위는 한 컷의 이미지입니다.
즉, 한 컷의 이미지를 다루는 능력이 있어야 긴 영상 디자인도 잘할 수 있습니다.

본 챕터에서는 섬네일 타이틀 기초 디자인, 가장 많이 사용하는 PNG 활용법,
그리고 기본 이미지 합성 및 보정을 다룹니다.

SECTION 01 썸네일 타이틀 기초 디자인
❶ 썸네일 타이틀의 이미지 합성
❷ 쇼츠 타이틀 디자인

SECTION 02 가장 많이 사용하는 PNG 활용법
❶ 로고 PNG와 배경 이미지 합성
❷ 캘리그래피 PNG 타이틀 활용
❸ 투명 물방울 PNG 활용

SECTION 03 기본 이미지 합성 및 보정
❶ 새 그룹 복사와 색상 변환
❷ 이미지 + 재질 + 배경 합성
❸ 원 심볼과 원 이미지의 은유적 합성
❹ 일러스트 이미지 활용과 테두리 효과
❺ 여러 장의 어두운 사진을 한꺼번에 밝게 보정하는 방법

SECTION 1

섬네일 타이틀 기초 디자인
❶ 섬네일 타이틀의 이미지 합성

핵심 내용
포토샵 실무에서 여러 개의 이미지를 균등하게 분할해야 할 때가 있습니다. 이번 예제에서는 이미지를 균등하게 분할하기 위해 [안내선]을 이용하는 방법, [레이어 마스크]를 다루는 방법, 그리고 [그레이디언트]를 이용해 타이틀을 부각하는 방법에 대해 알아보겠습니다.

핵심 기능
[안내선] → [레이어 마스크] → [그레이디언트] → [타원 도구] + [드롭 섀도]

미리 보기 유튜브 섬네일 디자인(생성형 AI와 CEO들)

빌 게이츠.png   선다 피차이.png   젠슨 황.png

유튜브 섬네일

01 3등분하기

[안내선] → [레이어 마스크] → [그레이디언트]

▶ **준비 파일** : C2 > S2 > P1 > 빌 게이츠.png, 선다 피차이.png, 젠슨 황.png   ▶ **완성 파일** : C2 > S1 > P1 > 완성 파일 폴더

01 포토샵을 실행하고 [새 파일] 버튼을 클릭합니다. [새로운 문서 만들기] 대화상자가 나타나면 다음과 같이 설정하고 [만들기] 버튼을 클릭합니다.

- [폭] : 960 픽셀
- [높이] : 540 픽셀
- [해상도] : 72 픽셀/인치
- [색상 모드] : RGB 색상 8비트
- [배경 내용] : 검은색

TIP
유튜브 섬네일의 비율은 영상의 비율과 같은 16:9입니다. 다만, 섬네일은 영상과 달리 작은 이미지이기 때문에 960 × 540 픽셀 크기로도 충분합니다.

02 인물 사진을 3등분하기 위해 안내선으로 화면을 나누겠습니다. [보기] > [눈금자](Ctrl+R) 메뉴를 클릭하고, 세로 눈금자에서 드래그해 안내선을 꺼냅니다. 첫 번째 안내선은 '320픽셀' 위치에, 두 번째 안내선은 '640픽셀' 위치에 배치합니다.

TIP
정확한 안내선 작업을 위해서는 '눈금자'를 꺼내야 합니다. 단축키는 Ctrl+R입니다. 단축키를 한 번 더 누르면 눈금자가 사라집니다.

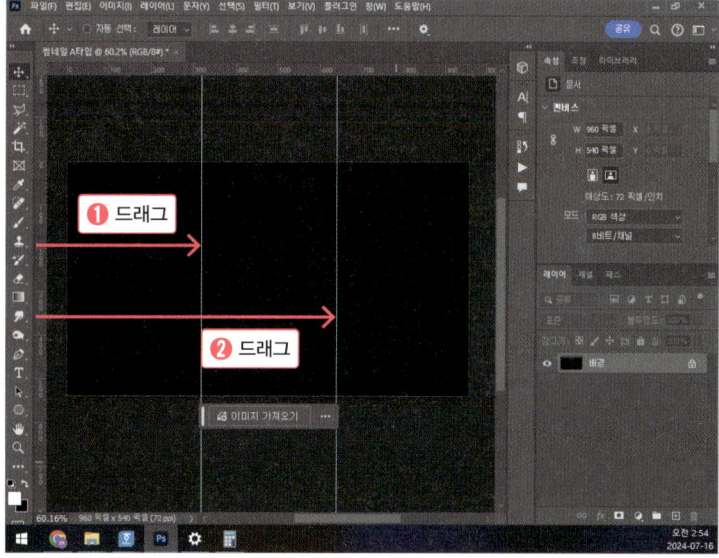

03 첫 번째 안내선 쪽으로 캔버스를 확대하고 '315픽셀, 325픽셀' 위치로 안내선을 추가합니다. 그리고 중앙에 있는 320픽셀 위치에 안내선을 클릭하고 Delete 를 눌러 삭제합니다.

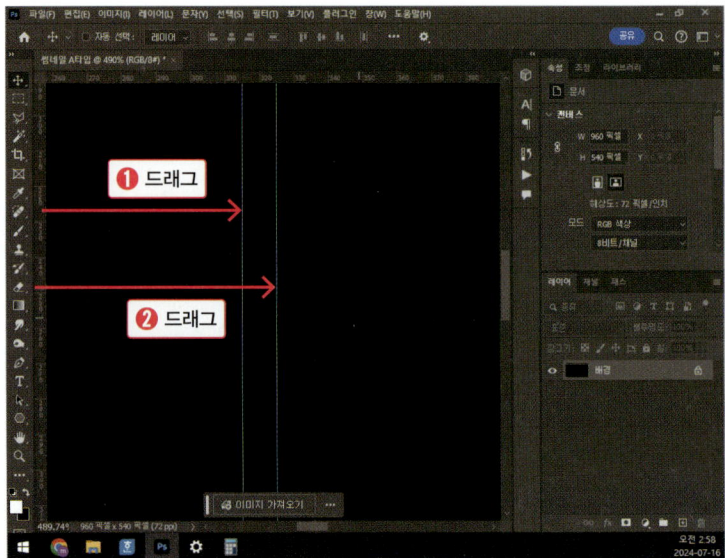

04 같은 방식으로 두 번째 안내선 쪽으로 캔버스를 확대하고 '635픽셀, 645픽셀' 위치에 안내선을 추가한 후 가운데 있는 안내선을 삭제합니다.

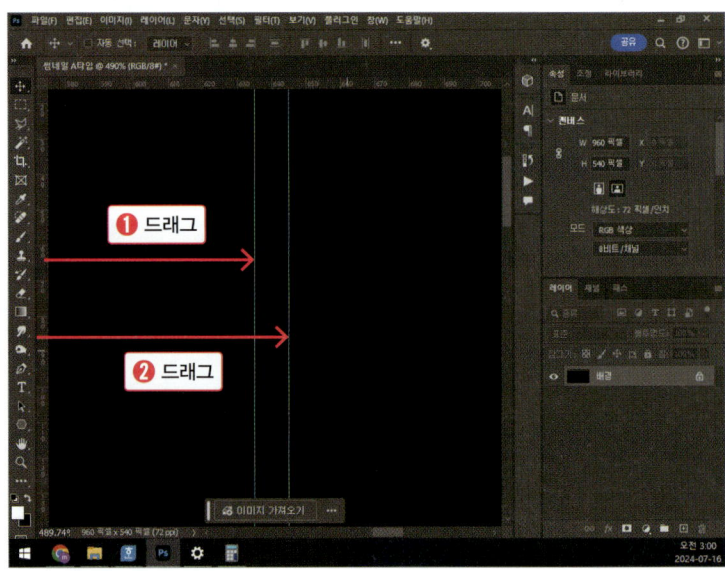

05 이제 이미지를 불러오겠습니다. [파일] > [열기](Ctrl+O) 메뉴를 클릭하고 [열기] 대화상자가 열리면 '빌 게이츠.png', '선다 피차이.png', '젠슨 황.png' 파일을 모두 불러옵니다.

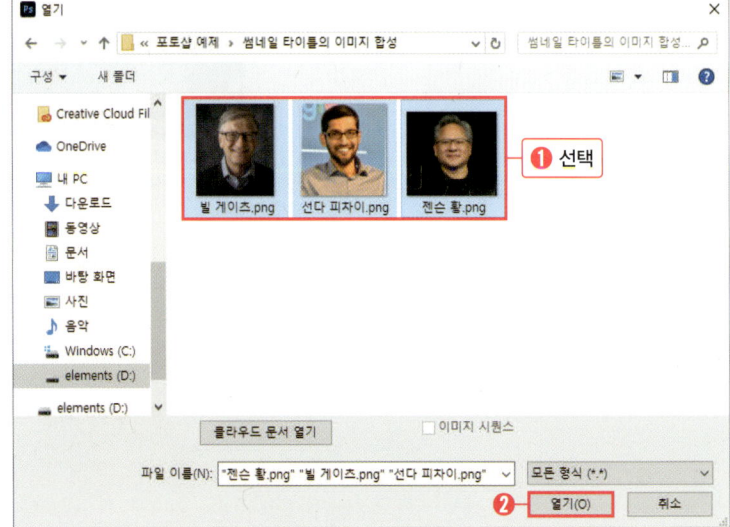

06 '선다 피차이.png' 파일을 복사하고 기존 작업 창에 붙여넣습니다. 인물을 화면 중앙에 배치하고 [레이어] 패널에 [레이어 마스크] 아이콘을 클릭합니다.

TIP
AI 기능의 [상황별 작업 표시줄] > [생성형 채우기]를 클릭해서 인물만 선택하거나, 선택의 [반전]을 통해 배경만 선택하여 디자인을 바꿀 수 있습니다.

07 [전경색]을 '검은색'으로 바꾸고 Alt + Delete 를 눌러 레이어 마스크를 검은색으로 채웁니다. [사각형 선택 윤곽 도구]를 이용하여 안내선에 맞춰 다음과 같이 선택 영역으로 지정합니다.

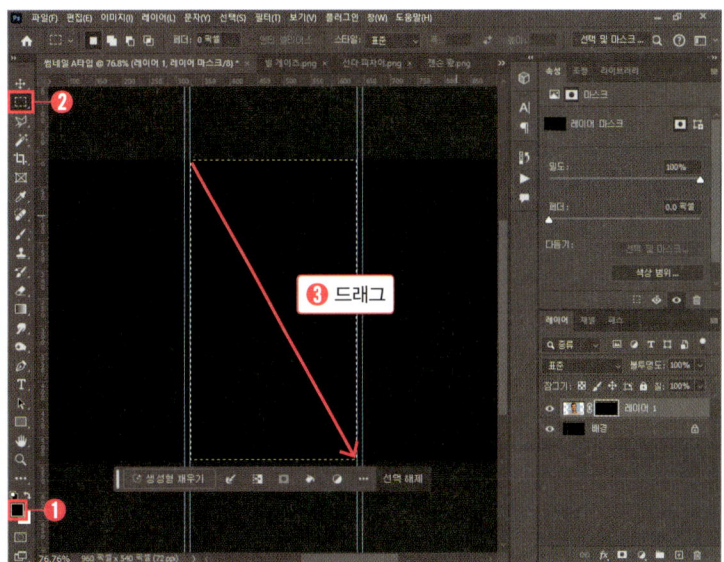

08 [전경색] 뒤에 있는 [배경색]을 더블클릭하고 '흰색'으로 바꿉니다. Ctrl + Delete 를 눌러 선택 영역을 배경색으로 채워 인물이 보이도록 만듭니다.

09 같은 방식으로 '빌 게이츠.png'와 '젠슨 황.png' 파일도 작업 창으로 가져온 후 다음과 같이 이미지의 크기와 위치를 조절하여 배치합니다. [레이어] 패널에서 레이어의 이름을 각 인물에 맞게 수정하고 '빌 게이츠'와 '젠슨 황' 레이어는 '선다 피차이' 레이어 아래로 옮깁니다.

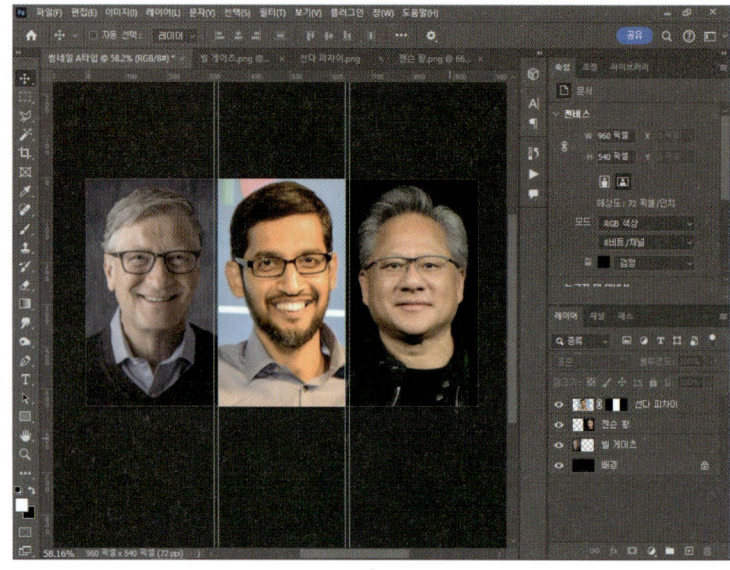

10 '빌 게이츠' 레이어를 선택하고 [레이어] 패널에 [레이어 마스크] 아이콘을 클릭합니다. 같은 방식으로 Alt + Delete 를 눌러 레이어 마스크를 검은색으로 채운 뒤, [사각형 선택 윤곽 도구]로 안내선을 따라 선택 영역을 지정하고 Ctrl + Delete 를 눌러 인물이 보이게 만듭니다.

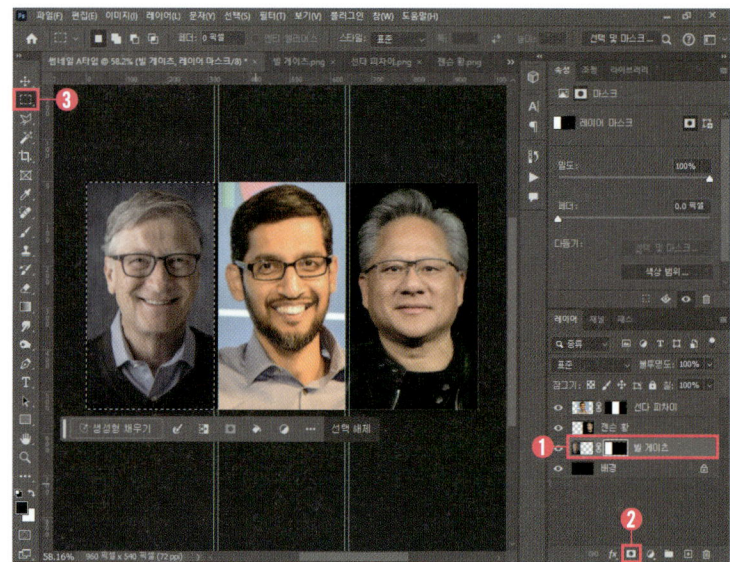

11 '젠슨 황' 레이어에도 같은 방식으로 레이어 마스크를 적용하여 레이아웃을 완성합니다. [보기] > [안내선] > [안내선 지우기] 메뉴를 클릭합니다.

12 타이틀을 입력하기 전에 문자가 잘 보이도록 섬네일 아랫부분을 어둡게 그레이디언트로 만들겠습니다. [사각형 도구]를 선택하고 [칠]을 '검은색'으로 설정한 뒤, 다음과 같이 사각형을 그립니다. '사각형 1' 레이어는 다른 인물 레이어보다 위에 위치시킵니다.

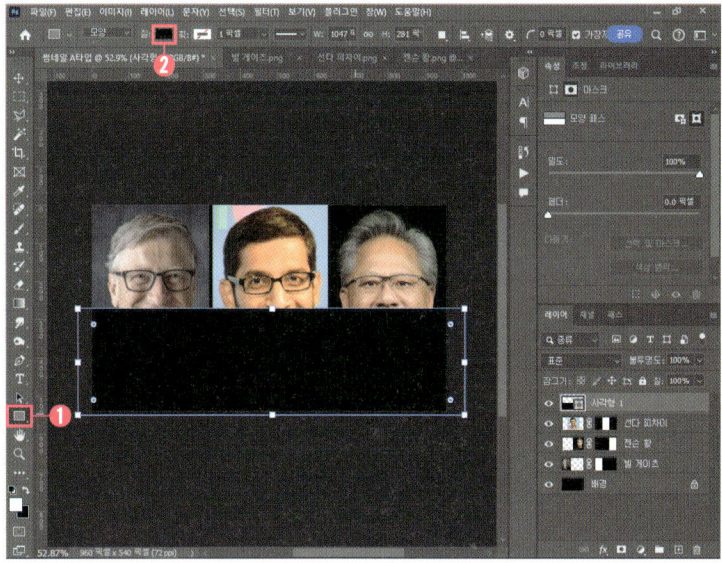

13 '사각형 1' 레이어를 선택하고 [레이어 마스크] 아이콘을 클릭합니다. [도구] 패널에서 [그레이디언트 도구]를 선택하고 옵션 바에서 [그레이디언트 편집기]의 세부 옵션을 펼친 뒤 [기본 사항] > [전경색에서 배경색으로]를 선택합니다.

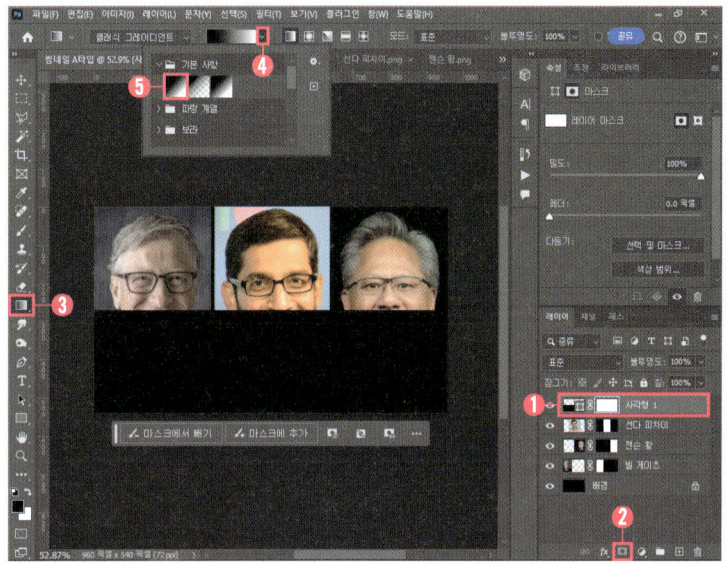

14 Shift 를 누른 채 사각형 위에서 아래로 드래그하여 다음과 같이 그레이디언트를 적용합니다.

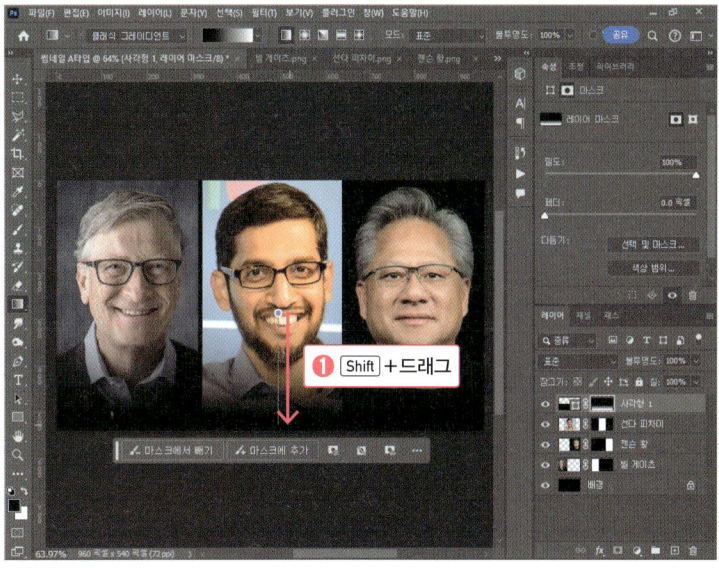

02 타이틀에 강조점 추가하기

[타원 도구] + [드롭 섀도]

01 타이틀을 입력하기 위해 [수평 문자 도구]를 선택하고 '왜 구글이 한국어를?'을 입력합니다. [창] > [문자] 메뉴를 클릭하여 [문자] 패널을 열고 타이틀을 다음과 같이 설정합니다.

- [글꼴] : Black Han Sans
- [글꼴 크기] : 130 pt
- [자간] : –60
- [색상] : 흰색
- [포 기울임] : 체크

TIP ....
썸네일 타이틀은 작은 화면에서도 잘 보이도록 가독성이 좋은 볼드 계열의 글꼴을 사용하는 것이 좋습니다.

02 타이틀의 '왜', '한국어를?'을 드래그하여 박스로 씌우고 글자 색상을 '#fdfbbb'로 설정합니다. [레이어] 패널에서 타이틀 레이어의 오른쪽 빈 곳을 더블클릭하여 [레이어 스타일] 대화상자를 엽니다. [획]을 체크하고 다음과 같이 설정합니다.

- [크기] : 2 px
- [옵션 바 모드] : 표준
- [색상] : 검은색

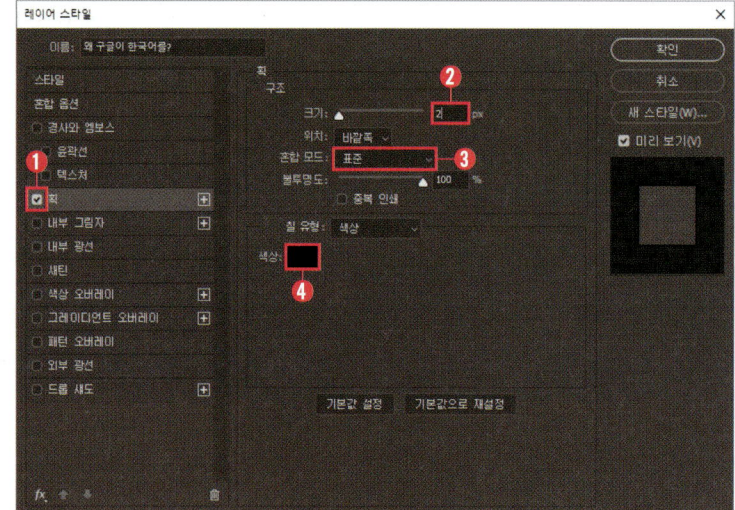

03 다음으로 [드롭 섀도]를 체크하고 세부 옵션은 다음과 같이 설정합니다.

- [혼합 모드] : 곱하기
- [불투명도] : 72%
- [각도] : 120°
- [거리] : 12 px
- [스프레드] : 39%
- [크기] : 16 px

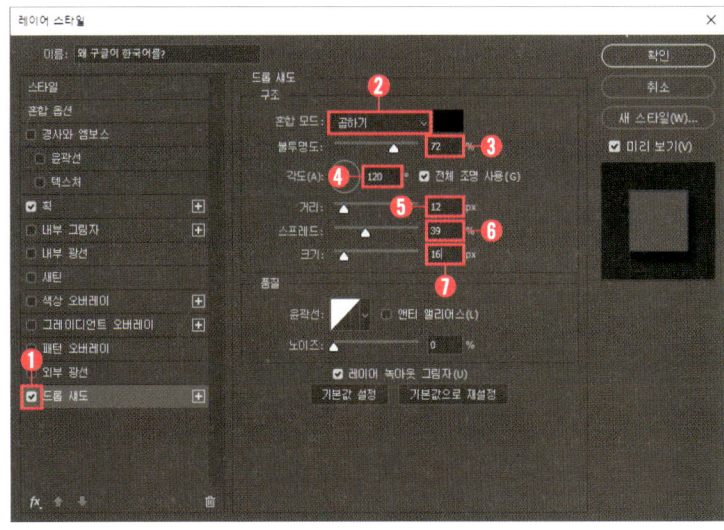

04 타이틀에서 '한국어' 위에 강조점을 그려 넣기 위해 [도구] 패널에서 [타원 도구]를 선택하고 옵션 바를 다음과 같이 설정합니다. '한' 위에서 Shift 를 누른 채 점을 그려 넣습니다.

- [선택 도구 모드] : 모양
- [칠] : #ff0000
- [획] : 검은색
- [획 폭] : 1 픽셀

TIP ··
타원을 그리는 도중 Space Bar 를 눌러 위치를 옮길 수 있습니다.

05 Shift + Alt 를 누른 채 원을 오른쪽으로 드래그하여 점 두 개를 추가합니다.

TIP ··
Alt 를 누르면 이미지를 복사할 수 있으며, Shift 를 누르면 이미지를 수직, 수평으로 정확하게 옮길 수 있습니다.

CHAPTER 02 포토샵의 영상 디자인 기초 | **391**

06 썸네일이 완성되었습니다. [파일] > [내보내기] > [내보내기 형식] 메뉴를 클릭하여 [내보내기 형식] 대화상자를 엽니다. [형식]을 'JPG', [품질]을 '7'로 설정하고 [내보내기] 버튼을 클릭하여 적절한 위치에 저장합니다.

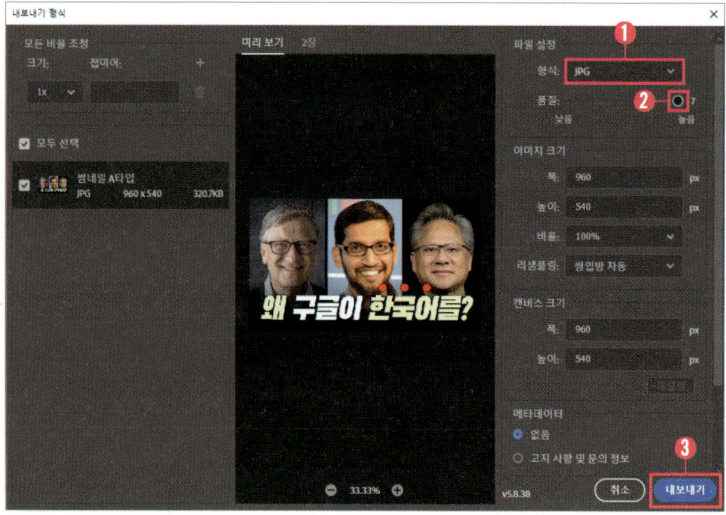

SECTION 1

섬네일 타이틀 기초 디자인

❷ 쇼츠 타이틀 디자인

핵심 내용
[사각형 도구]와 [문자 도구]를 이용하여 쇼츠 타이틀을 디자인해 보고, 색상이 다른 텍스트 타이틀과 장식을 하나로 합치는 방법을 알아봅니다.

핵심 기능
[사각형 도구] → [문자 도구] → [색조/채도] > [색상화]

미리 보기 유튜브 쇼츠 타이틀 디자인(Iron Baby)

쇼츠 타이틀 디자인

쇼츠 영상 1

쇼츠 영상 2 〈출처 : Patrick Boivin〉

CHAPTER 02 포토샵의 영상 디자인 기초 | 393

01 쇼츠 레이아웃 설정하기

[사각형 도구] → [문자 도구]

▶ 준비 파일 : C2 > S1 > P2 > 날개.png   ▶ 완성 파일 : C2 > S1 > P2 > 완성 파일 폴더

01 포토샵을 실행하고 [새 파일] 버튼을 클릭하여 다음과 같이 설정하고 [만들기] 버튼을 클릭합니다.

- [폭] : 720 픽셀
- [높이] : 1280 픽셀
- [해상도] : 72 픽셀/인치
- [색상 모드] : RGB 색상 8비트
- [배경 내용] : 투명

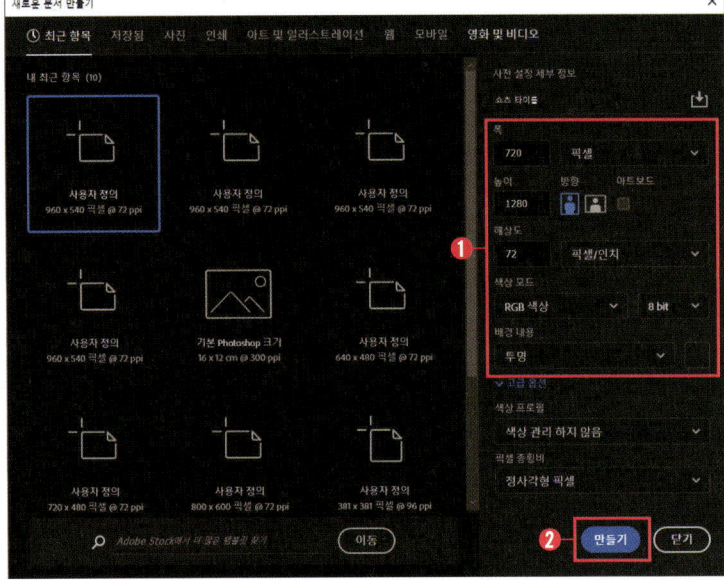

02 안내선 작업을 하기 위해 Ctrl+R을 눌러 눈금자를 꺼내고 다음 위치에 안내선을 드래그해 배치합니다.

- Y : 83 픽셀
- Y : 237 픽셀
- Y : 1082 픽셀

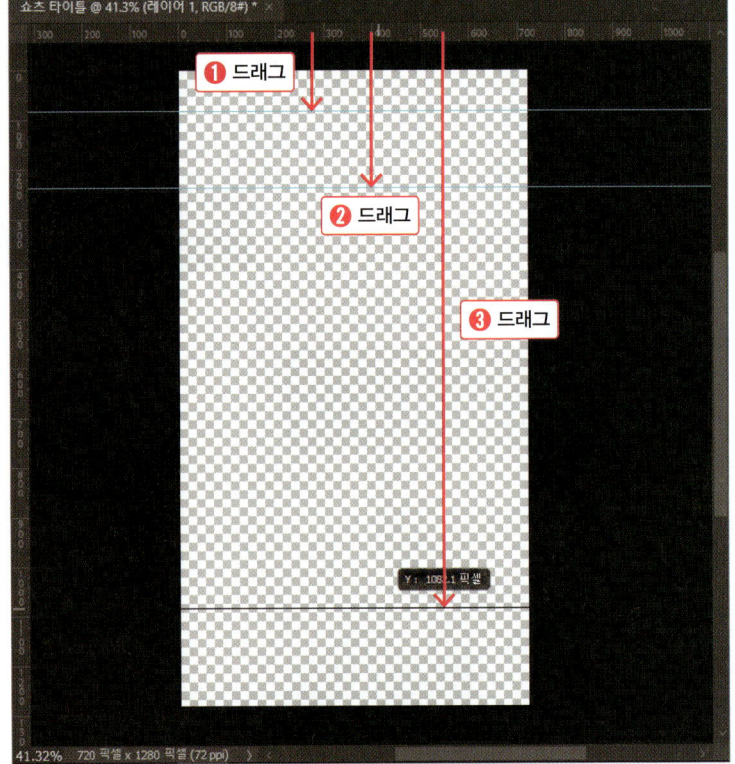

03 [사각형 도구]를 선택하고 옵션 바를 다음과 같이 설정한 후 중앙 부분을 제외한 위, 아래의 안내선에 맞춰 사각형을 그립니다.

- [선택 도구 모드] : 모양
- [칠] : 검은색
- [획] : 색상 없음

04 타이틀 자막을 입력하기 위해 [수평 문자 도구]를 선택하고 작업 창 상단에 'Iron Baby'를 입력합니다. [창] > [문자] 메뉴를 클릭하고 [문자] 패널이 나타나면 다음과 같이 설정합니다.

- [글꼴] : Castellar, Regular
- [글꼴 크기] : 85 pt
- [포 굵게] : 체크

05 Ctrl을 누른 채 'iron baby' 레이어를 클릭하여 선택 해제하고 [수평 문자 도구]로 타이틀 아래를 클릭하여 출처를 적습니다(<Sources : [Video] Iron Baby, [Music] I like to move it>).

- [글꼴] : G마켓 산스, Medium
- [글꼴 크기] : 21 pt

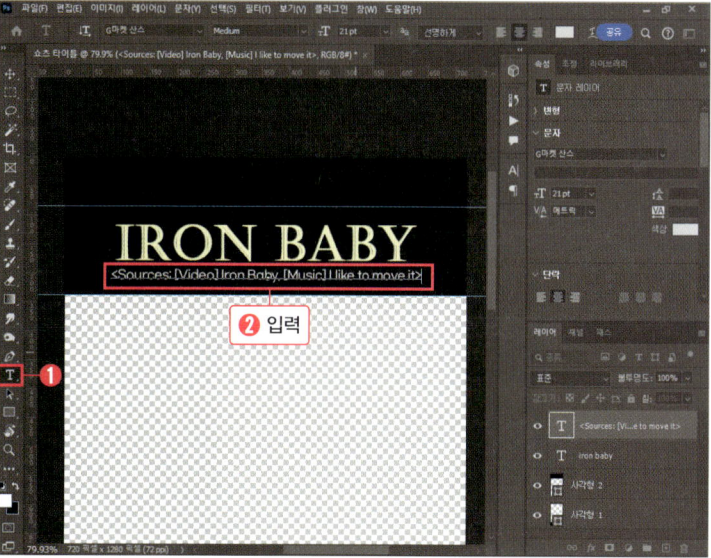

02 색상이 다른 텍스트 타이틀과 장식을 하나로 합치기 [색조/채도] > [색상화]

01 멋진 타이틀을 만들기 위해서 색상이 다른 텍스트 타이틀과 장식 이미지를 하나로 합쳐보겠습니다. Ctrl+O를 누르고 [열기] 대화상자가 나타나면 '날개.png' 파일을 불러옵니다. [이동 도구]로 크기와 위치를 조절하여 다음과 같이 배치하고, 레이어의 이름을 '날개'로 변경합니다.

02 '날개' 색상을 텍스트 타이틀 색상으로 변환하기 위해서 '날개' 레이어를 선택한 상태에서 [이미지] > [조정] > [색조/채도](Ctrl+U) 메뉴를 클릭합니다. 대화상자가 나타나면 [색상화]를 체크하고 슬라이더를 다음과 같이 설정합니다.

- [색조] : 51
- [채도] : 68
- [밝기] : -21

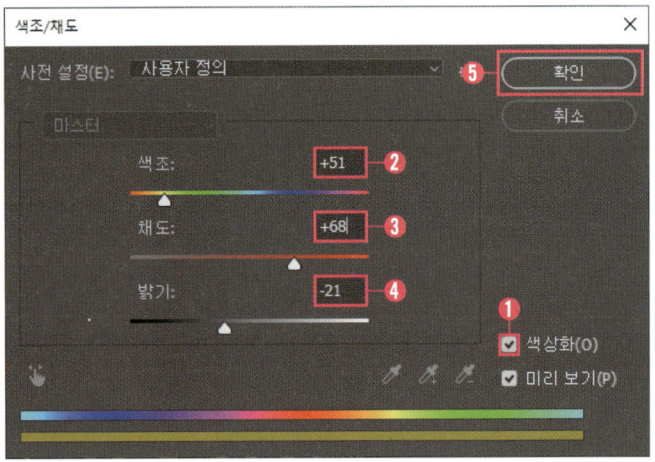

03 'IRON BABY'와 '날개' 레이어를 하나로 합칩니다. 쇼츠 디자인을 위한 레이아웃이 완성되었습니다. [보기] > [안내선] > [안내선 지우기] 메뉴를 클릭해 안내선을 지우고, [파일] > [내보내기] > [내보내기 형식](Alt+Shift+Ctrl+W) 메뉴를 클릭하여 PNG 파일로 저장합니다.

TIP ....
PNG는 투명 배경을 불러올 수 있다는 점에서 활용도가 매우 높은 파일 포맷입니다.

04 앞선 방법과 같이 제작한 PNG 레이아웃을 유튜브 쇼츠 영상에 적용할 수 있습니다.

공간에 영상을 넣은 쇼츠 타이틀 01　　　　　　공간에 영상을 넣은 쇼츠 타이틀 02

05 쇼츠 영상의 내용이나 상황에 따라 다음과 같이 레이아웃을 변경할 수 있습니다.

가운데 공간이 빈 png 쇼츠 타이틀　　　　　　가운데 공간에 영상을 넣은 쇼츠 타이틀

SECTION 2

가장 많이 사용하는 PNG 활용법

❶ 로고 PNG와 배경 이미지 합성

핵심 내용

포토샵이나 프리미어 프로 실무에서는 흰색 배경이 포함된 로고나 심볼 등의 JPEG 파일을 투명 배경의 PNG로 바꾸어야 할 때가 많습니다. PNG는 그래픽 디자인과 영상 디자인에서 가장 많이 사용하는 파일 포맷 중 하나입니다. 본 예제에서는 흰색 배경을 투명으로 바꾸고 로고의 색상을 단순화한 후 PNG로 빠르게 내보내는 방법을 알아봅니다.

핵심 기능

[자동 선택 도구] → [PNG로 빠른 내보내기]
[색상 오버레이] → [PNG로 빠른 내보내기]

미리 보기 유튜브, 창진탐 미국 애플 직원 인터뷰

이미지 이동

이미지 확대

이미지 축소

01 로고 PNG 디자인 1

[자동 선택 도구] → [PNG로 빠른 내보내기]

▶ **준비 파일** : C2 > S2 > P1 > 마이크로소프트 로고.png, 어도비 로고.png, 메타 로고.png, 이미지 1.jpg, 이미지 2.jpg, 이미지 3.jpg
▶ **완성 파일** : C2 > S2 > P1 > 완성 파일 폴더

01 포토샵을 실행하고 [열기] 버튼을 클릭합니다. [열기] 대화상자가 열리면 Ctrl을 누른 채 '마이크로 소프트 로고.png', '메타 로고.png', '어도비 로고.png' 파일을 선택하고 [열기] 버튼을 클릭하여 불러옵니다.

02 먼저 '마이크로소프트 로고' 작업 창을 열고 [레이어] 패널에서 '배경' 레이어를 더블클릭합니다. [새 레이어] 대화상자가 열리면 [확인] 버튼을 클릭합니다.

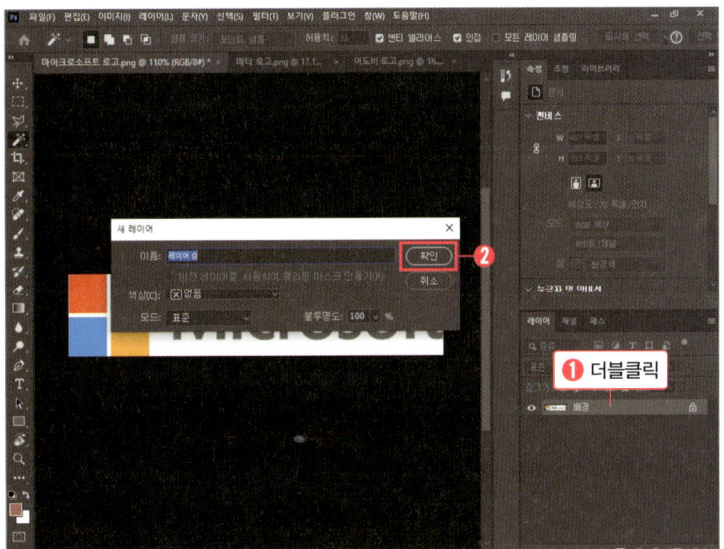

03 [자동 선택 도구]를 선택하고 로고의 흰 부분을 클릭하여 선택 영역으로 지정하고 Delete 를 눌러 삭제합니다.

TIP
Ctrl + D 를 눌러 선택 영역을 취소할 수도 있습니다.

04 흰 부분이 삭제되지 않은 부분은 [자동 선택 도구]로 Shift 를 누른 채 클릭하고 삭제합니다.

TIP ··
글자와 경계선 사이에 흰 부분이 남아있는지 꼼꼼하게 확인합니다.

05 Ctrl + D 를 눌러 선택 영역을 취소하고 [사각형 선택 윤곽 도구]로 'Microsoft' 글자만 선택 영역으로 덮습니다.

06 [레이어] 패널에서 마이크로소프트 로고 이미지 레이어를 선택하고 Ctrl + J 를 누르면 선택 영역으로 씌워진 글자만 복사됩니다.

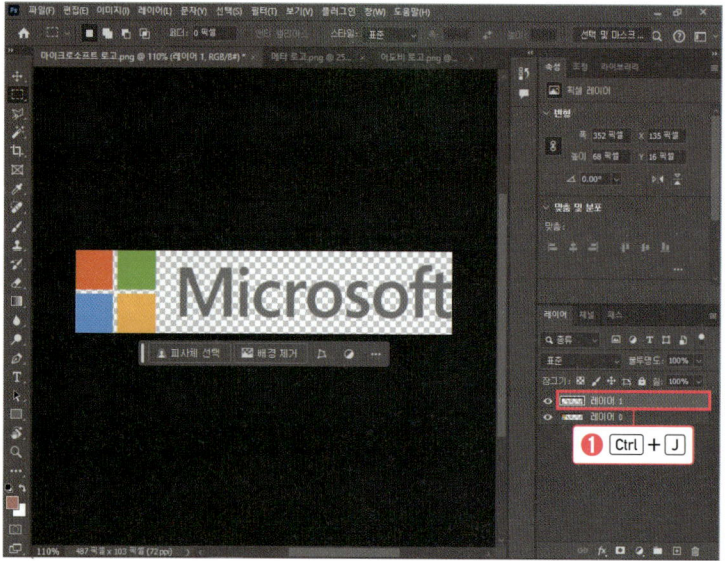

07 화면 좌측 하단에 네모 상자 모양의 [전경색 설정]을 클릭하고 [색상 피커]의 가장 좌측 상단인 '흰색'을 선택하고 [확인] 버튼을 클릭합니다.

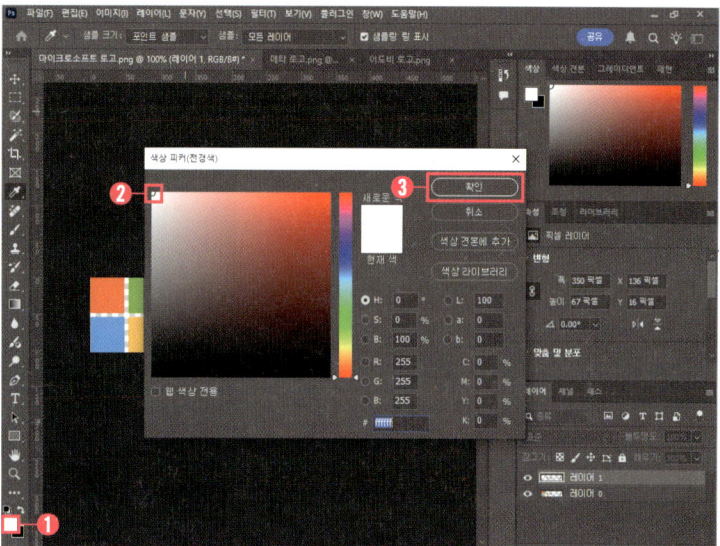

08 Ctrl 을 누른 채 글자만 복사한 레이어의 섬네일을 클릭하면 글자가 선택 영역으로 지정됩니다. Alt + Delete 를 눌러 글자를 전경색으로 채워줍니다.

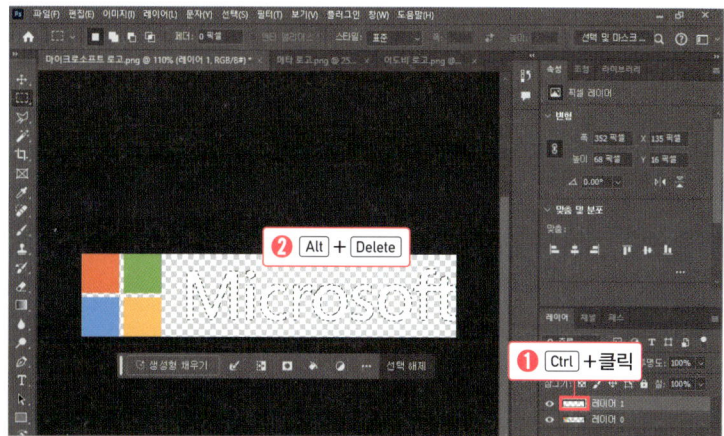

09 로고 PNG 이미지가 완성되었습니다. [파일] > [내보내기] > [PNG로 빠른 내보내기] 메뉴를 클릭하고 파일 위치와 이름을 지정합니다.

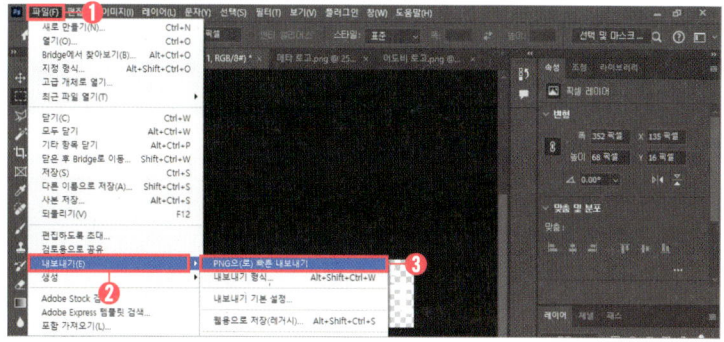

TIP

[웹용으로 저장하기] 패널에서 PNG는 PNG-8과 PNG-24 두 가지가 있습니다.
- PNG-8은 8비트의 비트맵 이미지 색상을 지원합니다.
- PNG-24는 24비트의 비트맵 이미지 색상을 지원합니다.

따라서 PNG-24로 저장할 것을 추천합니다.

PNG는 'Portable Network Graphic'의 약어로 투명 배경의 그래픽을 처리할 수 있고 이미지 손실이 거의 없는 무손실 압축 형식의 파일 포맷입니다. 기존 RGB 채널에 알파 채널을 포함하여 투명 배경을 사용할 수 있다는 점에서 그래픽 디자인 및 영상 작업에서 JPEG와 함께 가장 많이 사용하는 파일 포맷입니다.

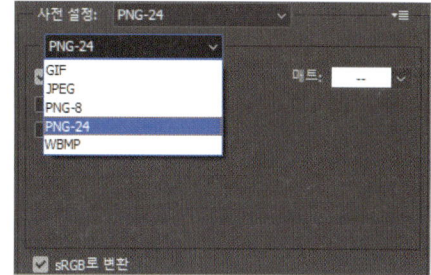

02 로고 PNG 디자인 2

[색상 오버레이] → [PNG로 빠른 내보내기]

01 다음으로 '메타 로고' 작업 창을 열어줍니다. 이번에는 로고의 색상을 흰색으로 바꾸겠습니다. [레이어] 패널에서 로고 레이어의 오른쪽 빈 곳을 더블클릭합니다.

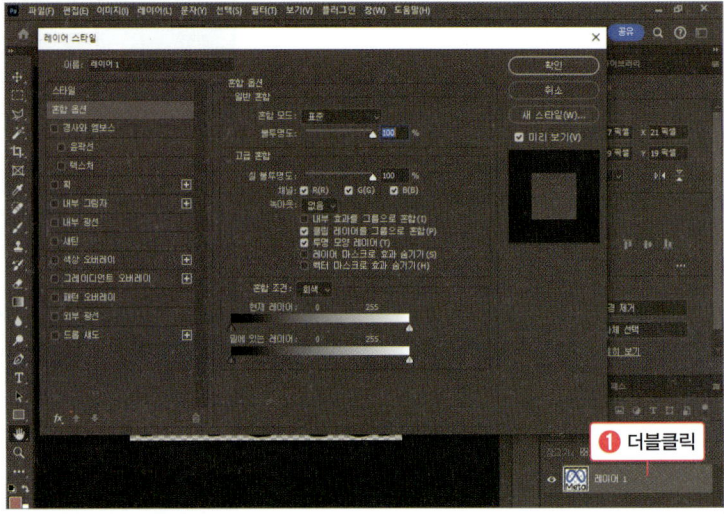

02 [레이어 스타일] 대화상자가 나타나면 [색상 오버레이]를 체크하고 우측 상단에 작은 네모 상자를 클릭하여 [색상 피커]를 열어줍니다. [색상 피커] 대화상자에서 'ffffff'를 입력하고 [확인] 버튼을 클릭합니다.

TIP
원하는 색상을 클릭하여 지정할 수 있습니다. 'ffffff'는 흰색 색상 코드이며, 모든 색상에는 각각의 색상 코드가 존재합니다.

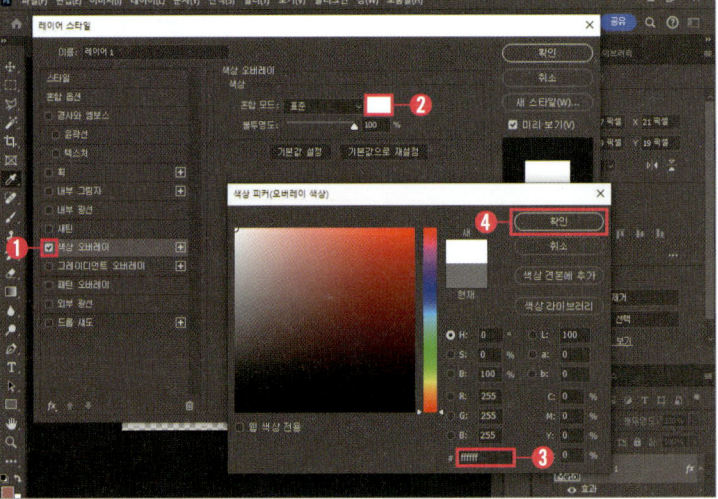

03 [확인] 버튼을 클릭하여 레이어 스타일을 저장합니다. 다음으로 이미지의 하단을 잘라 'Meta'를 없애고 로고만 남도록 하겠습니다. [자르기 도구]를 선택하고 [생성형 확장] 오른쪽 메뉴에서 [W×H×해상도]를 선택합니다.

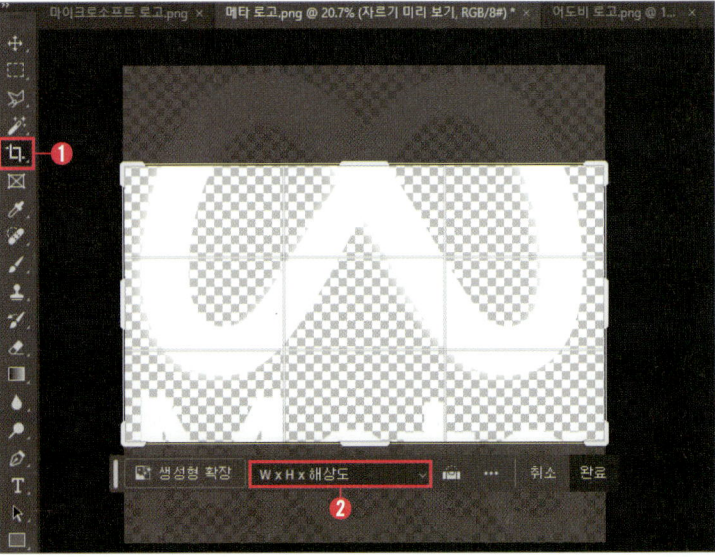

04 자른 영역의 모서리를 드래그하여 다음과 같이 글자를 제외하고 로고만 보이도록 만들고 [완료]를 클릭합니다.

05 편집이 끝났으니 [파일] > [내보내기] > [PNG로 빠른 내보내기] 메뉴를 클릭하여 저장합니다.

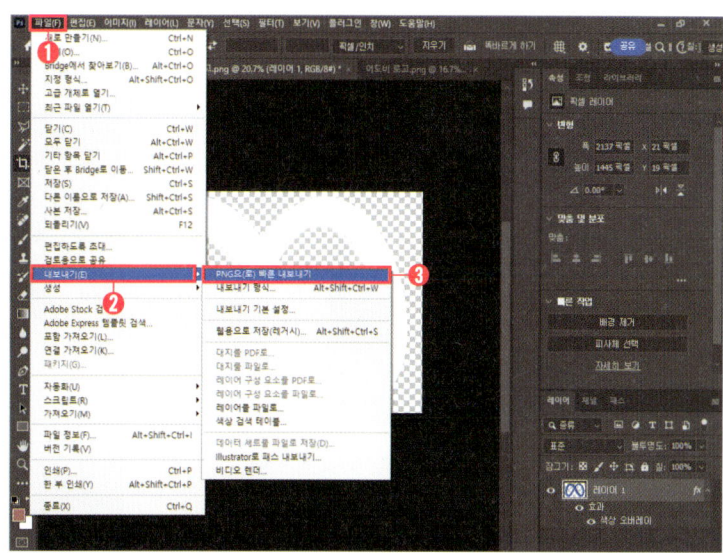

06 이와 같은 방식으로 '어도비 로고'도 [색상 오버레이]를 적용하여 흰색으로 변경하고 [PNG로 빠른 내보내기] 메뉴를 이용하여 저장합니다.

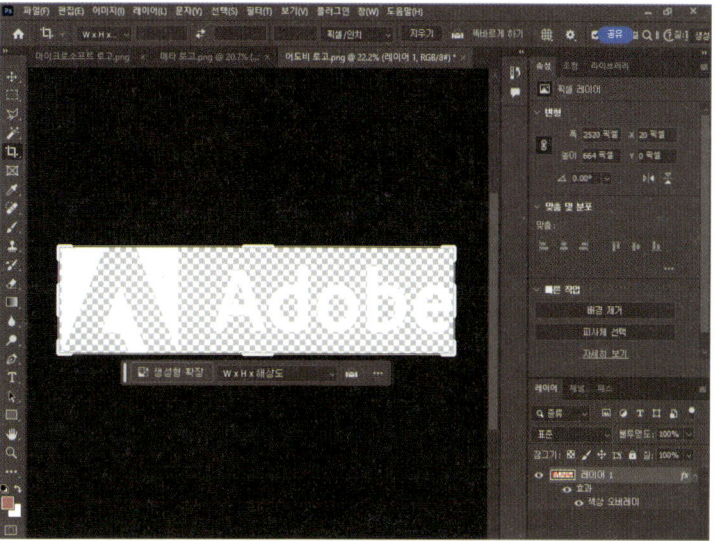

SECTION 2

가장 많이 사용하는 PNG 활용법

❷ 캘리그래피 PNG 타이틀 활용

핵심 내용
포토샵이나 프리미어 실무에서는 흰색 배경이 포함된 문자, 캘리그래피 등의 JPEG 파일을 투명 배경의 PNG로 바꾸어야 할 때가 많습니다. 본 예제에서는 캘리그래피를 제외한 흰색 배경을 삭제하여 투명으로 바꾼 후 [PNG로 빠른 내보내기] 메뉴를 이용하여 저장하는 방법을 알아봅니다.

핵심 기능
[자동 선택 도구] → [선택 영역 반전] → 배경 삭제 → [PNG로 빠른 내보내기]

미리 보기 유튜브 쇼츠, 추석 인사 영상

달 영상 원본

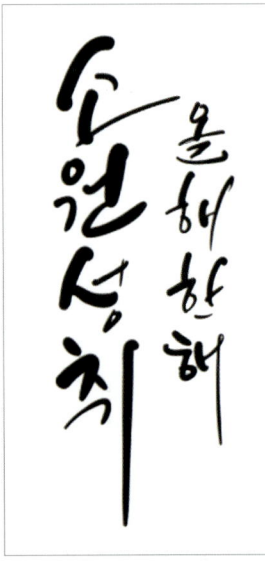
캘리그래피 원본

캘리그래피 타이틀이 들어간 영상

01 캘리그래피 선택하고 배경 삭제하기

[자동 선택 도구]

▶ **준비 파일** : C2 > S2 > P2 > 소원성취 캘리그래피.png, PNG 캘리그래피.prproj, 영상1.mp4
▶ **완성 파일** : C2 > S2 > P2 > 완성 파일 폴더

01 '소원성취 캘리그래피.png' 파일을 포토샵으로 불러옵니다.

TIP
인터넷 구글 등에 '소원성취 캘리'를 검색하면 다양한 캘리그래피 파일을 찾을 수 있습니다.

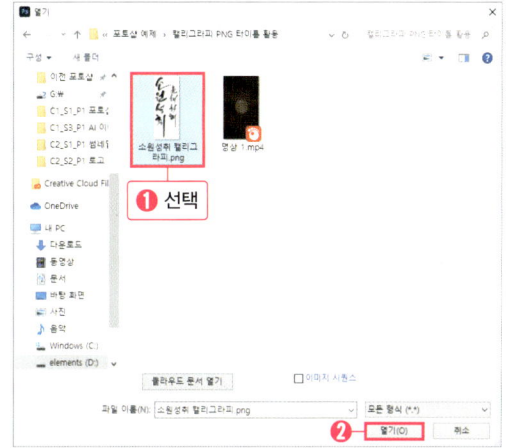

02 [레이어] 패널에 '배경' 레이어를 더블 클릭하고 [새 레이어] 대화상자가 뜨면 [확인] 버튼을 클릭하여 일반 레이어로 변경합니다. 글자를 제외한 배경의 흰색을 제거하기 위해 [자동 선택 도구]를 선택하고, 상단 옵션 바에서 [허용치]를 '100'으로 설정한 뒤, 흰 부분을 클릭하여 배경을 선택 영역으로 지정합니다.

TIP
[자동 선택 도구]의 옵션 바에서 [허용치]를 통해 선택 민감도를 조절할 수 있습니다.
AI [상황별 작업 표시줄]의 [피사체 선택]을 사용할 수도 있습니다. 하지만 본 예제와 같이 복잡한 형태는 [자동 선택 도구]를 추천합니다.

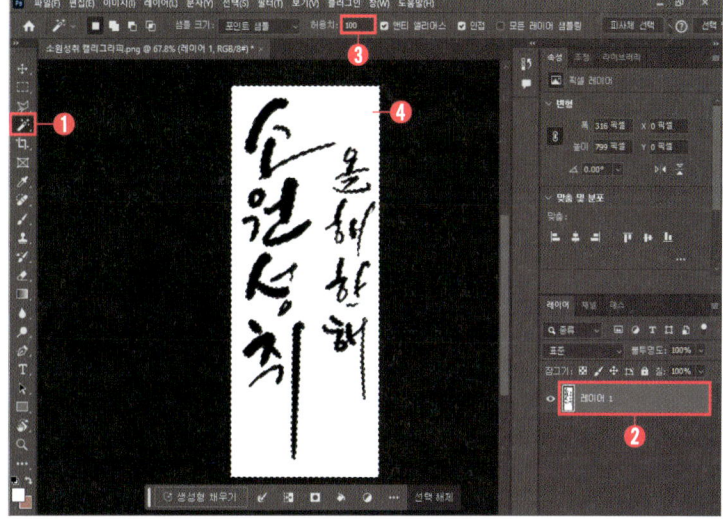

03 이미지를 자세히 보면 흰색 배경과 단절되어 선택되지 않은 부분이 있는 것을 알 수 있습니다. [Shift]를 누른 채 [자동 선택 도구]로 나머지 흰색 부분을 클릭하여 선택 영역으로 추가한 뒤 [Delete]를 눌러 배경을 삭제합니다.

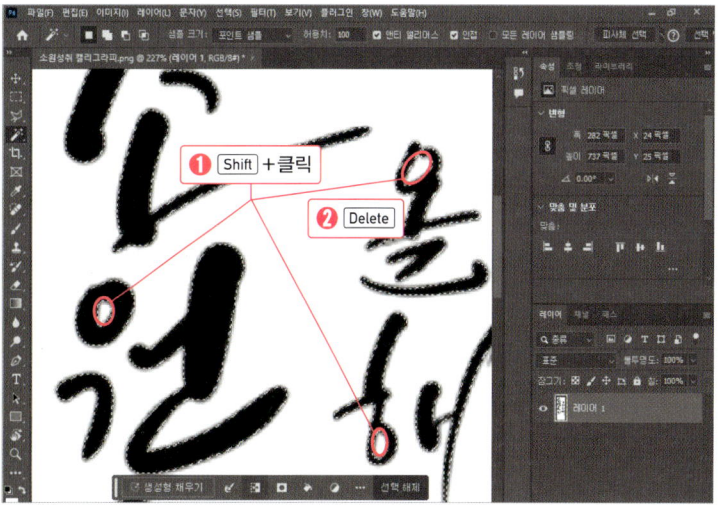

02 글자를 흰색으로 바꾸고 PNG 저장하기

[선택 영역 반전] → 배경 삭제

01 [전경색]을 더블클릭하여 [색상 피커] 대화상자를 엽니다. 사각형의 색상 필드에서 가장 왼쪽 위에 있는 '흰색'을 선택하고 [확인] 버튼을 클릭합니다.

TIP
이미 흰색으로 지정되었다면 [확인] 버튼을 클릭합니다.

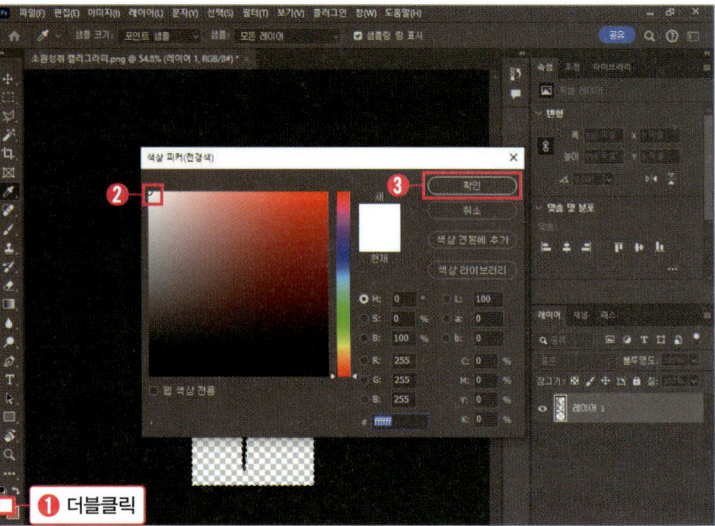

02 [상황별 작업 표시줄]에서 [선택 영역 반전]을 클릭하고, Alt + Delete 를 눌러 캘리그래피를 전경색으로 칠합니다.

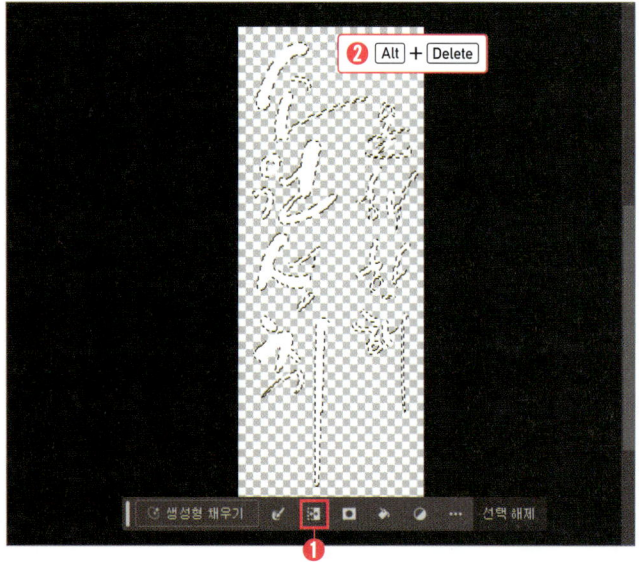

03 [파일] > [내보내기] > [PNG로 빠른 내보내기] 메뉴를 클릭하고 적절한 위치에 저장(캘리그라피.png)합니다.

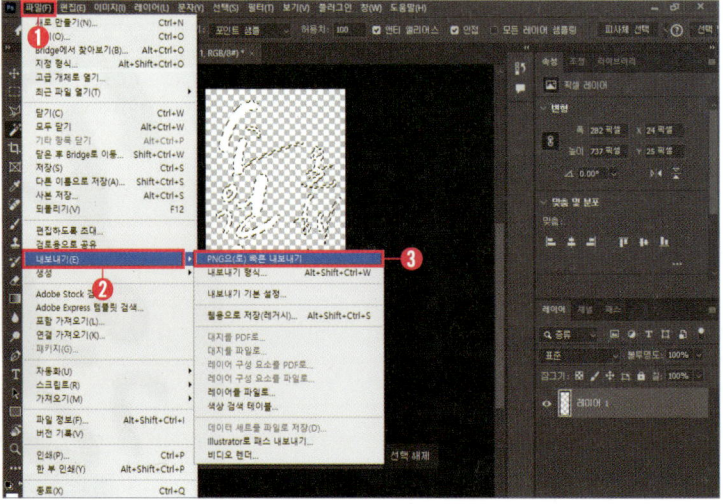

03 프리미어 프로에서 GIF 영상 편집 후 출력하기

01 프리미어 프로를 실행하고 'PNG 캘리그래피.prproj' 파일을 불러옵니다. [프로젝트] 패널의 빈 곳을 더블클릭하여 앞서 저장한 '캘리그래피.png' 이미지 클립을 가져옵니다.

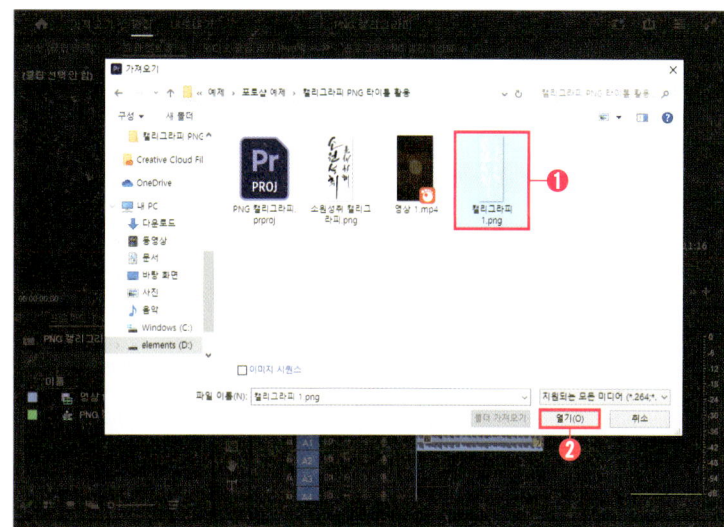

02 '캘리그래피.png' 이미지 클립을 [타임라인] 패널로 가져오고 [Out 점]을 조절하여 '영상 1' 영상 클립과 길이를 맞춥니다.

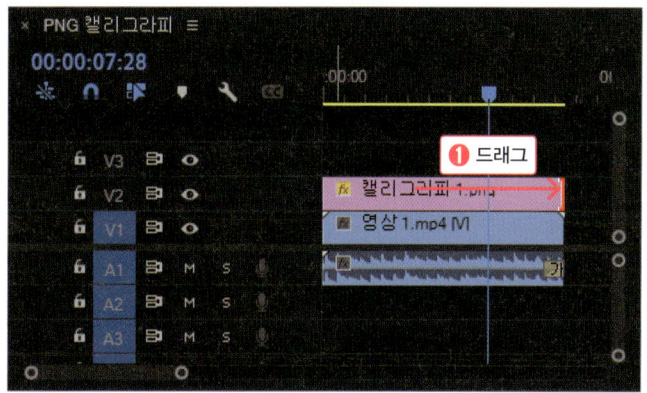

03 '캘리그래피.png' 이미지 클립을 선택한 상태로 [프로그램 모니터] 패널에서 크기 조절점을 드래그하여 크기를 조절하고 다음과 같은 위치로 옮겨줍니다.

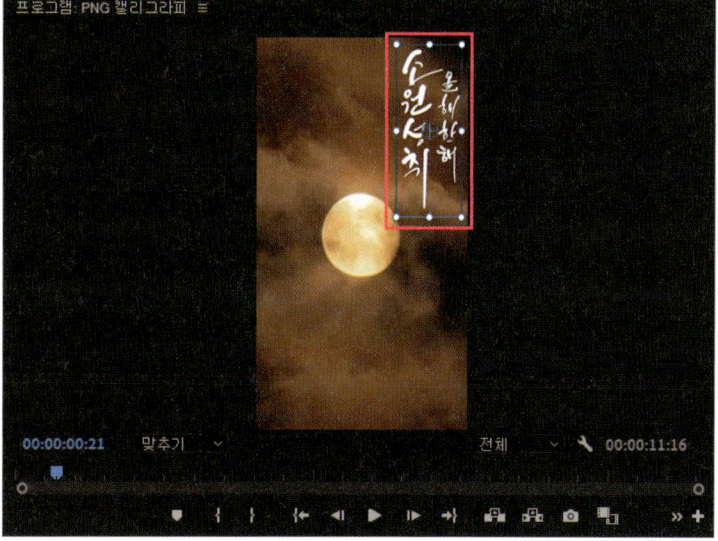

04 Ctrl+M을 눌러 [내보내기] 화면으로 이동합니다. [포맷]을 '애니메이션 GIF'로 변경하고 [내보내기] 버튼을 클릭하여 출력합니다.

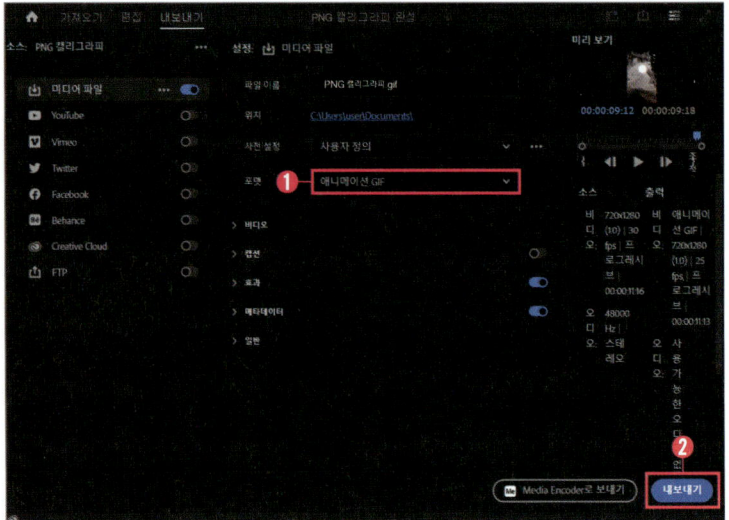

SECTION

2 가장 많이 사용하는 PNG 활용법
❸ 투명 물방울 PNG 활용

핵심 내용
물방울, 투명 아이콘과 같은 이미지는 세련된 스토리 디자인에 사용하면 좋습니다. 본 예제에서는 물방울 PNG 파일을 레이어 레스터화 후 레벨을 이용하여 밝기를 조절하고, [수평 문자 도구]로 새 문자를 입력한 후 [외부 광선] 효과를 이용해서 주인공과 배경이 어울리는 물방울 효과에 대해서 알아봅니다.

핵심 기능
[레이어 레스터화] → [레벨] → [수평 문자 도구] → [외부 광선]

미리 보기 OO고등학교 총학생회장 선거 홍보물

원본

물방울 효과 + 텍스트

01 물방울 PNG 밝기 조절하기 [레이어 레스터화] → [레벨]

▶ 준비 파일 : C2 > S2 > P3 > 포스터.psd, 물방울.png ▶ 완성 파일 : C2 > S2 > P3 > 완성 파일 폴더

01 포토샵을 실행하고 [열기] 버튼을 클릭합니다. [열기] 대화상자가 열리면 '포스터.psd' 파일을 선택하고 [열기] 버튼을 클릭합니다.

TIP ········
인터넷 구글에 '투명 물방울 png'를 검색하면 다양한 관련 이미지들을 찾을 수 있습니다.

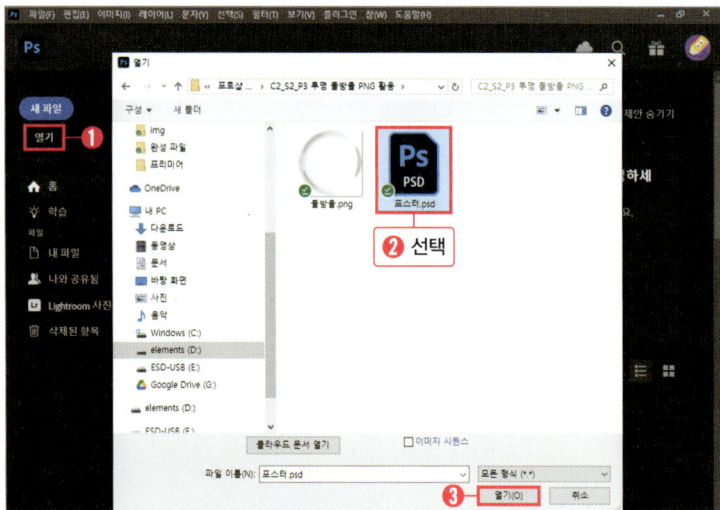

02 물방울 이미지를 삽입하기 위해서 [파일] > [스마트 오브젝트로 열기] 메뉴를 클릭하고, 대화상자가 열리면 '물방울.png' 파일을 선택한 후 [열기] 버튼을 클릭합니다. '물방울' 레이어를 선택하고 Ctrl+C를 눌러 복사합니다.

03 '포스터' 작업 창으로 돌아와 Ctrl+V를 눌러 물방울 이미지를 붙여넣습니다. [이동 도구]로 조절점을 드래그하여 크기와 위치를 다음과 같이 변형한 후 Enter를 누릅니다.

04 '물방울' 레이어를 마우스 오른쪽 버튼으로 클릭하고 [레이어 레스터화]를 선택하여 스마트 오브젝트에서 일반 레이어로 만들어 줍니다.

TIP
스마트 오브젝트는 색상 변경, 필터 적용 등의 수정 작업이 불가능하므로 위와 같은 작업이 필요한 경우에는 일반 레이어로 만들어줘야 합니다.

05 물방울 이미지의 밝기를 조절하기 위해서 [이미지] > [조정] > [레벨](Ctrl+L) 메뉴를 클릭하고, 다음과 같이 설정합니다.

- [중간 톤 슬라이더] : 1.16
- [밝은 톤 슬라이더] : 190

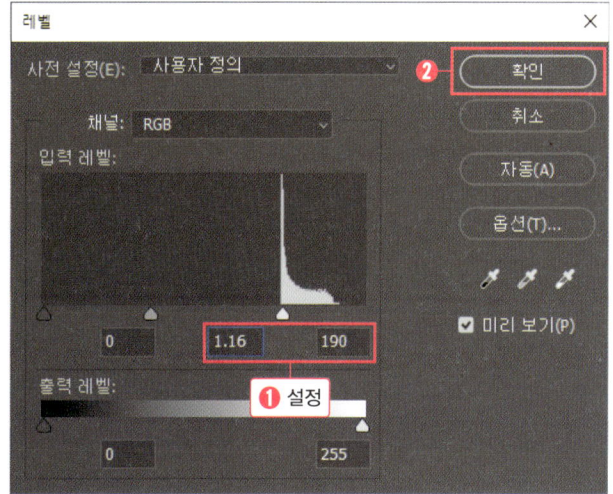

06 '물방울' 레이어가 선택된 상태에서 [이동 도구]를 선택하고 옵션 바의 [자동 선택] 기능을 해제합니다. Alt를 누른 채 드래그하여 물방울을 다음과 같은 위치에 하나 더 복사합니다.

TIP
[자동 선택]이 체크되어 있으면 [이동 도구]로 클릭한 곳의 레이어가 자동으로 선택됩니다. 마우스를 이용한 복사하기 기능을 사용할 때는 엉뚱한 레이어가 자동으로 선택될 수 있으므로 잠시 해제해 두는 것이 좋습니다.

02 문자 효과 적용하기

[수평 문자 도구] → [외부 광선]

01 [도구] 패널의 [수평 문자 도구]로 '실천' 문자를 오른쪽 물방울 중앙에 입력한 후 글꼴, 크기, 색상을 다음과 같이 설정합니다.

- 글꼴 : G마켓 산스, Medium
- 글꼴 크기 : 55pt

02 문자를 더욱 잘 보이게 만들겠습니다. '실천' 레이어의 오른쪽 빈 곳을 클릭하여 [레이어 스타일] 대화상자가 열리면 [외부 광선]을 다음과 설정합니다.

- [옵션 바 모드] : 곱하기
- [불투명도] : 50%
- [외부 광선 색상] : 검은색(#000000)
- [스프레드] : 0%
- [크기] : 8 px

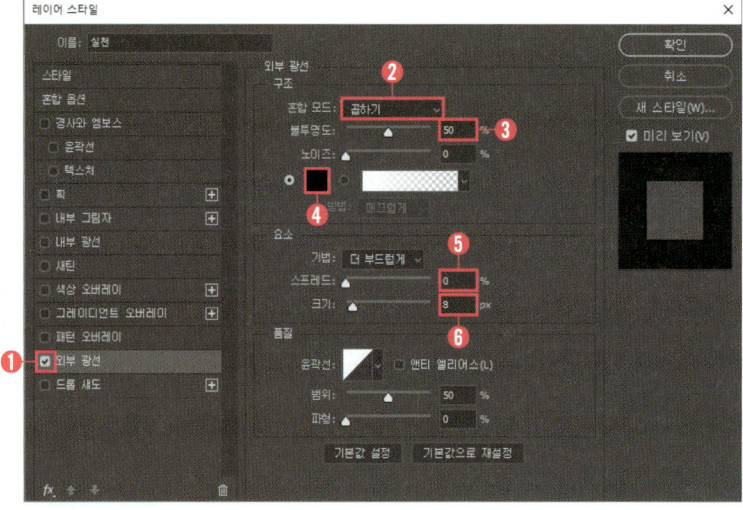

03 이어서 [레이어 스타일] 대화상자에서 [드롭 섀도]를 체크하고, 다음과 같이 설정한 후 [OK] 버튼을 클릭합니다.

- [불투명도] : 60%
- [각도] : 165°
- [거리] : 8 px
- [스프레드] : 0%
- [크기] : 8 px

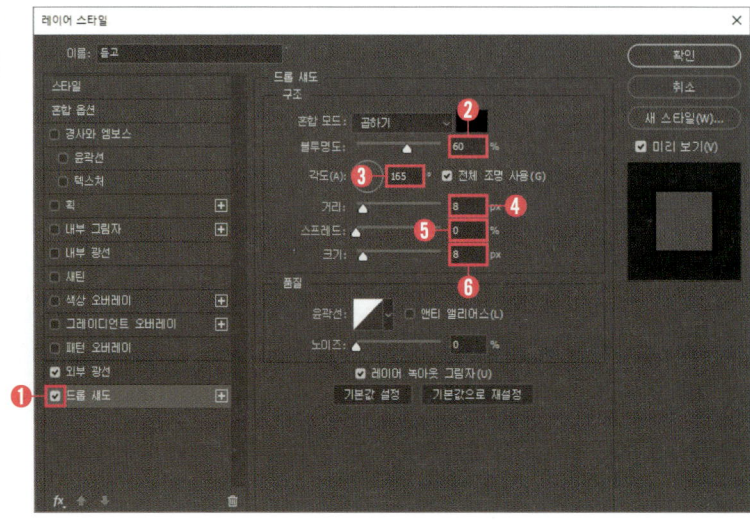

04 왼쪽에 위치한 물방울에도 '듣고'라는 문자를 입력하고, 원근감을 위해서 '실천' 문자보다 크기를 작게 조절합니다.

05 앞선 방법으로 레이어 스타일을 적용하여 작업을 마무리합니다.

TIP
앞서 배운 '레이어 스타일 복사', '레이어 스타일 지우기' 기능으로 레이어 스타일을 복사하여 붙여넣어도 됩니다.

SECTION 3 기본 이미지 합성 및 보정

❶ 새 그룹 복사와 색상 변환

핵심 내용
포토샵의 장점은 레이어 기능입니다. 레이어 기능 중에 [새 그룹 복사]를 사용하면 더 빠르고 체계적인 작업이 가능합니다. 또한 [색조/채도] 색상 변환 옵션에서 드래그로 조금씩 이동하면 색상환을 모르는 초보자도 색상을 자연스럽게 디자인할 수 있습니다. 본 예제에서는 [새 그룹 만들기]와 [복사한 레이어], 그리고 [이동 도구]로 이동 복사와 색조/채도를 조절하는 테크닉에 대해 알아봅니다.

핵심 기능
[새 그룹 만들기] → [복사한 레이어] → [이동 도구] 이동 복사 → [색조/채도]

미리 보기 OO대학교 총장 선거 프레젠테이션 작품

[색조/채도]

  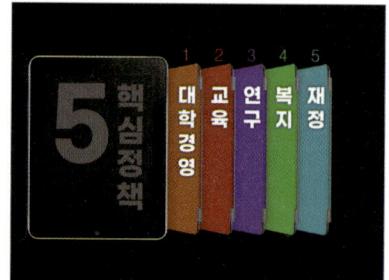

01 새 그룹 만들고 복사하기

[새 그룹 만들기] → [복사한 레이어]

▶ 준비 파일 : C2 > S3 > P1 > 아이패드.png, 콘텐츠.png   ▶ 완성 파일 : C2 > S3 > P1 > 완성 파일 폴더

01 포토샵을 실행하고 새 작업 창을 만들기 위해서 [새 파일] 버튼을 클릭합니다. [새로운 문서 만들기] 대화상자가 열리면 다음과 같이 설정한 후 [확인] 버튼을 클릭합니다.

- [폭] : 800 픽셀
- [높이] : 600 픽셀
- [해상도] : 72 픽셀/인치
- [색상 모드] : RGB 색상, 8 bit
- [배경 내용] : 검은색

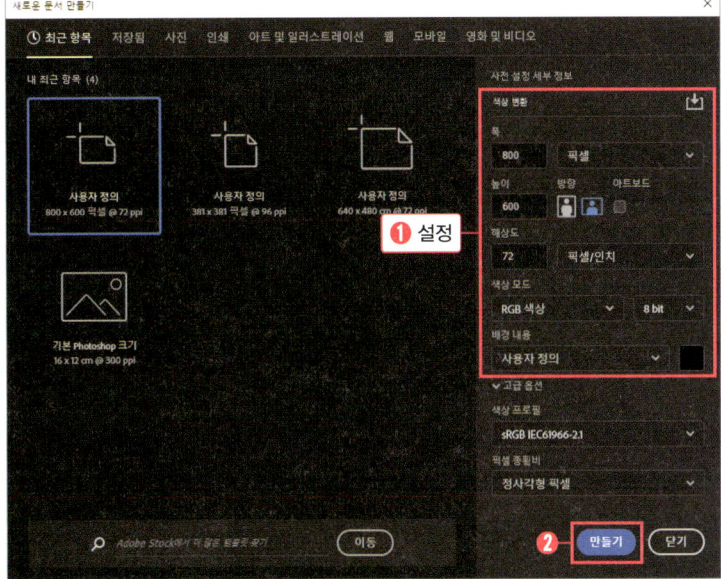

02 검은색 배경의 작업 창이 만들어지면 이미지를 삽입하기 위해서 [파일] > [스마트 오브젝트로 열기] 메뉴를 클릭하고, 대화상자가 열리면 '아이패드.png' 파일을 선택한 후 [열기] 버튼을 클릭합니다. 파일이 열리면 이미지를 드래그하여 위치를 다음과 같이 왼쪽으로 옮깁니다.

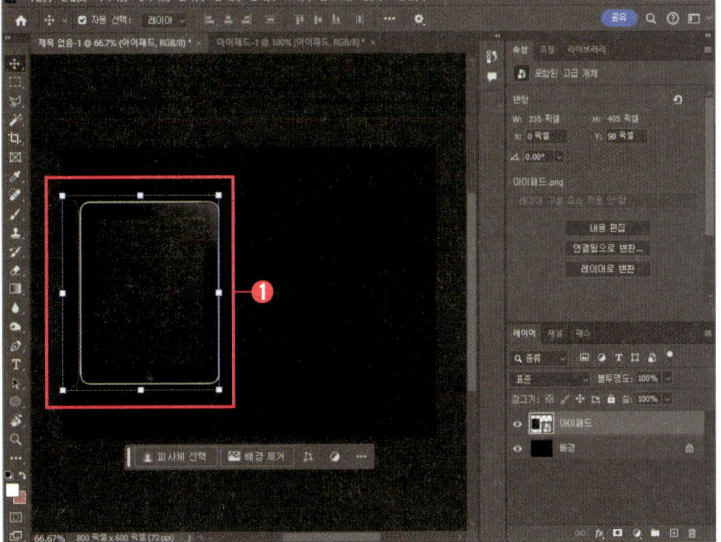

03 [도구] 패널의 [수평 문자 도구]를 선택하고 '5'와 '핵심정책' 문자를 각각 입력합니다. 색상은 '회색(#656565)', 글꼴은 'G마켓 산스', 크기는 다음과 같이 적절하게 설정합니다.

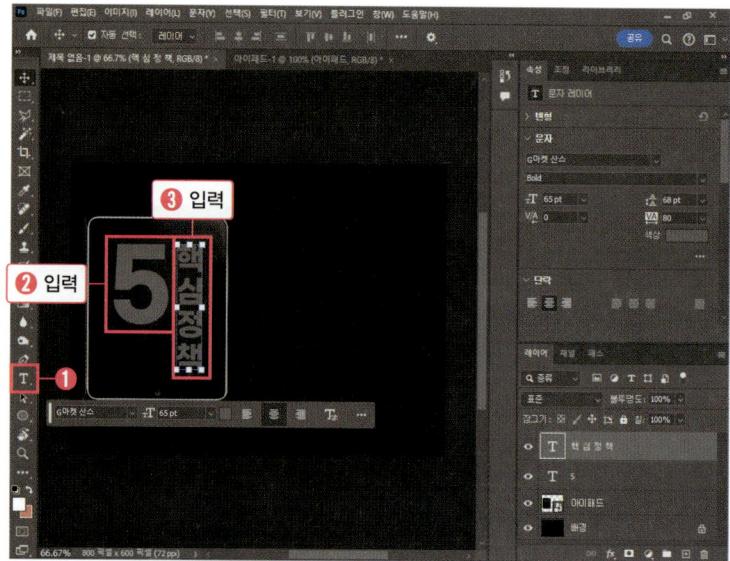

04 같은 방식으로 '콘텐츠.png' 파일을 불러온 후 파일이 열리면 조절 박스를 드래그하여 위치를 다음과 같이 왼쪽으로 옮긴 후 [레이어] 패널에서 위치를 '아이패드' 레이어 아래로 옮깁니다.

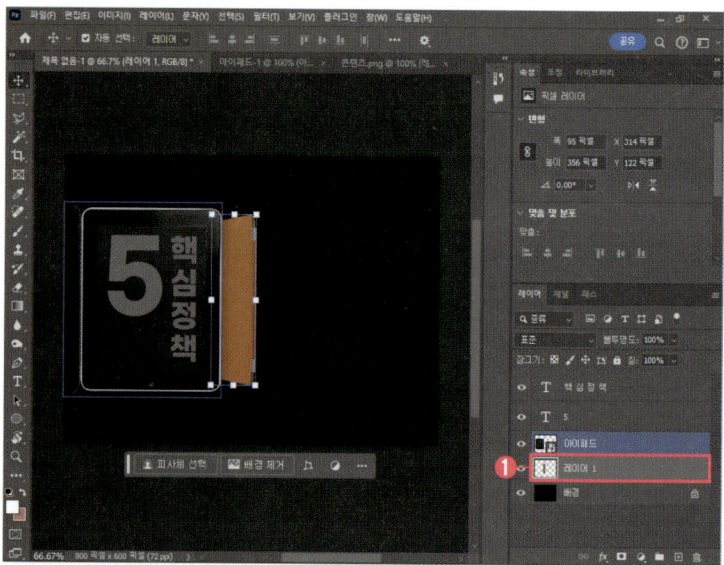

05 [수평 문자 도구]로 '1'을 입력하고 색상은 '#b25b1a'으로 변경합니다. 같은 방식으로 '대학경영'을 입력하고 색상은 '흰색'으로 변경합니다. 글꼴과 크기는 다음과 같이 설정합니다.

- [글꼴] : G마켓 산스
- [글꼴 크기] : 42pt

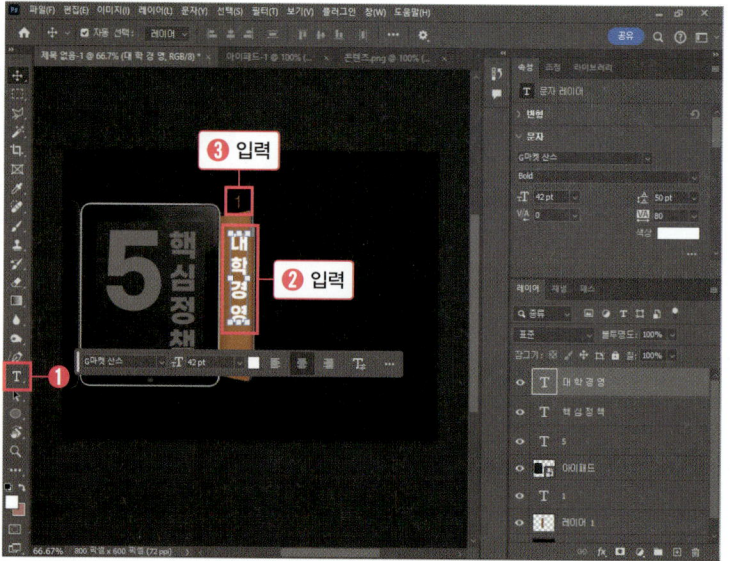

06 [레이어] 패널에서 '대학경영' 문자 레이어를 선택합니다. 문자를 더 잘 보이게 하기 위해서 [레이어] > [레이어 스타일] > [외부 광선] 메뉴를 클릭합니다. [레이어 스타일] 대화상자가 열리면 [외부 광선]을 다음과 같이 설정한 후 [확인] 버튼을 클릭합니다.

- [혼합 모드] : 표준
- [불투명도] : 40%
- [외부 광선 색상] : #000000
- [스프레드] : 0%
- [크기] : 8 px

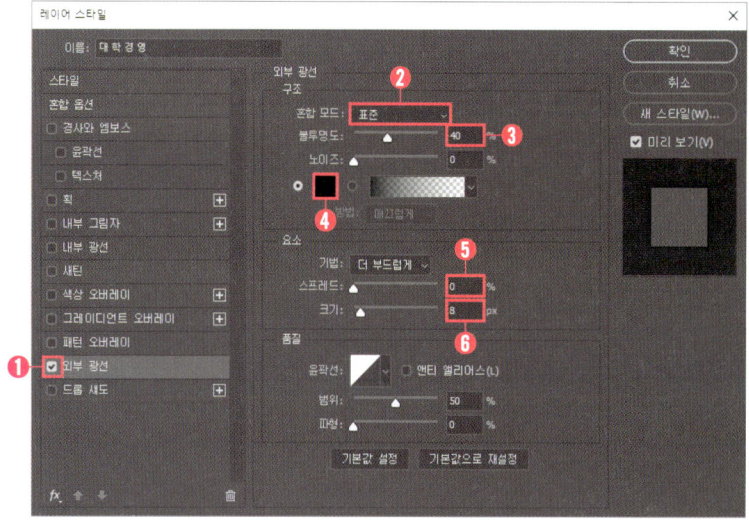

07 [레이어] 패널에서 '1', '대학경영', '레이어 1' 레이어를 모두 선택한 후 [새 그룹 만들기] 아이콘으로 드래그하여 그룹으로 만들고, 이름을 '콘텐츠 01'로 변경합니다.

TIP
[새 그룹 만들기]로 여러 개의 레이어를 하나로 묶어서 관리할 수 있는 그룹을 생성합니다. 복사 및 수정이 매우 편리해집니다.

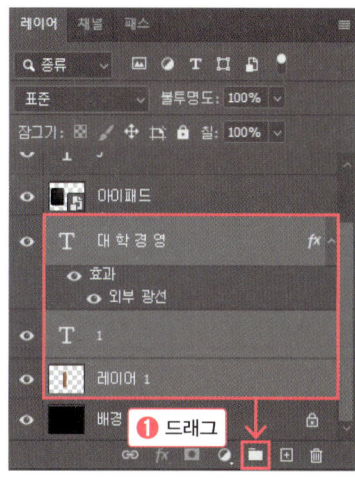 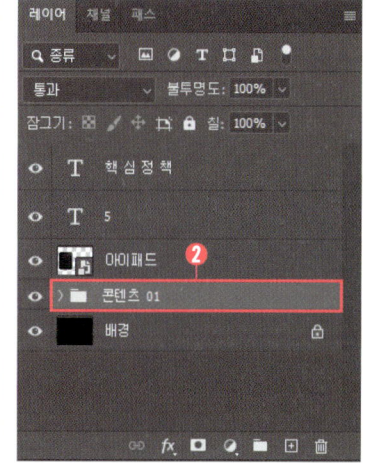

08 '콘텐츠 01' 그룹 레이어가 선택된 상태에서 Ctrl+J를 눌러 그룹 레이어를 하나 더 복사하고, 레이어 이름을 '콘텐츠 02'로 수정한 후 위치를 '콘텐츠 01' 그룹 레이어 아래로 옮깁니다.

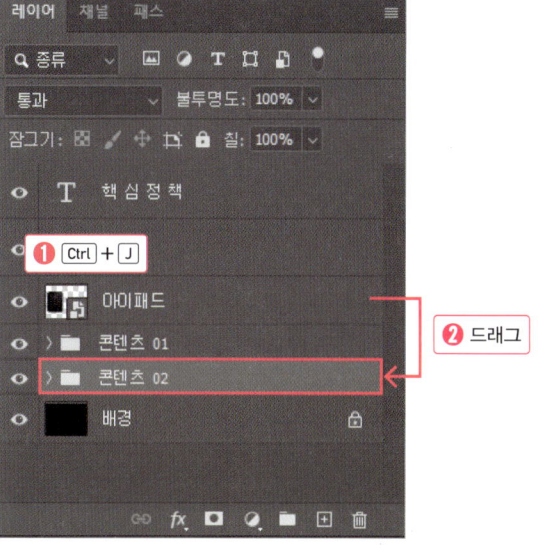

02 새 그룹 복사하고 색상 바꾸기

[이동 도구] 이동 복사 → [색조/채도]

01 '콘텐츠 02' 그룹 레이어가 선택된 상태에서 [이동 도구]로 우측으로 이동하여 복사하고, →를 여러 번 눌러 그룹의 위치를 다음과 같이 옮깁니다.

TIP
Shift를 누른 상태로 →를 누르면 더 빠르게 옮길 수 있습니다.
Ctrl+J로 복사한 후 이동해도 됩니다. 복사하는 방법은 다양합니다.

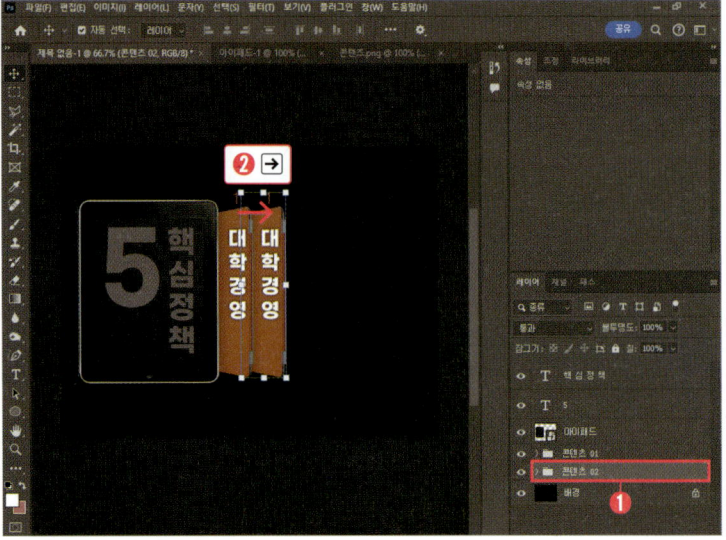

02 '콘텐츠 02' 그룹 레이어에서 '레이어 1' 레이어가 선택된 상태에서 색상을 변경하기 위해 [이미지] > [조정] > [색조/채도](Ctrl+U) 메뉴를 클릭합니다. 대화상자가 열리면 [색조]를 '-20'으로 설정하고 [확인] 버튼을 클릭합니다.

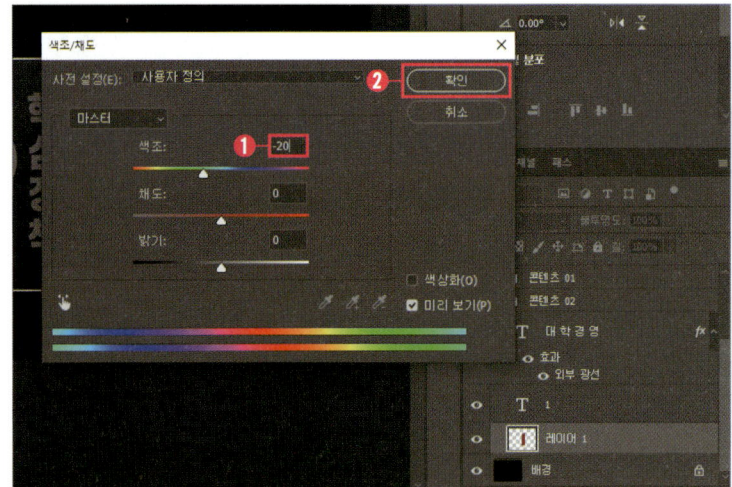

03 색상이 다음과 같이 빨간색 계열로 변경되었음을 확인한 후 [도구] 패널의 [수평 문자 도구]를 선택하고 '콘텐츠 02' 그룹 레이어의 '대학경영' 레이어를 '교육'으로, '1' 레이어를 '2'로 수정합니다. '2' 레이어의 색상은 '#b12b1d'로 설정합니다.

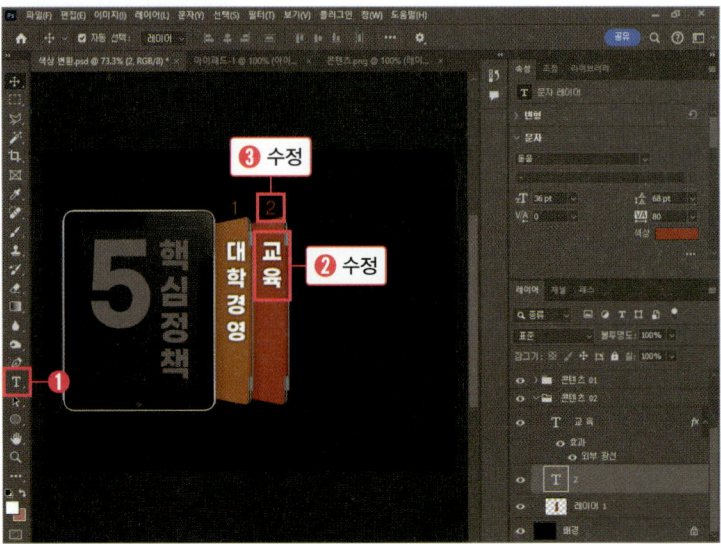

04 앞선 방법으로 계속 복사하고, [색조/채도]의 색상 변환 기능을 자유롭게 이용하여 다음과 같은 이미지를 완성합니다.

05 [새 그룹 만들기]와 복사, 그리고 [색조/채도] 기능을 이용하여 다음과 같은 프레젠테이션 애니메이션을 만들 수 있습니다.

SECTION 3

기본 이미지 합성 및 보정
❷ 이미지 + 배경 + 재질 합성

핵심 내용
본 예제는 주제 이미지 선택을 중심으로 흑백 배경 및 재질까지 합성하는 실무입니다. 먼저 [그레이디언트 도구]로 회색 배경을 만들고, 주제 이미지를 선택한 후 여러 이미지와 적절하게 합성하고, [클리핑 마스크]와 [오버레이]를 통해 재질 합성을 하는 실무형 디자인입니다.

핵심 기능
[그레이디언트 도구] → [그레이디언트 편집기] → [피사체 선택] → [다각형 올가미 도구] → [클리핑 마스크] → [옵션 바 모드] < [오버레이]

미리 보기 대한민국 절주 UCC 공모전 '우수상' 수상 작품

손   맥주   재질

흑백 효과 적용

01 그레이디언트 배경 만들기

[그레이디언트 도구] → [그레이디언트 편집기]

▶ **준비 파일** : C2 > S3 > P2 > 링거.jpg, 맥주.jpg, 손.jpg, 재질.jpg   ▶ **완성 파일** : C2 > S3 > P2 > 완성 파일 폴더

01 포토샵을 실행하고 [새 파일] 버튼을 클릭합니다. [새로운 문서 만들기] 대화상자가 열리면 다음과 같이 설정하고 [만들기] 버튼을 클릭합니다.

- [이름] : 음주
- [폭] : 720 픽셀
- [높이] : 480 픽셀
- [해상도] : 72 픽셀/인치
- [색상 모드] : RGB 색상 8비트
- [배경 내용] : 흰색

02 먼저 회색 배경을 만들기 위해 [도구] 패널에서 [그레이디언트 도구]를 선택하고, 옵션 바에서 '클래식 그레이디언트' 선택 후 [그레이디언트 편집기]를 클릭합니다.

TIP

배경색을 선택할 때 '빨주노초파남보'보다 '투명색'과 '회색'을 먼저 생각하길 권유합니다. 투명이나 회색은 디자인 경험이 부족한 초보자, 또는 어디에 사용해도 세련된 결과가 나올 가능성이 높기 때문입니다. 애플의 제품과 광고에서 가장 많이 사용하는 배경색입니다. 이는 '그레이 테크닉'이라고 하고, 강조할 부분만 컬러로 남기는 '주제 강조 디자인' 테크닉이라고도 합니다.

03 [그레이디언트 편집기] 대화상자가 열리면 왼쪽 아래 위치한 [색상 정지점] 아이콘을 더블클릭하여 색상을 '#4b4b4b'으로, 오른쪽 아래 [색상 정지점] 아이콘을 더블클릭하고, '#a0a0a0'으로 설정한 후 [확인] 버튼을 클릭합니다.

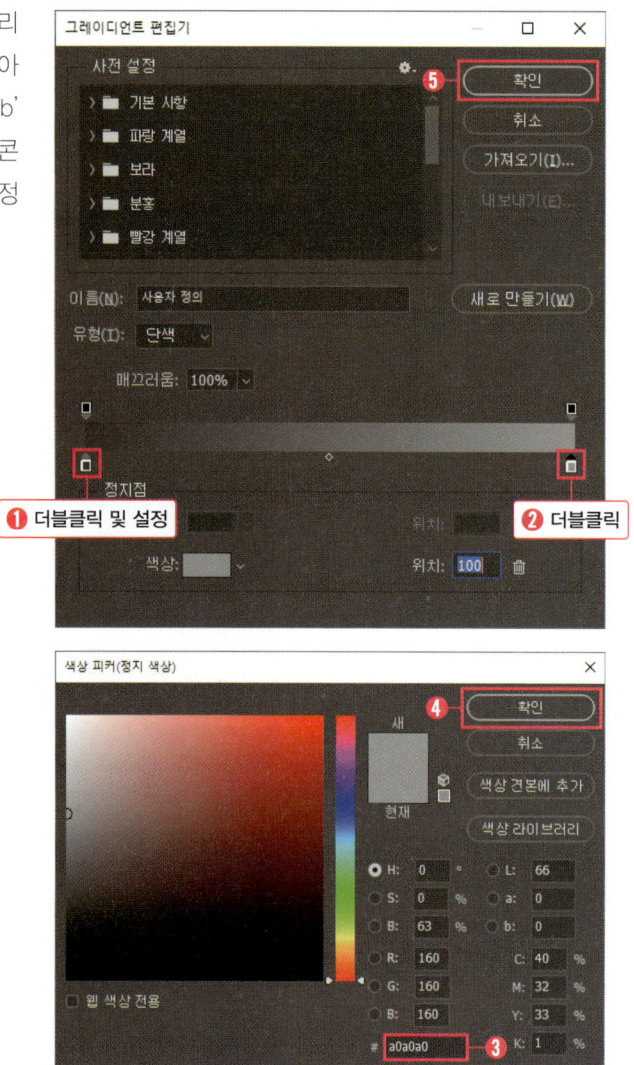

04 [그레이디언트 도구]가 선택된 상태에서 캔버스의 위쪽 부분을 클릭하고, Shift 를 누른 채 하단으로 드래그합니다.

TIP
그레이디언트 적용 시 Shift 를 누르게 되면 수평, 수직 또는 45° 대각선 방향으로 고정됩니다.

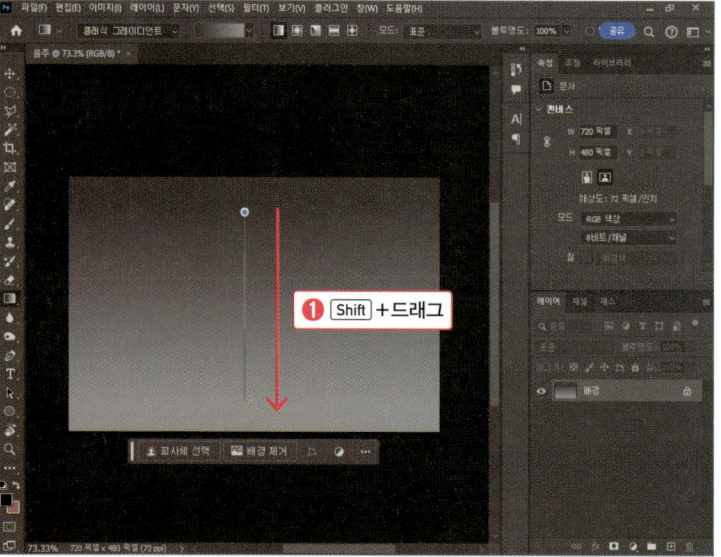

02 이미지 선택과 합성하기

[피사체 선택] → [다각형 올가미 도구]

01 주제 이미지 파일을 불러오기 위해서 [파일] > [열기]([Ctrl]+[O]) 메뉴를 클릭하고 '손.jpg' 파일을 불러옵니다.

02 먼저 손을 빠르게 선택하기 위해 하단의 [상황별 작업 표시줄]에서 [피사체 선택]을 클릭합니다. 그런데 손과 맥주 잔의 경계가 부족하다는 것을 확인할 수 있습니다.

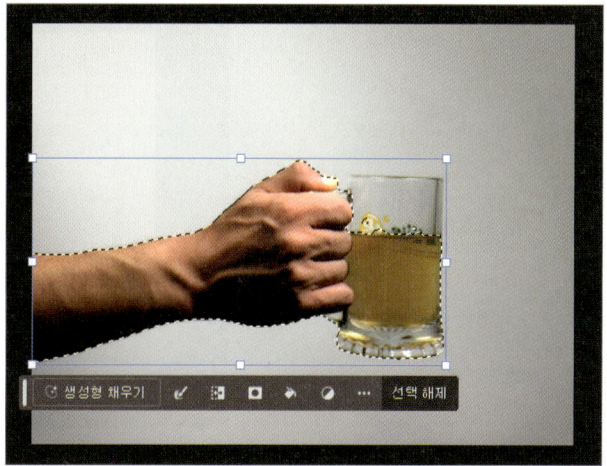

03 이때 [도구] 패널의 [다각형 올가미 도구]를 선택하고 나머지 부족한 경계선을 + [Shift] 또는, - [Alt]를 사용해서 다음과 같이 손만 선택합니다.

TIP
선택에서 + 추가를 선택할 때는 [Shift]를 누르고, - 제외를 선택할 때는 [Alt]를 누르고 선택합니다.
잘못 그린 경우에는 [Back Space]를 눌러 한 단계씩 취소한 후 다시 그립니다.

04 '손' 이미지와 회색 '배경'을 합성하기 위해서 Ctrl+C를 눌러 복사합니다. 그리고 '음주' 작업 창으로 돌아온 후 Ctrl+V를 눌러 붙여넣습니다. 손을 다음과 같이 적당한 크기로 조절하고 레이어의 이름을 '손'으로 변경합니다.

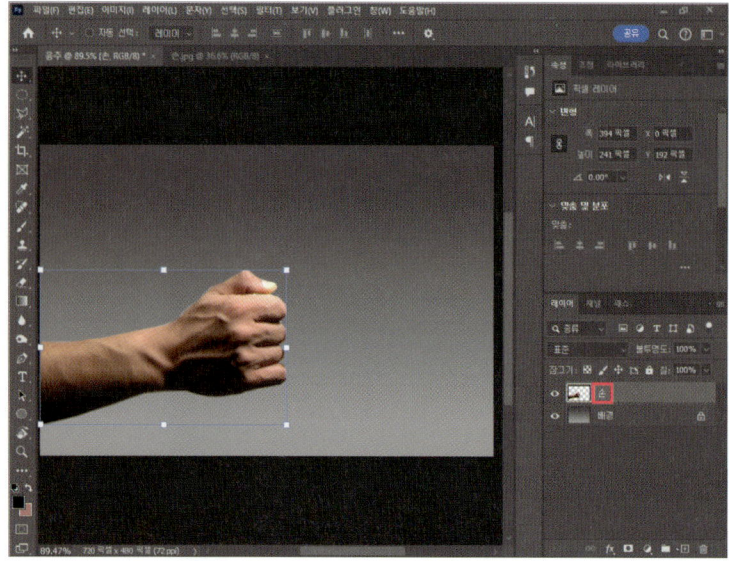

05 두 번째 합성할 맥주 이미지를 불러오기 위해서 [파일] > [열기](Ctrl+O) 메뉴를 클릭하고 대화상자가 열리면 '맥주.jpg' 파일을 불러옵니다.

06 [상황별 작업 표시줄]에서 [피사체 선택]을 클릭하여 맥주 이미지를 한 번에 선택하고 Ctrl+C를 눌러 복사합니다.

07 '음주' 작업 창을 선택하고 Ctrl + V 를 눌러 붙여넣습니다. [이동 도구]로 다음과 같이 이미지를 배치하고 '레이어 1' 레이어의 이름을 '맥주'로 변경한 다음, 레이어 위치를 '손' 레이어 아래로 옮깁니다.

08 세 번째 이미지를 합성하기 위해 [파일] > [열기](Ctrl + O) 메뉴를 클릭하고, '링거.jpg' 파일을 불러옵니다.

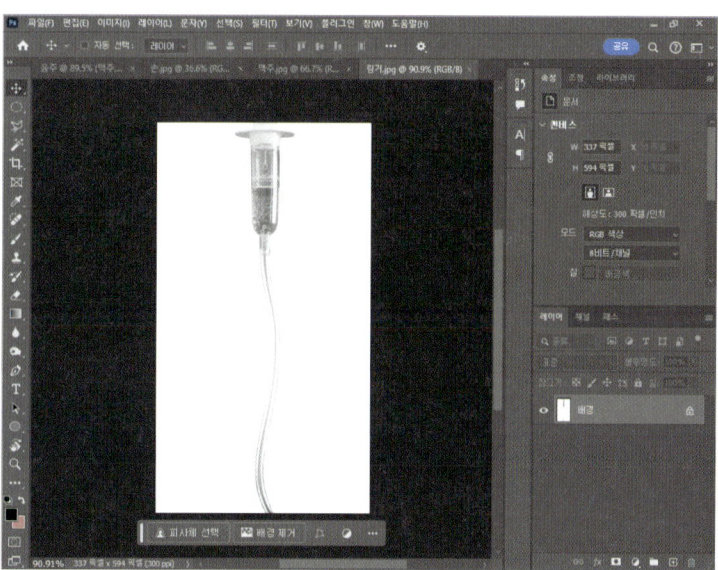

09 앞에서 배운 방법으로 이미지를 '음주' 작업 창으로 가져온 후 [이동 도구]로 다음과 같은 위치와 크기로 배치합니다. 레이어 이름을 '링거'로 변경하고 [불투명도]를 '45%'로 설정한 후 '손' 레이어 아래로 옮깁니다.

CHAPTER 02 포토샵의 영상 디자인 기초 | **425**

03 흑백 변환과 재질 합성하기

[클리핑 마스크] → [옵션 바 모드] > [오버레이]

01 손을 회색의 병든 손으로 바꾸기 위해 먼저 [레이어] 패널에서 '손' 레이어를 선택하고, [이미지] > [조정] > [채도 감소](Shift + Ctrl + U) 메뉴를 클릭하여 흑백 이미지로 바꿉니다.

TIP ····················
특정 주제(맥주)를 강조하기 위해서 나머지를 흑백으로 바꾸는 기법은 홍보에서 자주 사용하는 디자인 테크닉입니다.

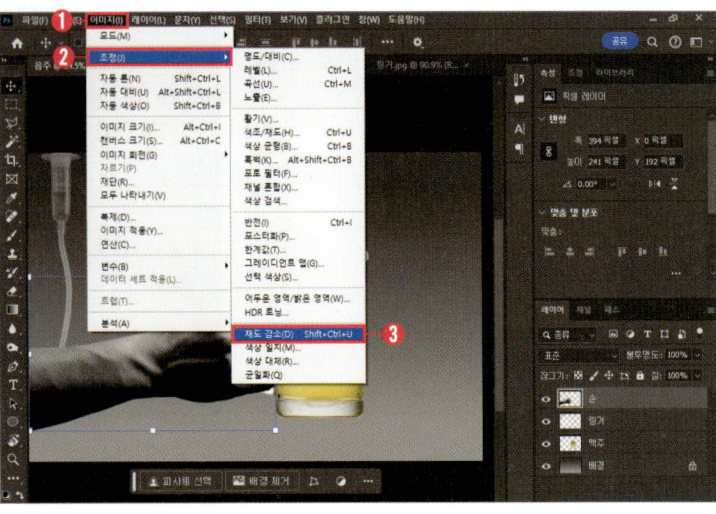

02 손 이미지의 밝기와 대비를 좀 더 강하게 만들기 위해서 [이미지] > [조정] > [레벨](Ctrl + L) 메뉴를 클릭합니다. 대화상자가 열리면 작은 삼각형을 좌우로 드래그하면서 적당한 값을 적용합니다.

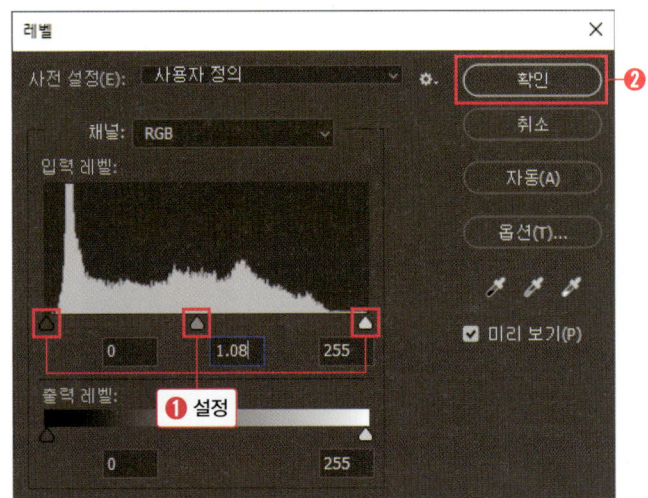

03 [파일] > [열기](Ctrl + O) 메뉴를 클릭하고, '재질.jpg' 파일을 '음주' 작업 창으로 가져오고 레이어의 이름을 '재질'로 변경합니다. [이미지] > [조정] > [채도 감소] 메뉴를 클릭하여 흑백으로 바꿉니다.

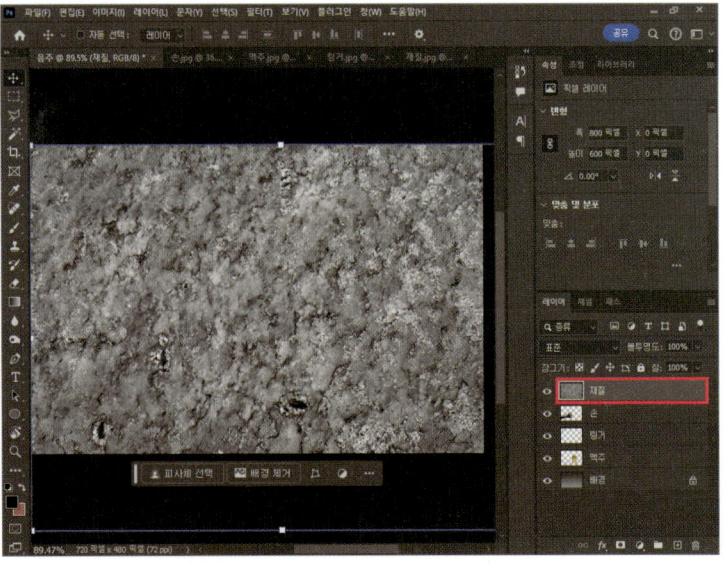

04 [이동 도구]로 다음과 같이 '재질' 이미지를 '손' 이미지의 크기와 비슷하게 만들어 배치합니다. 손의 모양대로 잘라내기 위해서 [레이어] 패널에서 '재질' 레이어에 마우스 오른쪽 버튼을 클릭하고, [클리핑 마스크 만들기]를 선택합니다. 이때 '재질' 레이어는 '손' 레이어 위쪽에 위치해야 합니다.

05 '재질' 레이어을 선택하고 [혼합 모드]를 '오버레이'로 설정하여 재질을 합성합니다.

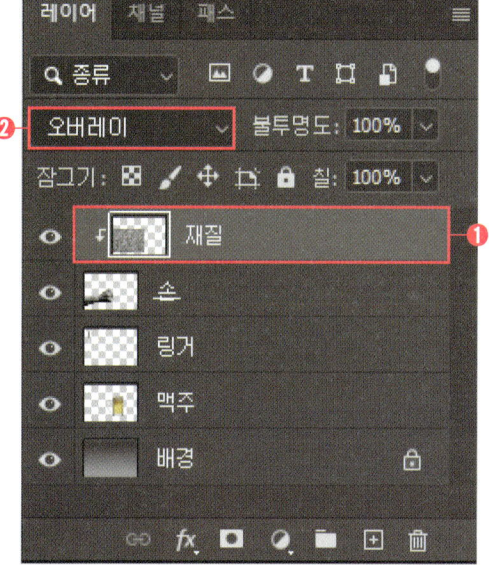

06 '재질' 이미지가 '손' 이미지와 합성된 것을 확인합니다.

07 앞선 방법으로 흑백 변환과 핵심 이미지를 합성하여 영상 콘텐츠에서 사용할 이미지들을 다음과 같이 완성합니다.

01

02

03

04

05

06

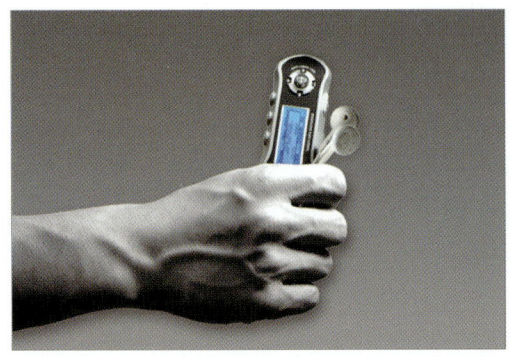

07

08

SECTION 3

기본 이미지 합성 및 보정
❸ 원 심볼과 원 이미지의 은유적 합성

핵심 내용
창의성을 중시하는 실무에서는 단순한 합성보다 Story 이미지 합성이 효과적입니다. 본 예제는 가장 많이 사용하는 원 이미지의 은유적인 Story 합성 사례입니다. [원형 선택 윤곽 도구]를 선택하고 [페더] 값을 올려서 부드러운 '교차 이미지'를 뽑아낸 후 [색조/채도]로 색상을 바꾸어서 기존의 '원 이미지'에 합성하는 방법입니다.

핵심 기능
[원형 선택 윤곽 도구] → [페더] → [색조/채도]

미리 보기 세계박람회 영상 애니메이션 공모전 '금상' 수상 작품

심볼　　　　　　　　　　　　　　이미지

이미지 합성

CHAPTER 02 포토샵의 영상 디자인 기초 | **429**

01 교차 이미지 뽑아내기

[원형 선택 윤곽 도구] → [페더]

▶ **준비 파일** : C2 > S3 > P3 > 계란.jpg, 심볼.png   ▶ **완성 파일** : C2 > S3 > P3 > 완성 파일 폴더

01 포토샵을 실행하고 [열기] 버튼을 클릭합니다. [열기] 대화상자가 열리면 '계란.jpg' 파일을 선택하고 [열기] 버튼을 클릭합니다.

02 [도구] 패널의 [사각형 선택 윤곽 도구]를 길게 클릭하여 [원형 선택 윤곽 도구]를 선택합니다. 옵션 바에서 [원형 선택 윤곽 도구]를 다음과 같이 설정합니다.

- [페더] : 6 px
- [스타일] : 표준

TIP
[페더]는 선택 영역의 외곽을 부드럽게 선택할 수 있는 기능입니다. 페더가 '0 px'였을 때 가장 선명하고, 페더가 높을수록 부드럽고 흐립니다.

03 [원형 선택 윤곽 도구]로 다음과 같이 계란의 노른자 부분을 선택하고 Ctrl +J를 눌러 복사합니다.

TIP
선택 영역을 그리는 도중에 Space Bar를 누르면 선택 영역의 위치를 자유롭게 이동하면서 그릴 수 있습니다.

04 [레이어] 패널에서 '배경' 레이어의 [가시성] 아이콘을 클릭하여 이미지를 숨기면 '레이어 1' 레이어의 배경이 투명하게 비어 있는 것을 확인할 수 있습니다.

05 이미지 파일을 불러오기 위해서 [파일] > [열기](Ctrl +O) 메뉴를 클릭한 후 [열기] 대화상자가 열리면 '심볼.png' 파일을 선택하고, [열기] 버튼을 클릭합니다.

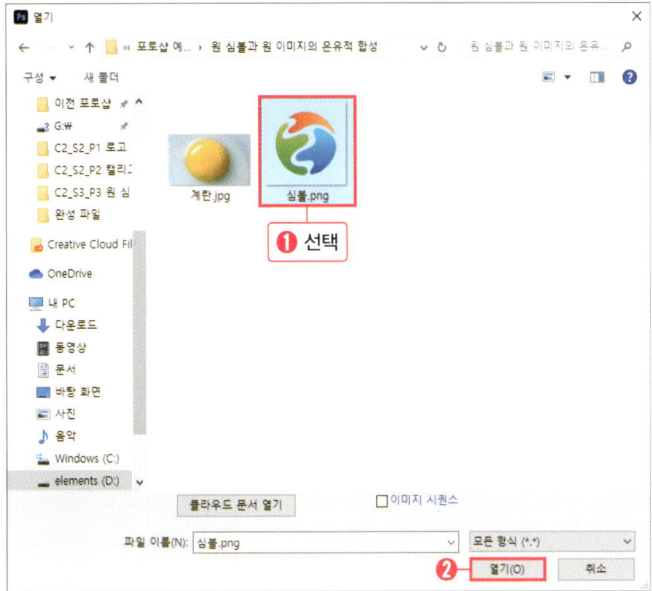

CHAPTER 02 포토샵의 영상 디자인 기초 | **431**

06 [도구] 패널의 [원형 선택 윤곽 도구]를 클릭하고, 옵션 바의 [페더]를 다시 '0 px'로 바꿉니다. 글자를 제외한 가운데 엑스포 심벌만 다음과 같이 선택하고, Ctrl+C를 눌러 이미지를 복사합니다.

07 교차 이미지를 뽑아내기 위해서 '계란.jpg' 작업 창으로 돌아와서 Ctrl+V를 눌러 선택한 영역을 붙여넣고, 다음과 같이 배치합니다.

TIP
두 이미지를 겹치는 이유는 교차하지 않는 부분을 선택하고 삭제하여 교차한 부분을 뽑아내기 위함입니다.

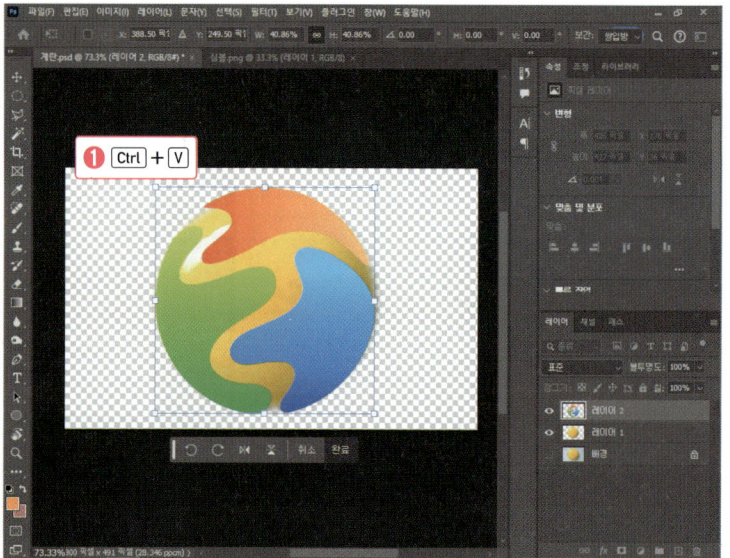

08 [레이어] 패널에서 '레이어 1' 레이어를 선택한 상태에서 Ctrl을 누른 채 '레이어 2' 레이어의 섬네일을 클릭하여 교차된 영역을 다음과 같이 선택합니다.

TIP
일부 입문자들은 이 부분에서 어려워합니다. '레이어 1' 레이어를 선택하고 Ctrl을 누른 채 '레이어 2' 레이어를 클릭해야 하기 때문입니다. 하나씩 천천히 따라해 보기 바랍니다.

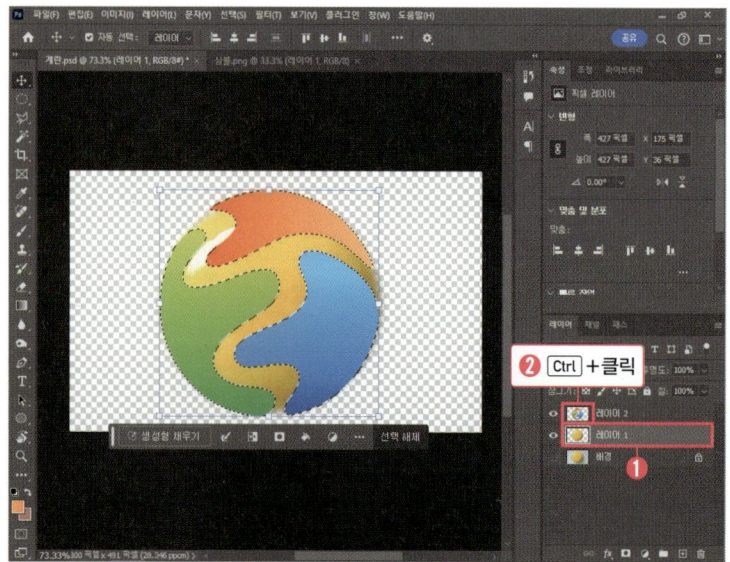

09 교차 이미지의 경계 부분을 부드럽게 바꾸기 위해서 [선택] > [수정] > [페더] (Shift+F9) 메뉴를 클릭합니다.

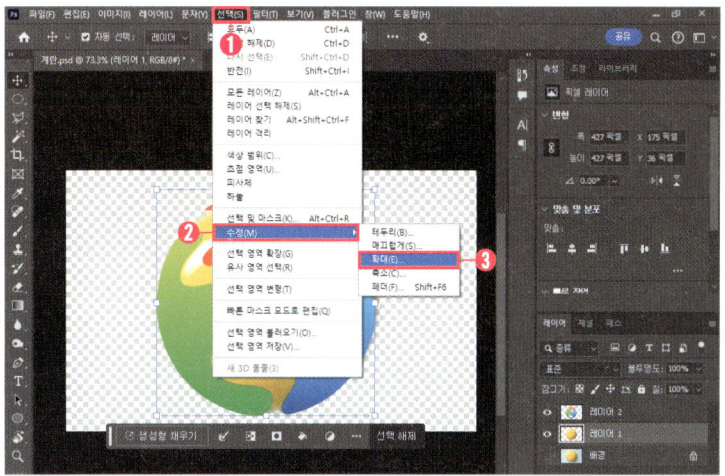

10 [선택 영역 페더] 대화상자가 열리면 [페더 반경]을 '6'으로 설정하고, [확인] 버튼을 클릭합니다.

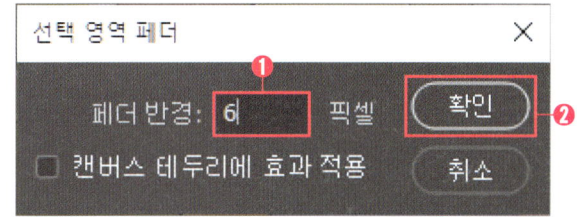

11 Delete를 눌러 선택된 부분을 지우고, Ctrl+D를 눌러 선택 영역을 해제합니다.

TIP
선택 영역 해제 : Ctrl+D
재선택 : Ctrl+Shift+D

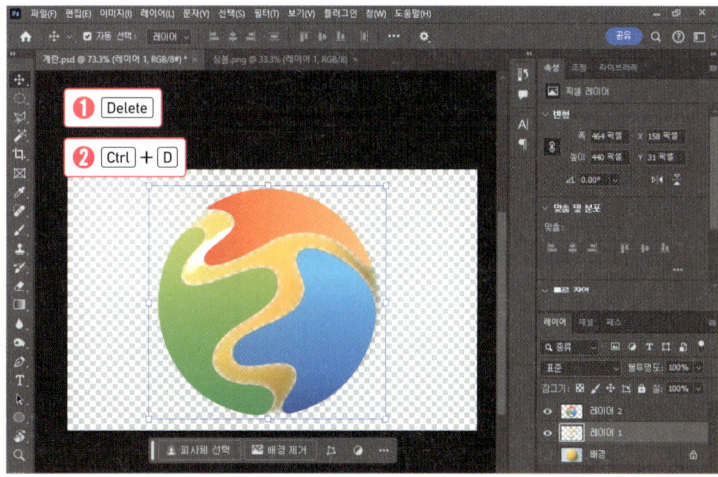

12 [레이어] 패널에서 '레이어 2' 레이어를 선택하고, Delete를 눌러 레이어를 삭제합니다. 다음과 같이 '교차 이미지' 레이어를 뽑아냅니다.

CHAPTER 02 포토샵의 영상 디자인 기초 | 433

02 교차 이미지 색상 교체 후 합성하기

[색조/채도] → 합성

01 이미지의 밝기를 수정하기 위해 '레이어 1' 레이어가 선택된 상태에서 [이미지] > [조정] > [색조/채도](Ctrl+U) 메뉴를 클릭합니다. [색조/채도] 대화상자가 열리면 [밝기]를 '100'으로 설정하고 [확인] 버튼을 클릭합니다.

02 '레이어 1' 레이어의 색상이 다음과 같이 흰색으로 바뀌었음을 확인합니다.

03 [레이어] 패널에서 '배경' 레이어의 [가시성] 아이콘을 다시 활성화하여 계란 노른자 이미지와 심벌 마크가 합성되었음을 확인합니다.

TIP ···
주의할 점은 교차 이미지의 색상이 모두 흰색은 아니라는 점입니다. 아래의 결과물과 같이 원(구)의 재질이나 배경에 따라 교차 이미지 색상이 달라집니다.

04 앞선 방법으로 '교차 이미지'를 뽑아내고 적절하게 합성하여 다양한 스토리의 이미지들을 만들 수 있습니다.

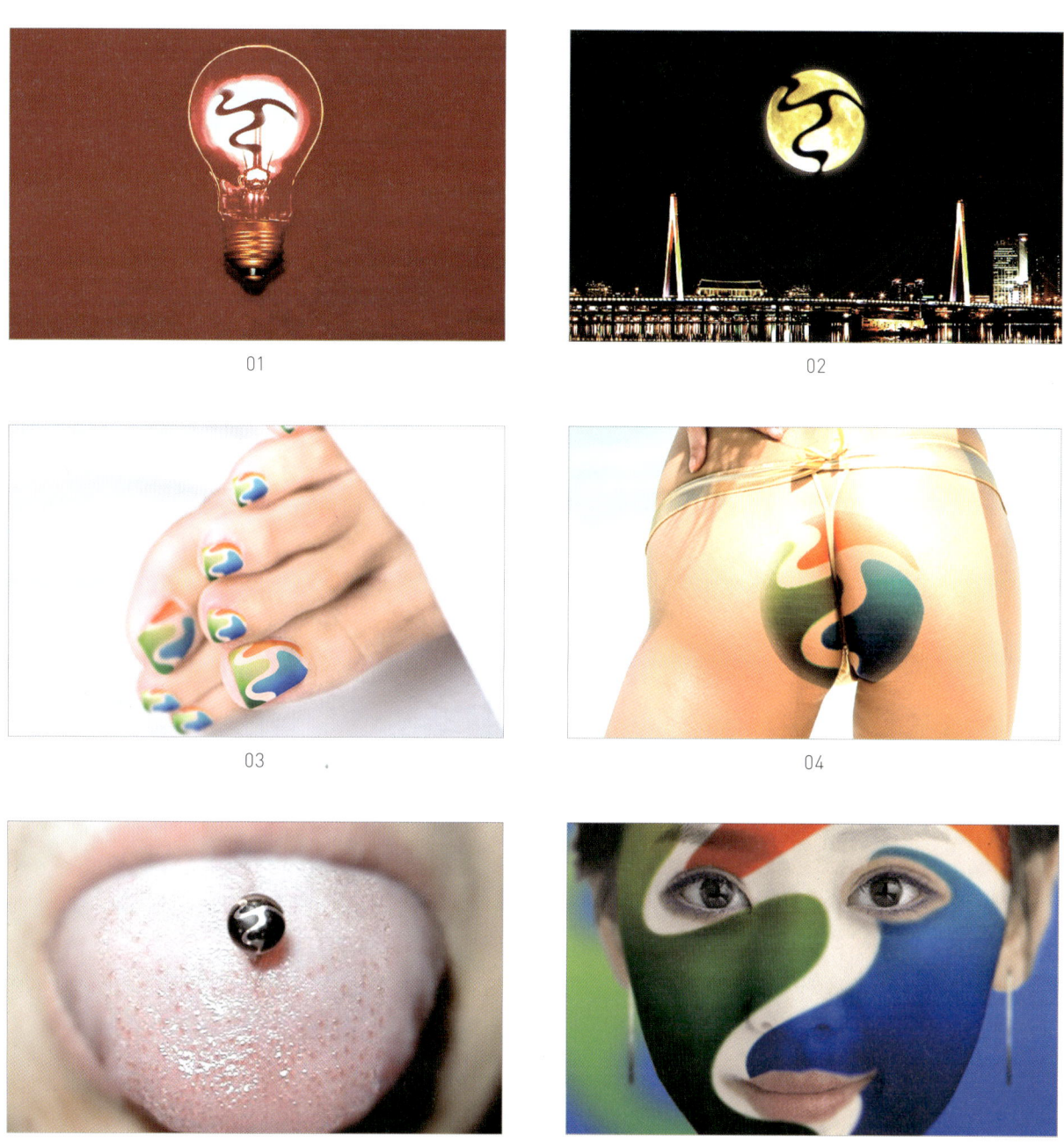

SECTION 3

기본 이미지 합성 및 보정

❹ 일러스트 이미지 활용과 테두리 효과

핵심 내용

포토샵에서 많이 사용하는 기능 중 하나가 '레이어 스타일(Layer Style)'입니다. 이 기능을 잘 사용하면 중요 부분을 강조하거나 입체적인 디자인을 할 수 있습니다. 본 예제에서는 일러스트 이미지를 사용하여 레이어 스타일의 [외부 광선] 효과와 [획] 효과, 그리고 [드롭 섀도] 효과 등을 적용하는 방법에 대해 알아봅니다.

핵심 기능

[레이어 스타일] > [외부 광선] → [획] → [드롭 섀도]

미리 보기 Dream CNU 영상콘텐츠 공모전 '우수상' 수상 작품

1차 그래픽 이미지 제작

2차 그림자 효과

| 01 | 일러스트 이미지에 테두리 효과 적용하기 | [레이어 스타일] > [외부 광선] |

▶ **준비 파일** : C2 > S3 > P4 > 문.png 배경.jpg 사람.png 지구.png, 타이틀.png   ▶ **완성 파일** : C2 > S3 > P4 > 완성 파일 폴더

01 포토샵을 실행하고 [열기] 버튼을 클릭합니다. [열기] 대화상자가 열리면 '배경.jpg' 파일을 선택하고 [열기] 버튼을 클릭합니다.

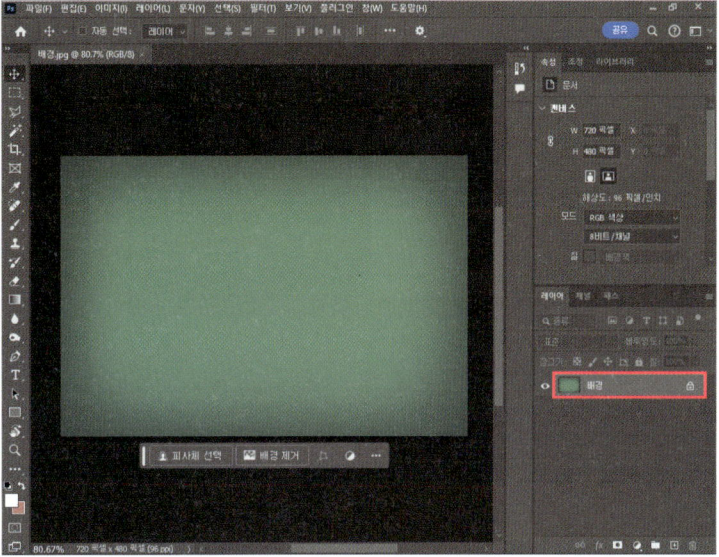

02 일러스트 이미지 파일을 불러오기 위해서 [파일] > [열기](Ctrl + O) 메뉴를 클릭한 후 [열기] 대화상자가 열리면 '지구.png' 파일을 선택하고 [열기] 버튼을 클릭하여 이미지를 불러옵니다.

TIP ···
일러스트 이미지가 ai 파일 포맷을 경우에는 [파일] > [연결 가져오기] 메뉴를 사용하면 됩니다.

03 [이동 도구]로 원을 좌측 상단의 '배경.jpg' 작업 창으로 드래그합니다. 드래그하고 약간의 시간이 지나면 '배경.jpg' 작업 창으로 바뀝니다.

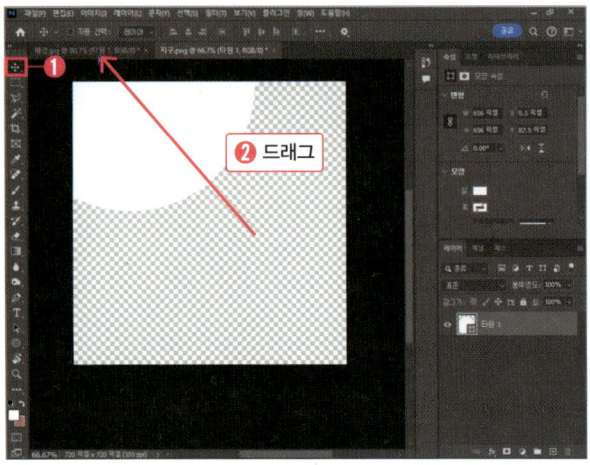 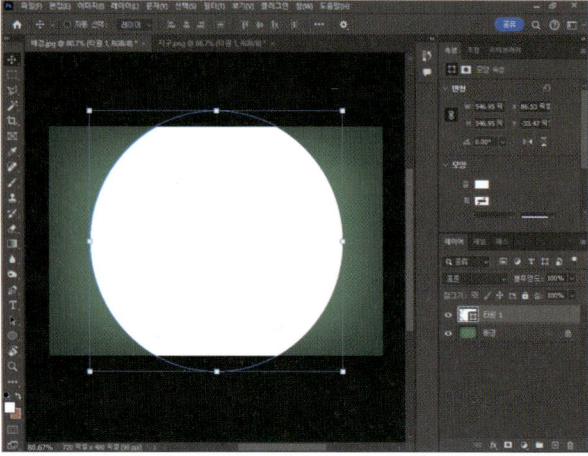

TIP ·······
복사가 마무리 될 때까지 마우스 버튼을 놓지 않아야 합니다. Shift 를 누르고 복사를 하게 되면 원본과 같은 위치로 복사됩니다.

04 [레이어] 패널에서 '타원 1' 레이어의 이름을 더블클릭하고 '지구'로 변경한 후 원의 위치와 크기를 다음과 같이 변경합니다.

TIP ·······
이미지를 이동할 때, Shift 를 누르면 정확하게 상하좌우 직선으로 이동할 수 있습니다.

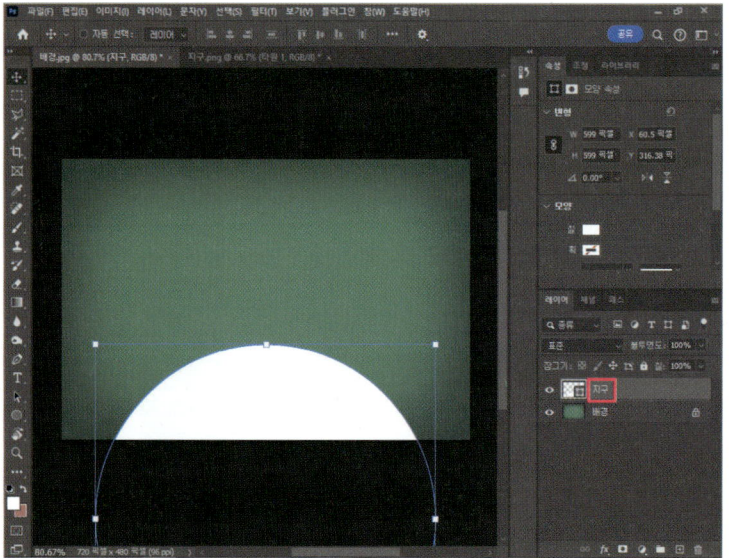

05 '지구' 레이어에 테두리 효과를 적용하기 위해서 레이어가 선택된 상태에서 [레이어] > [레이어 스타일] > [외부 광선] 메뉴를 클릭합니다.

TIP ....
[레이어 스타일] 기능으로 레이어에 그림자, 테두리, 입체 효과 등을 적용할 수 있습니다.

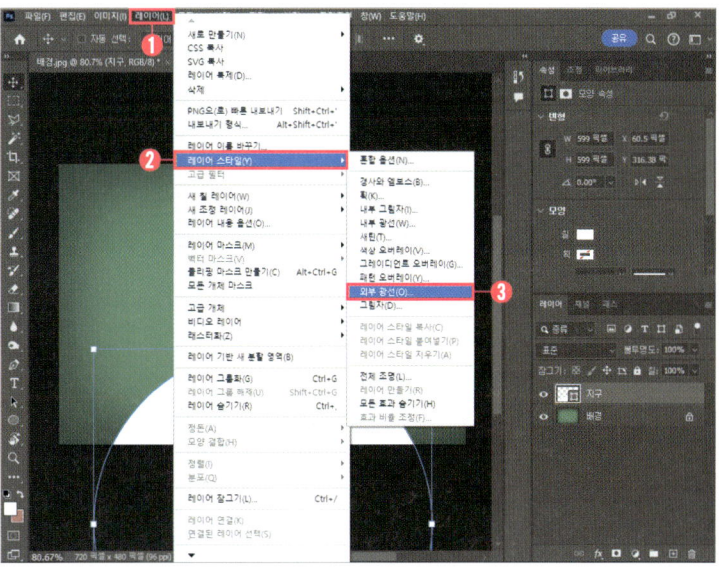

06 [레이어 스타일] 대화상자가 열리면 [외부 광선]을 다음과 설정하고 [확인] 버튼을 클릭합니다.

- [혼합 모드] : 표준
- [불투명도] : 60
- [외부 광선 색상] : #1b3a2e
- [스프레드] : 3
- [크기] : 52

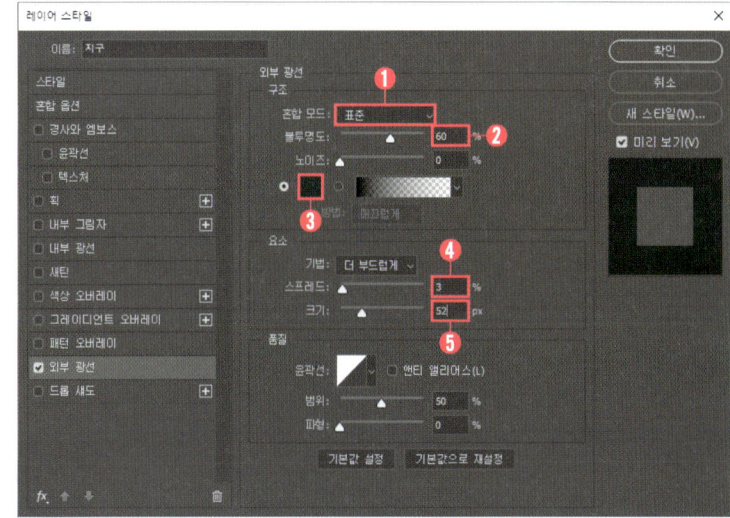

07 이미지 파일을 불러오기 위해서 [파일] > [열기]([Ctrl]+[O]) 메뉴를 클릭합니다. 대화상자가 열리면 '문.png' 파일을 선택하고 [열기] 버튼을 클릭합니다. [Ctrl]+[A]를 눌러 전체 영역을 선택하고, [Ctrl]+[C]를 눌러 이미지를 복사합니다.

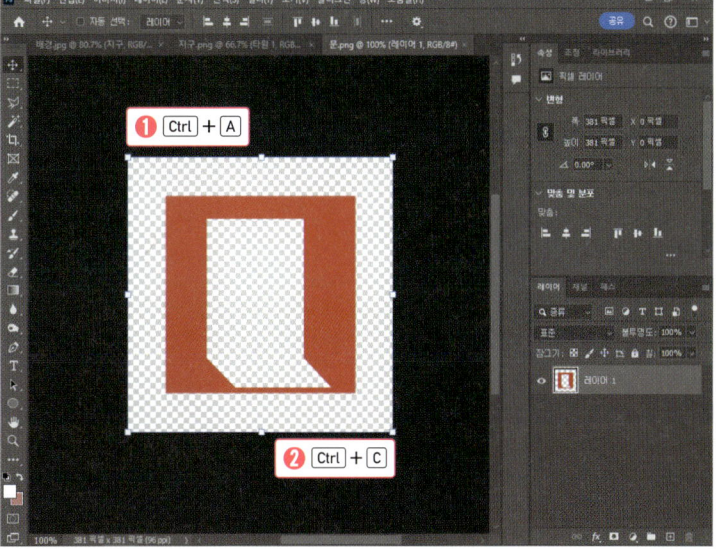

CHAPTER 02 포토샵의 영상 디자인 기초 | **439**

08 '배경.jpg' 작업 창을 선택하고 Ctrl+V를 눌러 선택 영역을 붙여넣습니다. [레이어] 패널에서 레이어의 이름을 '문'으로 변경하고, '지구' 레이어 아래로 옮깁니다.

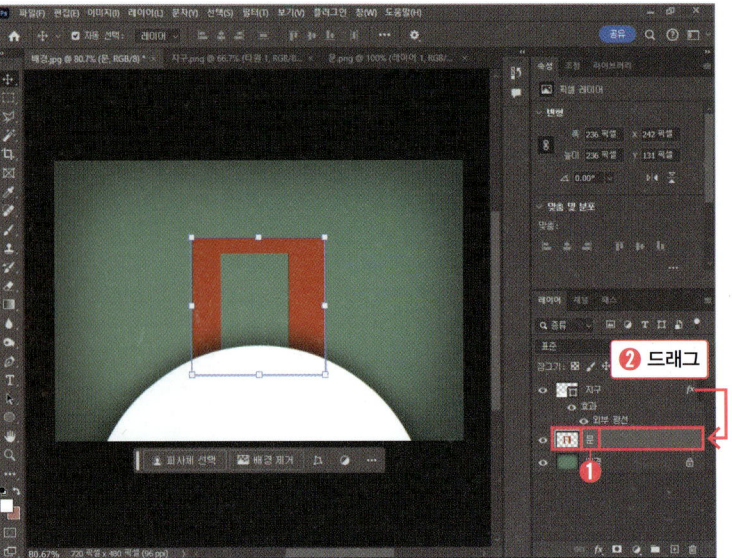

09 '문' 레이어에도 같은 [외부 광선] 효과를 적용하기 위해 [레이어] 패널에서 '지구' 레이어를 마우스 오른쪽 버튼을 클릭한 후 [레이어 스타일 복사]를 선택하여 효과를 복사합니다.

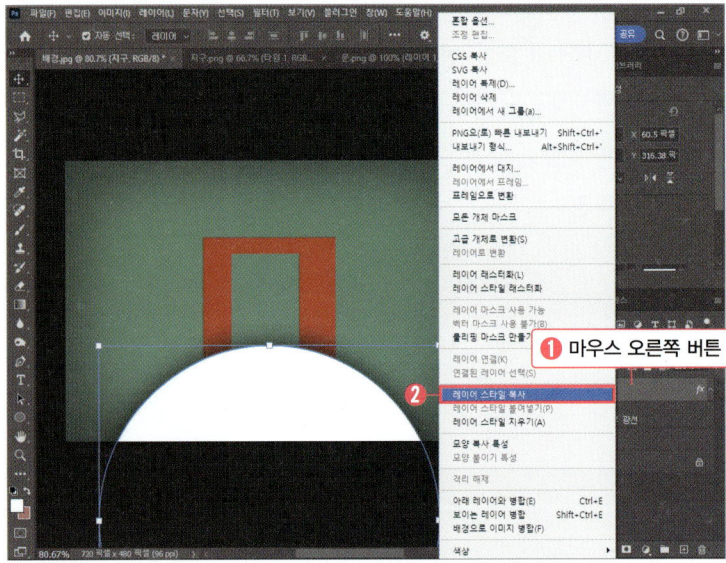

10 '문' 레이어를 마우스 오른쪽 버튼을 클릭하고, [레이어 스타일 붙여넣기]를 선택하여 [외부 광선] 효과를 붙여넣습니다.

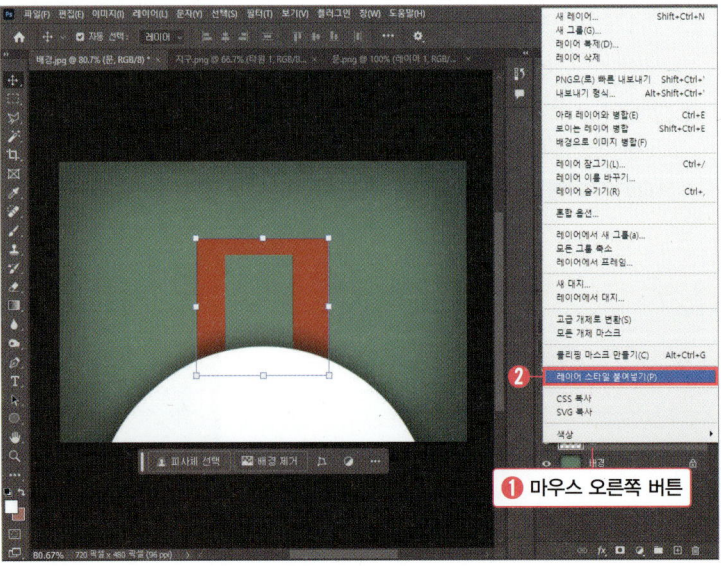

11 '문' 레이어 외곽에 [외부 광선] 효과가 적용된 것을 확인하고 세밀한 수정을 위해서 [레이어] 패널의 '문' 레이어 아래 표시된 '외부 광선'을 더블클릭합니다.

TIP
효과 앞쪽에 보이는 [가시성] 아이콘은 효과 적용을 해제하거나 다시 적용하는 기능으로서 효과 적용 전후를 비교하거나 잠시 효과를 해제할 때 자주 사용합니다.

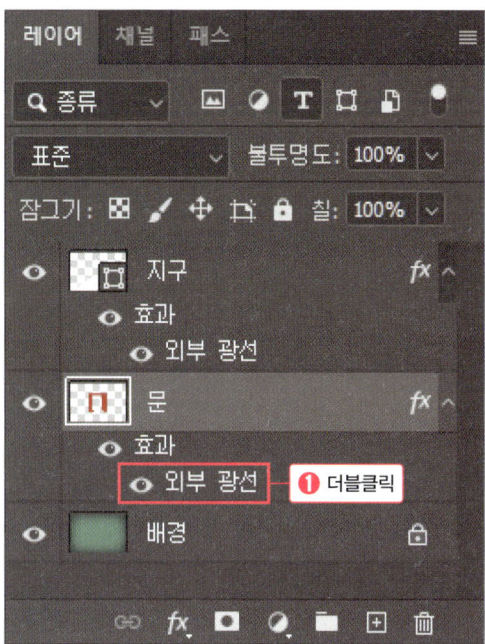

12 [레이어 스타일] 대화상자가 열리면 [요소]의 [크기]를 '26'으로 설정하고 [확인] 버튼을 클릭합니다. [외부 광선] 효과의 범위가 다음과 같이 수정되었음을 확인합니다.

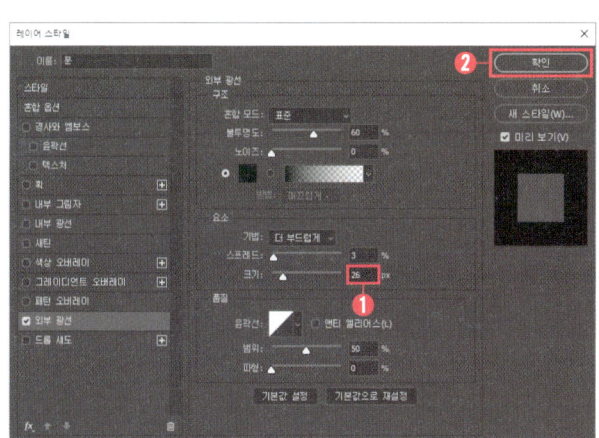 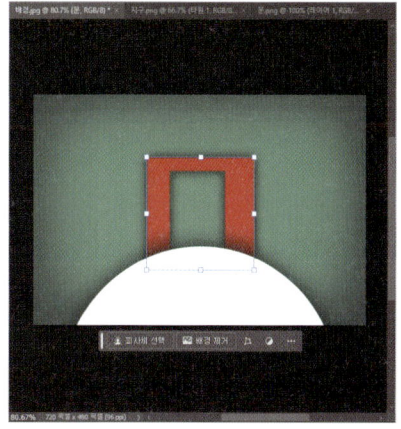

TIP
입력할 수치를 책의 내용대로 하지 않고, 임의로 적용해 보는 것이 좋습니다. 이 외에 다른 옵션들도 조절하면서 효과 적용을 확인합니다. [크기]를 줄인 이유는 '문' 이미지가 상대적으로 작기 때문입니다.

13 이미지 파일을 불러오기 위해서 [파일] > [열기](Ctrl+O) 메뉴를 클릭합니다. [열기] 대화상자가 열리면 '사람.png' 파일을 불러옵니다. 앞서 배운 방법으로 이미지를 '배경.jpg' 작업 창으로 복사하고, [레이어] 패널에서 레이어의 이름을 '사람'으로 변경한 후 위치를 '지구' 레이어 아래로 옮깁니다.

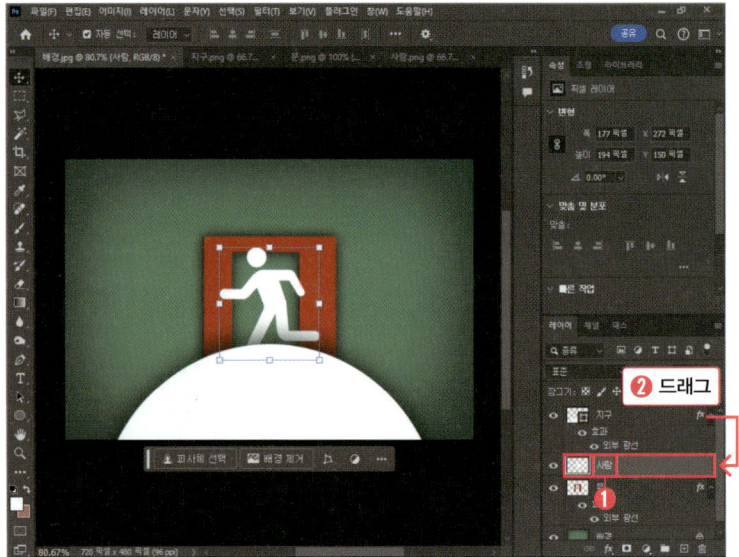

14 '사람' 레이어의 오른쪽 빈 곳을 더블클릭하여 [레이어 스타일] 대화상자를 엽니다. [획]을 다음과 같이 설정하고 [확인] 버튼을 클릭합니다.

- [크기] : 7
- [위치] : 바깥쪽
- [혼합 모드] : 색상
- [색상] : #529371

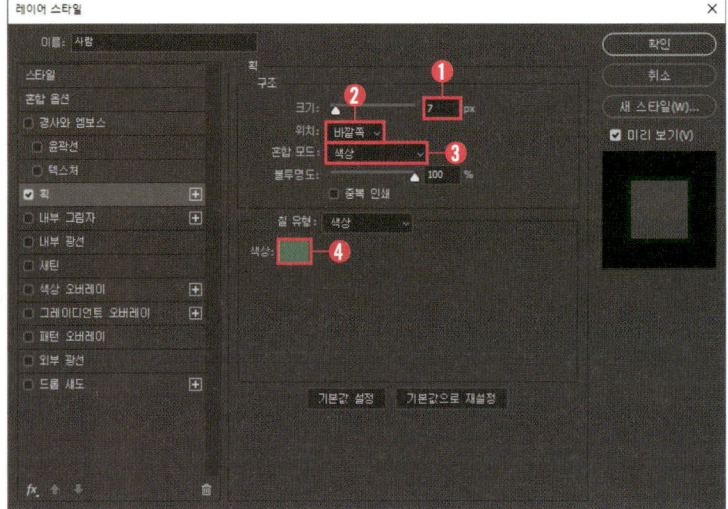

02 타이틀에 그림자 효과 적용하기

[레이어 스타일] > [드롭 섀도]

01 이미지 파일을 불러오기 위해 [파일] > [열기](Ctrl + O) 메뉴를 클릭하고 '타이틀.png' 파일을 불러옵니다. 같은 방법으로 이미지를 '배경.jpg' 작업 창에 복사하고, 레이어의 이름을 '타이틀'로 변경합니다.

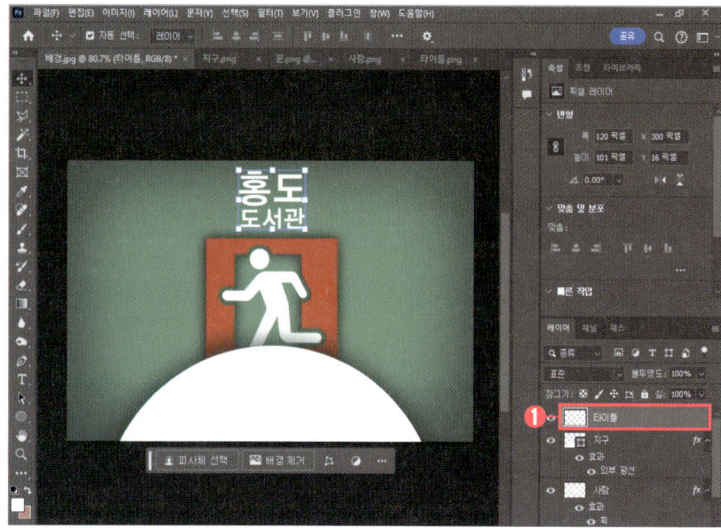

02 '타이틀' 레이어의 오른쪽 빈 곳을 더블 클릭해서 [레이어 스타일] 대화상자를 엽니다. [드롭 섀도]를 다음과 같이 설정하고 [확인] 버튼을 클릭합니다.

- [불투명도] : 60
- [각도] : 120
- [거리] : 7
- [스프레드] : 0
- [크기] : 8

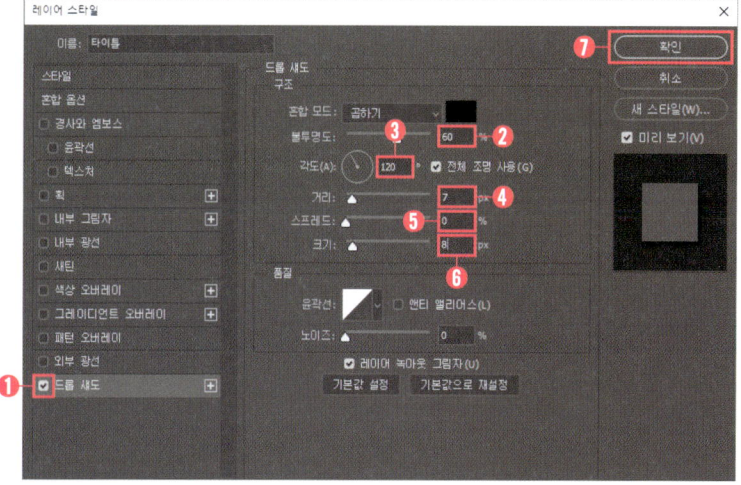

03 '타이틀' 레이어에 다음과 같은 [드롭 섀도] 효과가 적용되었음을 확인합니다.

04 PNG 포맷으로 저장하기 전에 지금까지 작업한 파일을 원본으로 저장하기 위해서 [파일] > [다른 이름으로 저장]([Shift]+[Ctrl]+[S]) 메뉴를 클릭합니다. [다른 이름으로 저장] 대화상자가 열리면 임의의 파일 이름을 입력하고, [파일 형식]을 'PSD'로 설정한 후 [저장] 버튼을 클릭합니다.

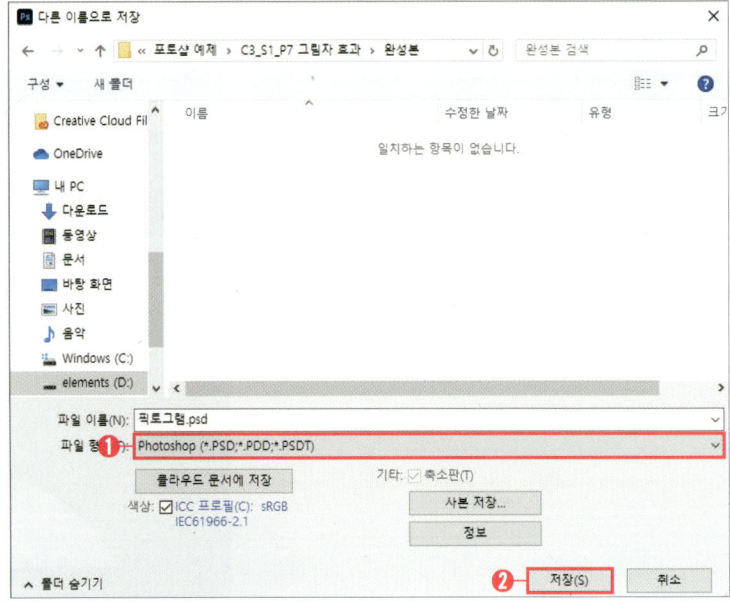

05 애니메이션을 위한 영상 소스로 사용할 이미지를 저장하기 위해서 각각의 레이어를 PNG 포맷으로 저장해야 합니다. 첫 번째로 [레이어] 패널에서 '지구' 레이어를 제외한 모든 레이어의 [가시성] 아이콘을 클릭하여 해제합니다.

TIP
여러 개의 [가시성] 아이콘을 하나씩 클릭하지 않고, 위 아래로 드래그하여 쉽게 해제하거나 다시 적용할 수 있습니다.

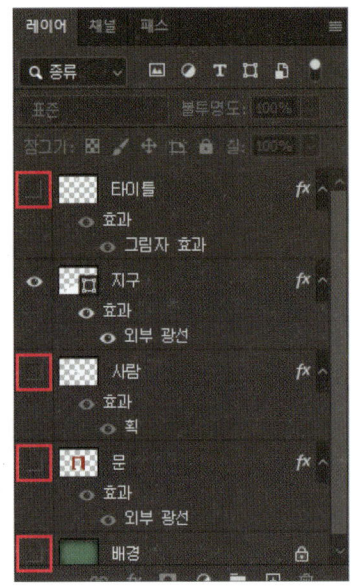

06 [파일] > [내보내기] > [PNG로 빠른 내보내기] 메뉴를 클릭합니다.

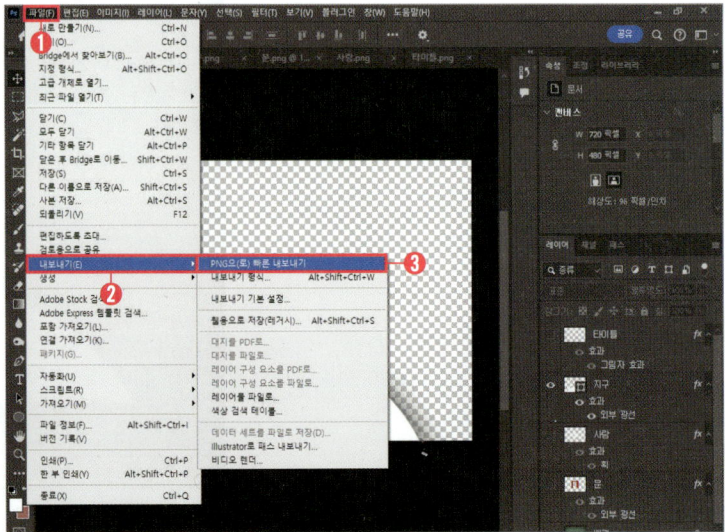

07 [다른 이름으로 저장] 대화상자가 열리면 임의의 파일 이름을 입력하고 [저장] 버튼을 클릭합니다.

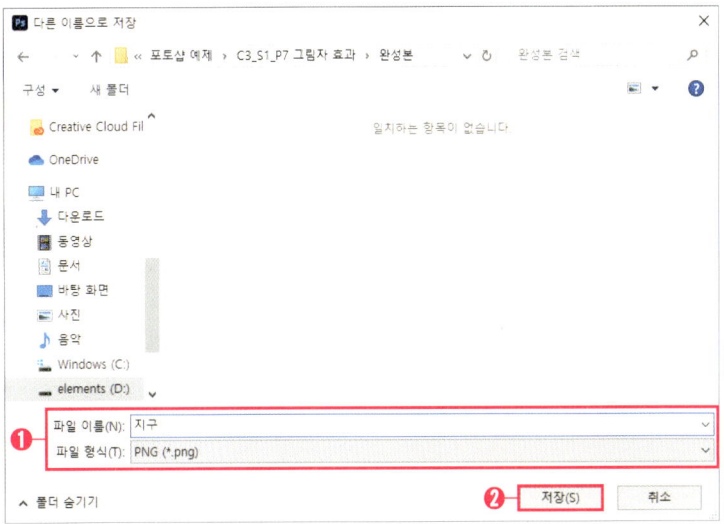

08 나머지 다음 소스들도 앞선 방법으로 각각 PNG 포맷으로 저장합니다.

09 다음과 같이 그래픽 이미지에 레이어 스타일을 적용하여 다양한 이미지들을 제작할 수 있습니다.

01   02   03   04

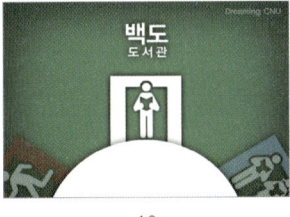

09   10   11   12

SECTION 3

기본 이미지 합성 및 보정

❺ 여러 장의 어두운 사진을 한꺼번에 밝게 보정하는 방법

핵심 내용

야간 촬영을 할 때가 있습니다. 이 결과물은 전반적으로 어둡고 조명의 색온도에 따라 파랑 계열로 출력될 때가 많습니다. 또한 이러한 이미지가 여러 장일 경우, 한꺼번에 수정하는 방법에 대해 알면 시간을 크게 절약할 수 있습니다. 본 예제에서는 포토샵 작업을 기록하는 [액션] 기능을 중심으로 [레벨]과 [색조/채도]의 수정을 통해 사진을 밝게 보정하고, 여러 장의 이미지를 한꺼번에 밝게 처리하는 방법에 대해서 알아봅니다.

핵심 기능

[액션] → [레벨] + [색조/채도]

미리 보기 DDL 극장 프레젠테이션 스톱모션 작품

(야간 실내 촬영으로 어두운)원본 이미지 × 20장

보정한 이미지 × 20장

| 01 | **포토샵 작업 기록하기** | [액션] → [레벨] + [색조/채도] |

▶ **준비 파일** : C2 > S3 > P5 > Jump 001~020.jpg   ▶ **완성 파일** : C2 > S3 > P5 > 완성 파일 폴더

01 포토샵을 실행하고 [열기] 버튼을 클릭하여 [열기] 대화상자가 열리면 'Jump 001.jpg' ~ 'Jump 020.jpg' 파일을 모두 선택하고 [열기] 버튼을 클릭합니다. 이 이미지는 야간에 실내에서 촬영했기 때문에 푸른 계열의 색상을 제거하고 밝기를 보정해줘야 합니다.

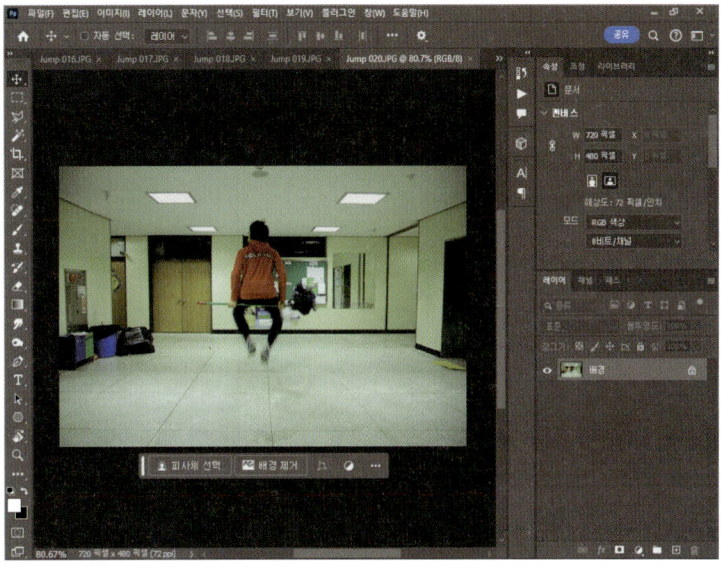

02 [창] > [액션]([Alt]+[F9]) 메뉴를 클릭하여 [액션] 패널을 엽니다. 패널이 열리면 [새 액션 만들기] 아이콘을 클릭합니다.

TIP
[액션] 패널은 1장의 이미지에 적용된 작업 과정을 기록하고 한 번의 클릭으로 다른 이미지에 자동 적용할 수 있는 기능입니다.

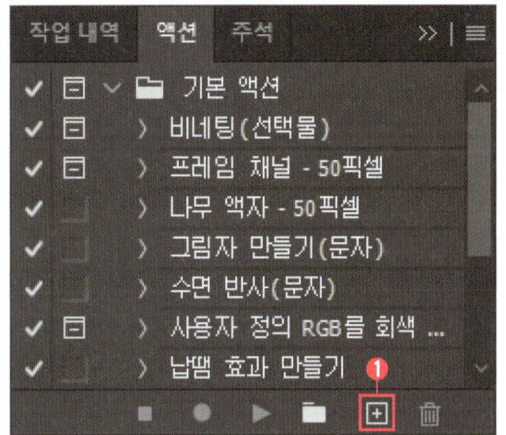

03 [새 액션] 대화상자가 열리면 [기록] 버튼을 클릭합니다.

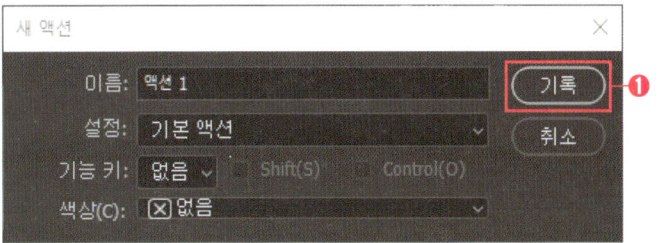

04 [액션] 패널의 [기록 시작] 아이콘이 활성화되면 지금부터 실행되는 모든 작업은 [액션] 패널에 순서대로 기록됩니다.

TIP
아래 [기록 시작] 아이콘을 클릭하면 빨간색이 나타납니다. 여기서부터 기록이 시작됩니다.

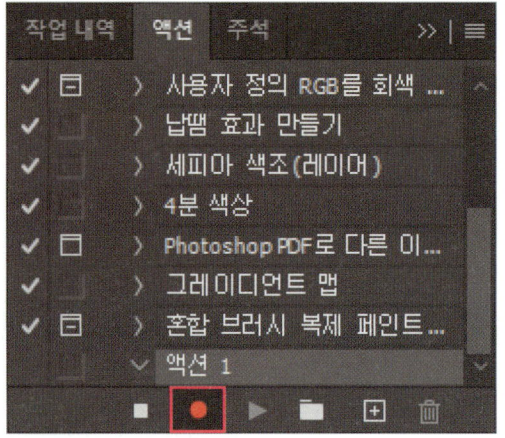

05 첫 번째 작업은 색상 보정입니다. [이미지] > [조정] > [색조/채도]([Ctrl]+[U]) 메뉴를 클릭한 후 [색조/채도] 대화상자가 열리면 다음과 같이 설정하고 [확인] 버튼을 클릭합니다.

- [색조] : −22
- [채도] : −12

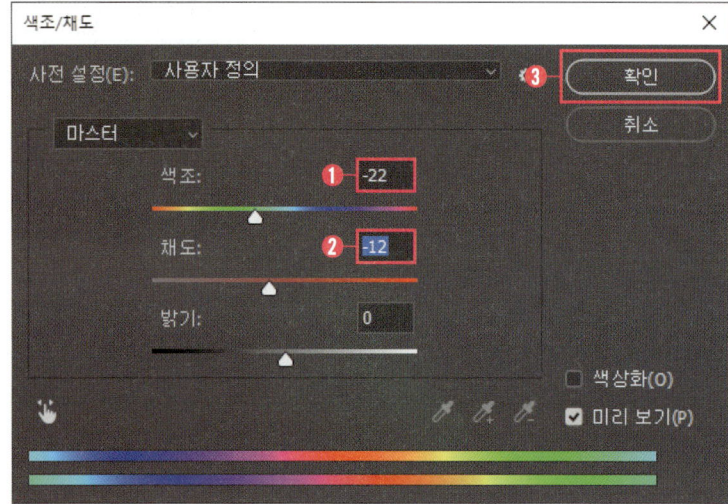

06 두 번째 작업은 밝기 조절입니다. [이미지] > [조정] > [레벨]([Ctrl]+[L]) 메뉴를 클릭한 후 [레벨] 대화상자가 다음과 같이 설정하고 [확인] 버튼을 클릭합니다.

- [어두운 톤 슬라이더] : 8
- [중간 톤 슬라이더] : 1.6
- [밝은 톤 슬라이더] : 225

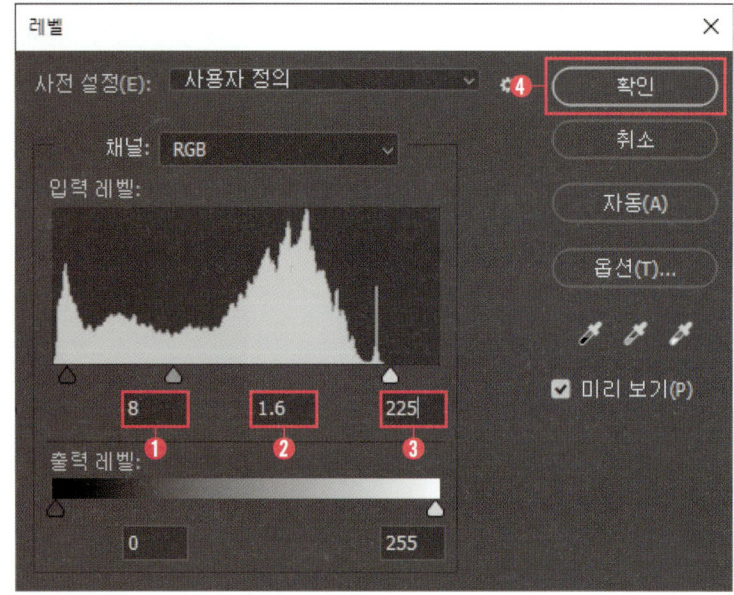

07 마지막 작업은 저장과 파일 닫기입니다. [파일] > [다른 이름으로 저장](Shift +Ctrl+S) 메뉴를 클릭합니다. [다른 이름으로 저장] 대화상자가 열리면 저장 폴더에 다음과 같이 설정하고 [저장] 버튼을 클릭합니다. [JPEG 옵션] 대화상자가 열리면 [품질]을 '12 최고'로 설정하고 [확인] 버튼을 클릭한 후 Ctrl +W를 눌러 파일을 닫습니다.

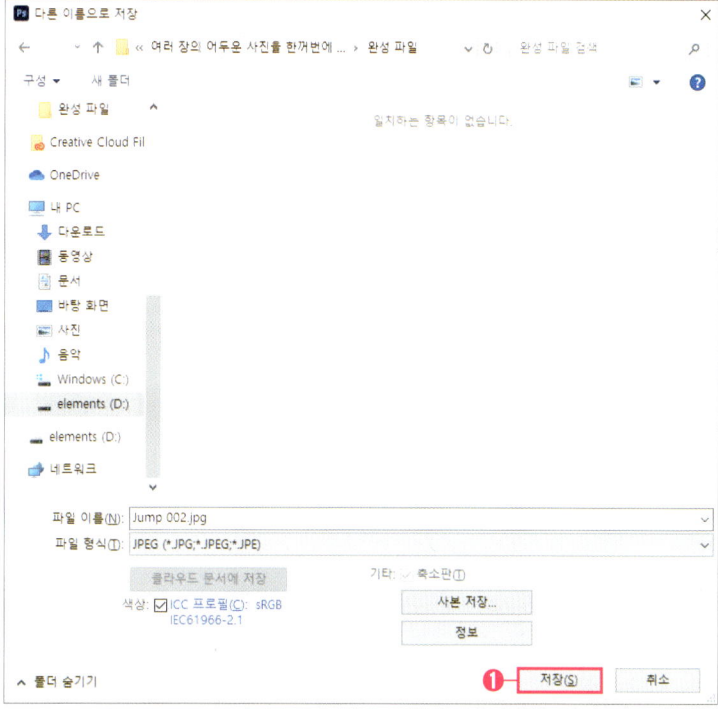

TIP
위 [액션]에는 총 4가지의 포토샵 작업이 기록되었습니다.
1. [색조/채도] 작업
2. [레벨] 작업
3. 저장
4. 닫기

08 [액션] 패널에 '색조/채도 ▶ 레벨 ▶ 저장 ▶ 닫기' 총 4가지의 작업이 다음과 같이 순서대로 기록된 것을 확인한 후 [실행/기록 정지] 아이콘을 클릭하여 기록에서 중단을 클릭합니다.

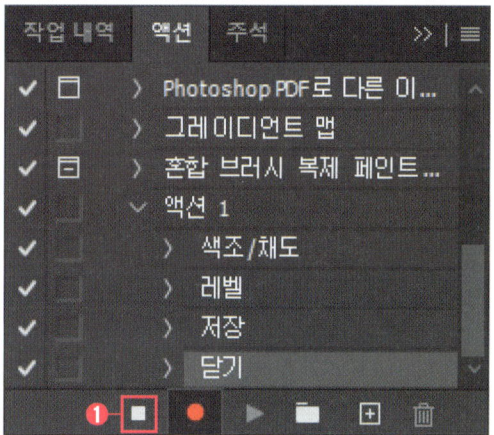

02 여러 장의 이미지 한꺼번에 보정하기

[액션] > [선택 영역 재생]

01 완성된 1장의 이미지와 완성되지 않은 19장의 이미지를 확인하고 불러옵니다.

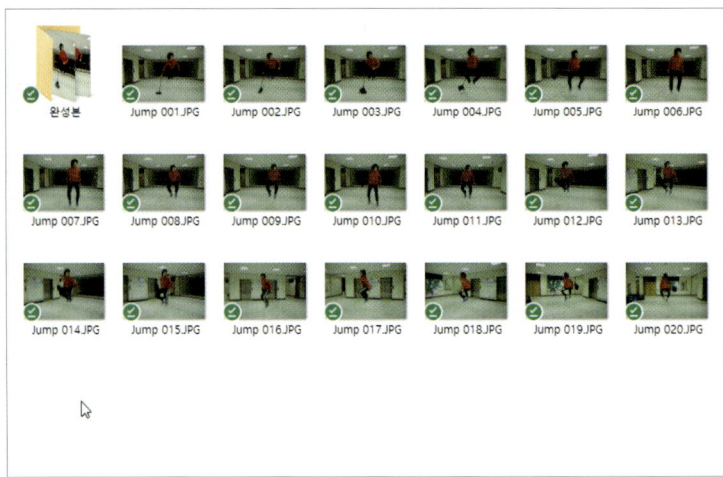

02 완성되지 않은 19장의 이미지를 한 장씩 [액션] 패널의 '액션 1'을 클릭하고, [선택 영역 재생] 아이콘을 클릭하여 적용합니다.

TIP
이때 순서가 헷갈릴 수 있습니다. 액션의 [기록 시작] 아이콘을 눌러서 빨간색이 나타날 때부터 기록이 시작됩니다. 기록이 끝나면 왼쪽의 [실행/기록 정지] 아이콘을 반드시 꺼야 합니다. 그리고 다른 이미지에 이 기록을 적용할 때 '액션 1'로 이동한 후 우측의 [선택 영역 재생] 플레이 버튼을 클릭해야 합니다.

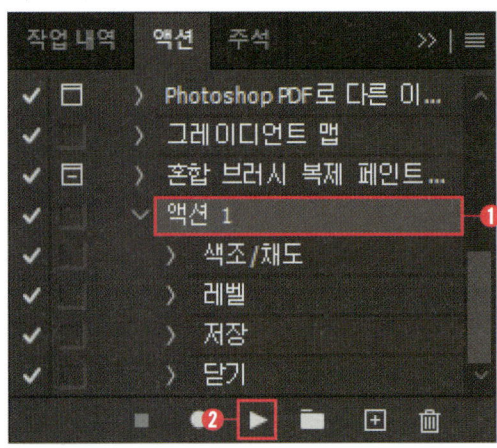

03 [액션]이 적용된 이미지 20장의 결과를 확인합니다.

MEMO

CHAPTER

03

자주 사용하는
효과 테크닉

영상 디자인에서 어떤 시각적 효과들이 가장 많이 활용될까요?
포커스 흐림 효과를 통해 장면에 깊이감을 더하고,
필터 효과로 다양한 질감을 표현할 수 있습니다.
또한 포토샵을 활용하면 빛, 불, 재질 합성 등 특수 효과도
자유롭게 구현할 수 있습니다. 지금부터 이러한 효과들의
핵심 기능을 함께 살펴보겠습니다.

| SECTION 01 | 가장 많이 사용하는 흐림 효과 |

❶ 아웃포커스 흐림 효과
❷ 잔상 흐림 효과

| SECTION 02 | 재질과 기법의 필터 효과 |

❶ 칠판과 분필 효과
❷ 연필 스케치 효과
❸ 빛바랜 한지 효과

| SECTION 03 | 포토샵 디자인으로 가능한 특수 효과 |

❶ 빛 특수 효과 타이틀
❷ 불 특수 효과 타이틀
❸ 재질 합성 특수 효과 타이틀

SECTION 1

가장 많이 사용하는 흐림 효과

❶ 아웃포커스 흐림 효과

핵심 내용

아웃포커스(Out Focus)는 메인 주제를 강조하기 위해서 주변의 배경이나 피사체를 흐리게 만드는 효과로 많이 사용하는 기능입니다. 이번 예제에서는 원형 아웃포커스인 조리개 흐림 효과와 선형 아웃포커스인 [기울기-이동] 기능을 중심으로 [닷지 도구]와 [번 도구]를 활용하는 아웃포커스에 대해 알아봅니다.

핵심 기능

[흐림 효과 갤러리] > [조리개 흐림 효과]
[흐림 효과 갤러리] > [기울기-이동] → [닷지 도구] + [번 도구]

미리 보기 정보문화의 달 Clean IT 공모전 '행정안전부장관상' 수상 작품

원본

[조리개 흐림 효과] 원형 아웃포커스

원본

[기울기-이동] 선형 아웃포커스

01 원형 아웃포커스

[흐림 효과 갤러리] > [조리개 흐림 효과]

▶ **준비 파일** : C3 > S1 > P1 > 스마트폰 1.jpg, 스마트폰 2.jpg   ▶ **완성 파일** : C3 > S1 > P1 > 완성 파일 폴더

01 포토샵을 실행하고 [열기] 버튼을 클릭합니다. [열기] 대화상자가 열리면 '스마트폰.jpg' 파일을 선택하고 [열기] 버튼을 클릭합니다.

02 이미지의 외곽 부분에 블러를 적용하여 아웃포커스 효과를 만들기 위해서 [필터] > [흐림 효과 갤러리] > [조리개 흐림 효과] 메뉴를 클릭합니다.

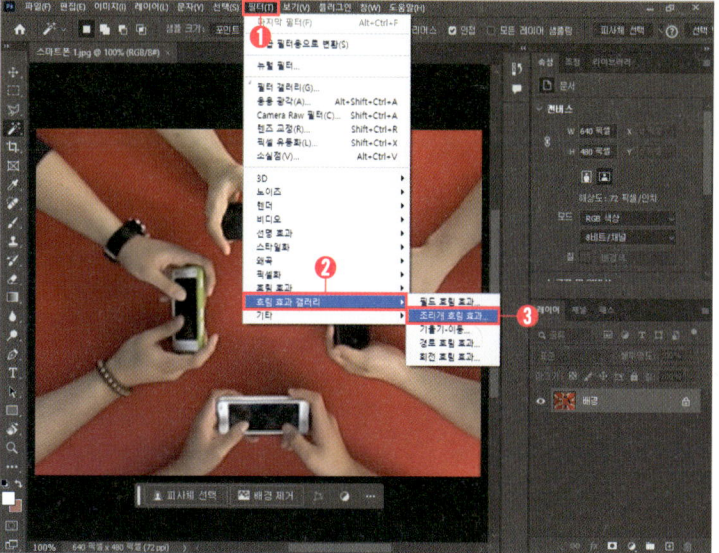

03 [흐림 효과 핀]의 가운데 중심점을 드래그하여 빨간 테이블의 중앙으로 옮기고, 외곽에 위치한 원의 선을 드래그하여 다음과 같은 타원형의 모양을 만듭니다.

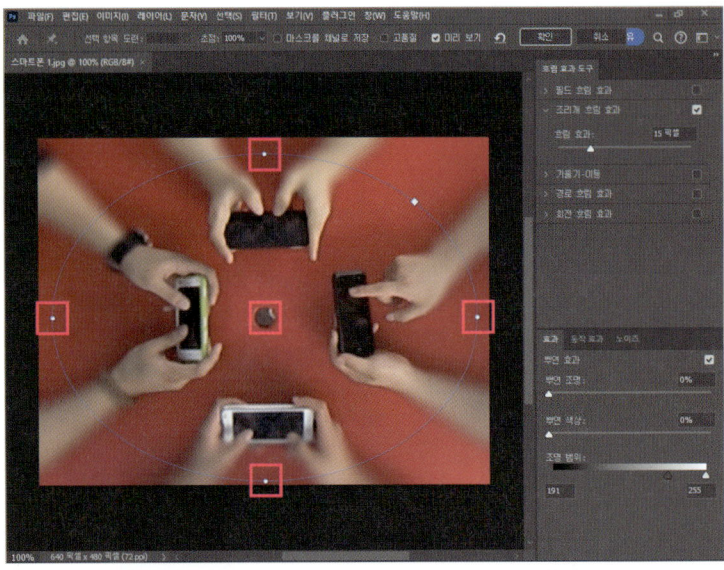

04 원 안쪽에 위치한 조절점을 드래그하여 블러가 적용되는 지점을 각각 다음과 같이 다르게 조절합니다.

TIP
Alt 를 누른 채 조절점을 드래그하면 해당 조절점만 따로 움직일 수 있습니다.

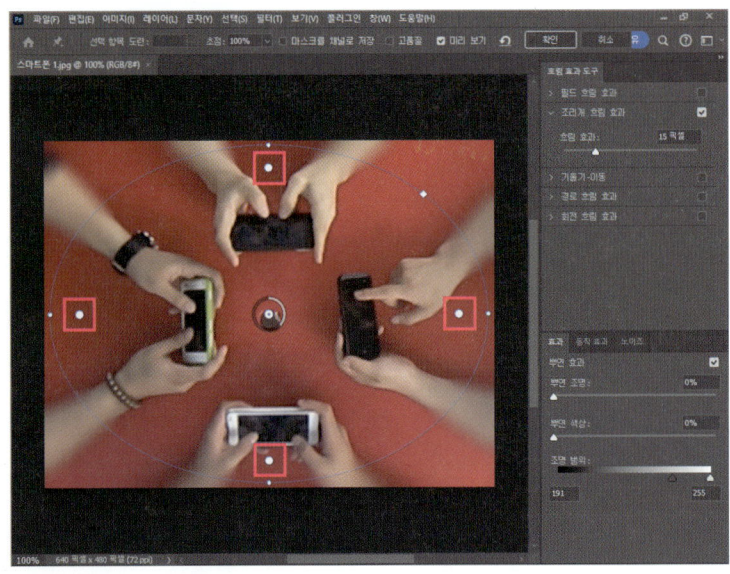

05 [흐림 효과 도구] 패널에서 [조리개 흐림 효과] > [흐림 효과]의 값을 좌우로 드래그하면서 효과를 적절하게 적용하고 옵션 바의 [확인] 버튼을 클릭합니다.

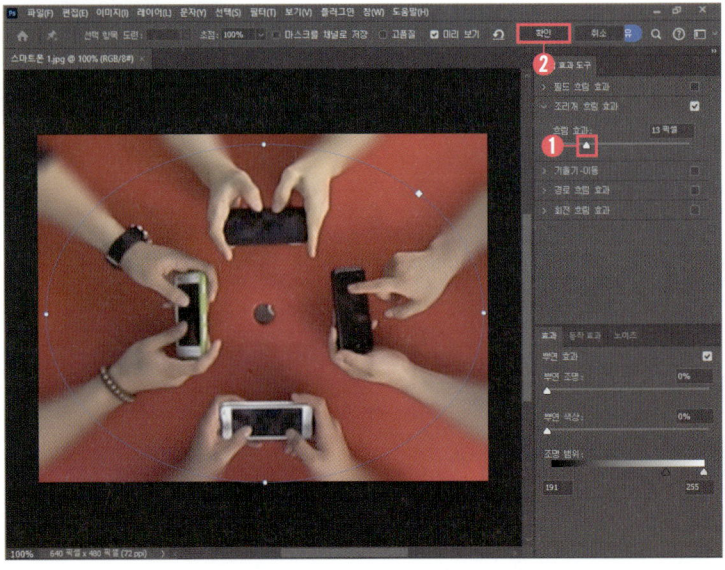

06 앞선 방법으로 원형 아웃포커스 효과를 적용하여 다양한 연속 이미지를 만들 수 있습니다.

01

02

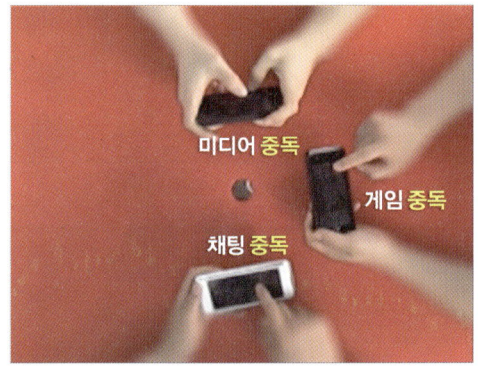
03

04

01

02

03

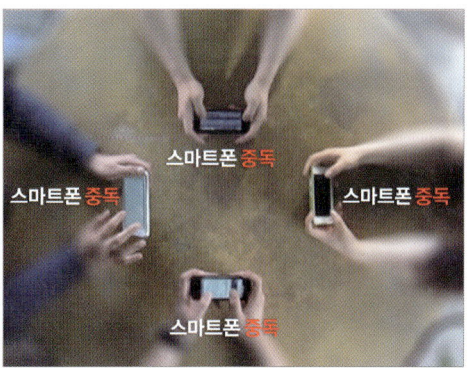
04

02 선형 아웃포커스

[흐림 효과 갤러리] > [기울기-이동] → [닷지 도구] + [번 도구]

01 다음으로 작업할 이미지 파일을 불러오기 위해서 [파일] > [열기](Ctrl+O) 메뉴를 클릭합니다. [열기] 대화상자가 열리면 '스마트폰 2.jpg' 파일을 선택하고 [열기] 버튼을 클릭합니다.

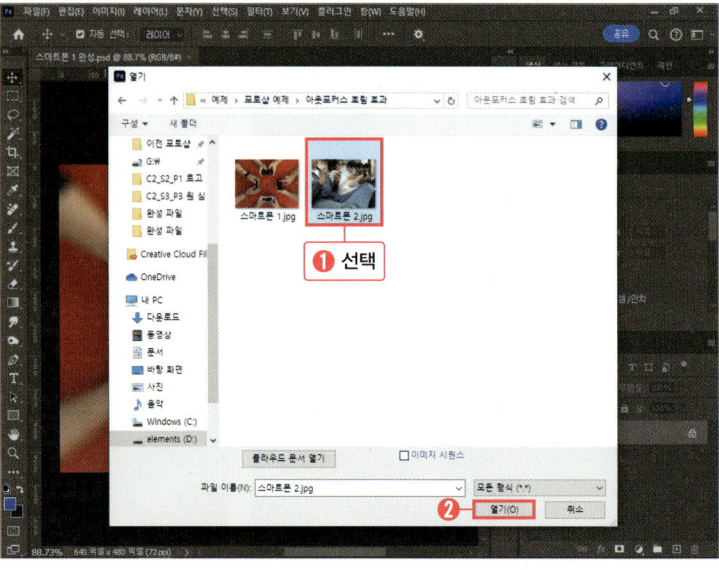

02 이미지에서 보이는 거리에 따라 깊이 있는 아웃포커스 효과를 만들기 위해서 [필터] > [흐림 효과 갤러리] > [기울기-이동] 메뉴를 클릭합니다.

TIP
[기울기-이동]으로 흐림 효과를 직선으로 적용할 수 있습니다.

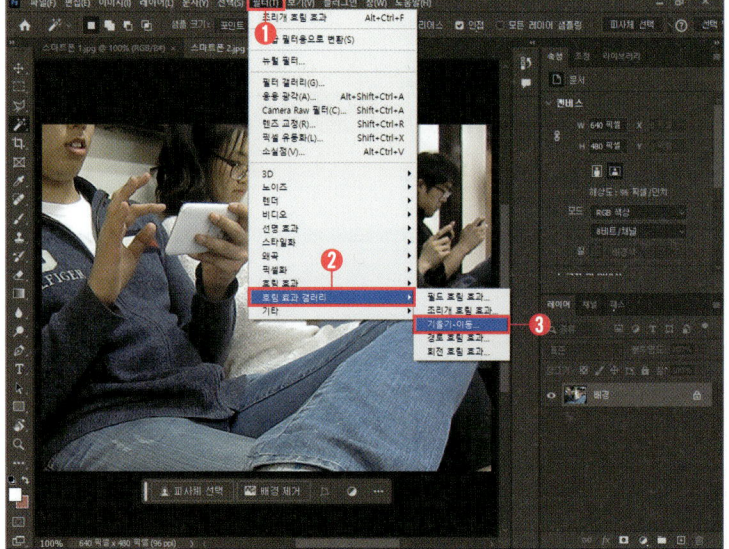

03 흰색 실선 위에 위치한 점을 Shift 를 누른 채 드래그하여 90°만큼 회전하고 흐림 효과의 중심을 다음과 같이 옮깁니다.

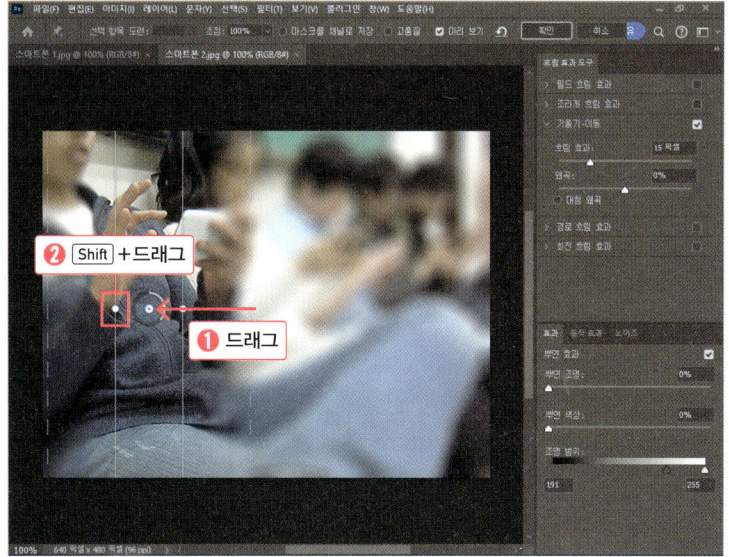

04 왼쪽 실선은 왼쪽 끝으로 옮겨 흐림 효과를 없애고, 오른쪽 점선은 멀어지는 지점으로 옮겨서 흐림 효과가 거리에 따라 심해지도록 합니다. [흐림 효과 도구] 패널에서 [흐림 효과]의 값을 좌우로 드래그하면서 흐림 효과를 적절하게 적용한 후 오른쪽 상단의 [확인] 버튼을 클릭하여 마무리합니다.

05 시선에서 가까운 곳을 더 밝게 하기 위해서 [도구] 패널에서 [닷지 도구]를 선택합니다. 옵션 바에서 [브러시 사전 설정 피커]의 세부 옵션을 펼치고 다음과 같이 설정합니다.

- [크기] : 450 픽셀
- [경도] : 0%

TIP
[경도]의 값이 낮을수록 효과의 경계가 부드러워집니다. 이때 브러시 크기는 [[ ], [ ]]를 눌러서 조절할 수 있습니다.

06 이미지의 가까운 부분을 두 번 정도 클릭하여 밝게 만듭니다.

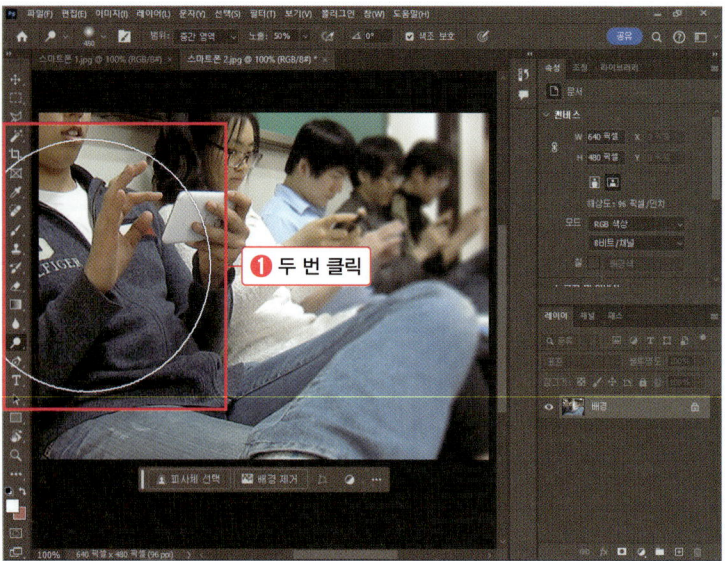

07 이와 반대로 시선에서 먼 곳을 어둡게 하기 위해서 [도구] 패널의 [번 도구]를 선택하고 시선에서 멀어지는 부분을 적당하게 클릭하여 다음과 같이 어둡게 만듭니다.

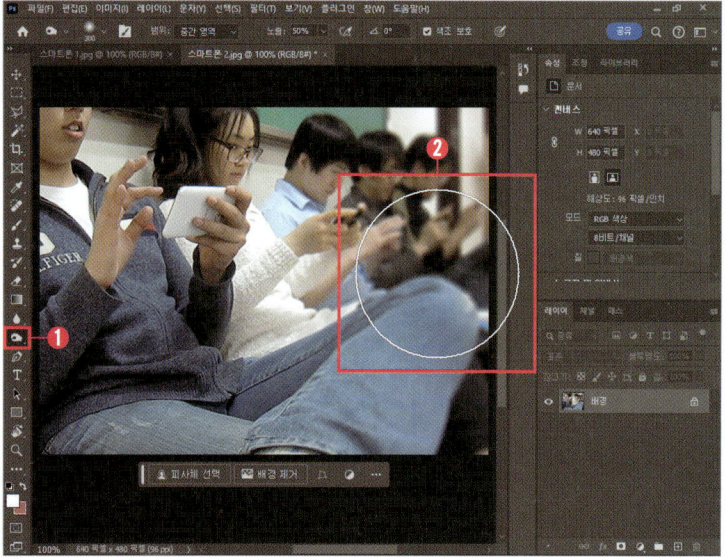

08 앞선 방법으로 조리개 흐림 효과와 기울기-이동의 원형, 그리고 선형 아웃포커스 효과를 적용하여 다양한 연속 이미지를 만들 수 있습니다.

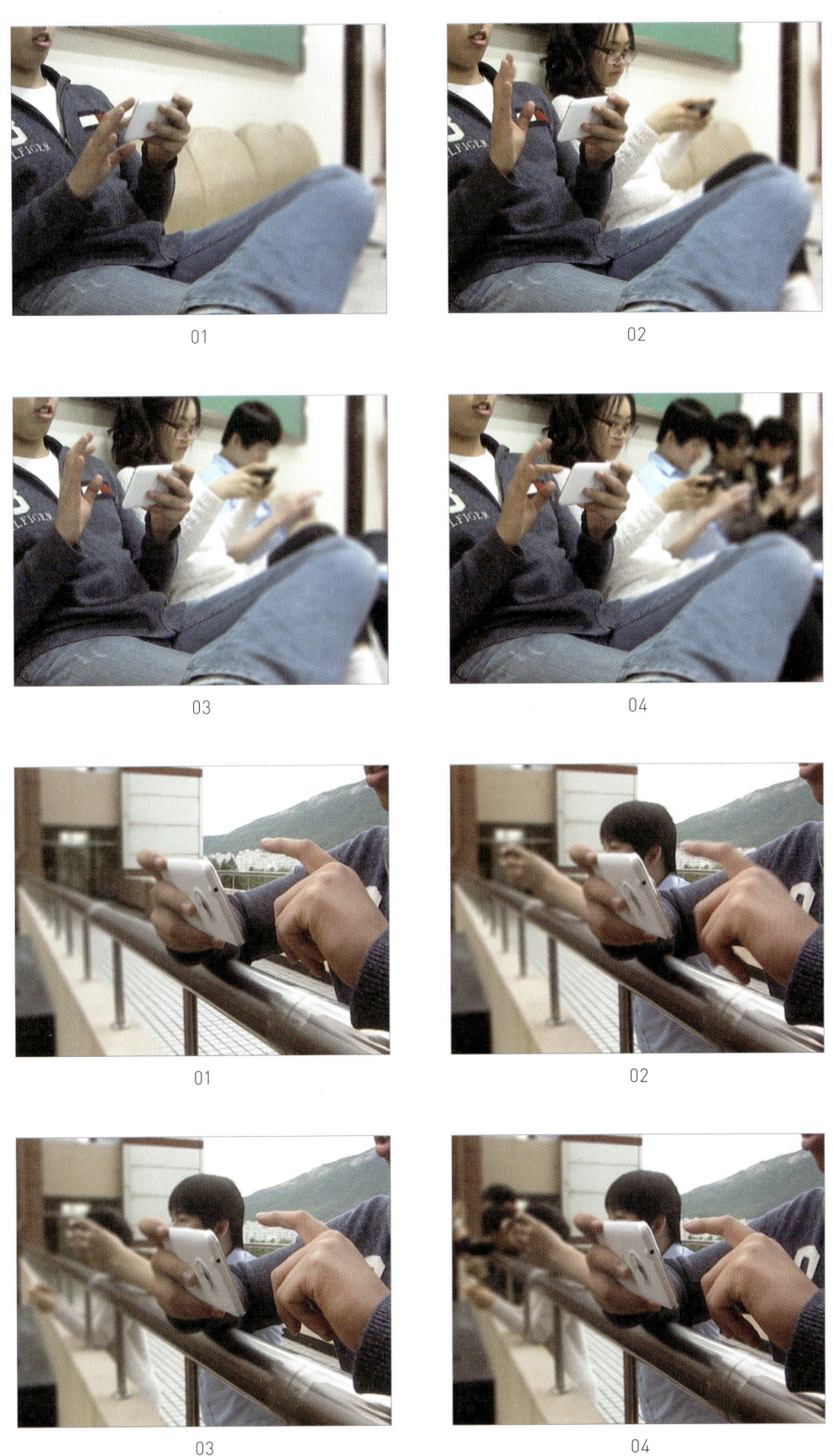

SECTION 1

가장 많이 사용하는 흐림 효과

❷ 잔상 흐림 효과

핵심 내용

포토샵 실무에서 많이 사용하는 효과 중 하나는 흐림(Blur) 효과입니다. 특히 움직임에는 반드시 잔상이 따릅니다. 본 예제에서는 측면의 가로형 잔상 흐림 효과인 동작 흐림 효과(Motion Blur)와 정면의 원형 잔상 흐림 효과인 방사형 흐림 효과, Radial Blur 효과를 사용하는 방법을 알아봅니다.

핵심 기능

[필터] > [흐림 효과] > [동작 흐림 효과]
[필터] > [흐림 효과] > [방사형 흐림 효과]

미리 보기 전국도서해양문화콘텐츠공모전 '대상' 수상 작품

원본   [동작 흐림 효과]

원본   [방사형 흐림 효과]

01 측면의 잔상 흐림 효과

[그레이디언트 도구] → [동작 흐림 효과]

▶ **준비 파일** : C3 > S1 > P2 > 슈퍼맨 1.png, 슈퍼맨 2.png ▶ **완성 파일** : C3 > S1 > P2 > 완성 파일 폴더

01 포토샵을 실행하고 화면 오른쪽 상단에 위치한 [새 파일] 버튼을 클릭합니다. [새로 문서 만들기] 대화상자가 열리면 다음과 같이 설정하고 [만들기] 버튼을 클릭합니다.

- [폭] : 640 픽셀
- [높이] : 480 픽셀
- [해상도] : 72 픽셀/인치
- [색상 모드] : RGB 색상 8 bit

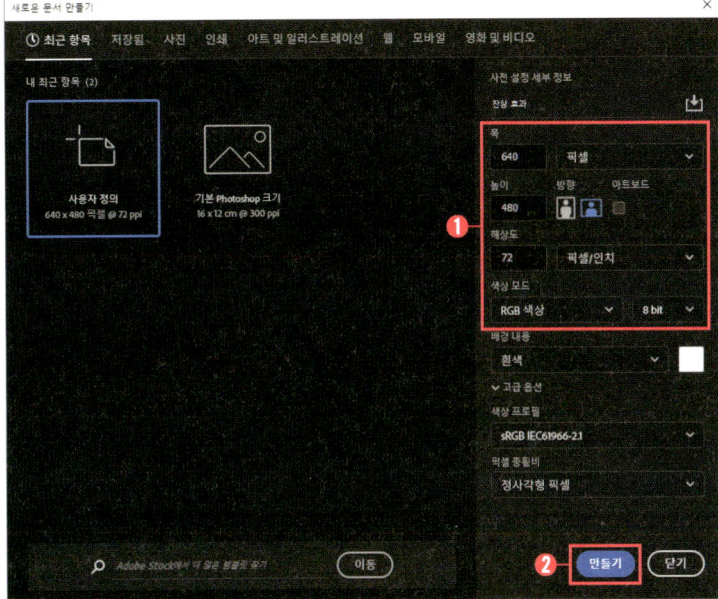

02 [그레이디언트 도구]를 선택하고 옵션바에서 '클래식 그레이디언트'를 선택하고 [그레이디언트 편집기]를 클릭하면 [그레이디언트 편집기] 대화상자가 열립니다.

03 [그레이디언트 편집기] 대화상자에서 왼쪽 [색상 정지점] 아이콘을 더블클릭하여 [색상 피커] 대화상자를 열고 '0096ff'를 입력합니다.

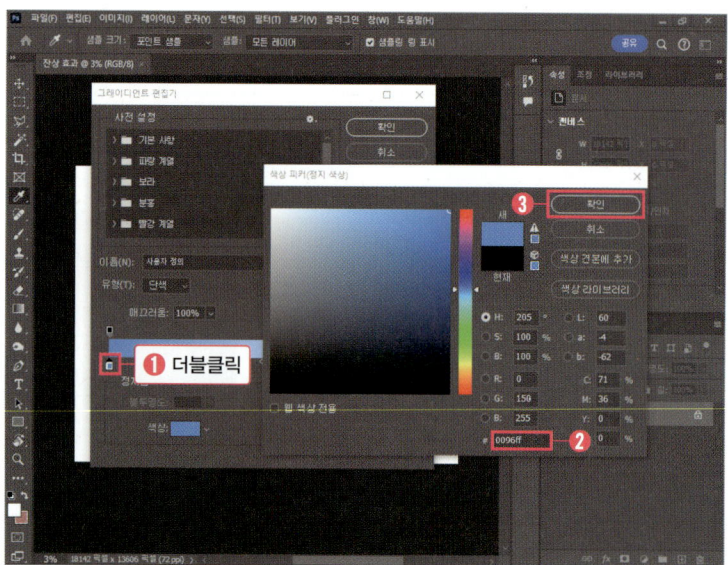

04 같은 방식으로 오른쪽 [색상 정지점] 아이콘을 더블클릭하고 'd9eeff'를 입력한 후 [확인] 버튼을 클릭합니다.

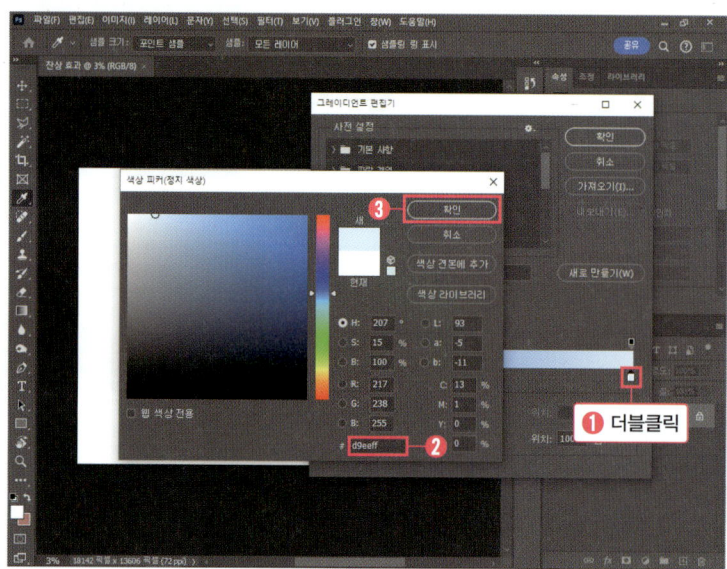

05 [그레이디언트 도구]가 선택된 상태로 작업 창의 위쪽에서 Shift 를 누른 채 아래쪽으로 드래그하여 다음과 같은 그레이디언트 배경을 만듭니다.

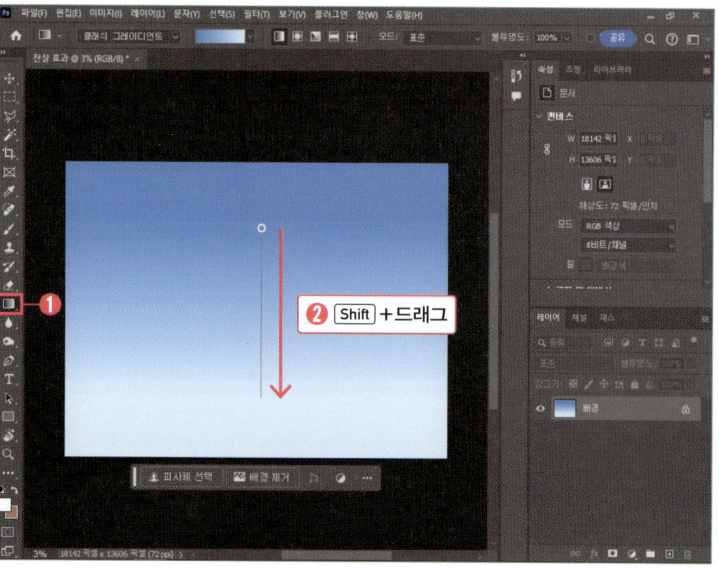

06 [레이어] 패널에서 [새 레이어] 아이콘을 클릭하고 레이어 이름을 '구름'으로 수정합니다. [브러시 도구]를 선택하고 옵션 바의 [브러시 사전 설정 피커]를 열어서 [경도]를 '100%'로 설정합니다.

TIP
[브러시 도구] : 붓 터치와 같은 도구입니다.
[경도] : 브러시 테두리의 투명도입니다. 수치가 높을수록 브러시 테두리가 선명하고 낮을수록 경계 부분이 부드럽게 표현됩니다.

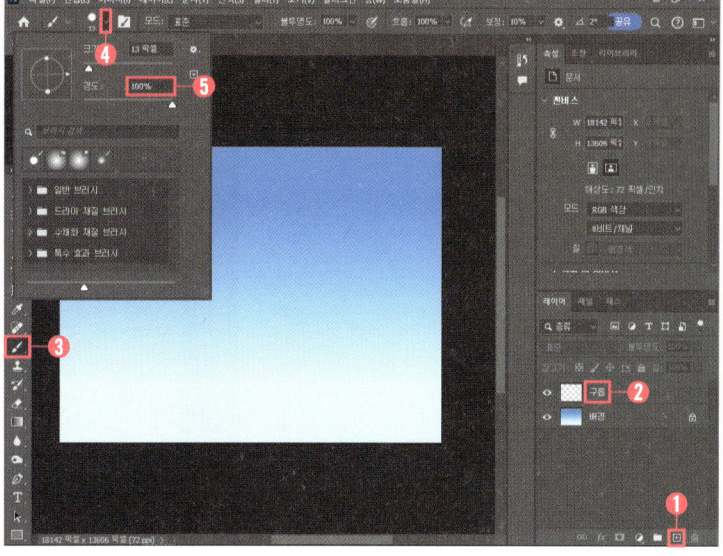

07 [도구] 패널 하단에 [전경색]을 클릭하여 색상 코드를 'ffffff'로 설정하고 [확인] 버튼을 클릭합니다.

08 '구름' 레이어를 선택한 채 [브러시 도구]로 작업 창에 원을 만듭니다. [[], []]를 눌러 [브러시 크기]에 다양하게 변화를 주면서 흰색의 원들을 다음과 같이 여러 개 만듭니다.

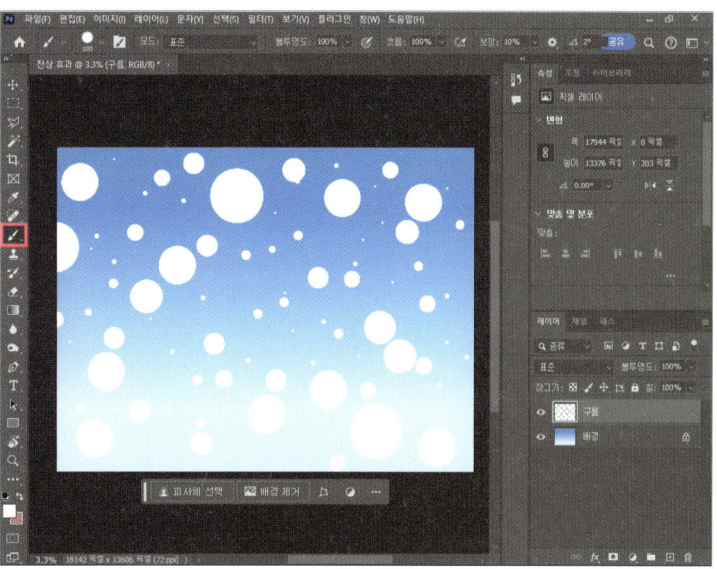

CHAPTER 03 자주 사용하는 효과 테크닉 | 465

09 '구름' 레이어에 흐림 효과를 주기 위해서 [필터] > [흐림 효과] > [동작 흐림 효과] 메뉴를 클릭합니다.

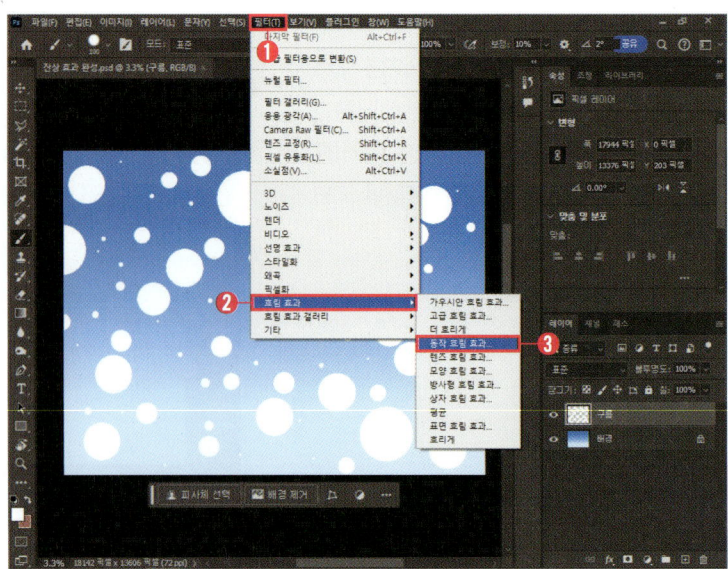

10 [동작 흐림 효과] 대화상자가 열리면 [거리]를 '300 픽셀'로 설정하고 [확인] 버튼을 클릭합니다.

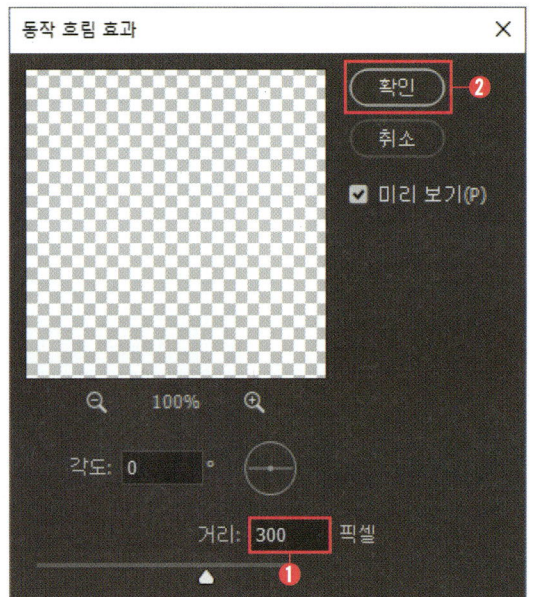

11 '구름' 레이어에 다음과 같이 동작 흐림 효과가 수평 방향으로 적용되었는지 확인합니다.

12 캐릭터 이미지를 삽입하기 위해서 [파일] > [스마트 오브젝트로 열기] 메뉴를 클릭합니다. '슈퍼맨 1.png' 파일을 선택하고 [열기] 버튼을 클릭합니다.

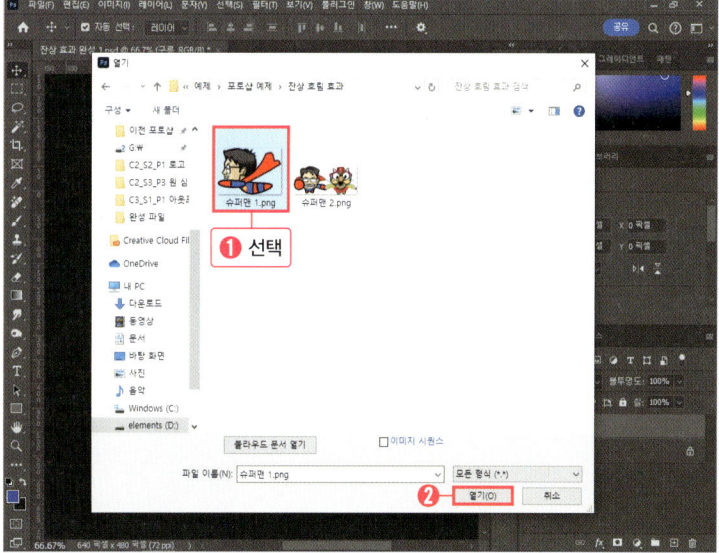

TIP
- [스마트 오브젝트로 열기] : 이미지를 [스마트 오브젝트] 형태로 삽입합니다. [스마트 오브젝트]는 원본을 보존하면서 색상 보정과 변형 등의 작업을 하고 필요에 따라 언제든지 원본 이미지로 돌아갈 수 있습니다.

13 '슈퍼맨 1.png' 파일이 열리면 조절점을 드래그하여 크기와 위치를 적절히 변형한 후 Enter 를 누릅니다.

14 Ctrl + J 를 눌러 '슈퍼맨 1' 레이어를 복사하고 [레이어] 패널에서 원본 '슈퍼맨 1' 레이어를 다시 선택합니다.

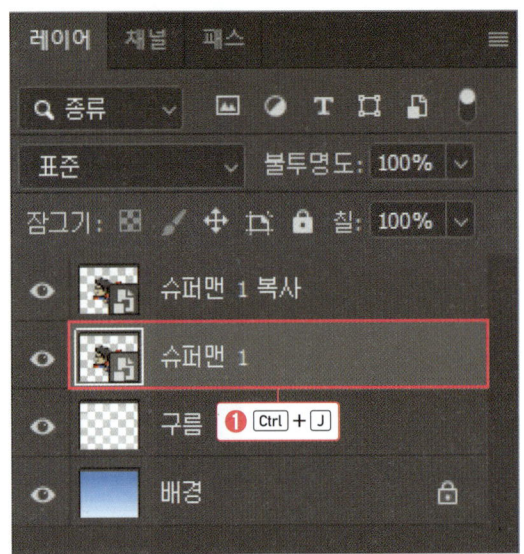

15 '슈퍼맨 1' 레이어에 흐림 효과를 주기 위해서 [필터] > [흐림 효과] > [동작 흐림 효과] 메뉴를 클릭하고 [거리]를 '200 픽셀'로 설정한 뒤 [확인] 버튼을 클릭합니다.

16 [이동 도구]을 선택하고 '슈퍼맨 1' 레이어가 선택된 상태에서 →를 여러 번 눌러 흐림 효과가 적용된 이미지를 오른쪽으로 옮긴 후 [불투명도]를 '60%'로 설정합니다. 동작 흐림 효과를 이용하여 속도감 있는 이미지를 완성했습니다.

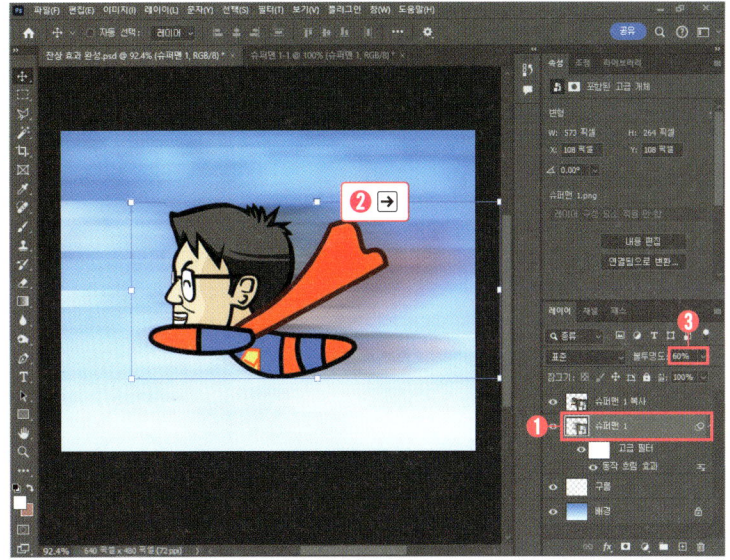

17 위와 같이 동작 흐림 효과를 이용하여 다양한 측면의 잔상 흐림 효과를 표현할 수 있습니다.

01　　　　　　　　　　　　02　　　　　　　　　　　　03

02 정면의 잔상 흐림 효과 [방사형 흐림 효과]

01 앞서 진행했던 효과와 같은 설정으로 새 작업 창을 만들고, 똑같은 방법으로 그레이디언트 배경을 만듭니다. '구름' 레이어에 [브러시 도구]로 다음과 같이 흰색 원들을 무작위로 만듭니다.

TIP ···
이미지의 가장자리에는 큰 원을 만들고, 중앙 부분으로 갈수록 작은 원을 배치하면 방사형 흐림 효과를 더욱 돋보이게 만들 수 있습니다.

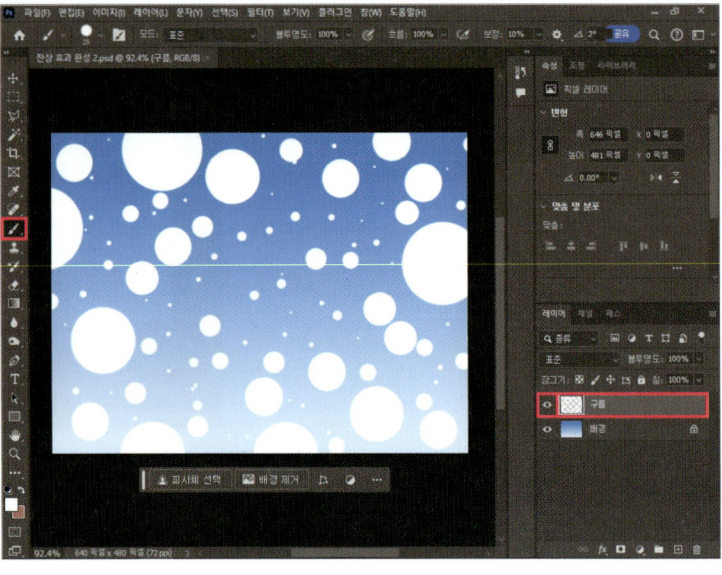

02 '구름' 레이어가 선택된 상태에서 [필터] > [흐림 효과] > [방사형 흐림 효과] 메뉴를 클릭하를 대화상자가 열리면 다음과 같이 설정한 후 [확인] 버튼을 클릭합니다.

- [양] : 100
- [흐림 효과 방법] : 돋보기

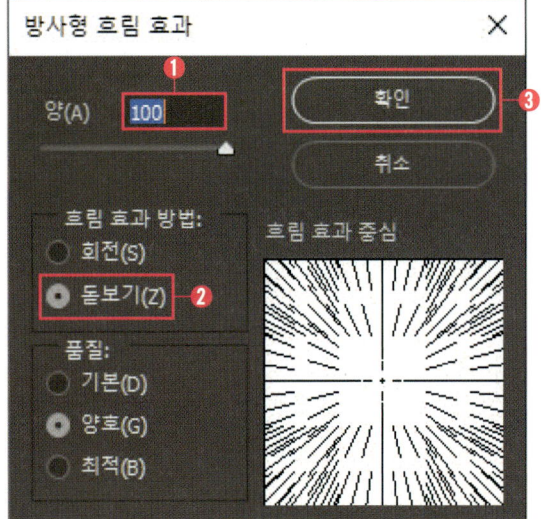

03 Alt+Ctrl+F를 연속으로 5번 눌러 방사형 흐림 효과를 반복해서 적용합니다.

TIP
마지막 필터(Alt+Ctrl+F) 사용법 : 마지막으로 사용한 효과를 같은 설정으로 반복하여 적용할 수 있습니다.

04 방사형 흐림 효과를 더욱 선명하게 만들기 위해서 Ctrl+J를 눌러 '구름' 레이어를 복사한 후 Ctrl+E를 눌러 복사된 레이어와 원본 레이어를 합칩니다.

05 [파일] > [스마트 오브젝트로 열기] 메뉴를 클릭하고 '슈퍼맨 2' 파일을 불러온 뒤, 조절점을 드래그하여 다음과 같이 배치합니다.

06 위와 같이 방사형 흐림 효과를 이용하여 정면의 잔상 흐림 효과를 표현할 수 있습니다.

01

02

03

SECTION 2

재질과 기법의 필터 효과

❶ 칠판과 분필 효과

핵심 내용
이번 예제는 칠판 배경과 분필 글씨를 주는 필터 효과입니다. Add Noise 효과를 통해 칠판 느낌을 주고, 그림을 불러와서 반전으로 뒤집은 후 [혼합 모드]의 '스크린'으로 분필 글씨 효과를 표현하는 방법을 알아봅니다.

핵심 기능
[필터] > [노이즈] > [노이즈 추가] → [반전] → [혼합 모드] > [스크린]

미리 보기 대한민국 국회 UCC 공모전 '국회사무총장상' 수상 작품

원본

칠판 + 분필 효과

CHAPTER 03 자주 사용하는 효과 테크닉 | 473

01 칠판 배경 만들기

[필터] > [노이즈] > [노이즈 추가]

● 준비 파일 : C3 > S2 > P1 > 스케치.jpg ● 완성 파일 : C3 > S2 > P1 > 완성 파일 폴더

01 포토샵을 실행하고 새 작업 창을 만들기 위해 화면 오른쪽 상단 부분에 위치한 [새 파일] 버튼을 클릭합니다. [새로운 문서 만들기] 대화상자가 열리면 다음과 같이 설정한 후 [만들기] 버튼을 클릭합니다.

- [폭] : 640 픽셀
- [높이] : 480 픽셀
- [해상도] : 72 픽셀/인치
- [색상 모드] : RGB 색상

02 [전경색]을 더블클릭하면 [색상 피커] 대화상자가 나타납니다. 색상 코드를 칠판 색상 계열의 '#375a42'로 설정한 후 [확인] 버튼을 클릭합니다.

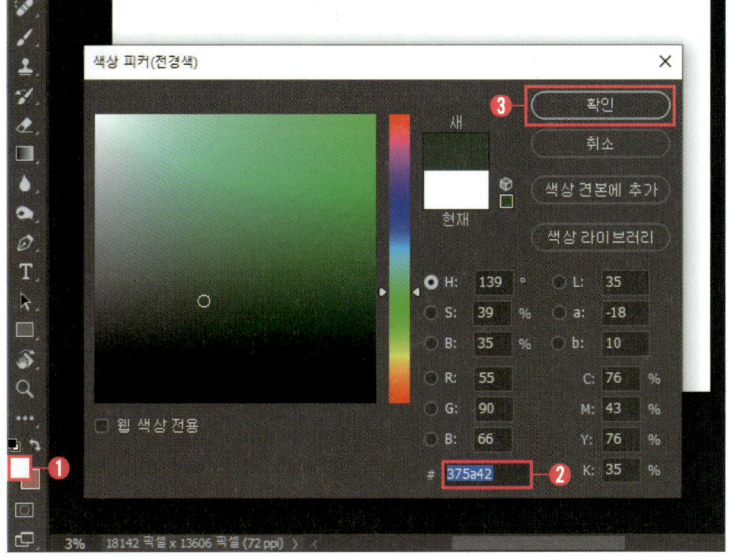

03 Alt + Delete 를 눌러 '배경' 레이어에 전경색을 채웁니다.

TIP
전경색 채우기 단축키 : Alt + Delete
배경색 채우기 단축키 : Ctrl + Delete

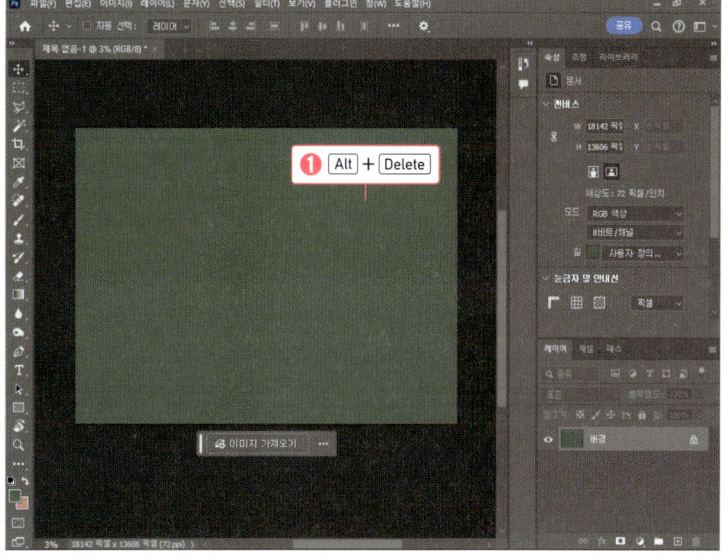

04 칠판 표면의 느낌을 표현하기 위해서 [필터] > [노이즈] > [노이즈 추가] 메뉴를 클릭하고 대화상자가 열리면 다음과 같이 설정한 후 [확인] 버튼을 클릭합니다.

- [양] : 2%
- [분포] : 균일
- [단색] : 체크

TIP
[노이즈 추가]는 이미지에 불규칙한 픽셀을 뿌리는 효과입니다.

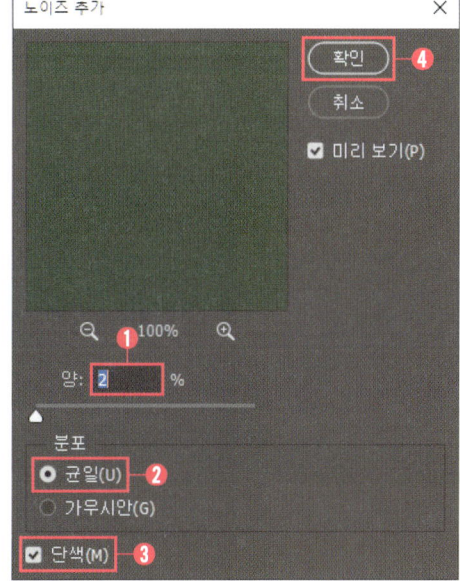

02 분필 효과 적용하기   [반전] → [혼합 모드] > [스크린]

01 칠판에 합성할 이미지를 불러오기 위해서 [파일] > [열기](Ctrl+O) 메뉴를 클릭합니다. [열기] 대화상자가 열리면 '스케치.jpg' 파일을 선택하고 [열기] 버튼을 클릭합니다.

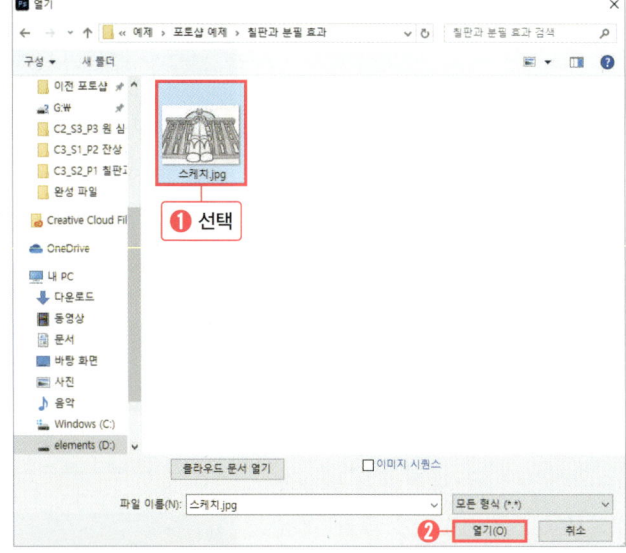

TIP ··
이 그림은 색연필로 작은 스케치북에 그린 그림입니다. 실제 칠판에서 그림을 그리는 것보다 더 쉽게 그릴 수 있습니다.

02 이미지의 밝기를 조절하기 위해서 [이미지] > [조정] > [레벨](Ctrl+L) 메뉴를 클릭하고 [레벨] 대화상자가 열리면 다음과 같이 설정한 후 [확인] 버튼을 클릭합니다.

- [어두운 톤 슬라이더] : 40
- [중간 톤 슬라이더] : 1.1
- [밝은 톤 슬라이더] : 245

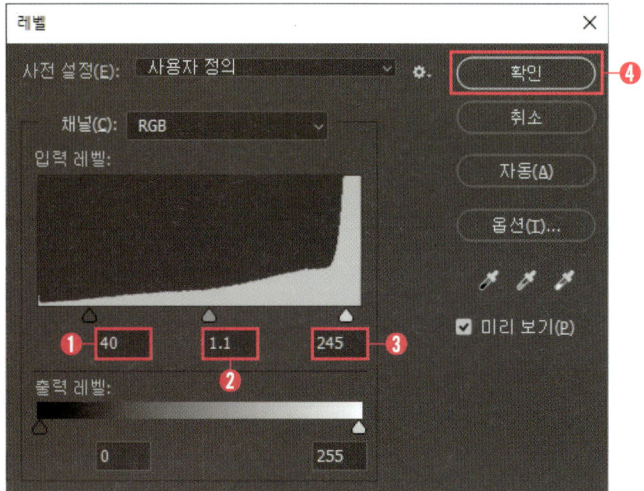

03 Ctrl+A를 눌러 전체 영역을 선택하고 Ctrl+C를 눌러 복사합니다. 칠판이 있는 작업 창에서 Ctrl+V를 눌러 이미지를 붙여넣습니다.

04 붙여넣은 레이어의 이름을 '스케치'로 변경하고 [이미지] > [조정] > [반전] (Ctrl+I) 메뉴를 클릭하여 이미지의 색상을 반전합니다.

TIP
[반전]은 이미지를 보색 색상으로 반전시킵니다.

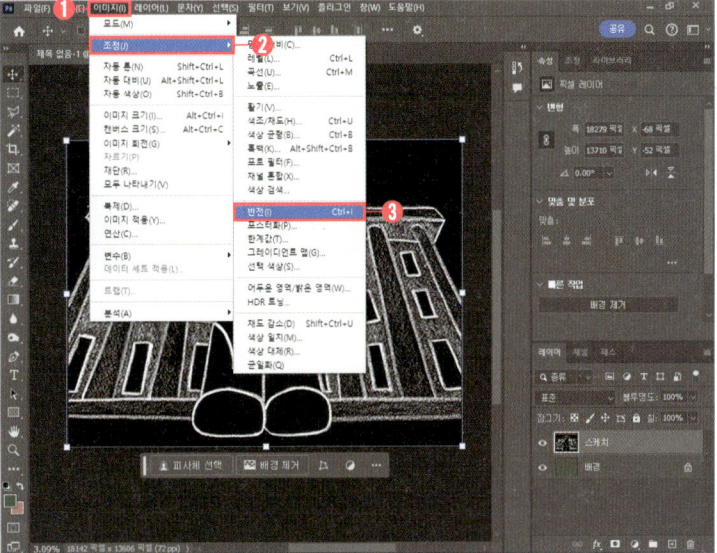

05 [레이어] 패널에서 '스케치' 레이어의 [혼합 모드]를 '스크린'으로 설정하고 [불투명도]를 '90%'로 수정하여 마무리 합니다.

TIP
[스크린]은 2개의 이미지에서 밝은 부분만을 이용하여 합성하는 효과입니다.

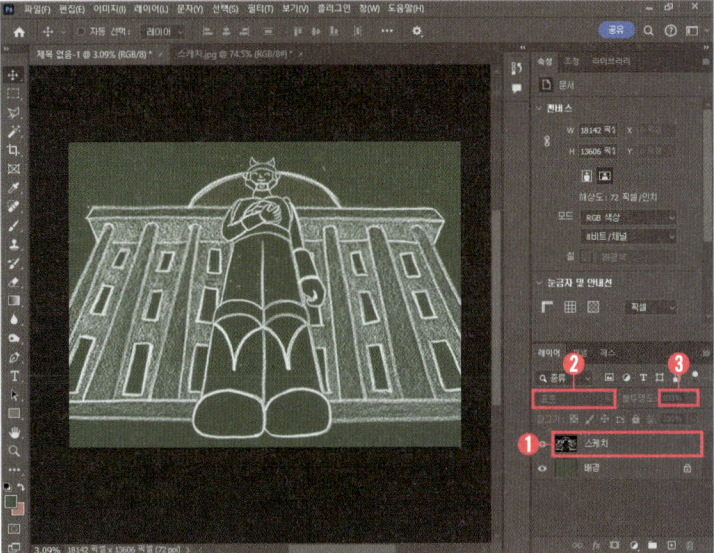

CHAPTER 03 자주 사용하는 효과 테크닉 | **477**

06 앞선 방법으로 칠판과 분필 효과 이미지들을 만들 수 있습니다.

SECTION 2

재질과 기법의 필터 효과
❷ 연필 스케치 효과

핵심 내용
홍보 영상이나 애니메이션에서 자주 등장하는 기법 중 하나가 '연필 스케치 효과'입니다. 특히, 우리의 전통 가옥이나 동양적인 디자인에서 자주 사용됩니다. 본 예제에서는 [채도 감소]와 [반전], 그리고 [색상 닷지] 후 [가우시안 흐림 효과]를 주고 [노이즈 추가]한 다음 [동작 흐림 효과]로 연필 스케치 효과를 주는 방법에 대해 알아봅니다.

핵심 기능
[채도 감소] → [반전] → [색상 닷지] → [가우시안 흐림 효과] → [노이즈 추가] → [동작 흐림 효과]

미리 보기 대한민국 관광 애니메이션 공모전 '우수상' 수상 작품

원본

스케치 효과

01 흑백 효과

[채도 감소] → [반전] → [색상 닷지]

▶ **준비 파일** : C3 > S2 > P2 > 기와집.bmp   ▶ **완성 파일** : C3 > S2 > P2 > 완성 파일 폴더

01 포토샵을 실행하고 [열기]를 클릭한 후 [열기] 대화상자가 열리면 '기와집.bmp' 파일을 선택하고 [열기] 버튼을 클릭합니다.

02 이미지를 흑백으로 바꾸기 위해서 [이미지] > [조정] > [채도 감소](Shift+Ctrl+U) 메뉴를 클릭하고 Ctrl+J를 눌러 레이어를 하나 더 복사합니다.

03 복사한 '레이어 1' 레이어가 선택된 상태에서 이미지의 색상을 반전하기 위해서 [이미지] > [조정] > [반전](Ctrl + I) 메뉴를 클릭합니다.

04 [레이어] 패널에서 '레이어 1' 레이어의 [혼합 모드]를 '색상 닷지'로 설정합니다.

TIP
[색상 닷지]는 2개 이미지에서 밝은 부분을 섞는 합성 효과입니다.

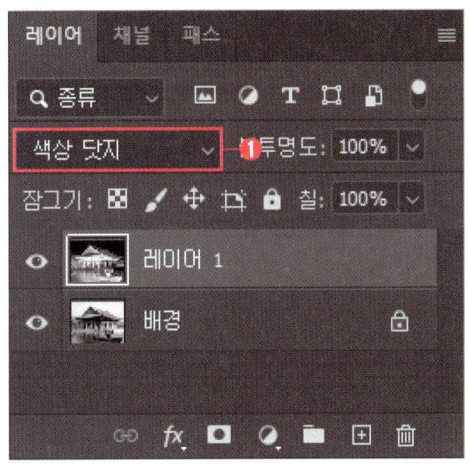

02 연필 스케치 효과 적용하기

[가우시안 흐림 효과] → [노이즈 추가] → [동작 흐림 효과]

01 [필터] > [흐림 효과] > [가우시안 흐림 효과] 메뉴를 클릭하고 대화상자가 열리면 [반경]을 '5'로 설정한 후 [확인] 버튼을 클릭하여 '레이어 1' 레이어에 흐림 효과를 적용합니다.

TIP
[반경] 값에 따라 스케치 효과의 결과가 달라집니다. 이를 잘 이용하면 수채화나 동양화 느낌도 줄 수 있습니다. 이미지의 결과를 확인하면서 수치를 조절하길 바랍니다.

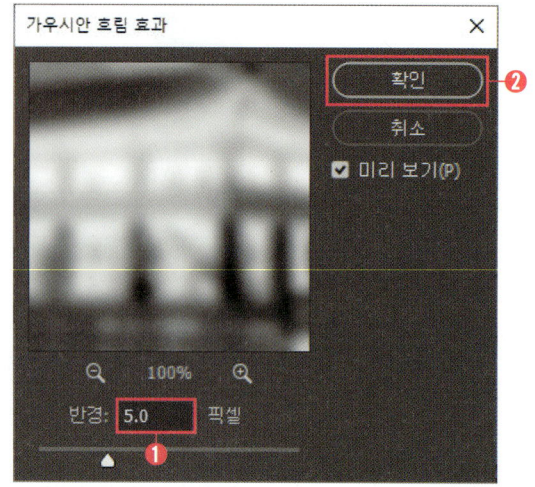

02 이미지에 다음과 같은 흑백 효과가 적용되었음을 확인한 후 Ctrl + E를 눌러 레이어를 하나로 합칩니다.

03 Ctrl + J를 눌러 레이어를 하나 더 복사합니다.

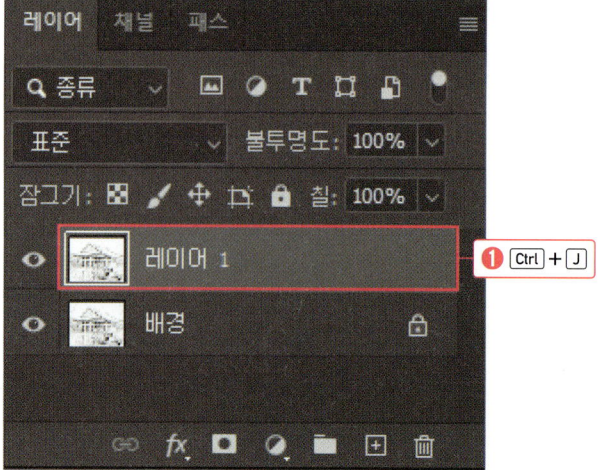

04 연필 스케치 느낌을 추가하기 위해서 '레이어 1' 레이어가 선택된 상태에서 [필터] > [노이즈] > [노이즈 추가] 메뉴를 클릭하고 대화상자가 나타나면 다음과 같이 설정한 후 [확인] 버튼을 클릭합니다.

- [양] : 2
- [분포] : 균일
- [단색] : 체크

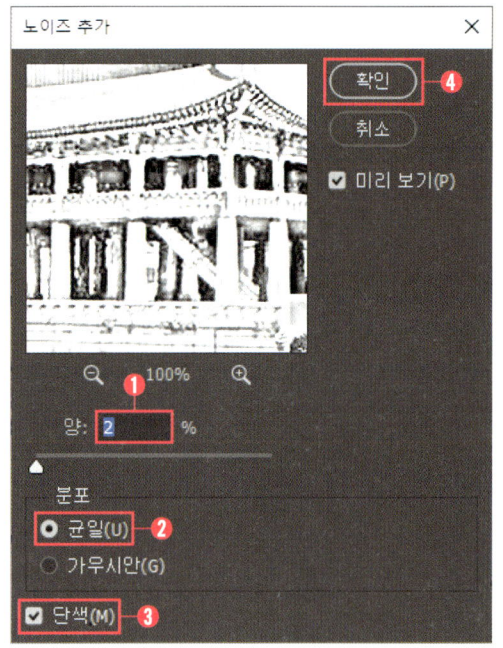

05 [필터] > [흐림 효과] > [동작 흐림 효과] 메뉴를 클릭하고 대화상자가 열리면 다음과 같이 설정한 후 [확인] 버튼을 클릭합니다.

- [각도] : 40
- [거리] : 30

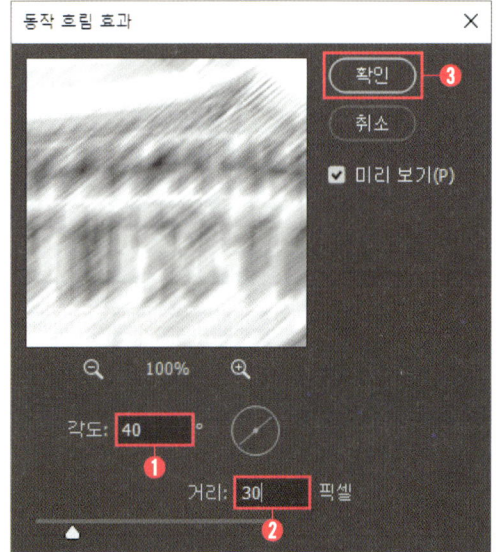

06 [레이어] 패널에서 '레이어 1' 레이어의 [불투명도]를 '40%' 정도로 낮추어서 2개의 레이어가 자연스럽게 혼합되도록 한 후 Ctrl+E를 눌러 레이어를 하나로 합칩니다.

CHAPTER 03 자주 사용하는 효과 테크닉 | **483**

07 이와 같이 연필 스케치 효과를 응용하여 여러 장의 이미지를 만들고 다양한 디자인, 또는 영상 소스로 활용할 수 있습니다.

01

02

03

04

05

06

07

08

SECTION 2

재질과 기법의 필터 효과

❸ 빛바랜 한지 효과

핵심 내용

이번 예제에서는 합성한 이미지를 그림처럼 바꾸고 빛바랜 한지 같은 효과를 주는 방법에 대해 안내합니다. [채도 감소]와 [반전], 그리고 [색상 닷지] 및 [최소값]을 사용하여 사진을 그림처럼 바꾸고, [혼합 모드]를 '곱하기'로 바꾸고 [레벨]을 조절해서 빛바랜 한지 같은 효과를 주는 테크닉에 대해 알아봅니다.

핵심 기능

[채도 감소] → [반전] → [색상 닷지] → [최소값] → [혼합 모드] > [곱하기] → [레벨]

미리 보기 전국 디지털 영상 애니메이션 공모전 '대상' 수상 작품

원본

빛바랜 그림

01 사진을 그림처럼 바꾸기

[채도 감소] → [반전] → [색상 닷지] → [최소값]

▶ **준비 파일** : C3 > S2 > P3 > 여수.jpg, 배경.jpg   ▶ **완성 파일** : C3 > S2 > P3 > 완성 파일 폴더

01 [열기]를 클릭하고 대화상자가 열리면 '여수'.jpg' 파일을 선택하고 [열기] 버튼을 클릭합니다. 이미지를 흑백으로 바꾸기 위해서 [이미지] > [조정] > [채도 감소](Shift+Ctrl+U) 메뉴를 클릭합니다. 다음과 같이 이미지가 흑백으로 바뀐 것을 확인한 후 Ctrl+J를 눌러 레이어를 하나 더 복사합니다.

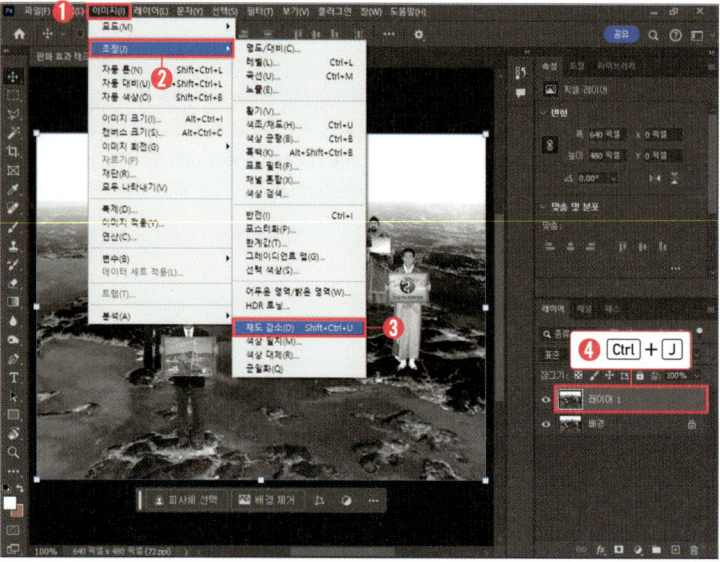

02 복사한 '레이어 1' 레이어가 선택된 상태에서 이미지의 색상을 반전하기 위해서 [이미지] > [조정] > [반전](Ctrl+I) 메뉴를 클릭합니다.

03 [레이어] 패널에서 '레이어 1' 레이어의 [혼합 모드]를 '색상 닷지'로 설정합니다.

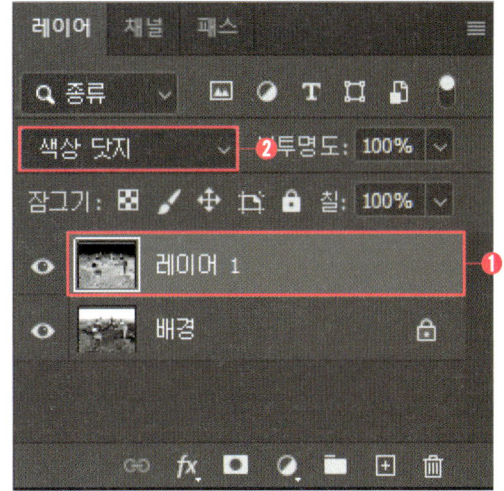

04 [필터] > [기타] > [최소값] 메뉴를 클릭하고 대화상자가 열리면 [반경]을 '1'로 설정한 후 [확인] 버튼을 클릭합니다.

TIP ···
이 효과의 결과를 정확하게 확인하려면 아래 '배경 레이어의 [가시성] 아이콘을 해제하고 효과를 적용한 레이어의 이미지만 확인합니다.

05 [레이어] 패널에서 '레이어 1' 레이어의 [불투명도]를 '75%'로 설정한 후 Ctrl + E 를 눌러 레이어를 하나로 합칩니다.

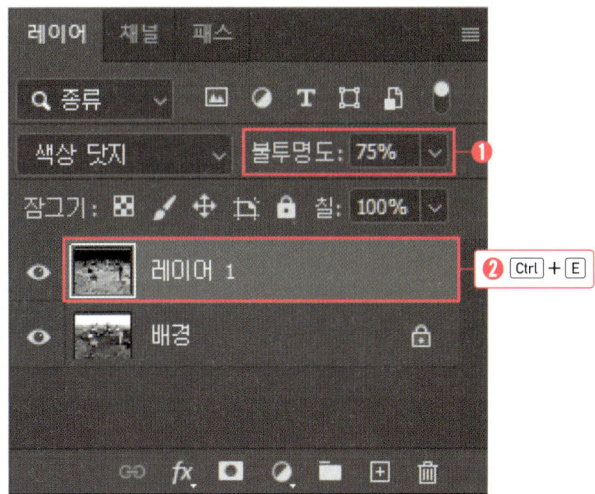

02 빛바랜 한지 재질 적용하기

[혼합 모드] > [곱하기] → [레벨]

01 빛바랜 한지 재질을 주기 위한 소스 이미지를 불러오기 위해서 [파일] > [열기](Ctrl + O) 메뉴를 클릭합니다. 대화상자가 열리면 '배경.jpg' 파일을 선택하고 [열기] 버튼을 클릭합니다.

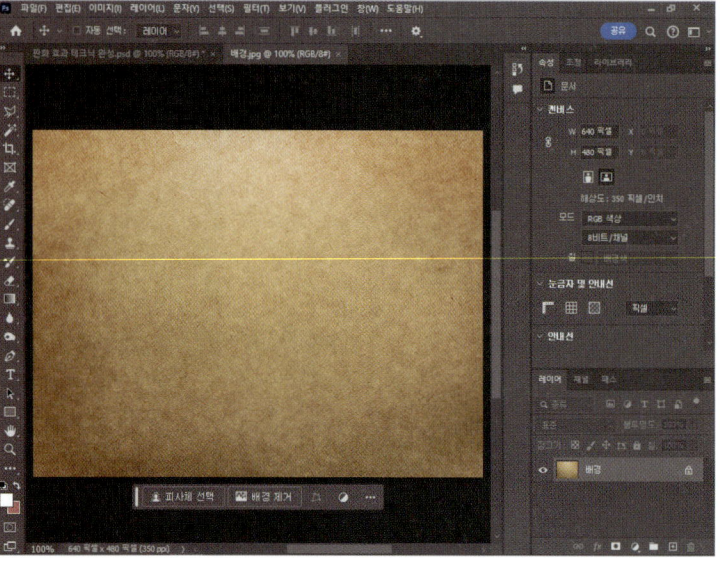

02 [레이어] > [레이어 복제] 메뉴를 클릭하고 대화상자가 열리면 [새 이름]은 '종이', [문서]는 '여수.jpg'로 설정한 후 [확인] 버튼을 클릭합니다.

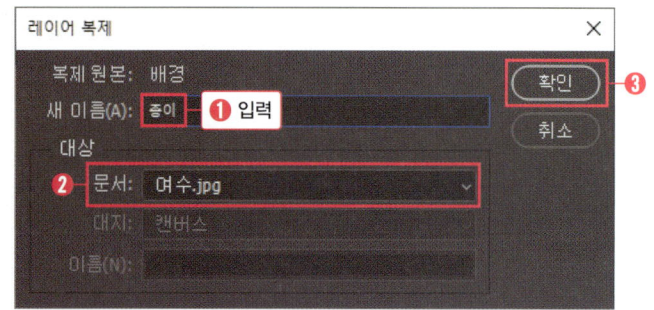

03 작업 창으로 돌아와서 [레이어] 패널에서 '종이' 레이어의 [혼합 모드]를 '곱하기'로 설정하여 두 이미지가 자연스럽게 합성되게 합니다.

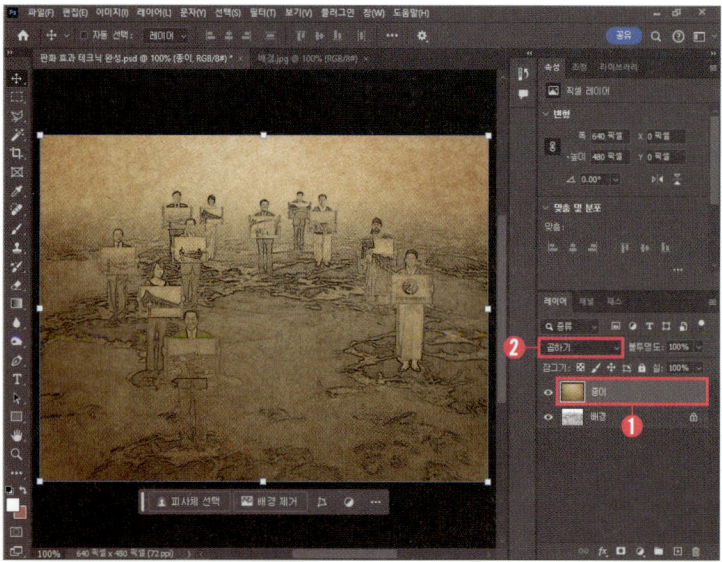

04 '종이' 레이어가 선택된 상태에서 이미지의 밝기를 조절하기 위해서 [이미지] > [조정] > [레벨]([Ctrl]+[L]) 메뉴를 클릭하고 [레벨] 대화상자가 열리면 다음과 같이 설정한 후 [확인] 버튼을 클릭합니다.

- [중간 톤 슬라이더] : 1.05
- [밝은 톤 슬라이더] : 245
- [어두운 톤 슬라이더] : 20

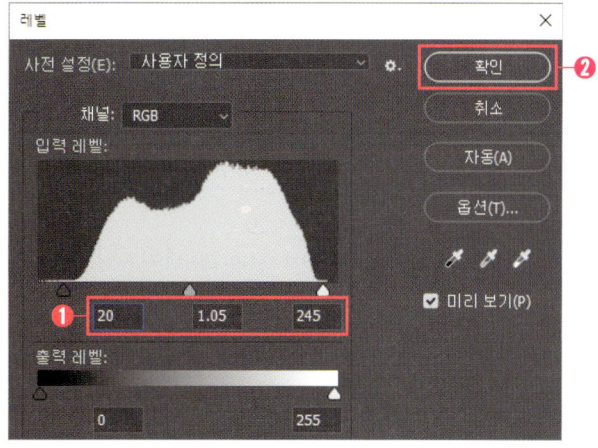

05 다음과 같이 빛바랜 한지 느낌의 이미지를 만들 수 있습니다.

06 위와 같은 방법을 응용하여 빛바랜 한지 이미지를 만들어서 다양한 디자인 및 영상 소스로 활용할 수 있습니다.

01

02

03

04

05

06

SECTION 3

포토샵 디자인으로 가능한 특수 효과

❶ 빛 특수 효과 타이틀

핵심 내용

곡면의 패스를 따라가는 문자 디자인 테크닉은 포토샵에서 꼭 알아두어야 할 기능으로 활용도가 높습니다. 자유 곡선의 형태를 따라가는 문자 디자인이 의외로 많기 때문입니다. 본 예제에서는 타원 도구 패스, 그리고 문자 도구를 이용해서 패스를 따라가는 연속 이미지를 만들어 봅니다.

핵심 기능

[타원 도구] > '패스' → [수평 문자 도구] → [레스터화] → [다각형 올가미 도구] → [외부 광선]

미리 보기 LIG 된다댄스 UCC 콘테스트 '최우수상' 인트로 영상

일반 문자

패스 문자

01 곡선 문자 입력하기

[타원 도구] > '패스' → [수평 문자 도구]

▶ **준비 파일** : C3 > S3 > P1 > MGM 오프닝.psd　▶ **완성 파일** : C3 > S3 > P1 > 완성 파일 폴더

01 포토샵을 실행하고 [열기] 버튼을 클릭한 후 [열기] 대화상자가 열리면 'MGM 오프닝.psd' 파일을 선택하고 [열기] 버튼을 클릭합니다.

TIP
제공한 PSD 파일의 레이어들은 광고 공모전에서 사용한 실무형 이미지입니다.

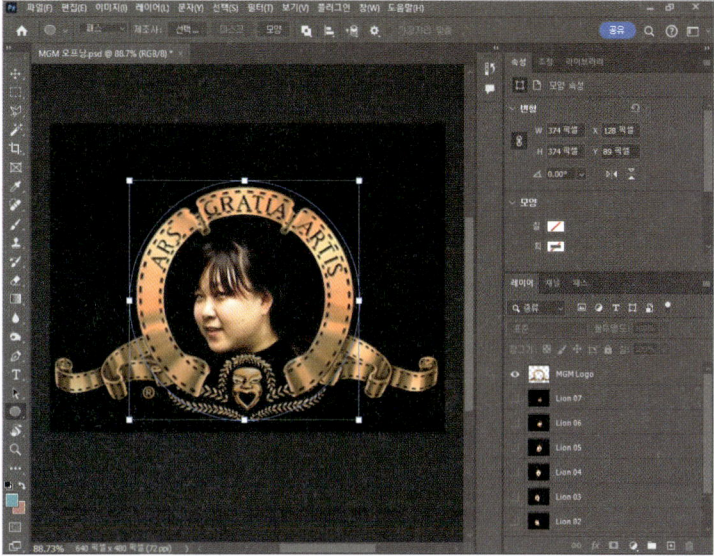

02 [도구] 패널에서 [타원 도구]를 클릭한 후 옵션 바의 [선택 도구 모드]를 '패스'로 설정하고 금색 원에 맞춰서 살짝 크게 원을 그립니다.

TIP
패스를 그리는 도중에 Space Bar 를 누르고 드래그하면 위치를 옮기면서 그릴 수 있습니다.

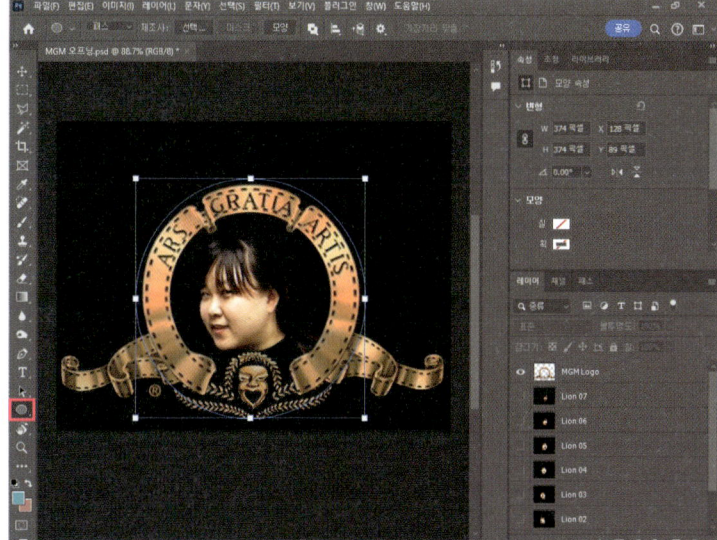

TIP

도형을 그릴 때 3가지 모드
- 모양 : 새 레이어가 자동으로 만들어지며 색이 채워진 벡터 형식의 도형을 생성합니다.
- 패스 : 현재 선택된 레이어에 색이 채워지지 않는 벡터 형식의 선 도형을 생성합니다. 선택 및 다른 기능을 위한 기준으로 사용됩니다.
- 픽셀 : 현재 선택된 레이어에 색이 채워진 비트맵 형식의 도형을 생성합니다.

03 윈도우에서 [메모장] 프로그램을 찾아 실행한 후 '된다! 패러디女'를 입력하고 모두 드래그하여 Ctrl+C를 누릅니다.

TIP
포토샵에서 곡면 문자를 입력할 때 한자는 입력이 불가능합니다. 이러한 경우, 메모장 같은 텍스트 편집기를 이용해 한자를 입력하고 복사하면 됩니다.

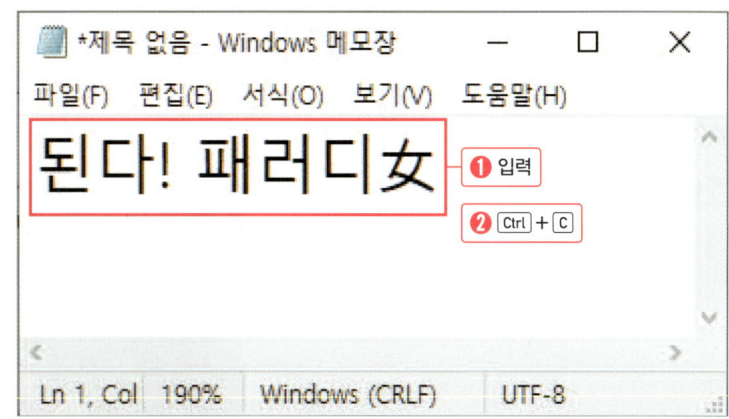

04 [도구] 패널의 [수평 문자 도구]를 선택하고 옵션 바에서 다음과 같이 설정한 후 패스의 왼쪽 상단을 클릭하고 Ctrl+V를 눌러 문자를 다음과 같이 복사합니다.

- [글꼴] : 돋움체
- [글꼴 크기] : 60 pt
- [색상] : #ff9042

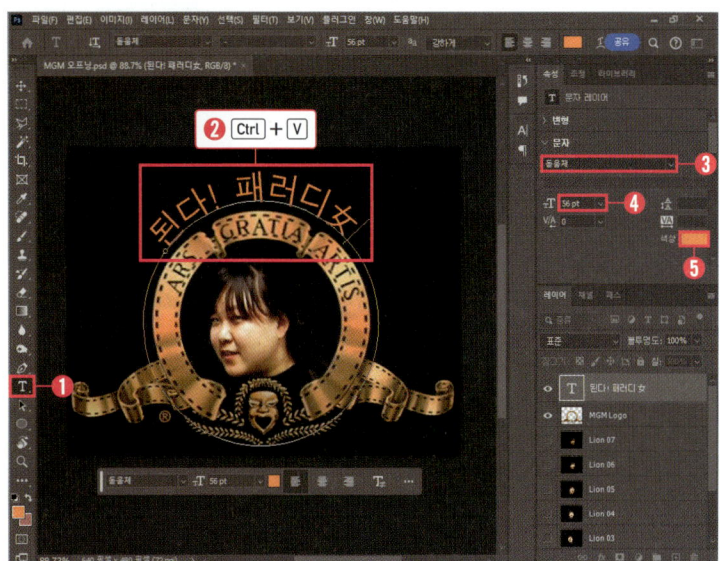

05 [도구] 패널의 [수평 문자 도구]로 '패러디女' 부분만 드래그하여 선택한 후 [창] > [문자] 메뉴를 클릭하여 패널을 열고, [볼드] 아이콘을 활성화합니다.

TIP
[문자] 패널에서 문자에 관련된 다양한 옵션을 설정할 수 있습니다.

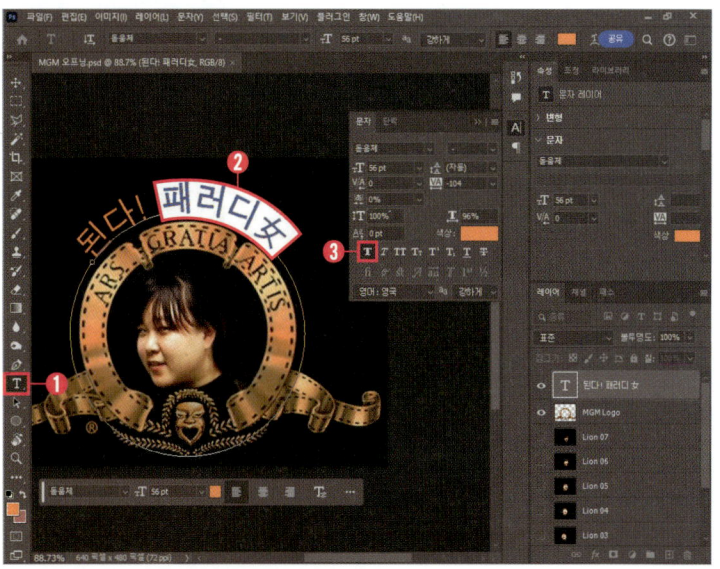

02 빛 효과로 타이틀 강조하기

[레스터화] → [외부 광선]

01 [레이어] 패널의 '된다! 패러디女' 문자 레이어가 선택된 상태에서 Ctrl+J를 눌러 레이어를 하나 더 복사한 후 [레이어] > [레스터화] > [레이어] 메뉴를 클릭하여 복사된 문자 레이어를 일반 레이어로 바꿉니다.

TIP
상단 메뉴 대신에 문자 레이어에 마우스 오른쪽 버튼을 클릭하고 [문자 레스터화]를 선택해도 됩니다.

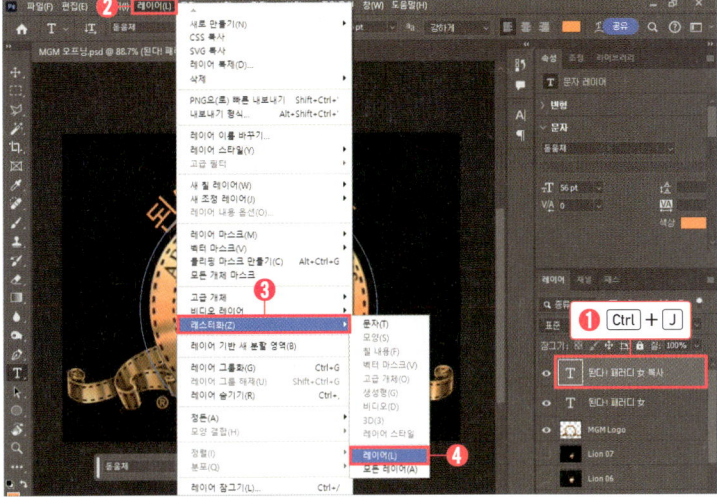

02 복사된 일반 레이어가 선택된 상태에서 [도구] 패널의 [다각형 올가미 도구]를 클릭하여 다음과 같이 첫 글자 '된' 부분만 선택합니다.

TIP
[다각형 올가미 도구]를 사용하는 도중 잘못 선택한 경우 Back Space를 눌러 이전 단계로 되돌릴 수 있습니다.

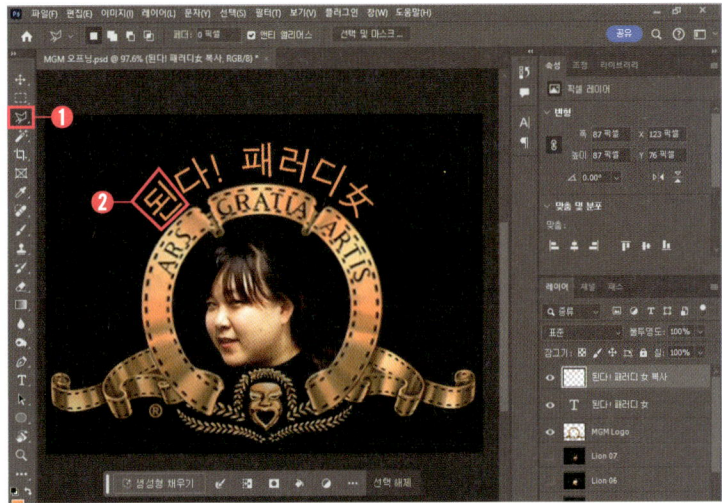

03 Ctrl+J를 눌러 선택 영역을 복사하여 새 레이어로 만들고, [레이어] 패널에서 레이어의 이름을 '빛 01'로 변경한 후 '된다! 패러디女 복사' 레이어의 [가시성] 아이콘을 해제합니다.

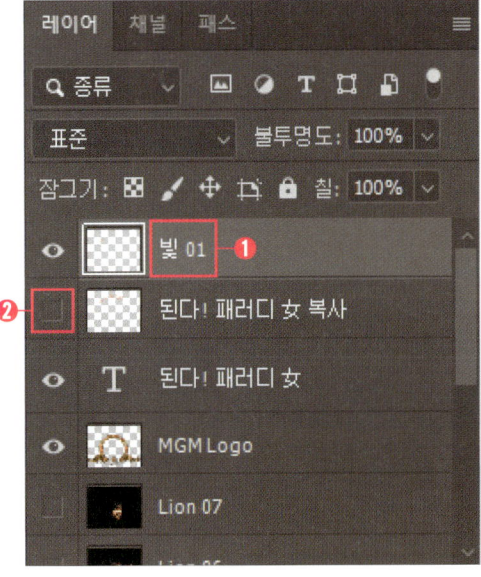

CHAPTER 03 자주 사용하는 효과 테크닉 | 493

04 '빛 01' 레이어가 선택된 상태에서 [레이어] > [레이어 스타일] > [외부 광선] 메뉴를 클릭하고 [레이어 스타일] 대화상자가 열리면 다음과 같이 설정한 후 [확인] 버튼을 클릭합니다.

- [혼합 모드] : 표준
- [불투명도] : 75%
- [외부 광선 색상] : #ffff8b
- [스프레드] : 11
- [크기] : 8

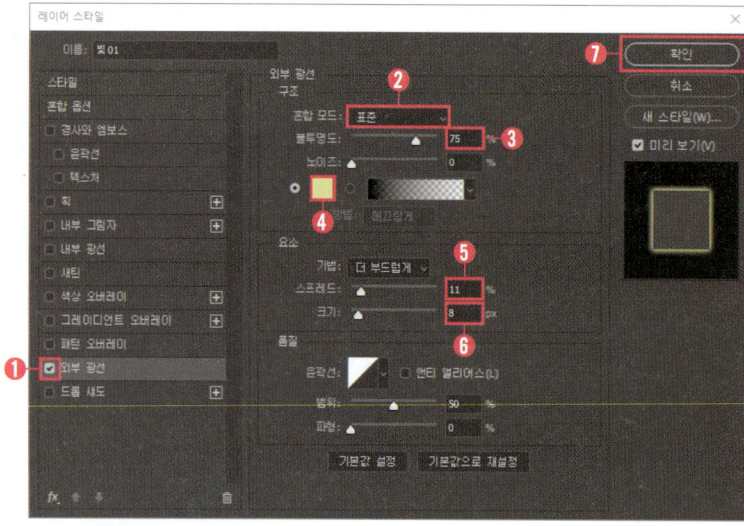

05 '된' 문자의 외곽에 외부 광선 효과가 적용된 것을 확인합니다.

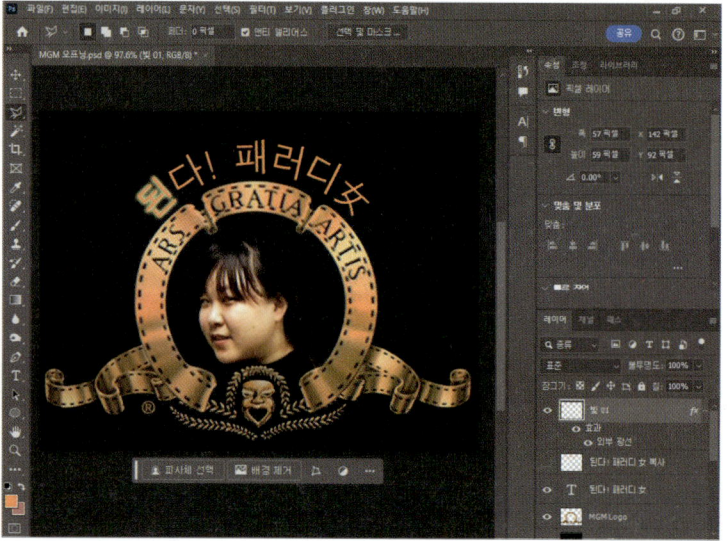

06 위와 같은 방법으로 나머지 문자에도 빛 효과를 적용하여 타이틀 디자인을 만들고 활용할 수 있습니다.

SECTION 3

포토샵 디자인으로 가능한 특수 효과

❷ 불 특수 효과 타이틀

핵심 내용
특수 효과에서 애프터 이펙트를 사용한다는 것이 상식이지만, 포토샵에서 이미지를 활용할 수도 있습니다. 이미지는 영상의 기본이기 때문입니다. 본 예제에서는 포토샵의 [바람] 효과와 [가우시안 흐림 효과], 그리고 [손가락 도구] 등의 기법을 이용하여 창의적인 불꽃 디자인을 실습해 봅니다.

핵심 기능
[시계 반대 방향] → [바람] → [가우시안 흐림 효과] → [혼합 모드] > '색상 닷지' → [외부 광선] → [손가락 도구]

미리 보기 DDL 극장 배경 애니메이션 작품

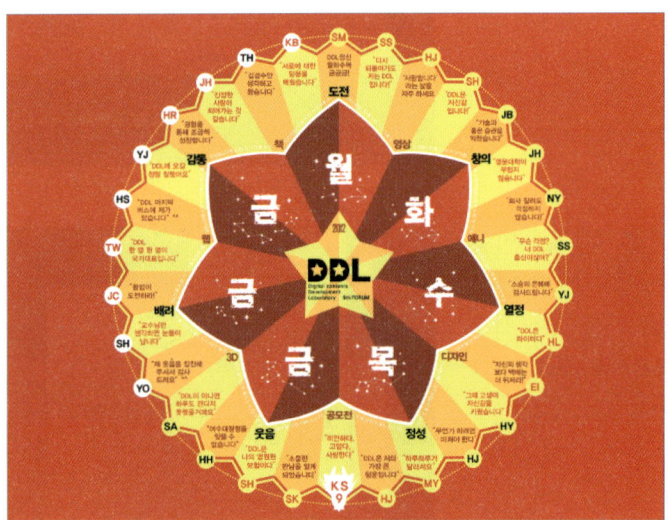

원본

불꽃 효과

CHAPTER 03 자주 사용하는 효과 테크닉 | **495**

01 불꽃 효과 타이틀 디자인하기

[바람] → [가우시안 흐림 효과]

▶ 준비 파일 : C3 > S3 > P2 > DDL 심볼.psd   ▶ 완성 파일 : C3 > S3 > P2 > 완성 파일 폴더

01 포토샵을 실행하고 이미지 파일을 불러오기 위해서 [파일] > [열기]([Ctrl]+[O]) 메뉴를 클릭합니다. [열기] 대화상자가 열리면 'DDL 심볼.psd' 파일을 선택하고 [열기] 버튼을 클릭합니다.

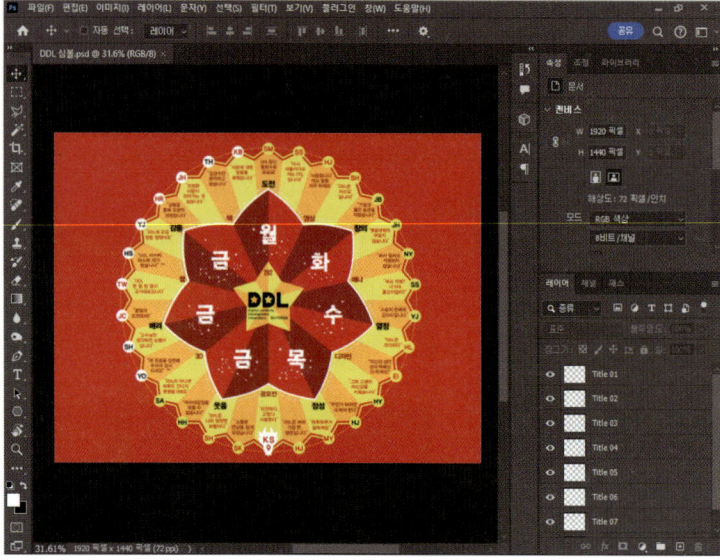

02 [레이어] 패널의 '타이틀 01' 레이어를 선택하고 [Ctrl]+[J]를 눌러 레이어를 하나 더 복사한 후 [편집] > [변형] > [시계 반대 방향으로 90° 회전] 메뉴를 클릭합니다.

03 '타이틀 01 복사' 레이어가 선택된 상태에서 필터 효과를 주기 위해서 [필터] > [스타일화] > [바람] 메뉴를 클릭하고 다음과 같이 설정한 후 [확인] 버튼을 클릭합니다.

- [방법] : 바람
- [방향] : 오른쪽에서

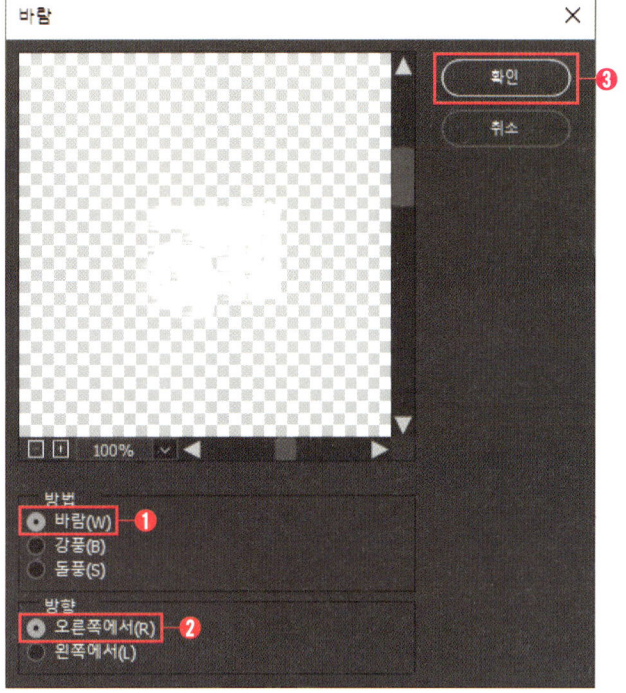

04 Ctrl + + 를 여러 번 눌러 화면을 확대하여 '월' 문자가 화면의 중앙에 보이도록 합니다. Alt + Ctrl + F 를 두 번 연속으로 눌러 바람 효과를 반복해서 적용합니다.

TIP
Alt + Ctrl + F 으로 마지막으로 실행한 필터 효과를 같은 설정으로 적용할 수 있습니다

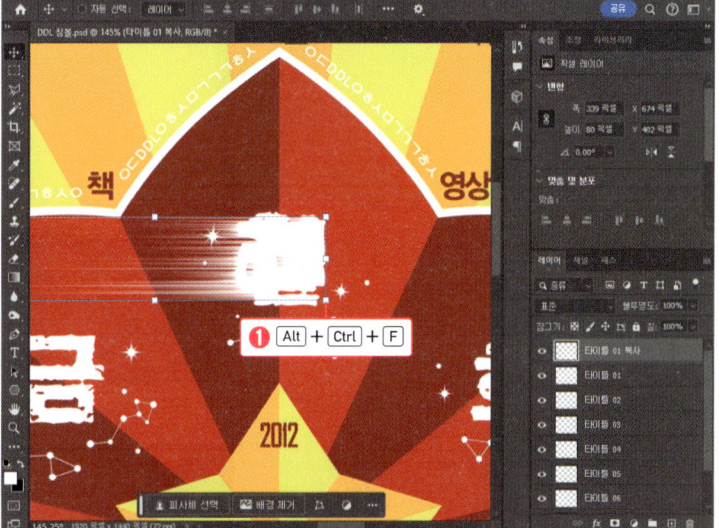

05 [레이어] 패널에서 '타이틀 01 복사' 레이어의 위치를 '타이틀 01' 레이어 아래로 옮긴 후 [편집] > [변형] > [시계 방향으로 90° 회전] 메뉴를 클릭하여 원래 모양대로 되돌립니다. [도구] 패널의 [이동 도구]로 원본의 '월'과 겹치도록 배치합니다.

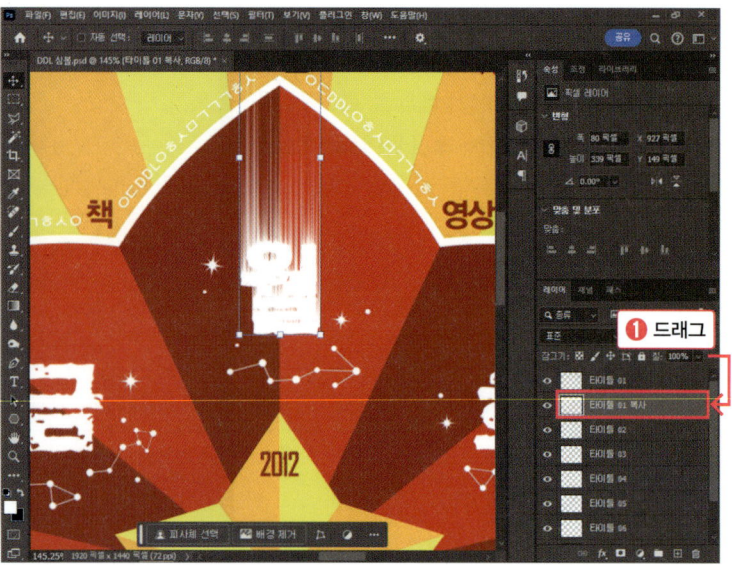

06 바람 효과를 좀 더 부드럽게 만들기 위해서 [필터] > [흐림 효과] > [가우시안 흐림 효과] 메뉴를 클릭하고 [가우시안 흐림 효과] 대화상자가 열리면 [반경]을 '3' 정도로 설정한 후 [확인] 버튼을 눌러 흐림 효과를 적용합니다.

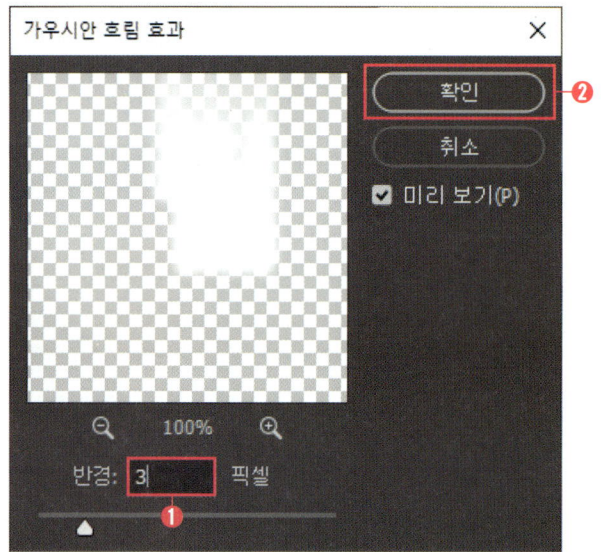

07 '타이틀 01 복사' 레이어가 선택된 상태에서 Ctrl+J를 눌러 레이어를 복사한 후 색상을 변경하기 위해서 [이미지] > [조정] > [색조/채도](Ctrl+U) 메뉴를 클릭합니다.

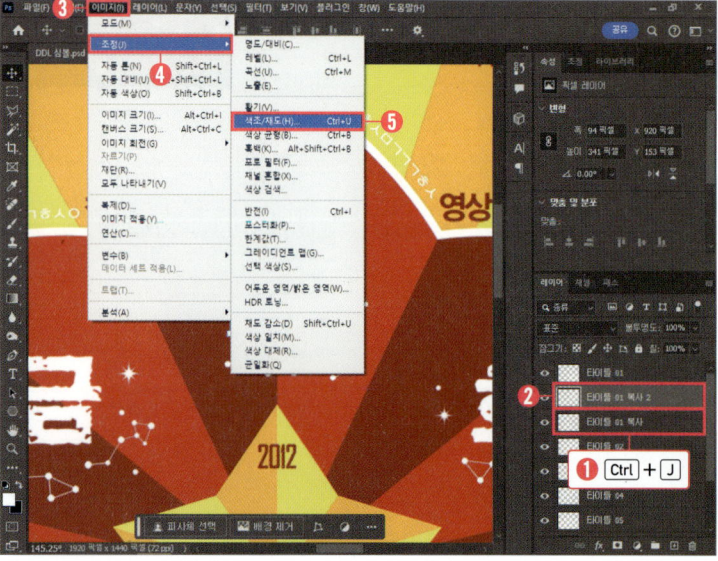

08 [색조/채도] 대화상자가 열리면 [색상화]를 체크하고 다음과 같이 설정한 후 [확인] 버튼을 클릭합니다.

- [색조] : 15
- [채도] : 100
- [밝기] : -45

09 이어서 [레이어] 패널의 '타이틀 01 복사' 레이어를 선택하고 [이미지] > [조정] > [색조/채도](Ctrl + U) 메뉴를 클릭합니다. [색조/채도] 대화상자가 열리면 [색상화]를 체크하고 다음과 같이 설정한 후 [확인] 버튼을 클릭합니다.

- [색조] : 45
- [채도] : 100
- [밝기] : -45

10 [레이어] 패널에서 '타이틀 01 복사 2' 레이어의 [혼합 모드]를 '색상 닷지'로 설정합니다.

TIP
[색상 닷지]로 밝은색 부분을 아래 레이어와 혼합하여 명도와 대비를 강하게 만들 수 있습니다.

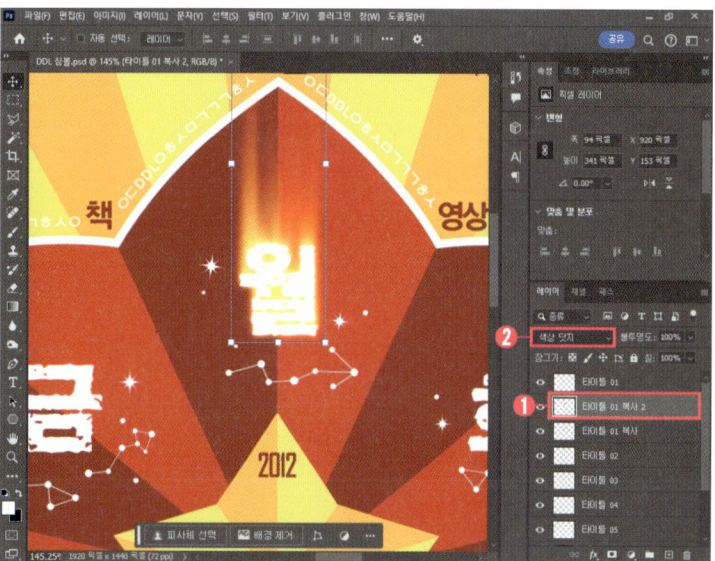

11 '타이틀 01 복사 2' 레이어가 선택된 상태에서 Ctrl+E를 눌러 '타이틀 01 복사' 레이어와 합치고, 이름을 '타이틀 01 불꽃'으로 변경합니다. 다음으로 레이어 스타일을 주기 위해서 '타이틀 01' 레이어의 빈 곳을 더블클릭합니다.

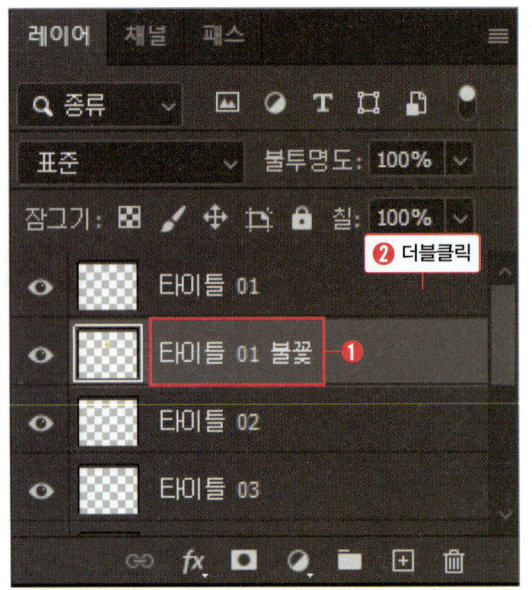

12 [레이어 스타일] 대화상자가 열리면 [외부 광선]을 체크하고 다음과 같이 설정한 후 [확인] 버튼을 클릭합니다.

- [혼합 모드] : 표준
- [불투명도] : 75%
- [외부 광선 색상] : #ff0000
- [스프레드] : 0%
- [크기] : 15px

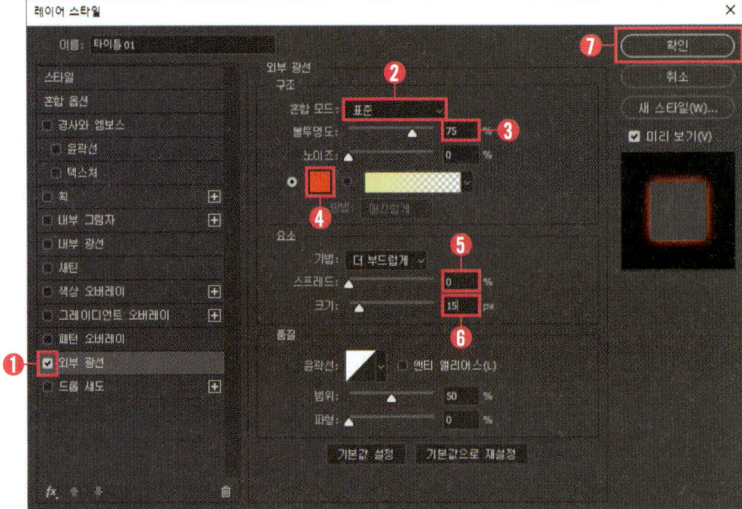

02 불꽃 형태 바꾸기

[손가락 도구] → 드래그

01 '타이틀 01 불꽃' 레이어를 선택하고 [도구] 패널의 [손가락 도구]를 선택하고 옵션 바와 [브러시 사전 피커]를 클릭하여 다음과 같이 설정합니다.

- [크기] : 20 px
- [경도] : 0%
- [모드] : 표준
- [강도] : 50%

TIP
[손가락 도구]는 드래그한 부분의 픽셀을 밀어서 다른 픽셀과 합성하는 도구로서 도화지의 물감을 손으로 문지르는 듯한 효과를 줍니다.

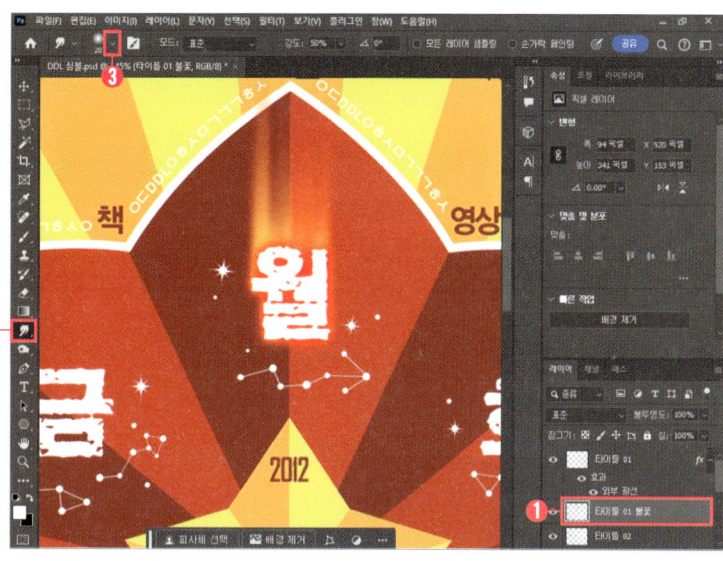

02 '타이틀 01 불꽃' 레이어가 선택된 상태에서 안에서 바깥쪽으로 여러 번 드래그하여 불꽃 모양을 만듭니다.

03 위와 같은 방법으로 나머지 문자에도 불꽃을 만들어, 다음과 같이 불꽃 효과 타이틀을 완성합니다.

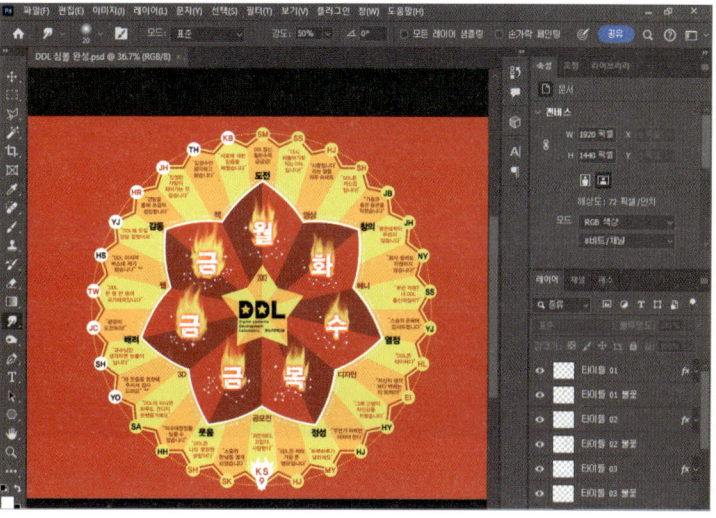

CHAPTER 03 자주 사용하는 효과 테크닉 | **501**

SECTION 3

포토샵 디자인으로 가능한 특수 효과

❸ 재질 합성 특수 효과 타이틀

핵심 내용
이번 예제는 중심으로 빨려들어가는 타이틀 효과입니다. 핵심 기능은 복잡한 배경 이미지에 [방사형 흐림 효과]와 [구름 효과 1]를 준 다음 [브러시 도구]로 속도감을 조절하여 배경을 만들고, 문자에 텍스처의 [클리핑 마스크]와 [혼합 모드]의 '핀 라이트'를 이용해 돌 재질을 합성하는 타이틀을 만들어 봅니다.

핵심 기능
[방사형 흐림 효과] → [레이어 마스크] → [구름 효과 1] → [브러시 도구] → [클리핑 마스크] → [혼합 모드] > '핀 라이트'

미리 보기 대한민국청소년 UCC 캠프대전 '금상' 인트로

타이틀 + 텍스처 + 배경

재질 합성

01 빨려 들어가는 배경 만들기

[방사형 흐림 효과] → [구름 효과 1]

▶ **준비 파일** : C3 > S3 > P3 > 우주.jpg, 텍스쳐.jpg   ▶ **완성 파일** : C3 > S3 > P3 > 완성 파일 폴더

01 포토샵을 실행하고 [열기] 버튼을 클릭한 후 [열기] 대화상자가 열리면 '우주.jpg' 파일을 불러옵니다.

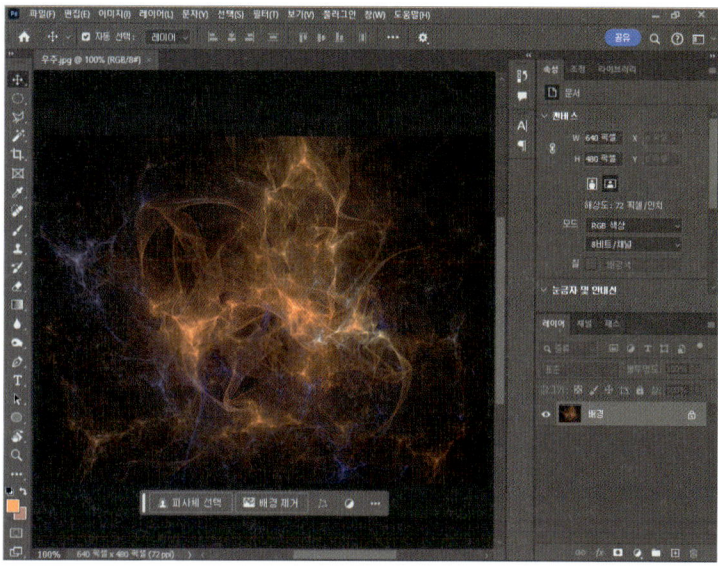

02 이미지의 색상을 변경하기 위해서 [이미지] > [조정] > [색조/채도]([Ctrl]+[U]) 메뉴를 클릭합니다. 대화상자가 열리면 [색상화]를 체크하고 다음과 같이 설정한 후 [확인] 버튼을 클릭합니다.

- [색조] : 200
- [채도] : 60

TIP ·······························
[색상화]로 이미지를 단일 색상으로 만듭니다.

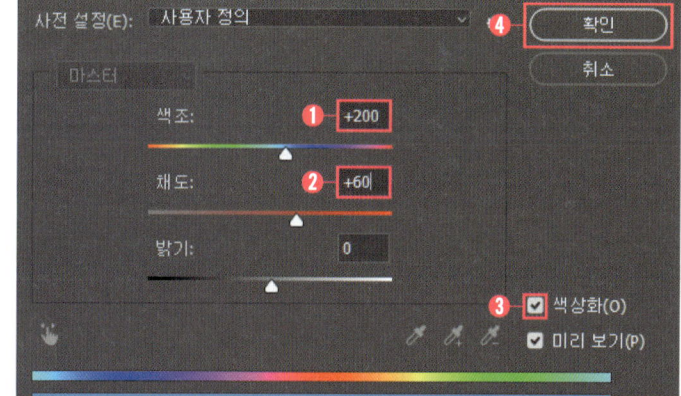

03 흐림 효과를 주기 위해서 [필터] > [블러] > [방사형 흐림 효과] 메뉴를 클릭하고 대화상자가 열리면 다음과 같이 설정한 후 [확인] 버튼을 클릭합니다.

- [양] : 75
- [흐림 효과 방법] : 돋보기
- [품질] : 양호

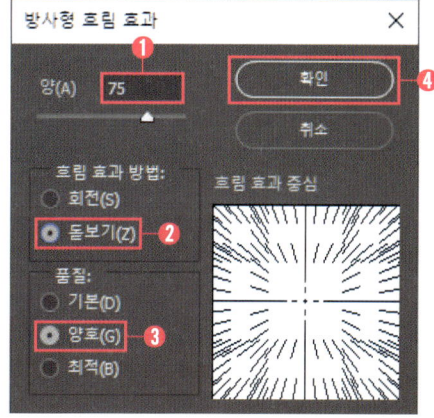

04 '우주.jpg' 이미지의 색상이 다음과 같이 바뀌고, 속도감 있는 흐름 효과가 적용되었음을 확인합니다. 배경을 추가하기 위해서 현재 이미지의 레이어를 일반 레이어로 변경해야 합니다. [레이어] 패널의 '배경' 레이어를 더블클릭합니다.

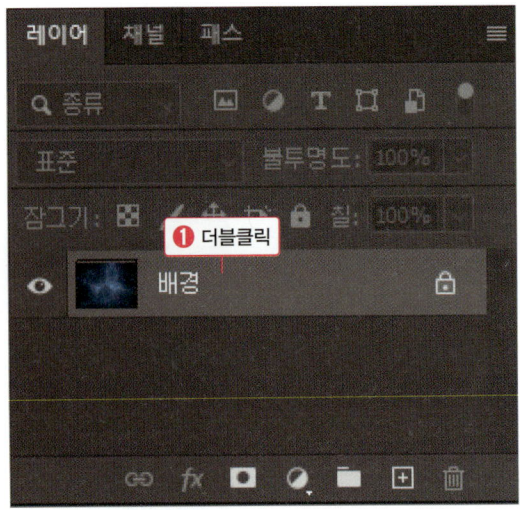

05 [새 레이어] 대화상자가 열리면 [이름]에 '우주'를 입력하고 [확인] 버튼을 클릭하여 일반 레이어로 변경합니다.

06 새 배경 이미지를 만들기 위해서 [레이어] 패널의 [새 레이어 만들기] 아이콘을 클릭하여 새 레이어를 만든 후 레이어의 위치를 다음과 같이 '우주' 레이어 아래로 옮기고, 레이어의 이름을 '배경'으로 변경합니다. [도구] 패널의 하단에 있는 [전경색]을 클릭하고 검은색(#000000)으로 설정한 후 Alt + Delete 를 눌러 검은색 배경 이미지로 만듭니다.

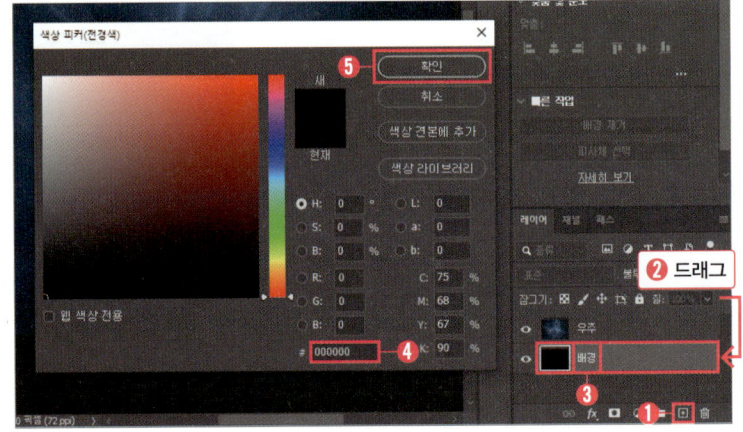

07 [레이어] 패널의 '우주' 레이어를 선택하고 [레이어 마스크] 아이콘을 클릭하여 레이어에 마스크를 추가합니다.

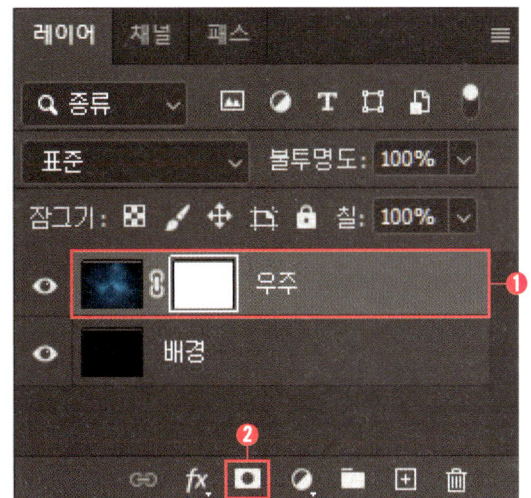

08 방금 만든 레이어 마스크에 흑백의 불규칙한 색상을 추가하기 위해서 [필터] > [렌더] > [구름 효과 1] 메뉴를 클릭하여 마스크에 구름 효과를 만듭니다.

TIP ··
반드시 레이어 마스크가 선택된 상태에서 필터 효과를 적용합니다.

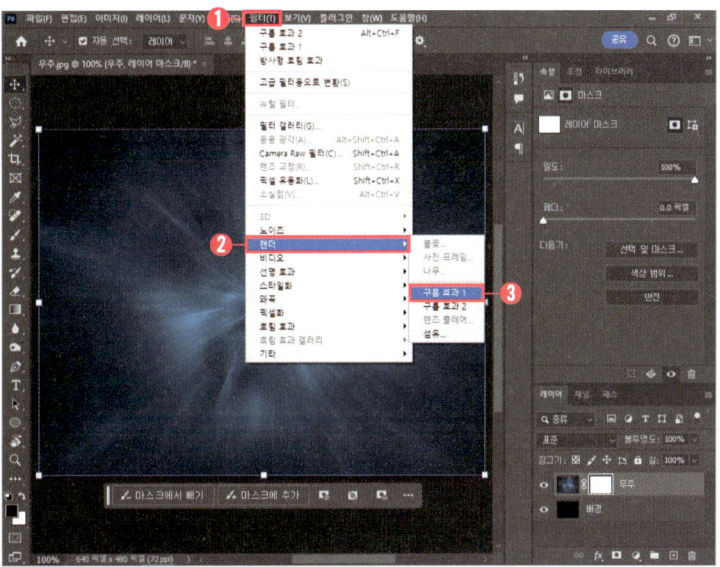

09 중앙 부분을 좀 더 강조하기 위해서 [전경색]을 흰색으로 설정하고 [도구] 패널의 [브러시 도구]을 클릭합니다. 상단 옵션 바의 [브러시 사전 설정 피커]의 세부 옵션을 펼치고 다음과 같이 설정한 후 이미지의 중앙을 두 번 정도 클릭합니다.

- [크기] : 400
- [경도] : 0%

TIP ··
마스크의 중앙을 흰색으로 채워서 해당 레이어의 가려져 있던 부분이 보이기 때문에 강조되어 보입니다.
[브러시 도구]의 사용 여부에 따라 중심으로 빨려 들어가는 속도감이 달라집니다.

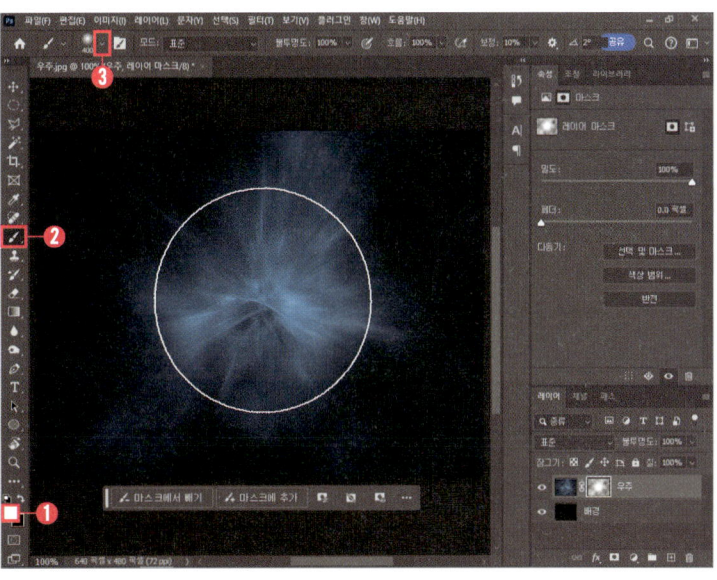

02 돌 재질 타이틀 합성하기

[클리핑 마스크] → [혼합 모드] > '핀 라이트'

01 [도구] 패널의 [수평 문자 도구]로 다음과 같은 위치에 '달리자!'를 입력한 후 [창] > [문자] 메뉴를 클릭하고 [문자] 패널을 다음과 같이 설정합니다.

- [색상] : #ffffff(흰색)
- [글꼴] : G마켓 산스
- [글꼴 크기] : 72 pt
- [자간] : −50
- [이탤릭체] : 체크

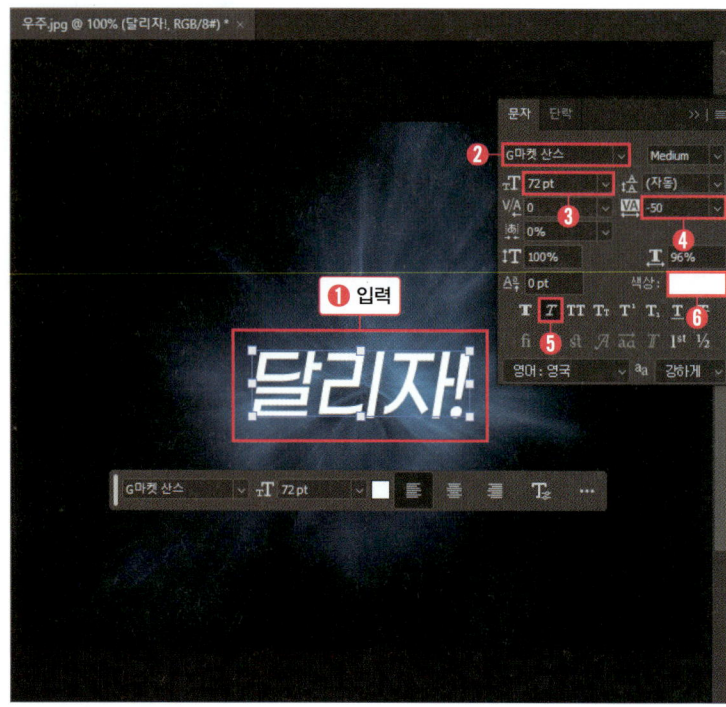

02 문자에 재질을 입히기 위한 이미지를 불러오기 위해서 [파일] > [열기](Ctrl + O) 메뉴를 클릭합니다. [열기] 대화상자가 열리면 '텍스쳐.jpg' 파일을 선택하고 [열기] 버튼을 클릭합니다.

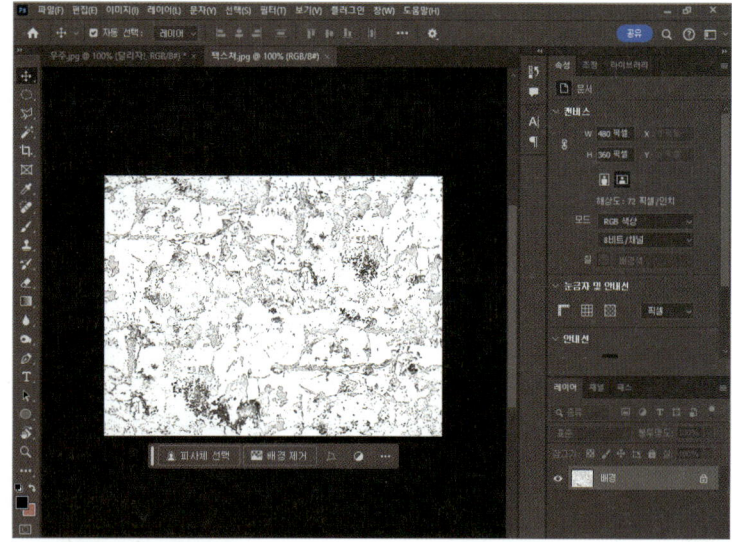

03 불러온 이미지를 작업 중인 창으로 복사하기 위해서 [레이어] > [레이어 복제] 메뉴를 클릭하고, [레이어 복제] 대화상자가 열리면 [문서]를 '우주.jpg'로 설정한 후 [확인] 버튼을 클릭합니다.

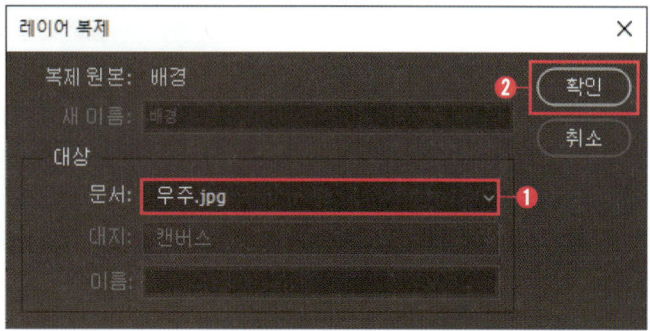

04 '우주.jpg' 이미지 작업 창을 선택하여 활성화하고 복사된 '배경' 레이어를 선택한 후 [레이어] > [클리핑 마스크 만들기](Alt + Ctrl + G) 메뉴를 클릭합니다.

TIP
[클리핑 마스크 만들기]로 해당 레이어를 바로 아래 있는 레이어의 모양대로 잘라내어 표시할 수 있습니다.

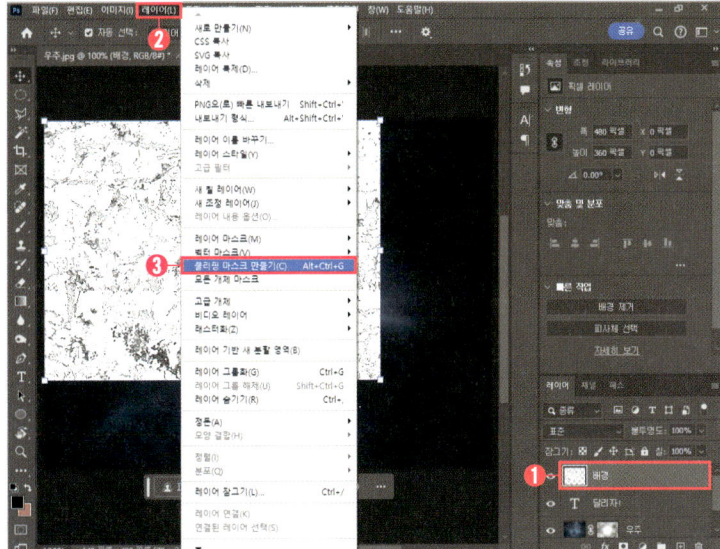

05 [레이어] 패널에서 '달리자!' 문자 레이어를 선택하고 [혼합 모드]를 '핀 라이트'로 설정합니다.

TIP
[핀 라이트]는 검은색과 흰색 등은 그대로 두고 중간색을 반전하여 아래 레이어와 혼합하는 모드입니다.

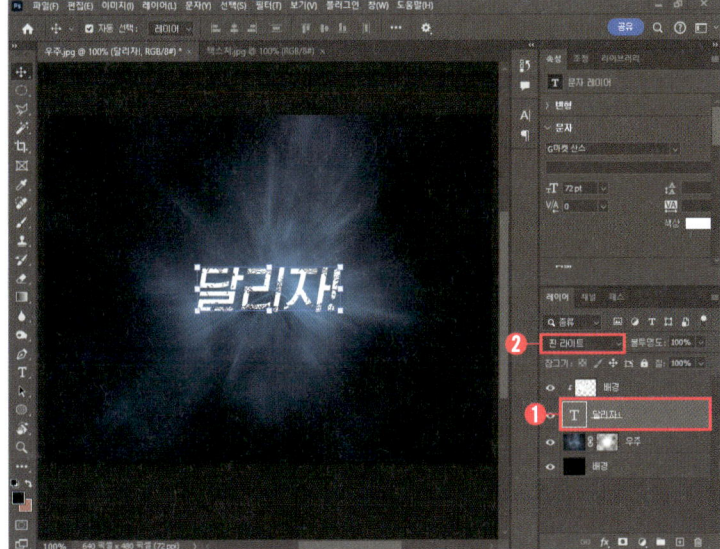

06 위와 같은 방법과 응용으로 다양한 재질의 이미지와 배경의 변화를 통해 빨려 들어가는 타이틀을 디자인할 수 있습니다.

01

02

03

CHAPTER

04

차별화되는
GIF 애니메이션

디자인 홍보물은 대부분 정지된 한 컷의 이미지입니다.
공모전이나 선거 등의 홍보 경쟁에서 동적인 애니메이션으로 차별화한다면
효과적인 홍보가 될 것입니다.

| SECTION 01 | 이미지 GIF 애니메이션 만들기

❶ 캐릭터 달리기 GIF 애니메이션
❷ 얼굴 모프 GIF 애니메이션
❸ 꽃 축하 이미지 디졸브 애니메이션

| SECTION 02 | 텍스트 GIF 애니메이션 만들기

❶ 텍스트 GIF 애니메이션
❷ 문자 마스크 GIF 애니메이션

SECTION 1

이미지 GIF 애니메이션 만들기

❶ 캐릭터 달리기 GIF 애니메이션

핵심 내용
GIF 애니메이션은 용량이 적다는 특성 때문에 주로 모바일 이미지 문자 등 홍보용으로 자주 사용합니다. 이번 예제는 캐릭터 2개와 배경 1개로 레이어를 배열하고 [비디오 타임라인 만들기]와 [비디오 그룹]의 프레임 기능으로 캐릭터가 달려가는 애니메이션을 실습해 봅니다.

핵심 기능
레이어 배열 → [비디오 타임라인 만들기] → [비디오 그룹]

미리 보기 ○○대학교 총장선거 온라인 홍보물

01

02

03

01 캐릭터와 배경 이미지 배열하기

레이어 배열

▶ **준비 파일** : C4 > S1 > P1 > 달리기1.png, 달리기2.png, 잔디.png   ▶ **완성 파일** : C4 > S1 > P1 > 완성 파일 폴더

01 포토샵을 실행하고 [새 파일] 버튼을 클릭합니다. [새로운 문서 만들기] 대화상자가 열리면 다음과 같이 설정하고 [만들기] 버튼을 클릭합니다.

- [폭] : 960 픽셀
- [높이] : 540 픽셀
- [해상도] : 72 픽셀/인치
- [색상 모드] : RGB 색상 8비트
- [배경 내용] : 흰색

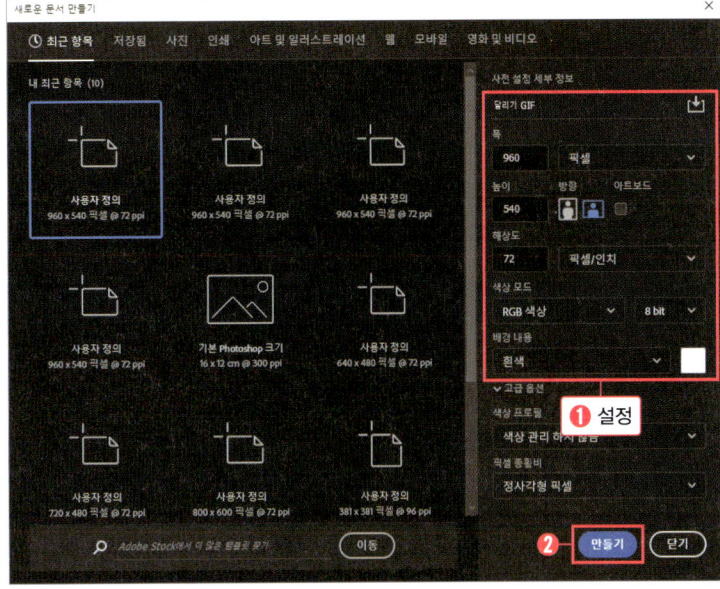

02 캐릭터 2개와 배경 1개로 GIF 애니메이션을 만들기 위해 [파일] > [열기]([Ctrl]+[O]) 메뉴를 클릭하고 '달리기1.png', '달리기2.png', '잔디.png' 파일을 불러온 후 다음과 같은 순서대로 배치합니다. 이때 중요한 것은 배경인 '잔디' 레이어가 가장 아래에 있어야 한다는 것입니다.

TIP··
캐릭터 이미지가 많을수록 움직임이 더욱 자연스러운 GIF 애니메이션을 만들 수 있지만 용량은 커집니다.

02 | 2컷 GIF 애니메이션 만들기

[비디오 타임라인 만들기] → [비디오 그룹]

01 [창] > [타임라인] 메뉴를 클릭하여 [타임라인] 패널을 열고 [비디오 타임라인 만들기]를 클릭합니다.

02 '달리기 1'과 '달리기 2' 클립의 [Out 점]을 드래그하여 재생 시간을 각각 10 프레임 정도로 맞춥니다. '달리기 2' 클립을 '비디오 그룹 1'로 드래그하고 '잔디' 클립의 [Out 점]도 '비디오 그룹 1' 클립의 길이와 맞춥니다.

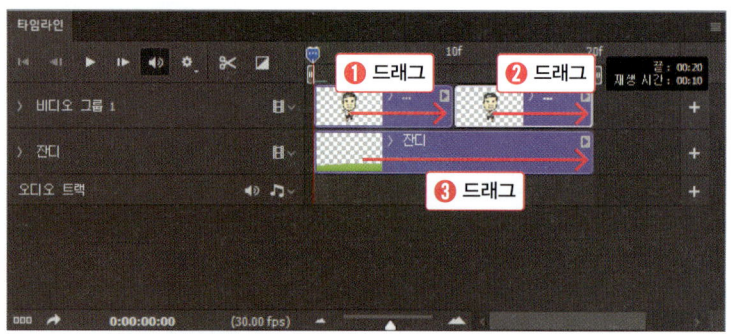

03 서로 다른 이미지 2개가 번갈아 가며 나타나면서 캐릭터가 뛰어오는 듯한 애니메이션을 볼 수 있습니다.

04 GIF 파일로 저장하기 위해 [파일] > [내보내기] > [웹용으로 저장](Alt + Shift + Ctrl + S) 메뉴를 클릭하고 [파일 형식]을 'GIF'로 설정한 후 [저장] 버튼을 클릭합니다.

SECTION 1

이미지 GIF 애니메이션 만들기
❷ 얼굴 모프 GIF 애니메이션

핵심 내용

이번 예제는 한 인물의 얼굴이 변화하는 모습을 '디졸브' 기법으로 만든 모프(Morph) GIF 애니메이션입니다. 얼굴의 눈을 중심으로 [안내선]을 활용하여 정렬하고 [가시성] 아이콘 온오프 활용을 중심으로 [프레임 복제]와 [프레임 지연 시간], 그리고 [프레임 트윈 처리] 등을 활용하여 얼굴 변천사를 만드는 GIF 애니메이션을 실습해 봅니다.

핵심 기능

[안내선]의 눈 중심 정렬 → [가시성] 아이콘 활용 → [프레임 복제] → [프레임 지연 시간] → [프레임 트윈 처리]

미리 보기 유튜브 쇼츠, 엘비스 프레슬리 얼굴 변천사

'인물 1' → 디졸브 효과 → '인물 2' → 디졸브 효과

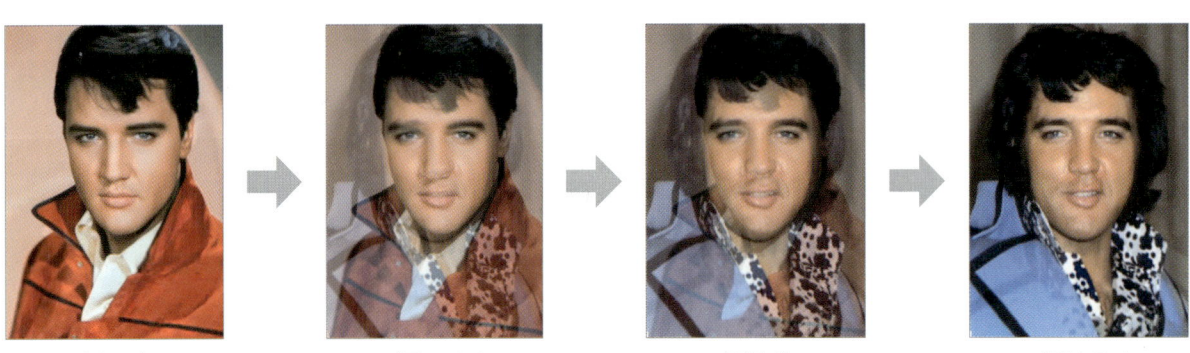

'인물 3' → 디졸브 효과 → '인물 4' → 디졸브 효과

01 안내선으로 얼굴 사진 정렬하기

[안내선]의 눈 중심 정렬

▶ 준비 파일 : C4 > S1 > P2 > 인물1~4.jpg   ▶ 완성 파일 : C4 > S1 > P2 > 완성 파일 폴더

01 포토샵을 실행하고 [열기] 버튼을 클릭합니다. [열기] 대화상자가 나타나면 '인물1.jpg', '인물2.jpg', '인물3.jpg', '인물4.jpg' 총 4장의 얼굴 사진을 불러옵니다.

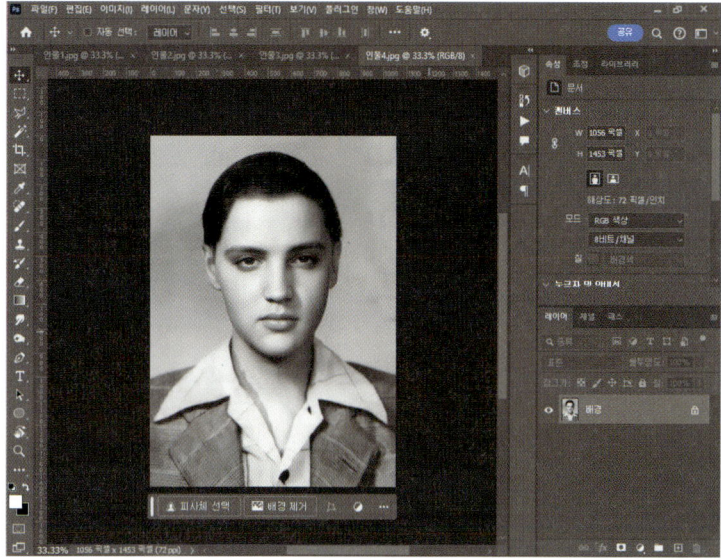

02 애니메이션 작업을 위해 [창] > [타임라인] 메뉴를 클릭하여 [타임라인] 패널을 열고 [비디오 타임라인 만들기]를 클릭합니다. 패널 좌측 하단에 [프레임 애니메이션] 아이콘을 클릭하면 다음과 같이 패널이 바뀐 것을 확인합니다.

CHAPTER 04 차별화되는 GIF 애니메이션 | 515

03 '인물 1~3.jpg' 파일을 '인물4.jpg' 파일 작업 창으로 가져오고 클립의 길이는 '레이어 0'과 동일하게 설정합니다. 각 레이어의 이름을 본래 파일명으로 바꿔주고 레이어 순서는 다음과 같이 배치합니다.

TIP 레이어가 복사되지 않는다면 잠긴 '배경' 레이어를 더블클릭하여 일반 레이어로 바꿔봅니다.

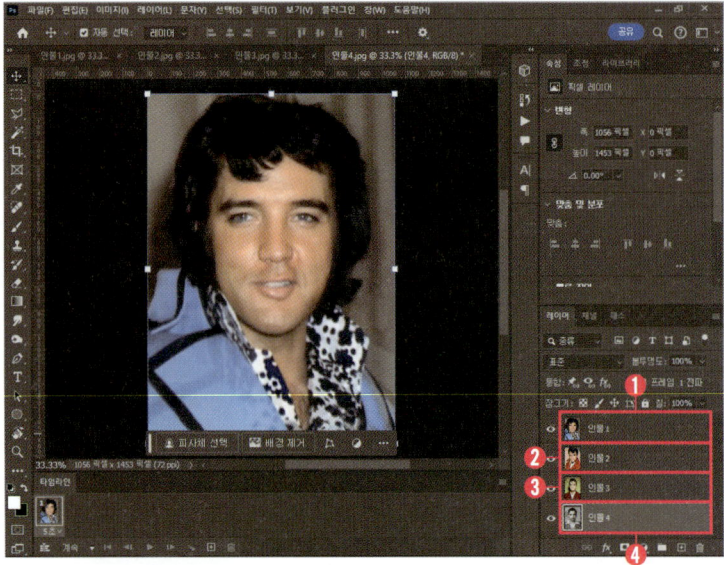

04 인물 이미지를 정렬하기 위해 '눈'을 기준으로 삼습니다. [레이어] 패널에서 '인물1~3' 레이어의 [가시성] 아이콘을 클릭하여 꺼줍니다. Ctrl+R을 눌러 눈금자를 키고 눈금자에서 마우스를 드래그해 안내선을 꺼낸 후 다음과 같이 배치합니다.

TIP 얼굴의 변화 영상물은 주로 '눈'을 중심으로 정렬합니다. 모든 시선은 보는 것에서 시작하기 때문입니다. 이것을 모프(Morph) 기법이라고도 합니다.

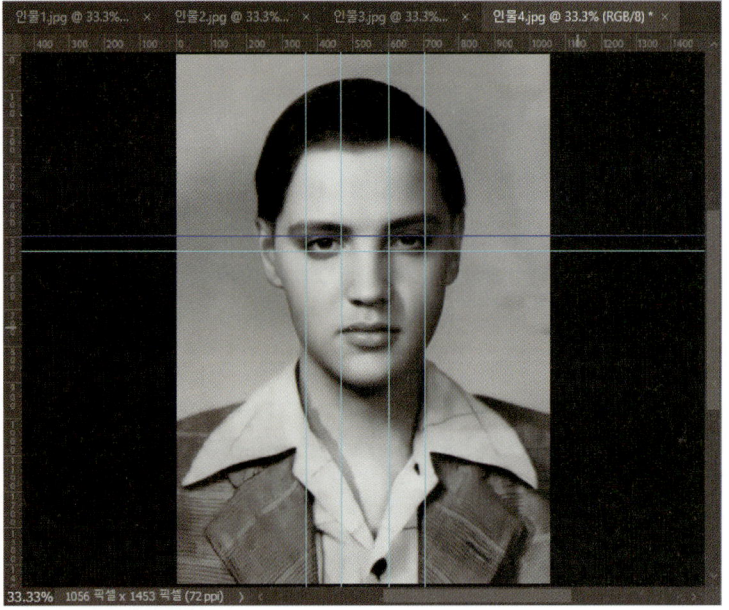

05 [레이어] 패널에서 '인물3' 레이어의 [가시성] 아이콘을 클릭하여 화면에 보이게 한 뒤, [이동 도구]로 위치를 조절하여 안내선과 눈을 정렬합니다. '인물 4~5' 레이어도 같은 방식으로 작업합니다.

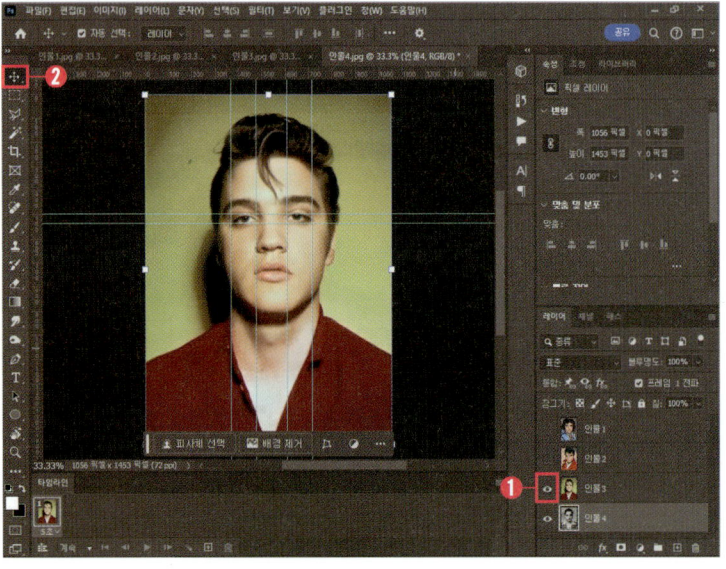

02 얼굴 모프 효과 주기

[프레임 지연시간] → [프레임 트윈 처리]

01 디졸브 효과로 인물 이미지가 바뀌도록 만들어 보겠습니다. '인물4' 레이어의 [가시성] 아이콘만 키고 [타임라인] 패널에서 [프레임 복제] 아이콘을 클릭합니다.

TIP 얼굴의 모프(Morph) 효과의 핵심은 자연스러운 변형입니다. 여기에서는 디졸브 트랜지션을 이용합니다.

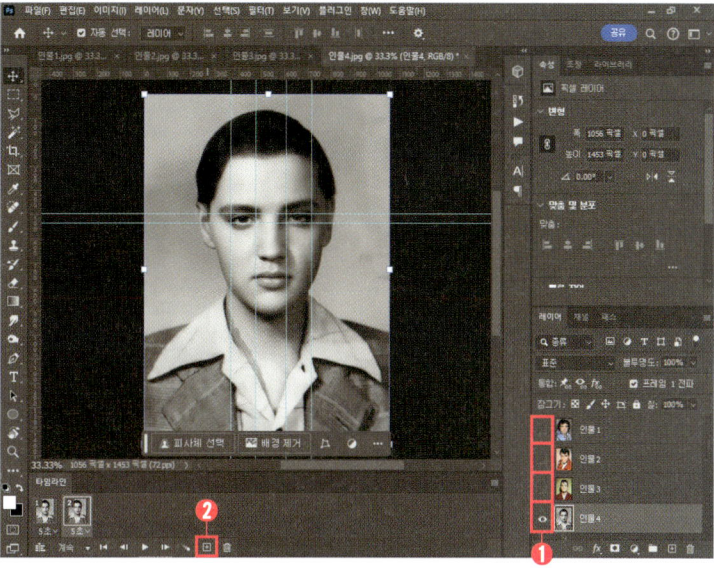

02 '인물3'의 [가시성] 아이콘을 키고 [프레임 복제] 아이콘을 클릭합니다. 이를 반복하여 '인물1' 레이어 프레임의 [가시성] 아이콘까지 켠 후 [프레임 복제] 아이콘을 한 번 더 클릭하고 '인물4' 레이어를 제외한 모든 [가시성] 아이콘을 끕니다.

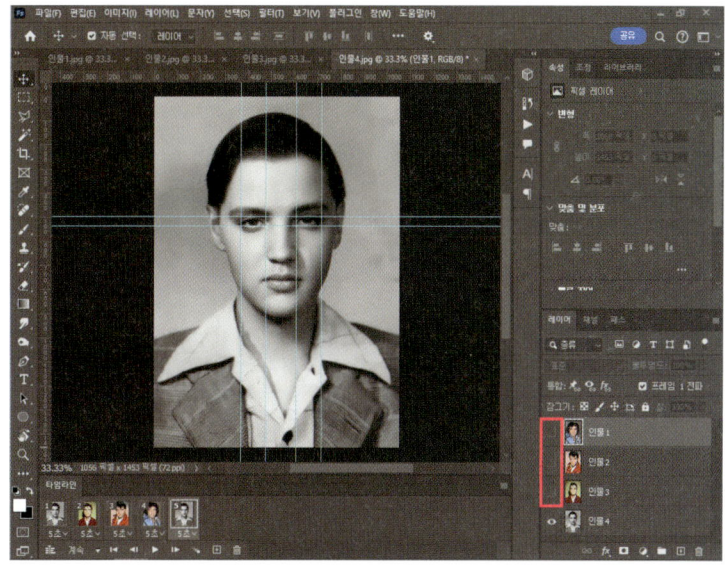

03 [타임라인] 패널에 5개의 프레임이 만들어진 것을 확인합니다. Shift 를 누른 채 5개의 프레임을 모두 선택하고 프레임 이미지 아래쪽에 [프레임 지연 시간]을 '0.5'로 설정하여 각 프레임당 지속 시간을 0.5초로 설정합니다.

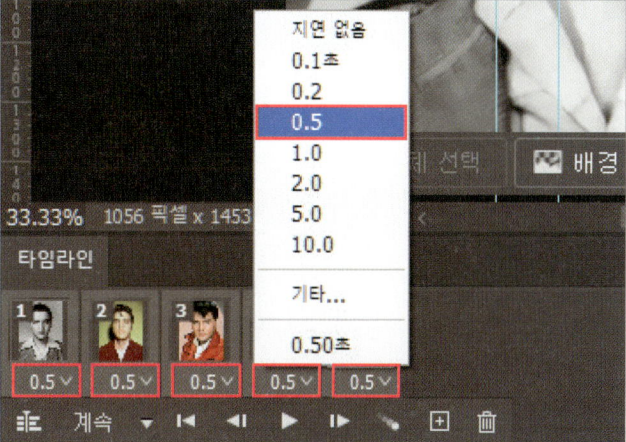

CHAPTER 04 차별화되는 GIF 애니메이션 | **517**

04 디졸브 효과를 적용하기 위해 1번 프레임을 선택한 상태로 [타임라인] 패널 하단에 [프레임 트윈 처리] 아이콘을 클릭합니다. 대화상자가 나타나면 [추가할 프레임]을 '6'으로 설정하고 [확인] 버튼을 클릭합니다.

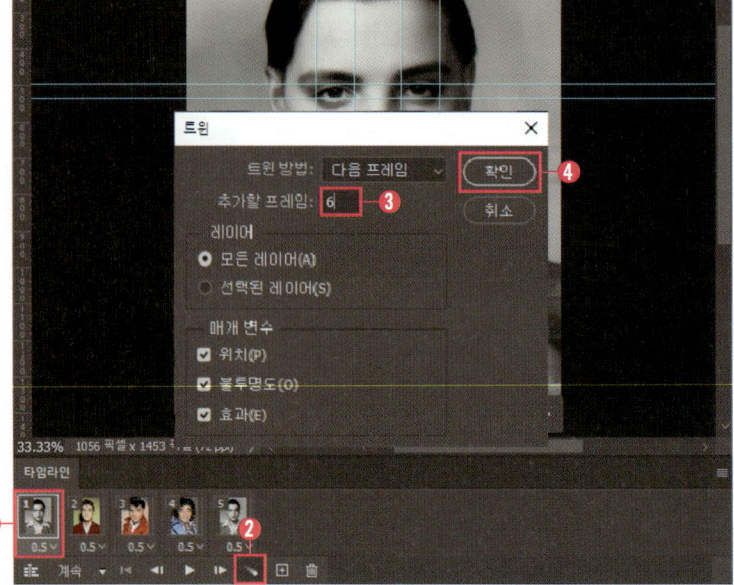

05 Shift 를 누른 채 2번 프레임부터 7번 프레임까지 선택한 후 [프레임 지연 시간] > [기타]를 클릭합니다. [프레임 지연 설정] 대화상자가 나타나면 '0.15'로 설정하고 [확인] 버튼을 클릭합니다.

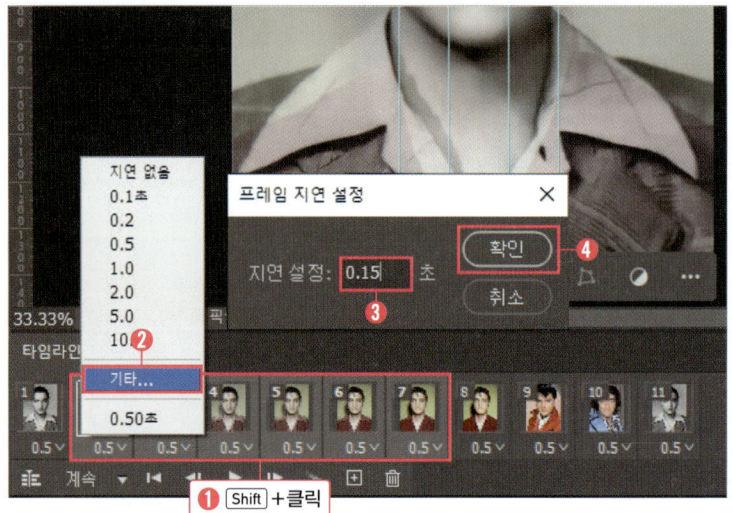

06 '인물3'부터 '인물1' 프레임까지 [프레임 트윈 처리] ~ [프레임 지연 시간] 설정을 반복합니다. 옵션 값은 이전과 동일하게 설정합니다.

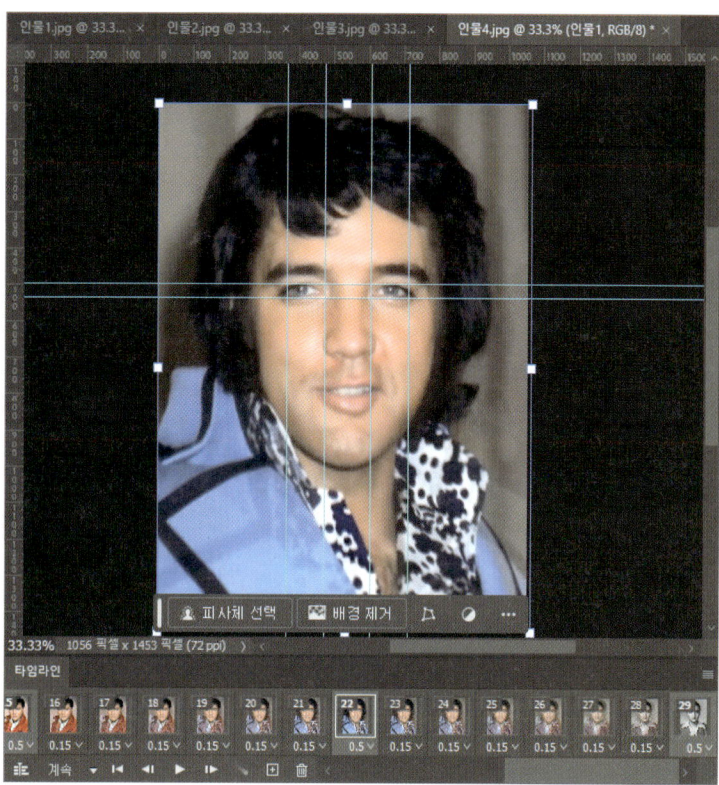

07 [보기] > [안내선] > [안내선 지우기] 메뉴를 클릭하여 안내선을 지우고 [타임라인] 패널에 [재생] 아이콘을 클릭하여 얼굴 모프 애니메이션을 확인합니다.

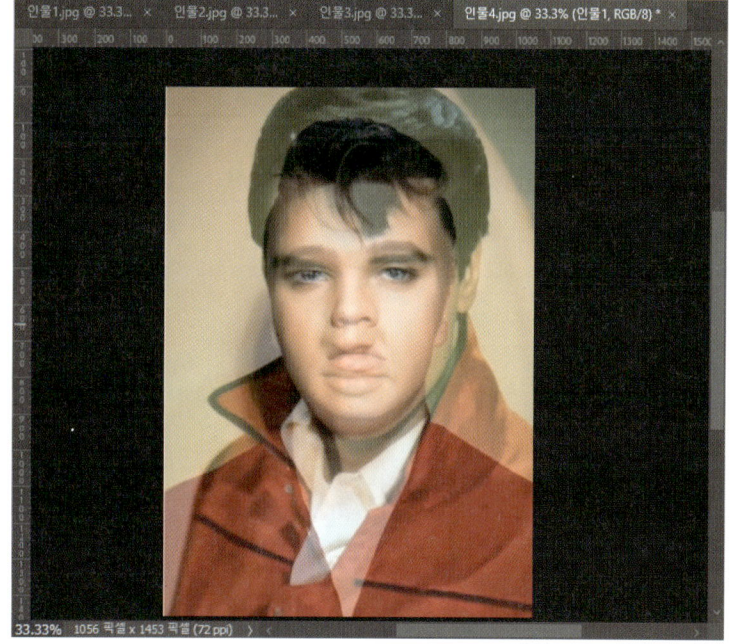

08 [파일] > [내보내기] > [웹용으로 저장] (Alt+Shift+Ctrl+S) 메뉴를 클릭합니다. [웹용으로 저장] 대화상자가 나타나면 [형식]을 'GIF'로 설정하고 [색상]을 128, [이미지 크기]의 [퍼센트] 값을 50%로 입력하여 용량을 줄입니다. [저장] 버튼을 클릭하여 적절한 위치에 저장합니다.

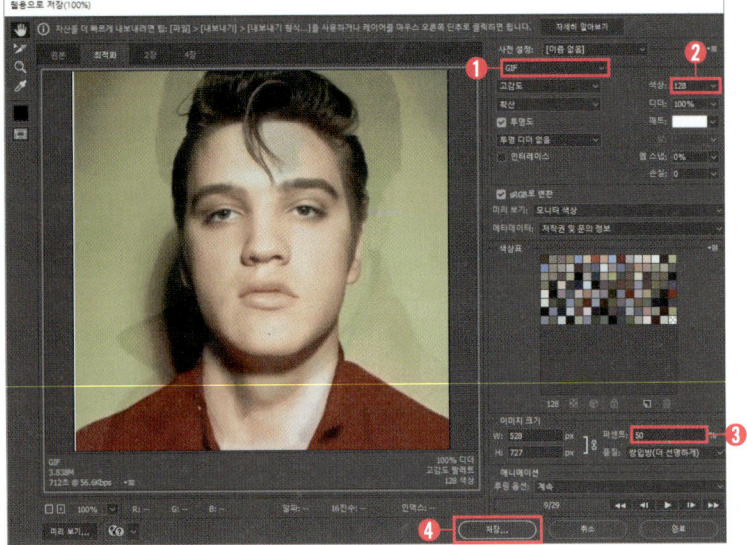

SECTION

1

이미지 GIF 애니메이션 만들기

❸ 꽃 축하 이미지 디졸브 애니메이션

핵심 내용

생일 카드, 축하 카드, 결혼식 초대 카드 등의 발송은 우리의 일상이자 문화입니다. 최근에는 움직이는 GIF 애니메이션도 많이 사용합니다. 이번 예제는 이미지의 [레이어 마스크]와 [그레이디언트] 활용법, [비디오 타임라인 만들기]와 [키프레임], 그리고 [불투명도]를 활용한 GIF 애니메이션을 실습해 봅니다.

핵심 기능

[레이어 마스크] → [그레이디언트] → [비디오 타임라인 만들기] → [키프레임]

미리 보기 생일 축하 카드

불투명도(0%) ──────────────────────────────────▶ (100%)

CHAPTER 04 차별화되는 GIF 애니메이션 | **521**

01 생일 축하 카드 디자인

[레이어 마스크] → [그레이디언트]

▶ **준비 파일** : C4 > S1 > P3 > 꽃.png, 생신 캘리그라피.png   ▶ **완성 파일** : C4 > S1 > P3 > 완성 파일 폴더

01 포토샵을 실행하고 [새 파일] 버튼을 클릭합니다. [새로운 문서 만들기] 대화상자가 나타나면 다음과 같이 설정한 후 [만들기] 버튼을 클릭합니다.

- [폭] : 500 픽셀
- [높이] : 870 픽셀

02 [파일] > [열기] 메뉴를 클릭합니다. [열기] 대화상자가 열리면 '생신 캘리그라피.png' 파일을 선택하고 [열기] 버튼을 클릭합니다.

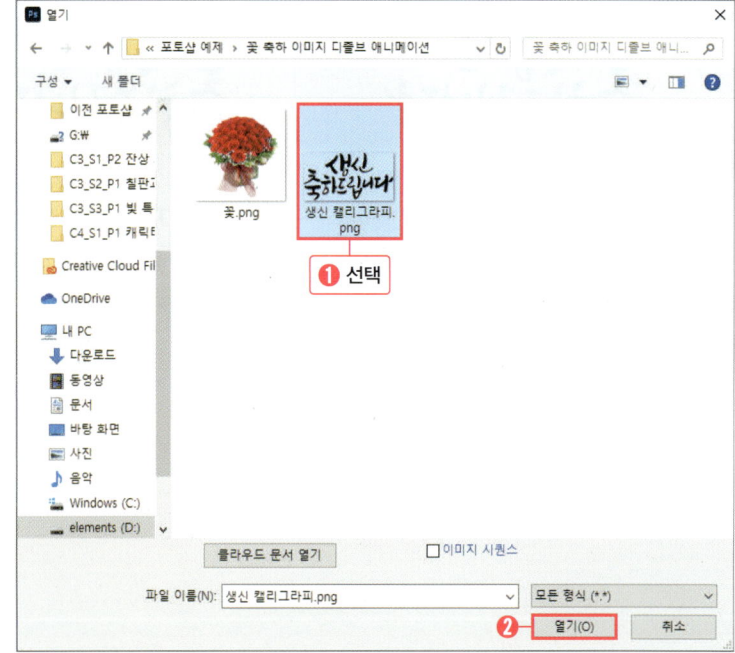

03 새로운 작업 창이 나타나면 창을 드래그해 분리합니다. [이동 도구]로 캘리그라피를 드래그하여 '생신 축하 카드' 작업 창으로 복사하고 다음과 같이 배치합니다.

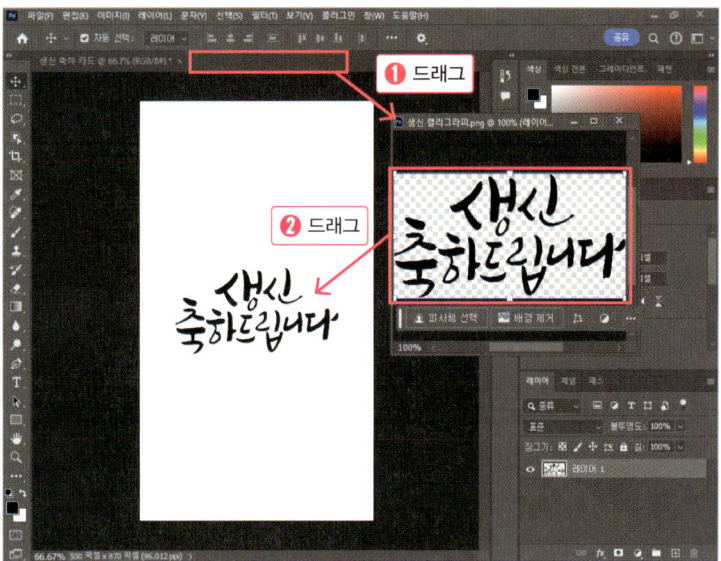

04 [수평 문자 도구]를 선택하고 화면을 클릭하여 다음과 같이 자막을 넣습니다.

"세상에서 가장 특별한 날입니다
세상에서 가장 소중한 당신입니다
세상에서 가장 행복한 생일을
보내야 하는 이유입니다"

- [글꼴] : G마켓 산스, Light
- [글꼴 크기] : 23 pt

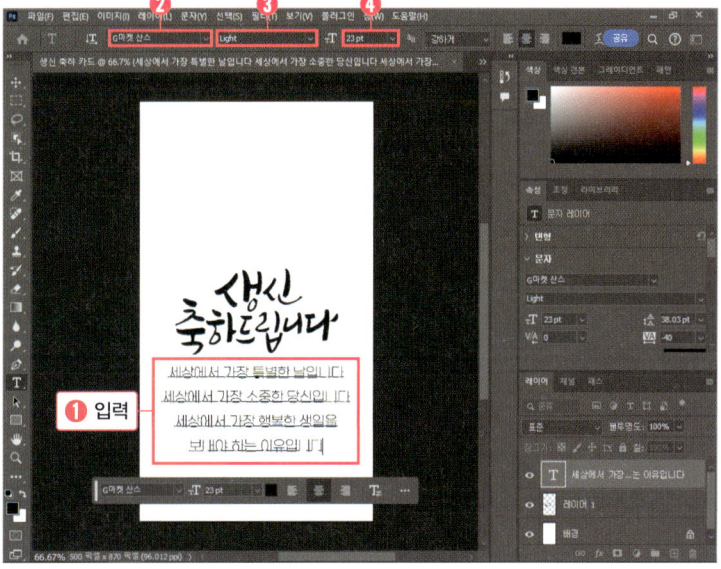

05 '가장 특별한 날', '가장 소중한 당신', '가장 행복한 생일'을 강조하기 위해 '가장 특별한 날'에 검은 박스를 씌우고 [글꼴]을 'G마켓 산스, Medium'으로 변경합니다. 나머지 자막도 수정합니다.

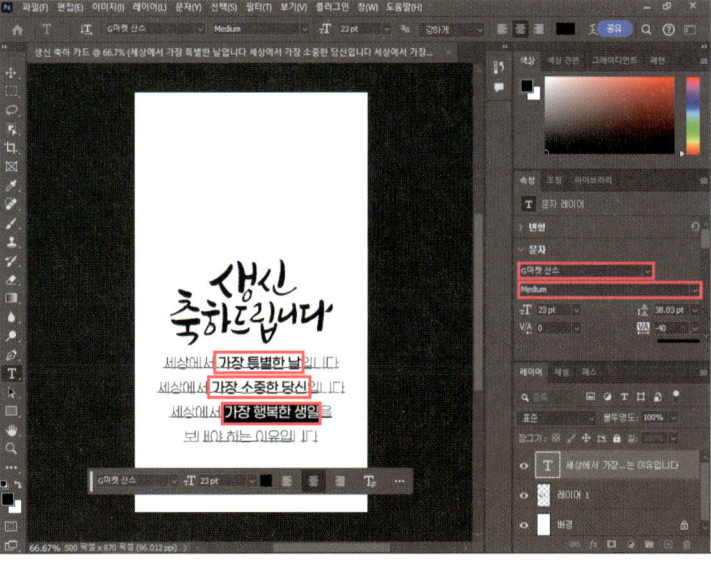

CHAPTER 04 차별화되는 GIF 애니메이션 | 523

06 같은 방법으로 화면 오른쪽 하단에 '김경수 배상'을 입력하고 글꼴과 크기를 수정합니다.

TIP
'김경수'의 글꼴을 궁서체로 변경하고 글꼴 크기를 조절합니다.

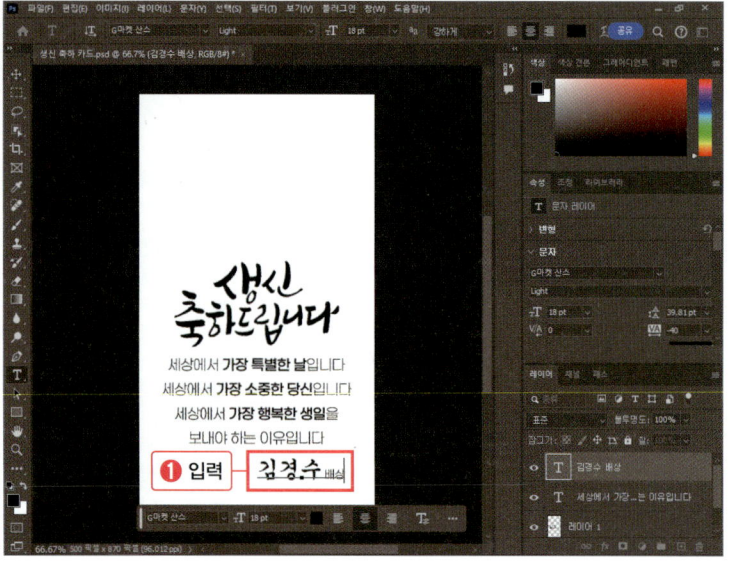

07 [파일] > [열기] 메뉴를 클릭하고 '꽃.png' 파일을 불러옵니다. 꽃 이미지를 '생신 축하 카드' 작업 창으로 옮기고 다음과 같이 배치합니다.

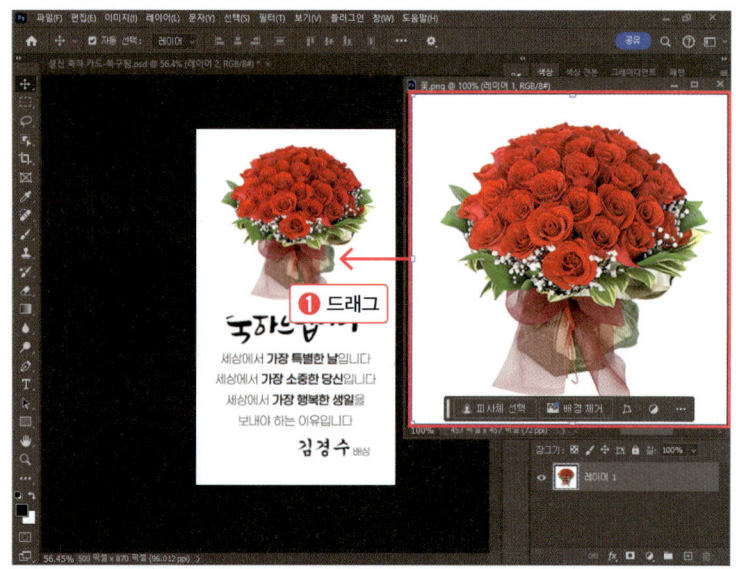

08 꽃다발의 아랫부분이 사라지는 효과를 주기 위해 '꽃' 레이어를 선택하고 [레이어 마스크] 아이콘을 클릭합니다.

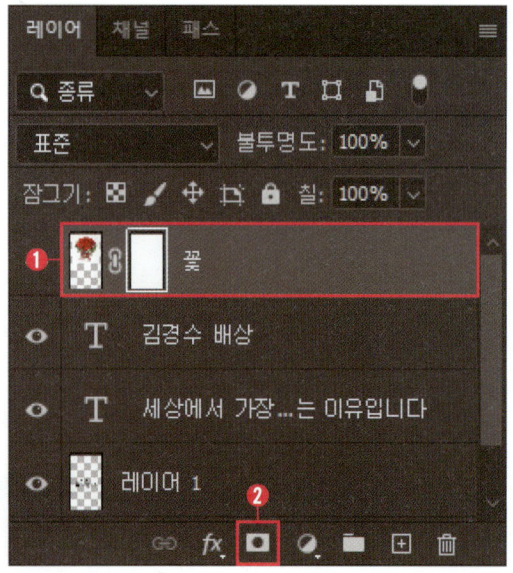

09 [그레이디언트 도구]를 선택하고 색상이 흰색-검은색인 것을 확인합니다. '꽃' 레이어의 마스크가 선택된 상태로 수직으로 드래그하여 아래가 자연스럽게 사라지도록 만듭니다.

TIP
포토샵에서 가장 유용하게 사용하는 기법 중 하나로, 다양한 디자인에 활용이 가능합니다.

10 '꽃' 레이어를 선택하고 Ctrl+J를 눌러 복사합니다. Ctrl+T를 누르고 복사된 레이어의 조절점을 나타나게 해준 뒤 크기를 다음과 같이 키웁니다.

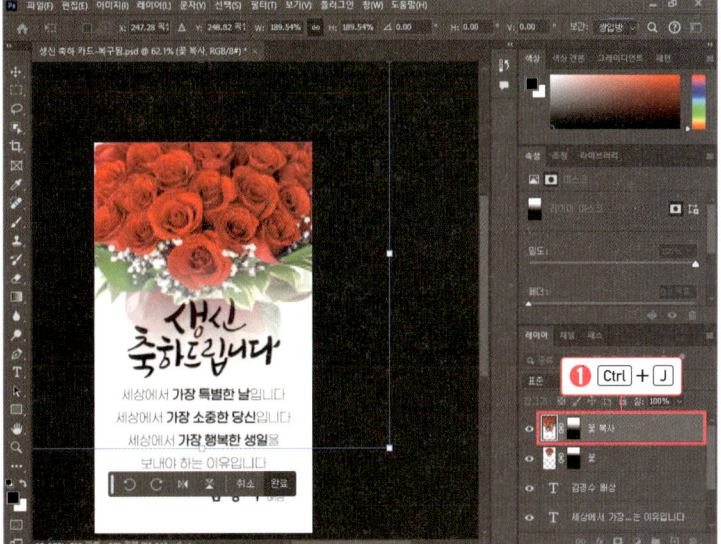

02 디졸브 효과 GIF 애니메이션

[비디오 타임라인 만들기] → [키프레임]

01 디졸브 애니메이션 작업을 시작하기 위해 [창] > [타임라인] 메뉴를 클릭합니다. [타임라인] 패널이 나타나면 [비디오 타임라인 만들기]를 클릭하고 [작업 영역 끝]을 03:00 프레임으로 설정합니다. 복사된 '꽃' 레이어의 세부 항목을 펼칩니다.

TIP ··
[타임라인] 패널의 왼쪽 하단에 현재 인디케이터 위치의 프레임이 나타납니다. 인디케이터를 이용해 정확하게 프레임 위치를 알 수 있습니다.

02 복사된 '꽃' 레이어의 [불투명도]를 '0%'로 설정하고 [불투명도]의 [키프레임 애니메이션 사용] 아이콘을 클릭합니다.

TIP ··
노란색 마름모 아이콘이 생성된 것을 확인합니다.

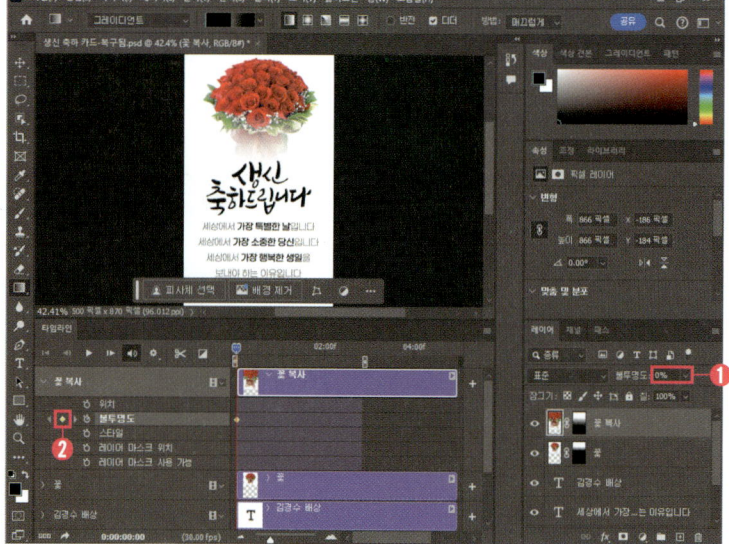

03 [작업 영역 끝]인 03:00 프레임으로 인디케이터를 옮기고 복사된 '꽃' 레이어의 [불투명도]를 '100%'로 올립니다. 그리고 [재생] 버튼을 클릭하여 애니메이션을 확인합니다.

TIP
[불투명도]의 키프레임은 자동으로 추가됩니다.

04 GIF 파일을 출력하기 위해 [파일] > [내보내기] > [웹용으로 저장]([Alt]+[Shift]+[Ctrl]+[S]) 메뉴를 클릭합니다.

05 [웹용으로 저장] 대화상자가 나타나면 [사전 설정]을 'GIF 128 디더 없음'으로 설정하고 [저장] 버튼을 클릭합니다.

TIP
[불투명도]의 키프레임은 자동으로 추가됩니다.

SECTION 2

텍스트 GIF 애니메이션 만들기

❶ 텍스트 GIF 애니메이션

핵심 내용
이번 예제는 텍스트가 한 자씩 자연스럽게 나타나는 텍스트 GIF 애니메이션입니다. [수평 문자 도구]로 문자를 만들고, 이 레이어를 복사한 다음 [타임라인] 패널에서 프레임을 하나씩 생성하면서 [가시성] 아이콘 온·오프 기법을 통해 프레임 애니메이션을 만든 후 [프레임 지연 시간]에서 자연스러운 프레임별 시간을 부여하는 실습입니다.

핵심 기능
[수평 문자 도구] → 텍스트 레이어 복사 → [타임라인] → [가시성] 아이콘 온오프 → [프레임 지연 시간]

미리 보기 ○○대학교 총장 선거 온라인 홍보물

텍스트 애니메이션 01

텍스트 애니메이션 02

텍스트 애니메이션 03

텍스트 애니메이션 04

| 01 | **텍스트 레이어 복사하기** | [수평 문자 도구] → 텍스트 레이어 복사 |

▶ 준비 파일 : C4 > S2 > P1 > 텍스트 GIF.psd ▶ 완성 파일 : C4 > S2 > P1 > 완성 파일 폴더

01 '텍스트 GIF.psd' 파일을 불러옵니다. 일정한 시간 간격에 따라 '약속을 지키는 홍길동' 텍스트가 한 자씩 나타나는 GIF 애니메이션 만들어 보겠습니다.

02 한 자씩 나타나는 효과를 만들기 위해 [레이어] 패널에서 '약속을 지키는' 레이어를 선택하고 Ctrl + J를 세 번 눌러 세 번 복사합니다.

TIP
텍스트 레이어를 세 번 복사한 이유는
'약'
'약속'
'약속을'
'약속을 지키는'
이와 같은 순서의 텍스트 애니메이션을 만들기 위함입니다.

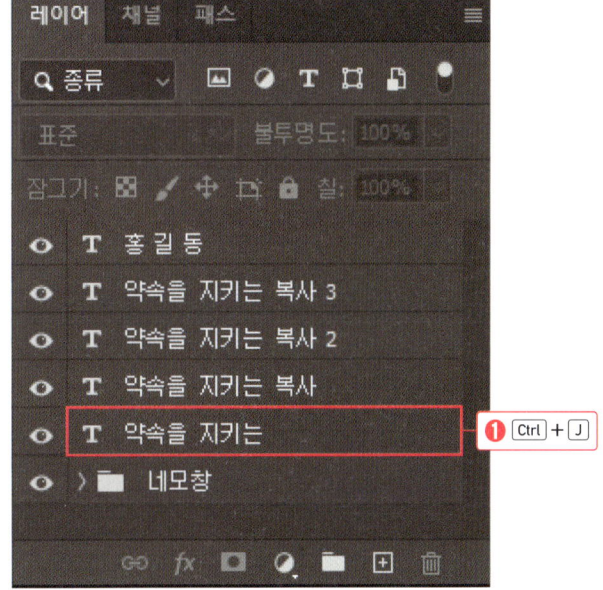

03 '약속을 지키는 복사 3' 레이어를 선택하고 [수평 문자 도구]로 '약'을 제외한 나머지 문자('속을 지키는')를 지웁니다.

04 '약속을 지키는 복사 2' 레이어를 선택하고 [수평 문자 도구]로 '약속'을 제외한 나머지 문자('을 지키는')를 지웁니다.

05 같은 방식으로 '약속을 지키는 복사' 레이어를 '약속을'만 남겨둔 채 나머지 문자를 삭제하고, '홍길동' 레이어도 두 번 복사하여 위와 같은 방법으로 복사하고 수정합니다.

TIP
텍스트 레이어를 세 번 복사한 이유는
'홍'
'홍길'
'홍길동'
이와 같은 순서의 텍스트 애니메이션을 만들기 위함입니다.

02 프레임과 타임 설정하기

[가시성] 아이콘 온·오프 → [프레임 지연 시간]

01 [창] > [타임라인]을 클릭하여 [타임라인] 패널을 엽니다. [레이어] 패널에서 '약' 레이어를 제외한 나머지 레이어의 [가시성] 아이콘을 클릭해 모두 끕니다. 첫 번째 프레임에 '약'만 보입니다.

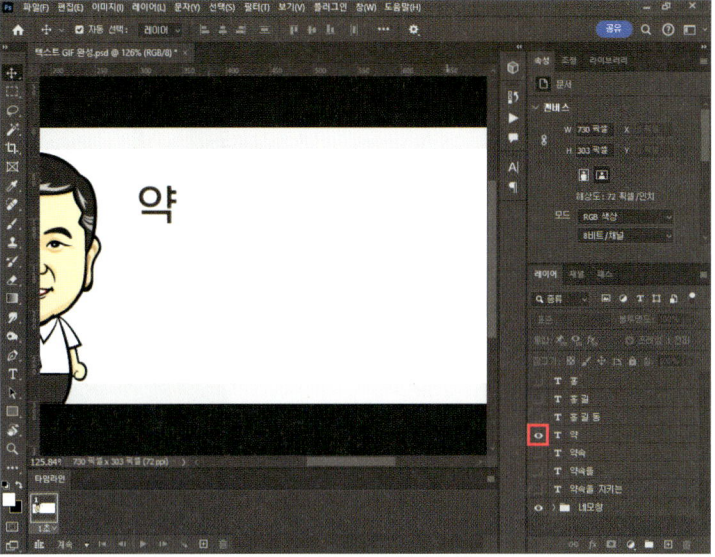

02 [타임라인] 패널에서 좌측 하단에 [프레임 복제] 아이콘을 클릭하고 두 번째 프레임이 생성되면 '약속' 레이어의 [가시성] 아이콘을 클릭하여 보이게 만듭니다. 두 번째 프레임에 '약속'만 보입니다.

03 [타임라인] 패널의 [프레임 복제] 아이콘을 클릭해서 프레임을 추가하고, '약속을' 레이어의 [가시성] 아이콘을 클릭하여 프레임별 변화를 확인합니다. 세 번째 프레임에 '약속을'만 보입니다.

04 위와 같은 방법으로 '홍길동' 3개 레이어까지 반복합니다. 이 예제에서는 총 7프레임입니다. [재생] 아이콘을 클릭하여 7프레임의 애니메이션을 확인합니다.

05 다음으로 프레임 당 시간을 조절하겠습니다. [타임라인] 패널에서 각 프레임 아래에 [프레임 지연 시간] 옵션을 클릭합니다. 옵션 중에서 0.3초는 없기 때문에 [기타]를 클릭하고 [지연 설정]을 '0.3초'로 설정합니다.

TIP
[지연 설정]에서 시간(초)의 정답은 없습니다. 애니메이션 플레이 버튼을 눌러서 결과를 확인하면서 자연스러운 움직임의 시간을 설정하길 바랍니다.

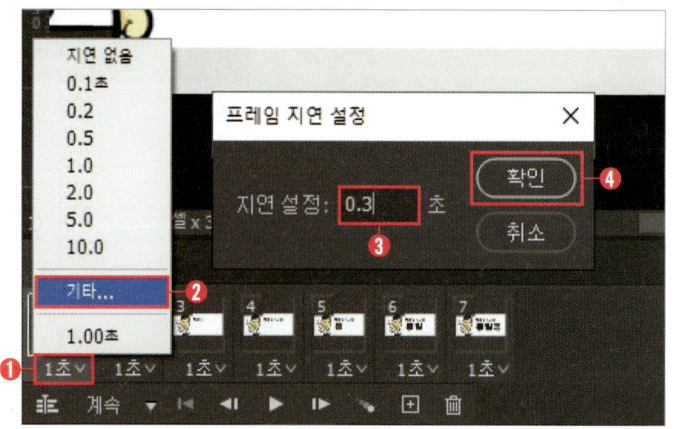

06 나머지 프레임에도 다음과 같이 지연시간을 설정합니다.

- 2번 프레임 : 0.3초
- 3번 프레임 : 0.5초
- 4번 프레임 : 0.8초
- 5번 프레임 : 0.5초
- 6번 프레임 : 0.5초
- 7번 프레임 : 1초

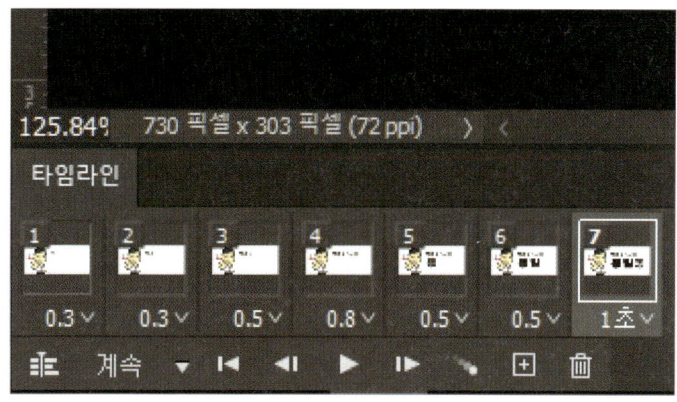

TIP
위의 [지연 설정] 시간(초)은 임의의 값입니다. 확인 후 자연스러운 시간을 조정하길 바랍니다.

07 모든 작업이 끝났다면 [파일] > [내보내기] > [웹용으로 저장](Alt + Shift + Ctrl + S) 메뉴를 클릭하고 대화상자가 나타나면 [파일 형식]을 'GIF'로 설정하고 [저장] 버튼을 클릭하여 적절한 위치에 저장합니다.

SECTION 2

텍스트 GIF 애니메이션 만들기

❷ 문자 마스크 GIF 애니메이션

> **핵심 내용**
> 이번 예제는 마스크(Mask)를 활용하여 문자가 서서히 나타나는 GIF 애니메이션입니다. 먼저 특정 문자에 [레이어 마스크]를 적용하고 마스크를 180도 회전한 다음, [타임라인] 패널에서 인디케이터와 [레이어 마스크 위치]의 [키프레임 애니메이션 사용]을 활용하여 문자 마스크 GIF 애니메이션을 만드는 실습입니다.

> **핵심 기능**
> [레이어 마스크] → 마스크 180도 회전 → [레이어 마스크 위치] > [키프레임 애니메이션]

미리 보기 설 인사 카드

  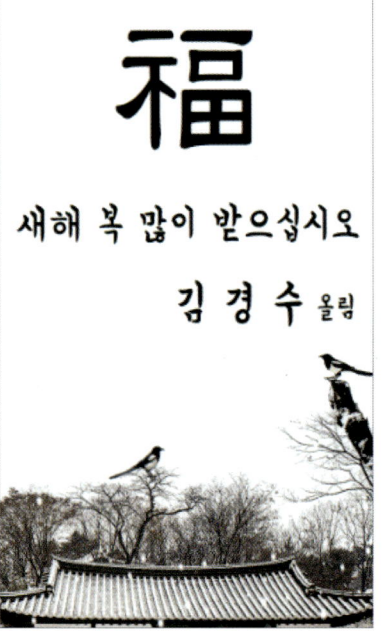

[레이어 마스크 위치] ▶

01 타이틀 마스크 만들기

[레이어 마스크] → 마스크 180도 회전

▶ 준비 파일 : C4 > S2 > P2 > GIF 자막 애니메이션.psd   ▶ 완성 파일 : C4 > S2 > P2 > 완성 파일 폴더

01 'GIF 자막 애니메이션.psd' 파일을 불러오고, [레이어] 패널에서 '새해 복 많이 받으십시오' 레이어를 선택한 후 [레이어 마스크]를 선택합니다.

02 [전경색]을 더블클릭하여 [색상 피커] 대화상자가 나타나면 색상 코드를 '#000000'으로 설정하고 [확인] 버튼을 클릭합니다.

03 '새해 복 많이 받으십시오' 레이어의 레이어 마스크가 선택된 상태에서 Alt +Delete를 눌러 레이어 마스크에 전경색을 채웁니다.

TIP ····································
마스크로 인해 텍스트가 가려집니다.

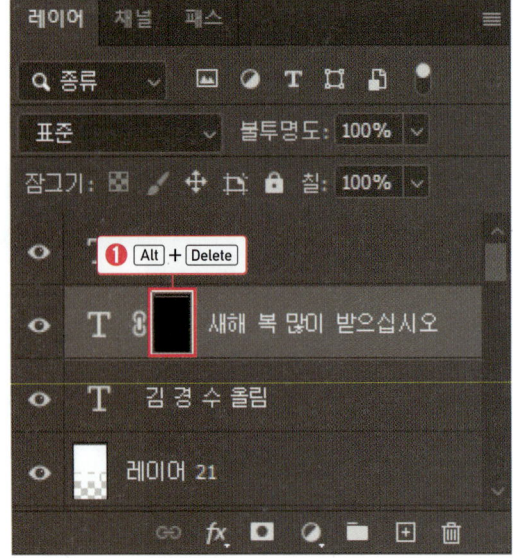

04 텍스트 섬네일(T 아이콘)과 레이어 마스크 섬네일 사이에 있는 사슬 모양 아이콘을 클릭하여 링크 연결을 해제합니다.

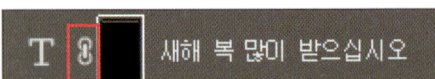

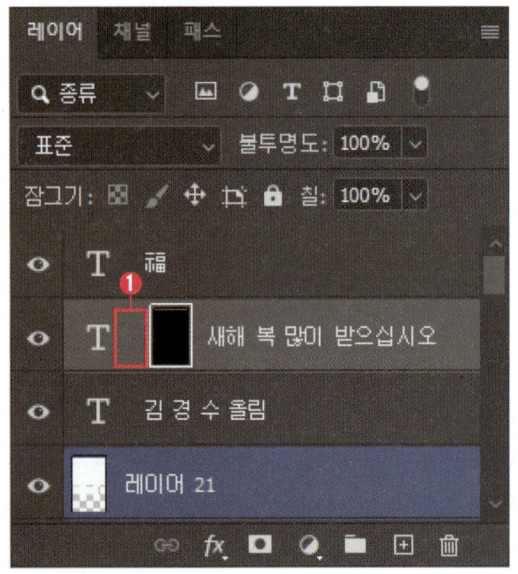

05 \를 눌러 레이어 마스크를 보이게 합니다. [이동 도구]로 마스크를 오른쪽으로 조금 옮깁니다.

06 [그라디언트 도구]를 선택하고 색상이 다음과 같은지 확인한 뒤 마스크의 오른쪽에서 왼쪽으로 드래그합니다.

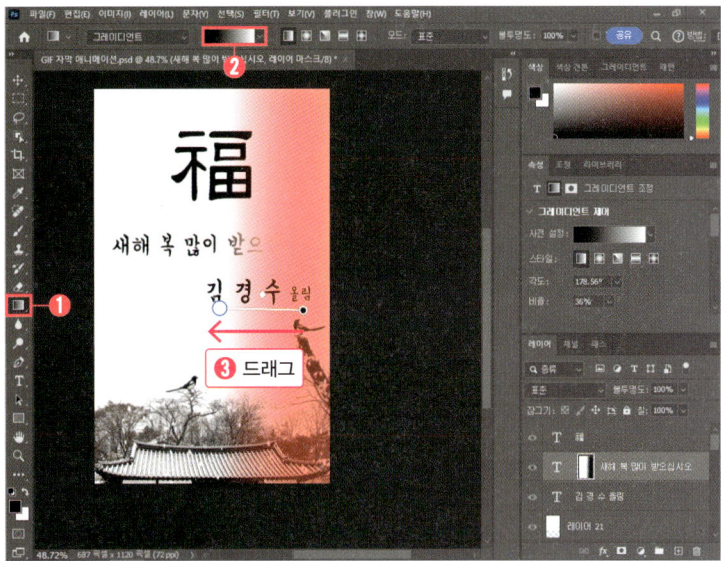

07 레이어 마스크를 선택하고 [속성] 패널의 아래에 있는 [반전] 버튼을 클릭합니다.

08 마우스를 마스크의 조절점 외곽으로 옮기면 회전 모양의 커서로 바뀝니다. 그 상태로 드래그하여 다음과 같이 마스크를 180도 회전합니다.

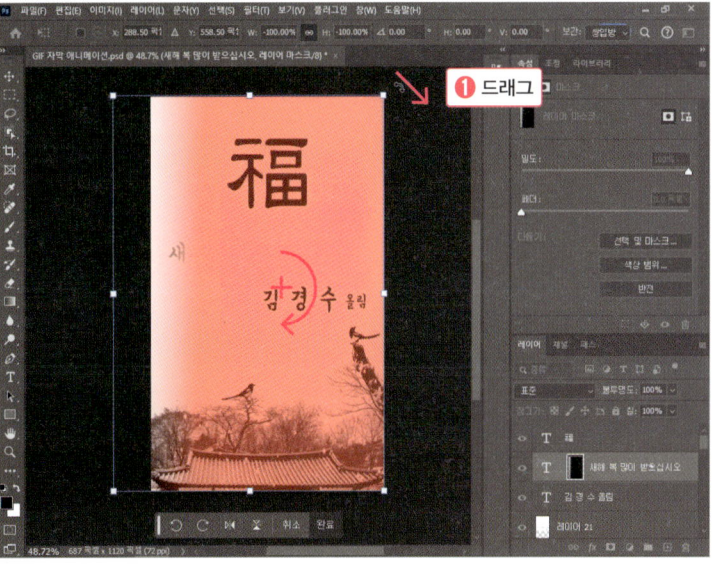

02 마스크 GIF 애니메이션

[레이어 마스크 위치] > [키프레임 애니메이션]

01 본격적으로 애니메이션 작업을 시작하기 위해 [창] > [타임라인] 메뉴를 클릭하여 [타임라인] 패널을 엽니다. [타임라인]이 보이지 않는다면 [비디오 타임라인 만들기]를 클릭합니다.

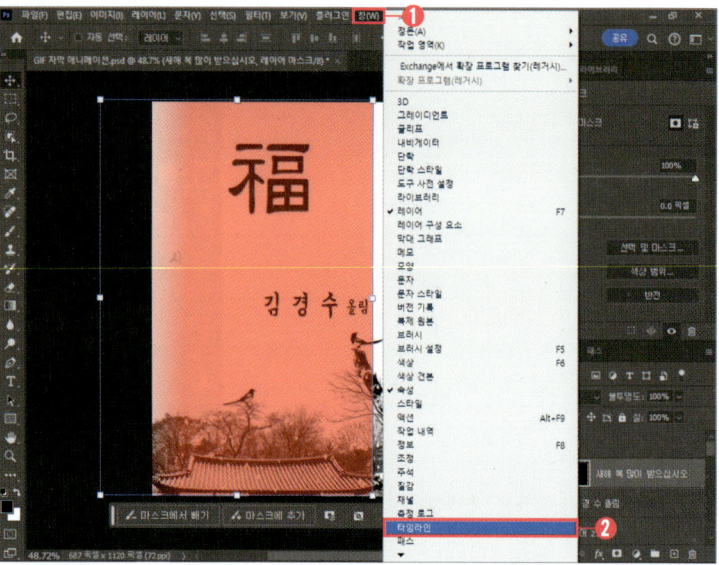

02 [타임라인] 패널에서 인디케이터를 0프레임으로 옮기고 '새해 복 많이 받으십시오' 레이어를 찾은 뒤 세부 옵션 아이콘을 클릭하여 펼쳐줍니다.

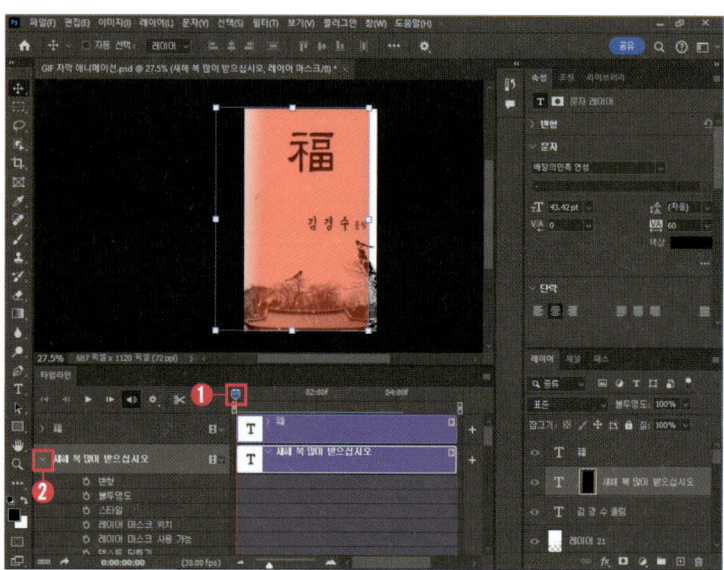

03 [레이어 마스크 위치]의 [키프레임 애니메이션 사용]을 클릭하여 키프레임을 생성합니다.

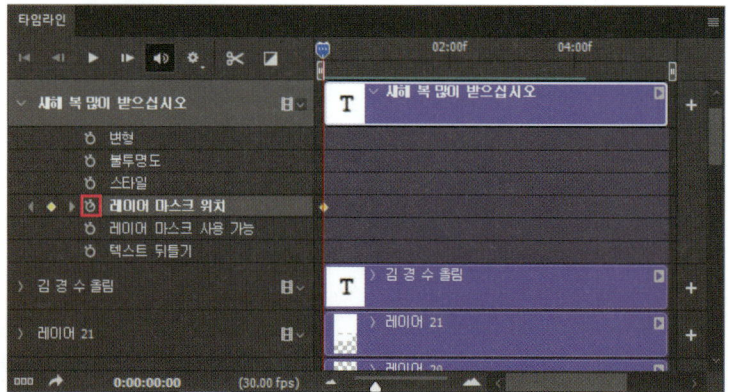

04 [타임라인] 패널의 좌측 하단에 인디케이터의 현재 시간을 보면서 인디케이터를 0:00:02:20 위치로 옮깁니다. [이동 도구]로 화면의 마스크를 Shift 를 누른 채 오른쪽으로 드래그하여 자막이 완전히 보이도록 만듭니다.

05 GIF의 끝을 지정하기 위해 인디케이터를 0:00:05:00 위치로 옮기고 [작업 영역 끝 설정] 슬라이더를 조절하여 인디케이터가 있는 곳으로 드래그합니다.

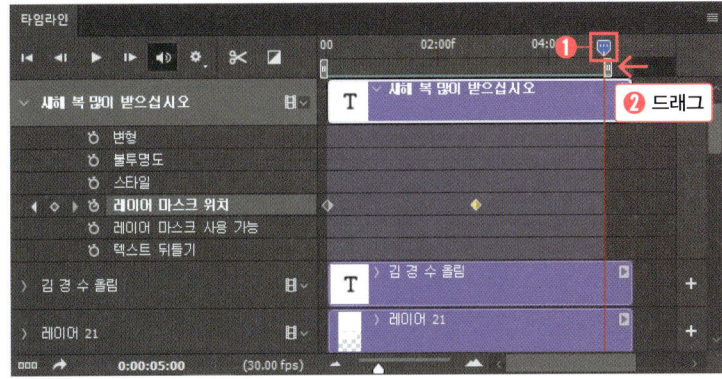

06 [재생] 아이콘을 클릭하여 자막 애니메이션을 확인합니다. GIF를 출력하기 위해 [파일] > [웹용으로 저장](Alt + Shift + Ctrl + S) 메뉴를 클릭합니다.

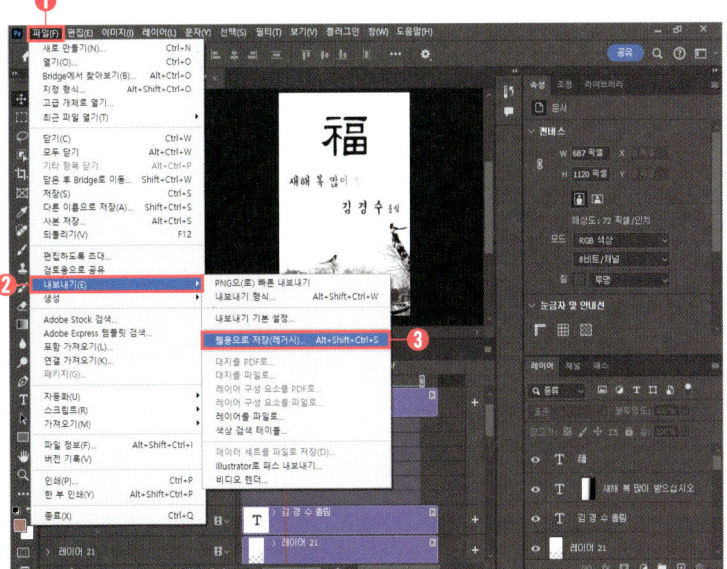

07 [웹용으로 저장] 대화상자가 나타나면 [파일 형식]이 GIF인 것을 확인하고 [저장] 버튼을 클릭합니다.

MEMO

SPECIAL

2025 최신 비디오 생성형 AI와 협업하기

이 부록에서는 2025년 기준으로 주목받고 있는 주요 생성형 비디오 AI 도구들의 기능과 활용법을 다룹니다. 최근 등장한 Sora, VEO 3, Hailuo 2, Kling 2.1 등은 텍스트 기반의 영상 생성에서 나아가 이미지 기반 비디오 생성, 사운드 효과, 카메라 컨트롤 기능 등 다양하고 직관적인 프롬프트 가이드를 제공합니다. 각 도구의 특징과 실제 사용 예시를 중심으로, 실무에 적용할 수 있는 방법을 간략하게 정리했습니다.

1. Sora의 4가지 주요 기능

현존하는 비디오 생성 AI 중 가장 진보된 AI는 오픈AI의 '소라(Sora)'로 알려져 있습니다. 여기에서 핵심 기능은 '스토리보드 기능', '리컷 기능', '블랜드 기능', '루프 기능'입니다. 현재 소라는 플러스(Plus)와 프로(Pro) 플랜이라는 구독권으로 나누어져 있으며, FHD 화질에 최대 20초까지 생성할 수 있습니다.

01 Storyboard(스토리보드) 기능

<출처 : Open AI Sora Tutorials>

소라의 스토리보드는 영상의 재생 시간을 기준으로 현명한 프롬프트를 작성하여 의도한 대로 영상을 생성하는 기능입니다.

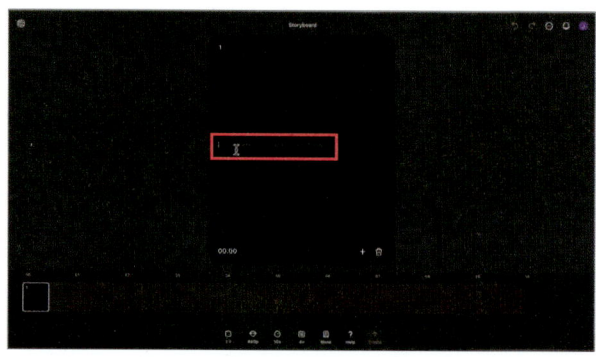

01 소라의 메인 화면 → [프롬프트] 창의 우측 하단 [Storyboard(스토리보드)] 클릭

02 [스토리보드] 창 → 프롬프트 입력

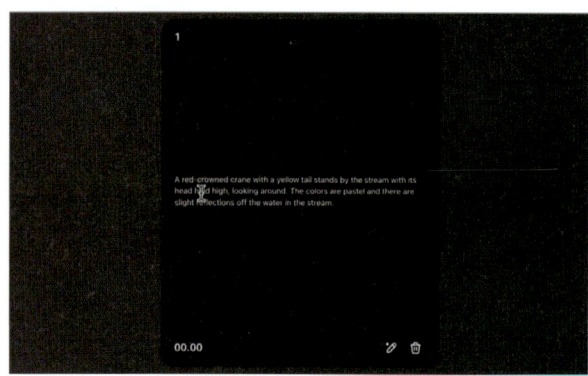
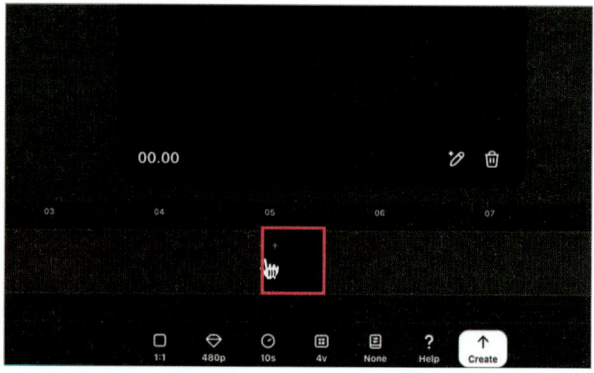

03 프롬프트 : 'A red-crowned crane with a yellow tail stands by the stream with its head hold high, looking around. The colors are pastel and there are slight reflections off the water in the stream.(노란 꼬리를 가진 두루미가 개울가에 서서 고개를 높이 들고 주변을 둘러보고 있다. 색감은 파스텔 톤이며, 개울 물 위에는 약간의 반사가 보인다.)'

04 타임라인의 중앙을 클릭 → 새로운 스토리보드 생성

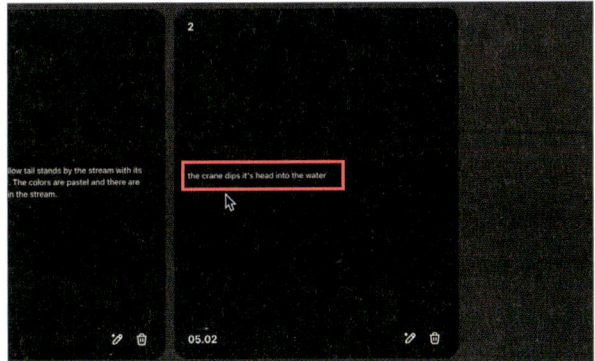 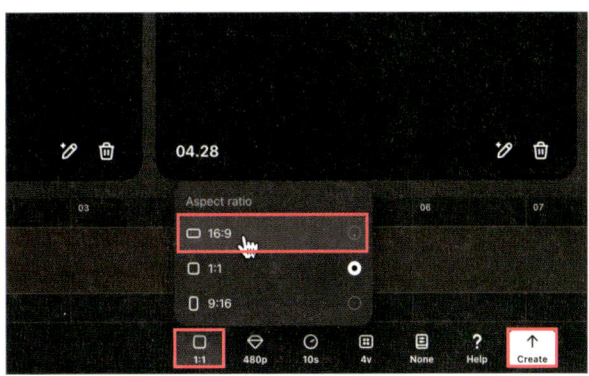

05 두 번째 스토리보드에 프롬프트 입력(The crane dips it's head into the water(두루미가 머리를 물에 담근다.))

06 화면 하단에 [Aspect ratio(가로 세로 비율)] 클릭 → [16:9] 선택 → [Create(생성)] 클릭

07 완성 영상 확인

02 Recut(리컷) 기능

<출처 : Open AI Sora Tutorials>

소라의 리컷은 기존 영상의 끝점에서 장면의 길이를 연장하는 기능입니다.

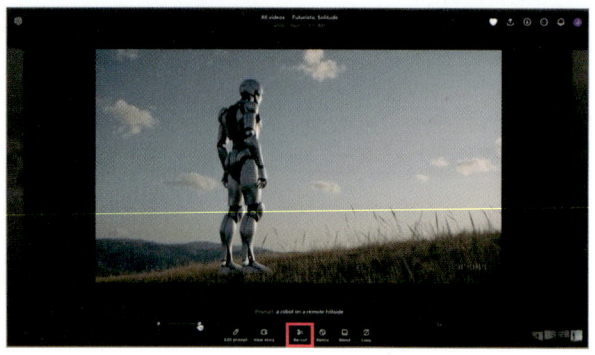

01 화면 하단에 [Re-cut(리컷)] 클릭

02 [Re-cut] 작업 창

03 화면 전환이 일어나기 전으로 클립 길이 변경

04 화면 하단에 [Create(생성)] 클릭

05 길어진 장면 결과물 확인

03 Blend(블렌드) 기능

<출처 : Open AI Sora Tutorials>

소라의 블렌드는 두 개의 영상이 섞이듯 화면 전환을 일으킬 수 있는 기능입니다.

01 화면 하단에 [Blend(블렌드)] 클릭

02 [Choose from library(라이브러리에서 불러오기)] 클릭

03 다음 장면에 사용될 영상 클립 선택

04 하단에 나타난 곡선을 늘리거나 좁혀서 화면 전환 주기 조절 → [Blend(블렌드)] 클릭

05 생성된 영상 결과 확인

04 Loop(루프) 기능

<출처 : Open AI Sora Tutorials>

소라의 루프는 기존 영상을 유사하고 자연스럽게 연결되면서 영상 타임이 추가되는 기능입니다.

01 화면 하단에 [Loop(루프)] 클릭

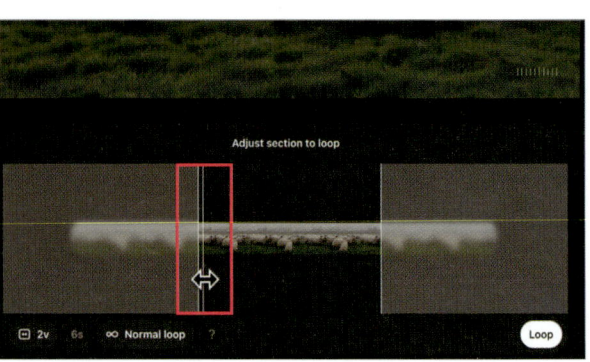

02 하단 타임라인에서 반복될 영상 길이를 설정

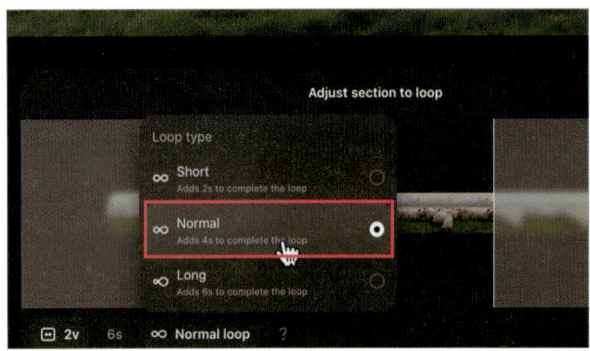

03 화면 좌측 하단에서 클립을 잇는데 사용될 영상 길이 설정 → 길이가 길수록 자연스러운 루프 구현

04 화면 우측 하단의 [Loop(루프)] 클릭

05 생성된 루프 영상 확인

2 VEO 3로 숏폼 ASMR 콘텐츠 만들기

VEO 3는 VEO 2의 업그레이드 버전으로 가장 진보한 생성형 영상 AI 중 하나로 평가받고 있습니다. 영상 퀄리티가 이전 버전보다 크게 개선되었고, 비디오를 생성함과 동시에 사람의 말이나 효과음 등 영상에 맞는 오디오도 생성함으로써 비디오 생성형 AI의 새로운 지평을 열었습니다.

01 구글 Flow를 통해 VEO 3 사용하기

<출처 : Tech Rush>

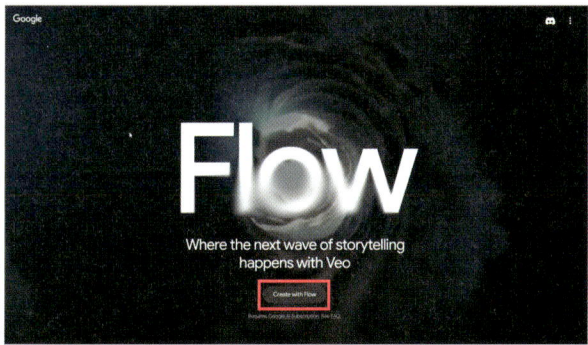

01 인터넷에 'Flow' 검색 → Google Labs의 Flow 사이트 이동 → [Create with Flow] 클릭

02 [Sign with Google] 클릭 → 구글 계정 로그인

03 [New project(새 프로젝트)] 클릭

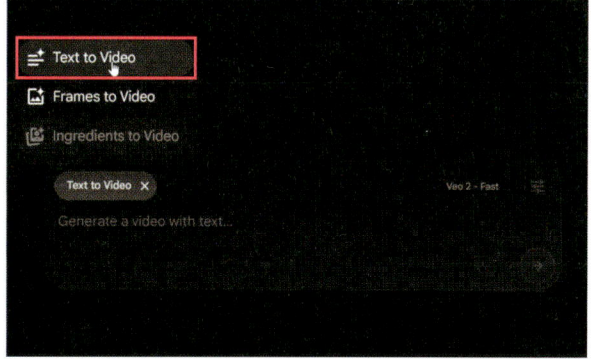

04 비디오 생성 모드를 [Text to Video(텍스트 동영상 변환)] 선택

02 시네마틱 ASMR 콘텐츠 생성하기

<출처 : Tech Rush>

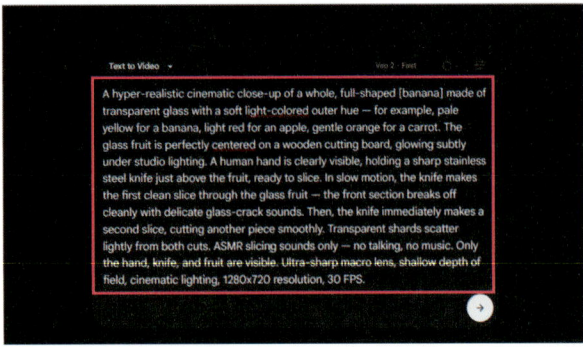

01 [프롬프트] 창에 다음과 같이 입력

A hyper-realistic cinematic close-up of a whole, full-shaped [banana] made of transparent glass with a soft light-colored outer hue — for example, pale yellow for a banana, light red for an apple, gentle orange for a carrot. The glass fruit is perfectly centered on a wooden cutting board, glowing subtly under studio lighting. A human hand is clearly visible, holding a sharp stainless steel knife just above the fruit, ready to slice. In slow motion, the knife makes the first clean slice through the glass fruit — the front section breaks off cleanly with delicate glass-crack sounds. Then, the knife immediately makes a second slice, cutting another piece smoothly. Transparent shards scatter lightly from both cuts. ASMR slicing sounds only — no talking, no music. Only the hand, knife, and fruit are visible. Ultra-sharp macro lens, shallow depth of field, cinematic lighting, 1280x720 resolution, 30 FPS.

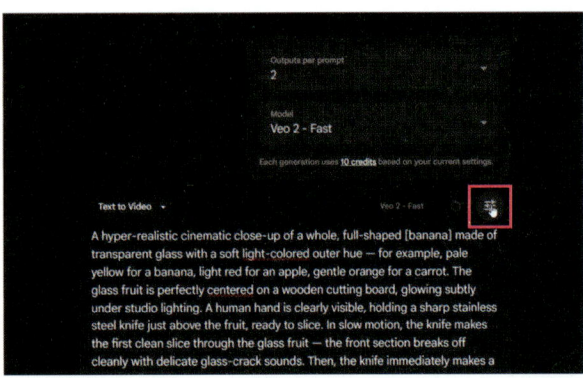

02 [Setting(설정)] 아이콘 클릭

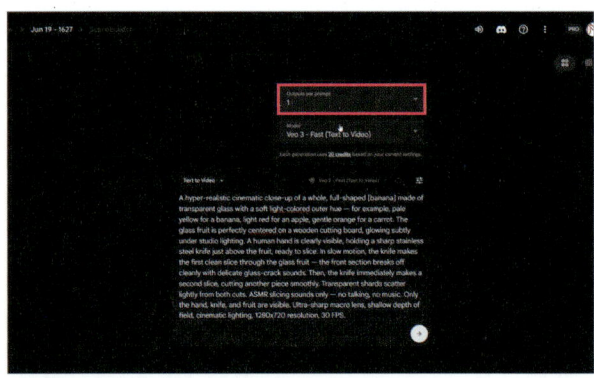

03 [Outputs per prompt(프롬프트당 출력)]을 '1'로 설정 → [Model(모델)]을 [Veo 3 - Fast(Text to Video) 선택

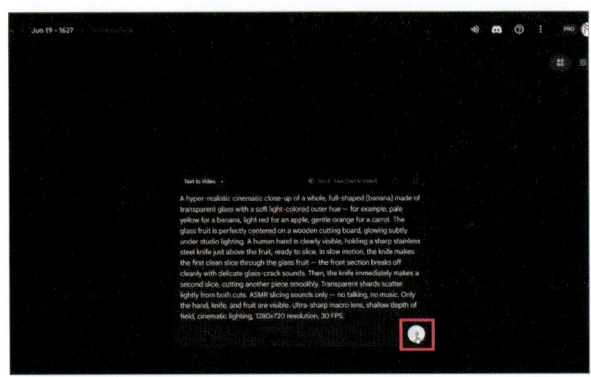

04 [생성] 아이콘 클릭

05 영상 재생 후 결과 확인

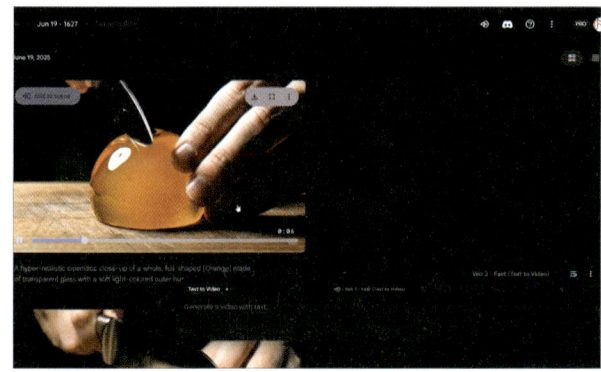

06 과일 이름 변경 → 영상 생성 후 결과 확인

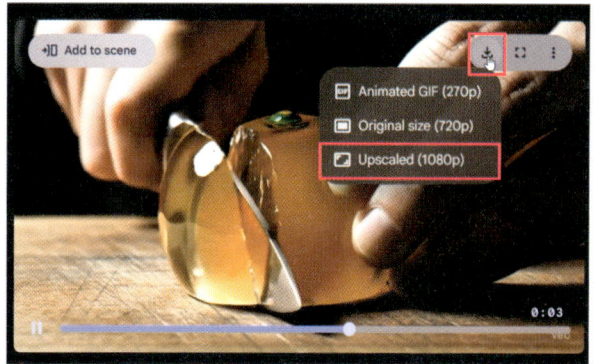

07 다운로드 아이콘 클릭 → [Upscaled(1080p)] 클릭 후 비디오 출력

3 Hailuo 2로 무료 AI 비디오 생성하기

Hailuo 2는 특히 최근 비디오 생성형 AI 벤치마크 테스트(2025년 6월 기준)에서 전체 2위를 기록하며, 가장 높은 평가를 받은 비디오 생성 AI입니다. 저글링이나 파쿠르 장면 등 고난도의 동작을 비교적 잘 표현하고 물리법칙에 대한 이해가 뛰어납니다. 첫 로그인 시 3일동안 무료 500 크레딧을 사용할 수 있다는 것 또한 큰 장점입니다.

01 3일간 500 크레딧으로 Hailuo 2 사용하기

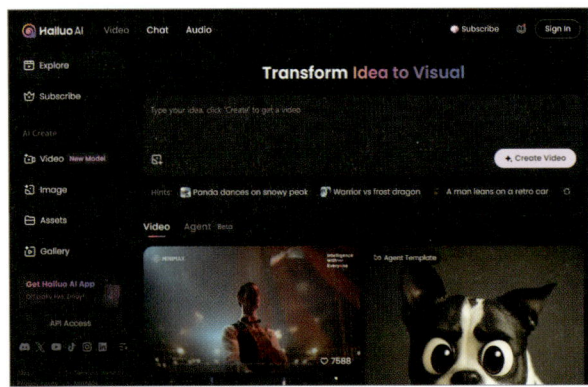

01 인터넷에 'Hailuo 2' 검색 → 'hailuoai.video' 사이트 이동

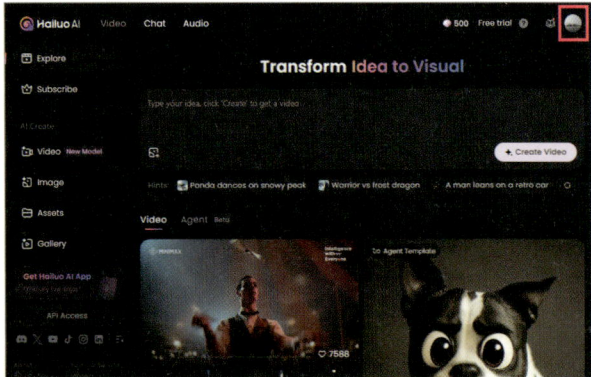

02 우측 상단 [Sign In] 클릭 → 로그인

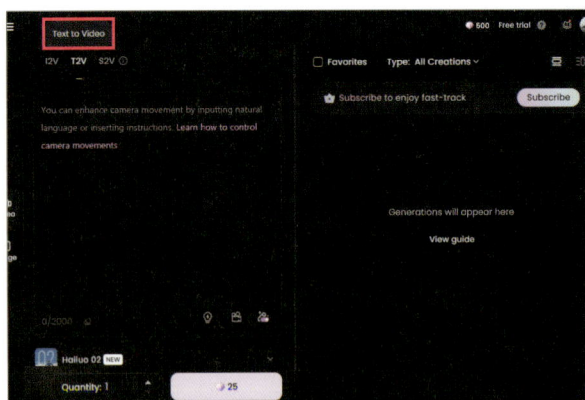

03 좌측 메뉴의 [Video] 클릭 → 좌측 상단 [Text to Video] 선택

02　프롬프트를 작성하고 무료로 비디오 생성하기

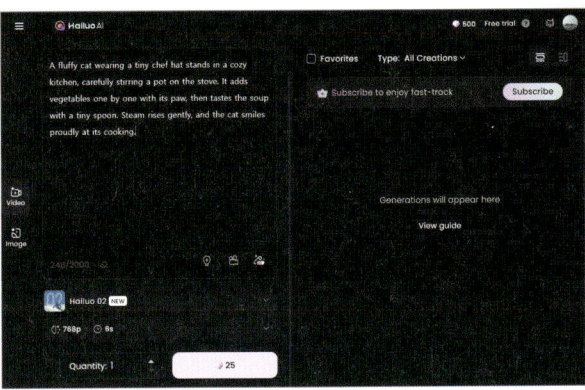

'A fluffy cat wearing a tiny chef hat stands in a cozy kitchen, carefully stirring a pot on the stove. It adds vegetables one by one with its paw, then tastes the soup with a tiny spoon. Steam rises gently, and the cat smiles proudly at its cooking.

(작은 셰프 모자를 쓴 복슬복슬한 고양이가 아늑한 주방에 서서 조심스럽게 냄비를 젓는다. 발로 채소를 하나씩 넣고, 작은 숟가락으로 국물을 맛본다. 김이 부드럽게 올라오고, 고양이는 자신의 요리에 만족한 듯 미소를 짓는다.)'

01 [프롬프트] 창에 다음과 같이 입력

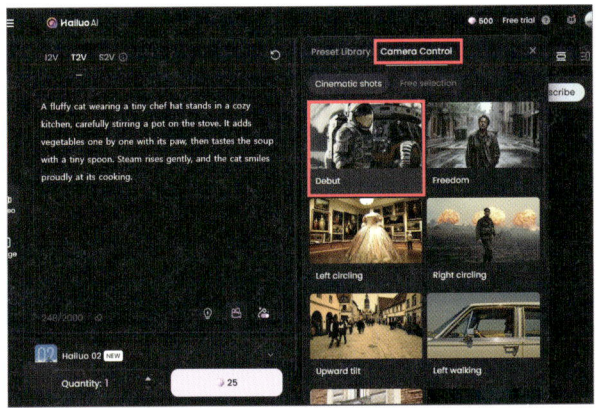

02 [프롬프트] 창 우측에 [Camera Control(카메라 컨트롤)] 아이콘 클릭 → [Debut] 적용

03 [프롬프트] 창 하단에 [Model] 선택 → [Hailuo 02] 클릭

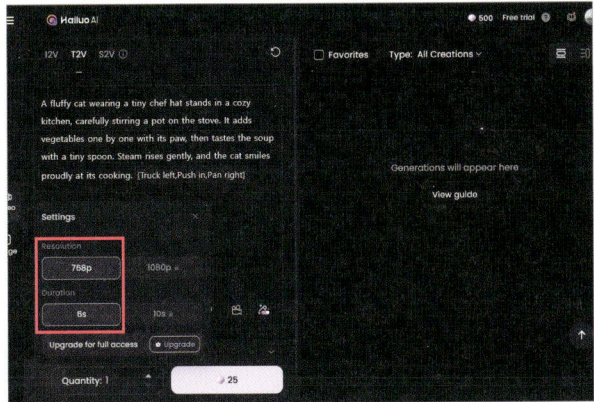
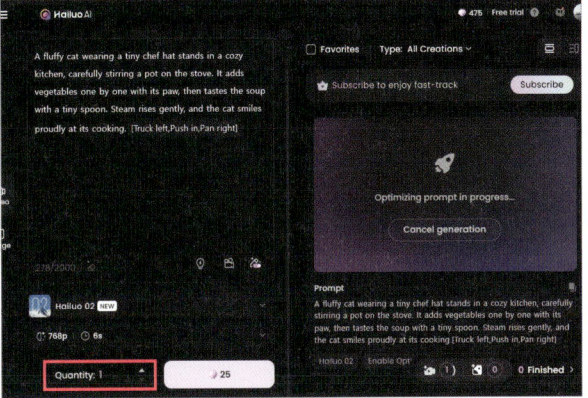

04 [Setting(설정)] 클릭 → [768p]와 [6s] 선택
 (유료 플랜 구매 시 1080p, 10초 생성 가능)

05 [Quantity(양)]을 '1'로 설정 → 25 크레딧을 소모하여 영상 생성 클릭

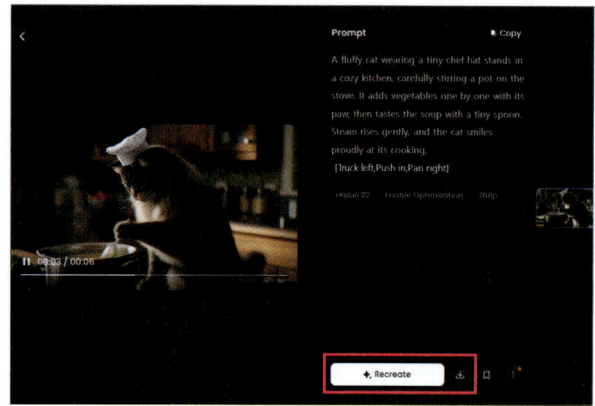 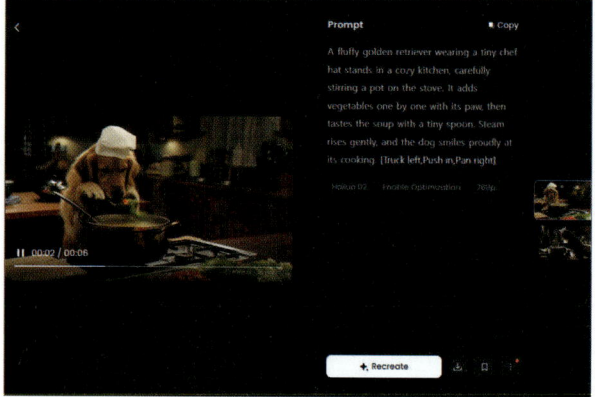

06 영상 재생 후 결과물 확인 → [Recreate(재생성)]을 클릭해 다시 생성하거나 다운로드 아이콘을 클릭해 다운로드

07 프롬프트에서 'Cat(고양이)'을 'Golden Retriever(골든 리트리버)'로 변경 후 생성 → 결과 확인

4 Kling 2.1로 이미지를 움직이는 영상으로 만들기

Kling 2.1은 중국의 콰이쇼우(Kuaishou)에서 개발한 차세대 이미지, 비디오 생성형 AI입니다. 다른 AI와 비교해 완성도가 매우 좋은 편이고, Kling은 배경 음과 효과음, TTS 음성을 자체적으로 생성할 수 있습니다. [Extend(확장)] 기능을 사용하면 여러 영상을 이어 붙여 최대 2~3분 길이의 영상을 만들 수도 있습니다.

01 비디오 생성에 활용할 이미지 생성하기

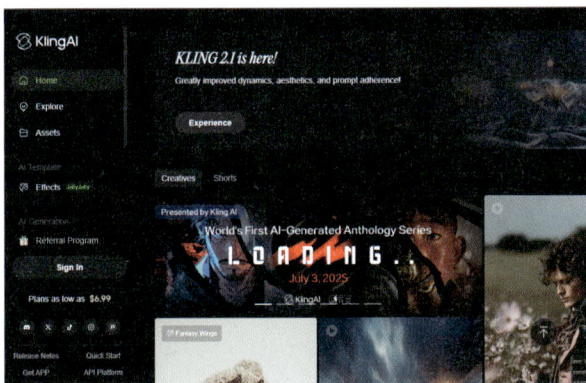

01 인터넷에 'Kling 2.1' 검색 → 'klingai.com' 사이트 이동

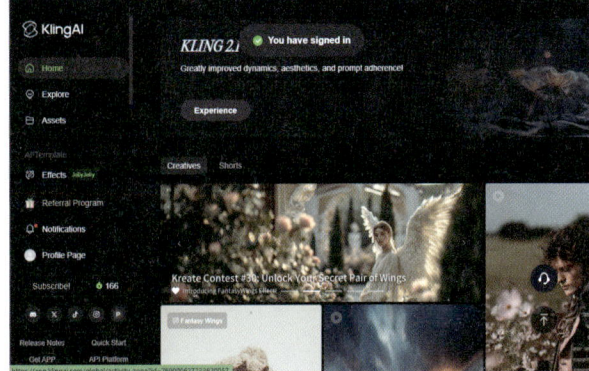

02 좌측 메뉴의 [Sign In] 클릭 → 로그인

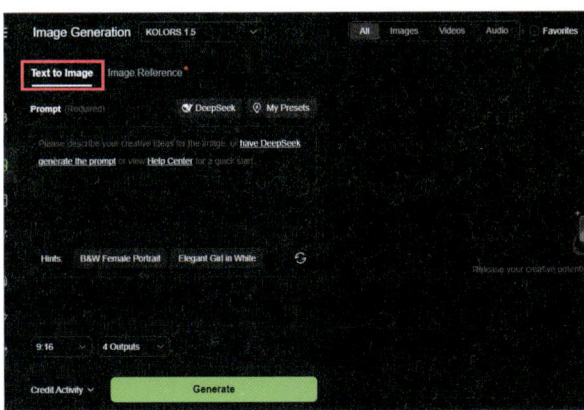

03 좌측 메뉴의 [Image] 클릭 → 좌측 상단 [Text to Image] 선택

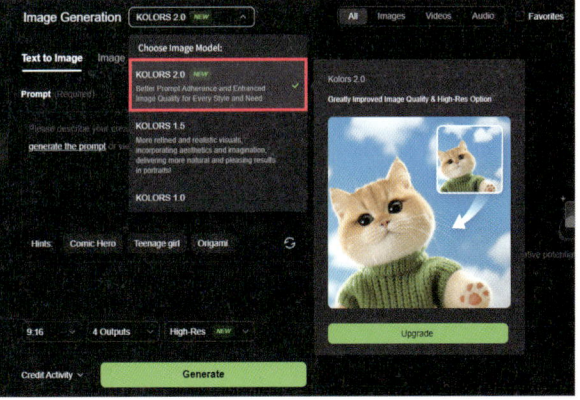

04 좌측 상단에 모델을 [KOLORS 2.0]으로 변경

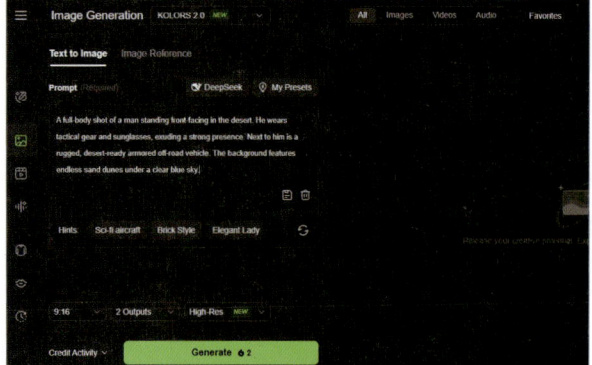

'A full-body shot of a man standing front-facing in the desert. He wears tactical gear and sunglasses, exuding a strong presence. Next to him is a rugged, desert-ready armored off-road vehicle. The background features endless sand dunes under a clear blue sky.

(사막 한가운데에서 정면을 향해 서 있는 남성의 전신 샷. 그는 전술 장비와 선글라스를 착용해 강한 인상을 주며, 옆에는 사막 지형에 최적화된 튼튼한 철갑 사륜차가 있다. 배경에는 푸른 하늘 아래 끝없이 펼쳐진 모래 언덕이 이어진다.)'

05 [프롬프트] 창에 다음과 같이 입력

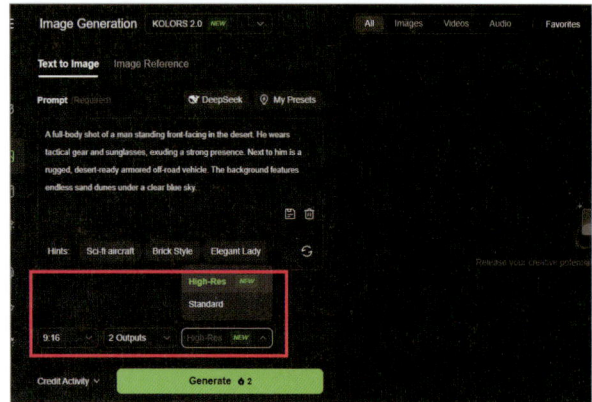

06 [프롬프트] 창 하단에 메뉴에서 비율을 [9:16], 결과물 갯수는 [2 Outputs], 품질은 [High-Res]를 선택

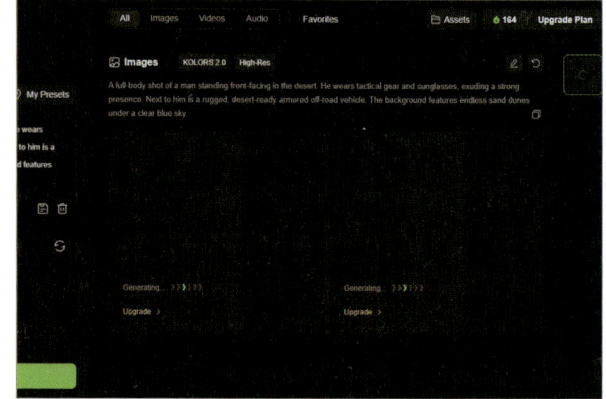

07 크레딧 2개를 소모하여 이미지 생성

02 생성된 이미지를 통해 비디오 만들기

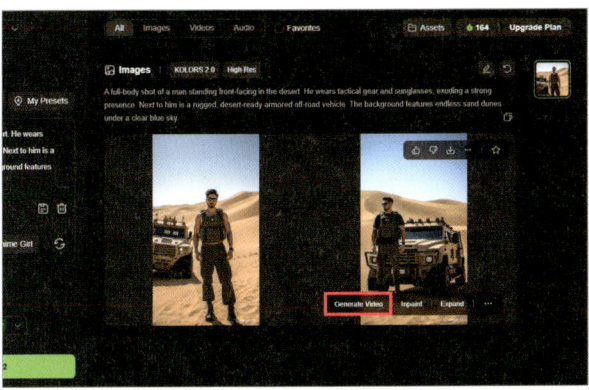

01 생성된 2개의 이미지들 중 마음에 드는 이미지를 선택 → [Generate Video(비디오 생성)] 클릭

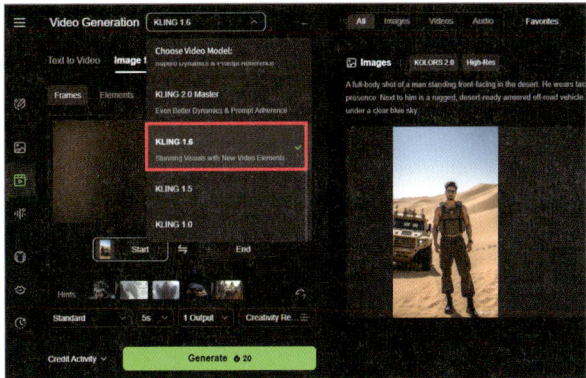

02 비디오 생성 모델을 [KLING 1.6]으로 설정(크레딧을 적게 사용하는 [KLING 2.1]도 가능)

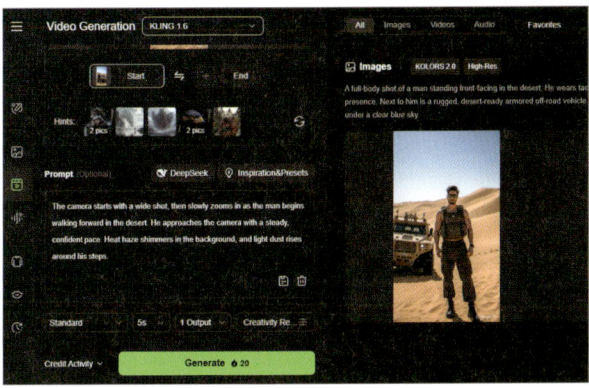

'The camera starts with a wide shot, then slowly zooms in as the man begins walking forward in the desert. He approaches the camera with a steady, confident pace. Heat haze shimmers in the background, and light dust rises around his steps.

(카메라는 와이드 샷으로 시작해 천천히 줌인되며, 남성이 사막 위를 향해 걸어오기 시작한다. 그는 안정적이고 당당한 걸음으로 카메라 쪽으로 다가오며, 배경에는 아지랑이가 일고 발밑엔 가벼운 먼지가 일어난다.)'

03 [프롬프트] 창에 다음과 같이 입력

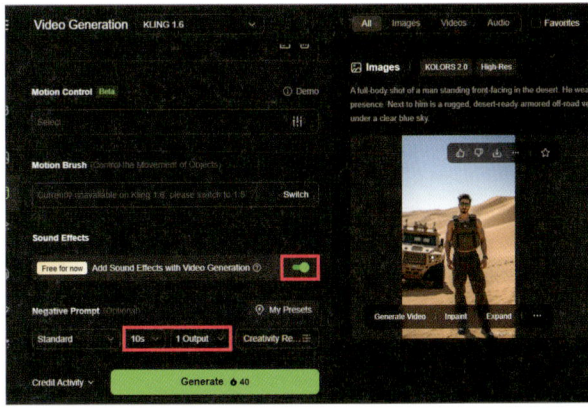

04 [Sound Effects(사운드 효과)]를 체크 → 영상 길이는 [10초], 결과물 개수는 [1 Output]으로 설정

05 크레딧 40개를 소모하여 비디오 생성

03 [Extend] 기능을 활용하여 비디오 길이 확장하기

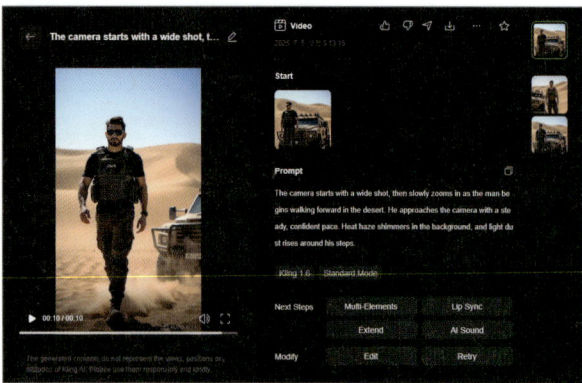

01 영상을 재생하여 결과물 확인 → [Extend(확장)] 클릭

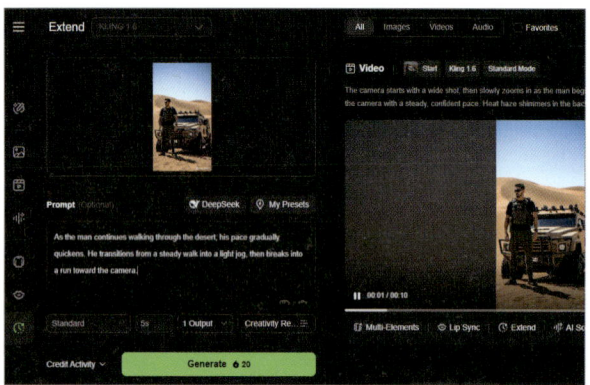

'As the man continues walking through the desert, his pace gradually quickens. He transitions from a steady walk into a light jog, then breaks into a run toward the camera.

(남성이 사막 위를 계속 걸어가며 점점 속도를 높인다. 느릿한 걸음은 가벼운 조깅으로, 이후 전속력 달리기로 자연스럽게 이어진다.)'

02 [프롬프트] 창에 다음과 같이 입력

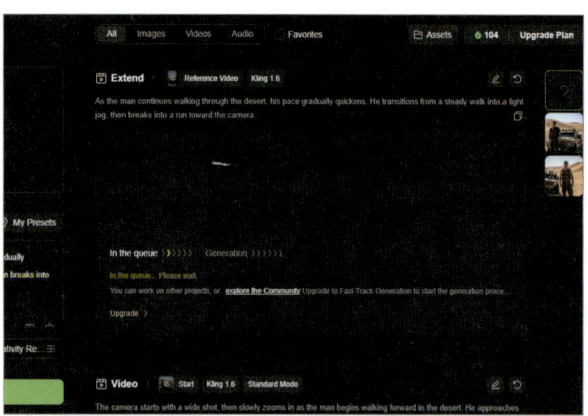

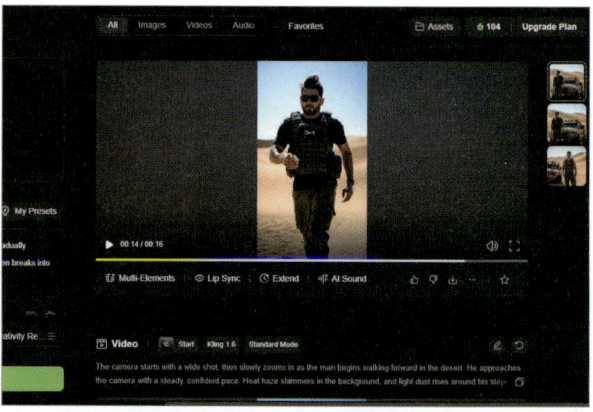

03 설정은 그대로 유지 → 20 크레딧을 소모하여 비디오 확장

04 달리는 동작이 추가된 영상 확인

▶ 유튜브와 쇼츠, 홍보 영상·디자인 실무

영상 제작을 위한 환상의 콤비
프리미어 프로 + 포토샵 & AI
`2025 Ver.`

1판 1쇄 발행 2025년 8월 14일

저   자 | 김경수, 김다인
발 행 인 | 김길수
발 행 처 | (주)영진닷컴
주   소 | (우)08512 서울 금천구 디지털로 9길 32
            갑을그레이트밸리 B동 10층
등   록 | 2007. 4. 27. 제16-4189

2025. (주)영진닷컴

ISBN | 978-89-314-8055-9

이 책에 실린 내용의 무단 전재 및 무단 복제를 금합니다.
파본이나 잘못된 도서는 구입하신 곳에서 교환해 드립니다.

YoungJin.com Y.
영진닷컴